吉林市社会经济统计年鉴

JILIN CITY ECONOMIC AND SOCIAL STATISTICAL YEARBOOK

2008

（总第10期）

吉林市社会经济统计年鉴编委会 编

（京）新登字 041 号

图书在版编目（CIP）数据

吉林市社会经济统计年鉴. 2008/《吉林市社会经济统计年鉴》编委会编.
北京：中国统计出版社，2008. 7
ISBN 978-7-5037-5418-0

Ⅰ. 吉… Ⅱ. 吉… Ⅲ. 社会经济统计－统计资料－吉林市－2008－年鉴 Ⅳ.
C832. 341-54

中国版本图书馆 CIP 数据核字（2008）第 063210 号

吉林市社会经济统计年鉴—2008

作　　者 /《吉林市社会经济统计年鉴》编委会
责任编辑 / 郑淼淼
E－mail / yearbook@stats. gov. cn
责任校对 / 柏南枝
出版发行 / 中国统计出版社
通信地址 / 北京市西城区三里河月坛南街 75 号　中国统计出版社
邮　　编 / 100826
电　　话 /（010）63376907
印　　刷 / 吉林市科迪彩色印刷有限责任公司
经　　销 / 新华书店
开　　本 / 1230×880 毫米　1/16
字　　数 / 720 千字
印　　张 / 32 印张
印　　数 / 1—1500 册
版　　别 / 2008 年 7 月第 1 版
版　　次 / 2008 年 7 月第 1 次印刷
书　　号 / ISBN 978-7-5037-5418-O/F·2659
定　　价 / 240 元

编辑说明

一、《吉林市社会经济统计年鉴—2008》是吉林市人民政府决定出版的一部全面反映吉林市国民经济和社会发展情况的资料性统计年刊。该年鉴由1952年起的《1949—1952吉林市国民经济统计提要》逐年演进,1985年更名为《吉林市统计年鉴》,1999年经吉林市人民政府同意改为现名,由中国统计出版社出版,公开发行。本书收录了吉林市及所辖市、县、区2007年经济和社会发展各方面大量的统计数据。

二、《吉林市社会经济统计年鉴—2008》共设以下22个类目:工作报告、综合、国民经济核算、人口、从业人员和职工工资、固定资产投资、能源购进、消费与库存、财政金融保险证券、物价、人民生活、城市公用事业、农业、工业、建筑业、交通运输和邮电通讯业、批发零售贸易和餐饮业、对外贸易和旅游业、教育、科技和文化事业、体育、卫生和其他事业、县区基本情况、城市社会经济、企业调查、改革开放三十年回顾。

三、工业统计年报改为全部国有工业和年销售收入500万元及以上的非国有工业后,本年鉴在按新口径编印的同时,仍保留了老口径的部分资料,请在使用时注意口径的变化,以免误用。

四、本年鉴采用的稿件资料均由各有关部门和行业专人撰写,并经本部门领导审阅。年鉴中的统计资料,统一由市统计局提供,具有准确性和权威性。

五、《吉林市社会经济统计年鉴》编纂出版工作,凝聚了广大编写人员的辛勤劳动,得到了中共吉林市委、市政府领导关心和指导,以及全市各部门、各县(市)区、中央、省驻吉林市单位协作配合,在此谨致谢忱。并恳祈各界人士继续给年鉴工作以更多的支持和帮助,对书中错漏之处给予批评指正,以期年年有所长进。

《吉林市社会经济统计年鉴—2008》

目　录

一、2007 年社会经济发展综述

工作报告

农村经济

工业经济

交通 邮电

城市建设 环境保护

内外贸易

民营经济

旅　游

政府法制

人 口

从业人员和职工工资

固定资产投资

能源购进、消费与库存

财政、金融、保险、证券

物　价

人民生活

城市公用事业

农 业

工 业

建筑业

交通运输和邮电通讯业

批发零售贸易和餐饮业

对外贸易和旅游业

教育、科技和文化事业

体育、卫生和其他事业

县区基本情况

城市社会经济主要指标

企业调查

改革开放三十年回顾

2008吉林市社会经济统计年鉴

工作报告

Gong zuo bao gao

政府工作报告

——2007年12月10日在吉林市第十四届
人民代表大会第一次会议上

市　　长　　张晓霈

各位代表：

本届政府任期已满。五年来，市政府圆满地完成了任期工作任务。鉴于过去四年已分别作过报告，现在我代表市政府报告2007年工作及今后五年和2008年工作安排，请予审议，并请政协委员提出意见。

一、2007年工作回顾

一年来，在省委、省政府和市委的领导下，在市人大、市政协的监督和支持下，我们团结和组织全市人民突出经济发展、城市管理、改善民生等重点工作，通过组织高起步开局、奋战一百天、决战四季度等系列攻坚，使全市经济社会发展实现了跨越性突破，向着总量翻番目标迈出了坚实步伐。

——*国民经济快速增长*。地区生产总值达到1008亿元（预计数，下同），增长38.3%；规模工业实现增加值345亿元、利润50亿元，分别增长52.4%和313%；全口径财政收入完成101亿元，增长53.8%。

——*发展后劲明显增强*。全社会固定资产投资完成905亿元，增长30.8%，其中工业项目投资完成560亿元，占固定资产投资总额的62%；招商引资到位资金700亿元，增长35.7%；实际利用外资2.8亿美元，增长12%；节能减排完成了省下达任务。

——*社会事业进一步发展*。科技、教育、卫生、文化、广电等各项事业发展水平明显提升，群众文化生活进一步丰富。首批入选央视"倾国倾城：最值得向世界介绍的中国名城"。

——*人民生活持续改善*。城市居民人均可支配收入达到12500元，农民人均纯收入4390元，分别增长23%和12.4%。改善民生的年度安排事项如期完成。

回顾即将过去的一年，我们在以下方面组织了重点突破：

全力推进项目建设，有效扩大了固定资产投资规模。新建续建各级各类项目2718项。工业项目"123工程"快速实施，开工建设了15万吨苯胺、8万吨环氧乙氧基化系列产品、太阳能光电池、生物丁醇、60万只汽车灯具等优化产业结构的重大项目356项，其中5万吨乙酸乙酯、5000吨长丝、D82A多功能车等147项已建成投产。化工、汽车、冶金、纺织等重点工业园区快速规划建设，开始成为聚集工业项目的核心区域。能源交通、城市建设、农业产业化、社会事业等领域项目建设快速推进，长吉城际高速铁路及换乘中心、明城变电站、40万吨饲料加工、北大湖至桦甸一级公路、东北电力大学新校区等一批重点项目顺利开工建设。

精心组织工业提速增效，实现了工业经济快速发展。提速增效和改造升级工程深入实施，百户重点企业主要装置负荷率和主导产品达产率大幅提升，实现销售收入、利润分别占规模工业的83.6%和97.8%。近年建成的乙烯、腈纶等35项重点项目快速达产达效；年内开工的重点项目建成投产率达到45%，新增销售收入37.4亿元。企业自主创新能力进一步增强，新产品销售收入占全市工业销售收入的9.8%。国企改革全面深化，11户重点改制企业完成重组，实现恢复性增长。全面实施民营经济腾飞计划，新增民营规模工业企业120户；民营经济完成增加值390亿元，增长35.9%。

全面加大招商工作力度，提升了招商引资规模和水平。产业招商、专业招商、以商招商和定点招商以及京津鲁经贸洽谈、第三届东博会等一系列境内外招商活动取得显著成效，构建"中俄贸易平台"正式签约，中生集团、中冶集团、通钢集团、美国嘉吉、辽宁奥克、香港胜达、大连新型、上海凯赛等一批国内外知名企业落户我市。全市引进项目2020个，其中3000万元以上项目850个，工业项目1350个，招商引资对项目建设的支撑作用进一步增强。

积极完善征管服务机制，大幅度增加了财政收入。社会综合治税、税源调查和监管、市场专项整治等创新性措施扎实推进，构建起了政府领导、财政牵头、税务主管、部门参与的财税征管机制，依法治税、依法纳税的服务环境得到全面优化，全口径财政收入跃上百亿元新台阶，地方可支配财力增长45.2%，实现了财政收入的历史性突破。

着力推进县域经济突破，进一步加快了新农村建设。县（市）工业集中区建设取得扎实成效，钼矿万吨级扩能、冀东水泥、油母页岩综合开发等重大项目陆续开工建设；农业产业化项目累计开工386项，其中宝信稚牛屠宰、吉粮玉米饮料、济邦洪德堂制药等20个重点项目建成投产，市级以上龙头企业增加到81户。粮食生产再获丰收，总产量达到78亿斤，增长9.6%。新增标准化牧业小区35个，绿色、有机和无公害食品标识增加到134个，畜牧业产值、园艺特产业收入分别增长

21%和25%。新农村建设试点扩大到147个,实施各类新农村建设项目214项;完成水利设施建设2350项、中低产田改造7.35万亩,村镇综合经济实力、生产生活环境得到新的提高和改善。转移农村劳动力49.5万人,非农收入比重提高到25%。

快速发展商贸旅游经济,较好地优化了第三产业。旅游产业对外竞争优势和产出效益明显提升,实现总收入70亿元,增长27%。商贸经济进一步发展,哈达综合批发市场等重点商贸项目建设速度加快,中东新生活购物乐园、大润发船营店等一批大型商贸设施投入运营。社会消费品零售总额达到387亿元,增长17.5%;进出口总额达到8.2亿美元,增长23.5%。生产性服务业快速兴起,越北物流园区、龙潭工业物流中心、吉林西站物流中心等大型物流设施加快建设,化工、汽车等一批专业物流龙头企业进一步壮大;金融保险、信息咨询、中介组织等实现了较快发展。

大力加强城市建设和管理,明显改善了城市综合服务功能和环境面貌。完成城市建设投资91亿元,开工建设垃圾焚烧电厂、长吉城际高速铁路等重点基础设施项目6项,珲春北街、雾凇中路立交桥主体架构等14项道路建设工程如期竣工。工业集中区基础设施建设力度进一步加大,完成投资22.5亿元,新建续建工业公用设施114项,市污水处理厂正式投入使用。完成西山等土地收储492.8公顷。引进北京锡华、上海证大等国内知名企业,开工房地产面积157万平方米,竣工131万平方米。"城市管理年"活动取得显著成效,整治违章建筑、露天占道市场、占道修车洗车、建筑垃圾及散流体运输车辆、低速货车和三轮汽车、广告牌匾、废品收购站等取得了预期效果。加大投入和建设,东市商贸区从根本上改变了脏乱差面貌;吉林大街、解放大路和越山路建设及管理标准全面提升。开工松花江流域污染治理项目17项,北大沟得到有效治理。对51条街路两侧实施了维修改造,完成硬覆盖77万平方米;城区新植乔灌木165万棵、绿地106公顷;37条主要街路实施了经常性水冲洗和洒水降尘。北山文化广场、玫柳园、古民居游园等5个市民休闲广场和20个"清水绿带"亲水平台建成投入使用。

深入实施科教兴市战略,全面发展了各项社会事业。申报省和国家科研立项98项,组织开展碳纤维原丝关键技术攻关等市级科技创新项目65项。教育优先发展得到深入落实,市直学校资源整合任务提前完成,农村教育得到积极扶持,职业教育和高等教育健康发展。高质量承办了第六届亚冬会雪上赛事。首届雪花啤酒节、松花江之夏金秋广场文化活动周等大型文化活动成功举办,社区歌舞、地方戏、露天电影等群众性文化休闲活动和全民健身活动蓬勃发展,有力地营造了健康、向上、和谐的社会文化氛围。电视剧《静静的白桦林》完成拍摄,数字电视整体平移完成24万户。公共卫生服务体系建设步伐加快,城乡卫生服务能力进一步提高。人口和计划生育工作保持全省先进水平,民政、民族宗教、新闻出版、老龄、残联及森林防火等方面工作取得了新的发展成果。

突出改善和提高人民生活,积极落实了构建和谐社会的各项工作。年初承诺的改善民生10件实事全部落实到位:城市居民最低生活月保障标准增加到176元,城区乡镇居民低保标准提高到140元,农村最低生活保障年补差标准增加到240元;全民创业促就业累计安置就业再就业人员8.2万人,基本消除"零就业家庭";新型农村合作医疗县(市)、城区农民参合率分别达到84%和81%;棚户区拆迁151.7万平方米,竣工81万平方米;为1105户无房最低收入家庭发放了补贴金;25个弃管小区和425栋弃管楼落实了管理主体和基本维修措施,规范物业管理试点工作全面启动;完成10座区域二次供水设施改造;新增集中供热面积138万平方米、天然气用户1万户;17个入江排污口如期实现截流;取缔53座分散供热小锅炉房,479台经营性锅炉实现达标排放。积极落实了被征地农民基本养老保险等四项惠民政策。社区卫生服务机构建设、基层公安派出所建设、职业教育发展、社区道路修复等民生事项如期完成年度工作目标。双拥工作取得新成果。实施和完善领导干部接访制度,解决了一批群众反映比较强烈的问题。强化社会治安综合治理,严厉打击各种违法犯罪活动,创建"平安吉林"工作持续深化。落实安全生产监管措施,增强预防和应急处置重大突发公共事件能力,较好保障了社会和谐稳定。

各位代表,一年来,市政府工作在市委的领导下,得到了市人大、市政协的全力支持,得到了市各民主党派、工商联、无党派人士、各人民团体及驻吉解放军、武警官兵的鼎力支持,得到了爱国侨胞、港澳台胞和国内外友人的热情支持,全市人民和社会各界都为我市加速发展做出了重大贡献。在此,我代表市人民政府表示衷心的感谢和崇高的敬意!

总结一年来的工作,我们也清醒地认识到,还存在着一些亟需破解的问题。一是经济总量规模与城市规模不相适应的问题还没有从根本上解决,加速发展的任务仍然十分繁重。二是由于地方财力的现状以及老工业基地转型期存在的深层次矛盾,改善民生的工作还十分繁重和急迫,维护社会稳定还面临着不容忽视的压力。三是少数机关公职人员服务意识淡薄、行政效率不高等问题还不同程度地存在。对于这些问题,我们将在今后的工作中采取切实有效的措施,认真地加以解决。

二、今后五年的发展任务

未来五年,我们要以党的十七大精神为指导,深入落实科学发展观,坚持以人为本,坚持改革开放,坚持城乡统筹发展,以建设实力吉林为基础,构建和谐吉林为目标,全面加快工业强市建设,全面加快现代化城市建设,全面加快社会主义新农村建设,实现经济和社会的更高质量、更快速度发展,完成老工业基地振兴任务,使人民生活水平和生活质量达到中等发达城市水平。

——综合实力再上新台阶。2012年,主要经济指标在2008年提前翻番的基础上再翻一番,地区生产总值达到2200

亿元，力争达到2500亿元；财政收入达到220亿元，力争达到250亿元，全市财政收入占GDP比重保持10%以上，市区达到15%以上。

——经济结构得到新优化。三次产业比重调整为9:51:40，工业所占比重提高到45%以上，经济结构基本实现由以初级加工为主向精深加工转变，循环型、节约型、环保型经济架构初步确立。

——城乡建设展现新面貌。现代大城市框架基本形成；中心城区建成区面积扩大到180平方公里，具备承载250万到300万人口的综合服务功能；县级城市向中等城市迈进步伐明显加快，新农村建设得到重大进展。

——改革开放实现新突破。以管理规范、功能完善的"中俄贸易平台"为重点，构建起全面融入长吉图开放先导区的发展格局，加速市场化改革进程，经济自主增长机制基本形成，发展活力明显增强，参与国内外竞争能力显著提高。

——社会和谐创造新局面。科技、教育、文化、卫生等社会事业发展水平，以及城市文明建设走在全省前列；城镇登记失业率控制在4.5%以内，城乡社会保障综合覆盖率达到90%，社会更加和谐稳定。

——人民生活达到新水平。城市居民人均可支配收入超过全国平均水平，农民人均纯收入保持全国领先水平；城市人均住宅建筑面积达到25平方米以上，城乡公共产品和公共服务进一步完备。

——生态建设提升新层次。万元生产总值能耗比"十五"末下降30%，主要污染物排放总量减少10%，城区建成区绿化覆盖率达到47.4%，污水集中处理率达到90%，大气优良天数超过300天。

按照上述目标要求，未来五年必须在经济、社会的重点方面形成坚实的发展支撑。

——推进经济更好更快发展，加快向国内中等发达水平迈进

以经济总量快速扩张和产业结构优化升级为目标，积极转变发展方式，充分发挥产业和资源比较优势，快速建设新型产业基地，实现经济更好更快发展。

（一）加快新型工业化发展进程，构筑工业强市新优势。

以做大化工、汽车、冶金三大支柱产业为重点，带动其它产业加快发展，实现工业结构快速优化升级。化学工业，以中油吉化、燃料乙醇等骨干企业为依托，突出基本化工原料、化工延伸加工、精细化工和化工新材料、生物化工四大产业链，规划建设17万吨聚碳酸脂、58万吨ABS、42万吨丙烯腈、20万吨丙烯、35万吨苯乙烯、30万吨苯胺等一系列重大项目，到2012年，化学工业销售收入达到1500亿元以上。汽车工业，以一汽轻型等骨干企业为依托，突出轻微型车、多功能车、经济型轿车生产体系，规划建设40万辆整车和汽车零部件配套项目，到2012年，汽车工业销售收入达到320亿元以上。冶金工业，以通钢集团、中钢碳素、铁合金等骨干企业为依托，规划建设200万吨精品钢、百万吨铁合金、20万吨炭素、2万吨金属镍、2万吨钼精矿、150万吨金属制品等重大项目，到2012年，冶金工业销售收入达到500亿元以上。食品、轻纺、能源、建材、电子信息、生物医药、装备制造、新材料等优势产业和新兴产业，通过培育骨干企业和产业集群加快发展，到2012年，工业销售收入达到700亿元以上。

深刻把握新型工业化发展趋势，推进链式化、集群化发展，加快建设和发展化工、汽车、冶金、纺织等十大特色产业基地。一是以发展循环型经济、环境友好型经济为方向，重点发展化工新材料、化工延伸加工和精细化学品、生物化工及天然气化工，大力提高终端产品比重和加工增值能力，建设具有国际竞争力的综合性新型化工生产基地和国内重要的生物能源基地。二是以发展轻微型车、多功能车和专用车为重点，积极构筑轻微型等特色整车生产优势，以及规模化、集成化汽车零部件生产优势，建设国内重要的轻微型车和多功能车及其零部件生产基地。三是以建设通钢集团装备大型化异地技术改造项目为核心，重点发展冷轧、热轧及彩涂、镀锌等精深加工产品，建设北方重要的精品钢材生产基地。四是以发展浆粕—化纤—纺织—染整—服装为主线，加速形成30万吨腈纶、18万吨短纤、35万锭棉纺生产能力，建设世界级腈纶化纤生产基地和东北最有影响的纺织工业基地。五是以扩大生产规模和提高产品档次为重点，加速项目集聚和产业扩张，建设在东北有较强竞争力的石材和陶瓷生产基地。六是规划建设北药、航空、光电池、农产品加工、软件、新型建材等产业基地，快速显现产业集聚效应。

坚持现代企业发展方向，实施"培育骨干企业工程"。突出化工、汽车、冶金等支柱产业，做大做强工业销售收入达5亿元以上的百户重点骨干企业。其中，超百亿元企业达到5户以上，50—100亿元企业达到10户以上，10—50亿元企业达到35户以上，5—10亿元企业达到50户以上，打造出一批展示吉林市形象的品牌企业和品牌产品，构建起工业强市的重要支撑。

（二）加快现代农业建设步伐，构筑起县域经济发展新体系。

全面加大工业反哺农业和城市支持农村的工作力度，切实加快社会主义新农村建设步伐。围绕加快传统农业向现代农业转变，科学调整和规划区域经济布局，全面提升产业化经营规模和水平，着力建设加工型龙头企业，销售收入超10亿元的达到5个、超5亿元的10个、超1亿元的50个。推进粮食、畜牧、长白山特色资源、品牌劳务和矿产五大产业体系建设。粮食生产，探索建立新型企农合作关系，积极发展土地规模经营，扩大原料型粮食种植规模，粮食总产量达到85亿斤，促进以玉米为重点的粮食加工业快速发展。畜牧业发展，努力建成标准化规模牧业小区800个，总产值达到150亿元以上。

长白山特色资源转化，发挥优势，突出特色，一村一品，规模发展，开发一批占领国内外市场的地域特色品牌产品，总产值达到60亿元以上。劳务经济，全面提高农村劳动力转移程度和层次，成为农民增收的重要渠道。矿产资源开发，实现科学有序利用，成为县域工业快速突破的重要支撑。

（三）加快特色产业开发建设，构筑现代服务业新格局。

以现代服务业为战略性成长产业，坚持开放式开发和培育，推进第三产业跨越式发展。完备和提升现代商贸业，发展大型商贸设施，创新大流通体制，推进内外贸易及城乡贸易融合，实现商贸流通业整体升位，建设区域性商贸中心城市。培育和壮大生产性服务业，加快发展金融业，优先发展现代物流业，实现生产性服务业整体升位，建设东北区域性物流中心城市。拓展和提升特色旅游业，深度整合优势资源，加强景观项目建设，引进大型娱乐项目，建设高档次服务设施，有效开发和打造旅游精品，实现旅游业整体升位，建设北方旅游中心城市。

——推进城市建设管理升位，加快向国内先进城市迈进。

以创建国家生态园林城市、国家环保模范城市为载体，积极拓展城市发展空间，提升城市服务功能，优化城市生态环境，努力实现城市建设和管理的新跨越。

完善城市空间布局结构。坚持加快城市建设与增强经济、文化、生态等功能相结合，实施好新一轮城市总体规划，全面构筑起工业强市空间框架；突出重点工程，全面构筑起工业强市承载能力；强化规范管理，全面构筑起工业强市魅力形象；深化生态建设，全面构筑起工业强市宜居环境，实现城市生产、生活和生态和谐一致，充分显现特色鲜明的北方山水园林城市风格。

提高城市综合承载能力。精心组织好城市基础设施十大工程建设：一是吉长城际高速铁路建成通车，换乘中心及东站投入使用；二是打通雾凇大路；三是建设雾凇大桥；四是建设北山大型生态景观广场；五是建设秀水大桥；六是绕城高速公路建成通车；七是建设经开区污水处理厂；八是迁建市一水厂；九是建设城市大型综合性游乐场；十是构筑市区—九站快速交通网络。同时，坚持适度超前、持续发展，以加强设施建设为支撑，全面提升供水、供热、供气、供电以及城市公交等方面服务功能，为城市发展提供坚实的基础性保障。

完善城市长效管理机制。科学规划年度工作目标和标准，深入开展“城市管理年”活动，健全城市管理长效机制，营造安全有序、整洁美观、文明和谐的城市环境，使城市管理整体进入国内先进行列。加强城市规划管理，严格执行法定图则。完善管理和引导机制，促进房地产市场持续健康发展。加强建设项目统筹管理，优化建设组织方式，增强城市运行的协调性和有效性。加快城市资源的开发和转化，提升市政公用服务水平，不断扩大人民群众的受益范围和程度。

——推进社会和谐进步，加快向全面小康社会迈进。

遵循“在共建中共享、在共享中共建”的原则，切实发展好与人民群众利益密切相关的各项社会事业，在改善民生上取得更大的成果。

深入实施科教兴市战略。加强科技创新体系建设，深度实施科技创新计划，加快推进高新技术产业化进程，全面提高科技发展水平，切实增强科学技术对经济社会发展的支撑作用。全面提高城乡基础教育发展水平，基本实现义务教育优质化、均衡化；深化职业教育改革，创新职业教育发展模式，积极支持高等院校特色化发展，创办人民满意教育实现质的跃升。形成完备的人才引进和培育机制，人才对推进快速发展的保障和促进作用得到充分发挥。

大力推进先进文化建设。广泛开展社会公德、职业道德、家庭美德和个人品德教育，积极倡导爱国、敬业、诚信、友爱的道德情操，切实提高市民文明素质、企业社会责任感和城乡文明程度。加强文化基础设施建设，创新公共文化服务体系，实施文艺精品工程，推进文化产业发展，繁荣群众文化活动，提升城市文化品位；加强国防教育，深入培塑“双拥”文化理念，凝聚全社会积极性和创造性，共同构建文明和谐、礼让互助、活泼向上、勇于创业的社会风气和文化氛围。

坚持不懈地改善民生。扩大社会就业规模，拓宽城乡居民增收渠道，城市居民人均可支配收入、农民人均纯收入年均增长分别保持10%以上。健全养老、最低生活保障、城镇居民基本医疗、农村新型合作医疗等各项保障制度，建立农村养老保险制度和城镇低收入家庭住房保障制度，社会保障体系和社会救助体系进一步完备。城乡卫生服务体系进一步完善。基本完成重点棚户区危（旧）楼房和农村泥草房改造任务；基本解决最低收入家庭和低收入困难家庭的住房保障问题；基本完成对住宅小区环境的综合改造；主城区巷路和住宅小区道路全部实现硬覆盖；哈达湾工业区综合整治全面达标。

三、2008年工作安排

根据我市今后五年发展任务和提前实现经济总量翻番目标的要求，2008年经济社会发展主要预期目标安排是：地区生产总值达到1200亿元，增长19%，力争达到1260亿元；完成固定资产投资1000亿元，增长10.5%，力争达到1100亿元；招商引资到位资金800亿元，增长14.3%；地区全口径财政收入达到120亿元，增长18.8%，力争达到122亿元；城市居民人均可支配收入达到14000元，农民人均纯收入达到4916元，分别增长12%。

（一）全面推进经济更好更快发展。

全力抓好固定资产投资。一是加快实施工业项目“123工程”。年内建成投产丙烯腈、乙丙橡胶、含硫废水制酸、超高功率石墨电极等150个项目；开工建设丙烯、丁醇、硅酸盐水泥、特种钢技改等250个项目；积极推进苯乙烯、ABS扩建、经济型轿车、诊断治疗制品等330个项目前期工作。加快化工、汽车、冶金、纺织等特色产业基地建设，促进重点项目集聚。二是加快交通和能源项目建设。长吉城际铁路、绕城高速公路、营城子至松江河高速公路、北大湖至桦甸一级公路、太平川至舒兰二级公路、小城子至二道甸子二级公路以及市公路客运站等工程，完成阶段性建设目标。开工建设江南热电厂、松花江热电厂。吉化动力厂二期扩建项目建成投入使用。三是加快商贸、旅游设施项目建设。重点建设吉林财富广场、牛马行农贸市场扩建等10个商贸项目；江苏恒润、九天储运等7个物流项目；北大湖滑雪场综合开发、拉法山景区、红石湖国家森林公园等7个旅游项目。

大力抓好工业提速增效。规模工业总产值达到1500亿元，增加值445亿元，分别增长25%和29%。一是实施"培育骨干企业工程"，年内发展销售收入10亿元以上企业6户、5亿元以上企业6户、亿元以上企业18户，新增规模工业企业100户。二是推进银企对接、产需衔接，扶持重点企业加快技改扩能，努力做大做强。三是加快重点项目建设速度，推进在建项目尽快投产，建成项目尽快达产达效。四是深入实施民营经济腾飞计划，加大培育和扶持力度，促进具有成长潜力的民营企业尽快进入规模企业行列。五是突出重点行业、重点企业，严格落实节能减排措施，规模工业万元增加值能源消耗下降6.9%，化学需氧量减排7000吨，二氧化硫减排4000吨。

扎实抓好农业和农村经济。一是积极发展现代农业。加大生产投入和新技术、新成果推广应用，加快大型商品粮生产基地建设，粮食种植面积增加到55万公顷。加大资金、技术服务力度，抓好186个养殖专业基地建设，推进畜牧经济产业化、规模化发展，牧业总产值达到110亿元。全面扩大食用菌、中药材、林蛙、毛皮动物等优势特产业生产规模和加工程度，园艺特产业收入达到48亿元。二是积极发展县域工业。大力支持县（市）工业集中区建设，重点抓好永吉冀东水泥、钼矿万吨级扩能、舒兰煤炭新矿等重点工业项目建设；快速推进山东得利斯、福润肉鸡屠宰、蛟河黑尊、泰信达林蛙等重点农产品加工项目建设，市级以上产业化龙头企业增加到90户。三是积极推进新农村建设。重点抓好列入规划的360项新农村建设项目，完成投资19亿元。建立健全长效管理机制，切实加强农村公共基础设施和村容村貌建设。

着力抓好招商引资工作。一是突出主导产业强化招商。围绕做大产业规模，加强专业招商，下大气力引进国内外知名企业。化工、汽车、冶金三大支柱产业的招商引资到位资金，分别占全市到位资金总额的25%、15%和10%。二是突出资源开发强化招商。充分发挥矿产、粮食、长白山特色资源和现有企业存量资源等方面的优势，大力引进资源开发、精深加工型项目。三是突出特色产业基地强化招商。搞好产业链项目规划设计，全力打造特色产业基地招商优势，加快工业项目向特色产业基地集聚。化工产业基地、汽车产业基地年内引进投资3000万元以上工业项目分别达到25项和20项以上。四是突出重点开发区强化招商。切实增强开发区的"领跑"和示范作用，高新区、经开区在招商引资上实现更大的突破。五是突出目标责任强化招商。完善责任机制和激励机制，层层落实目标责任，全面加强督查、调度和考核认定，切实增强招商引资的实效性。

努力抓好现代服务业发展。一是加快生产性服务业成长步伐。快速推进越北物流园区、经开区等4个物流中心，以及内陆港物流、吉轻物流、龙谷物流等一批大型物流项目建设。积极引进外埠金融机构来吉开设分支机构或办理业务，努力增强金融服务功能。二是加快旅游经济发展步伐。整合优势旅游资源，建设佛手山生态公园、小白山综合开发、东福神农庄园等一批重点旅游项目；开发松花江水上旅游项目，建成15个观光码头、6艘观光船舶和3个游艇俱乐部，提升城市休闲娱乐档次。举办好大型节庆活动，拓展境内外客源市场，促进旅游经济发展，实现旅游总收入87亿元。三是加快商贸经济发展步伐。推进临江门昌茂商业街、财富广场等大型商贸设施建设；发展3—5户年销售额在10亿元左右的商贸企业；加大万村千乡市场工程配送比例，推进城乡商贸一体化进程；强化品牌创新，培育100个市级以上名牌产品。进一步丰富商贸活动，扩大地产品市场销售份额。

积极抓好财税工作。一是强化财税收入组织力度。深化社会综合治税，完善税源调查和动态监控机制，加强重点税源、新增税源的掌控分析，充分挖掘税源潜力；强化分散税源委托征缴，做好服务业、房屋租赁等行业税收专项整治工作。改革非税收入征缴管理体制，严格执行收支两条线制度，认真核定非税收入返还比例，提高非税收入对公共财政的贡献水平。二是提高国有资产和政府可控资源的保值增值能力。全面实施土地收储和"招拍挂"制度，拓展国有股股权融资范围，推进汽车号牌使用权、公交线路经营权、广场道路冠名权等无形资产出让，保证政府可控资源的合理、公平和高效使用。三是优化财政支出结构。严格预算管理，适度扩大公共服务支出，把有限财力用于支持经济社会发展和改善民生上来。

（二）着力提高城市建设和管理水平。

深入开展"城市管理年"活动。坚持重点整治与建立长效机制相结合，以规范物业小区管理、改造住宅小区环境、清理违章和超期临时建筑、整治露天占道市场、加强房地产开发和建筑工程管理、强化城区环卫保洁、规范户外广告牌匾及治理城市交通秩序为重点，进一步提高城市管理水平。改革和创新机制和体制，切实提高供水、供热、供气、供电及公交等方面的公用服务质量。完善全员管理责任制，推行制度化、规范化管理。完成城市总体规划修编和相关专项规划编制工作，加大规划监管力度，提高城市理性发展程度。

进一步加强城市和工业集中区基础设施建设。新建续建延安西路、环山街等20条城市和工业集中区道路。维修改造农林街、滨江路等13条主次街路。垃圾焚烧电厂、生活垃圾填埋场投入使用。抓好吉热、新力、源源、东方电厂扩能改造。新增天然气用户2.5万户，解决遗留问题8000户。启动玄天岭、东团山2个公园和“新、老八景”景观建设工程。建设北京路、重庆路、中兴街等10条达标景观路。改造鞍山街等13条道路照明设施。加强房地产市场管理，保障房地产业有序开发和建设，年内开工房地产面积170万平方米。

以主要污染物总量减排为重点加强环境保护。深入搞好经营性小锅炉整治，确保达标排放；取缔65座分散供热小锅炉房。全面加强环境保护工作，严格落实节能减排目标责任，突出新上项目的环评审查和重点企业整改，切实加大依法保护环境的工作力度，杜绝各类重大环境事件发生。

（三）努力促进社会事业协调发展。

提高科技对经济发展的促进和支撑作用。建设5个市级以上技术中心和中试基地，建成10个农业科技型龙头企业、10个新农村科技示范村，实施市级科技计划重点项目30项，申报省和国家科技立项90项。加大人才引进和培育力度，为人才成长和发挥作用提供良好的社会环境。

促进教育公平、均衡发展。加快培育优质教育学校，进一步提高优质教育资源覆盖率。积极促进农村教育发展，加大农村学校校舍和设施投入，强化支教措施，切实提高农村教育质量。整合职业教育专业设置，创办职业示范学校。加强工作扶持，促进高等学校加快发展。

提高医疗卫生服务水平。提升市中心医院等重点医院的示范辐射带动功能，深化卫生资源整合，加速推进城市卫生服务机构建设，社区卫生服务覆盖率达到90%。大力发展农村卫生事业，95%的乡镇卫生院按国家标准完成改造，80%的村卫生所实现达标，农民参合率稳步提高。切实加强医疗药品市场监管，深化医疗卫生系统行风建设，创办人民满意卫生事业。做好人口和计划生育工作，提高人口素质。

积极发展城乡文化体育事业。在举办好松花江之夏文化艺术节等大型文化节庆活动的同时，进一步丰富广场和社区文化活动。实施“文化资源共享工程”，发挥乡镇文化站、村文化室的作用，努力繁荣农村文化生活。建成陨石博物馆和满族民俗博物馆。突出地方特色和优势，推进文化产业发展。组织开展好迎奥运火炬传递活动，推进全民健身计划深入实施。完成234个自然村广播电视“村村通”覆盖任务和电视剧《桃花村的姑娘们》制作。开通互动点播业务，实现数字电视双向化发展。提高村民自治水平，强化社区功能，努力建设管理有序、服务完善、文明祥和的新型社区。大力开展“双支”活动，努力开创双拥工作新局面

（四）切实做好社会稳定和安全生产工作。

认真落实信访工作责任制，完善首办责任、领导接访、信访督办制度，妥善解决群众的合理诉求。健全矛盾纠纷排查调处机制，加大对征地拆迁、工程建设、物业管理、劳动纠纷和社会保障等热点难点问题的排查力度，把社会矛盾更多地化解在基层、解决在萌芽状态。强化政策落实，认真做好民族宗教工作。

推进“平安吉林”建设，加强社会治安综合治理，深入开展打黑除恶、命案攻坚、扫黄禁毒等专项斗争，严厉打击各种严重刑事犯罪、经济犯罪活动和“法轮功”等邪教组织；动员组织群众积极参与社会治安工作，构筑群防群治网络和社会治安立体防控体系，全面提高社会安全保障能力。

加强安全监管工作，建立健全重大危险源监控机制和重大隐患排查治理机制及分级管理制度，严格落实安全生产责任制，突出重点行业和重点领域，加大集中检查和专项整治力度，保障人民群众生命财产安全。

（五）认真办好改善民生的十件实事。

1.深入开展全民创业促就业活动，全年开发就业岗位11.5万个，新增就业人员8.5万人，农村劳务输出突破50万人次，基本消除“零就业家庭”。

2.免除农村义务教育阶段中小学生学杂费和教科书费，对全日制职业学校农村户籍学生及城镇低保家庭学生实行助学金制度。

3.完善失地农民养老保险制度，扩大城镇居民基本医疗保险和农村新型合作医疗覆盖面，做到愿保尽保。

4.抓好居民住宅小区软硬覆盖建设，彻底清除居民小区内废品收购站、驾校练车场等影响居住环境的违规经营行为，对城区109个居民住宅小区物业分阶段落实规范化、标准化管理。

5.继续实施棚户区危（旧）楼房改造。年内完成棚户区危（旧）楼房拆迁100万平方米，当年回迁安置率达到50%以上。

6. 努力扩大廉租住房受益面，年内基本解决城区和县（市）城符合规定条件并申请租赁补贴的城市低保家庭住房保障问题。

7.加快改善农村困难居民居住条件，农村泥草房改造工作取得扎实成效。

8.以整治街区环境、污水和空气污染源治理为重点，实施哈达湾区域环境综合整治。年内消除无组织排放点源，有组织排放点源全部实现达标排放，削减粉尘排放量330吨、烟尘排放量112吨、化学需氧量排放量100吨。

9.清除主城区、主街路露天占道加工和露天烧烤；规范露天早夜市管理，年内完成5个露天日市的退路进厅工作。

10.新建10个以上居民休闲广场，新增5支露天电影放映队，开展经常性文化体育进社区和下乡活动，更好地满足城乡广大人民群众的业余文化生活需要。

（六）进一步加强政府自身建设。

坚持行为规范、公正透明、勤政高效、清正廉洁的建设方向，努力打造服务型政府，切实增强政府组织推进快速发展和服务社会的工作能力。

加强民主法制建设，提高政府依法行政能力。自觉接受人

大及其常务委员会法律监督、工作监督和政协的民主监督，坚持重特大决策事项先报告和协商，充分发挥各民主党派、社会各界的参政议政和民主监督作用。

认真办理人大代表议案和政协委员提案。完善市民听证会制度，提高科学民主决策程度。积极推动电子政务建设，认真实施政府信息公开，落实人民群众的知情权、参与权、表达权和监督权，扩大群众对经济社会发展和城市建设管理的参与范围。规范行政执法行为，严格执法监督和责任追究，全面提高依法行政水平。

加强目标责任制建设，提高政府行政执行能力。强调大局意识，严肃政治纪律和工作纪律，切实加强工作的协调配合，确保政令畅通。强化目标责任制度，做到有岗必有责、有责必尽责，保证各项发展任务真正落实到位。强化绩效问责制度，加强工作督促检查，完善考核措施，严格奖罚办法，形成以实际成果评议机关和干部的激励机制，使责任真正转化为实实在在的发展成果。

加强机关作风建设，全面提高政府服务能力。坚持求真务实的工作作风，深入实际，贴近群众，真抓实干，办好改善民生、促进和谐的实事，干好打基础、增后劲、经得起历史和实践检验的大事。深入推进软环境建设，切实简化行政审批程序，严格落实行政审批代办、联审联办、限时办结制度，建立健全优化服务的“绿色通道”，确保投资者无障碍进入、无障碍发展。强化政务服务中心建设，落实好学校、医院、电信和供水、供电、供热等公用事业单位的办事公开制度。加强廉政勤政建设，及时查处各类违法违纪行为和破坏软环境行为，坚决纠正损害群众利益的不正之风，真正做到“为民、务实、清廉”。

各位代表，未来五年，是全市推进总量翻番，实现又好又快发展的关键时期。我们相信，有省委、省政府和市委的正确领导，有市人大、市政协的大力支持，有全市各族人民的共同努力，我们的目标任务一定能够如期实现。让我们在中国特色社会主义旗帜的指引下，更加紧密地团结起来，以领先发展的高昂志气，顽强拼搏的进取精神，竭心尽力的工作热情，脚踏实地的务实作风，积极投身建设家乡的新征程，全面开创我市更好更快发展的崭新局面！

关于吉林市2007年国民经济和社会发展计划执行情况与2008年计划（草案）的报告

——2007年12月10日在吉林市第十四届人民代表大会第一次会议上

吉林市发展和改革委员会主任　冷　杰

各位代表：

我受市人民政府委托，向大会报告我市2007年国民经济和社会发展计划执行情况与2008年计划（草案），请予审议，并请政协委员提出意见。

一、2007年计划执行情况

今年以来，我市按照科学发展观的要求，认真贯彻落实中央和省委、省政府的各项工作部署，正确把握宏观调控与加快发展的关系，突出重点领域，强化项目支撑，全力组织开展奋战一百天、决战四季度等系列攻坚，圆满超额完成了市人大批准的年度计划，主要经济指标创历史最好水平，为提前实现经济总量翻番奠定了坚实基础。

（一）国民经济强劲快速增长，经济运行质量显著提高。

全市生产总值跃上千亿元新台阶，达到1008亿元（初步预计数，下同），比上年增长38.3%，增速居全省第一位。经济增长协调性进一步增强，第一、二、三产业增加值分别增长20.3%、50%和31.4%，一产业比重下降近2个百分点，工业对经济增长的贡献为18.6个百分点。经济效益大幅提升，一般预算全口径财政收入完成101亿元，同比增长53.8%，财政收入占GDP的比重提高到10%；规模工业实现利润50亿元，增长313%。节能减排全面完成省下达的控制目标任务，规模工业增加值单位能耗下降11%。

（二）固定资产投资持续扩大，“123工程”建设成效明显。

全年在建项目2718项，全社会固定资产投资完成905亿元，增长30.8%，其中，一、二、三产业投资分别增长97%、30.8%和25.4%。着力加强工业重点项目建设，“123工程”项目开工356项，累计完成投资240亿元，为预期目标的105.3%。2万吨高活性聚异丁烯、5万吨乙酸乙酯、晨鸣纸浆系统改造等147个项目建成投产，当年新增销售收入37.4亿元，实现利税7.6亿元；15万吨苯胺、7万吨乙丙橡胶等209个项目在建并结转下年。能源、交通建设继续加强，明城一次变电站已投产送电，西金沟电站、吉化动力厂二期主厂房基本完工；长吉城际铁路及换乘中心拆迁工程进展顺利，兰旗大桥主跨合拢，长珲高速等国省干道建设加快，建成农村公路1780公里。城市建设继续向工业集中区倾斜，珲春北街建成通车，雾凇中路立交桥基本完工，市污水处理厂全面投入运行，4个工业集中区开工基础设施项目114项，完成投资22.5亿元。

（三）工业提速增效取得突破，特色产业园区化发展框架逐步形成。

规模以上工业实现产值1200亿元、增加值345亿元，分别增长33%和52.4%，不同隶属关系、各种所有制工业都有较大幅度增长，工业经济效益综合指数攀升到200点以上。支柱产业和骨干企业的支撑带动作用进一步增强，百户重点企业实现销售收入占规模工业的83.6%。着力加强特色产业园区建设，化工循环经济示范园区规划申报工作取得积极进展，石油化工、精细化工、生物化工产业链条不断延伸；汽车园区已争取到省的优惠政策扶持，森雅多功能车正式投放市场；以通钢200万吨钢为标志的钢铁园区建设开始起步；纺织园区已形成7万锭纺纱能力；蛟河石材园区、桦甸陶瓷园区初具规模。

（四）农业和农村经济稳步发展，新农村建设扎实推进。

粮食产量达到78亿斤，比上年增产6.8亿斤，优质专用粮食比重保持85%以上。新建标准化牧业小区35个，肉牛、生猪出栏量分别增长17.5%和13.2%，家禽饲养量增长16.2%。园艺特产业收入增长25%，黑木耳、食用菌、中药材产业进一步向规模化发展。农业产业化“二四四”工程完成投资34亿元，市级以上龙头企业发展到81户，绿色、有机和无公害食品标识达到134个。新农村建设试点镇、村扩大到147个，实施各类建设项目214项，完成投资4.6亿元，旺起镇、烟筒山镇、庆岭镇窝集口村等一批试点镇（村）初步形成产业特色。

（五）消费需求持续旺盛，各类服务业健康发展。

实施“服务业跨越计划”，社会消费品零售总额实现387亿元，增长17.5%，是“十五”以来增长最快的一年，餐饮、文化、旅游、汽车、住房等消费热点不断拓展。商贸设施建设提升到新水平，中东新生活购物乐园、大润发三店、百联购物中心投入运营,农村流通业态加速升级。物流业加快向规范化、产业化发展,九天、吉轻等专业物流企业不断壮大。金融机构各项存款余额845亿元,各项贷款余额500亿元,分别比年初增长5.6%和22%。旅游业保持强劲增长势头,全年共接待海内外游客1006万人次,旅游总收入增长27%。

(六)开放水平不断提升,民营经济加速发展。

组织开展了赴"京津鲁"、"长三角"、"东博会"及俄罗斯等境内外招商活动,招商引资到位700亿元,增长35.7%;实际利用外资2.8亿美元,增长12%;引进投资5000万元以上项目315项,美国嘉吉、辽宁奥克、上海凯赛等知名大企业落户我市。积极拓展出口市场,进出口总额达到8.2亿美元,增长23.5%,其中出口4.8亿美元,增长20%。外派劳务输出1667人次。实施"民营经济腾飞计划",民营企业发展到1.45万户,新增民营规模工业企业120户,个体私营经济从业人员达到51.5万人,民营经济实缴税金32亿元,增长35.9%。

(七)科技、教育、卫生、文化等社会事业健康发展。

实施省级以上科技开发项目110项,发明专利授权量达到21件。调整合并市直中小学校40所、职业学校6所,落实农村义务教育经费保障机制,农村"两免一补"资金6264万元,东北电力大学、农业科技学院新校区建设进展顺利。开展了城镇居民基本医疗保险进社区工作,确定定点服务机构23家,新型农村合作医疗覆盖率达到80%以上。举办了首届雪花啤酒节等文化活动,建成5个市民休闲广场、20个亲水平台。在省内率先完成了数字电视整体平移。

(八)改善民生十件实事全部如期实现。

城市居民人均可支配收入达到12500元,农民人均纯收入达到4390元,分别增长23%和12.4%。全年开发城镇就业岗位11.2万个,新增就业8.2万人,基本实现无"零就业家庭"。城镇职工养老保险扩大到58.6万人,医疗保险扩大到57万人,提高了城乡居民最低生活保障标准。市区棚户区改造拆迁面积151.7万平方米,1.7万户居民回迁新房,为1105户无房最低收入家庭发放了补贴金。扎实开展"城市管理年"活动,完成了51条街路两侧硬化改造;新增绿地106公顷、草坪175万平方米;对违章建筑、废品收购站、广告牌匾等进行了专项整治;东市商贸区经营环境整体改善。全面启动松花江流域综合治理工程,北大沟治理及17个沿江排污口截流全面完成,479台经营性小锅炉实现达标排放。加大了食品、药品市场监管力度,安全生产形势总体稳定,平安吉林建设不断深化。

我市经济社会发展中存在的主要问题,一是经济总量仍然不大,非公有制经济发展不够充分,多年累积的财政紧张状况尚未得到根本缓解;二是建设项目储备还不适应加快发展的需要,投资持续增长后劲不足,招商引资质量有待提高;三是就业、就医、住房等事关群众利益的热点问题仍比较突出,部分低收入群体生活还很困难;四是消费价格指数上涨5%,为近年来最高水平,特别是食品类价格上涨幅度较大,对居民生活和消费预期带来一定影响。

二、2008年发展形势与主要预期目标

2008年是全面贯彻落实党的十七大精神,力争提前实现经济总量翻番的攻坚决战年,我市面临的发展环境总体比较有利。党的十七大提出了实现全面建设小康社会奋斗目标的新要求,国家政策取向将保持稳定性、连续性,我国经济继续呈现又好又快发展态势。《东北地区振兴规划》进一步明确了东北在全国总体发展格局中的战略地位,中央支持东北老工业基地振兴的政策效应持续显现,发达地区产业、资金北移趋势更加明朗。我省经济发展势头强劲,目前正在规划建设"长吉图开放带动先导区",我市在东北及东北亚的区位优势进一步显现,改革开放面临新的重大历史机遇。

从我市自身基础条件看,一是通过实施经济总量翻番,全市各方面的发展积极性空前高涨,整个经济处于历史最好发展时期,经济增长的内生性、协调性、持续性显著增强。二是近几年持续加大投资和项目建设的积极效应逐步释放,工业强市的发展支撑不断增强,化工、汽车、冶金等支柱产业将进入快速发展期。三是通过调整城市发展空间,各类开发区、工业集中区的基础设施不断完善,产业聚集效应开始显现。四是随着工业化、城镇化加速和消费结构升级,各类服务业特别是生产性服务业将进入持续快速发展阶段。

从不利与制约因素看,主要是国际市场油价波动较大,加之受美国次级债的影响,全球经济发展中的不确定因素增加;为防止经济过热与明显通货膨胀,中央将实施稳健的财政政策和从紧的货币政策,进一步强化信贷、环保、土地等调控措施,严格控制新开工项目,我市部分项目可能受到影响;化解资金瓶颈制约,改善经济发展环境,提升城市整体竞争能力需要时间过程。

综合上述分析,明年我市经济进一步加快发展的条件比较充分。安排2008年国民经济和社会发展计划,要以科学发展观为指导,坚持"稳中求进,好中求快"的原则,切实把握几个出发点:

——立足更快发展,进一步扩大投资和消费需求,继续保持经济强劲增长势头,力争提前完成总量翻番任务。

——着眼更好发展,积极转变经济发展方式,大力提高经济运行质量,切实加强节能减排工作。

——实施重点突破,做大做强支柱优势产业,培育扶持骨干企业,加快建设开发区、工业集中区和特色产业基地。

——坚持改善环境,加大改革开放力度,推进解决深层次矛盾,完善又好又快发展的体制机制保障。

——推进和谐发展,加快发展各项社会事业,着力解决民生问题,扎实推进和谐社会建设。

按照今后五年发展的总体构想,初步安排2008年国民经济和社会发展计划的主要预期目标是:

(1)地区生产总值预期达到1200亿元,比上年增长

19%，其中，第一、二、三产业分别增长8.3%、22.2%和19%，力争达到1260亿元，提前实现三年经济总量翻番目标。

（2）万元规模工业增加值能耗下降6.9%，化学需氧量、二氧化硫减排量完成省下达目标任务。

（3）一般预算全口径财政收入预期达到120亿元，增长18.8%，力争达到122亿元。

（4）全社会固定资产投资预期完成1000亿元，增长10.5%，力争完成1100亿元。

（5）社会消费品零售总额达到453亿元，增长17%。

（6）居民消费价格指数上涨幅度控制在5%。

（7）进出口总额达到10亿美元，实际利用外资3.3亿美元。

（8）城镇新增就业人数8.5万人，城镇登记失业率4.5%以内。

（9）城市居民家庭人均可支配收入、农民人均纯收入分别增长12%。

（10）人口自然增长率控制在3‰以内。

三、2008年经济社会发展的主要任务和重点

为全面实现2008年主要预期目标，全市必须集中力量，突出抓好以下重点任务：

（一）继续保持投资适度较快增长，滚动推进实施“123工程”。

强化落实投资目标责任机制。继续按区域、按板块分解落实投资目标，坚持实行月调度、季通报制度。进一步优化投资结构，工业项目投资比重保持在60%以上。科学安排年度土地供应，优先保障产业园区及重点项目用地，认真落实用地“招拍挂”制度。健全投资综合服务体系，进一步优化项目建设环境。

滚动实施“123”工程。计划实施“123工程”项目400项以上，年度投资320亿元。其中，年内建成投产项目150项，开工并结转下年项目250项。继续实行重大项目责任推进机制，全力推进17万吨丁醇、丙烯扩建、特种钢技术改造等10个投资10亿元以上的重大骨干工程。创新项目前期工作机制，完善项目储备体系，重点推进ABS扩建、苯乙烯等330多个项目的前期工作，力争部分项目提前实施。

继续加强重大基础设施建设。能源建设，建成垃圾焚烧电站、吉化动力厂二期工程，开工建设江南热电厂、松花江热电二期、万两河水利枢纽等项目。交通建设，长吉城际铁路及换乘中心预期投资20亿元，重点推进拆迁、桥梁、路基工程；建成荒岗至舒兰、天德至黑林等公路，争取开工吉林至沈阳高速公路。

（二）深入实施工业强市战略，进一步提高工业经济运行质量。

扎实推进工业提速增效。进一步明晰工业结构调整方向，大力延伸产业链条，做大做强化工、汽车、冶金支柱产业。全面实施“培育骨干企业工程”，年内新增销售收入超亿元企业18户，其中，销售收入超5亿元、超10亿元企业各6户。加强电力、煤炭、运输等生产要素的衔接，优先保证骨干企业需要。规模工业增加值预期达到445亿元，增长29%，实现利润40亿元。

加快建设特色产业基地。深化工业集中区建设思路，重点推进建设化工、汽车、冶金、纺织、石材、陶瓷等特色产业基地，预期完成基础设施投入9亿元，实施“123工程”项目160项，完成投资162亿元。化工产业基地力争完成申报省级、国家级循环经济园区工作，建成乙丙橡胶、丙烯腈扩建、15万吨苯胺、28万吨复合肥等重大项目；汽车产业基地继续推进轻型车整体扩能改造，建成汽车线束等8个零部件项目；纺织产业基地形成20万锭纺纱、5万锭人造棉纱能力；钢铁产业基地重点完善起步区基础设施，确保特种钢技改工程开工并于年内投产。

全面加强节能减排工作。认真落实国家产业政策，基本完成钢铁、有色、建材、电力行业淘汰落后工艺设备任务。以两个“40户企业”为重点，加强节能减排监测、监管。完善工程措施，加快建设吉林热电等烟气脱硫项目，建成运行桦甸市污水厂、舒兰开发区污水厂。加强哈达湾工业集中区环境综合整治，完成炭素厂点源治理、冀东水泥联合储备库改造及晨鸣纸业、铁合金污水改造项目建设。

（三）扎实推进新农村建设，进一步增强县域经济发展实力。

提高农业综合生产能力。加快中低产田改造，全面实施国家大型商品粮基地项目建设，粮食产量预期达到80亿斤。认真落实国家扶持政策，继续推进标准化牧业小区建设，生猪饲养量达到779万头，肉牛发展到426万头，家禽饲养量2.1亿只。大力发展园艺特产业，加快建设食用菌、中药材、林蛙等高效特色农业科技示范基地。加强农业基础设施建设，抓好大绥河水库除险加固、永舒灌区节水配套等续建项目，利用亚行及日元贷款建设温德河城防工程、松花江中上游林业生态工程。

大力发展县域工业。突出资源型工业，推进建设永吉硅酸盐水泥、舒兰煤炭新矿项目，加快桦甸油页岩、蛟河石材开发。突出农产品加工业，重点建设宏润食品、得力斯生猪屠宰加工等60项农业产业化龙头项目，力争完成投资20亿元。围绕为城市大工业配套，突出发展机械加工、汽车配件、医药、建材等产业。加强规划布局，引导县（市）开发区、工业集中区健康发展，积极培育新的增长点。

扎实推进新农村建设。新农村建设由点到面向纵深推进，稳定落实各项支持政策，力争完成投资19亿元，实施建设项目360项，自然屯通油路率达到75%。结合新农村建设，全面实施农村泥草房改造安居工程。加强农民职业技术培训和转移就业组织工作，不断提高农民工资性收入。

（四）加快发展服务业，推进建设区域性商贸、物流中心。

完善提升生活服务业。商贸流通业，重点建设哈达家居市

场、吉林财富广场、江南商贸中心、牛马行市场改扩建等项目，着力培育大型商贸龙头企业。旅游业，继续加强松花湖、北大湖、佛手山等景区景点建设，加快开发松花江、阿什湖水上旅游项目，积极引进建设大型游乐场。房地产业，住宅开工面积保持适度规模，积极调整供给结构，全面规范小区物业管理。社区服务业，进一步提高社区综合服务水平，积极发展社区超市和连锁农家店。

大力发展生产服务业。物流业，加强规划布局和资源整合，加快完善化工、汽车、化纤等工业品物流体系，积极构建以东北亚、中东、裕华盛世等企业为依托的消费品物流体系，推进建设越北等物流园区。金融业，加强银企合作，发展中间业务，加大对重点项目的投放力度，进一步加强全社会的诚信建设，年末金融机构各项存款余额900亿元，比上年末增长6.5%；各项贷款余额600亿元，增长20%。加快发展法律、会计、评估、信息、项目咨询、融资租赁等中介服务业。

（五）加大民营经济扶持力度，促进民营经济加速腾飞。

深入实施民营经济三年腾飞计划。全面落实促进中小企业和民营经济发展的政策措施，在市场准入、财税、信贷等方面加大扶持力度。继续开展全民创业活动，积极推进创业基地和公共技术平台建设。着力解决民营企业融资难问题，加快发展担保公司，扩大信用担保规模，积极争取和落实中小企业专项资金。完善综合服务体系，对具有一定规模和发展潜力的民营企业建立培育档案，继续选派企业联络员。2008年，全市民营经济主营业务收入预期达到1300亿元，增长30%，实缴税金达到40亿元以上。

大力提高民营经济整体素质。积极引导民营企业向工业集中区和特色产业基地集聚，延伸产业链，提升产业层次，加快向集群化方向发展，年内新增民营规模工业企业100户。加快现代企业制度建设，继续抓好民营企业高级管理人员和创业者培训，大力提高民营企业管理水平和发展能力，支持有实力的民营企业尽快上市。强化民营企业社会责任意识，鼓励和引导民营企业广泛参与社会公益事业。

（六）进一步优化发展环境，加快构建对外开放新格局。

深入推进重点领域改革。深化企业改革，加快解决国企改制后的遗留问题，积极争取国有大企业优质资产注入，适时启动集体企业改革。加快服务型政府建设，坚持依法行政，推行阳光政务，完善项目审批“绿色通道”，落实行政审批代办、联审联办、限时办结制度，大力提高审批效率。加快推进社会管理体制改革，完善公共服务体制。深化农村综合配套改革，进一步推进村务公开，积极促进农村土地有序流转。

积极构建对外开放新格局。坚持资源招商、产业链招商、园区招商，促进以商招商，积极承接境内外产业、资本转移，着力引进一批重大项目，招商引资预期到位资金800亿元，其中工业项目引资520亿元。继续实施“走出去”战略，大力开拓出口市场，积极发展中俄、中朝商品贸易，落实《中俄贸易平台合作协议》具体措施。按照全省对外开放总体战略部署，主动融入“长吉图开放带动先导区”，加快推进长吉经济一体化进程，积极参与东北和东北亚发展合作。

（七）加快发展社会事业，提高城乡公共服务水平。

加快科技创新，实施省级以上科技计划37项、市级重大科技项目10项，建立省级企业技术中心3家、中试基地2个，开发自主知识产权新产品20项。注重城乡教育均衡发展，全面实施城乡免费义务教育，组织开展对口支援、教师下乡支教活动，组建天使职业教育集团，完成农业科技学院、北华大学三期校舍项目建设。加强市级医疗资源整合，加快社区卫生服务机构和乡镇卫生院建设，城市社区卫生服务人口覆盖率达到90%，新型农村合作医疗覆盖率提高到85%以上。加强城乡文化场所建设，建成陨石博物馆、满族民俗博物馆，建设“农村书屋”400个。组织开展迎奥运火炬传递活动，深入实施全民健身计划，建成全民健身运动中心。开通数字电视互动点播业务，完成234个自然村广播电视覆盖工程。

（八）更加注重改善民生，积极构建和谐社会。

继续实施积极的就业政策，新开发城镇就业岗位11.5万个，新增就业8.5万人。大力提高社会保障水平，深入推行城镇居民基本医疗保险，继续做好被征地农民养老保险工作，探索建立农村社会保障体系，加强城乡救助体系建设。认真落实国家和省价格调控措施，加强粮食、食用油、肉类等基本生活必需品的生产储备和价格监测，严格控制涨价项目出台，严厉打击价格违法行为，努力实现价格调控目标。加快城市棚户区危（旧）楼房改造，积极发展经济适用房和廉租房。扎实开展“城市管理巩固年”活动，抓好事关群众生活的水、电、路、热等设施改造，加快建设一批休闲、健身公共设施。继续推进生态市建设，全面落实松花江流域综合治理措施，取缔65座分散供热小锅炉，新增集中供热面积150万平方米。进一步加强食品、药品安全监管，认真落实安全生产目标责任制，积极创建平安吉林。

各位代表，吉林市正处在加快发展步伐，实现后发赶超的关键时期。我们要以党的十七大精神为指导，抓住机遇，乘势而上，全面完成明年国民经济和社会发展计划，力争提前实现经济总量翻番任务，为实现在全省领先发展奠定坚实基础。

关于吉林市2007年预算执行情况和2008年预算草案的报告

——2007年12月10日在吉林市第十四届人民代表大会第一次会议上

吉林市财政局局长　　常　贵

一、2007年预算执行情况

2007年,在市委、市政府的坚强领导下,在人大和政协的监督支持下,全市财税部门以“奋斗三年,实现总量翻番”为中心,以税源普查和全社会综合治税为重点,开拓创新,强化征管,财政收入超额完成预算。财政支出结构进一步优化,公共保障能力增强,促进了人民生活水平提高。各项财政改革有序推进,全年预算执行情况良好。

(一)财政收入情况。

2007年,全地区一般预算全口径财政收入预计完成101亿元,比上年增长53.8%。

2007年,市区地方级收入预计完成273500万元,比上年增长48.7%,为预算的134.6%。加上上划中央和省的收入后,市区一般预算全口径财政收入预计完成756313万元,比上年增长54.8%,为预算的127.0%。

(二)财政支出情况。

2007年,市区一般预算财政支出预计完成526560万元,比上年增长21.5%,为预算的115.4%。

2007年市区预算执行及财政工作的主要情况是:

第一,坚持依法治税,创新征管措施,财政收入高幅度增长。今年以来,各级财税部门创新征管措施,采取多种手段,依法组织各项收入。在全市范围内开展税源普查,了解各产业、各行业税源分布和变化情况,为加强征管提供了依据。深入推行社会综合治税,与相关部门建立涉税信息共享制度,实行零散税收委托代征,开展特种行业税收专项整治,税收环境明显改善。积极开展百户重点企业税源调查,做好税收趋势分析和预测,及时掌握税收征管工作的主动权。努力创新非税收入征管方式,机动车选号费、出租车经营权有偿出让和转让收入等纳入预算管理,国有资本投资收益、产权转让收入等纳入非税收入的管理范围,最大限度挖掘增收潜力。同时,探索建立征收激励机制,努力提高非税收入的财力贡献水平。

第二,坚持科学发展,发挥财政职能,积极支持工业提速增效。牢固树立科学发展观,积极支持开发区和重点工业园区办理土地储备和加强基础设施建设,提升项目区域的承载能力和可持续发展能力,保证各级政府开展招商引资和对外经贸交流活动,进一步促进项目建设和投资增长。继续落实振兴老工业基地的税收优惠政策,为吉化集团、燃料乙醇等394户企业办理增值税转型退税3.6亿元;按照国家规定做好豁免企业历史欠税的相关工作,将有效减轻企业负担。争取专项资金用于增加科技型中小企业技术创新、技术改造贷款贴息及结构调整专项补助,提高了企业自主创新能力。制定支持民营经济发展的财政鼓励、税收扶持和行政收费等优惠政策,推动民营经济实现腾飞目标。

第三,坚持城乡统筹,围绕农民增收,促进新农村建设。加大补贴政策实施力度,对种粮农民继续实行综合直补和粮食直补政策,拨付直补资金8398万元,比上年增加2512万元,14.2万户农民直接受益;安排良种补贴、农机具购置补贴、农业增产三项技术推广补贴1274万元,并完成吉林市农民补贴网建设,确保补贴政策得到有效落实。争取专项资金3052万元,用于病险水库除险加固、农村饮水安全、农村沼气及森林生态效益补偿等项目支出,逐步改善农村生产生活条件。落实各级财政补助资金1714万元,支持开展城区新型农村合作医疗试点工作,努力减轻农民医疗费用负担。这些措施促进了农业农村经济发展和农民增收,加快了城乡协调发展的步伐。

第四,坚持以人为本,调整支出结构,增强公共财政保障能力。各级财政部门按照公共财政的要求,重点支出向民生倾斜,着力维护好人民群众的根本利益。一是在兑现2006年7月1日调资和发放地方津贴补贴的基础上,再次提高在职和离退休人员的工资水平。二是认真落实就业再就业政策,公益性岗位补贴、职业培训补贴、社会保险补贴等就业补助支出1.3亿元,积极支持就业和再就业工作。三是加大社会保障资金投入,增加财政对社保基金补助;城乡低保扩面和提高补助标准增加城市居民最低生活保障支出5685万元,全面实施城镇居民基本医疗保险办法,增加城镇居民医疗保险补贴支出2006万元。四是进一步支持教育事业发展,全面实施了农村义务教育经费保障机制改革,全部免除农村义务教育阶段中小学生学杂费,提高了农村中小学公用经费的保障水平。五是支持棚户区改造,在落实好各项扶持政策的基础上,增加棚户区改造项目支出,保证了我市棚户区改造任务顺利完成。六是为避免油价上涨对部分弱势群体和公益性行业的影响，及时拨付成品油价格补贴，同比增长92.8%。七是加大城乡文化、卫生、体育等社会事业的投入，争取专项资金1638万元，用于农村广播电视节目无线覆盖工程、社区卫生服务标准化建设、疾病预防控制、农村部分计划生育家庭奖励扶助等项目支出，促进了和谐社会建设。

第五，坚持与时俱进，强化预算管理，继续推进财政管理制度改革。实施支出预算定额标准改革，根据预算单位实际情况，结合财力状况，做好支出标准定额调整的各项工作，建立了适应新形势要求的支出标准体系。政府收支分类改革全面实施，按照新的政府收支分类科目编制了部门预算，同时，开展了政府收支分类科目使用情况的专项检查，督促预算单位相应建立新的会计科目核算体系，为编报部门决算打下良好的财务基础。国库集中支付改革试点的准备工作基本就绪，完成了制度建设、岗位职责、业务流程、软件开发及设备购置等前期各项工作，新的财政资金监管模式即将运行。政府采购规模不断扩大，全年完成政府采购额1.4亿元，增长20.1%。同时，实施了政府采购信息公告和集中采购机构管理办法，提高了政府采购工作的制度化和规范化水平。

第六，坚持依法理财，加大检查力度，财政监督机制进一步完善。进一步加强了预算管理，提前编制和批复了2007年市本级部门预算，提高了预算编制的规范性和科学性，强化了预算约束。加强国库和财政专户资金管理，按季分月分析财政资金流运行和阶段性平衡情况，狠抓资金调度，保证了重点支出的资金需要。逐步推进预算单位资金账户向零余额账户过渡，市直预算单位自管资金统一纳入财政专户管理，有效推进了"收支两条线"改革。做好清理规范津贴补贴工作，会同监察、人事、审计等部门共同开展津贴补贴专项检查，有效规范了工资收入分配秩序。市直预算单位银行账户清查工作取得成效，重点检查了预算单位银行账户286个，其中撤消不合理银行账户44个。集中开展行政事业单位资产清查，并对闲置资产进行拍卖处置，增加闲置资产处置收益。建立会计信息质量检查的长效机制，查处违纪资金1395万元，已收缴违纪资金125万元。继续清理行政事业性收费项目，实行收费公示制度，强化社会监督，促进了依法行政和软环境建设。

2007年市区预算执行和财政经济运行中也存在一些亟待解决的问题。一是原油价格持续上涨对我市化工产业税源影响较大，加大了"两税"增收的难度；二是支出压力较大，特别是政策性增支，解决民生问题，维护社会稳定，推进城市建设和归还各种债务等，需要增加支出的重点项目相当多，收支紧张的矛盾仍未得到根本缓解；三是财政收支管理的规范化、科学化水平仍有待提升。上述问题，必须通过加快经济发展，推进财源建设，强化预算管理，创新监管机制，着力加以解决。

二、2008年预算草案

2008年是我市提前完成"三年翻番"目标的关键一年，做好明年财政工作，圆满完成预算任务，具有十分重要的意义。综合分析明年的财政经济形势，根据市委十一届三次全体会议对明年工作的总体部署，2008年预算编制和财政工作的总体思路是：以党的十七大精神为指导，以科学发展观为统领，以实现总量翻番和促进领先发展为目标，以强化预算管理，深化财政改革，加强财政监督为手段，支持产业结构调整，加强财源建设，促进经济实现又好又快发展；做好增收节支工作，严格依法治税，努力实现财政收入较快增长；坚持以人为本，进一步优化支出结构，着力支持社会发展和解决民生问题；加强支出管理，推进各项改革，创新监管机制，为开创总量翻番和领先发展新局面奠定财力基础。根据上述总体思路，按照积极稳妥的原则，编制了2008年财政预算草案。

（一）财政收入。

2008年，全地区一般预算全口径财政收入预算为120亿元，比上年增长18.8%，力争达到122亿元。

2008年，市区地方级收入预算为329599万元，比上年增长20.5%。加上上划中央和省的收入后，市区一般预算全口径财政收入预算为922702万元，比上年增长22.0%。

（二）财政支出。

2008年，市区地方级收入预算为329599万元，加上预计中央和省税收返还和其他各项补助后，按照收支平衡的原则，2008年市区财政支出安排458129万元，可比口径比上年增长7.7%。

2008年市区预算安排考虑的主要因素：

一是支持产业布局调整和工业提速增效。支持财源建设是财政工作的一项重要职能。要继续贯彻落实好省、市制定的促进开发区和各类工业园区快速发展的财税政策，加大园区内基础设施的投入力度，支持产业布局调整；增加招商引资经费的预算安排，推动项目引进和投资增长；发挥财政职能作用，争取专项资金重点扶持化工、汽车和冶金等重点骨干企业加快技改扩能，提升对税收增长的贡献水平；落实扶持民营经济腾飞的财税优惠政策，促进有发展前途的中小企业做大做强，着力培育多元化财源结构。

二是着力改善人民群众的生活水平。要优先安排好行政事业单位在职和离退休人员的工资资金，并确保按时足额发放，维护好群众的根本利益；落实好企业养老金调待政策，增加财政对社保基金的补助，确保养老金和失业金及时发放；落实好就业和再就业政策，增加对公益性岗位、社会保险补贴、职业培训补贴、职业介绍补贴和小额担保贷款贴息补助的预算安排，支持就业和再就业工作；落实好城镇居民最低生活保障资金，确保城镇低保对象的基本生活；落实好新型农村合作医疗和城镇居民基本医疗保险补助资金，使广大城乡居民在改革和发展中得到更多实惠。

三是促进各项社会事业协调发展。根据有关规定，结合财力可能，妥善安排好农业、教育、科技等重点支出，并确保实现稳定增长；要统筹安排预算内外资金，切实保证党政机关正常运转和政法部门履行职责的资金需要；落实好公共卫生和社区卫生服务经费预算，逐步健全公共卫生经费保障机制；争取专项资金，支持发展城乡文化体育事业，让群众分享文化体育发展的成果。

三、再接再厉，扎实工作，确保完成2008年预算

按照2008年政府工作的总体要求，为确保完成2008年预算，将重点抓好以下工作：

（一）强化税收和非税收入征管，促进财政收入稳定增长。以建立税源监控长效机制为主线，继续推进社会综合治税工作，健全各部门涉税信息共享机制，为依法加强收入征管提供信息支撑；进一步加强零散税收委托代征管理，强化源泉控管措施，防止收入流失；结合税源普查成果，加大对征管难点和薄弱环节的税收专项整治力度，最大限度地减少漏征漏管问题；大力整顿和规范税收秩序，加强稽查工作，严厉打击偷逃抗税等违法行为。认真落实《吉林省规范政府非税收入管理办法》，进一步加强非税收入征管，做好计划管理、信息管理、考核管理等各项基础工作，建立稽查长效机制，切实提高非税收入的财力贡献水平。

（二）深化预算管理制度改革，加快提升财政管理水平。进一步健全市区财政管理体制，完善市与区收入共享办法，逐步提高各级政府提供基本公共服务的能力。进一步规范部门预算编制程序，细化基本支出预算项目，探索项目支出预算实行滚动安排的管理方式和方法，切实发挥部门预算改革的核心作用。国库集中支付改革试点正式启动，通过国库单一账户体系，建立财政直接支付和授权支付机制，提高财政资金管理的规范性、安全性和有效性。进一步健全政府采购体系，扩大政府采购规模，加大推进专项拨款政府采购实施力度，切实发挥政府采购的调控职能，规范政府采购行为。

（三）加强财政监督管理，努力规范财经秩序。结合贯彻行政执法责任制工作，把财政监督管理贯穿于财政工作的各个环节，有效推进依法行政；加强对重大支出项目的申报和使用的全过程监督，确保专款专用；探索建立财政支出绩效考评机制，将项目效益与经费拨付和下一年度预算安排相结合，逐步健全事前介入、事中监控、事后评价的项目支出监督体系；加强对资产处置和有偿使用收入的管理，维护政府资产的安全性和完整性，防止国有资产流失；开展会计信息质量检查，加强会计基础工作，提高会计信息质量，严格规范预算单位的财务收支行为；开展财政投资评审和专项检查，重点加大对国债资金和重大项目建设资金的审查力度；严肃财经纪律，厉行节约，坚持勤俭办一切事业，努力提高财政资金的使用效益。

吉林市 2007 年
国民经济和社会发展统计公报

2007 年，在市委、市政府的正确领导下，全市人民以加快发展为动力，以实现"总量翻番"为目标，开拓进取、奋力拼搏，实现了经济总量跨越性突破，经济发展速度、质量和效益同步提高，民生民利持续改善，各项社会事业全面进步，社会和谐稳定，为实现提前"翻番"和在省内率先发展打下坚实基础。

一、国民经济

经济总量

国民经济保持快速健康增长。据初步核算，全年实现地区生产总值 1008 亿元，现价增长 38.3%，不变价增长 18.4%。其中，第一产业增加值 132.2 亿元，现价增长 20.5%，不变价增长 3.5%；第二产业增加值 500.1 亿元，现价增长 50.3%，不变价增长 22.1%；第三产业增加值 375.7 亿元，现价增长 31.2%，不变价增长 19.8%。三次产业结构得到进一步优化，产业结构的比例关系由上年的 15.1:45.7:39.2 调整为 13.1:49.6:37.3。全市人均生产总值达到 23277 元，按现行汇率折算为 3187 美元。

财政收支

2007 年，全市财税部门以"奋斗三年，实现总量翻番"为中心，以税源普查和全社会综合治税为重点，开拓创新，强化征管，财政收入超额完成预算并实现百亿奋斗目标。全市一般预算全口径财政收入完成 100.6 亿元，比上年增长 53.2%；全市地方级收入完成 40.8 亿元，比上年增长 48%。财政支出结构进一步优化，公共保障能力增强，促进了人民生活水平提高，全市一般预算财政支出完成 98.8 亿元，比上年增长 24.8%。

开发区建设

2007 年，高新区以项目建设年为主线，狠抓科技创新、招商引资、项目建设、征地拆迁、基础设施建设、城市管理和社会服务等各项工作，成效显著。据统计，技工贸总收入完成 167 亿元，增长 40.5%。工业总产值完成 118 亿元，增长 48.2%。地区生产总值完成 50 亿元，增长 40.3%。财政收入 8.3 亿元，增长 118%。固定资产投资完成 82 亿元，增长 22.4%。招商引资到位资金 71 亿元，增长 56%，其中：外资到位 3352 万美元，同比增长 19.8%。

吉林经济开发区始终把招商引资工作作为头等大事来抓，不断创新招商思路，拓宽招商渠道，结合区域特点，确立了突出发展化工、轻工化纤纺织和品牌食品三大主导产业，大力发展能源与环保产业和安全技术产业，积极发展机械电子产业，提升产业配套能力，初步形成了比较合理的产业布局，经济继续保持平稳快速增长。实现全口径地区生产总值 34.4 亿元，增长 48.8%；固定资产投资 90.1 亿元，增长 35.9%；财政收入 4.6 亿元，增长 37.5%；规模工业总产值 110.5 亿元，同比增长 50.8%；招商引资实际到位资金 71.9 亿元，增长 48.4%，其中利用外资 2805 万美元。

民营经济

2007 年，吉林省实施促进民营经济三年腾飞计划。全市民营经济发展态势强劲，经济指标再创历史新高，超额完成省下达的腾飞计划目标，实现了民营经济快速腾飞的良好开局。全市民营经济实现主营业务收入 1029.5 亿元，增长 34.4%；实缴税金 30.6 亿元，增长 30.1%；私营企业户数达到 11914 户，比上年增加 1159 户企业；从事个体工商业业户达到 15.86 万户，比上年增加 1.36 万户；从业人员达到 51.98 万人，比上年增加 3.38 万人。全市投资额在千万元以上项目共开工 568 个，其中亿元以上项目 73 个。

市场价格

2007 年我市居民消费价格总水平上涨 5.3%，其中食品类上涨 12.1%，居住类上涨 5.5%，医疗保健和个人用品类上涨 4.4%，家庭设备用品及维修服务类上涨 2.9%，衣着类上涨 1.5%；烟酒及用品类下降 0.3%，娱乐教育文化用品及服务类下降 0.9%，交通和通讯类下降 3%。

农　业

2007 年，全年继续贯彻落实扶持农业发展的各项政策措施，农业取得良好发展，效益提高，产业结构不断升级，粮食产量突破历史新高。农林牧渔业总产值 209 亿元，增长 21.2%。种植业结构有所调整。粮食播种面积增加 6%，其中：玉米播种面积增长 25.3%；水稻播种面积增长 5.8%；大豆播种面积降低 45.7%。

全年实现农业产值 100.4 亿元，增长 17.2%。粮食总产量 390.7 万吨，增长 9.8%，其中：水稻 111.5 万吨，增长 6.2%，玉米 257.3 万吨，增长 18%，大豆 14.7 万吨，减少 45.4%。油料产量 1.2 万吨，增加 15.2%；烟叶 0.2 万吨，与上年持平。

全年实现牧业产值 93.6 亿元，增长 26.1%。生猪出栏 402.4 万头，增长 2.8%，肉牛出栏 119.3 万头，下降 21.7%。猪牛羊肉产量达到 49.6 万吨，增长 1.4%，牛奶产量 8.2 万吨，下降 8.2%。

全年渔业完成产值 7.2 亿元。水产品总产量达到 3.5 万吨，增长 11.7%。

全年林业产值完成 6.1 亿元。完成荒山、荒地造林面积 1164 公顷，有林地造林面积 5131 公顷；迹地更新面积 1412 公顷，增长14.4%；全年四旁植树165.8万株，增长61.8%。

农机装备总量持续增长，结构进一步改善，全市农业机械总动力达到183.5万千瓦，比上年增长14.2%。

工　业

工业经济平稳快速发展。2007年全市规模工业企业完成工业增加值344.7亿元，现价增长52.4%（可比价增长22%）。全年实现主营业务收入1207.9亿元，增长29.3%。工业产品销售率96.8%，比上年下降1.2个百分点。全年实现出口交货值37.8亿元，增长40.6%。

全市规模工业企业累计实现利润50.5亿元，其中：中央工业盈利10.1亿元，同比扭亏增盈18.9亿元；省属工业盈利12.6亿元，同比增加5.9亿元；市及市以下地方工业累计实现利润27.8亿元，同比增加12.9亿元。

全市规模工业综合经济效益指数为214.3，同比增加61.2。总资产贡献率11.4%，同比增加4.8个百分点；资本保值增值率103%，同比下降23.6个百分点；资产负债率52.7%，同比提高1.6个百分点；流动资产周转率2.9次，同比增加0.2次；成本费用利润率4.4%，同比增加3个百分点；全员劳动生产率180447.4元/人，同比增加68986.5元/人。

全市规模工业实现原煤产量335.3万吨，同比增长73.1%；生铁产量114.8万吨，同比下降0.6%；钢产量289.7万吨，同比下降9.2%；水泥产量336.8万吨，同比增长14.1%；乙烯产量87.3万吨，同比增长16.1%；合成橡胶产量18.4万吨，同比下降1.6%；化学纤维产量达到33.8万吨，同比增长49.1%；汽车产量5万辆，同比下降28.2%；发电量129.5亿千瓦时，同比增长1.9%，其中：水电30.4亿千瓦时，同比下降0.3%。

建筑业

全年资质以上建筑业企业完成总产值79.4亿元，增长32.6%，建筑企业房屋建筑施工面积396.7万平方米，竣工面积236.7万平方米。

固定资产投资

全市实现全社会固定资产投资905亿元，比上年增长30.8%。其中：城镇投资完成750亿元，增长28.6%；房地产开发完成投资70.3亿元，增长50.9%。

房屋施工面积1960.5万平方米，其中：住宅施工面积683.7万平方米；房屋竣工面积1156.9万平方米，其中：住宅竣工面积279.6万平方米。

在建项目2717项，其中，完成投资亿元及以上项目及单位156个，完成投资3000万元及以上项目及单位778个。完成投资5000万元及以上项目及单位427个。5000吨粘胶长丝连续纺项目完成投资1.19亿元；吉林沱牌农产品的50万吨玉米深加工项目本年累计完成投资4.27亿元；吉林晨鸣纸业的低定量涂布纸生产线项目本年累计完成投资1.51亿元；吉林燃料乙醇的年产5万吨乙酸乙酯项目本年累计完成投资1.37亿元；东北电力集团白山抽水蓄能泵站项目本年累计完成投资1.52亿元。吉林大榆气体的二氧化碳综合利用项目本年累计完成投资1.39亿元。

全年建成投产项目2033项，新增固定资产650.5亿元。全市固定资产投资新增主要生产能力有：铁合金3540折标吨/年；原煤开采57.5万吨/年；硫铁矿开采1.2万吨/年；石墨及碳素制品2230吨/年；冷轧(拔)钢材20万吨/年；合成橡胶7万吨/年；焊接钢管20万吨/年；水泥120万吨/年；钾肥3万吨/年；啤酒9.1万吨/年；化学原料药200吨/年；机制纸浆8.5万吨/年；高等院校学生席位12460个，建筑面积12.1万平方米；新建公路270.1公里，其中：高速公路143公里，改建公路19.2公里，一级公路62.9公里；城市道路扩建长度93.44公里，城市道路扩建面积202.3万平方米；城市防洪堤长度17.5公里，城市排水管道铺设长度54公里；城市污水处理能力11.4万吨/日。

招商引资

招商引资规模质量显著提升。全市形成重招商、抓招商的良好氛围，针对重点国家和区域组织专业招商，以及充分利用第三届东博会良好契机，取得显著成果。全年全市招商引资到位资金702.4亿元，同比增长36.4%。

国内贸易

2007年消费需求持续旺盛，消费品市场继续活跃。全年社会消费品零售总额389亿元，增长18%，比上年提高1.6个百分点。其中批发零售贸易业零售额实现332.6亿元，增长17.9%，餐饮业零售额实现55.9亿元，增长18.2%。分地域看，城市消费品零售额实现324.8亿元，增长18.7%；县以下农村市场消费品零售额实现64.2亿元，增长14.6%。

对外经济贸易

对外经贸发展势头强劲。2007年全市实现外贸进出口总额9.6亿美元，同比增长28.5%；其中出口5.6亿美元，增长23.9%；进口4亿美元，增长35.5%。实际利用外资2.9亿美元，增长14.6%。实现对外承包工程劳务合作营业额5848万美元，增长22.3%；新派劳务1703人，增长7.8%。

交通运输和邮电

交通运输业平稳发展。全年货物周转量[①]142335万吨公里，同比增长35.33%，其中，公路运输142288万吨公里，同比增长35.35%，水路运输47万吨公里。全年旅客发送量172497万人公里，同比增长10.94%。其中，公路170922万人公里，同比增长11.15%；水运1575万人公里，同比下降7.62%。

邮电通信业继续发展。全年邮政业务总量2.6亿元，比上年增长6.7%；电信业务总量33.1亿元，增长14.3%，其中：移动电话业务总收入23.6亿元，增长20.4%；长途电话业务电路1.53万路；年末移动电话用户247.4万户，增加33.8%；年末本地电话用户115.5万户，其中：城市电话用户85.4万户，乡村电话用户30.1万户；年末住宅电话用户93.1万户，同比增长

1%;年末长途电话交换机容量2.7万路端;局用电话交换机容量达到142.6万路端;长途光缆线路长度2054公里;互联网用户24.5万户。

旅游业

借全省旅游产业大会之势,倾力打造地方品牌,整合优势资源,旅游经济健康、迅猛发展,截至到2007年末,共接待国内游客1029万人次,增长18.2%,实现旅游收入70.8亿元,比上年增长26.4%;接待入境旅游者4.5万人次,创汇1249万美元。

金融保险业

金融运行平稳,信贷资金来源稳步增长,贷款投放适度,结构合理。年末全市金融机构本外币各项存款余额845.4亿元,比年初增加45.2亿元。其中:本外币企事业存款余额145.5亿元,比年初增加25.9亿元;城乡居民本外币储蓄存款604.2亿元,比年初增加20.1亿元。年末全市金融机构本外币贷款余额为456亿元,比年初增加46亿元;人民币各项贷款余额为447.8亿元,比年初增加47.4亿元。其中:短期贷款余额268.7亿元,中长期贷款余额152.7亿元。全年累计现金收入3140.8亿元,累计现金支出3169.4亿元,收支相抵净投放28.7亿元。

二、社会发展

科　技

实施科教兴市战略,增强科技竞争优势,自主创新迈出较大步伐。2007年,全市共实施各级各类科技计划141项,其中国家级32项,省级39项,市级70项。共投入资金4048万元。

共登记科技成果77项,其中达到国际水平3项,国内先进水平74项。

共获省科技进步奖25项,其中,一等奖3项,二等奖7项,三等奖15项;共授予市科技进步奖74项,其中一等奖3项,二等奖47项,三等奖16项,推广奖8项。

共申报各类专利447项,国家知识产权局授权313项。共认定登记技术合同184份,新确认科技企业20户。

技术监督工作扎实有效地开展了食品生产加工领域和10类重要工业产品质量安全专项整治工作,并取得了明显成效,小作坊建档率、食品生产企业获证率、小作坊质量安全承诺书签订率和10类产品建档率均达到100%,圆满地完成了各项整治任务。2007年争创中国名牌产品实现3个。

特种设备监管基本实现动态管理,“三图、一表、一证”绘制基本完成,建立一支134人的协管员队伍,特种设备监管软件投入使用,特种设备的监管网络基本实现。

教　育

2007年,全市教育工作紧紧围绕建设和谐、普惠和人民满意教育的目标,深化教育改革,取得了较好的业绩。基础教育优质化水平有了显著提升,高考文理科超600分率、进重点线率均居全省第一位,特教学生高考录取人数居东三省第一位。职业教育“专业调整建设年”确立了30个市级重点建设专业,对10所职业学校进行了深度整合,市教育局接收了4所行业办职业学校,基本上实现了职业学校的实质性合并。深化了职业学校教学模式改革,年内培养技术技能型人才2万多人。启动了“上岗技能无偿援助计划”,为1200多名下岗职工、贫困人口和农村富余劳动力进行了免费培训。全市名优教师数量有了新的增长,23人被命名为特级教师,99人被认定为省级骨干教师,共涌现国家、省和市级优秀教师、优秀班主任等1128名。颁布实施了全国地级市第一部民办教育条例《吉林市民办教育促进条例》。目前,全市共有中等职业学校40所,在校学生56547人,专任教师3235人;普通高中47所(含完中27所),高中生83249人,专任教师3890人;初中158所(含九年制学校31所),初中生149253人,专任教师9699人;小学882所,小学生237566人,专任教师18827人;幼儿园797所,在园儿童64576人,专任教师3407人;特殊教育学校10所,特教学生1086人,专任教师267人。

文　化

2007年,共创作和改编了大型歌舞晚会、童话剧、二人转剧(目)等50余台(个),朝鲜族群舞《鼓欣》和少儿曲艺《美丽的谎言》获全国第十四届群星奖表演奖。市歌舞团、市话剧团、市戏曲剧团完成各类演出436场,市歌舞团参加了中央电视台春节联欢晚会、第六届亚冬会文艺晚会等国家级大型文艺演出,远赴俄罗斯、西班牙、香港等国家和地区开展文化交流。成功组织了吉林市第九届“松花江之夏”和“松花江金秋”广场文化活动周,并获全国第十四届群星奖服务奖。全年组织各类大型活动100多项,举办群众性休闲活动200多场次,免费放映露天电影465场次。全市22处文物保护单位被省政府核准为第六批文物保护单位。在北山西峰修建了吉林市平安钟楼。吉林陨石雨博物馆改建工程开工建设。文化产业发展迅速,实现产值2500万元。

2007年广播电视事业加快发展,全市有广播电台6座,节目套数9套,全年广播播出时间50076.6小时。电视台、电视转播台全地区9座,节目套数9套,电视播出时间89224.12小时;中波发射台2座,调频发射台6座,电视台6座,电视转播台3座;广播综合人口覆盖率97.9%;电视综合人口覆盖率96.2%。

2007年,电视剧《都市外乡人》获第十届全国精神文明建设“五个一工程”优秀奖和中国广播电视大奖“飞天奖”二等奖。电视剧《插树岭》获第十届全国精神文明建设“五个一工程”特别奖和中国广播电视大奖“飞天奖”一等奖。

吉林市电视台与中央电视台经济频道合作,举办的《倾国倾城:最值得向世界介绍的中国名城》大型直播晚会、市经广台承办的“雪花啤酒节”、市电台策划举办的“首届江城的士节”在省、市以至全国产生了积极效应,为促进江城经济发展和展示城市魅力做出了卓有成效地贡献。

卫　生

全市卫生事业不断进步，呈现出稳步发展的良好态势。到2007年底，全市各级各类医疗卫生机构4044所，其中：医院153所，疗养院2所，卫生院107所，门诊部78所，急救中心1所，采供血机构3所，专科疾病防治机构11所，妇幼保健机构12所，疾病预防控制中心12所，卫生监督所2所，医疗科学研究机构5所，城市社区卫生服务机构117所，诊所1071所，卫生所（医务室）177所，农村社区卫生服务站2293所。全市拥有卫生技术人员23119人，千人口拥有卫生技术人员5.3人。全市拥有医疗床位17868张，增长1%，千人口拥有医疗床位4.1张。

体　育

2007年，成功地承办了第6届亚冬会全部雪上项目比赛，被亚雪联、亚奥理事会官员盛赞本届亚冬会是历史上最成功、最圆满、最有影响力的一届亚冬会，体育局被省政府授予集体二等功。

全市群众体育围绕“全民健身与奥运同行”这个主线，相继举办了奥运会火炬手选拔和全民健身系列群体活动共61项次，做到了天天有锻炼、周周有活动、月月有比赛，达到参与50万人，带动50万人，辐射100万人的目标，全市经常参加体育锻炼人数达到130万人，占总人口的28%。荣获全国“全民健身活动周”优秀组织奖、全国“亿万妇女健身活动”先进单位、全省群众体育先进奖，使我市荣幸地入选为“北京2008奥运会”火炬传递城市。

竞技体育成绩整体提升。在第6届亚冬会上我市运动员以5金4银3铜的成绩创造了新的辉煌，特别是王春丽在越野滑雪短距离项目上的夺冠，实现了我国越野滑雪项目在亚冬会单项比赛中金牌零的突破，使我市越野滑雪项目竞赛水平走到全国前列；在全国第六届城市运动会中我市又有9人在四个项目上进入决赛；荣获2007年全省“竞技体育突出贡献奖”。

积极为百姓创造健身条件。完成了吉林市5个健身广场器材的安装、验收工作，同时在我市的街道、社区、学校、机关投入健身器材11处，共计336件。

体育彩票销售额达到2.18亿元，为地方财政代扣代缴56万余元税款，解决了近400个低收入家庭的贫困问题，近500个无业人员、下岗人员的就业、再就业问题，提高了近800人的年收入，同时为体育事业可持续发展奠定了基础。

积极培育市场，对体育经营场所进行安全检查，组织体育从业人员培训。目前全市非经营性体育场所1600余家，开办项目30余个，共有从业人员约12000人，有近5000余人实现了再就业。

城市建设和市政公用事业

2007年，城建工作按照“奋斗三年、总量翻番”的总体部署，贯彻落实“以人为本、服务经济、建管并重、科学发展”的方针，通过“百日奋战”、“决战四季度”等系列活动，城市建设项目快速推进、城市承载力显著增强。2007年，全市共安排城建项目111项，共完成城建固定资产投资91.9亿元。

22条工业集中区道路及配套工程、珲春北街等7个续建工程、淮安街等18条主次街路、雾凇东路等6条棚改配套路全部竣工，达到了开辟一片新区、建设一条街路、拉动一方经济的目的。76条主次街路、8座桥梁的维护工作全部完成。垃圾焚烧电站建设完成土建工程施工。污水处理厂投入运营，日处理量达到18万吨。吉长城际高速铁路正式开工建设。

大力实施城市绿化、美化、硬化和亮化工程。迎宾大路绿化带、35条主次街路树木补植任务全部完成。新增绿化面积106公顷，栽植乔灌木165万株，建成区绿化覆盖率达到了42.2%。解放大路和吉林大街等50条主街路30万平方米硬覆盖工程全部竣工。在松江路设置电子雾凇灯，音乐喷泉扩建工程投入使用，使城市面貌有了明显的改观。改造区域供水泵站和供热站、截流沿江污水吐口、敷设热网等工程全部竣工。热源扩能、天然气改造完成年度计划。市政府投入6500万元，对长期影响江北市民生活的北大沟进行了综合整治。北山、古民居等5个市民休闲广场和游园建成并面向群众开放。

重点棚户区改造完成拆迁建筑面积151.7万平方米，开工建筑面积179万平方米，年内安置1.7万户，回迁安置率达到90.7%。房产地开发坚持引大扶强、规模开发，先后引进北京锡华、江苏苏宁等域外知名开发企业，建成了锦绣花园等一批高尚住宅小区。

对江北、高新和江南商厦等10个区域的二次供水设施进行了全面改造，铺设供水管线10公里。自来水公司供水总量10592万立方米，其中，生活用水4851万立方米。

东关、源源热电扩能改造工程按计划启动，新铺设热网主干线10公里，新建、改建60座供热站，取消了53座分散供热小锅炉，实现并网面积138万平方米。供热电量1469万吉焦，其中：热水1404万吉焦，蒸汽65万吉焦。城市集中供热面积3220万平方米。

铺设天然气中低压管线19公里、庭院管线18.8公里。新发展天然气用户11133户，解决遗留问题13165户。新建车用加气站两座。液化气供气总量3.9万吨，人工煤气供气总量878万立方米，天然气供气总量3482万立方米。家庭用液化气用户达22.6万户。

铺设了农林街、和平路、越山路等3条污水管线，全长3650米。启动了北大沟综合治理工程。对水源江段17个污水吐口进行了截流改造。污水处理厂于8月29日投入运行，目前日处理量达到18万吨。

新建水冲公厕5座，购置生物公厕1座，翻建旱厕27座。垃圾焚烧电站开工建设，年底实现冷封闭。

更新公交车辆53台，调整改造公交线路9条。市区共有公共汽车线路68条，运营线路网长746公里，标准运营车数922标台，客运总量19719万人次。年末实有出租汽车数4452

辆。

三、人民生活

人口与计划生育

2007年末，户籍总人口432.7万人，其中，男性人口219.5万人，女性人口213.2万人。农业人口221万人，非农业人口211.7万人。全市人口自然增长率为4.25‰，比上年增加1.62个千分点。出生人口3.82万人，死亡人口1.99万人，人口出生率8.86‰，死亡率4.6‰。全市计划生育率达95.12%，增加0.17%；一胎率达78.34%，增长3.37%。

就　业

深入开展全民创业带动就业工作，给予各类优惠创业扶持政策，加快创业企业的生成，带动了就业和再就业。全年开发城镇就业岗位11.2万个，城镇新增就业人员8.4万人，年末城镇登记失业率为3.2%，比上年末下降0.21百分点。

生活与保障

人民生活水平继续改善。据城市抽样调查统计，全年城市居民人均可支配收入12500.8元，比上年增长23.1%，人均消费性支出10048.1元，比上年增长20.4%。据农村抽样调查统计，全年农民人均纯收入4496元，增长15.1%。2007年底，城市人均住宅建筑面积21.59平方米，增加0.1平方米；人均住宅使用面积14.89平方米，增加0.28平方米。

截止2007年末我地区养老保险参保人数为58.8万人，扩面新增3.1万人，其中非公经济组织参保44.7万人。实际缴费人员57.5万人，其中个人续保34.5万人。失业保险参保人数为38.7万人。

征缴养老保险费23.1亿元，其中清收欠费3238万元，续保人员征缴养老保险费6.7亿元。征缴失业保险费1.8亿元，其中清欠为349万元。

离退休人数为25.9万人，新增退休2.3万人，退休人员社会化管理率98.5%，社区管理率为90.2%，离退休人员实际支付25.2亿元，当期拨付率100%。领取失业保险金的人数为2.5万人，失业保险金发放率100%。

社会保障覆盖范围逐步扩大。我市被确定为国家首批79个城镇居民基本医疗保险试点城市，提前享受了国家补贴政策。年末全市基本医疗保险参保人数达142万人，增长112%，其中：城镇职工基本医疗保险人数达62万人，增长17%，城镇居民基本医疗保险人数达80万人；工伤保险参保人数达36.9万人，增长23%；生育保险参保人数达27.74万人，增长29.7%。

社会福利事业持续发展，全市各类收养性社会福利事业单位102个，拥有床位20779张，其中光荣间807个，全年共收养142.6万人次，年末在院人数4375人，其中：收养优抚对象526人，收养三无对象3445人，到2007年末，全市城镇社区服务设施855个，全市各类社会福利企业176户，福利工厂66个，共安置1556名城镇残疾人就业，其中女城镇残疾人855人，全年销售社会福利彩票4.15亿元，接受社会捐赠1708.2万元，接受社会捐赠衣被5.4万件。

全市有32万人享受到最低生活保障补助，其中城市有18.4万人享受到最低生活保障，农村有11.7万人享受到最低生活保障，有1.98万人享受到农村五保救助，保障资金达27228.2万元，其中城镇21826.5万元，农村5401.7万元；保障抚恤补助优抚对象17032人，安置退役士兵和复员干部1688人，保障离退休职人员935人，其中本年接收军队离退休干部85人。

登记管理社会团体515个，民办非企业488个，本年登记结婚32784对，离婚12032对，救助4044人。

环境保护

2007年是我市环境保护事业快速发展的一年，全力加强污染减排，使污染防治由被动应对转向主动防控，环境与经济的关系发生了可喜变化，城市环境质量持续好转。环境空气质量好于2级以上天数达到326天，占全年总天数的89%，除哈达湾空气污染指数处于3级外，其它各功能区污染指数均为2级，属于良好；松花江吉林江段水质状况良好，九站、哨口断面水质类别由过去的轻度污染上升为良好；松花湖湖区水质年达标率为89.7%，比上年提高3个百分点；饮用水源水质达标率为100%。

主要污染物总量减排、城市管理、环境监管等各项工作取得明显成效，完成了省政府下达的总量减排任务。对全市479台经营性锅炉中整治超标排放锅炉146台；审批建设项目584项，建成投产使用项目"三同时"全部执行到位；出动监察人员7772人次，检查排污企业2984户，对61户重点企业实施了严格监管；受理群众信访1461件次，立案率100%，结案率98%。

四、主要问题

2007年，全市经济实现了又好又快发展，但在经济发展过程中还存在产业结构不优，投资效益不高，民营经济比重偏低，就业压力依然较大等问题。

说明：交通运输客货运量数据中不含铁路。

本公报发表的数据为年度快报统计数。

农村经济

【农村经济综述】 2007年是全市实现经济总量翻番目标的基础之年，是全市农业和农村经济加快发展，取得突破性进展的一年。过去的一年，全市上下认真贯彻落实科学发展观，以新农村建设为统领，加大农业投入力度，加强农业基础设施建设，实现了粮食增产、农业增效、农民增收的预期目标。全市农业总产值209亿元，同比增长21%；全市实现一产增加值132亿元，同比增长20.4%；农民人均纯收入达到4390元，同比增长12.4%。农业和农村各项工作进展顺利，实现了七个方面的新突破。

一是争取惠农政策实现新突破。全年争取和落实国家各项惠农政策性补贴 4.4亿元，同比增加1.2亿元，争取农业产业化龙头企业贷款贴息和扶持资金1600多万元，同比增加600多万元。

二是农业各产业发展实现新突破。首先，粮食产量再创历史新高，达到78亿斤阶段水平，高产优质专用粮食品种种植面积达到播种面积的87%。玉米深加工达到140万吨，带动农民增收1.4亿元，高淀粉玉米订单种植试点取得初步成效。其次，牧业经济继续较快发展，肉蛋奶总产量不断提高，生猪、肉牛、家禽等畜禽饲养规模不断扩大。全市牧业产值实现96.4亿元，同比增长29%。第三，园艺特产业规模继续扩大，效益逐步提高，全年实现产值37亿元，同比增长14.9%，“三品”标识累计达到134个，同比增加16个。建设园艺特产高效示范园区2个，建设越橘生产试验示范园1个，无公害蔬菜、黑木耳已培育成为省级园艺特产基地，推动了我市有机无公害农产品生产。第四，林业和水利经济稳步推进。林业经济实现产值5.7亿元；水利经济实现产值4.1亿元，同比增长30%，商品鱼产量达到3.4万吨，实现增加值8500万元。

三是农业固定资产投资和农业产业化项目建设实现新突破。全市新建续建农业固定资产投资项目386项，累计完成投资99.5亿元，同比增长10%，其中农业产业化“二四四工程”项目完成投资34亿元，同比增长21%。农产品加工业产值达到123亿元，同比增长25%，全市市级以上农业产业化龙头企业达到81户，省级名牌农产品达到34个，新建农民专业合作组织100个，发展农村经纪人500人。乡镇企业通过加大政策扶持、积极组织招商引资和开展“创业杯”竞赛活动，进一步激发了发展活力，实现增加值66亿元，缴纳税金7亿元。

四是农业基础建设实现新突破。首先，农业标准化、信息化、机械化和科技化水平得到提高。全年新增村级信息服务站278个，新建农业标准化基地9个，农产品绿色标识累计达到134个；落实农民购机补贴570万元，全市农机固定资产总值达到10.97亿元，比上年增加1.22亿元，农机总动力达到184万千瓦，新增农机总动力15.8万千瓦；累计推广新品种、新技术、新成果85项，完成农民培训71万人次。其次，农田水利基本建设得到加强，共完成建设项目2316项，实现投资5300万元。第三，农业基础建设投入大幅增加。国家投资7500万元的大型商品粮基地建设项目进展顺利。第四，造林绿化面积继续扩大，全市完成造林1.04万公顷，义务植树570万株。第五，“新网工程”建设取得重要进展，农村各类现代流通网点已超过2000个。第六，农业气象防灾减灾能力切实增强。完成了70个中尺度加密自动站建设，增加了雷电、酸雨、土壤水分养分、森林可燃物以及乡镇天气预报业务。第七，农业政策性保险取得新成效。全市承保面积达19.4万公顷，参保农户20多万户，并适时启动了能繁母猪保险。第八，农业行政执法力度不断加大。农资市场得到有效监管，违法违规经销农资案件得到遏制；河道采砂、地下水资源管理和水蛭捕捞等水利专项整治工作成效显著；动物卫生监管工作得到加强；实现了连续28年无重大森林火灾。

五是农村劳动力转移实现新突破。各级政府和劳动部门加大了阳光工程、职介中心和职业技能培训机构的建设力度，多层次、多元化、多渠道的转移就业服务体系初步形成。共完成各类培训8.2万人，转移农村劳动力49.5万人，实现劳务收入近41亿元。

六是新农村试点建设实现新突破。试点工作启动两年来，全市共确定省市县三级试点村镇147个，各级财政投入资金5800万元，95个部门联扶新农村建设试点村镇65个，共为试点村镇协助招商引资2600万元，协调部门投入资金1300万元，直接投入资金及捐款、捐赠资金210万元。通过加大资金投入力度、实行联扶工作机制、健全组织领导机构、加大集中整治力度等措施，新农村建设试点工作总体进展顺利，成效明显。首先，试点村镇特色优势产业不断壮大。建成了龙潭区乌拉街、蛟河市黄松甸镇伟光村等一批特色产业专业村。其次，龙头企业规模数量不断扩大。试点村镇引进和开工建设各类项目298项，完成投资4.6亿元。第三，基础设施和公共事业建设加快推进。三级试点村镇新修建乡村路2850公里、修建沼气池2800个、有线电视覆盖率达到84.6%、新建农民文体活动中心8800平方米。第四，人居环境整治效果明显。通过开展以“五化”为主要内容的集中整治活动，试点村镇村容镇貌得到较大改观。第五，农民素质和主体意识普遍增强。通过培训、宣传等措施，试点村镇农民的综合素质和建设新农村的热情进一步提高。两来年，试点村镇建设经验的积累，为全市新农村建设的深入开展奠定了坚实的基础。

七是农村综合改革实现新突破。乡镇机构改革、县乡财政管理体制改革、农村义务教育管理体制改革进一步深化；农民负担监督管理机制、农村社会保险制度、“一事一议”筹资筹劳制度、乡村债务化解办法等得到进一步落实。土地规范流转的规模进一步扩大，全年规范流转土地3.76万公顷，增加了

1.26万公顷。县以上农村经济管理部门共处理土地问题来信来访3900件（次），农民负担来信来访380件（次），查处农民负担案件21件，维护了农村社会稳定。同时，全市兽医管理体制改革、林权体制改革、水管体制改革和国有粮食企业产权制度改革继续得到深化。

（王立军）

工业经济

【工业经济综述】 年初以来，在市委、市政府的领导下，工业战线围绕总量翻番，以深入开展提速增效活动为主线，全力提升主要装置负荷率和主导产品达产率，全力推进工业项目投产达效和产业优化升级，全力实施改制企业重组启动和传统产业恢复，全力开展工业节能降耗和经济发展方式转变，精心组织，周密安排，促进全市工业呈现健康较快发展势头。

一、切实加强经济运行调控，推进百户重点企业快速发展

全力推进百户重点企业快速发展。建立健全了百户企业调度网络，深入开展了百户企业达产达效情况调查，组织百名干部到企业进行挂职对接，指导企业制订未来三年综合改造发展规划。对部分没有实现达产达效的企业，分析原因，提出针对性解决办法，促进企业达产达效。

进一步加强经济运行调度和生产要素协调保障。建立形成了全市工业经济协调调度工作机制。每月召开一次由各县（市）区主管领导参加的调度会议，召开一次由税务、工商、交通、电力等相关部门参加的经济运行分析会议，及时掌握工业提速增效进展情况，及时解决工业提速增效遇到的问题。加大生产要素协调服务力度，在省经委的大力支持下，将吉林晨鸣纸业等企业纳入到沈阳铁路局重点运输计划，使我市纳入计划的企业户数由2006年的13户增加到19户。

着力抓好已建成项目的投产和达产达效。对2006年建成的69个重点项目，进行了跟踪调度，实现新增现价产值52亿元。对上半年新建成项目，逐项落实达产达效措施，按照原有设计产能，填平补齐，最大限度地发挥了产出效能。

2007年，全市规模工业完成现价产值1209亿元，增长30.1%，超过省下达的目标任务109亿元；完成工业增加值348.6亿元，增长69.5%，超过省下达的目标任务53.5个百分点；实现利润50.5亿元，超计划38.5亿元。

二、突出抓好项目建设和招商引资，推动产业结构优化升级

积极开展“工业项目年”活动。以全省工业项目年活动为载体，实施全市工业项目建设“123”工程。即确保100个投资3000万元以上工业项目在年内建成投产，确保200个工业项目在年内开工建设，确保300个工业项目在年底前完成前期准备工作，具备开工建设条件。集合各方面力量，全力推动工业项目建设。

坚持园区式集群化发展理念，加速推进特色园区发展。以吉林化工特色园区、吉林纺织特色园区、吉林电力电子特色园区、吉林陶瓷特色园区、吉林石材特色园区等特色工业园区为重点，创新管理方式，制订发展规划和实施方案，积极争取和落实各项扶持政策，促进特色园区快速发展。

建立工业项目建设“提速通道”。在工业项目建设进程中，实行市纪检委牵头督办，具体专人负责，明确各职能部门办理时限，减少项目审批环节，提高项目审批效率。同时，变坐门服务为登门服务，主动指导和帮助项目建设主体按照国家要求完备项目建设条件。

2007年，全市工业累计完成投资553亿元，占全社会固定资产投资的62%，超额完成省下达目标任务123亿元。

三、大力开展工业节能降耗，努力实现经济发展方式转变

对十一个县（市）区和40户重点耗能企业下达了2007年的节能降耗指标计划。指导重点耗能企业逐户制订节能降耗工作方案。对15户重点耗能企业进行了节能降耗和能源计量工作专项检查，对企业存在的问题及时提出了整改要求。

在全市重点耗能企业中实施了重大节能工程。重点抓好工程质量和进度，跟踪推进了冀东水泥磐石有限责任公司低温余热发电站工程项目等12项“十一五”期间实施的重点节能改造项目。预计项目完工后，将形成21.5万吨标准煤的节能量。

加强节能管理的各项基础性工作。建立了全市能源统计监测体系，摸清了全社会能源消耗的总量。开展了对40户重点耗能企业节能诊断和能源审计的培训工作。开展了能源计量专项检查，对被检查企业中存在的仍在使用国家命令淘汰的设备、计量器具超期使用等情况进行了通报。会同市统计局、市质监局，对全市化工、电力、冶金等重点耗能行业企业的近百名能源管理、统计人员进行了专业培训。

2007年，全市规模工业万元工业增加值综合能耗4.88吨标准煤，同比下降12.6%，比省下达计划高2.6个百分点。

四、继续加强产需衔接和银企对接，为企业发展搭建产品和融资平台

积极开展产需衔接工作。以帮助企业开拓市场为目的，积极开展产需衔接等工作。重点开展了酒类市场专项整顿、燃料乙醇市场专项整顿工作，规范了市场秩序，促进了华润雪花、吉林燃料乙醇公司的健康发展。召开了水泥产品产需衔接对接会，促进了重点水泥企业的发展壮大。

大力推进银企对接工作。成立了吉林市银企对接工作领导小组，先后数次召开银企对接工作会议，为银行和企业之间搭建了对接平台。通过积极工作，有效促进了银企间的沟通与合作。农行、建行、商行等金融机构为17户企业办理贷款13.58亿元。交通银行和浦发银行为康乃尔化学公司30万吨苯胺项目解决了资金问题。

五、深入推进改制重组和产业恢复，积极稳妥地处理改革、发展与稳定问题

务实抓好改制重组工作。一是妥善处理好企业改制及改制后的遗留问题。二是积极做好委属37户企业改革的工作。截止目前，东晨毛纺等28户企业全部完成；无线电元件、亚麻酸厂、合众汽车修配厂、三汽配、汽车轴瓦厂、西关电厂等6户企业改革正在办理产权过户手续；经纬供热的改制工作正在有序推进。三是认真开展好破产工作。全年共申报政策性破产企业8户（占全省的80%），目前3户已破产终结，5户企业将于2008年进入破产程序。四是做好企业剥离办社会职能工作。

积极抓好培育企业上市工作。一是做好对已上市的公司服务和管理工作。二是做好对未上市的股份制企业股权托管工作。三是做好上市企业培育工作。昊宇石化公司、永大集团公司、正业生物制品公司、玲珑家俱公司已先后同券商、律师事务所、会计师事务所签订了辅导顾问协议，进入到上市辅导期。昊宇和永大2008年有望成功登陆中小板市场。吉林龙山有机硅公司、吉林吉瑞石油机械公司、吉林市大黑山钼矿、龙鼎电器等企业已纳入企业上市储备资源。吉福新材料公司、福源馆等企业有望登陆创业板市场。

进一步抓好企业管理工作。从引导、指导企业加强和改善企业管理工作入手，组织成立了吉林市企业管理专家咨询队伍，开展了企业家大讲堂，召开了吉林市企业联合会、吉林市企业家协会换届大会，编制印发了《吉林市企联（协）通迅》，为万名一线职工进行了免费健康体检。

（王洪岩）

交通·邮电

【交　　通】——交通运输。完成客运量3460万人次，客运周转量151600万人公里，货运量3670万吨，货物周转量116560万吨公里，同比分别增长6%、11%、9%和28%。交通运输在各种运输方式中处于优势地位。4条线路进行了公交化改造。在蛟河召开了客运站管理服务现场会。开展了机动车维修质量服务月和诚信维修企业评比活动，在全省率先开通了二级维护远程监控系统。驾驶员培训全部使用IC卡管理，全年发放IC卡2.1万张。成立了道路运输协会物流专业委员会。客运总站在市内设立客票代售点3个，实现了同城异地联网售票。新开辟白山湖至抚松等旅游航线3条。淘汰船舶170艘，增加新型客船19艘。全市重点水域旅游船舶全部实现了公司化管理。

——交通基础设施建设。完成投资16.3亿元，超省交通厅调整后计划指标5.3亿元（增加GDP6.51亿元，增加财政收入5575万元），其中公路建设投资15.8亿元，占全省普通公路投资的16.2%，场站建设投资5000万元。建成各级公路1805公里，其中农村公路1780公里，超计划590.5公里，村村通达到97%。兰旗松花江大桥主体和艾屯至大口钦11.7公里二级公路完工。长珲高速公路九站出口改建工程完成投资2100万元，立交桥下部和匝道路基完工；省道五桦线北大湖至桦甸62公里一级公路完成投资1.2亿元，小桥、涵洞完工；舒兰至荒岗32.4公里一级公路完成投资1.16亿元，小桥、涵洞完工；小城子至二道甸子61公里二级公路完成投资1.5亿元，征地拆迁全部完成；天德至黑林8.5公里二级公路完成投资4000万元，路基、桥涵、防护工程完工。雾凇路客运站完成投资3000万元，磐石客运站完成投资1230万元，建成乡镇客运站20个。工程质量监督覆盖率100%。干线交工项目优质率100%，农村公路全部合格。北大湖至桦甸项目单项工程优质率100%，受到交通部的好评，省交通厅多次组织项目管理人员到现场参观学习。

——公路养护。以争创“三杯”为目标，深入开展了公路养护管理年活动。养护投资9217万元，落实农村公路养护财政转移支付资金871万元。大中修100公里，修复水毁路基1.9万立方米，水毁桥梁6座。建成农村样板走廊路段1262公里，其中精品路段469公里。实现路宅分离的行政村达到14个，建成公路服务区一处。国省干线和县级专养公路好路率分别超省下达指标2.1和9.7个百分点，县级非专养和乡村公路好路率均创历史最好水平。

——交通法制。制定了《吉林市交通局行政执法案卷评查工作制度》，细化了行政处罚自由裁量权，编制了《政府法制信息采集管理系统》，完成了普法任务。深入开展了客运、危货、物流、汽修、驾训和水运市场专项整治活动，无证营运、串线营运、超员超载等违法行为得到集中治理，2户运输企业、30个维修业户、4所驾校、3个配货站被取缔或收回许可，17台危货运输车辆被取消营运资格，2户维修企业被降级，14所驾校被暂停教学业务，清理外挂车辆323台，补缴运输管理费101万元，运输市场秩序明显好转。拆除违章建筑6处，处罚超限运输车辆2327台次，卸货681吨。办理一般程序行政处罚案件516件，未发生行政复议和行政诉讼。

从夯实基础入手，开展了交通安全管理基础工作建设年活动。对水上运输、道路客运、危货运输、工程施工和重点消防单位进行了专项检查，消除了安全隐患。建立和完善了水上交通安全监控中心、公路质量检测中心、车辆检测中心、公路施工和危货运输安全评价体系，管理能力明显增强。松花湖客运船舶安装了GPS监控系统，改造渡船6艘。改造危桥15座，涵洞17道。全市交通系统没有发生重大安全生产责任事故，水上安全管理工作得到交通部的充分肯定。

——政务公开。危货运输从业资格证审批和道路运输证件年检等业务全部进入政务中心办理。普通货物运输、旅客运输和汽车维修许可项目的审批时限减少5个工作日。受理行政审批4026件，办结率100%，无一超时，政务中心交通窗口多次被评为先进单位，群众测评满意率100%。定期更新了交通局网页内容，信息的公开性和时效性得到保证。

——**稳定工作**。三货运、七货运和吉北爆破拆迁公司历史遗留问题基本解决。完成了事业单位人事制度改革，保持了队伍的稳定。创新农民工工资发放制度，建立了个人账户，工资款直接发放给农民工个人，有效地防止了中间截流，受到农民工的欢迎。全年发生集体访6批次，同比减少110批次。信访形势趋于稳定。

——**廉政建设**。建立了教育、制度、监督并重的惩防体系，代表全市接受了省里检查。开展了向陈淳同志学习、“树新风正气，促和谐发展，为实现总量翻番营造优质交通服务环境”主题教育和廉政承诺、谈话活动，进行了反腐败警示教育，对照正反典型召开了专题民主生活会，落实了“一岗双责”责任制。以治理商业贿赂为重点，加强了对重点领域、重点工程、重点岗位和重点环节的监督检查，没有发现违规违纪问题。以软环境建设为切入点，大力加强行风建设，在强化监管的同时，积极帮助企业和业户排忧解难，受到好评。

——**精神文明**。以“文明在交通”活动为载体，深入开展了文明站车、文明收费站、文明窗口创建活动，服务意识进一步增强，服务质量进一步提高。交通局在第6届亚冬会期间服务出色，被省委、省政府荣记三等功；客运总站和交通宾馆被评为文明诚信窗口单位；21个青年集体被授予“青年文明号”，其中国家级2个，省级8个，市级11个。发表新闻稿件150余篇。发展党员16名。荣获市直机关运动会优秀组织奖。

（张　涛）

【邮　　政】　——**基本情况**。2007年是邮政公司化运营的第一年。全局干部职工认真贯彻落实省公司的各项方针政策，以科学发展观为统领，以创建和谐企业为目标，加快发展，创新机制，强化管理，提升形象，较好地完成了各项工作任务。

业务收入持续增长，邮政总收入实现22882万元，绝对值比上年增2598万元，增长12.81元。总体经营规模和发展水平越上新台阶。

经济运行质量和效益进一步提高，圆满完成省公司下达的收支差预算目标，现金流量进一步增加，企业财力稳定增长。

精神文明建设取得新成果。船营旗舰店被评为2007年度吉林市信用建设示范单位；储汇局大厦支局被评为市机青年文明号。

——**重点业务快速发展**。把“实现又好又快发展”作为第一要务，树立争先意识，突出发展重点，注重经营效益，强化专业营销，抓住业务发展的关键时期，适时出台加快发展、鼓励增收的超长发展措施，三大板块统筹推进重点业务快速发展。

邮务类业务稳步推进，实现收入5385万元，同比增长7.81%。函件业务大力推进项目营销，积极融入地方经济发展，市场开发能力逐步增强，实现收入1438万元，增长38.67%。集邮业务提前一个月完成全年收入指标，实现收入1459万元，同比增长58.24%。报刊业务实现收入1109万元，同比增长6.02%。代办电信业务移动放号量在全市代理商中排名第一。

速递物流类业务增势良好，实现收入3163万元，同比增长11.85%。特快专递业务实现收入2895万元，同比增长18.21%。一体化建设工作稳步推进，国内、国际速递业务同步增长，区域快递业务发展良好。

金融类业务快速发展，实现收入13262万元，同比增长13.32%。努力降低政策调整和发展环境变化的影响，一手抓巩固余额，一手抓增长方式转变。储蓄业务收入同比增长12.83%；汇兑业务收入同比增长32.65%；代理保险业务收入同比增长62.84%；代理基金业务实现收入572万元；外币储蓄余额排名全省第一；全地区活期提高了2.1个百分点，已经达到38.85%。

营销体系顺畅高效运行，整体营销水平有较大提高。全年专职营销队伍累计实现营销项目45个，实现收入2571万元。重点营销项目取得突破性进展，“思乡月”月饼营销收入和邮政贺卡营销收入均创历史新高。

——**体制改革和机制创新不断深化**。2007年是邮政公司化运营的第一年，为适应工作需要，抓住人力和机制两个决定性、关键性因素，统筹安排，系统推进了四项改革和调整。一是加大领导干部的调整力度和对年轻干部的培养使用力度，干部队伍的素质和结构更加优化，对企业发展的核心带动作用日益显现。二是强化经营激励机制，全面推行员工营销积分奖励制度，有效调动各层积极性。三是积极推行社区代投、非全日制用工、加盟连锁等多种用工形式，企业用工更加合理、灵活、有弹性。四是以速递改革为突破口，大力推进竞争性业务专业化经营，推动了竞争性业务的快速发展。

坚持以管理为主线，采取有力措施，向管理要效益，以管理求发展，一是突出加强成本管理。挖掘各方面成本潜力，采取各项降本增效措施，压缩低效支出，杜绝无效开支，全局总成本支出及主要成本项目均控制在预算范围之内。特别是业务代办费占收入比重比去年降低5.39个百分点，进一步提高了使用效益。二是强化人力资源管理。严格控制用工总量，通过各种渠道和措施盘活人力资源，加大对营销、营投一线及重点业务的支持力度，有效缓解了用工结构性矛盾。三是增强网络支撑能力。巩固和扩大中心局“三化”改革成果，提高了邮件内部处理时限。实行分拣前置，优化了分拣内部作业流程。抓好重大工程建设，加强网络维护管理，保障了经营发展。四是加大营投网络建设力度。筹措资金524万元用于网点和投递建设，建成船营旗舰店，投递实行早报早投和乡邮摩托化投递。邮政网点面貌持续改善，投递时限和深度得到提高。五是改善服务质量。成立了稽查室，加强了内部监管。开展城市投递、农村支局达标和星级网点服务活动，全地区所有城市支局和县以上投递全部达标。通过落实邮政金融服务规范、开展“优+”服务活动,提高商函投递质量等措施,进一步提升了竞争性业务的服务水平,在省公司组织的速递“优+服务竞赛”中,我局荣获全省第一名。机要通信局被省公司评为“连续五十年邮政机要通信无事故” 质量先进集体。六是加强基础管理。修改完善《事故案件报告处理制度》等27项安全规章制度,健全了安全生产及安全管理制度体系。确保审计的相对独立性和权威性,充分发挥审计职能。业务管理、物资管理、视察视检、纪检监察等都有较大提高。

——员工队伍建设不断加强。举办了“五工种职业技能竞赛”。全地区9个代表队的53名选手参加了发行、集邮、分拣、电信代办等工种的个人全能的角逐,经过理论交锋和实践比拼,有7名选手荣获“吉林市邮政职业技能标兵”称号,有4名选手荣获“吉林市邮政职业技能能手”称号。全年参加各类培训班培训人员达到1500人次。通过强化大规模、分层次的培训班培训和职业技能竞赛,有效提升了职工的从业技能,丰满分局投递员李明在全国邮政系统练功比赛中取得了投递工种33名的好成绩。

——企业氛围更加和谐。通过实际行动把关爱职工的思想落到实处,最大限度地把企业发展的成果回报给职工。2007年职工开展农村支局职工小家建设等活动,切实改善了职工的生产生活条件。通过各种途径努力帮助困难职工。全年发放困难补助金5万余元。为职工参加了重大疾病保险,27名患病职工得到了19万元的补助资金。共青团组织了为一名身患重病的职工捐款救助活动。为困难职工解了燃眉之急。组织了职工文化节、文艺晚会、趣味运动会、安排全局性职工假日旅游等活动,增强了企业的凝聚力和向心力,形成了团结友爱、和谐向上的良好风尚。还推行民主管理,把全局性的热点、难点、疑点问题向职工公开,凡涉及企业重大事项和职工切身利益的问题由职代会审议,职代会提案都得到了尊重和落实,被省总工会评为“最佳职代会”和局务公开“先进企业”称号。2007年是吉林市邮政局各项工作取得显著成效的一年,是大力加强基础能力建设、大幅提升发展后劲的一年,也是和谐企业建设取得丰硕成果的一年。

(潘淑敏)

【电　信】　2007年,是中国网通(集团)有限公司吉林市分公司战胜各种困难和挑战,努力实践创新发展的一年。全体干部员工按照省公司的战略部署,坚持以经营为中心,以客户为导向,坚定不移地走创新发展之路,不遗余力地全面提升企业价值,为实现中国网通吉林市分公司的和谐发展而团结奋斗,各项工作取得较好成绩。全年营业额实现65291万元,完成省公司下达预算的103.2%,利润实现11959万元。全年完成了省公司下达的各项考核任务。宽带累计到达14.54万户,全年净增4.63万户。电话客户累计到达94.39万户,其中:固定电话累计到达73.86万户,小灵通累计到达20.53万户,全年净增0.23万户。

——通信业务。2007年,宽带实现了强劲发展。以“接入+应用+服务+语音”的多纬度宽带产品发展模式,锁定了宽带市场,提升了宽带产品价值,宽带“嘉年华2版”高质客户占比达到93%。

本地互联网内容不断丰富。开发了“吉林麻将”、“吉林红十”本土类游戏,通过开展两届“吉林麻将”大赛使该游戏受到市场追捧,在线玩家高峰时达到3300户。

固话收入流失率全省最低。通过采取“亲情1+”、大众电话等组合捆绑套餐、“存话费,送好礼”、“固话预装机”等举措,有效的拉动了固话预存款,使话务量回流,客户在网时长延长。

转型业务发展加快。通过举办企业信息化方案推介会、为政企客户提供综合的信息化解决方案等方式,不断扩大了新业务、新产品在社会的影响和应用范围。承建的数字校园教育系统集成等三个宽视界+ICT项目拉动收入600万元。114电话导航话务量增加。信息库点击量排全省前列,话务量同比增幅2.5%,优先报号业务竞拍拉动收入28万元。

驻地网开发领域逐步扩大。签约103份,签约率达100%,大型小区20个,同比增长3倍。

县域信息化建设步伐加快。农村宽带净增0.75万户,农村信息服务站达到166个。12316新农村热线用户数达到4.74万户。

——网络建设。2007年是中国网通吉林市分公司按照集团公司企业转型的战略部署,全面致力于由传统基础网络运营商向宽带通信和多媒体服务提供商转型的关键之年。为使企业更快完成战略转型,适应信息化建设需要,全年完成建设立项722项,完成建设投资1.5亿元。其中经营性投资占总投资的60.97%。主要完成了IP城域网扩容、NGN承载网新建和小区综合接入等工程。基本满足了宽带发展需求,全年四次扩容宽带接入系统,新增端口7.5万个。推进了农村光进铜退和信息化建设项目,新增交换设备9596门,光缆886.95芯公里,新增语音接入12256线,宽带设备接入480线,使335个行政村实现了宽带上网,农村宽带覆盖率达到了62%以上。

——设备维护。2007年,中国网通吉林市分公司坚持“保证质量、降低成本、提高效率、强化支撑、加强基础管理”的指导方针,面向市场、面向客户、面向服务,继续深化运维体制改革,积极探索并逐步建立起适应市场竞争、企业转型、网络演进,以高度集中共享、流程自动化、低成本运作和先进的市场支撑响应能力为特征的新型运维体系。撤销了原数据设备维护中心和无线市话维护中心,划归到设备维护中心管理;剥离了全专业网络分析职能到网管中心;将区域营销中心的电缆维护和有线传输设计岗位的职责和人员划归到线路维护中心,实现了运维专业归口管理;将新业务营销中心的增值业务平台维护职责调整到设备维护中心。维护体制的改革深化,使运维专业初步建立了“大网管大维护”的专业化、扁平化的管理模式。

在网运专业开展了业务响应和线路岗位技能大赛，在社区开展了宽带装机岗位技能选拔大赛，在省公司组织的“宽带装机岗位技能大赛”上，荣获团体第二名。在全省首创的网运多功能培训室，为分公司以及全省培养“一专多能”专业人才队伍提供了条件。

不断改善网络服务质量，满足业务发展的要求。进一步完善了业务响应机制，对大客户实行业务响应经理服务制。经营和优化了网络资源。对SDH网络资源及光缆资源进行了优化，全年优化电路7840条，释放1058条，核查光缆4782芯，释放426芯，完成了线路设备整治179项。实施了“网络瘦身”工程，完成了9套交换及附属设备下电，率先在全省完成了分组交换网退网工作。网上设备运行稳定，实现了网络安全畅通，圆满完成了省市公司下达的各项网运指标。杜绝了重大通信阻断障碍和其它事故，出色完成了亚冬会及十七大通信安全保障任务。在省政府召开的亚冬会工作总结表彰大会上，分公司荣获集体三等功荣誉。

——服务。开展了“诚信服务，放心消费”、“迎奥运，塑形象，添光彩”活动；实现了“预约服务、同城移机不改号和市话详单查询” 三项服务承诺；推行了宽带维护 6 小时装机、4 小时修障服务；加强了投诉工单流程和时限管控；增加了监督检查频次，开展了地区巡检互检；增加了社区客户满意率和满意客户档案质量的测评。全年杜绝了重大客户投诉案件，在地方举行的“3.15”评比活动中，赢得了“江城人最喜爱的消费品牌”、“十佳优秀维权监督站”和“近年诚信建设标兵单位”等荣誉。

——企业管理。加强了人力资源管理。以“竞岗竞标”、“优化组合”结合的创新方式，推进了社区营销经理和技术助理的竞聘工作，在市场一线人员实行年薪制薪酬管理模式，突出了薪酬向市场一线倾斜，有效提升了市场一线员工的工作积极性和主动性。引进了ERP薪酬模块上线，提高了工资核算效率和准确性。

加强了全面预算管理工作。强化了对预算的事前、事中、事后控制，减少了预算外支出。开展了闲置资产清查，盘活了102万元闲置资产。深挖了节能降耗和利旧潜能，全年综合节电10%。加强了内控和合同管理，启动了关键流程优化和部门KPI体系建设咨询项目，以零缺陷顺利通过了集团公司和普华内控测试。

加强了安全生产管理。全年杜绝了安全生产责任事故、火灾事故和各类刑事案件，破获盗窃电缆案件82起，打掉作案团伙7个。在2007年全国打击盗窃破坏“三电”设施违法犯罪专项斗争中荣获先进集体称号。

——精神文明建设。组织员工学习贯彻党的十七大会议精神，制定学习计划，订购十七大辅导材料。为使学习更进一步深入展开，党委书记在贯彻党的“十七大”会议上宣讲解读了党的“十七大”会议精神，使全体党员、干部深刻理解、全面把握十七大科学发展观和精神实质。在办公网上开辟了“学习贯彻党的十七大精神专栏”，使学习深入持久开展。

为了讴歌企业在艰难环境中发展壮大的业绩，展示新时期网通员工的精神风貌，开展了《我与企业一起成长》征文活动，共征集到106篇作品。员工们在征文中充分表达了自己在企业变革过程中的亲身经历和感受以及个人与公司共同成长的经历、体会和感悟。同时开展员工思想状况问卷调查活动，全地区近500名员工参加了活动。

在开展的创建文明行业和企业文化建设活动中，组织员工参加了全市“与文明签约”大型广场签约仪式，并代表全市通信行业与市长在现场进行签约。

2007年，分公司获得了“迎亚冬文明诚信服务十佳优胜单位”、“创建文明行业先进单位”、“吉林市最具社会责任感企业”等多项荣誉，还顺利通过了国家进行的“全国文明单位”复检。

（王艳波）

【信息产业】 2007年，吉林市信息产业局按照吉林市委、市政府总量翻番的部署，结合吉林市信息产业发展实际，奋力拼搏，开拓创新，克难求进，下大力气指导和推动各项工作，在信息产业项目建设、信息化推进、无线电管理与监测等方面实现了较大突破，加快了吉林市信息产业发展和信息化建设步代。

截止2007年底，吉林市信息产业实现销售收入66.5亿元，同比增长20.9%。其中制造业规模以上企业完成19亿元，全口径完成23亿元，软件业完成2亿元，通信及信息服务业完成41.5亿元；完成增加值21.5亿元，同比增长34.4%。完成招商引资2.5亿元。

一、产业发展步入了快车道

——超前谋划，规划先行。充分发挥了行业管理部门的职能作用，积极谋划和规划行业发展，进一步明确了信息产业未来发展的总体思路和发展目标。规划了电力电子产品、磁性材料及其应用产品、多晶硅项目及其下游产品以及激光材料及其应用产品等四个产业链，确定了吉林市信息产业发展格局。谋划制定了五项今后五年信息产业发展规划。

——结合实际抓项目建设。策划了18项信息产业重点发展项目。其中重点推进的项目有3个，积极策划的有11个，开工建设的有4个，具体落实的项目为常州荣立机械有限公司收购吉林高特公司破产项目，新注册公司已于2007年10月19日开工投产。

——推进了“双软认定”工作。2007年吉林市又有6户企业被认定为“双软”企业，新增登记软件产品6个。截止目前，吉林市共有“双软”认定企业23家，登记产品70个，共申报成功“653”工程培训基地企业2户。组织协调大全公司开展了软件外包业务。

——组织企业申报国家及省电子发展专项基金。组织申报了省厅2007年电子发展基金项目35项，共中13个项目列入了项目计划，共获得资金200万元。在省厅的具体指导与扶持下，组织申报了国家电子发展基金项目1个。吉林麦吉柯电子有限公司参加了信息产业部举行的电子信息产业发展专项基金的答辩工作。依据国家发改委2007年电子专项的要求，协助吉林华微电子股份公司申报了“新型6英寸半导体芯片项目”。该项目总投资3.96亿元。目前该项目已经通过国家发改委审批。

二、行业管理走上了正轨

——认真开展经济运行调度统计工作。首先积极开展产业发展调研。为及时了解、掌握吉林市电子信息产业总体经济趋势、企业运行状况，加大对现有行业企业的扶持力度，组织专业人员深入基层，对行业企业进行了走访调研，及时了解企业项目生产及开发储备情况，深入挖掘企业经济增长点，协调解决了企业面临的各种难题，为确保全行业完成目标任务奠定了坚实基础。进一步梳理、规范纳入统计范畴的企业及门类，强化行业统计工作，为科学指导产业运行提供依据，确保全年经济指标实现；其次，对行业企业经济运行状况进行了适时跟踪监测、分析，及时把握了行业发展走势。

——积极推进了企业改制工作。2007年全面完成了高特公司的改制重组工作。经过一年多的努力，协调相关部门，落实了土地测绘、评估及产权过户等工作，经过充分的准备，10月中旬改制重组后的企业吉林市中亿公司启动了生产。同时我们根据所属改制企业的实际，针对不同情况，逐户研究了相关单位改制的具体措施和方法，为推进改制做了充分的准备。

三、信息化建设快速起步

进一步强化了信息化的规划工作。经过大量的调研，结合吉林市信息化发展实际，形成了《吉林市信息化建设五年规划》。与吉林市网通公司合作推进了城市门户网站建设，一个集电子政务、电子商务、新闻娱乐和互动交流等功能于一体的吉林市城市门户网站在近期即将开通。积极推进了城市应急联动信息系统、促进财税增收信息工程和城市一卡通工作等信息化建设项目。组织协调吉林市七大通信公司与市工业经济技术学校开展了联合办学，每年可培养200名通讯高端职业学历人才。

四、招商引资取得重大进展

为了吸引外商投资，信息产业局对招商引资项目进行了精心策划和包装，积极参加了省、市组织的赴外省市招商活动。同时组织专门小组赴北京、深圳、陕西、江苏、大连等地开展招商引资活动。同时我们借助吉林高特公司与江苏常州客商资产重组的契机，积极推进与江苏常州企业的合作与交流，邀请主管市长亲赴江苏常州进行实地考察，与江苏常州一些知名企业进行了密切接触。并就焊丝、电子智能控制停车位、电动车等项目的合资合作进行了深入洽谈。

五、扎实推进了市场监管及无线电管理工作

——电子产品市场监管工作开始破题。认真落实了省关于手机市场专项检查工作。制定了移动电话售后服务市场专项检查工作方案，成立了专项检查工作领导小组，做了大量的调研和宣传工作。并及时开展了登记备案工作，通过调研和备案，掌握了大量的第一手资料。组织联合检查组开展了几次专项检查，目前共缴获有问题手机30部，达到了专项检查的预期效果。开始探索建立移动电话售后服务市场监管长效机制，真正实现净化市场，降低投诉率，建立规范的移动电话售后服务市场的目标。

——进一步强化了无线电管理工作。加强了无线电行政审批，行政执法人员的管理，提高了依法行政水平。组织开展了无线电监测，测向基础知识、设备的检测及仪表操作和使用等知识培训。开展了无线电台站的清理登记工作。通过清查，全面掌握了吉林市无线电台站的底数。进一步强化了无线电台（站）的管理以及非法设台的查处工作，及时排除了无线电干扰。开展了创建标准化无线电台（站）活动，提高了设台单位管理服务水平，推动了无线电台（站）的规范化管理。完成了两个固定测向站建设工作。实现了全天侯监控吉林市区无线电信号的目标，为提高我市无线电管理水平创造了条件。

（王秋平）

【供　电】　2007年是吉林供电公司具有划时代意义的一年，也是推进“一强三优”现代公司建设的加速年。一年来，公司认真落实科学发展观，创新发展，创造和谐，加强内质外形建设，主动承担政治责任、经济责任和社会责任，以卓越的服务品质和极高的信誉度、满意度在社会树立起“国家电网”品牌形象。安全生产保持稳定态势，经营业绩显著提升，发展环境进一步优化，企业实力明显增强，精神文明建设成果丰硕，公司各项工作再创历史最好水平。

售电量完成96.62亿千瓦时，同比增长13.24%；

线损率完成3.20%，比计划指标降低了0.15个百分点；

当年电费和历史陈欠电费全部结清；

综合供电电压合格率完成98.909%，完成了年度计划指标；

供电可靠率完成99.8874%，比计划指标提高了0.0184个百分点；

公司系统没有发生重伤及以上事故，没有发生重大及以上电网、设备、火灾、交通事故，没有发生误操作事故，没有发生对社会造成重大影响的事件，实现了“再创安全年”的目标。截至2007年12月31日，实现连续安全生产1297天，超越历史最高记录670天。

一、安全生产态势稳定

公司深刻认识安全工作的长期性、复杂性和艰巨性，始终把安全生产放在各项工作首位，坚持“安全第一、预防为主、综合治理”的方针，严格落实安全生产责任制，健全完善安全风险防范体系，强化规章制度的有效执行，实行全面、全员、全方位、全过程的安全监督与管理，安全生产工作保持了稳定态势。

夯实安全工作基础，推行“精诚团结、精细管理、精确复制、精益求精”的管理理念。健全管理制度体系，制定下发包含122种规章制度的《2007年度应备安全规章制度清单》；完善管理标准体系，编制科学实用、操作性强的《标准化作业指导书》和《现场危险源控制提示手册》；健全应急保障体系，制定了各变电站预防全停事故预案及变电站典型事故处理汇编；积极开展“百问百查”活动，查出安全生产问题409件，完成整改376件；坚持用“三铁”反“三违”，下达安全生产通报7期、整改通知单34份，扣罚违章作业罚金22500元。

加大资金投入，全力改善员工作业环境，为基层单位购置符合现场实际的千余件安全用具和设备；举办大型联合反事故演习，圆满完成亚冬会等大型活动的保供电任务，荣立省政府授予的集体三等功，获得“吉林市安全生产标兵单位”荣誉称号。

二、电网建设稳步推进

坚持以建设坚强电网为发展主线，按照《吉林城市电网“十一五”规划及2020年远景目标》，积极与市政府沟通和协商，联合制定出台了电网建设的相关制度法规，为加快电网建设营造了良好的工作环境。松蛟线老旧设备改造、66千伏北极变电站新建工程、220千伏新立变电站扩建工程已经完工，66千伏丰满变电站新建工程、220千伏城南变电站扩建工程进入验收投运阶段。县城电网改造工作经过三年多的艰辛努力，圆满完成了预期改造任务，完成竣工投产工程项目115项，极大地改变了县网落后和薄弱的状况，为全面促进吉林市县域经济发展和招商引资提供了可靠的电力支撑。

三、营销管理创新突破

在深入调研的基础上，公司瞄准市场，深入挖潜，把“实现售电量超百亿，陈欠电费结零，打造数字化供电公司”作为营销工作奋斗目标。推行社交型战略、数字化流程等一系列有针对性的创新举措。

注重公共关系建设，切实履行社会责任。公司将“售电量超百亿”的目标和吉林市“奋斗三年，总量翻番”的目标有效结合，开展“服务地方保翻番、增供扩销超百亿”竞赛活动。召开“创建和谐供用电关系”重点大企业座谈会，积极参与政府招商引资工作，为20多家高耗能企业提供用电节能技术支持。对吉林市重点扶持百户工业企业技改项目和重要客户实行跟踪服务。优质的供电服务成为吉林市推介自身产业优势、资源条件、投资环境的重要元素。在展示企业形象的同时，有效扩大了电力销售，公司售电量实现两位数的增长，高于省公司系统平均水平。

维护企业的经济利益，发扬“三千精神”，运用法律手段，成功破解吉林铝业公司1.2亿元陈欠电费难题，实现了“无欠费”的目标，为保证公司正常经营秩序作出了贡献。

强化流程控制与制约，完善“三大中心”建设。优化营销技术支持系统，配合省公司进行高端模块的研发、测试和实施工作，使公司的管理模式和管理水平实现了质的飞跃。推进营配数据共享工作，建立统一的数据采集平台和监控平台，使营销管理工作由劳动密集型向技术密集型、管理密集型转变。截止目前，公司共发展集抄客户30万户，4994个台区考核表实现远程自动抄表，数字化供电公司的框架基本形成。加大营销质量检查力度，下发检查通报3期，考核责任人112人次，实行经济处罚1.2万元，使营销工作质量大幅度提高，在省公司组织的营销工作检查中，综合成绩位居全省第一位，受到省公司的好评。

四、科技兴企成效显著

贯彻国家电网公司“一流三大”（建设一流人才队伍、实施大科研、创造大成果、培育大产业）的要求，全面实施科技兴企、人才强企战略，有效促进了人才队伍的稳定和科技工作的健康稳步发展。

推进人力资源整合。认真贯彻落实省公司2007年人力资源工作的部署和要求，深化劳动用工和分配制度改革，积极稳妥地推进全员竞聘上岗，合理设置机构岗位及定员编制，机关、基层竞聘上岗工作顺利完成。加强三支人才（经营管理人才、技术人才、技能人才）队伍建设，全年共举办各类培训班91期，培训4104人次；评选专业技能型人才29名，为公司加快发展提供了有力的人才支持。

提高管理科技含量。2007年与东北电力大学等科研院所加强合作，完成专利申请5项，专著4部，合作开发5个项目；积极承担省公司科技项目开发13项，有5个项目被省公司采纳；推广电网新技术和科技成果17项，获得省公司奖励12项。“GIS局部放电检测仪”、“城市电网空间负荷预测系统”等一系列体现电力系统前沿科技的实际成果投入运行，科研成果应用和专利保护明显加强，信息化保障体系初步建成。

五、农电工作不断深化

认真落实国家电网公司“新农村、新电力、新服务”发展战略，按照“转变发展方式、建设新型农网、统一服务品牌、惠及千家万户”的总体目标，强化安全生产保障体系，投资570多万元进行线路和设备绝缘化改造，提高农网供电可靠性。开展了“营销工作质量评价”和“低压台区四无一达标活动”。以定岗、定编为主要内容的“四定”工作，以其组织严密、公平合理、工作细致等特点，走在全省前列。

全面提升农电标准化、规范化、现代化管理水平。以桦甸市农电有限公司（以下简称桦甸农电）为试点，规范专业管理流程，进行综合信息网建设。目前，桦甸农电成为全省第一家所属的13个供电所全部安装监控系统和电视电话可视系统、所属66千伏变电站全部“实现五遥”的县级公司。同时也是全省系统及桦甸市唯一获得“全国五一劳动奖状”的单位。

城市建设 环境保护

【城市建设】 2007年，城建工作按照“奋斗三年、总量翻番”的总体部署，贯彻落实“以人为本、服务经济、建管并重、科学发展”的方针，通过“百日奋战”、“决战四季度”等系列活动，城市建设项目快速推进、城市承载力显著增强。2007年，全市共安排城建项目111项，共完成城建固定资产投资91.9亿元。

22条工业集中区道路及配套工程全部竣工，达到了开辟一片新区、建设一条街路、拉动一方经济的目的。珲春北街等7个续建工程、淮安街等18条主次街路、雾凇东路等6条棚改配套路全部竣工。加强了市管76条主次街路、龙潭大桥等8座桥梁维护。遵义路等3项排水改造全部完成。吉长城际高速铁路正式开工建设。

新增绿化面积106公顷，栽植乔灌木165万株，建成区绿化覆盖率达到了42.2%。迎宾大路绿化带、35条主次街路树木补植任务全部完成。50条主街路、解放大路和吉林大街30万平方米硬覆盖工程全部竣工，对裸露地面全部实施了绿化和美化。在松江路设置电子雾凇灯，音乐喷泉扩建工程投入使用，城市面貌明显改观。

改造区域供水泵站和供热站、截流沿江污水吐口、敷设热网等工程全部竣工。热源扩能、天然气改造完成年度计划。垃圾焚烧电站建设已完成土建工程施工。南山道生活垃圾填埋场续建完成年度任务。污水处理厂投入运营，日处理量达到18万吨。市政府投入6500万元，对长期影响江北市民生活的北大沟进行了综合整治。北山、古民居等5个市民休闲广场和游园建成并面向群众开放。

重点棚户区改造完成拆迁建筑面积151.7万平方米，开工建筑面积179万平方米，年内安置1.7万户，回迁安置率达到90.7%。完成了1105户低保无房户廉租房补贴。

房产地开发坚持引大扶强、规模开发，先后引进北京锡华、江苏苏宁等域外知名开发企业，建成了锦绣花园等一批高尚住宅小区。加强了规划监管，保证中低档住房开发比例，满足了市民对住房的多元需求。房地产市场持续活跃，成功举办了中国·吉林房屋展示交易会，二、三级市场交易总额突破80亿元。加强了房地产开发和建筑市场监管。完成人防工程建筑面积4万平方米。住房公积金归集9.2亿元，实现了“零风险”管理目标。

以和谐、洁美、有序为目标，全面实施“城市管理年”活动，努力推进环境卫生和垃圾源、违章建筑和超期临时建筑、露天市场、废品收购站、分散供热锅炉和经营性锅炉、弃管楼和弃管小区、广告牌匾和城市交通秩序等八个专项治理活动，取得了突出成果。大力开展市容市貌延伸管理，对露天烧烤、占道摊点、占道加工和经营进行了规范整治。强化了市容市貌管理，优化了投资环境，提升了我市的外部形象。

制定了“十一五”主要污染物总量减排计划，在结构调整、工程治理、污染监管上落实了强制性措施，完成了省下达的年度减排指标。以“三湖一江”为重点，加大污染防治和监管力度，确保了水环境安全。

（王海波）

【市政公用事业】 2007年在市委、市政府的正确领导下，局党委团结带领全局干部职工紧紧围绕兑现政府承诺、城市管理年等重点工作，克难求进，开拓进取，较好地完成了年初确定的各项工作任务。

市政设施维护工程按期竣工。维修改造了德胜路、北大街等18条主次街路，对瑗大公路、遵义路、汉阳街3条排水管线和温德桥、龙潭桥进行了维护改造；对东市商贸区的主次街路、巷路以及路灯、排水设施进行了维护；对解放大路、吉林大街等51条街路实施了硬覆盖工程，更换、调整方砖77万平方米；完成了新江街路灯新建工程，同时对北大街、新生西路等18条街路的路灯设施进行了新建改造。

绿化工程超额完成年度计划。完成了58项绿地新建、改造工程，新增绿地面积106公顷，栽植乔灌木165万株、攀缘植物71万株、花卉270万株、草坪139万平方米。新建了北山、古民居、乐园、玫柳园等四个市民休闲广场，完成了玄天岭公园一期工程建设。

公用工程建设进展顺利。完成了江北、高新等10个区域的二次供水设施改造，铺设供热管线10公里；东关热电扩建工程于6月18日开工并完成年度计划，源源热电扩建工程前期准备工作基本完成；铺设热网10公里，热网建设和新建、改建供热站60座，取缔53座分散供热小锅炉，新增集中供热面积138万平方米；发展天然气用户8500户，解决遗留问题11998户；启动了北大沟综合治理工程，铺设了农林街、和平路、越山路3条污水管线，截流改造污水吐口17个，污水处理厂于8月29日投入试运行，日处理量达到18万吨；生活垃圾焚烧电站开工建设，完善了生活垃圾填埋场的基础设施，确保了正常运行；更新公交车辆53台，调整了部分营运线路；建设了水冲公厕等一批环卫设施，公用基础设施得到进一步完善。

企业改革取得突破性进展。房产供热处于9月17日经市中院裁定正式破产终结。企业破产终结后，17个锅炉房被取消，134名职工被安置到集中供热企业，其余69个锅炉房和257名职工由江城锅炉供热公司代管，确保今冬供热正常进行；同时成立了房产供热处留守处，妥善处理企业破产后的遗留问题。顺利完成了东关热电厂整体转让工作，香港中华国际控股有限公司于1月24日正式组织东关电厂的供热生产，并按协议要求逐项落实了相关条款，保证了职工队伍和供热生产稳定。截至年末，原热力总公司、市政总公司、吉林公交集团、自来水公司、东关热电厂、液化气总公司6户企业均完成了新企业注册工作,其中4户完成了产权过户。

招商引资工作取得显著成效。日贷资金按期落实,从9月份开始,当年1.8亿元日贷资金陆续到位,保证了环境综合治理工程的顺利实施。同时,热力有限公司集中供热项目落实开行贷款计划1.6亿元,当年到位4000万元;污水处理配套管网项目落实国债计划1亿元,当年到位3080万元。全局完成招商引资4.1亿元,引进外资500万美元。

城市管理工作水平不断提高。一是加强环卫保洁。组织开展了春秋两季环境卫生整治月活动和环境卫生优质管理竞赛活动,在37条街路开展了水冲洗、洒水降尘作业,对重点部位、重点路段实行24小时保洁,城区环境卫生质量得到明显提高。二是抓好市政设施维护管理。对市管76条街路进行了全面维护,补坑3.5万平方米,灌缝38万米,处理翻浆1280平方米,同时对排水井、路牌、护栏等设施进行了维护更新;加强道路挖掘审批管理,全年办件85件,均做到了审批挖掘,限时恢复,保证了路况完好。三是抓好道路景观建设。完成了解放大路、吉林大街30余万平方米的软硬覆盖任务,修补了道路边石、树池,补植了行道树;同时对5万余盏路灯进行了检修清洗。四是加强了供水、供热、燃气和公交客运行业管理,通过加强行业监管,维护了各行业的市场经营秩序,保证了各行业的健康发展。

信访服务工作得到有效加强。面对企业改制、北山“6.13”事故带来的一系列上访问题,全局上下认真接待受理,妥善处理好各类上访问题,维护了稳定大局。下气力抓好优质服务工作,市政公用“110”坚持快速反应,全局受理群众各类诉求15000余件,满意率达到95%以上;各窗口服务单位广泛开展了办事公开,提高了办事效率,方便了群众办事;抓好行风治理工作,完善了政务公开行政审批的各项工作制度,全年累计办结审批项目1024项,服务满意率达到100%。

【国土资源管理】 一、2007年的主要工作成果

2007年是全市国土资源系统工作任务繁重的一年,一年来,全市系统以科学的发展观为统领,深入贯彻落实国务院关于加强国土资源管理工作的一系列文件精神,认真履行“保护资源、保障发展、维护权益、服务社会”的职责,为“经济总量翻番”提供了有力的资源保障。

(一)认真落实基本国策,加强了对耕地和基本农田的保护。

全市系统认真贯彻落实“十分珍惜、合理利用土地和切实保护耕地”的基本国策,狠抓耕地保护责任制的落实,严格执行耕地的“占一补一”制度,对非农业建设占用的755公顷耕地,严格按照“占多少,垦多少”的原则,及时进行了补充,保证了全市耕地总量的动态平衡和占补平衡,全市耕地保有量连续多年保持在66.46万公顷以上;严格执行基本农田保护制度,全市基本农田保护责任逐一落实到了地块和每个农户,并严格做到了“五不准”,对经批准占用的0.13公顷基本农田及时足量地进行了划转补充,保证了全市基本农田的质量未降低,数量连续多年保持在58.8万公顷以上。土地开发整理工作大力度推进,2007年全市已竣工的国家、省、市投资的土地整理(复垦)项目7个,项目区总面积2369公顷,新增耕地939公顷,目前正在施工的土地整理(复垦)项目2个,项目区面积3231公顷,可新增耕地116公顷,全市已入国家和省土地开发整理库的项目3个,计划新增耕地412公顷。永吉县2006年被国家确定为基本农田保护示范县后,2007年三个行政村的基本农田整理项目开始实施,对农田的重点保护工作正在按计划推进。

(二)积极主动服务,为经济社会发展提供了良好的用地保障。

一是依据法律法规的规定,简化了办事程序,加快了工作节奏,及时保证了各类建设用地需求。全年全市出让各类建设用地1012公顷,土地总收益15.13亿元,其中,市本级560公顷,土地总收益13.16亿元;永吉127公顷,土地总收益877万元;舒兰38公顷,土地总收益3058万元;磐石115公顷,土地总收益7078万元;蛟河97公顷,土地总收益6201万元;桦甸75公顷,土地总收益2494万元。

二是积极做好征地服务工作,为大项目建设用地提供了有力保障。全市上报省和国家审批的新增建设用地项目89个,上报用地总面积1934公顷,目前已获批项目用地65个,批准用地面积1635公顷,其中,市城区上报1382公顷,获批1359公顷,五个县(市)上报552公顷,获批253公顷,新增建设用地量是我市历史上较多的一年,保证了大项目建设及时"落地"。完成了长吉城际铁路涉及我市范围内征用208公顷集体土地的征收预审、组件报件及其基本农田的划转工作;完成了吉林至草市高速公路1006公顷集体土地的征收预审、组件报件及其基本农田的划转工作。在省厅的大力支持下,整合了全市规划建设预留地指标,为西山增加了91公顷的新增建设用地,及时保证了大项目建设用地需求。

三是为企业改革和棚户区改造用地提供了优质服务。一年来,全市系统共为23户改制企业办理了土地资产处置手续,处置土地88.7公顷,显化资产2.067亿元,安置职工8910人;本着特事特办、急事急办的原则,为8个棚户区改造项目用地办理了审批手续,供地面积114公顷,市局被省委、省政府评为棚户区改造工作先进单位。

(三)加大了“整合”和监管力度,进一步规范了矿产资源开发利用秩序。

在2006年治乱的基础上,2007年着力对非煤炭矿山企业、重点矿区和重点矿种进行了资源整合,按照《吉林市非煤炭矿产资源整合实施方案》的要求,对全市920个非煤炭矿山企业进行了全面清理,关闭非煤炭矿山250个,整合后全市非煤炭矿山保留到670个;完成了磐石呼兰硅灰石矿区的资源整合,蛟河天岗石材区资源整合工作已进入了采矿权价款评

估阶段，目前，全市已关闭重点矿区的矿山31个、政策性关闭矿山170个；以铁、金、油页岩等优势矿种为重点，依托规模型企业，将原老金厂铁矿、吉林市锦山铁矿、四道沟铁矿实行统一开发，推进了优势资源向优势企业集中。通过对非煤炭矿山和重点矿区、重点矿种的资源整合，全市矿山总数由2006年的1032个减少至目前的741个，达到了"十一五"我市规划矿山总数控制在786个以内的目标。

加大了矿产资源执法监察力度，全年立案查处无证开采案件37起、矿业权人违法案件11件，关闭不具备安全生产条件的矿山63户，关闭破坏环境、污染严重的矿山10户。

全年共有41个项目在我市进行了勘查复核，有8个地勘单位在我市开展了293个项目的地质找矿工作；全市办理采矿权延续审批166件，新设采矿权16个，收缴采矿权价款767.5万元；完成了73个矿山企业的储量清理复核工作，对50户矿山企业进行了查明矿产资源登记，加强了对矿产资源储量动态管理，8月5日，我市代表全省接受了国土资源部对矿产资源储量动态监测工作的检查验收，我们的做法得到了部检查组的好评。

（四）扎扎实实地开展了"专项行动"，严肃认真地查处了土地违法违规行为。

按照国务院和省里的安排部署，年初以来，全市开展了"卫片检查"、"专项行动"、"百日行动"、"专项清理"等土地违法问题的清理和查处工作。在各级党委、政府的高度重视和纪检监察、公安、法院等部门的大力支持、密切配合下，全市共排查出违法违规用地288宗，违法用地面积648公顷。对清理和检查中发现的土地违法违规问题，坚持边清理、边查处、边整改的原则，集中力量进行了查处，对一些重点案件进行了公开曝光。全市三项行动中发现了288件违法违规用地案件目前已全部立案，现已结案123件。在已经结案的123件案件中，拆除违法用地上的建筑物10696平方米，实际退还土地24313平方米，已收缴罚没款397万元。已将25起土地违法违规案件移送监察部门追究了有关责任人的行政责任，对12名责任人给予了党、政纪处分，对3起占用基本农田案件移交公安机关追究刑事责任，对11件土地违法违规案件公开曝光。对未结案的165件违法用地案件，依据有关法律法规目前正在查处之中。针对土地执法中存在的突出问题，按照国家督查组提出的批评意见，我们进行了深刻剖析，汲取了深刻教训，全部进行了严肃认真的纠正和整改。

为了加大对建设用地的监管力度，市局2007年全面启动了批后监管工作，目前市城区1999年到2006年8月间建设项目用地复核工作全部完成，1445宗用地批后情况基本查清，下一步将对清理出来的问题依据法律法规严肃查处。

（五）加大了收储和招拍挂工作力度，大力推进了土地市场化进程。

全市通过银行信贷、财政垫付等渠道，筹措收储资金13.85亿元，实物储备土地490公顷，实物收储的土地面积是我市有史以来最多的一年，已收购储备土地的增值潜力也是我市土地收储历史以来最高的一年。其中，市本级筹措资金13亿元，实物储备土地354公顷，五个县（市）筹措收储资金8500万元，实物储备土地136公顷。目前政府垄断土地一级市场的格局已经形成，初步实现了一个"龙头"进水，一个"池子"蓄水，一个"开关"放水。

对商业、旅游、娱乐和商品住宅等经营性用地采取了市场化方式公开出让，全市全年以招拍挂方式出让土地78宗，面积83公顷，成交价款4.86亿元，其中，市本级以招拍挂方式出让土地19宗，面积24公顷，成交价款2.9亿元；五个县（市）以招拍挂方式出让土地59宗，面积59公顷，成交价款1.96亿元。

按照国土资源部的要求，对工业用地采取了招拍挂方方式出让，全市共以招拍挂方式出让工业用地53宗，出让面积165公顷，其中，市本级以招拍挂方式出让工业用地32宗，面积94公顷，五个县（市）以招拍挂方式出让工业用地30宗，面积71公顷。目前市场配置土地资源的基础作用日益显现，全市公开、公平、竞争、有序的土地市场基本建立。

（六）基础业务建设积极推进，土地管理工作进一步加强。

按照国家的部署，全面启动了"金土工程"一期建设的相关工作，目前，市局的基础数据库建设基本结束，机房所需硬件已经购置，急需的网络设备已经添置到位；各县（市）国土部门均建立和完善了局域网络，市局到市政府的网络已经连通，建设用地审批软件系统的开发工作正在进行之中。

本着降低准入门槛，先入轨、后规范的原则，2007年市局采取有力措施，集中人力物力，加快了总登记工作进度。船营、昌邑、龙潭、丰满等四个城区分局全年共办理土地总登记50955件，发放土地登记分割证书8785册，面积40公顷，总登记发证数量比上年增加34000件，目前四个城市已完成土地总登记任务的75%；市城区5个省级以上开发区共完成总登记9875件，完成开发区总登记任务量的70%。完成了土地利用调查的数据汇总、工作报告和技术报告等相关图件和文字成果，即将迎接上级业务部门的检查验收。按照国务院关于开展第二次土地调查的通知精神，开展了二次土地调查业务工作培训，制定印发了第二次土地调查工作方案，市、县（市）各级成立了二次调查领导机构，召开了第二次土地调查工作动员大会，为今年全面启动这项工作奠定了良好基础。

深入开展了土地利用总体规划修编专题研究，形成了规划实施评价报告、专题研究和综合研究报告等前期工作成果，并先后多次进行修改和完善，分别向省厅和当地政府领导作了汇报，我市规划修编前期工作研究的深度和广度得到了省厅的好评。

【房地产管理】 2007年，在市委、市政府的正确领导下，市房地产管理局牢固树立科学发展观，紧紧围绕繁荣房地产市场大局，以“奋斗三年、总量翻番”为目标，以发展改革为主线，以强化管理和优化服务为手段，创新思路、狠抓落实，促进了房地产业的健康发展。

——**全面完成市政府部署的重点工作**。落实弃管小区和弃管楼管理工作是市政府“十件实事”之一。我局制定了符合实际的工作方案并积极组织实施。25个弃管小区、425栋弃管楼按照物业管理、社区监管、业主自行管理等不同方式落实了管理责任主体，并全部纳入了市、区、街道、社区四级物业管理监管责任网络。为方便居民水、电、暖、房屋的报修，弃管小区和弃管楼全部实行了挂牌公示，明确了各服务单位的管理维护责任。全市“25425”工程项目维修累计完成投资2400多万元。

廉租住房工作是市政府解决城市低收入家庭住房困难、解决民生问题的重要工作。我局制定了《吉林市城镇最低收入家庭廉租住房管理办法》及相关配套工作方案，建立并完善了低保家庭住房档案和廉租住房档案。通过申请、认定、公示等程序，上半年审批1105户，年底审批1738户，累计发放147万元廉租住房补贴，为6567户租住公房的低保家庭核减房费186万元。

小区整治方面，我局与吉化公司协调，制定了符合实际的工作方案并积极组织实施。全年共整治土城湘西、江滨小区、沿江小区、小北山、吉化A1、E4—E6、A3及零散楼。完成投资1.6亿元，超额完成了小区整治任务。

权属登记方面，有力地支持了改制企业产权处置和棚户区改造，解决了大量遗留问题。

——**采取有力措施，确保房地产市场持续健康发展**。加强了商品房预售管理，严把商品房市场准入关，审批发放商品房预售许可证150个，预售面积83万平方米，纳入监管的预售金额11.8亿元。加大了房地产市场整顿力度，依法对无证售楼的开发单位和违规的房地产经纪机构进行了查处。开通了吉林市房地产信息网，网上公布售房信息，同时开通了网上合同备案系统，初步实现了商品房预售管理的网络化、数字化，为规范管理商品房销售行为，有效调控房地产市场提供了重要的参考依据。房地产综合业务管理软件升级工作顺利完成，取消了登记程序中的评估环节，将纳税程序前置，大大缩短了办事时限，实现了以图管房。历时四年多的房屋档案整理工作已进入收尾阶段，累计整理档案30万户。成功举办了2007中国·吉林房屋展示交易会，开展了系列宣传活动，对相关的法律法规、政策规定、各类信息进行了全方位、多角度的报道。展会成交房屋145套，成交金额3500多万元，实现了服务市民购房消费和推动我市房地产市场发展的目的。

2007年我市房地产市场继续呈现健康发展的局面。全市房地产交易面积366万平方米，交易额45.35亿元；房地产抵押面积241万平方米，金额55亿元；房屋租赁登记备案2695件，面积74万平方米。全市各类房地产交易总额突破100亿元，创历史最好水平。

——**物业管理工作稳步推进**。起草了《吉林市物业管理条例实施细则补充规定》，进一步完善了物业管理法规体系。规范前期物业管理工作，对全市新建项目实施动态监管，建立物业管理配套设施验收制度。严格维修资金管理工作，归集维修资金7000万元，创历史新高。查处物业管理违规案件30余起，处理物业管理投诉340件。指导小区物业管理达标考评工作，有1个小区被评为省优小区。为全面了解我市物业管理现状及存在的问题，开展了专题调研，提出了物业管理的发展对策，选择10个小区进行了物业管理规范化试点工作。截止年底，全市物业管理覆盖率达52%，高于全国平均水平。

——**住房制度改革工作扎实开展**。集中全力解决吉化、吉铁等几家大企业房改售房的遗留问题，全年共审核房改售房4530户，24万平方米。为946户集资建房单位的职工办理了个人产权。对中直企业的住房补贴工作进行了指导，全年发放住房补贴121万元。

——**加强房屋安全管理，保证居民居住安全**。进一步完善了房屋安全管理体系，协助各县（市）区组建和完善了房屋安全管理委员会。开展了房屋安全专项整治活动，全面排查各类房屋安全隐患。加强主要街路与住宅小区房屋安全的巡视检查，提高了预警排险的及时性。全年共查处影响房屋安全的违法违规案件423件，住宅装饰装修违规案件2670件，公共场所房屋使用现状安全检测40件，结案率98%，安全隐患整改率100%。

（王春雨）

【城市规划】 按照市委、市政府的统一部署，2007年，市规划局紧紧围绕“奋斗三年，总量翻番”的总体目标，坚持“以人为本、服务经济、建管并重、和谐发展”的指导方针，求真务实，扎实工作，圆满完成了各项重点工作任务。

局机关先后被省政府评为“棚户区改造先进单位”，被省建设厅评为“思想政治工作突出贡献单位”，被市委、市政府评为“先进党总支”、“提案议案工作先进单位”、“创建平安吉林暨社会治安综合治理先进单位”。

规划院被市委、市政府评为“2007年度平安文明示范单位”。“吉林市城区集中供热发展专项规划”等三个专项规划、一个镇的总体规划和一条景观路景观设计分别被省建设厅评为“省级优秀设计一、二、三等奖”。勘测院三个工程项目分别被评为“省级工程建设优秀勘察设计奖”，丰满分局被区评为“软环境建设先进单位”、“支持丰满区经济建设有功单位”；昌邑分局被区评为“2007年经济工作优秀服务单位”；赫广志等51名同志被市、区级以上机关分别授予“优秀共产党员”、优秀公务员等荣誉称号；刘力同志被建设部授予“全国建设系统先进个人”荣誉称号，夏朝旭同志被省政府授予“棚户区改造先进个人”荣誉称号。

——规划编制。根据我市城市发展的实际，适时开展了城市总体规划修编工作。截至2007年底，大部分专题研究的初稿已经完成，总规纲要初步方案基本形成。

按计划相继完成了废品收购站（场）、住房建设专项规划、经开区新区开发建设规划方案、吉林市旅游资源整合规划方案、给水污水设施五年规划方案、沙河子物流园区规划。

天燃气发展规划，初步方案编制完成。

历史文化名城保护规划，已经委托清华大学城市规划设计研究院编制。

完成吉林市航摄1:1000地形图测绘320平方公里，超额完成了20平方公里。

——规划设计。配合有关部门，主动开展了铁路、道路、水、电等城市基础设施和棚户区改造以及农民新村等规划设计，为经济发展和城市居民，尤其是中低收入居民人居环境的改善提供了规划条件。

相继完成了工业集中区26条道路规划设计和13条道路及排水工程的施工图设计；高速公路经开区出口改造、西山地区可开发地块市政基础设施重点建设项目的规划设计。

完成了吉林大桥北侧平面交通、大东门过街天桥、致和门立交桥平交道口改造、西出口改造、雾凇东路、中环西路、棚户区配套道路等23项道桥工程和衡阳街等部分主次街路维修改造及雨污水管线改造工程的规划设计。

配合铁道办，相继完成了火车站东站场、东广场控制性详细规划设计。长吉城际铁路按照我局制定的方案已开始施工。

完成了源源热电厂扩能改造、东关电厂三期扩建和新建10公里供热管网以及新（改）建60座供热站规划设计。同时，完成了3座燃气汽车加卸气站和2座新建公交车场选址工作。

完成了乐园等5个居民区休闲广场、沙河子广场和2个市民冬泳用房及20个亲水平台的规划设计，为市民提供新的文体休闲活动空间。

完成了城区垃圾场和经开区、和平路、吉丰东线等12条污水干线以及35座新（改）建水（旱）厕的规划设计；完成了吉林大街等3条主要街路楼体粉饰和2个电子显示屏选址工作。

完成了西山6个区、东广场棚户区的控规和5个棚改回迁区详规编制；4个农民新村和铁合金、吉化居住区等4个棚户区的规划设计。

——规划管理。2007年，全局共完成规划审批项目340个。其中，核发《建设用地规划许可证》263件，2056.56公顷；核发《建设工程规划许可证》287件，676.83万平方米；核发《建设项目选址意见书》250个，1397.14公顷。

共查处违法建筑216处，面积60.49万平方米。其中，拆除违法建筑107处，面积达5666平方米。

在市政府常务会议讨论通过基础上，我局完成了吉林市规划专家咨询委员会章程的起草和向市编委的报批工作。

按照“城市管理年”的总体要求，制定并实施了《吉林市规划局关于进一步加强城乡规划管理的工作方案》，并向社会发布了《加强城市规划管理的通告》。

在加强日常监管的基础上，着重对“五路四口”中的北出口和城市主要街路（通江路等）和重点部位的违法建筑及超期临时建筑依法进行了强制拆除，震慑了违法建设行为。

此外，按照市政府新的部署，还进一步加大了重点工程、土地收储和弃管小区以及主街路、广场周围等重点部位临时建筑的监管，及时制止了新的违法建筑的发生。

——招商引资。截止年底，被市商务局确认的项目共有10个，项目总投资56892万元，占全年任务的103.44%，超额完成1892万元，是2006年总任务的两倍。

——信访工作。全年共受理群众来信来访206件813人次。其中，市长电话室和上级批转的案件96件。除个别遗留问题外，其他基本得到妥善解决。

——主要特点。强化了责任制的落实。年初，局党委以责任制形式将重点任务进行了细化分解，做到了目标、时限、要求明确，责任落实到人。

坚持定期调度与日常督导相结合。利用每周三局长办公会的机会，加强重点工作任务的调度。同时，充分发挥效能监察小组的作用，强化日常制度和任务落实情况的监督检查。《规划信息》每月都对重点任务完成情况进行通报，发挥了重要的督导和促进作用。

狠抓了服务措施的落实。为促进工业集中区建设，在开通重点工业项目“绿色通道”的同时，还单独设立开发区处，随时办理开发区各项工程的规划审批。各驻区分局也加大了对区属工业项目的扶持力度。按照《关于加强规划分局为区属工业项目建设服务的意见》要求，各城区分局实行了分局长工业项目包保责任制。

为进一步提高办事效率，对重大工业项目和开发区建设项目的审批时限再一次进行缩减，由规定的15—30个工作日缩短为7天。

对投资500万元以上的工业项目还实行了现场办公、先行选址和放线等优惠政策；对市内500强和招商引资大项目，做到主动上门，随叫随到、随到随批，积极主动地为大项目的落地出谋划策，提供优质高效的服务。

对市里重大招商引资项目的前期工作，从大局出发，给予积极配合。如300万吨钢项目，从选址到地形图测绘、地质勘探等都能够提早按时完成，使工程进展顺利。

党建和思想政治工作提供了有力的保证。按照市委和市直机关工委的统一部署，以创建“三型”处室，构建和谐机关活动为主线，在党员干部中先后开展了“树新风正气、促和谐发展、推进总量翻番”主题教育、主题研讨和向陈淳同志学习等一系列党建和思想教育活动，使党员干部的思想政治素质和工作积极性有了新的提高。同志之间、处室之间、机关和局属单位之间的联系更加紧密,团结协作、想事干事的氛围更加浓重。这些都为行政业务工作的顺利开展提供了可靠的保证。

（徐国军）

【环境保护】 2007年是我市环境保护事业快速发展的一年,市委、市政府全力推进污染物总量减排,使污染防治由被动应对转向主动防控,城市环境质量持续改善。2007年城区空气质量好于二级以上天数达到326天。松花江干流白旗断面高锰酸盐指数浓度平均值符合国家Ⅲ类水体标准，吉林市各集中式饮用水源地水质符合国家Ⅲ类水体标准。

一、主要污染物总量减排

制定了《吉林市主要污染物总量减排工作实施方案》,明确了污染物总量减排目标和任务,确定了通过工程治理、结构调整和加强监管进行减排的工作思路，并最终圆满完成了省政府下达的2007年总量减排任务。在总量减排工作的带动下,一大批环境难点问题得到解决。城市污水处理厂正式投入运行,吉林晨鸣纸业公司污水处理改造工程竣工,国电吉林热电厂等一批二氧化硫削减项目投入运行。

二、经营性锅炉专项整治

结合“城市管理年”活动,着重开展了经营性锅炉专项治理整顿工作,积极推进并网区域内经营性锅炉并网和改燃,联合市政公用局对并网区域内的市房产供热处等29家采暖锅炉产权单位下达了《关于限期拆除分散供热锅炉并网集中供热的通知》，对网区内的27户经营性锅炉逐台制定了改燃计划。全市479台经营性锅炉中，总计整治超标排放锅炉146台,其中停止使用93台,拆除46台,改燃改造7台;目前采用配水方式98户,其余未改燃的已通过加强监管、规范操作规程、改煤种、加强司炉培训等措施,全部实现了稳定达标排放。

三、哈达湾区域的工业污染治理

督促哈达湾区域三户企业开展烟尘粉尘污染综合整治。冀东水泥吉林公司已完成散装水泥系统无组织排放源的污染治理项目,完成原1#水泥窑系统设备的拆除工作。在未彻底整治联合储库之前,为有效缓解粉尘外排,在联合储库原来封闭的基础上,将用彩钢瓦再次对联合储库进行全面封闭。中钢吉林炭素已编制整治方案,9月份已完成工程招标。中钢吉林铁合金股份公司污水处理站改造扩建工程正在施工，已完成大部分土建工程。

四、建设项目环境管理

2007年共审批建设项目584项,其中环境影响报告书29项,环境影响报告表280项,环境影响登记表275项,验收项目69项,建成投产(投产使用)项目“三同时”全部执行到位。

五、整治违法排污企业保障群众健康环保专项行动

印发了专项行动工作方案，确定整治重点和各相关部门的整治工作任务。下发了《关于开展城乡结合部、乡(镇)村环境污染隐患排污排查专项行动的通知》。查处了一批未执行“三同时”及未按规定验收的企业,根据不同情况,分别下达了限期改正违法行为和限期验收的决定。将15起典型案件确定为整治违法排污企业环保专项行动重点挂牌督办案案件。

开展了以松花江流域涉水企业污染源综合整治为重点的专项整治工作。先后出动了环境监察人员近2500人次,检查各类企业近1200余户,对5户存在环境违法行为的企业进行了处罚,罚款19万元,对查出的一些轻微的环境问题,以环境监察要情通报形式明确提出整改措施和完成时限。

六、松花江流域涉水企业及水源地保护区内的企业检查

联合市政府各相关部门，对涉水企业及水源地保护区内的企业进行了全面检查。重点开展了对造纸行业和粮食加工业的检查，对没有工商执照的移交工商部门处理，属“十五小”企业及落后生产工艺的移交发改委负责关停,属地方保护政策的移交监察部门解决。共检查涉水企业近170户,对超标排放等违法行为,按照相关法律,分别做出了罚款和加收超标排污费的处理。

七、突发环境污染事件应急系统建设

首先从制定环境污染与破坏事故应急预案上，通过开展突发性污染事故隐患调查,摸清全面情况,合理配置人力、物力,提高处理应急突发性环境污染事故的能力。其次,在实际处理过程中,依托目前已建成的环境监察联动体系,保障第一时间出现场进行现场调查、处理。第三,在队伍建设上,环境监察队伍纳入预备役管理,通过正规的军事化训练,不断提高监测人员的应急能力,为今后的污染事故处理、救援工作奠定了坚实的基础。

八、信访工作

2007年共受理群众信访1461件次,立案率100%,结案率98%。其中,12369举报电话受理1207件;群众来信、来访95件;上级转办单148件次;人大代表建议8件;政协委员提案3件。未因受理不及时或处理不当引发越级上访事件。

（郑　斌）

内外贸易

【商务经济】 一、2007年全市商务工作情况

(一)主要指标完成情况。

2007年全市招商引资到位资金702.4亿元，完成年度目标(700亿元)100.3%,同比增长36.4%。实现外贸进出口9.6亿美元,完成年度目标(6.5亿美元)的147.5%,同比增长28.3%；其中出口5.6亿美元，完成年度目标（4亿美元)的140.6%,同比增长23.7%。实现对外承包工程劳务合作营业额5848万美元,新派劳务1703人,分别完成年度目标(5500万美元、1652人)的106.3%和103.1%,同比分别增长22.3%和7.78%。实现社会消费品零售总额387亿元，完成年度目标

（376 亿元）的 102.9%，同比增长 17.5%。实现第三产业增加值 375 亿元，完成年度目标（375 亿元）100%，同比增长 31.6%。

（二）重点工作进展情况。

——招商引资规模质量显著提升。全年引进项目 2157 个，其中工业项目 1380 个，到位资金 447.1 亿元，占到位资金总额的 65.8%。在引进项目中，新建项目 1828 个，到位资金 516 亿元，占到位资金总额的 75.9%；3000 万元（300 万美元）以上项目 747 个，到位资金 515.7 亿元，占到位资金总额的 72.9%；亿元（1000 万美元）以上项目 118 个，到位资金 220.6 亿元，占到位资金总额的 32.5%。

五县（市）招商引资到位资金 222.2 亿元，完成全年目标的 103.1%；四城区招商引资到位资金 181.4 亿元，完成全年目标的 102.8%；开发区招商引资到位资金 142.4 亿元，完成全年目标的 101.7%；市直部门招商引资到位资金 156.4 亿元，完成全年目标的 96.6%。

一是市委、市政府主要领导和主管领导亲历亲为，促成了一大批项目签约。各县（市）区和市直机关相关部门领导落实招商引资项目包保责任制，主要领导人人抓招商，主管领导和班子成员人人有项目，全市上下基本形成了重招商、抓招商的良好氛围和势头。二是大项目明显增多，工业项目所占比重较大，截止去年引进工业项目占项目总数的 64.1%，亿元（1000 万美元）以上项目到位资金 220.6 亿元，占 32.5%。三是针对重点国家和区域组织专业招商活动，取得显著成果。相继组织赴北京、京津鲁、长三角等国内以及赴俄罗斯、欧洲等境外招商活动，累计签约招商项目 208 个，总投资 469.8 亿元。其中，第三届东博会签约招商项目 70 多个，总投资额 170.5 亿元人民币。中生集团、中冶集团、通钢集团、美国嘉吉、辽宁奥克、香港胜达、大连新型、上海凯赛等一批国内外知名企业落户我市。

——对外经贸发展势头强劲。外贸企业出口 4.3 亿美元，同比增长 30.8%；三资企业出口 1.4 万美元，增长 6.0%。全市新增获对外贸易经营权企业 60 户，新增有业绩企业 20 户，新增出口额 7500 万美元。全年出口产品近 700 种，出口国家和地区达到 93 个。对外贸易总量和增幅创历史最好水平，在全省处于领先地位。

吉林化建等 6 家外经企业累计承建阿尔及利亚炼油厂、俄罗斯萨哈林油气、卡塔尔乙烯储罐等 12 个工程项目，实现对外承包工程劳务合作营业额 5848 万美元，新派劳务 1703 人。

国内贸易持续繁荣。推进商贸活市，相继协调恢复“江城美”品牌白酒生产，树立和打造了吉林市自己的白酒品牌；组织“迎新春购物大吉”、“春、夏季魅力服饰展”、“五一购物嘉年华”等系列活动；特别是组织“雪花啤酒节”，促进雪花啤酒销售、利税同比分别增长 20% 和 30.3%；举办首届“地产精品展洽会”活动，评出 50 个江城人民喜爱的地产精品和 50 个江城人民喜爱的消费品，有效地促进了消费增长，增加了地方税收。

加快大型商贸设施和新兴业态建设，大福源三店、吉林百联购物中心、彩虹桥钢材批发市场等投入使用，总投资 5.6 亿元，新增营业面积 15.9 万平方米。众安居二期、哈达家居二期、中东购物、阳光购物等大型流通设施开工建设，投入资金 12.5 亿元，新增营业面积 32.8 万平方米。大福源三店、中东新生活购物乐园等一批商贸设施投入运营。连锁物流经营发展迅速，全市现有连锁企业 69 户，门店 1400 个，连锁企业销售额占社会消费品零售总额的 21.5%，增长 21.3%，新增就业 18660 人。越北物流园区、龙潭工业物流园区、吉林西站物流中心等大型物流设施加快建设，化工、汽车等一批专业物流龙头企业不断壮大。“万村千乡”市场工程和“双百市场工程”建设成效显著，新建 1 个配送中心和 240 个标准化农家店，申报国家补贴建设资金 144 万元。申报吉林市汇宇食品有限公司、江山商业园为国家双百工程承担企业，申报国家补贴建设资金 200 万元。

特别是针对今年 5 月份以来全国范围内出现的猪肉、粮油、蔬菜等部分副食品价格波动较大的情况，及时启动应急预案，采取多种措施，保证了重要生产消费品不脱销断档。严厉打击私屠滥宰行为，集中整治啤酒市场，吉林雪花啤酒销售利税大幅增长。

——企业改革稳定，工作成效显著。采取“一事一议”的办法解决改革中遇到的难题。一是组织对全局大集体企业资产、人员、经营情况、年龄层次调查统计上报。完成了大集体企业未参保退休人员生活费的申报和发放工作，全局共有 16 户大集体企业，102 人享受了此项政策，保证了大集体企业的稳定。二是本着对企业和职工负责的原则，先后对站前大楼、机电公司、中百商厦等三户的职工内欠、资金分配进行审核把关，累计发放资金近 1345 万元。三是妥善处理东方商厦、食品公司、东北亚公司、百货站、站前大楼、化轻公司等单位的职工 466人，108 批次集体上访问题，维护了企业和社会的稳定。

【供销合作社】 2007 年吉林市供销社认真贯彻全省供销社工作会议精神，以服务社会主义新农村建设为中心任务，坚持为“三农”服务方向，全系统结合实际，进一步强化措施，真抓实干，各方面工作都取得了新的进展。主要经济指标保持持续增长：商品购销总额实现 18 亿元，比同期增长 5%；农副产品收购额实现 1.7 亿元，比同期增长 5%；消费品零售额实现 5 亿元，比同期增长 10%；市场交易额实现 10 亿元，比同期增长 20%；资产经营收入实现 5000 万元，比同期增长 5%；利润总额实现 1817 万元，比同期增长 10%；第三产业增加值实现 1.4 亿元，比同期增长 5%；固定资产实现投资 3300 万元，比同期增长 10%。新发展农村专业合作经济组织 100 个，新发展农村经纪人 500 人。

一、农村现代流通网络快速发展，"新网工程"建设取得了突破性进展。全系统形成了"七大网络"和"一个中心"的农村现代化流通网络框架。农资连锁经营网络已建成市级配送中心3个、直营和加盟的农资连锁店500个，今年通过网络销售化肥8万吨，同比增长78%。再生资源回收网络已建成5个再生资源市场，年市场交易额达到4亿元以上，同比增长33%。农村医药连锁经营网络在去年的基础上，发展连锁药店（专柜）83个，配送的农村终端客户达到800个。日用消费品连锁经营网络得到了进一步巩固，全市供销社系统已建成标准的连锁"农家店"760个。全市烟花爆竹连锁经营网络共设立经营网点800多个，年经营额达到1700多万元。农副产品市场购销网络进一步发展。累计创建龙头企业38个、各类市场36个、创建各类专业合作经济组织1690个。农村信息服务网络，新建了永吉县信息站及其35个村级信息采集点。今年我们重点抓了农村社区综合服务中心建设并取得了实质性进展。截止目前，永吉县的陡嘴子、搌落、鸦鹊，桦甸的八道河子、四合、榆木桥子、北台子，磐石的取柴河等15个社区综合服务中心建设均已建成。吉林市的网络建设工作，得到了政府及上级供销社的高度重视。全省"新网工程"现场会于7月25日在我市顺利召开并取得了圆满成功，会上吉林市社、桦甸市社、吉林市再生资源公司分别做了典型发言，还参观了桦甸市农村社区综合服务中心及市社直属企业典型。副省长田学仁、市委书记徐建一、市长张晓霈等领导同志参加了本次会议，吉林市供销社网络建设工作得到了与会领导的充分肯定。

二、积极引领农村合作经济组织发展，搭建新农村建设服务平台。一是抓好专业合作经济组织和农村经纪人队伍的发展。新发展专业合作经济组织100个，新发展经纪人500名。二是抓好"两强"建设。全市共培育专业强壮社13个，累计达到53个；培育经纪强人46名，累计达到158人。参加了省社组织的百名经纪强人和百户专业协会（专业社）推荐工作，共推荐经纪强人18人，推荐专业协会（专业社）14户。三是抓好"千社千品"富农工程。今年我市把"千社千品"富农工程当作大事来抓。推荐了舒兰溪河肉鸡加工、磐石呼兰西洋参、蛟河拉法粘玉米、桦甸养猪等8个专业合作社，为做大做强专业社，更好地发挥作用创造了条件。永吉县苏子标准化示范基地被确定为全国供销合作社农业化标准示范基地项目，获得5万元财政扶持资金。四是抓好培训教育及服务。各县（市）区"两协"组织，通过采取举办培训班、组织科技大集、参加农博会等办法，努力提高农村专业合作经济组织人员和农村经纪人及普通农民的从业素质。积极开展各类培训班，努力提高农民素质。截止目前，共开展农民实用技术培训5400人，其中"庄稼医生"等职业技能培训1500人。举办经纪人培训班4期，共培训721人。

三、参与农业产业化经营，大力拓展新农村建设服务领域和途径。继续组织开展了"服务社会主义新农村建设竞赛"活动，通过竞赛活动，提高全系统参与农业产业化、助农增收的层次和水平。通过采取抓龙头企业、开展订单农业、抓农资供应等措施，积极参与农业产业化经营，帮助农民增收致富。全系统共落实订单6.5亿元，同比增长21%。仅蛟河市就落实粘玉米种植面积720公顷，与1500户农民签订了种植合同。全系统共销售化肥34万标吨，同比增长6.3%。

四、积极参与城市管理年活动，废品收购站整治工作成果显著。一是协助市整治办起草整治工作实施方案，制定政府整治通告；起草整治工作具体实施细则和工作流程，为整治工作的法制化、规范化奠定了基础，共整治规范废品收购站395个。二是积极筹建丰满再生资源市场，完成了总投资200万元，占地4.2万平方米，能容纳40个经营业户的丰满再生资源市场建设。三是抓紧布设收购亭，大力扩建老市场。全市共布设社区收购亭214个（新亭150个）。新扩建市场占地4万平方米，增加经营摊位100余个，保证了整治工作的顺利进行。

五、积极推进供销社的改革与发展，打牢服务新农村建设基础。一是大力推进基层社改革。今年我们在坚持合作制的前提下，继续大力推进"开放办社、选聘能人，组建专业合作社，组建供销股份合作社，实行统一管理、资产租赁、人员返聘，组建有限责任公司"等五种模式的改革。对已进行的改革抓了完善提高工作，强化了对社有资产的监管，确保社有资产不流失。其中舒兰、蛟河市对社有资产进行了彻底的清查，为社有资产的保值增值和基层社的发展打好基础。二是重点抓了以产权制度改革为主要内容的企业整体改制工作。按照全市企改工作的整体要求，充分利用国家政策，完成了土产公司，西关旧货市场的企业改革工作，组建了吉林市陶瓷批发市场有限公司，实施了以果品公司为主体的捆绑改革，将果品市场、经销公司等单位合并起来进行改革，目前改革工作已经进入资产评估阶段。通过改制化解了银行债务，界定了产权关系。

六、加大项目开发和招商引资力度，不断增强服务新农村建设实力和后劲。一是物华公司稀土永磁项目。总投资为1.4亿元，2007年一季度深圳方面注入资金4700万元，引进外资260万美元。二是再生资源有限责任公司废旧塑料加工项目。再生资源公司与吉林省信息运输有限公司（省交通厅企业）达成合作协议，已到位资金1000万元，该项目已上报国家发改委。三是再生资源回收体系建设项目。该项目已上报国家发改委待批。四是完成了日杂批发市场周边扩建项目及鞭炮库续建工程。同时，组织各县（市）区供销社把项目开发和招商引资工作当作头等大事来抓，结合自身实际，积极寻求新的经济增长点。今年各县（市）区供销社新上项目13个。其中农业产业化项目7个、商贸项目1个、其它项目5个，总投资达到6330万元。

七、进一步加强了党建工作。认真落实胡锦涛同志重要讲话和市第十一次党代会精神，紧紧围绕加快供销社经济发展和实现总量翻番的奋斗目标，切实加强领导班子建设和干部队伍建设，积极推动企业文化建设，为供销社经济快速发展提供坚强的政治和组织保证。一是切实加强市社党委班子的自身建设。加强政治理论学习不断提高班子成员的政治理论素养。坚持理论中心组学习制度，坚持民主生活会制度，加强团结，转变作风，认真贯彻执行民主集中制，提高决策的民主性和科学性。二是认真落实党风廉政建设责任制，认真执行廉洁自律的各项规定。三是在机关干部中开展了创建“五型”机关活动（学习型、服务型、创新型、勤廉型、和谐型），开展了《树新风正气、促和谐发展、推进总量翻番》主题教育实践活动。四是加强基层企业领导班子建设和党的基层组织建设，积极开展思想政治工作，推进企业文化建设。创办了《政治工作简报》。宣传党的方针政策、市直各企业思想政治工作的新经验、企业文化建设的新做法、经济发展的新成果，为企业快速发展提供精神动力和智力支持。把思想政治工作同企业的文化建设有机的结合起来，推动企业文化建设向纵深发展。

八、积极做好职工稳定工作。近时期以来，系统内连续发生多起职工群体上访事件，其中物华两起、日杂一起。市社领导班子积极采取稳控措施，与有关部门紧密结合，针对具体上访事件，明确工作责任，组织力量深入基层，进省、上京做了大量工作。目前，主要三起群体访事件都得到了有效控制，确保了社会稳定。

民营经济

【民营经济】——基本情况。2007 年，全市民营经济实现主营业务收入 1029 亿元，同比增长 34.4%；实缴税金 30.6 亿元，同比增长 30.1%；全市私营企业 11914 户，其中规模企业 886 户，从业人员达到 51.98 万人；全市民营企业招商引资到位资金 455 亿元，企业出口创汇 1 亿美元，出口产品达 162 个，出口国家 31 个。

——实施民营经济腾飞计划。2007 是全省实施民营经济三年腾飞计划的起步年，也是我市实现经济总量翻番的关键年，在过去的一年里，紧密围绕民营经济腾飞和总量翻番这一工作主线，落实和完善各项政策意见，强化服务措施，优化发展环境，民营经济发展态势强劲，经济指标再创历史新高，实现了民营经济快速腾飞的良好开局。全年，我们按照省、市关于促进民营经济三年腾飞《实施意见》，层层分解指标，落实腾飞任务，建立了“月调度，季考核”工作机制，对各县（市）区中小企业和民营经济的主营业务收入、实缴税金等六项腾飞指标进行考核评比，促进民营经济腾飞。经省民营经济三年腾飞工作领导小组考核，我市被评为全省民营经济腾飞工作先进市。

——政策法规宣传。不断健全完善政策措施，营造良好的发展软环境。重点是制订并宣传了市委、市政府制定下发的《关于促进民营经济三年腾飞的实施意见》和《关于促进中小企业和民营经济发展的政策意见》即“68 条”。并将“68 条”和国家、省、市相关文件汇编成册，印刷 2 万册免费发给全市中小企业。与市委宣传部、江城日报社等部门联合开展了“企业社会责任”评选活动，组织具有代表性的中小企业召开座谈会，增强了企业的社会责任感和创新意识，鼓励他们为构建和谐社会多做贡献。

——解决融资难题。融资难是制约中小企业发展的主要瓶颈，下大力气提高民营企业融资水平。年初按照省银企对接及工业提速增效会议精神，结合全市民营经济发展实际，全局划分了 5 个银企对接工作推进组，对 156 户最具成长型企业逐户进行调研，协调银行与提出贷款申请的 26 户企业开展一对一对接，重点帮助企业解决融资难题。同时，向省局推荐 37 户企业，与省内各商业银行对接，争取信贷支持，改善融资服务环境。目前，全市担保企业达到 15 户，组建担保行业协会，放大担保功能，提升融资服务能力，切实降低中小企业的融资“门槛”。

——招商引资工作。积极开展对外经贸交流活动。为确保招商任务的完成，定期组织召开招商小组协调会，组织中小企业“走出去”，赴俄罗斯伊尔库茨克州开展经贸交流，参加了在广州举办的“第四届中国国际中小企业博览会”、在厦门举办的“第十一届中国投资贸易洽谈会”、在长春举办的“第三届中国吉林·东北亚投资贸易博览会”。今年在各博览会中，项目洽谈、招商引资都取得显著的成果。组织全市中小企业参加了中国吉林 2007 年软件产业开发与国防信息化高峰论坛科技项目发布会，发布项目 100 多个。

——加强人才培养。为了使企业更快更好地发展，给企业注入生机和活力，全年共举办各类培训班 20 个班次 3000 余人。在高新区，与 IBM 合作举办了信息化培训班，为中小企业培训 100 多名信息人员。举办四期“万名创业者万名小老板”培训班，共培训 1500 人。全年培训全省中小企业网站管理人员 100 多人，为规模以上中小企业培训了专利技术和知识产权方面知识 100 余人。举办国家百万中小企业信息化培训班 3 期，共有 200 多名中小企业信息化管理人员参加学习。配合市委组织部组织 312 名志愿者服务 355 户企业，其中为企业提供兼职服务的 247 名，专职服务 108 名。组织了 100 名企业高管人员参加了清华大学高级工商管理研修班。

——服务体系建设。加强了服务基地和技术平台建设。一是建立了 6 个小企业创业基地和三个公共技术服务平台。化工创业园已孵化企业 134 家，吉林高新区小企业创业基地已孵化企业 606 户，经济开发区小企业创业基地基础设施和公共设施比较完备，常驻企业 50 户，预计每年新增 20 户，吉林高新区软件园公共服务平台服务软件企业 381 户，中小企业机电一体化产品机械加工公共服务平台服务生产机电一体化产品的中小企业 200 多家。创业基地对中小企业的孵化作用和公共服务平台对企业技术创新的支持作用日益明显。二是中小企业服务中心积极协调担保、会计、税务代理等社会中介服务机构，深入122户最具成长型工业企业开展面对面服务。中小企业网积极为广大中小企业提供产品宣传、招商引资、信息咨询等方面的服务，免费为100多户中小企业制作网页，介绍企业，推销产品。中小企业法律服务中心为中小企业提供各种投诉、咨询、维权等方面服务数百次。

——发挥协会作用。市中小企业协会召开了一届二次会议，引导中小企业增强自主创新能力和社会责任感，协会先后组织民营企业召开企业创新专题研讨会、经验交流会，积极促进企业翻番。市中小企业协会成立了供应商分会、机械行业分会和软件行业分会，吸纳会员245人，并对会员企业管理人员和财务人员举办了两次专门培训。

（欧阳海平）

旅　　游

【旅　　游】　2007年全市旅游工作紧紧围绕市委、市政府提出的“奋斗三年，总量翻番”工作目标，本着夯实基础、创新方法、突出重点、内外结合的原则，全力提高节庆运作水平，大力推进项目建设，不断深化市场促销，全面加强行业和松花湖管理，使旅游业保持了良好的发展态势，各项经济指标稳步增长。全市全年共接待海内外游客近1029万人次，同比增长11.27%，实现旅游收入70.8亿元，同比增长26.43%。

一、节庆活动

在市政府主导下，成功举办了雾凇节、开江鱼美食节、松花湖休闲度假旅游节及其系列活动。协助指导蛟河市、桦甸市完成了红叶节、白桦节、采摘节的策划和筹备工作。

雾凇冰雪节共开展16项活动，政府投入资金1000万元，是历次节庆活动投入最多的一次，200余位中外企业家参加凇洽会，签约资金近66亿元。开江鱼美食节贯穿了央视互动空间《开江鱼美食超人》制作评选、开幕式以及开江鱼捕捞和鱼王拍卖等系列活动，激活了春季旅游市场，打牢了春季旅游品牌，填补了我市春季旅游产品的空白。松花湖休闲度假旅游节共接待旅游者100万人次，实现旅游收入5亿元人民币，同比分别增长了30%和10%。指导和参与策划的红叶节开幕式、苏尔哈湖湾度假区启动仪式、红叶摄影展、窝集口采摘节、“插树岭”影视基地旅游、“红治会”等系列旅游活动异彩纷呈，旅游收入再创新高。指导和协助举办的白桦节开幕式、全国俱乐部钓鱼联赛、风光摄影大赛、投资环境说明会等，有效提升了其在域内外的知名度和影响力。

二、旅游宣传促销

*一是策划推出了旅游产品和线路。*整合推出了以“走进冰雪香格里拉—吉林市，观亚冬赛事，赏吉林雾凇”为主题的12条冬季旅游线路，以“踏青品鱼和谐城乡迎春游”为主题的13条春季线路，以“清凉一夏，休闲度假”为主题的夏季旅游产品和多条精品线路，以“城市建设年”为主题的“老八景”和“新八景”旅游线路，丰富了游客的游览内容，延长了游客在吉林市的停留时间。

*二是组织参加了各类旅游展会活动。*带领旅游企业参加了马来西亚、新加坡、韩国、台湾、苏州等地举办的国际、国内旅游交易会和博览会，与韩国达成命名江源道一艘游艇为“中国吉林松花湖号”的协议。组织全局及所属企事业人员分成7个组别，分赴上海、北京、新宾等20多个客源地开展了宣传促销和工作考察，大力宣传了我市旅游资源和产品，学到了先进经验，得到了有益启示。与大连、沈阳、哈尔滨、广州、泰安、中山、深圳、厦门、福州等16个城市签订了互为客源市场输送游客的协议，加强了双方旅游经济的合作与交流。组织旅游企业参加了在内蒙古呼和浩特市举办的北方十省市旅游交易会、辽宁兴城市海会、东博会等大型活动，共发放光碟、图片、折页等宣传资料10余万份。与山东泰安、长白山签订了互为客源市场和销售合作返利协议，应邀参加了在哈尔滨举办的“第三届东北四城市（4+3）市长峰会”，签署了《关于加强旅游战略合作的框架协议书》，促进了与其他旅游城市的交流与合作，创建了发展区域旅游的新机制。对镜泊湖风景区进行了考察，就资源共享、客源互补、建立无障碍旅游等事宜达成合作意向。

*三是大力开展了宣传推广工作。*印制和发放了吉林市冬季旅游线路示意图、吉林市旅游图、踏青品鱼、和谐城乡迎春游等相关旅游宣传品7万份，并组织各星级酒店在显著位置悬挂吉林市旅游景区示意图，为自助游客人选择出行线路提供便利。与吉林省宝峰传媒有限公司合作，由吉长两市旅游局共同主办了《吃喝玩乐》时尚类DM杂志，每月同步在吉长两市星级酒店、高档写字楼、住宅小区、机场、火车站免费发放13万册。印制和发放了“冬季欢乐吉林和雪在一起”宣传折页2万份。在长吉高速公路出口和天主教堂、火车站、石头楼、毓文中学旧址等景点设置大型旅游宣传广告牌1块和旅游标识牌4块。利用旅游信息网和《旅游纵览》杂志等大力度宣传我市旅游产品和城市旅游整体形象。进一步完善了以“观枫赏桦”为主题的“十一”黄金周秋季旅游产品，开展了大力度宣传推介。参与了省旅游局组织的“两岸摄影家拍——吉林24小时活动”准备和接待工作。开展了明年及今后五年加快我市旅游经济发展实地调研以及吉林市旅游信息网的改版升级工作。我市旅游信息网正在市政府举办的2007年度市政府系统互联网站评议考核活动中，目前获得公众投票第一名。

*四是组织我市多家旅行社进行外出考察活动。*赴辽宁兴城考察海会及兴城旅游；赴圣德泉实地考察线路，包装、设计和向市场推出了我市温泉特色旅游产品及线路。

三、旅游基础设施和项目建设

*一是组织落实招商引资工作。*进一步强化对外招商引资工作力度，及时调度和上报了招商引资成果。截止目前，市旅

游局小组实现招商引资到位资金 20323 万元，占总任务的 101.6%。其中，旅游局完成到位资金 5100 万元，完成全年任务的 102%。

二是组织实施了基础设施和项目建设。今年 1—12 月份，全市计划建设旅游项目 49 个，总投资 31.5 亿元。截止年底，已开工 46 个项目，预计投资 13.3 亿元，现已累计完成投资 8.7 亿元。其中，招商引资 1.4 亿元。全市 41 个旅游文化项目已开工建设 25 个，其它正在规划和设计中。

四、生态旅游和乡村旅游

一是包装推出了东福米业绿色农业观光、关东金王和插树岭影视拍摄基地、苏密沟景区、孟家等农家乐旅游，兴光、韩屯等民俗旅游，窝集口红果采摘、嘎牙河、霍伦河漂流等适合市场需求的旅游景点和特色项目。推出了北大湖景区暑期旅游产品，变北大湖景区单季旅游为多季旅游。

二是制定了《吉林市"乡村旅游"接待标准》，开展了组织实施工作。

五、旅游行业管理工作

一是开展了旅游市场秩序和安全监督检查工作。依据《旅行社门市部管理暂行办法》，开展了全市旅行社门市部清理整顿工作。下发《关于加强黄金周安全工作通知》，召开旅游安全工作会议，对旅行社的用车安全、导游人员安全培训、星级饭店食品卫生安全、消防设施安全及旅游景区的设施、设备安全以及导游员进行安全检查，及时处理了旅游安全事故。

二是开展了行业管理各项工作。完成了吉林东福米业全国农业旅游示范点和北山、市博物馆国家 AAAA 级旅游景区申报以及桦甸市"创建中国优秀旅游城市"申报和初评工作。进行了 65 家旅行社业务年检、1136 名导游员年审和 26 家星级饭店复核工作；参加了吉林省"净月潭"杯金牌导游大赛，全省共评选出六名金牌导游员，我市中国国际旅行社的吴洪亮、雾凇旅行社的周善助榜上有名。市旅游局、市雾凇旅行社获得优秀组织奖，我市其他 4 名参赛选手获得吉林省优秀导游员称号；新审批了 2 家国内旅行社。开展了节能减排相关工作和旅行社、导游员诚信服务月活动。

六、松花湖风景区管理工作

一是强化了景区安全管理。制订了松花湖安全预案，开展了消防安全检查，在坝东、坝西广场、码头、停车场等主要场所配备了灭火器材。规范了景区内牌匾设置，在五虎岛景区增设 5 块大型安全警示牌、指示牌；在坝西设置公安局治安举报电话公示牌。

二是参加了风景名胜区展会活动，完成了综合整治迎检工作。按省建设厅组织的建设系统年鉴会要求，编写了松花湖景区年鉴；组织参加了全国风景名胜区成立二十五周年成就展活动。按照国家级风景名胜区综合整治工作的有关要求，对 2003 年以来松花湖风景区综合整治情况进行了全面总结，并完成了迎接国家建设部综合整治验收组对松花湖风景名胜区综合整治的验收工作。

政府法制

【政府法制】 2007 年吉林市政府法制工作在省政府法制办和市委、市政府的领导下，认真贯彻落实省政府法制工作会议精神，以进一步落实国务院《全面推进依法行政实施纲要》和我市《全面推进依法行政、建设法治政府五年规划（2005—2009 年）》为主线，深入开展"法治政府基础建设年"活动，加大依法行政各项措施的力度，为促进全市经济又好又快发展，不断探索政府法制工作的新途径，全面完成了全年各项工作任务。

一、认真贯彻全省政府法制工作会议精神，全面推进依法行政

2007 年 4 月 26 日，召开了全市政府法制工作暨行政执法"双十佳"表彰会议，传达贯彻了全省政府法制工作会议精神，总结了 2006 年政府法制工作，部署了 2007 年政府法制工作。并对 2006 年全市行政执法责任制和法治政府基础建设年活动考评情况进行了通报；对行政执法先进单位、"双十佳"标兵单位和标兵个人进行了表彰。两次召开县（市）区政府法制工作负责人会议，制定下发了《创建法治政府示范县（市）区的实施意见》，研讨交流了活动开展情况，市法制办对如何开展此项工作做了进一步的部署。

二、加强政府立法工作，努力提高立法质量

2007 年政府立法工作重点围绕我市经济发展的重点、难点问题制定和出台立法项目。

一是地方性法规和政府规章完成情况。1.地方性法规。实际完成《吉林市房地产交易管理条例》（草案）、《吉林市城市客运出租汽车管理条例（修正案）》（草案）、《吉林市水资源管理条例》（草案）、《吉林市城市节约用水管理条例》（草案）等 4 部地方性法规的调研、审核、修改、论证工作，并已经政府常务会议讨论通过，以市政府议案的形式提请市人大常委会审议。此外，还对《吉林市优化经济发展环境条例》（草案）、《吉林市市政供水条例》（草案）开展了调研、审核工作。2.政府规章。实际完成《吉林市人民政府关于公布继续执行的行政事业性收费项目目录的决定》、《吉林市最低收入家庭廉租住房管理办法》、《关于修改〈吉林市棚户区房屋拆迁补偿安置办法〉的决定》、《关于修改〈吉林市集体土地房屋拆迁管理暂行办法〉的决定》、《吉林市犬类管理办法》、《吉林市市政公用事业特许经营办法》、《吉林市城市建筑垃圾管理办法》、《吉林市"门前五包"管理办法》、《吉林市城市露天市场管理办法》、《吉林市房屋租赁暂行办法》、《吉林市人民政府关于废止〈吉林市社会福利企业暂行管理办法〉等 12 部市政府规章的决定》、《吉林市城市居民最低生活保障办法》、《吉林市再生资源回收管理办法》等 13 部政府规章的调研、

审核、修改、论证、提交政府常务会讨论及发布工作。还有《吉林市物业管理条例实施细则补充规定》、《吉林市商品房预售管理办法》、《吉林市散装水泥和预拌混凝土管理办法》、《吉林市拥军优属办法》7部规章正在审核、修改、论证。

二是严把立法质量关。做到审核出台的地方性法规草案、政府规章或规范性文件合法,针对性和操作性强。实行了立法听证制度。先后召开了《吉林市犬类管理办法》和《吉林市商品房预售管理办法》的立法听证会。

三是深入开展立法调研。坚持对每一个立法案件都严格进行科学的论证,广泛征求社会各方面的意见。完成省、市立法调研项目31项。

四是积极主动立法。今年计划外研究制定的立法项目就有10项。即:《吉林市最低收入家庭廉租住房管理办法》、《关于修改吉林市棚户区房屋拆迁补偿安置办法的决定》、《关于修改吉林市集体土地房屋拆迁管理暂行办法的决定》、《吉林市门前五包责任制管理办法》、《吉林市再生资源回收管理办法》、《吉林市物业管理条例实施细则补充规定》、《吉林市人民政府关于公布废止行政规章的决定》、《吉林市散装水泥和商品混凝土管理办法》、《吉林市房屋租赁管理暂行办法》、《吉林市商品房预售管理办法》等。

五是认真开展地方性法规、规章和规范性文件清理工作。按照国务院办公厅下发的《关于开展行政法规、规章清理工作的通知》精神,组织各部门对行政法规清理提出意见和建议,同时清理我市现行的政府规章。各部门对现行行政法规提出的清理及修改意见和建议经汇总已经报国务院法制办。我市现行的政府规章的相关清理意见,经征求相关部门意见和市政府常务会议讨论通过,废止14部政府行政规章,并以市政府规章的形式颁布施行。

六是本级政府制定的规章和规范性文件都能按照规定时限和要求上报备案。全年共上报备案103件。

三、创新行政复议应诉工作方式,努力提高办案质量

一是依法受理和审理行政复议案件。全年市政府立案受理行政复议案件42件,其中,维持12件,撤消1件,终止22件,未审结7件(中止3件)。代市政府出庭应诉11件,维护了政府的形象。接待群众上访100多人次,帮助解答了相关法律方面的问题。经过复议的案件没有被法院撤消的,维护的案件没有败诉的。同时认真执行上级作出的行政复议决定。

二是认真开展行政复议法宣传活动。广泛开展如何办理行政复议案件示范片学习观摩活动。认真贯彻行政复议法实施条例。《行政复议法实施条例》颁布后,我们组织全市部分行政复议专职人员参加了国务院法制办举办的培训班。还举办了全市行政复议法实施条例骨干培训班,全市63个单位的91名复议工作骨干参加了培训,办领导和相关处长亲自授课,得到了培训人员的一致好评。

三是行政复议、应诉案件统计报表上报及时,重大行政复议案件及时备案。2007年上报省政府行政复议案件备案63件。

四是制定出台了《吉林市人民政府关于行政机关首长出庭应诉、参加行政复议活动的规定》。要求全市各级行政机关行政首长或主管领导根据法院和行政复议机构要求出庭参加诉讼和行政复议听证审理。据初步统计有36个行政机关的行政首长或主管领导参加诉讼。市政府受理的行政复议案件中有4件要求县(市)区政府主管行政首长出席听证,全部出席。把行政复议作为推进法治政府建设的一个平台,让各级行政首长都参与其中。为了落实中央27号文件精神,还出台了《吉林市人民政府关于行政复议调解的若干规定》。全年共调解结案复议案件22件。为了扩大行政复议工作的影响,并有利于开展调解工作,9个县(市)区政府法制机构加挂行政复议办公室牌子,市直复议机关有7个单位建立了行政复议工作领导小组。

五是对行政复议工作进行了检查和指导。继续开展县(市)区行政复议基础工作3年达标活动,9个县(市)区全部建立了行政复议工作8项制度,并向社会公开,统一使用了行政复议文书,普遍采取了听证方式审理行政复议案件。

六是开展《以案说法100例》一书的培训。按照市领导的要求完成了《以案说法100例》一书的编制工作,并将此书发至全市行政执法人员和副局级以上领导干部手中。组织了全市行政执法人员案例知识考试。还与市委组织部联合组织了全市副县级以上领导干部学习《以案说法100例》读书活动,组织了闭卷考试,将考试结果在全市通报。并对未能及时参加考试的人员进行了补考。

四、进一步加大了行政执法监督工作力度,严格规范行政执法行为

一是推行行政执法责任制工作取得显著成效。下发了关于推行行政执法责任制的意见。重新修订了责任制考核标准。探索了新的考核检查方式。检查考核,改变了以往的传统方式,共分3个组,由各业务处室人员参加,按照业务对口打分。12月7日3个检查组对考核结果进行了汇总,形成了书面材料。

二是积极有效地协调行政执法争议,认真组织开展行政执法案卷评查工作。进一步规范了行政处罚案卷。下发了《吉林市行政处罚案卷归档整理办法》,统一印制下发了行政执法文书35种。行政处罚自由裁量权细化工作得到进一步落实,下发了《关于进一步做好规范行政处罚自由裁量权工作的通知》。

三是规范性文件备案工作取得了历史性突破。走上了规范化、法制化的轨道。年初,市法制办和市政府办公厅联合召开了第一次吉林市规范性文件备案审查工作会议,通报了全市执行《吉林市规范性文件备案审查办法》的情况,市法制办主管主任还专门讲解了备案工作的基本要求,形成一套完整的备案工作流程图，使备案工作第一次走上了规范化、法制化的轨道。杜绝了迟备、漏备现象。在省人大备案居全省前例。对本级政府文件做到事先审查事后备案，保证了政府抽象行为的合法性，基本杜绝了违法行政现象。全年共收到以市政府或办公厅名义报送审查的规范性文件45件；收到各县（市）区人民政府报送备案的规范性文件28件；市政府各部门报送备案的规范性文件43件。

四是进一步规范行政执法监督检查工作。制定下发了行政执法检查文件。开展了行政执法大检查工作，及时纠正违法行为。各县（市）区、各行政执法单位都进一步加大了行政执法监督检查力度，探索新的监督方式。完成了吉林市法制信息系统录入及管理工作。进一步推行了细化行政处罚自由裁量权工作。规范行政处罚案卷。下发了《吉林市行政处罚案卷归档整理办法》。

五是开展行政处罚、行政许可主体确认工作。实行“两证”制度，即对具有行政处罚、行政许可主体资格的单位发放“行政处罚主体资格证”和“行政许可实施主体资格证”。完成了行政执法人员资格考试的组织及评卷统计。对行政执法人员证件管理工作进行了加强。对行政执法人员重新换发行政执法证件工作。目前已对各县（市）区及市直部门9000余人换发了行政执法证件。

六是积极发挥政府法制机构的参谋、助手和法律顾问作用。受政府或部门委托，积极协调、处理经济和行政方面的纠纷。全年共参加政府常务会议及专题会议研究重大决策事项32次；为市政府或以市政府名义发布规范性文件审核把关45件；为县（市）区出台规范性文件审核把关26件；为政府各部门发布规范性文件审核备案40件；为政府对外签订经济合同及重大决策事项把关，提出意见和建议60件。县（市）区和市直各行政执法部门的法制机构全部列席政府和部门常务会议，在重大决策事项和对外签订经济合同过程中进行法律论证、提供法律依据、提出合理化建议、解决矛盾纠纷、处理疑难案件，法制机构的参谋、助手及法律顾问的作用得以更加充分的显现。

七是加强政府法制宣传和信息交流工作。全年编辑发行《吉林市政报》12期，每月一期。在国务院法制网发布法制信息18篇，市法制办法制网页发布信息74篇。3月22日是《纲要》颁布实施3周年，在全市组织开展了宣传日活动，悬挂条幅80条，设宣传板100多块，散发宣传单1万多张，市各新闻媒体进行了宣传报道。省电视台还作了专门报道。撰写了依法行政方面的文章。共计在地区以上刊物上发表的理论文章4篇。

五、仲裁工作有了新的进展

召开了吉林仲裁委员会第二届五次会议。完成了第三届吉林仲裁委员会换届工作，聘请了142名仲裁员。全年完成仲裁案件数800余件，实现标的额2500多万元。交通事故损害赔偿仲裁工作取得了良好的社会效益。省交警总队在吉林市船营交警大队召开了现场会，对此项工作给予了充分的肯定。

（宫为民）

【公　安】 2007年全市公安机关在各级党委、政府和上级公安机关领导下，坚持以科学发展观统领公安工作和队伍建设，紧紧围绕全市“奋斗三年，总量翻番”这一中心，以党的十七大安全保卫工作为核心，以“三基”工程建设为载体，按照“力量往基层使，工作往实里干”的总体要求，创新思维，奋力拼搏，圆满完成了全年各项任务目标，保障了全市经济建设的顺利进行。

——公安队伍建设。

坚持综合治警方针，全力推进队伍正规化建设。2007年，全市公安机关坚持以抓班子，带队伍为重点，强化队伍思想政治工作，从严治警，从优待警，队伍正规化建设水平不断提升。

（一）大力加强两级班子建设。坚持正确的用人导向，调整处级干部3名，科级干部26名，提拔任用各级干部11名，对五县（市）区公安局领导干部进行了异地交流任职，使领导班子结构得到了优化。

（二）坚持从严治警和从优待警。集中开展了队伍整顿活动，狠抓了“五条禁令”贯彻执行，全年共查处民警违法违纪16起，涉及23人，因此下降了48.4%和54%，同时各级公安机关最大限度地致力于为民警办好事、办实事，全局落实体检、休假、保险以及发放福利、补贴等从优待警措施。

（三）深化全警“大练兵”活动。按照“三个必训”的要求，组织各级公安机关民警开展“三考”，计算机应用及做群众工作等专项培训班95期，培训民警4800人次。举办武装越进野，实战技能和体能考核7次。并在9月7日举办了全市公安系统2007年苦练基本功成果暨警体运动会。

（四）扎实开展“三考”和执法考评工作。在全市公安机关开展了以基本法律知识考试，执法办案卷宗考评，信访工作考查为重要内容的“三考”。

在基本法律知识考试中，通过组织基本法律知识竞赛、优秀卷宗展评、执法基本功演练、旁听法院案件庭审、网上法律咨询等“三考”培训活动，全方位、多渠道的开展法律练兵。在执法办案卷宗考评中，查阅刑事卷宗近1000册，行政卷宗1万余册，对发现的问题全部完成整改。

（五）扎实开展控申工作。全市公安控申（信访）工作按照上级公安机关的统一部署，以停诉息访为目标，认真办理上级交办重点案件，化解了一大批疑难信访问题。年内，全局受理信访事项2195件，同比下降10.95%。查结信访事项1976件，结案息访率达到87.9%，上三级要结果案件查结率达到了90%。通过处理信访问题，破获重大案件14起，抓获网上逃犯9人。

——维护政治稳定。

全面推进“平安吉林”创建活动，维护全市政治工作和经济发展的稳定。2007年,全市公安机关突出重点,打防并举,保持了全市治安大局的持续稳定,妥善化解不安定因素,全力维护政治稳定。结合两会和省市党代会以及十七大安全保卫工作,先后开展4次不安定因素大排查,50人以上群体性事件预警率达100%。

——打击刑事犯罪。

以命案攻坚为主线,全力维护治安大局稳定。深入开展侦破命案,"打黑除恶"、打击"两抢一盗",农村治安专项整治等专项斗争,全市始终保持"发案率下降,破案率上升"的良好势头。2007年,全市共破获各类刑事案件13497起,现案破案率达59.1%,同比上升5.3%;破获现行命案136起,破案率达95.8%,同比上升0.6%,破命案积案9起,综合破案率为102.2%;打处嫌疑人6548人,同比上升10.3%;抓获网上逃犯3209名,同比上升28.2%,位列全省第一。成功侦破了舒兰"5.07"一杀三人案,龙潭"7.06"三死一重伤案等一批有影响命案和大要案件,破获磐石"89.06.13"盗窃军用枪支案和"9.10"高新赵志特大系列持枪杀人案等涉枪案件,收缴非法枪支13支。查经济案件41起,同比上升4.7%,打击处理经济犯罪嫌疑人50人,追缴赃款赃物总价值近2亿元。破获贩毒刑事案件136起,摧毁跨国、跨省运贩毒通道7条,成功打掉建国以来吉林市影响最大、毒品最多、犯罪路径最长的张晓川特大跨国贩毒团伙。全市共摸排涉黑犯罪线索百余条,打掉涉黑涉恶犯罪团伙82个,抓获团伙成员434人,带破各类刑事案件411起,收缴枪支7支,缴获赃款赃物累计100余万元。全市共排查和整治农村治安混乱区域和部位23处,通过严打开路、集中整治抓获各类违法嫌疑人784名,查破各类刑事案件1205起,治安案件2341起,农村治安秩序得到明显改观。公交部门深入开展创建群众满意公交线路活动,共破获绺窃、诈骗等刑事案件171起,打处66人,打掉犯罪团伙7个,抓获团伙成员37人。

——公安管理工作。

(一)深入开展专项整治行动,努力创造文明健康社会环境。全市公安机关以经济建设为中心,集中治理了一大批治安热点、难点问题,营造了良好的经济发展环境。年内共查结治安案件16013起,同比上升3.1%,处理违法人员21381人。深入开展民爆物品专项整治行动,共收缴非法枪支89支,炸药12余吨,管制刀具4052把,及时消除了社会治安隐患。各级交警部门结合城市管理年活动,从严道路交通管理,全市共发生交通事故451起,死亡218人,受伤474人,直接经济损失105.78万元,同比分别下降32.49%、5.63%、41.19%、55.24%,全市未发生群死群伤的重特大交通事故。消防部门和基层派出所以消防火险隐患专项治理为主线,不断加大各类火灾隐患整治力度。全市共发生火灾748起,死亡1人,伤2人,直接经济损失305万元,同比分别下降62%、80%、80%和12%,全市未发生重特大火灾事故。

(二)树立大局意识,积极跟进全市大项目建设。向全市324家重点企业派驻民警324人,建成驻企警务室102个,在全市棚户区改造工作中,各级公安机关出动警力4万余人次,化解矛盾纠纷300余件,处置暴力抗法事件23件,确保全市棚户区改造工作顺利进行。同时,积极开展大项目、企业及周边治安秩序整治活动,破获各类刑事案件124起,打处159人,取缔非法收购乱点173处。

(三)圆满完成大型活动安全保卫工作。今年以来,全市公安机关圆满完成了党的十七大、第六届亚冬会、"701"警卫、各级"两会"和省市党代会以及"倾国倾城,最值得向世界介绍的中国名城"系列活动、第三届东博会、雪花啤酒节等百余项大型活动的安全保卫任务,确保了万无一失。

(四)全力营造经济发展软环境。研究出台了《进一步服务经济发展、营造良好环境、促进"总量翻番"的实施意见》,提出并贯彻执行22项服务经济建设的具体措施。交警部门向全市企业和重点建设项目单位做出了45项公开承诺,提出了9项超常服务新举措。依托市局综合服务大厅平台,为广大办事群众提供优质、高效服务。市局出入境窗口被评为"全国文明窗口",得到社会各界高度评价。主动邀请社会监督员和广大群众监督公安工作;坚决推行干扰创建软环境工作一票否决权制,严肃查处破坏经济发展软环境案件。

——夯实公安基础。

全面推进"三基"工程建设,夯实公安工作根基。

(一)稳步推进农村和社区警务战略。全市共建成社区和农村警务室622个,其中社区警务室232个,农村警务室390个,占应建总数的99%以上。通过开展社区和农村警务战略,带动了警力下沉、警务前移,防范控制、化解纠纷以及人口管理等工作得到有效落实,使其社区和农村警务室成为平安建设的第一个阵地、维护稳定的第一道防线。

(二)稳步推进治安防控体系"五张网"建设。在坚持严打方针不动摇的同时,全市各级公安机关深入推进动态巡逻防控网、群防群治网、治安机动防控网、社区村屯防控网和技术防范网等"五张网"防控体系建设,全市49个巡逻警区,100个治安岗亭,万名下岗职工组成了治安联防队伍。群众安全感进一步增强。年内,全市共立各类刑事案件13090起,同比下降4.1%;共受理治安案件17117起,同比下降6.3%,尤其是发生在街面的"两抢"犯罪下降26%,抓获现行犯罪嫌疑人368人,同比上升46.5%。

(三)稳步推进科技强警工程建设。以公安信息化建设为核心,继续开展三级网建设,接入率达到90%以上,全市基层所队新增在网微机1000台,百名民警拥有微机率达到60%以上。年内,在市局原综合服务大厅完成了市局"三台合一"指挥中心建设,全面提高了公安机关指挥调度和快速反应能力。建成了市局刑侦综合办公大楼,在全省公安机关率先建成了DNA实验室,各地刑事技术室也全部达到三级以上,全面提高了公安机关刑事技术水平。进一步建立和完善公务用枪、民用爆炸物品、印章、旅馆业等四大治安管理信息系统，全市500余家宾馆、旅店安装了信息传输系统，提升了公安机关场所治安管理能力。

（四）稳步推进基层所队规范化建设。2007年，紧紧抓住国家发改委出台的中西部建设“两所一庭”优惠政策，全市各级公安机关克服困难，组织新建派出所93个（市区33个、外县市60个）；已开工建设82个，其中主体工程实现封顶共有78个（市区19个，外县市59个），全市公安派出所营房建设取得重大突破。8月底，市公安局率先在全省完成了县（市）公安机关机构设置工作，撤并机构，精简机关，充实基层，进一步充实了基层警力，基层一线警力占全市总警力的92.3%。一年来，各地公安机关抓住机遇，克难求进，还新建和改造了一批办公大楼、指挥中心、看守所、拘留所、车管所、刑警中队和交警中队，完成了外观标识统一工作，累计投入资金1亿余元用于“三基”工程建设，基层公安机关面貌明显改善。

（琚丽娜　钟晓光）

【检　察】　2007年全市检察机关紧紧围绕构建和谐社会和吉林市“经济总量翻番、奋力领先发展”的目标，坚持以邓小平理论和“三个代表”重要思想为指导，认真贯彻落实科学发展观，按照年初确定的“三保两促”的工作任务和“一树四抓”的总体要求，深入实践社会主义法治理念和检察工作主题，着力强化法律监督、深化检察改革、加强队伍建设，各项检察工作取得了新的进展。

——打击刑事犯罪和维护稳定工作。全市检察机关始终把维护社会稳定、促进经济发展作为首要任务，重点打击严重暴力犯罪、黑恶势力犯罪、多发性侵财犯罪和破坏市场经济秩序犯罪，先后开展了打黑除恶、打击金融犯罪等专项行动，全年共批准逮捕1591件2175人，提起公诉2251件3229人，维护了社会稳定和市场经济秩序。从促进社会和谐的角度出发，认真落实宽严相济的刑事政策，因无逮捕必要不捕141人，相对不起诉264人，有效减少了社会对立面。妥善处理控告申诉和各类涉法上访，认真落实首办责任制和检察长接待日制度，树立大控申意识、构建大信访格局，开展了创建去省进京“零上访”基层院活动，共受理并妥善处理各类来信来访571件，有效化解了社会矛盾。积极投身平安吉林创建活动，积极开展检企、检村、检校共建活动，切实推动了“和谐企业、村屯、校园”建设。

——查办和预防职务犯罪。全市检察机关始终坚持党委统一领导，党政齐抓共管的反腐败领导体制和工作格局，依法立案查办贪污贿赂犯罪嫌疑人129人，其中大案93人，要案34人，所办要案中县处级22人，厅级2人。充分发挥侦查一体化机制作用，上下一体、紧密协作，查办司法、金融、电力、粮食储备等领域窝案、串案22个。积极开展打击商业贿赂专项行动，以工程建设、产权交易、医疗医药、产品购销等领域为重点，查办各类商业贿赂犯罪嫌疑人50人，促进了诚信经营。突出查办渎职侵权犯罪案件，共立案查办50人，其中重特大案件29人，要案14人。集中开展了整治破坏环境资源背后的渎职犯罪专项活动，立案查处破坏环境资源背后渎职犯罪18人。两级院通过查办职务犯罪案件，共挽回经济损失8000余万元。认真贯彻《人民检察院职务犯罪预防工作规则（试行）》，不断强化预防职务犯罪的各项措施。共编发预防职务犯罪学习资料5000余册，开展法制讲座和警示教育56场次。两级院继续完善了预防职务犯罪社会化网络，参与了全市棚户区改造等9项“民生民利”工程项目和12个校舍建设工程的招投标监督工作，推进了重点工程建设的“阳光操作”。结合办案开展个案预防24件，在发案单位召开案件分析会6次，提出预防检察建议58份，帮助案发单位完善管理制度27项。

——诉讼监督工作。两级院以促进司法公正和维护公平正义为根本目的，不断强化各项诉讼监督职能，维护了国家法制权威。把社会危害大、群众反响强烈的案件作为立案监督的重点，要求公安机关说明不立案理由46件66人，公安机关已立案39件52人。对侦查机关提请逮捕和移送起诉的犯罪嫌疑人，依法不批准逮捕246人，不起诉334人；对依法应当移送而未移送审查逮捕、起诉的依法追捕9人，追诉25人。加强刑事审判监督，市检察院共提出抗诉13件、提请省院抗诉7件。刑罚执行监督方面，向执行机关提出书面纠正意见128份，纠正刑期计算错误的裁判4件。实现了检察环节零超押。认真查处监管场所职务犯罪，立案查办监管人员职务犯罪案件2件。强化民事审判和行政诉讼监督。市院对已经生效、确有错误或者显失公平的民事、行政判决、裁定向中级法院提出抗诉43件，发出再审检察建议20件。通过检察建议办理国有资产流失案件9件，挽回经济损失1074万元。

——服务大局工作。市检察院相继出台了《关于为我市经济总量翻番服务的意见》和《实现经济总量翻番为群众办实事的六项公开承诺》，加强了软环境建设工作的规范和监督。认真开展为企业发展服务工作，认真开展“访企问需”活动，并通过建立“绿色通道”、开通专线电话、互聘廉政（执法）监督员、发放服务企业联系卡等形式与企业加强联系沟通，应邀或主动上门进行法律宣传教育，并在法律允许的范围内帮助企业解决发展中遇到的实际问题，受到了企业好评。

——检察改革和机制创新工作。全市检察机关按照队伍专业化、执法规范化、管理科学化的要求，不断深化检察改革和机制创新，推动了检察工作的协调发展。认真落实高检院关于检察体制改革的要求，市院和3个基层院相继成立了反渎职侵权局，两级院配备专职检察委员会委员6人。完善侦查运行机制，进一步加强了侦查一体化机制建设，全面推行了讯问职务犯罪嫌疑人全程同步录音录像工作。改善证据审查方式，强化证据复核，普遍提出量刑建议，提高了刑事检察办案质量。积极探索“三位一体”管理机制创新，深化业务管理模式改革、全面强化网上办案工作，提高了案件质量。健全监督制约机制，完善人民监督员制度改革试点和检务公开，增强了检察工作的透明度。

——队伍建设和基层院建设工作。全市检察机关认真开展社会主义法治理念教育，较好地解决了“为谁执法、为谁服务”这一根本问题。加强领导班子建设，在两级院班子中开展了创建“五型班子”活动，班子驾驭全局、科学决策能力不断增强，丰满区院、蛟河市院、磐石市院被市委政法委授予“政法系统五型班子”称号，市院被市委评为“政绩突出班子”。积极开展先进检察院争创活动，蛟河市检察院被最高检察院授予全国先进基层院称号。加强典型教育，开展了第六届优秀检察官评选活动，培养树立了一批先进典型。坚持德才兼备的用人标准，市院提请批准任命基层院检察长9名，正局级领导干部2名，提拔任用中层正、副职干部各7名；两级院公开招录13人，选调大学生39人，班子和队伍素质结构进一步优化。结合创建学习型检察院，在加强业务培训的基础上积极倡导个性化学习，特别是24人通过了全国司法考试，通过人数位居全省第一。加强纪律作风建设，认真落实党风廉政建设责任制，注重对检察干部的廉洁自律和警示教育，建立了违法违纪预警机制和廉政档案，开展了“小金库”专项检查清理工作，采取明查暗访的方式进行检务督察，纪律作风状况明显改观。加强执法保障能力建设。两级院不断加大信息化建设的投入，机关局域网、系统三级网、通讯专线网全面开通，科技强检步伐不断加快。大力推进以“两房”建设为重点的基本建设，在全地区基层院的“两房”全部投入使用后，市院积极取得党委和政府的支持，启动了“两房”建设的前期准备工作。落实上级院提出的基层院最低经费保障标准工作，取得明显成效。开源与节流并重，努力拓宽经费来源渠道，增加经费总量，提高经费使用效率，为检察工作的开展提供了强有力的物质保障。

【法　院】　2007年全市共有两级11个法院。其中包括永吉县法院、磐石市法院、桦甸市法院、舒兰市法院、蛟河市法院、昌邑区法院、船营区法院、龙潭区法院、丰满区法院、高新区法院。中院本级内设机构22个，包括办公室、研究室、监察室、干部处、宣教处、书记员管理处、机关党委、刑事审判第一庭、刑事审判第二庭、民事审判第一庭、民事审判第二庭、民事审判第三庭、行政审判庭、审判监督庭、立案庭、执行局案件执行处、执行局综合处、执行案件监督处、技术处、司法警察支队。司法行政装备管理处，审判管理室。两级法院有法官及其他工作人员1045人，其中中院本级共有法院和其他工作人员260人。2007年中级法院在市委的正确领导和市人大及其常委会的监督指导下，坚持以邓小平理论和“三个代表”重要思想为指导，全面落实科学发展观和司法为民宗旨，认真履行宪法和法律赋予的职责，各项工作取得了新进展。

——案件审判工作。全年共审结各类诉讼案件3493件（含申诉、再审）；执结案件390件。

依法打击刑事犯罪，全力维护社会稳定。2007年共审结各类刑事案件412件638人，判处十年以上有期徒刑和无期徒刑、死刑（含死缓）66人。重点打击带有黑社会性质的恶势力犯罪，爆炸、杀人、抢劫、绑架等严重暴力犯罪，盗窃等多发性犯罪。审结贪污贿赂及破坏市场经济秩序犯罪46件67人。认真落实“宽严相济”司法原则，坚持惩罚犯罪与保障人权并重，不断加大附带民事诉讼调解力度，减少了不和谐因素。结合审判工作开展平安创建和社会治安防控体系建设活动，较好地落实了综合治理措施。

认真调整民商事法律关系，保障经济社会又好又快发展。共办结各类一、二审和再审民商事纠纷2178件，妥善处理与群众利益密切相关的民事纠纷。认真审理婚姻家庭和各类损害赔偿纠纷，维护人民内部安定团结；认真审理拖欠农民工工资等涉农纠纷，保护农民合法权益；认真审理房地产、建设工程等纠纷，促进房地产建设市场规范发展。在审判实践中，我院坚持把维护稳定放在首位。未出现因不当司法行为而引发影响稳定问题。不断加大调解力度，努力做到案结事了。一、二审民商事纠纷调撤率分别41.1%和31.7%，使大量矛盾得到及时化解。积极落实司法救助制度。累计为生活特别困难当事人缓、减、免收诉讼（执行）费143.2万元。

认真审理涉及经济发展的商事纠纷。一方面，慎重处理金融借贷特别是因金融不良债权处置、转让而引发的纠纷，维护金融安全，防止国有资产流失。另一方面，全力支持企业破产改制。在强化领导、规范操作程序的基础上，通过走访调研和专题培训等形式帮助拟破产企业破解涉法难题，协助化解在职工身份转换、资产重组和敏感债务处理中遇到的矛盾和问题。

认真调整行政法律关系，依法促进官民和谐。全年共审结一、二审行政争议案件149件，既保护了相对人合法权益，又维护了行政执法权威。积极探索行政争议案外协调、沟通机制，促使和解解决，有25.5%的行政案件以案外和解或协调方式结案。此外，审理请求国家赔偿案件10件。我院的行政审判和国家赔偿工作走在了全省法院前列。

认真开展执行工作，最大限度实现当事人的合法权益。不断规范执行行为。创立实施微机分案、合议执行及异议案件公开听证等制度，并对中止、暂缓执行等作出程序规定。首推开庭随机确定中介机构做法，较好地解决了委托鉴定、评估、拍卖透明度不高的问题。强化执行力度。积极适用提级、指定执行等措施，并对未结案件逐案分析原因，采取相应对策。全年共执结各类案件241件，标的71230.89万元。妥善处理涉及改制企业案件。积极适用扶持、迂回执行措施，力促执行和解，保证了改制的正常进行。执行工作出现了案件执结率逐年上升、结案周期逐年缩短和涉执信访逐年下降的良好态势。我院的执行工作在全省处于领先位次。

——司法监督工作。一年来,针对审判工作中存在的突出问题,积极探索保证公正效率的实现载体,确保法官按照法律规定行使手中的权力。

整合管理资源,规范领导行为。明确规定院长(副院长)不再参与合议庭评议案件,院领导主要是通过亲自主持申诉听证和承办复杂案件行使对审判工作的监督指导权,在审判业务领导方式上实现了由程序外把关向亲自办案(听证)、由审理过程中的不规范参与向依法监督的转变。全年院领导共主持信访(申诉)听证677件,保证了案件质量。年内,省法院发改中院案件54件,占年度诉讼结案总数的1.86%,同比下降0.2个百分点。案件如何裁判由合议庭依法独立合议或由审委会集体讨论决定,较好地解决了"审、判"分离、司法权行政化等问题。

创新工作机制,加大监管力度。一是计算机封闭派案、排期开庭制度,并将审前的程序性准备工作均改由立案庭承担,使关系案、人情案在派案环节得到有效遏制。二是审限临界警示和院长办公会集体批延审限制度,并对案件合议及裁判文书制作、送达等重点环节的工作时限提出严格要求,避免了违法超审限案件的出现,全年共批延审限62件。三是继续做好中院和基层院对发改案件"双向评查"制度,较好地解决了对二审法官监督缺位、发改案件随意性大的问题。四是坚持涉诉信访(申诉)听证制度。当事人对生效裁判不服提出申诉或申请再审,做到敞门受理并由分管院长亲自主持听证。这一制度,不仅有效解决了当事人"申诉难",同时也及时发现并纠正了现实审判中存在的差错。2007年,在全国法院系统司法改革经验交流会上交流了经验。

创新控制载体,提升监管层次。依托网络平台对案件裁判过程进行全程监控,对司法信息每月进行一次量化对比和定性分析,及时纠正问题。同时,坚持二审案件全部开庭审判和国家赔偿、违法确认案件听证式审理及非诉执行案件听证审查等程序制度。同时,在立案大厅公示各类诉讼须知、程序规则等信息,方便了当事人诉讼与监督。

认真接受监督,促进司法公正。认真接受人大及其常委会的监督。办理各级人大职能部门督办(交办)信访案件125件,答复人大代表建议、议案4件。2007年,立案庭被评为全国法院信访工作先进单位。同时认真对待检察机关的抗诉意见。共受理对基层法院抗诉案件65件,其中依法改判14件。积极落实人民陪审员参加审判和邀请人大代表、政协委员、执法监督员听证、听庭、参加执法检查等制度,虚心听取意见和建议,不断改进工作。

——队伍建设工作。一年来,根据法院职能特点,创新队伍教育、管理、监督机制,积极探索提高"两个素质"的有效途径,扎实推进法官队伍建设。

从提高"两个素质"入手,加强班子和队伍建设。围绕"凝聚合力、增强能力、和谐进取"目标,加强班子思想、组织和纪律作风建设,不断增强领导水平和实践能力。通过开展社会主义法治理念和保持党员先进性等主题教育活动,不断提高法官的大局意识、为民意识、廉洁意识;通过组织杰出法官评选、"五优"(优秀合议庭、优秀审判长、优秀法官、优秀书记员、优秀司法警察)竞赛和先进典型巡回事迹报告等形式,营造争先创优氛围。2007年,全院共有18人(次)荣立个人二、三等功。立足审判急需、兼顾长远发展需要,认真开展干部培训教育工作。共组织9个门类15期司法实务培训班,受训人员868人次,7人通过国家司法考试,提高了法官的专业知识水平和审判技能。我院连续五年被省院评为法官培训教育和思想政治工作先进单位。

从营造"风清气正"导向入手,创新干部管理机制。一是建立工作实绩、群众公论、组织评价"三位一体"的干部评价体系,抑制了在干部评价过程中的人为因素。二是建立以绩效评价、民主测评和笔试、面试为载体的考核体系,加大工作实绩、群众评价比重,营造了积极的选人用人导向。2007年,共提拔中层干部15人次,无一人上访告状。三是科学配置审判资源。通过竞争上岗、双向选择等方式,将办案权集中到优秀法官手中,并把庭长、副庭长配置到合议庭担任审判长审理案件。截至2007年,审判法官由五年前的132人减少到48人,法律本科以上学历占95.7%,其中研究生学历占26%,逐步实现了办案权由高素质人才行使的局面。

从预防司法腐败入手,创新监督制约机制。以制度创新为切入点,先后就派案权的控制、审判权的监管、执行权的公开和中介机构的委托等进行改革,有效预防了腐败问题的发生。认真追究审判差错责任,严肃查处各种违纪问题。共查处各类违纪人员13人,其中,有1人被调离审判岗位,2人受到行政撤职处分。2007年8月,我院在全市政法系统建立惩防体系经验交流会上介绍了经验。

(张博轩)

税务

【国家税务】　2007年吉林市国税局在吉林省国税局和市委、市政府的正确领导下,始终坚持"把握中心、强化管理、创新机制、服务大局"的总体思路,求真务实,锐意进取,团结拼搏,开拓创新,各项工作取得了长足的发展和骄人的业绩。

在组织收入工作中,围绕吉林市的经济发展大局,努力克服主体税源短缺的困难,以全市百亿财政收入为目标,坚持组织收入原则,认真落实收入目标责任制,强化税务稽查,深入挖潜,勤征细管,不断提高税源管理水平。全年实现全口径收入56.7亿元,同比增加19.88亿元,增长54%,增幅和收入总额双双实现历史性突破,创历史最好水平,为吉林市社会经济的全面发展提供了可靠的财力保障。围绕组织收入中心工作,各项税收政策得到全面贯彻落实；实施科学化精细化管理，征管工作质量明显提高；规范执法行为，依法治税工作得到创新推进；树立税收经济观，税收服务工作得到加强；加强领导班子和职工队伍建设，干部素质明显提高；政行风测评名列前茅。

【地方税务】 2007年全市地税系统在市委、市政府和省局的正确领导下，紧紧围绕“一个确保、两个强化、三个提高”的总体目标，以科学、精细、规范管理为主线，强化征管，规范执法，优化服务，圆满完成了各项工作任务，取得了突出成绩。

一、税收收入总量和增幅实现历史性突破。一年来，全市地税系统坚持以组织收入为中心，抓住全市经济持续快速发展的有利时机，强化税源管理，细化征管措施，加大稽查力度，大力清缴欠税，税收收入实现持续快速增长。全年共组织各项税收356441万元，同比增长40.4%，增加102585万元，收入总量和增长幅度均创历史新高。为促进全市经济发展、维护社会和谐稳定做出了积极贡献。

二、大力实施科学、精细、规范管理，征管质量和水平明显提高。一是税收计划的指导作用进一步增强。计划编制与实际税源更加接近，指导、监督税收计划执行的措施更加有效。二是税收分析工作有了新提高。税收分析工作的技术程序日臻完善,税收分析指导税款征收的实际作用日益明显。三是继续落实《业务工作规程》。认真组织《规程》培训，规范基层岗位职责，强化各环节业务衔接，不断完善税收管理员制度，提高税源管理水平。龙潭区局、高新区局和磐石市局被省局评为税源管理先进单位。四是积极开展信息比对和漏管户清理工作。组织开展了国、地税登记信息比对，增值税、消费税和城建税信息比对，税务登记数据清理和非正常户清理等专项工作，发现并堵塞了税收管理漏洞。在此基础上，研发了图示户籍管理系统，收到了较好的效果，得到了省局的认可。城建税、教育费附加比对软件的推广应用，得到了国家局的认可。五是税收分析、纳税评估、税源监控和税务稽查良性互动机制建设逐步推开。计统、征管、税政等部门制定实施了税收分析管理办法和操作规程，对宏观税负、税收弹性、税种税负、重点行业税负进行了分析，结合实际查找薄弱环节和管理漏洞，部门管理工作水平有了新提升。不断完善纳税评估机制，充实评估指标，强化了对重点行业、重点企业的纳税评估。市局所得税处和第一直属局在对重点行业进行调研评估的基础上，开展评估讲评，指导税收管理员开展评估工作，提高了行业管理水平。六是继续加强分行业、分税种管理。在行业管理上，各单位认真落实建筑业、房地产业、交通运输业等重点行业管理措施，加强房地产业税收“一体化”管理，开展货运业自开票纳税人重点督查，行业管理精细化水平进一步提高。在分税种管理上，认真落实分税种管理办法，制定实施了《房地产一体化实施方案》等20多个管理办法。认真开展所得税汇算清缴，全力做好年所得12万元以上个人自行纳税申报工作。认真贯彻落实车船税、城镇土地使用税新条例及实施办法，全年入库车船税1462万元，同比增长39.4%，入库城镇土地使用税18989万元，同比增长154%。七是综合治税工作取得了扎实效果。执法协调性、协同性进一步加强，清理漏征漏管户工作成效显著。零星分散、难控管的税收实行委托代征工作顺利实现，建立了涉税信息交流平台，在一定程度上将过去无法控制、难以征收到位的税源变成有效税收，促进了税收的增长。

三、税收执法工作取得新进展。规范性文件管理制度进一步完善，管理办法更加有效，全年清理209份被确认失效和废止的文件，从源头上规范了执法行为。税收执法标准化建设进一步加强，制发税收执法人员工作标准及考核办法，从执法的环节、过程、标准进行监督考核，执法质量有了新的提升。全年纠正不规范执法行为139起。稽查职能作用进一步增强，专项检查、案件查处的质量明显提升，收到了以查促管、以查促查的良好效果。重大税务案件审理水平有了新提高，调查取证、案件定性等项工作取得了新成果，全年共审理重大税务案件14起，保证了办案质量。市局被市政府评为“执法标兵单位”。

四、服务经济、服务纳税人的水平进一步提高。认真落实各项税收优惠政策，严格执行减免税审核审批手续，全市共审批各类减免税38169万元，促进了经济发展方式转变和企业发展。继续推进纳税服务多元化，推行国地税联合办理税务登记，有效减轻了纳税人负担。积极开展税收服务大讨论活动，进一步融洽征纳关系，有效地推动了中心工作的开展。树立了讨论促服务，服务促发展，发展促和谐，抓税收服务就是抓税收收入的工作思路和理念，打造了以“一站式”服务为依托，务实、有效的服务新格局。以“双十佳”创建活动为载体，不断完善纳税服务规范，加强典型宣传报道，指导服务工作扎实开展，服务工作更加贴近管理要求、更加适应纳税人要求。蛟河市局、龙潭区局着力加强纳税服务，建立健全岗位职责、质量管理、内外环境等制度体系和管理办法，服务水平得到提升。龙潭区局办税服务中心被省局评为办税服务先进单位。税收宣传的方式方法进一步丰富有效，营造“税收民生林”活动，在社会上产生了积极影响，“涵养税源，造福民生”的理念得到社会各界赞同认可。进一步加强政务公开建设，完善、规范了相关制度、机制，促进了各项税收政策的落实，融洽了征纳关系。

五、税收信息化支撑能力明显增强。丰富了信息分析应用功能，为税收管理工作科学推进提供了数据支撑，分析结果使用水平有了新提高。进一步完善了信息分析参与税收收入形式预测的功能。继续加强系统软件运行维护和安全管理，不断强化软件应用培训，信息化工作水平进一步提高。

六、班子队伍建设继续得到加强。认真贯彻落实《公务员法》，完成系统公务员登记和工资套改工作，规范了机构设置和人员编制。两级班子民主生活会开得务实有效，营造了风清气正的工作氛围,有利地推动了和谐班子建设。桦甸市局被省局评为先进领导班子,宋佰涛同志被省局评为优秀领导干部。基础教育培训工作进一步顺应了征收管理要求。目标管理考核工作推动了整体工作落实,促进了税收管理质量和效率的提升。市局被省局评为目标管理先进单位。狠抓思想政治建设,认真学习贯彻党的十七大精神,开展了解放思想,促进全市经济总量提前翻番大讨论;开展了构建和谐社会、社会主义荣辱观、社会主义法制等主题教育活动;开展了税收文化建设和丰富多彩的群众性文体活动,丰富了职工生活,凝聚了人心。市局保持了国家级精神文明建设先进单位的荣誉称号;第二直属局税收服务一科被评为国家级巾帼建功文明岗;昌邑区局桦皮厂税务所被省局评为文明税务所;经济区局李慧芬同志被评为全国税务系统精神文明建设先进工作者;李增杰、战寿云同志被省局评为优秀机关干部。严格落实党风廉政建设各项规定,制定了一系列规章制度,形成了用制度规范行为,按制度办事,靠制度管人的党风廉政建设机制。严肃查处违纪违法案件,推进了党风廉政建设。机关效能建设进一步强化,责任机制建设有了新进展,指导基层、服务基层的本领和作用进一步提高。市局被市委、市政府评为"十佳文明机关"和综合治理先进单位。财务审计水平不断提高,财务管理更加规范。机关后勤服务水平进一步提高,节约型机关建设扎实有效,保障能力进一步增强。国际税收研究会和史志工作都有了新进展。

(唐洪福)

金融·保险

【中国人民银行吉林市中心支行】 2007年,吉林市中心支行认真落实中国人民银行工作会议精神,紧密结合地方经济、金融实际,充分发挥中央银行职能作用,积极贯彻国家宏观调控精神,加强和改进外汇管理,努力防范系统性金融风险,切实提高金融服务水平和效率,全面加强党的建设和干部队伍建设,各项工作取得了长足的进步。

一、积极贯彻国家宏观调控措施,有效利用货币政策工具,支持地方经济金融协调发展

2007年,我市金融运行保持了健康、平稳的发展态势,储蓄存款稳步增长,贷款增长较快。截止2007年末,全市金融业本外币各项存款余额845.4亿元,同比增长5.6%;本外币各项贷款余额456亿元,同比增长11.2%;全年现金净投放21.9亿元,同比下降12%。

按照适度从紧货币政策要求,人民银行一方面控制信贷总量,尤其控制住地方法人金融机构贷款规模;另一方面,结合吉林市经济、金融实际,围绕市政府提出的五大行业(汽车、化工、化纤、建材、农副产品加工)和四大工业园区(高新技术工业园区、丰满汽车工业园区、龙潭经济技术化工工业园区、九站经济技术开发区化纤和大酒精工业园区)建设目标,积极协调发改委、经贸委、民营发展局和各金融机构,在共同研究论证、广泛征求意见基础上,确定出重点支持的"123"工程,即:100户重点企业、200个在建续建项目、300个储备项目,并落实了重点支持企业的主办银行,有力地支持和促进了吉林市经济持续健康发展。

管好用好支农再贷款,大力支持社会主义新农村建设。全年累计发放支农再贷款8.2亿元,其中头寸再贷款2亿元,拉动农村信用社投放农业贷款近30亿元,农业生产资金得到了满足。

落实下岗失业人员再就业小额担保贷款政策,做好贷款发放协调工作。截止年末,吉林市小额担保贷款余额7820万元,比年初增加2796万元,增长35.75%,累计发放下岗失业人员再就业小额担保贷款1.7亿元,同比增长54.55%,支持近5000人实现了再就业。

二、不断提高外汇管理水平

2007年,我市外汇市场健康平稳,国际贸易发展态势良好,国际收支、结售汇及贸易进出口额持续增长并保持顺差,外商直接投资增长迅速,企业境外投资步伐加快,外债余额有所下降。

截止年末,全市国际收支各项外汇收入与支出申报共计12.7亿美元,同比增长19.8%;国际收支顺差3.5亿美元,同比下降3.9%;全市银行结售汇9.1亿美元,同比增长20%;全市外债余额7.7亿美元,同比下降2%。

加大对进出口收付汇逾期未核销及出口已收汇未核销业务的监管力度,调整了"对外付汇进口单位名录企业"和贸易收结汇"关注企业",通过区别管理,切实为信誉度良好的企业提供便利。充分利用"外汇账户信息交互平台"进行有关信息的反馈交流,提高账户监管质量。

加大外汇资金流入监管与检查力度,严密防范各类异常资金流入与结汇。从外资外债结汇管理入手,严格外资外债登记管理,有效监督资本金结汇真实性的审核。通过进出口核报系统、国际收支统计监测等外汇监管系统,有效进行数据分析与核对,对大额、异常资金流入及时逐笔排查,力求做到发现一笔、查证一笔,规范了外汇市场秩序。

三、做好金融服务工作,不断提高工作效率

1.做好支付清算工作,提高社会资金运转效率。按照上级行统一部署,先后完成支票影像交换系统、账户管理系统(二期)、支付管理信息系统、支付信用信息查询系统和联网核查公民身份证信息系统推广建设工作,银企支付清算渠道更加畅通,极大地缩短了资金在途时间,促进了资金流动,核算质量明显提高。

2.加强发行基金调拨管理,科学制定发行基金调拨计划,增强发行基金调拨的前瞻性,优化流通中货币结构。适时调整发行基金券别结构,做到品种多样、数量合理,较好地满足了辖区金融机构及社会对各券别人民币的需求。

3. 加大反假力度，推进反假货币工作深入开展。于2007年1月、6月开展了旺季期间反假货币宣传活动，受到群众的热烈欢迎。协调有关部门，建立反假货币宣传网络，确定城市社区、农村乡镇村屯反假货币工作站（点）955个，聘用反假货币义务宣传员955人，向基层群众传递了最新反假货币知识。全年共收缴假人民币68万元、假美元1.48万元，假港币9万元等，维护了人民币信誉和人民群众的切身利益。

4. 征信管理工作稳步推进。严格做好日常贷款卡发放和年审工作，严格审核借款人的申请资料，对不符合贷款卡申请条件的企业坚决不发卡，为银行放贷把好第一关。建立了中小企业信用信息采集系统、应收账款质押登记公示系统和个人征信异议处理子系统，提高了各系统的运行效率。

5. 积极开展反洗钱活动。组织各金融机构在营业场所网点通过张贴海报，悬挂条幅等形式，宣传反洗钱知识，扩大反洗钱工作的认知范围。在中支反洗钱工作互联网网站（网址：www.jlrmbank.com,已经开通）专题宣传了反洗钱法律法规、反洗钱工作动态、反洗钱小知识等。在吉林市主要街段和路口，通过广告牌宣传标语等多种形式开展户外宣传活动。与公安部门联合制作宣传画报及新闻短片，并向社会公布了吉林地区各市、县反洗钱举报电话，扩大了反洗钱知识的宣传面。

6. 加强应急管理工作，防范各类风险。根据新办公楼启用后周边环境的变化，对应急预案进行了修订，年内修订完成应急预案17项，形成了覆盖全辖业务风险点的应急管理网络。做好应急预案评估工作，并对金融统计系统、办公楼和发行库房搬迁、机关消防、发行基金押运等应急预案进行了实地演练，增强了一线工作人员的责任意识和风险意识，应对突发事件的能力得到加强。

一年来，在上级行和地方政府及有关部门的大力支持下，吉林市中心支行党委团结和带领全行职工扎实工作、不断进取，圆满地完成了年内各项工作任务，取得了一些成绩和荣誉。

2008年，吉林市中心支行将按照中央经济工作会议和中国人民银行工作会议要求，认真贯彻实施从紧的货币政策，采取积极有效措施支持地方经济又好又快发展，为地方经济平稳较快发展做出新的贡献。

【中国银行吉林市分行】 2007年，我行以党的十七大会议精神为指导，认真贯彻落实总、省行年度工作会议精神，坚持以科学的发展观和实现可持续发展的战略，以转换经营机制、提高经营绩效为中心，努力提升精细化管理水平、坚持依法合规经营，进一步加强和完善了内控体系建设，使各项工作实现了健康、稳步的发展。

一、总体经营情况

2007年，我行各条线业务发展良好，中间业务实现了大幅增长，经营效益实现了历史性突破。

截至12月末，我行资产总额为65.4亿元；负债总额为63.5亿元；授信资产余额合计为25.6亿元；实现账面利润1.5亿元。

二、2007年工作的主要特点

2007年是我行继续深化改革的一年，也是新的领导班子组建的第一年。市行党委根据省行年度会议精神，在全面分析了区域近三年的宏观经济状况和未来三年经济发展走势以及当地同业发展现状，比较了金融同业的规模、机构和市场占有率等情况的基础上，充分认清形势，找准定位，明晰发展战略，制定科学的发展目标。从强化风险管理与控制、提高质量与效益出发，注重业务的持续、协调发展，坚持以客户的价值取向为中心，坚持以提高经营效益为中心，坚持以和谐发展为中心，继续提升精细化管理水平，实现了经营规模、管理质量、经济效益的重大突破。

坚持科学、可持续发展与风险管理并举，坚持以客户的价值取向和提升经济效益为中心，全面推进各项业务健康发展。

第一，牢固树立和认真落实可持续的科学发展观，正确处理市场营销与扩大收益、防范风险的平衡关系，稳健发展资产业务。在过去的一年里，我行充分利用区域经济发展的有利时机，不断挖掘大的优质客户群体，不断强化对优良客户的服务力度，树立全方位的服务理念，确定了以优质上市公司和国内外大型企业在吉投资项目为重点的目标客户群的营销方向。分别为吉恩镍业股份公司、奇峰化纤股份有限公司、吉林市金泰投资控股有限公司、吉林市铁路投资开发有限公司等企业新增授信4.5亿元，彻底扭转了多年来授信规模持续萎缩的局面，为今后几年经营效益的稳步提升打下了良好基础。

第二，积极培育优质客户。2007年，我行把重点放在了对重点客户、重点项目的联动营销上，拓展了一批优质客户群体。分别与中钢吉林炭素、化纤股份等优质大客户达成了进一步加深合作扩大授信的意向；与中钢吉林铁合金、苏宁环球吉林公司、吉林市土地储备中心等优质客户达成了合作意向。

第三，注重负债业务的基础建设。我行就如何更好的发展存款工作进行了广泛的调研，充分认识到存款的基础是账户，账户的数量和种类决定存款的规模和成本，只要拥有足够的账户基础，才能够争取存款，并能获得可观的结算收益。为此，2007年，我们开辟出“争取存款账户—发展存款—增加结算收益”的经营思路。通过努力，我行结算账户数量和质量得到有效提高，经营成本明显下降，存款收益明显提高，结算收入大幅度增加。

第四，大力发展中间业务，以品牌业务的发展带动中间业务收入大幅增长。年初以来，我行集中精力加大对中间业务发展的投入，注意发挥资产负债业务对中间业务的拉动和促进作用，加大对重点业务、重点产品的拓展力度，努力培育新的业务增长点；加强领导，充分发挥传统业务的优势，巩固和扩大国际结算、外汇业务的市场，增强主动营销和发展意识，积极向客户推介我行的产品和服务。有近110家企业在我行办理国际结算业务，是我行新增国际结算客户数量最多的一年。全年累计实现对公国际贸易结算量5.5亿美元，同比增加42.06%，实现对公国际业务结算收入1314万元，同比增长21.32%。同时，借助我行为奥运伙伴的有利条件，积极宣传和销售奥运产品，并向客户推荐和销售我行的理财产品，大力发展VIP客户。截至年末，我行已累计增加VIP客户444名，资产规模增长8900万元。

第五，强化风险管理，加大对不良资产清收力度。在控制增量风险的前提下，按照市场准入原则，审慎把握贷款投向的同时，我们注意加大不良资产清收力度，重点突破不良大户，并积极与政府等相关单位、部门协调，采取多种清收方法和措施，积极化解不良。通过艰苦努力，全年共累计清收不良资产2.2亿元，完成省行任务指标的113.85%，在保全我行资产的同时，也使经济效益实现了大幅增长。

（崔　旭）

【中国农业银行吉林市分行】 一年来，在市委市政府及上级行的正确领导下，班子成员戮力同心，精诚团结，经过全行员工的共同努力，各项工作取得了较好成效。

一、牢固树立科学发展观和正确业绩观，加大信贷投放力度，支持全市大项目建设和优良客户开发

2007年，吉林市农行按照市委市政府的指示精神，适时调整经营思路，转变经营策略，坚持用科学发展观总揽全局，以严谨求实的态度落实正确的业绩观，严格按照省行转授权的范围积极拓展业务，认真执行上级行制定的各项制度和办法。在业务发展上，正确处理了当前利益和长远利益的关系，破除急功近利思想，坚持稳中求进，追求适度、健康、有效发展。始终把开拓市场、营销客户、加大信贷投放力度作为可持续发展的战略重点。本着贴近市场、贴近客户的原则，深入实施“高端客户高层营销，重点客户重点营销”的策略。全年向吉林晨鸣纸业有限公司、舒兰吉辉矿业有限公司、吉林吉盟腈纶有限公司、中钢集团吉林炭素股份有限公司、吉林中建基础设施开发有限公司、大黑山钼业公司、北华大学附属医院、冀东水泥吉林公司、华微电子公司、吉林化纤股份公司等优良大客户累计投放固定资产和流动资金贷款近15亿元。加大综合营销力度，大力开办银行承兑汇票及贴现业务。一年来，开办承兑汇票拆票4.9亿元、贴现9.2亿元，开立保函1080万元，有力地支持了大项目建设和优良客户开发，为地方经济发展做出了积极贡献。

二、迅速启动面向“三农”服务试点工作，发挥农行的支农作用

我行被农总行确定为面向“三农”金融服务试点行以后，立即向市委、市政府进行了全面汇报，表明了农业银行服务“三农”、支持“三农”的信心和决心，得到了市委、市政府领导的高度重视，市政府对各县（市）区人民政府和各委办局专门下发了《关于支持农业银行搞好“三农”金融服务试点工作的通知》，并从思想认识、联系合作、创造条件和社会诚信体系建设等四个方面提出了具体要求。文件指出，农业银行作为农村金融体系中的骨干和支柱，网点多、功能齐全，服务“三农”有工作基础，对推进社会主义新农村建设必将起到举足轻重的作用。吉林市农行开展“三农”金融服务试点工作，为我市做好“三农”工作提供了难得的机遇，强调各县（市）区政府和各部门要高度重视这项工作，积极支持，密切配合，确保农行试点工作顺利进行，取得积极成果。在大讨论活动期间，我行组成工作组，深入到县（市），就如何服务“三农”、支持“三农”进行了详细的调查，并多次召开会议研究服务“三农”的具体措施，对县（市）支行机构和人力资源进行了优化组合，明确了信贷投放重点，从而为今后支持全市经济总量翻番奠定了基础。2007年累计投放农户贷款16600万元，到年末收回率达到100%。今年到目前为止已经累计投放农户贷款61800万元，有力地支持了备春耕生产。

三、面向市场，抢先抓早，大力组织资金，为支持经济建设提供资金保障

认真实施“一把手”工程，开展了“伴你成长，金钥匙春天行动”个人业务综合营销活动，强化优质文明服务，建立了客户投诉信息反馈机制，聘请了义务监督员，加大检查力度，促进了窗口服务水平的提高。在内外部环境发生变化，形势极为不利的情况下，存款仍然保持良好增长势头。到2007年末，全行各项存款139亿元，在多家银行存款急剧下滑的情况下，我行继续保持了稳定增长的势头，市场占有份额居四大国有商业银行之首。我们在保证营业网点总量不减的情况下，通过撤并低效网点，新购置高标准网点的做法得到了省行的肯定。

四、不断创新金融品牌和业务品种，为全市经济发展提供全方位金融服务

一是实施全员办卡，综合开发社保缴费卡业务，积极营销学生理财卡，发挥品牌效应，加快电子银行业务发展，努力改善用卡环境，全年新增发卡量23万张，国际卡收单额累计实现258万元，新增特约商户24个，ATM上线运营47台，台日均交易笔数达到253笔，网上银行个人注册户3898个，网上银行企业注册客户实现386个，网上银行交易额实现84.9亿元。二是利用客户资源，拓宽保险代理创收渠道，抓住支持“三农”的有力时机，积极开展“小额农户贷款借款人人身意外伤害保险”业务，积极应对证券市场发展变化，积极发展维护与新老合作伙伴的关系。实现代理保险保费收入8077万元，手续费收入287.12万元。三是实施本外币一体化营销，大力拓展国际业务，实现国际结算量20505万美元，结售汇13445万美元，国际结算量占据四分之一以上的同业市场份额，占全省农行的28%，居全省农行前列；全年开立进口信用证162笔，金额6928万美元，占全省开证业务60%以上。四是加强骨干网点改造，提高窗口服务质量。2007年，在上级行支持下，全行网点改造力度加大。全年累计投资1474万元，改造骨干网点30个，为今后的发展奠定了基础。同时，根据总省行网点规范化细则的有关要求，对规范化服务情况多次进行全面检查，继续推行"一米线"、大堂经理、保安经理制度，促进了整体服务水平的提高。

（王中志）

【交通银行吉林分行】 2007年交通银行吉林分行在市委、市政府和上级行的正确领导下，在国家进一步加强宏观调控，金融体制改革进一步深化，同业竞争日趋激烈，经营发展任务日益繁重的情况下，牢固树立和全面落实科学发展观，围绕交行改革发展的整体部署和吉林分行改革发展实际，妥善处理发展、质量、效益关系，克难求进，顽强拼搏，积极推进全行各项业务发展，圆满地完成了全年各项工作任务目标，存款、质量、效益均创历史最好水平，实现了吉林交行的持续健康发展。

截止2007年末，本外币各项存款余额75.6亿元，较同期增加12.1亿元，增幅19.03%，其中：人民币各项存款余额75.4亿元，较同期增加12.2亿元，增幅19.32%，市场占比较同期增加1.28个百分点；按五级分类口径，存量对公减值贷款较年初减少1606万；非信贷不良资产较年初下降11518万；实现拨备后利润1.05亿元，较同期增加2979万，增幅39.36%，首次突破亿元大关。

——用发展凝聚人心，奋力营销展业，资金实力进一步壮大。面对负债业务发展的严峻形势，吉林交行多次组织召开存款动员会，提出要用发展凝聚人心，要求全行干部员工认清形势，转变观念，发扬勇于拼搏的精神，奋力营销展业。同时认真研究分析当前资本市场变化和发展规律对储蓄存款业务发展的影响，及时调整经营思路，确立"大负债"理念，强化公私业务联动，加大同业存款营销力度。把握契机大力发展新的理财业务，积极拓展"第三方存管"业务。为突破市场资源相对匮乏、同业竞争激烈等不利因素的制约，充分利用已有的外地客户资源，走出吉林市，到外省市进行营销，努力扩大储源。为最大限度地发挥内在机制对业务发展的促进作用，进一步修改完善绩效考核体制机制，激发员工的营销展业热情。积极开展提升服务质量活动，努力实现服务向效益的转化。由于采取有力措施，扭转了负债业务发展的不利局面，使吉林交行的发展又站在了一个新的起点。

——以品牌建设为核心，积极打造零售银行，战略转型步伐进一步加快。吉林交行通过进一步完善绩效考核办法，加大个金业务指标考核权重，合理设置考核细项，设立个金小项单项奖励办法等，从政策上引导全行向零售银行战略转型。以客户为营销管理对象，根据市场竞争和客户需求变化，努力实现网点职能、服务、营销、竞争方式的转化。实现零售渠道的多元化建设，加大对网银等自助渠道的营销推广力度，加强产品和分销渠道的整合包装与宣传。以品牌化建设为核心，以代收、代付、代理业务为切入点，加快发展银行卡、中间代理、个人理财业务，扩大非信贷资产的创利能力。坚持"以个人消费类贷款为主，经营类贷款为辅"的个贷发展策略，运用有吸引力的差异化定价机制，研究开发循环贷款和个人综合授信业务，坚持发展与风控两手抓，促进个贷业务发展。截止年末，全行人民币储蓄存款（含销售及管理的个人资产）余额372622万，较年初增加66321万。对私高端客户新增488户，对私中端客户新增1932个，贷记卡净增发卡量10632张，个人网银新增签约客户数9842户。

——以增强创利功能为目标，大力发展中间业务，中间业务利润贡献度进一步提高。发展中间业务是交行实施战略转型的重要内容之一。2007年交总行首次以中间业务为主，设立了9项"战略性业务加减分指标"，表明了交总行大力发展中间业务的决心和力度。为此，吉林交行认清形势，坚持以市场为导向，以客户为中心，以增强创利功能为目标，把握机遇，进一步完善营销体制机制，加大优势业务产品的营销推广力度，使中间业务发展上一个新台阶。截止年末，全行实现本外币中间业务收入2330万元，较同期增加1660万，增幅247.76%，其中基金代销手续费收入实现1079万。

——把握机遇，强化信贷营销，企业创利能力进一步增强。吉林交行继续加深与已有的核心优质客户合作，加快已储备项目的实施步伐，力促新增长点的实现。切实加强客户管理和服务，积极培育发展新的优质客户，提高客户的忠诚度和贡献度，实现客户结构的改善和银行利润的最大化。紧跟大项目建设，做好重点项目的营销拓展，针对优势项目，做到高位介入，积极营销。截止年末，全行新发放贷款138206万元，其中有79.94%是上半年完成投放的，实现对公利息收入22270万元（其中含收回陈欠利息1012万元），同比增加9136万元。全年收息率达99.26%，同比增长7个百分点，当年增量贷款100%收息，实现了早投放早受益。

——适应宏观调控要求，严格授信管理，授信资产客户结构进一步优化。吉林交行注意加强对国家宏观政策和总行信贷政策制度、风险偏好的研究分析，前瞻性地、主动地、及时地调整信贷投向，认真执行减持退出计划。结合区域经济结构特点，加强授信期限、授信价格、担保方式、品种等方面的优化组合，在有效控制风险的前提下，不断优化信贷结构。截止年末，全行1—5级客户贷款余额增量占比提高了6.63个百分点。按照总行授信指导意见要求，全年投放的贷款中增加了中长期贷款的比重，新增贷款14亿元中有11.6亿元为中长期贷款，占比82.12%，中长期贷款实现利息收入8272万元，同比增加6309万元，贷款期限结构进一步合理，提高了吉林交行的收益水平和收益的稳定性。

——认真落实风险关口前移的各项工作措施，加大清收盘活力度，资产质量进一步改善。吉林交行认真落实风险关口前移的各项措施，最大限度地遏制潜在风险向现实风险的转化。其中以“城投系”为代表的一批问题贷款、难题贷款的收回不仅提高我行的资产质量,改善资产结构,而且解决了历史遗留问题,使吉林交行在可持续发展的道路上轻装前进。他们还综合利用清收、重组、诉讼等手段,全力以赴抓好信贷不良资产的清收盘活。截止年末,累计清收不良贷款(按五级分类口径统计)660 万元,压缩逾期贷款 20015 万元,清收减值贷款 1606 万元。

——**培育健康的风险管理理念,完善内控机制,内控管理水平进一步提升。**按总行要求,确立风险防范的五个基本理念,把握风险防范的三个问题,加快培育以人为本的全员风险管理理念,努力培养建立一支高素质的风险管理队伍,确保全面风险管理目标的落实。努力建立风险排查的长效管理机制,突出防范治理工作重点,开展专项检查,提高案件查防能力。认真组织开展两个专项治理工作,切实加强员工职业道德教育和依法合规经营教育,进一步加强基层营业机构负责人的选配、监督与管理,加强干部交流培训力度。贯彻从严治行的方针,强化责任追究,加大对违规行为的处罚力度,把风险降低到最低限度。

——**以和谐交行建设为主线,不断加强班子和队伍建设。**认真学习党的十七大精神,深入开展“四好”班子创建工作,按照总分行党委提出的“五个坚持、五个表率”和“八个方面”的要求,切实加强党员领导干部的作风建设。认真开展“提升服务质量活动”,在全行推广 5S 管理法,积极打造责任文化,不断加强党风廉政建设和反腐败工作,努力建设和谐交行风清气正的内部环境。

(赵 芫)

【中国建设银行股份有限公司吉林市分行】 2007 年建行吉林市分行全面落实科学发展观的要求,牢牢把握住了宏观经济金融形势和吉林市经济发展总量翻番的契机,以提高经济增加值为核心,各项业务实现了快速发展,盈利能力显著增强,经营业绩创造了历史最好水平。

全行坚持以客户为中心,以市场为导向,认真落实综合经营计划,积极调整财务资源,完善绩效考核办法,推进网点和业务转型,强化风险内控管理,重点加大了对国际业务、个贷业务、理财产品、电子银行、信用卡等战略性重点业务的发展力度,经营绩效实现了历史性的突破。到 2007 年末,建行吉林市分行在岗员工 1149 人,实现考核利润 1.29 亿元,首次突破亿元大关,同比增幅达 61.65%。

——**优化存款结构,超常发展中间业务。**全行全口径存款(本外币)余额为 87.5 亿元,其中对公存款余额 22.1 亿元,个人存款余额 65.1 亿元,同业存款余额 0.3 亿元,保持了基本稳定。全行实现中间业务净收入 6149 万元,同比增加 3788 万元,增幅达到了 158%。2007 年全行中间业务实现了超常规发展,中间业务不断创新,对公和对私中间业务产品数量扩大到 200 余个。基金、收单等重点产品销售迅猛发展,代理卖方信贷业务、资金托管“百易安”交易、人民币债务理财 QUANTO 产品、国内保理业务实现了突破发展,填补了地区和省内空白。

——**积极参与地方建设,大力发展资产业务。**全年发放公司类贷款 21 亿元,积极支持了吉林化纤、吉林恩智浦等重点企业和重点项目建设,支持了九新实业等民营企业及中小企业发展,中小企业贷款取得良好开端。个人类贷款年末贷款余额 3.76 亿元,个贷中心进一步完善了集前、中、后台于一体的专业化组织架构建设,组建了专业化的营销团队,进一步梳理了业务流程,个人住房贷款和个人消费贷款的市场份额持续扩大。为吉林昊宇石化电力设备有限公司办理了省内第一笔卖方保理业务。为吉林永大集团开办了法人账户透支业务。营销并储备了通化钢铁集团、江南热电厂、松花江热电厂等重点项目,储备项目达 20 多亿元,为 2008 年全行资产业务的超常规发展奠定了基础。

——**机构业务联动营销实现多元化结构。**“八一工程”取得快速发展,为吉林保康制衣有限公司和吉林省巧妇制衣有限公司办理了交易资金托管业务,开拓了交易资金托管业务在产权交易领域的先河。与东北证券、天同证券、君安证券、海通证券开通了三方存管业务。与六家寿险公司、五家财险公司签定了合作协议,促进了全行代理保险业务的健康快速发展。成功代理中国进出口银行为吉林华微电子和中钢吉林炭素办理了出口卖方信贷业务。

——**创新产品提高国际业务贡献度。**在人民币升值和美元贬值的双重压力下,国际业务积极探索新的经营方式,创新了外汇业务产品。成功推出了 7.5 亿元的人民币债务理财 QUANTO 产品。对恩智浦半导体有限公司进行了一般额度授信并发放了现汇贷款。为白翎羽绒制品有限公司发放了打包贷款 1000 万元,实现了外汇衍生品、现汇贷款的突破性发展。结售汇、国际结算量、国际融资业务都实现了不同程度的发展。

——**快速推进渠道建设,搭建市民高端理财平台。**加强自助设备渠道建设,ATM 机数量由年初的 40 台增加到 53 台,加强了网络建设和安全保障,网上银行、电话银行业务不断壮大。逐步加大理财规划师队伍建设,紧紧抓住市场变化时机,强化业务培训,对产品进行分析、介绍和推荐,并随时为网点提供专业化的营销建议,为 21 个网点配备了“温馨提示牌”。定期开展投资咨询、理财课堂和财富进社区等系列活动,为 VIP 客户提供专业细致的投资策划和理财方案,并提出了“要理财、建行来”的营销口号。全年共销售理财产品 28.38 亿元,其中代销基金 24.67 亿元,代理国债、保险、销售利得盈、汇得盈理财产品及个人黄金买卖业务迅速增长,全年点均理财产品销售量超过了 5000 万元。通过采取跨条线、跨部门、跨地域联动发卡的方式,成立了信用卡营销和直销团队,全行掀起了大办信用卡的热潮,全年办理吉林教育龙卡、吉林卫生龙卡等双币种贷记卡 10752 张,理财卡新增 4179 张,借记卡新增

9.35万张，普通商户新增36户，全区持卡消费额达4.76亿元，AUM300万元以上高端客户新增57户，扩大了龙卡的知名度。

——加快推进战略转型，提升柜面服务水平。按照质量效率与效益原则，通过逐一落实网点转型的6方面32项内容，2007年全行6个对私转型网点顺利地通过了转型验收。从效果上看，转型后的网点日均产品销售量比全区网点平均日产品销量高出44%，客户等候时间在10分钟之内的占到了92%，办事效率大幅度提高。同时，公司业务和机构业务转型得到快速推进，非信贷融资长足发展，体现了多层次的收入结构，个人贷款中心正式运行，并成立了票据中心和经费共享中心，全行综合竞争实力得到加强。

——完善内控管理体系，资产质量显著提高。全面建立立体风险管理体制，形成了首席风险官领导下由一级分行风险总监、二级分行风险主管以及风险经理组成的垂直报告的风险管理框架，推行风险经理、纪检监察特派员与业务经理平行作业，分条线垂直检查，总行进行集中审计。组织建立内控体系评价标准和程序，并通过持续评估完善内部控制体系。推进会计和业务运营管理体制改革，实现了核心业务处理的前后台分离，后台业务处理以及运钞、金库管理、档案管理等支持保障职能逐步向上集中。贷款审批实行流程管理，严格权限和额度控制，提高了审批效率。树立全面风险管理理念，加强适时风险监控和贷款责任认定，全行信用风险、市场风险、操作风险和道德风险得到有效控制，资产质量进一步提高。2007年，全行不良贷款率为2.47%，贷款质量逐年提高。

——积极履行企业社会责任，共同分享经营成果。积极推进企业文化建设与合规文化建设，广泛开展文明行业创建活动，2007年建行吉林市分行在吉林一中实施了“建设未来——中国建设银行资助贫困高中生成长计划”。该活动是国内银行业迄今为止对教育事业单笔捐助金额最大的一项活动，内容是：建设银行出资1.2亿元设立专项基金，其中全国建行32万名员工自愿捐款10%，即1200万元，吉林市分行员工自愿捐款56000元，资助全国普通高中成绩优良、家庭经济困难的学生完成学业，成长成才。按照每学年向每名学生提供1500元资助的标准，连续6年，总计资助约8万人次。此次活动我市吉林一中获得资助，资助贫困高中生30名，连续6年共捐资27万元。此外，建行还积极参加了全市社会主义新农村建设及“双日捐”等公益活动。2007年9月25日，建设银行在上海证券交易所成功实现A股回归，资本发行规模90亿元，向国际一流银行的发展目标快速迈进。建行的发展离不开社会各界的长期支持和帮助，作为一家有社会责任感的企业，建行时刻不忘国家和客户，努力回馈社会。

（丁宏光）

【中国工商银行吉林市分行】 ——基本情况。随着中国工商银行股份有限公司在上海、香港两地成功实现了同时上市，中国工商银行股份有限公司吉林市分行目前已成为吉林市极强竞争能力的股份制商业银行分支机构，辖内共有八个城区支行、四个县市支行、十二个二级支行，全市共设立67个营业网点，共有员工2100多人。在地区经济建设中发挥着举足轻重的作用，有力地支持了吉林市的国企改革、重点骨干企业发展及新兴产业的经济发展。

——经营理念。中国工商银行吉林市分行多年来始终将自身的业务经营同地区经济建设紧密结合起来，努力发挥商业银行的筹资、融资功能，依据不同时期的经济金融政策不断深化改革，大胆实践，完善管理，努力谋求经营效益，各项事业取得了突飞猛进的发展。面对近年来日趋激烈的银行业竞争和信息技术时代的挑战，工商银行吉林市分行站在改革发展的潮头，坚持与时俱进，提出了以发展为主题，以管理为基础，以结构调整为主线，以改革创新为动力，以提高资产质量和效益为目标的经营发展战略，加快了集约化发展步伐。工商银行吉林市分行将时刻以支持地区建设、服务江城公众为已任，进一步深化改革，抢抓机遇，加快发展，努力为地区经济发展做出更大贡献。

——业务简介。工商银行吉林市分行大力巩固和发展传统业务，通过提升服务水平和调整贷款投向等手段促进存款的增加和贷款结构的合理化，截止到2007年12月末，我行各项贷款余额为46.6亿元，较年初增加5.8亿元；各项存款余额158亿元，且存款结构有较大改善。在此基础上，我们坚持“以客户为中心，以市场为导向”的市场营销战略，始终将满足客户日益多元化的需求以及适应市场的变化放在非常重要的位置，不断加快业务创新步伐，为广大客户提供全面的金融服务。在传统存款、贷款、结算业务的基础上，开办了外汇、银行卡、住房按揭、个人消费和代理、理财等各类综合业务。近年来，工商银行全面实现了办公自动化、结算网络化、服务电子化的现代商业银行科技发展目标，开通了全国电子银行系统、资金实时汇划清算系统和网上银行、电话银行等电子化服务网络，为各类客户提供包括公司金融业务、个人金融业务、机构金融业务、投资银行业务、结算业务、外汇业务和托管服务在内的优质高效的全方位金融服务。我们还拥有领先同业的电子银行服务能力，由网上银行、自助银行、电话银行和手机银行组成了我们立体化的电子银行服务体系，可以为您提供资金结算、投资理财、信息报告、集团资金管理、贵宾室服务等全面的电子银行服务。我们还在网点设置ATM自动柜员机和24小时服务自助银行，为方便市民生活理财提供了更多的便利。同时，我行的有线POS消费业务，让市民可以在全市500多家商场、宾馆、酒店、加油站等刷卡消费，贷记卡和国际卡消费可做分期付款业务，在吉林市的125家中国石油加油站持牡丹国际中油卡加油可享受1%优惠。目前，工商银行吉林市分行已形成了以传统的存、放、汇业务为主体，以国际结算、银行信用卡、中间业务、代理业务、房地产信贷、消费信贷等为经济效益增长点的商业化发展新格局，为社会各界提供多功能、全方位、优质高效的金融服务。

【吉林银行】 2007年是我行深化改革、克难求进、快速发展的一年。深化改革，就是指我行由原区域性地方银行成为跨区域发展的吉林银行分支机构，不仅在体制上发生了根本的变化，而且提高了抗风险能力和市场竞争力。克难求进，就是指我行面对其它银行代理股票、基金等理财产品火爆的市场，发挥自身代发代收等中间业务覆盖面广、雾凇卡市场占有率高和信贷审批链条短、投放快的独特优势，在存贷款业务的市场竞争中赢得了主动权。快速发展，就是指我行经营效益和存贷款市场份额连续两年列全市同业之首，存贷款增加额连续五年列全市金融机构第一。

——资产规模继续扩张。年末资产总额193.7亿元，比年初增加29.6亿元，增长18.1%。

——存款总量持续上升。年末存款余额176.1亿元，比年初增加23.8亿元，增长16%；增速高于全市平均增长6.1%的9.9个百分点。

——贷款余额稳步增长。全年贷款累计投放179.9亿元，累计收回155.1亿元，年末各项贷款余额118.7亿元，比年初增加24.8亿元，增长26%；增速高于全市平均增长14.4%的11.6个百分点。

——经营效益快速提高。全年各项收入15.7亿元，其中利息收入8.4亿元，同比增收105%，各项支出11.6亿元，收支扎差后实现利润4.1亿元，同比增加2.5亿元，增长156%。

——监管指标全面达标。不良贷款率2.71%、资产利润率、资本利润率、存贷比例、流动性比例等均达到监管要求，为2008年又好又快发展奠定了基础。

这些可喜的成果，是新班子2002年4月上任以来，带领全行干部员工经过五年多来艰苦奋斗、卓越工作、开拓创新的结晶。大家应该体会到，从拆借维持保付、两次被列为高风险行、两次被挂牌监管、到提前实现三年再造一个商行的发展目标；从亏损近亿元到实现经营利润4亿元，这是一个何等艰难的过程！这个过程凝聚着全行广大干部员工多少心血和汗水！我们不能忘记，没有全市企事业单位和广大市民的信任和支持，就没有我行代理中间业务的发展规模和存款的市场份额。我们必须牢记，危难之际，是市委、市政府及监管部门的领导，信任并鼎力支持我行，成功置换了不良资产，综合治理工作取得了突破性进展，使不良贷款比例控制在5%以下，我行才能创本市同行业机构发展速度之最，才有机会站在今天这个全新的起跑线上。回首五载风雨，洋溢在胸的是真挚的感恩情怀。

一年来，我们紧紧围绕"三年发展规划"，主要做了以下几个方面工作：

一、进一步加快发展步伐，市场拓展业务迈上新台阶

以支持地方经济发展为已任，公司金融业务市场定位明确。我行集中资金支持市委、市政府确定的重点项目建设，累计投入资金179.9亿元，同比多投放58%，支持了企业发展。其中投放1.1亿元支持了"123"工程项目建设；累计投入19.7亿元，支持了中钢碳素集团等大型企业扩产改造；累计投放96亿元，支持了亿兴木业等民营中小企业做大、做强，为吉林市经济发展增添了新的活力。在加大项目投放的同时，以贷款"三查"为主线，进一步强化信贷管理，新增贷款到期本息回收率始终保持100%。

个人金融业务蓬勃发展，整体服务水平不断提高。2007年末我行储蓄存款余额105.5亿元，占各项存款余额的59.9%，这个存款结构是比较理想的，它表明我行的存款具有较好的稳定性，也说明我行的社会认知度在不断提升。

雾凇卡品种不断丰富，贷记卡业务步入轨道。2007年末，全行雾凇借记卡市场占有量达78.4万张，比年初增加21.4万张，增长38%，占全市总量的三分之一；卡沉淀余额19.6亿元，比年初增加4.6亿元，增长31%。贷记卡发卡量过千张，刷卡消费135万元，预借现金193万元，不断满足了市民消费需求。

中间业务规模继续扩在，代理业务品种不断增加。在继续扩大代发工资、代收电费和电话费业务的同时，又新开发了代收城镇医疗保险、代售公路客车票和非居民电费代收业务。全年共办理代收电费、电话费、代售车票等13种中间业务856.4万笔，代理金额达61.4亿元。

丰富的零售金融产品，满足客户多样化需求。全年共发放个人住房按揭、商铺抵押、综合消费和下岗再就业等10个种类的个人贷款6.4亿元，个贷规模达6.9亿元，同比增加3.8亿元，增长125%，占全市个贷总量的22.6%，位居全市第二位。个人住房公积金委托贷款投放量和发展速度均列全市金融机构之首。实现了个贷总量提前翻番和新增贷款无违约"零逾期"的目标。

票据市场业务发展迅速，债券市场业务稳步发展。票据业务在转贴上进一步发展了"双买""回购"等新业务，全年平均占用资金8.1亿元，同比减少1.2亿元，交易量却由上年的33个亿增加到2007年的148亿元，资金使用效率明显提高，盈利能力进一步增强。票据业务收入1.2亿元，实现利润0.4亿元，同比分别增长235%和198%。银行间债券交易额1197亿元，市场综合排名由上年的79名上升到49位，全年共实现投资收益0.8亿元，同比增长20.3%。

清收不良贷款力度加大，清收成果十分显著。年初，把6家支行的388户不良贷款及资产6.3亿元划归重庆路支行统一管理和清收，通过打破常规、创新手段、多策并举、依法清收等一系列有效措施，只要有1%的希望就100%的争取，努力把资产损失降到最低限度。全年共清收不良贷款2.5亿元（表内0.1亿元、置换2.4亿元），同比多收0.2亿元，其中通过查封无籍房屋，收回立案悬而未决贷款176亿元；通过立案侦查，收回涉嫌诈骗、恶意逃废贷款100万元；通过建档管理、专人清收积欠农贷93万元，确权67万元，创历史清收之量。

二、优化内部资源配置，基础管理和基本建设达到新标准

坚持以人为本，全面加强人力资源管理。立足于企业长远发展，招聘应届重点大学毕业生70余人，完成了三年内招聘200名重点大学毕业生的人才规划，形成了吸引人才、留住人才、发挥人才潜能的良好氛围。强化培训，提高队伍整体素质和人力资本价值，分别组织前台柜员轮训、专业培训、网点主任培训和大学生答辩16期，全行员工人均接受培训2次以上。建立科学的选人用人机制和业绩考核评价体系，调动了全行干部员工积极性和创造性。

坚持科技先行，为业务发展提供有力支撑。通过努力使支票影像交换、贷记卡柜面业务、医保代收和身份证联网核查及小额通存通兑等8个开发系统按时上线。同时积极做好系统运行维护工作，保证了每天8万多笔交易业务的正常运行。全面完成了营业网点的光纤改造。电话银行业务快速发展，注册客户已达6.8万户，同比增长2.4倍。当年电话银行转帐业务3319笔，同比增长39%；自助缴费58万笔，金额2156万元，同比分别增长9.4%和35%；人工坐席服务量5.3万个，同比增长10.4%；市民平均每天拨打"96669"达156人次，方便了广大客户，得到了市民的好评。

坚持效益优先，财务核算水平不断提高。依据国家相关政策，协调有关部门，申请减免了闲置抵贷不动产房产税、土地税和契税共计5000万元；核销呆帐8500万元，完成了"1104"系统的各项报表工作，清理了非信贷资产占款，配合浙江万邦事务所按时完成了清产核资工作。

坚持阳光操作，规范大额采购工作。全面召开采购招标会12次，按时完成了票据影像、身份核验、电话银行、核心业务系统等重点项目招标和设备采购，节约资金350余万元。积极做好全行营业网点设备的维修保养工作，保证了设备的正常运转。

坚持合理布局，最大限度发挥网点功能。以吉林市经济的未来发展趋势为依据，合理规划网点布局，统一建设标准，将86个机构升格为支行，对8个网点进行了改建和扩建。目前，我行97%以上的营业网点达到了标准化要求。3月1日，由我行发行并控股成立了磐石融丰村镇银行，成为全国第四家开业的村镇银行。

坚持常抓不懈，不断创新安全保卫工作。做到了思想教育、设施建设、制度落实和安全检查工作的有机结合，为全行创造了一个安全、稳定、健康的经营环境，被省公安厅和省银监局评为安全保卫工作先进集体。

三、构建并逐步完善风险管理体系，内控建设提高新水平

切实履行稽核监督职能。按照银监局的要求，开展了四次案件专项治理的风险排查工作，完成了会计结算、个人金融"易发案部位"、出纳管理、信贷业务和票据贴现等7个专业稽核工作。共查出各种违规问题140笔，发出稽核整改通知书30份，下发稽核通报4份，提出稽核建议37条，对194人次经济处罚，纠正了各种违规行为，堵塞了管理上的漏洞，规范了业务操作，增强了员工合规经营意识，提高了内控管理水平。

依法维护我行合法权益。依法参与重大合同的谈判和起草工作，参加诉讼、仲裁、行政复议和听证活动。共办理各类诉讼案件322件、涉案金额1.6亿元，审查合同45件，审查贷款132笔，金额23亿元，提示法律风险意见书26份，配合公安机关攻克了我行诉讼的疑难案件。

积极有效防范操作风险。将出国存款证明业务纳入了计算机管理，实现了公民身份证信息联网检查、代收非居民电费制度覆盖和计算机系统控制。为我行中间业务和个人存款帐户通存通兑业务顺利开展下发了操作规程。建立了传票中心，全行会计传票实现了集中统一规范管理。严格操作流程，实现了对公、结算、信贷业务核算无差错。秉承留住客户比争取客户更重要的经营理念，全年共处理客户投诉79起，其中当场化解46起，维护了我行声誉。

强化了市场风险管理。在贷款风险监管上，实现了以存量贷款的风险预警为主转变为以新增贷款的风险控制为主。在货币市场监控上，派驻风险监管员实现了对资金营运中心各项业务全过程、全方位的风险监控。在不良资产监测上，对存量贷款和非信贷不良资产进行了五级分类，并实现了定期对全行不良资产变动情况进行分析和监测。在风险业务监控方面上发挥了重要作用，得到总行的充分肯定。

四、加强党建和精神文明建设，企业文化建设取得新成果

抓好党组织建设，培养树立典型。召开"七·一"优秀党员事迹报告会，弘扬正气。全年发展新党员28名，按期转正39名，使党员队伍不断扩大。

抓好综合治理，坚持标本兼治。不断提高干部员工职业道德和服务质量，得到社会认可，全年共收到表扬信31封、锦旗6面；受到登门感谢12次、电话表扬近百个。我行在全市金融系统治理商业贿赂工作会议上介绍了经验，在全市金融系统软环境中排名第一，被市委、市政府评为社会治安治理工作标兵单位。

抓好企业文化建设，提升特色品位。全年编辑出刊《商行人》11期，《江城晚报》"走进商行"专版52期，《直播江城》电视专题节目24期。开展了感动商行十大人物评选活动。获全国企业文化建设优秀单位称号。

抓好济贫解困活动，捐款奉献爱心。行领导走访慰问困难职工和社会劳模，先后为见义勇为基金、慈善事业和社区贫困职工等捐款27万元，为社会主义新农村建设捐助面包车1台。被有关部门和广大市民评为"吉林市最具社会责任感杰出企业"，"十佳慈善企业"，"吉林市爱心企业奖"。

抓好工会、共青团工作，组织岗位练兵和业务技术比赛，开展为亚冬会喝彩和送金融知识下乡等活动，市行工会和团委先后被省财贸工会、团省委评为先进工会和优秀团委。

我行的工作得到市委组织部、宣传部、市直机关工委的充分肯定，于2007年2月，专门组织召开全市党员干部大会，介绍和推广了我行的先进经验。

我们在肯定成绩的同时，还必须清醒地看到加快综合业务平台建设，提高中间业务收入水平，防止不良贷款反弹，抓好操作风险和信用卡风险控制，加大风险资产的管理力度和清收任务极其艰巨，面临同业竞争的严峻形势和市场挑战，尽快转变经营理念，适应流程银行建设和战略转型的需要更是当务之急。这些问题必须引起我们的高度重视，并在今后的工作中认真加以解决。

（李庆玉）

【中国人民财产保险股份有限公司吉林市分公司】 中国人民财产保险股份有限公司吉林市分公司隶属中国人民财产保险股份有限公司吉林省分公司，下辖9个县（市）区支公司和一个直属营业部共10个分支机构及46个营业网点。另外还有兼业代理机构68个。

公司于1980年恢复国内业务，机构从无到有，队伍不断扩大，业务迅速发展。2003年7月19日，与新中国同龄的中国人民保险公司完成了股份制改革，中国人民保险公司更名为中国人保控股公司，设立中国人民财产保险股份有限公司，全国各地的分支机构都随之更名。并于2003年11月6日中国人保财险正式在香港挂牌交易，成为内地金融机构海外上市第一股。

现在，公司的保险机构、营销代理网点遍及城乡，服务范围覆盖了吉林市非寿险市场的所有领域，具有保险经营时间长、经营管理经验丰富、保险产品多样化、市场占有率高、专业人才和技术力量充足、资金实力雄厚、机构网络健全、管理体制先进、服务信誉好等优势，市场主体地位优势明显。

目前经营的保险业务主要有：机动车辆保险、交强险、企业财产保险、家庭财产保险、货物运输保险、农业保险、各类责任保险等百余个险种。

2007年，在吉林市委、市政府的正确领导下，在上级公司的直接指导下，我们克服了重重困难，顶住了市场竞争的压力，再次夺得股改以来可喜的经营成果，为吉林市的经济发展和人民生活的安定，起到了保驾护航的作用。

回首2007年，多家保险主体在吉林市的保险市场竞争愈演愈烈，给我们的经营带来严重冲击。但两级班子和全辖员工能够勇敢面对，勇于挑战，不断适应激烈竞争的新形势，不断解决前进中遇到的新问题，仍然开创了新的经营业绩。一年来，我们坚持党的十六届六中全会精神为指针，以科学发展观统领全局，突出效益第一的经营指导思想，继续推行“激活点、强化线、提升面”的战略举措，强化成本核算，突出精细管理，加强风险管控，规范经营行为，服务措施得到强化，班子的凝聚力和员工的敬业精神进一步增强，不断适应激烈竞争的新形势，不断解决前进中遇到的新问题，开创了新的经营业绩。

一、主要经营情况

2007年，实现实收保费收入17945万元，支付赔款10850万元，充分发挥了人民保险的经济补偿和社会保障作用。

二、主要工作特点

（一）“增效提速”行动体现新成果。从2007年1月1日开始，全员上下积极投身于省公司开展的为期八个月、两个阶段的“增效提速”行动。两级公司精心组织，加强领导，有效实施，取得积极成效。到4月末和8月末，实现了两个阶段的行动目标，为完成全年工作任务奠定了良好基础。通过开展“增效提速”行动，增强了提前谋划工作、赢得业务发展主动权的积极性和自觉性，提升了研究和应对市场的意识和能力，锻炼了两级班子和员工队伍。

（二）产品线发展迈出新步伐。年初认真贯彻省公司各产品线工作会议，全面部署各项工作任务与目标。车险继续保持了引领和拉动作用，车险市场份额占吉林市车险市场59.1%，车险代理业务等一些重要业务成为车险发展的亮点。在非车险方面，成功承保了5个较有影响的大项目；“夕阳红”中老年意外险等若干业务的开办拓展了承保新领域；试办生猪保险实现养殖业零的突破；成立了“医疗责任保险纠纷协调处理办公室”并有序运行。

（三）营销渠道建设开辟新领域。“精英逐梦”系列个代营销业务竞赛取得新成绩，个代营销员持证率100%，去年年底组织了大规模的个代营销代理资格考试，又有一百多人合格。银保合作关系进一步巩固，产寿险互动业务全面启动正常运行。

（四）各项管控工作取得新进展。严格执行省公司强化风险管控的各项规定，加强了内控合规制度建设。根据省公司“三个中心”检查后的整改要求，开展了财务业务质量大检查。加强了单证管理，抓好财务基础管理。加强理赔前端各环节管控，加强未决赔案管理。加强了市场经营秩序规范工作，贯彻执行《车险经营自律合作公约》及市行业协会的《补充规定》，强化市场自律，认真查处违规经营行为。

（五）客户服务工作推出新举措。响应省公司号召，积极开展“人保财险95518迎奥运争创服务金牌百日竞赛”，积极妥善处理客户投诉与信访，认真解决因赔款问题造成的客户矛盾。按照省公司统一部署，积极组织开展首届客户节活动，“十一黄金周”宣传服务、重要客户回访、答谢荣誉客户等项活动取得成效。

（六）和谐队伍建设有了新起色。先后调整了两个基层公司班子。一年来，基层公司班子勇敢面对市场，勇于开创业绩，充分发挥了主导作用。认真落实专项薪酬政策，集中用于激活基层展业一线。为贯彻落实《劳动合同法》，积极开展了规范用工清理工作，精减冗员和不合格用工人员，完成了编内外员工劳动合同的签订与管理。积极参加省公司启动的员工教育培训三年规划和员工增值工程活动，因地制宜开展独具特色的各类培训学习。两级公司积极创造条件,实施“员工关爱计划”,促进了干群关系的和谐及工作作风的转变。

人保财险吉林市分公司多年来为吉林市的经济建设和社会安定做出了一些贡献。不仅为1995年桦甸特大水灾赔付了1亿多元的损失，近年来还为吉林市发生的1.28特大交通事故、11.1鸿博嘉园煤气管道爆炸事故,2.15中百商厦火灾、4.24蛟河腾达矿难、“11·13” 吉化双苯厂爆炸事故等若干突发事件及时提供救助。赢得了社会各界的广泛赞誉。多年来,公司的整体工作业绩在系统内较为突出，多次荣获全省保险系统经营管理先进单位,全国保险系统经营管理先进单位,全国金融系统经营管理先进单位。

2008年是贯彻落实党的十七大重大战略部署的重要时期,是加快实现吉林市“奋斗三年、总量翻番”的关键阶段,是实施“做精吉林人保财险”第二步为目标的开局之年,公司过去曾经充分发挥了人民保险积聚保险资金、补偿灾害损失、安定社会生活、造福人民群众的重要作用,今后将继续秉承“人民保险为人民”的宗旨,坚持加快发展,坚持效益第一,坚持深化改革创新,坚持竞争能力建设,努力做到盈利性、成长性、规范性的高度统一,以更新的机制、更高的效率、更好的信誉、更强的实力,服务于江城广大客户,服务于江城经济建设这个大局,为促进江城的经济发展,为振兴我市老工业基地,实现“提前翻番”目标做出新的贡献。

（安金辉）

【中国人寿保险股份有限公司吉林市分公司】 中国人寿是我国内地惟一一家进入《财富》全球500强的保险企业。自2002年入选以来，排名连年提升,2007年排名第192位。

在世界品牌实验室评选的“中国品牌500强”中,中国人寿已连续4年成为中国十大最具价值品牌之一,2007年排名第5位,品牌价值高达588.67亿元;并首次入选“世界品牌500强”,是中国惟一入选的保险品牌。

2003年12月17日、18日，中国人寿保险股份有限公司分别在美国纽约和中国香港上市。2007年1月9日,公司在上海回归A股上市,成为国内首家在纽约、香港、上海三地上市的保险公司,是全球市值最高的上市保险公司。

中国人寿保险股份有限公司吉林市分公司是中国人寿保险股份有限公司在吉林市的分支机构。是吉林市最大的寿险公司,下设8个部、9个支公司,共有干部员工4000余人。在市委、市政府的关心支持下,吉林市国寿公司以科学发展观为统领,秉承“成已为人,成人达已”的经营理念,几年来,共解决再就业3000余人,累计上缴利税5000余万元,累计给付赔款3.22亿元,市场份额52.4%,在解除群众生活后顾之忧、缓解出险家庭生活困难、维护社会稳定方面发挥了重要作用。

几年来,先后被省政府、市政府授予“诚信单位”、“巾帼文明岗”、被省消费者协会命名为“诚信单位”、“诚信维权示范单位”,被吉林市百万市民评为“百家诚信企业”、被市政府评为“最具社会责任感企业”,多次被市委、市政府评为“创建平安吉林暨社会治安综合治理先进单位”。一年来，主要做了如下的工作：

一、业务发展保持良好态势

2007年,公司全体干部员工及营销伙伴们团结一致、奋勇争先,保证了公司业务的稳定、持续和健康发展。截至2007年12月31日,吉林市分公司总保费收入为66184万元,继续保持领先地位。第一,核心业务发展迅速。主要是期交业务继续保持同比正增长的良好发展势头，尤其是十年期占比在全国系统大中城市排名第3位，为公司持续稳定发展奠定了坚实的基础。第二,县域保险业务取得突破性进展。截止到2007年12月31日,全地区五个县(市)支公司个险首年期交保费收入4735万,较上年同期增长9.76%。

二、公司管理水平不断增强

2007年,按照总、省公司开展“执行年”活动的要求和部署,针对公司实际,市公司结合404日常化遵循工作、治本抓源头等项工作,在全地区开展了“机关抓管理、基层抓发展”活动,一方面通过完善制度、加强检查、强化工作细节环节等措施,重点提高机关服务基层、管理基层和指导基层能力;另一方面,通过分片包干、加强督导、深入基层调研等措施,加强基层公司执行力建设。总体来讲，此项活动取得了较好的效果。主要体现在:一是公司整体执行力得到进一步加强;二是机关工作作风得到进一步改进；三是公司管理制度得到进一步完善。

三、队伍建设成果逐步显现

加强队伍建设一直是公司重点工作之一。2007年,面对激烈的竞争形势和越来越高的市场和公司发展要求，在继续加强管理队伍建设的同时,市公司重点围绕提高销售队伍绩效、优化销售队伍结构、增强销售队伍凝聚力和战斗力开展工作,并取得较好的成效:一是通过开展全年推行1+N增员活动,有效地扩大了人力规模,截止到2007年末,公司个险渠道开单人力达到3470人,较上年同期增加814人,中介代理渠道有效人力达到150人;二是通过有针对性、分层级地开展培训工作,较好地提高了队伍水平。2007年,市公司全年共举办13次培训班,培训了包括各级主管、兼职讲师以及其他层面营销员在内的共计500余人次;三是按照“高素质、高绩效、年轻化”的标准组建收展队伍,并逐渐显现成效。

四、品牌形象越来越好

高美誉度的品牌形象是公司持续健康发展的重要保证。2007年,市公司继续加大投入力度,努力推进公司品牌形象由知名度向美誉度发展。为此,一方面结合公司业务推广活动加强宣传,如全地区在同一时间对公司回归A股市场、签约姚明为形象代言人等大事件进行宣传、举办客户节、赠阅《国寿报》以及开展形式多样的社会公益活动(如向永吉县歪头小学赠书、与社区开展联建活动等）进一步扩大公司品牌的影响力，提高公司品牌美誉度；另一方面，公司继续强化服务管理，通过不断细化和完善服务细节环节、延伸服务端口、建立应急机制、加强柜面人员培训和考核等措施，提升服务水平和质量，以此向客户展示中国人寿高效、专业、诚信的品牌形象。

在2008年的工作中，我们要做到"六个坚持"，即坚持解放思想，继续深入贯彻落实十七大精神，着力破除一切陈旧落后思想和观念的束缚和禁锢，坚定推进公司业务又好又快发展的信心和决心；坚持统筹兼顾，科学谋划，统筹安排，协调好发展与管理、城市与乡镇以及各渠道之间的关系，推进各项工作的全面发展；坚持服务全局，树立顾大局、负责任的正气，进一步增强公司各级员工的执行力，做到有令即行、令行禁止；坚持开拓创新，以求真务实、与时俱进的精神，积极探索公司发展新思路、新模式；坚持以人为本，切实提高员工收入，建立健全符合市场要求的人才机制，全面实施"人才强司"的发展战略，为公司持续发展注入新的动力和活力；坚持规范经营，牢固树立风险防范意识，有效防范和化解经营风险，推动公司走健康、持续发展之路。

经济管理与监督

【工商管理】　吉林市工商行政管理局是吉林省工商行政管理局分管吉林市市场监督管理和行政执法工作的直属机构。吉林市工商行政管理局有直属分局9个、派出分局7个、直属事业单位9个，市局机关内设16个处（室），现有干部职工2412人（国家公务员1538人）。2007年，全市工商系统紧紧围绕省局工作会议精神和我市提前实现总量翻番目标，以实施为全市"奋斗三年，总量翻番"服务扶强助弱工程为主线，积极推进"四个统一"，尽心尽力服务发展，尽职尽责抓好监管，各项工作取得新的进展。市工商局被省工商局评为全省工商系统工作目标考评优秀单位，并被市委、市政府授予行政执法标兵单位荣誉称号。

——**为经济发展服务**。超额5000万元完成招商引资任务，实际到位资金3.3亿元。印发了《吉林市工商局促进经济又好又快发展的若干意见》，从放宽准入、强化服务等方面提出了65条意见。制定了《吉林市工商局登记事务导办制度》，全面落实一次告知、当场登记、首办责任制和"一字工作法"（即窗口一站式，示范一文本、告知一口清、一审一核制、注册一周清），营造了公正、透明、快捷的市场准入环境。2007年，各级工商部门发放筹建期营业执照72户；打破"一点一照"限制，办理注册登记13户；放宽投资者范围，办理登记35户；办理改制登记11户；为下岗失业人员、高校毕业生、城镇退役士兵和农民进城落实优惠政策5306户，减免收费560万元。扎实推进商标发展战略，全年有效注册商标数为5500件，同比增长13%，其中长白山酒业被认定为中国驰名商标。

——**服务新农村建设**。深入开展"红盾护农"行动，立案查处涉农案件185件，没收假冒伪劣农资24.6吨，为农民挽回经济损失近130万元。积极开展"涉农合同帮扶"活动，通过规范农产品合同文本、加强农产品合同纠纷调解、在农户和涉农企业中开展"守合同重信用"活动等，仅舒兰市局就发展订单面积5.4万公顷，签约金额达9.8亿元，全面提高了农业产业化水平和规模。大力发展农副产品商标，农产品商标在数量上已达到700件。认真落实国务院《农村专业合作社登记管理条例》，为农民专业合作社的发展建立绿色通道，各级工商部门只登记，不收费、不罚款。

——**整顿和规范市场秩序**。认真落实国务院《特别规定》，全地区393个批发市场、商场、集贸市场、超市，都按要求建立了进货索证索票制度；8318户乡镇、街道、社区食品经营店，建立了进销货台账制度；流通环节食品经营单位9725户，有照率达99%。认真开展了农村食品安全专项执法检查，查获假冒伪劣食品122.4吨。深入推进12315行政执法体系建设，共接待来访和咨询3.7万人次，为消费者挽回经济损失96万元。强化对食品质量的监督管理，对7大类162个品种798个批次的食品进行了快速检测。开展了重点商品市场专项整治行动，对全地区所有加油站进行了拉网式检查，依法查处了32个违法加油站；对猪肉、禽蛋市场进行专项执法检查，查扣未检疫猪肉1000余公斤；开展食品安全、煤矿等专项执法检查。集中力量开展了保护注册商标专用权专项整治活动。充分发挥广告监管与发展联席会议的作用，立案查处了146件虚假违法广告。建立了"三位一体"联打联防打传工作机制，形成打传工作的整体合力，全年共查处传销案件52件，取缔传销窝点76个，驱散传销人员3445人。

——**法制建设**。深入实施"非强制行政管理体系建设"工程，制定并落实《守法经营提示制度》等十项工作机制，初步构建了非强制行政管理体系的基本框架。修订完善了《行政处罚自由裁量规则》，制定了《行政处罚案卷归档管理暂行规定》。编印了《工商行政管理常用法规汇编》，认真开展了全员岗位大练兵活动。

——**基础工作和队伍建设**。积极推进工商信息化建设，制定《加快推进信息化建设的意见》，出台《计算机维护管理办法》等制度，狠抓工商业务软件的应用工作，实行内、外网物理隔离，进一步完善了软硬件设施。加强基层工作，推进"全面创建先进工商所"建设，以"三员"建设为重点，举办培训班57期，培训人员2664人次。开展和谐领导班子建设活动，引导教育领导干部自觉争当学习、团结和廉政的模范，系统两级班子的凝聚力和战斗力得到进一步增强。积极开展群众性精神文明创建工作，不断丰富职工的业余文化娱乐生活。

——**软环境和政行风建设**。深入开展反腐倡廉教育，召开了党风廉政建设经验交流会，总结推广基层单位廉政文化建设、"大监察监督机制"和"廉政记分管理办法"等做法。全系统基层工商所普遍开展了向监管服务对象代表述职述廉工作。开展了以纪律作风、服务质量、依法行政和廉洁从政等为内容的形式多样的廉政监察、执法监察和效能监察，强化了监督检查的针对性，有力地促进了系统党风和行业作风的好转。

【统　计】　2007年是省统计系统垂直管理第一年，一年来，吉林市局按照省局的工作部署和具体要求，认真履行统计职能，积极推进统计改革，扎实开展统计工作，高效提供统计服务，圆满完成了各项工作任务。今年又是吉林市经济大发展、实力大提升、形象大改观关键之年，市政府从年初开始，通过高起点起步、百日奋战、决战四季度等一系列措施，全力实现经济总量翻番预期目标，要求统计局紧密跟踪经济运行情况，提供统计服务。虽然工作任务非常繁重，但是在省局的正确领导下，依靠全局力量，因势利导，积极工作，为地方社会经济发展做出了突出贡献。

一、围绕地方党委政府经济建设中心，提供优质高效统计咨询服务

1. 全力做好经济运行预警监测工作。一是建立完善了经济运行预警监测制度，定期向市委、市领导呈报统计数据及分析报告；二是设立了《统计专报》，每个月在第一时间为市委和市政府主要领导提供当月经济运行分析和月度数据快报，这已经成为党政领导不可或缺的一份情况报告；三是参加了全市经济运行调度会议，并为市政府提供季度（半年及全年）经济运行监测报告。据不完全统计，全年共提供经济运行报告20余篇，提供统计数据（资料）30余份（期）。

2. 积极开展统计分析调查研究工作。一是成立课题调研组，负责组织、研究、拟定调研课题；二是建立统计报告专题研讨会制度，组织局机关处长对重点分析课题进行研讨，从文章题目、内容观点、框架结构、文字语法等方面提出集体修改意见，以达到提高分析质量、相互学习、相互提高、相互促进的目的；三是针对经济发展中的热点、难点问题，以及按照市委、市政府领导的指示，撰写了《吉林市劳动和社会保障事业现状分析及发展建议》（市委采用）、《调整差别电价对我市执行优惠电价企业的影响》（市委采用）、《价格变动对中油吉林石化分公司和我市电价的影响》（市委采用）、《我市“三农”现状与新农村建设亟待解决的问题与建议》（省委、市委采用）、《十件实事惠及百姓，吉林市社会运行态势向好》（市政府采用）、《新进展新成就新起点》（市人代会参阅件）、《吉林市构建和谐社会指标》（市委常委会采用）、《大力发展服务业，促进我市经济总量翻番》（市领导批示）、《大力发展流通市场，促进我市工业发展》（市领导批示）、《固定资产投资促进了我市国民经济健康快速发展》（市领导批示）等统计分析调研报告。全年共撰写统计分析报告93篇，其中重点课题24个。

3. 准确提供统计数据及其信息资料。一是完成了《2006年吉林市国民经济和社会发展统计公报》，并经市政府常务会讨论同意后在《江城日报》上公布；二是编印出版了《2006吉林市统计年鉴》；三是出刊了十二期《吉林市统计信息》，此月刊已经成为全面反映统计局工作成果的一个载体，时效性强，市领导和相关部门对月刊的利用率很高；四是按照地方党委政府要求，为《政府工作报告》、《计划草案》等提供并核对数据，为省长来吉调研、市委、市政府、市长以及相关部门整理各种数据和文字材料，按月为市委财经办、《吉林市通讯》、吉林市综合治税办公室提供全市主要经济指标等；五是接待社会各界组织及个人统计信息咨询服务万余人（次）。

二、按照上级统计局和市政府统一部署，认真履行统计部门的各项职能

1. 组织开展好农业普查工作。一是做好普查机构和队伍建设工作，全市11个县（市）区和开发区成立了普查领导小组，配备普查指导员、普查员11686人；二是做好普查宣传工作，利用广播、电视、报纸开办专题、专栏共播发800多件，悬挂横幅2400多条，标语15600多条，制作板报600余块，举办秧歌62场，设立咨询台108个；三是做好普查人员培训工作，全市各县（市）区、乡（镇）分级培训普查人员1.1万人，使全市农业普查“两员”基本达到了合格持证上岗；四是做好农业普查现场登记、普查表审核及资料开发利用等工作。

2. 有效落实好“服务年”活动。按照省局的工作部署和要求，制定了实施方案，以全面提升统计服务水平为龙头，抓住“服务、质量、民生、和谐、队伍”这条工作主线，真实、及时反映社会经济发展的实际和进程，为我市“奋斗三年，总量翻番”服务，为建设和谐吉林市服务，完成了《发展成就显著经济增长提速助推总量翻番》等重点研究课题。

3. 扎实做好“发展杯”组织协调工作。一是完成了全市民营经济抽样调查工作，为“发展杯”竞赛和全省民营经济腾飞计划实施工作提供准确完整的统计数据；二是完成了2006年全市“发展杯”竞赛的全年评比工作，对全市十一个县（市）区七项重点工作比照省调整后的打分方法，对完成情况和贡献率分别打分和评比，并将结果上报市政府常务会讨论；三是完成2007年全市“发展杯”竞赛的组织协调工作，承担了《方案》的起草工作，征求了7个考核领导小组成员单位的意见，确定了切实可行的考核评比方案，完成了此方案上市政府常务会讨论的《方案》、汇报材料、呈报单等各项准备工作，保证了《方案》顺利通过，并及时下发到各县（市）区；四是按照《全省“发展杯”竞赛考核实施办法》的要求，按季对我市发展杯竞赛活动进展情况进行调度，完成《全市“发展杯”竞赛中七项重点工作总结》，并报省局和市“发展杯”竞赛活动领导小组。

4. 切实加强对“工业提速增效”的宣传及服务工作。一是做好重点111户企业的统计。按照市领导的要求，对重点111户企业的数据定期提供给市政府主要领导及相关部门，这项工作得到了副市长朱天舒的表扬（统计局能按市政府的统一安排，第一时间提供了我们重点工业企业的数据，为我们抓好重点企业工作提供了保障）；二是做好30户重点企业排位统计。按照市领导的要求，对重点30户企业的数据定期提供给市政府主要领导及相关部门，这张排位表得到主管市长的好评；三是坚持下县（市）区基层企业搞调研，全年分三个时段，共走访47户企业，填报新增企业审批表近100户；四是认真做好宣传报道工作。全年发表有关“工业提速增效”的报道文章22篇次，其中电视台采用12篇、电台6篇、市政府信息处4篇。

5. 积极开展统计调查工作。一是按照省委和市委要求，开展了《春节期间农民最关心的问题》问卷调查；二是根据市领导的指示，开展了《农村劳动力就业与转移情况》、《完善我市农村新型合作医疗制度》两项问卷调查；三是按照国家局和省局的要求，开展了规模以上工业企业的创新调查和成本调查。工业企业成本费用调查，将解决各地计算工业增加值和工业增加值率，为今后各地工业增加值及其增长速度下算一级打好基础，此项调查工作我们还在全省做了经验介绍。创新调查是全国第一次大规模地调查，涉及面广、指标多，目前已在我地区533户年报口径的工业企业中进行；四是开展了第三产业增加值调查，这项调查涉及综合单位近50个。通过调查，不但为计算我市的GDP提供了翔实的基础资料，也为考核全市第三产业计划完成情况提供了依据；五是开展了“黄金周”调查。

三、适应社会经济发展需要，推动统计制度方法改革

1. 建立了投资项目“123”工程项目信息库，加大对投资项目调度监测督查力度。“123”工程是指在全市筛选确定一批重点工业项目，按照三个层面梯次推进，滚动发展，即每年竣工投产项目100项，新开工及在建并结转下年的项目200项，开展前期工作的项目300项。一是成立投资项目检查组，对我地区所辖的固定资产投资新开工及重点项目进行全面清查；二是把好上报审核关，特别是对重点行业，高耗能、高污染等项目进行了严格审核，发现问题立即核对修改，有问题的坚决删除，保证了数据的可靠性。在今年6月份国家发改委来我市检查投资项目，没有一个是属于高耗能、高污染等国家严控项目，得到了省局及有关部门的好评；三是采取了分期拍照、入库管理的措施，建立了投资项目形象进度档案库，开展项目开工、施工、竣工跟踪一条龙式的工作管理模式，先后组织四次对各县（市）区的新开工项目进行实地查看，并进行拍照存档，避免了投资项目重复上报的问题。为加强投资统计项目管理工作，起到了积极的推动作用。

2. 完善了贸易统计联席会议制度。一是设立了全市贸易统计联席会议小组，成员包括统计局、发改委、商务局、粮食局、旅游局、工商局、供销社等单位。联席会议每年召开三次，时间分别为4月、7月和10月；二是实行了数字联审，加强定期分析、比对贸易专业各类数据、查验各项指标时序差距等工作。对外经、外贸、旅游、消费品市场发展状况等部门提供的基础数据进行会商、确认。及时了解和掌握贸易统计工作发展动态；三是明确了贸易统计范围及口径，主要包括旅游收入、旅游人数、消费品零售额、外贸进出口总额、商业民营收入、重点龙头企业销售额等；四是建立了贸易统计预警监测制度，监测的范围包括“五·一”、“十·一”、“春节”三大黄金周各大商场、宾馆和重点旅游景点的销售收入，平时重点贸易企业、各大农贸市场和旅游景点的门票销售收入，对生猪市场、农贸市场粮油的价格监测。对市场出现的异常波动及时预警，充分掌握第一手基础资料，为领导决策及时提供科学依据。

3. 探索了劳资统计方法改革。一是完善了劳动力抽样调查方法，全年开展了两次劳动力抽样调查及人口年变调查，为全面掌握我市从业人员增减变动和劳动报酬等方面的统计工作奠定基础；二是开展私营企业劳动统计抽样调查工作。建立了私营企业劳动统计抽样调查单位字典库，确定了380个限上私营企业和92个限下私营企业单位为调查对象，扩大了劳动统计范围，增加了私营企业从业人员和劳动报酬情况调查，通过调查，为进一步加强劳动统计工作，及时掌握我市全部单位从业人员和劳动报酬情况，奠定了基础。

4. 创新了妇女儿童发展规划统计监测评估方法。完善和补充了统计监测指标内容，建立了妇女儿童监测统计数据库，为推进我市妇女儿童事业的发展，完善监测统计工作，服务各级政府、服务社会创造了先决条件。

四、加强统计基础工作建设，努力提高统计数据质量

1. 开展了县级数据质量管理检查考核工作。一是按照《吉林省县级统计数据质量管理办法》，召开了县（市）区统计局局长及法制工作人员参加的工作会议，对今年县级统计数据质量达标工作提出了具体要求和工作部署；二是对申报“AA”的永吉、丰满、昌邑、龙潭和桦甸五个县（市）区进行了全面检查，并向省推荐了永吉、丰满、昌邑区统计局为晋级单位；三是配合省局检查组对这三个单位进行了复检验收，对蛟河市统计局晋级“AAA”单位组织各专业进行了指导。

2. 组织开展了统计人员从业资格认定和继续教育工作。一是对县（市）区的从业资格认定和继续教育工作进行部署；二是组织市直报企事业单位统计人员的报名和培训工作。全市共培训统计人员2100余人。通过培训，进一步提高了统计人员的业务能力和分析写作方面知识水平。

3. 加强统计执法检查，开展对全市统计执法检查员的业务培训工作。一是按照国家和省局的工作部署，对全市统计执法人员进行了统计法律法规知识、统计执法检查程序、统计法律文书使用和案件处罚程序等业务知识的培训，颁发了由国家统计局制发的《统计执法检查证》，对稳定全市统计执法检查员队伍和进一步提高统计执法人员的执法能力和水平起到了一定作用；二是加大执法检查力度，全年共检查了1178户（个）机关及企事业单位，立案并查处违法违纪案件54起，通

报46起。

五、坚持以人为本思想，加强干部队伍建设

1. 以制度为先导，提高办公、办事效率。一是结合垂直管理实际，为加强机关行政事务管理，编印下发了《吉林市统计局行政管理工作手册》，受到了县（市）区的好评；二是为加强政务信息工作，提高政务信息质量，制定了《吉林市统计政务信息管理办法》。今年，我局的政务信息的工作做的比较好，其数量和采用率均在全省名列前茅，并在全省办公室主任会议上做了经验介绍。

2. 以活动为载体，加强干部的思想道德建设。一是开展了"创建'三型'处室，构建和谐机关"活动；二是开展了"推进总量翻番、奋力率先发展"主题研讨活动；三是开展了向陈淳同志学习的活动；四是开展了《贯彻中共中央纪委关于严格禁止利用职务上的便利谋取不正当利益》的学习教育活动；五是组织参加了市直机关运动会；六是组织了吉林地区统计系统乒乓球比赛。通过开展这些寓教于乐的活动，促进了机关良好风气的形成，明确了工作任务和目标，增强了为地方经济发展服务的自觉性，树立了公仆和责任意识，提高了广大干部的思想道德水平。

3. 以机关业校为平台，营造学习创新氛围。一是组织机关干部收看《论语》、《庄子》心得讲座；二是举办了统计执法程序培训班；三是举办了保密知识讲座；四是举办了写作知识讲座；五是举办了女性心理能量提升讲座；六是举办了专业知识讲座；七是举办了人事工资业务班。通过举办形式多样、内容丰富的培训班（讲座），不仅使广大干部净化了心灵，学习到了新知识新理论，同时，在机关也营造了比学赶帮的良好氛围。

【审　　计】　2007年我市审计工作在市委、市政府和省审计厅的正确领导下，认真贯彻落实党的十六届六中、七中全会、市委全会和全省审计工作会议精神，坚持审计工作"二十字"方针，紧紧围绕市委、市政府"总量翻番"这一主题，认真履行审计监督职责，在提高依法审计能力、服务地方经济发展等方面取得了一定的突破。全年共完成审计项目72户（项），审计查出违规和管理不规范金额131340万元；审计处理后，上缴财政1061万元，审减工程造价3238万元，归还原渠道资金1305万元，调账处理1908万元；向市综合治税办公室提供被审计单位涉嫌欠缴税、费信息988万元；提交审计信息和综合报告152篇，被市委、市政府、上级审计机关和有关新闻媒体采纳90篇，审计为财政增收创历史最好水平。

一、认真履行审计监督职责，各分项审计工作再创佳绩

1. 创新审计工作方式，预算执行审计得到深化。2007年，我局从以下三个方面入手，着力深化预算执行审计工作：一是在审计范围的选择上，体现"突出重点"。将行政执法、公安、房产等重点执收执罚部门以及社保、再就业等关系民生的专项资金作为审计监督的重点，侧重对非税收入和投资等领导关心、群众关注的热点、难点问题进行审计；二是在审计组织方式上，体现"一花多果"。将经济责任审计、非税收入审计、财务收支审计、固定资产投资审计与预算执行审计有机结合起来，打破处室界限，全方位整合审计力量，实现全地区审计"一盘棋"；三是在审计结果的转化上，彰显"审计影响"。将审计发现的问题通过审计专报、审计信息等形式综合加以反映，加强对审计结果的跟踪检查，扩大审计影响，确保审计效果。

通过创新审计工作方式，预算执行审计工作取得明显成效。市政府常务会审议审计工作报告时，张晓霈市长亲自作出指示，要求审计机关将涉及私设"小金库"等违规性质较为严重的单位清单报给政府后，他要亲自找这些单位的一把手谈话，提高认识，查错整改，并指出审计工作要起到规范和预防的重要作用，一定要在"钱"这个源头上严把关、把好关。有关部门也在积极采取措施，整改审计查出的各类问题。如针对各单位往来资金管理较为松散、部分单位的财政性资金借出后脱离监管等问题，财政部门接受审计建议，制定出台了《关于市直行政事业单位自管资金统一纳入财政专户管理的通知》，将保证金、抵押金、预收款、房屋维修金、学生服装款、教材款等各单位自行管理的各类资金和暂存款统一纳入财政专户管理。近期，市财政局已将游离于财政监督的2个多亿元的行政事业单位自管资金纳入了财政专户管理，增加了财政资金调度能力，规避了挤占挪用的风险，减少了违法违规问题的发生。

2. 加强权力监督制约，经济责任审计力度得到加大。受市委组织部的委托，2007年我局共安排领导干部经济责任审计25项，审计力度超过历年。对审计查出的领导干部应负有管理责任和直接责任的2862万元违规问题依法进行了处理。此外，还抽调人员配合省厅对吉林市商业银行行长毕国军、通化市、白山市、双阳市党政负责人开展任期经济责任审计。有关市本级经济责任审计的结果我局将于2008年初汇总形成综合报告上报市经济责任审计工作领导小组。

3. 提高财政资金使用效果，固定资产投资审计得到加强。在以往开展工程决算审计单一业务的基础上，2007年的投资审计工作呈现出在建项目跟踪审计与竣工项目基建财务审计齐头并进、省厅授权项目与本级自定项目实现双赢的良好局面。一方面，按照年初计划的安排，对我市传染病医院改扩建工程等4个项目的基建财务实施审计，重点审查了建设项目的价款结算、资金管理、税费缴纳等情况，以节约政府投资，促进整顿和规范建设市场秩序；另一方面，在整合局内现有投资审计资源的基础上，借助市财政投资评审中心的力量，对省厅授权的吉林绕城公路等3条投资额超5亿元的在建道路项目实施跟踪审计，审计查出违规分包、多计设计变更、漏缴税费等问题，审计核减工程造价3238万元。审计结果上报市政府后，李晋修常务副市长作出了"公路建设项目的审计很必要，

请交通及有关部门要引起足够的重视，做好审计后整改和制度建设”的批示。

4.服务地域经济发展，授权审计成果喜人。在做好市本级审计项目的基础上，为更好地服务地方经济发展，锻炼审计干部队伍，2007年，我局通过独立完成授权项目和积极参与委托项目等多种形式，把审计工作精力更多的投入到对中省直驻吉单位的审计上。去年的授权审计工作呈现出以下三个特点：一是数量多。包括审计署委托和省审计厅授权项目在内，达十余项，参与上级审计机关审计项目的数量超过历年；二是地域广。对工商系统、地税系统、社保专项资金和网通公司的审计除涵盖市本级各单位、各项资金外，审计工作的覆盖面还延伸到了县（市）的各基层单位，审计工作量大；三是效果好。通过审计，不仅出色地完成了上级审计机关交办的各项任务，而且通过查错纠弊，进一步规范了经济秩序，理顺了中省直驻吉单位、上级审计机关与我市政府的工作关系，增加了财政收入，服务了地方经济发展。

此外，我局还围绕政府中心工作，较好地完成了撤并学校资产清查、社会中介机构专项检查、包保扶贫、精神文明创建等党委、政府交办的各项工作任务。

二、全力打造文明审计机关，“人法技”建设取得新突破

1.多措并举，审计队伍建设得到了加强。一是以开展管理工作检查为契机，促进加强自身建设。年初，在开展市本级管理工作自查的基础上，局抽调人员对9个县（市）区审计局2000年以来机关预算执行及财务管理情况、廉政建设情况、审计质量和执法情况进行了专项检查，借以不断提高自身建设和管理水平；二是以开展多种活动为载体，促进提高全员素质。一年来，局从全方位、多角度入手，努力提高干部素质和队伍的整体战斗力、凝聚力。请市发改委、市法制办、市委党校的领导和教授来我局授课，进行学习交流；带领干部参观被誉为“中国水电摇篮”的丰满发电厂，接受科普和爱国主义教育；组织干部体检，关爱职工身体健康；举办了以“审计人眼中的世界”为主题的摄影展，丰富干部文化生活；召开民主生活会，广泛听取干部建议和意见；以内审协会和审计学会为载体，加强审计学术交流和沟通；积极参加市直机关运动会和省厅篮球、乒乓球赛，取得佳绩，展示吉林地区审计系统人员良好的精神风貌。

2.依法审计，审计法制建设取得明显成效。一是开展审计前公告制度。将审计事项、时间、审计组成员名单、办公地点、举报电话等在被审计单位办公场所显著位置公告5天，增强审计工作透明度，提高人民群众对审计工作的参与热情；二是修订和完善了《审计成果转化考核办法》、《优秀审计项目评选办法》、《便携式计算机管理办法》三项考核管理制度，进一步加强了机关内控制度建设；三是推出了两项服务我市经济发展的新举措，包括《审计对象免审制度》，即对内控制度健全、财务管理出色的单位在三年内给予免审，为企业和被审计单位提供良好、宽松的经济发展环境；还有就是《审计为财政增收考核办法》，将堵塞财政收入“跑冒滴漏”作为强化审计监督的重要职责，以优化组合的项目审计组为单位，充分调动审计干部为财政增收的积极性。通过全局上下的共同努力，审计法制建设结出丰硕成果。我局连续6年被市政府评为依法行政先进单位；《吉林市审计局关于国道同三支线吉林绕城公路兰旗至江密峰段建设项目的审计》，被吉林省审计厅评为2007年度全省优秀审计项目一等奖，是自该项评比开展两年来我局首次获此殊荣。

3.乘势而上，审计信息化建设步伐加快。抓住省厅金审工程建设这一有利契机，2007年6月份，我市“金审工程”建设项目经市发改委批准立项，财政预算首批拨款50万元，建设期为2007年至2012年。以省厅1托N平台为依托，全地区审计信息系统建设全面启动，实现了与省内各级审计机关的互联互通。在农行、地税、社保、住房公积金等审计项目中，审计人员也在积极尝试运用现场审计实施系统等计算机辅助审计软件进行数据采集和转换，提高了审计工作能力与效率。我局王雁鸣、庞子涛两位同志参加了全国审计机关计算机审计专家经验的征集工作，成为全省上报审计署三个案例之一。

【技术监督】 ——产品质量和食品安全专项整治

1.落实组织领导和工作措施。

国家、省部署产品质量和食品安全专项整治工作后，吉林市质量技术监督局高度重视，立即研究制定了局《产品质量专项整治工作实施方案》和《全市质监系统产品质量和食品安全专项整治行动实施意见》，对专项整治行动的重点、目标、措施、宣传作出了周密部署和责任落实。局成立了由局长任组长，分管领导任副组长，相关处室负责人为成员的专项整治领导小组，负责全系统专项整治行动的工作部署、信息传递、联络协调工作。在专项整治行动方案中明确了磐石市烟筒山镇无证生产脱粒机等两市一县、四镇一乡、五个产品实施重点区域重点产品的整治工作。

2.全面开展生产加工食品专项整治工作。

（1）调查摸底，全面掌握食品生产加工企业和小作坊的底数。

为完成这次专项整治工作任务，全面掌握食品生产加工企业和小作坊的底数，局克服了人手少、工作量大等困难，在前期调查摸底的基础上，举全局之力，将五县六区的监管人员分片包干，按区域进行拉网式的再调查、再摸底。截止到2007年11月底，全市共有食品生产加工企业及生产单位或个人共计1004户，应获证企业507户已全部获得食品生产许可证，使我市食品生产加工企业获证率达到100%，获证企业的产品全部加贴QS标志。现我市共确认允许存在的食品生产加工小作坊497户，已全部签订了食品生产加工小作坊质量安全承诺书，完成了国家质检总局关于食品生产加工小作坊质量安全承诺书签订率100%的目标。在此基础上，建立食品生产加

工企业质量档案507户，食品生产加工小作坊信息档案497户，建档率达到100%。

（2）明确责任，狠抓食品安全区域监管责任制的落实。

市质监局坚持对食品安全实行区域监管，制定了《吉林市质量技术监督系统产品质量区域监管责任制度》。从食品安全监管基础工作的落实抓起，特别是狠抓以"三员四定"、"三进四图"、"两书一报告"为主要内容的基础工作的落实。目前，全市共划分食品安全监管责任区48个，设专职监督员87人，聘请政府协管员668人和社会信息员842人。认真落实"企业负首责，一把手负全责，政府负总责"的指导思想，与各级政府及责任区签订质量安全责任状108份，坚持对各自辖区内的获证企业实施巡查、回访、年审、定期检验和监督抽查，保障食品质量安全。

（3）建立机制，对食品生产加工企业和小作坊实施有效监管。

为了保证这次食品安全整治工作的顺利进行，市质监局根据国家质检总局《关于进一步加强食品生产加工小作坊监管工作的意见》，查阅了大量相关文件，制定了《吉林市食品生产加工小作坊基本质量安全卫生条件的规定》。这个规定的发布实施，使我市小作坊界定工作得以顺利进行，为全市食品生产加工小作坊的专项整治和监管工作奠定了基础，保证了这次专项整治工作的顺利开展。

3.较好完成了10类产品专项整治工作任务。

市质监局集中力量对全地区10类产品生产企业进行了拉网式的检查，对低压电器等10种产品开展监督抽查，合格率达到100%，对55户已获证企业生产条件是否符合发证要求，所使用原辅料是否符合相关规定及是否存在制假售假违法行为加强了监督检查，没有发现已获证企业发生违法行为。对所有已取得生产许可证或3C认证的生产企业逐户登记，建立质量档案，建档率达到100%。

在这次产品质量和食品安全专项整治工作中，质监系统非常圆满地完成了国务院要求达到的4个100%的工作目标。市质监局对小作坊标准的界定、吉林市政府、桦甸市政府出资购买公益岗位和食品生产加工企业监管网络的建立等方面的工作，受到前来检查验收工作的国家质检总局支树平副局长的高度评价，桦甸市政府代表全国县级政府在全国专项整治现场会上所做的典型发言，受到了吴仪副总理的高度赞扬。

——特种设备。

为保证第六届亚冬会顺利召开，赛会前，为使特种设备能够运行安全，市质监局成立了检查组，10余次对赛会指定的宾馆、医院及北大湖滑雪设施进行检查，解决存在的不安全因素。赛会期间，市质监局组成了突发事故应急组织机构，全天候在赛场待命。由于市质监局出色的特种设备安全保障工作，被亚冬会组委会记集体三等功。

为保证对特种设备安装的质量，把好特种设备安全的第一关，市质监局在全市开展了对特种设备安装单位资质的质保体系、安装质量及设备、人员情况进行了全面的专项检查，对资质超期、安装质量及设备达不到要求、人员没有资质等情况给予取缔安装资格等，从根源上坚决把住特种设备安全的关口。全面落实监管责任和监管措施，对特种设备实行动态监管，建立适合我市实际情况的监管体制。2007年，在我市全面开展以"三图、一表、一证"的绘制工作，通过调查摸底、检验治理、隐患排查和专项整治，认真绘制了"三图"，通过"三图"，更直观地了解到特种设备的分布情况、重大危险源和重大隐患区域情况，并在全市已建立了一支拥有134人的协管员队伍，建立起一套纵横交错的管理网络。特种设备安全监察管理软件已运行三年，为真正达到对特种设备的动态管理和信息化管理工作，实现全省检验软件的接轨，按照省质监局的要求，市质监局对监察软件进行了检查、清理和验收工作。经过半年的努力，圆满地完成了数据库的检查、清理工作，顺利通过省局验收，为真正实现特种设备的动态监管奠定了基础。市质监局积极组织力量，同市公安局、安监局三部门联合对流动式起重机大吨小标、无证使用和超期不检等违法行为进行专项整治，有效地解决了流动式起重机管理的老大难问题。市质监局对厂内机动车进行检查检验，解决了多年来底数不清、套牌、一牌多用等管理混乱的局面，市质监局还按照国家的部署，对承压罐车充装站、冶金起重机和锅炉进行了专项整治。

——质量监督。

2007年，按照省局计划，对全地区1858户企业生产的2150个批次的产品开展了定期监督检查，合格2036个批次，不合格114个批次，抽检总体合格率为94.7%，比去年上升2.1个百分点。总体看，产品质量总体水平稳中有升，食品、农机配件、化肥、建材产品质量状况与历年相比，产品质量稳步提升。

——标准化工作。

一年来，为我市经济发展的需要，市质监局帮助吉林市政府供热管理部门和卫生环保部门起草、审查、制定了《城市供热服务质量要求》地方标准、《流散物体运输车辆全密闭装置通用技术》标准，为吉林市东福实业有限公司冷链系统标准化争取项目经费205万元，考查、推荐了两个省级标准化农产品批发市场，为吉林市国民经济重点行业20户企业31个产品制定了标准。市质监局还为3个企业生产的3个产品申报了国家标准成果，帮助吉林市凯恩思生物工程有限公司生产的《玉米肽》产品打入了国际市场，为吉林市华虹电子有限公司等3户企业的12个产品办理了采标证书。

——计量工作。

按照上级的部署，市质监局完成了7户重点耗能企业的量化评价工作。通过开展企业节能达标量化评价工作，促进了企业开展能源消耗的量化，实现能源消耗"数出一家、量出一门"，提高了企业能源利用效率。吉林市吉恩镍业股份有限公司通过开展"抓计量保节能"活动，实行指标量化管理，注重抓好节能，在用水计量上，企业总耗能量同比上年降低了17.6%。市华微电子股份有限公司高度重视能源计量工作，成立了设备能源部，建立了三级计量管理体系，找出了能源消耗问题的所在，有效地降低了能耗。

市质监局对企业计量标准复查考核达到100%，对全市计量器具生产企业的定期抽样检测合格率达到100%，完成了地区强检计量器具数据库的更新工作，强检计量器具的受检率和建档率达到90%以上。对百姓关心的出租车计价器、餐饮店、集贸市场、眼镜配制及民用液化气净含量计量等进行监督检查，保证了百姓的合法权益。

——名牌战略和质量管理。

我市名牌战略工作近年来得到了长足的发展，2007年，市质监局进一步加大了实践名牌战略的工作力度，以《吉林市"十一五"期间名牌战略实施意见》为指导，鼓励企业抓住质量这个根本，以质量求生存，靠质量求发展的理念，提升质量意识，进而提高企业争创名牌产品的积极性。2007年，在原有的2个中国名牌产品的基础上，又争创了3个中国名牌产品，使我市中国名牌产品的数量达到5个。

继续深入贯彻实施《吉林市质量兴市活动方案》。广泛开展"质量兴市、质量兴业和质量兴企"活动，提高全民的质量意识，促进全市经济的快速发展。通过市质监局不断加大工作力度，加大提高质量意义的宣传，全市4市1县政府已全部制定印发了《质量兴县（市）活动实施方案》，确定靠质量发展的工作目标。全市533户规模以上企业中已有450户企业通过质量管理体系认证，占规模企业的84.4%，企业的管理水平得到了明显的提高。

市质监局在宣传贯彻《地理标志产品保护规定》的同时，积极帮助3户企业使用地理标志产品专用标志，经市质监局的努力，1户企业申报使用成功。

（姜延年）

【药品监督】 2007年吉林市食品药品监督管理局坚持以科学发展观统领食品药品监管工作全局，积极树立和实践科学监管理念，不断探索食品药品监管工作的新思路、新举措，大力提升科学监管的能力和水平，为全市公众饮食用药安全提供了有效保障。获得全省系统工作目标管理考评综合成绩第一名，全市政行风测评第一名，被评为全系统先进集体受到国家局和人事部的联合表彰，得到市政府的通报嘉奖。

——食品安全综合监管。食品安全综合监管能力全面提升，责任体系和应急体系进一步完善；专项整治工作成效显著，市场秩序明显好转；食品安全文化建设扎实推进，全民食品安全意识不断增强；农村食品安全工作深入开展，国家局首批农村食品安全示范县经验交流现场会在磐石召开，磐石市被国家局确定全国首批农村食品安全示范县。

深入推进食品质量专项整治工作，根据国务院产品质量和食品安全专项整治工作会议的统一部署，市政府成立了吉林市产品质量和食品专项整治领导小组，统一整治工作的任务和目标，12个100%整治目标得以提前实现。市食安委履行督查督办职责，推进了各阶段的整治工作任务落实。2007年，全市共出动执法人员70565人次，检查食品生产经营企业、业户等68545户次，取缔各类无证（照）企业842户，捣毁制假售假窝点43个，查办各类制假售假等违法违规案1036件，查获假冒伪劣食品148833公斤，涉案金额380余万元。

——药品市场监管。全面推进药品监管模式创新，积极树立和实践科学监管理念，先后进行了生产企业非现场监管、医疗机构药房规范化管理、集中打击违法广告药品、实行案件质量分析、建立执法人员档案、创办《药检快报》等十项创新，很多工作得到省局和国家局的认可和好评，其中生产企业非现场监管工作得到国家局的高度评价，医疗机构药房规范化管理工作得到省局认可，并在我市召开了现场会。

深入推进整顿和规范药品医疗器械市场专项行动，先后开展了假劣"人血白蛋白"、处方药销售、"曲马多"整治、药品市场集中整治、医疗机构配制制剂专项检查、特殊药品专项检查、药品委托加工检验专项检查、清理靠挂经营和医疗器械专项整治等九项整治行动，加大了对假冒伪劣药品和医疗器械的打击力度，今年查处各类违法违规案件2412件，监管力度创历史新高。

——GMP和GSP认证检查。充分发挥属地监管优势，强化市县两级药品监管部门日常监管责任，努力做到监管关口前移，监管重心下移，与各县（市）区局（分局）签订了日常监管责任书，进一步落实监管责任，积极开展日常监管工作，核查药品批准文号1558个，完成了17户生产企业GMP跟踪检查，39户批发企业和283户零售企业GSP跟踪复检，40户医疗器械生产企业质量体系考核，向8户注射液生产企业派驻了监督员，认真开展细贵中药材监投工作，及时消除了药品安全隐患，保证了全市人民群众的用药安全。

——特殊药品和不良反应监测。进一步规范特药经营行为，严格各环节审核审查，实行了特药购置签字备案制度，继续落实特药月巡查制度和网络监管措施，有效防止了流弊事件的发生。积极开展药品不良反应监测工作，全年组织上报药品不良反应病例1617例，医疗器械不良反应13件。

——农村药品"两网"建设。不断深化农村"两网"建设，大力推广蛟河市农村药品"两网"建设经验，加强药品监督网和供应网建设，全市确立药品配送企业20户，对乡村各类药品经营企业和医疗机构配送率达到了99.1%，有效保证了农民群众的用药安全。

——药品检验。全年计划完成检体1728批，全检946批，全检率54.7%，不合格检体333批，不合格率为19.3%，其中化学药品423批，不合格32批；抗生素359批，不合格23批；中成药447批，不合格15批；中药材499批，不合格263批。检出了假复方甘草片、阿司咪唑片、复方氨酚烷片、罗红霉素胶囊、头孢氨苄片、地奥心血康胶囊、复方丹参片、骨碎补、酸枣仁、五加皮、山豆根、青果、防己等一批假药,在"人血白蛋白"专项检查中,利用药品检测车的快速检验系统筛查出可疑"人血白蛋白"9批,其中8批全部为假药,为打击制售假劣药品提供了有效的技术支撑。

【城市执法】 2007年是全市的"城市管理年",按照市委、市政府"奋斗三年,总量翻番"的要求,针对城市环境建设、城市管理的突出问题和薄弱环节,以"和谐、洁美、有序"为目标,全力组织实施了"城市管理年"的六大工程、八项重点和四十二项具体整治任务。各区政府、相关部门、各执法单位高度重视城管工作,全力开展依法行政,集中力量对市容市貌进行综合整治,圆满地完成了露天占道市场整治、建筑垃圾管理、违法建筑拆除、违章废品收购站清理、牌匾广告治理等重点整治任务;同时,队伍建设稳步推进,队员素质明显提升,形成了依法行政,严格执法,和谐执法的良好局面,涌现出一大批先进单位和先进个人,为城市管理努力拼搏,谱写出很多动人的先进事迹,为我市的经济和社会发展创造了良好的市容环境。

一、市容市貌管理进一步加强

一是在全市城管系统全面推行责任制管理新体系,逐步实施以制度约束人,以制度规范人的新机制。管理机制规范化、长效化进一步显现。二是对全市占道摊点实施规范管理,改变了以往对占道经营行为一味"穷追猛打"的被动管理局面,变"堵"为"疏"。制定了《吉林市便民占道经营摊点规范管理办法》,将全市100条主要街路和巷道小区划分为禁设区、限设区和规范区,并为限设区和规范区的每位业户印发了《经营设置指南》手册和经营许可证。对主城区的105个自行车修理亭进行了统一规范管理。三是针对全市露天烧烤等污染环境严重的情况,对露天炭类烧烤及落地灯箱进行每月三次专项集中整治。收缴串炉500余个,落地灯箱2527个。四是对占道修车、洗车进行专项整治。取缔了北京路、中兴街等45条街路的占道修车、洗车站点。对占道修车、洗车较为严重的光华路、和平路、北大街、哈达湾街、恒山东路五条街路进行规范整治。

二、露天占道市场治理进一步规范

以"规范为主、强化整治,逐步实现退路进厅"为目标,集中开展了露天占道市场的专项整治行动,全市露天占道市场较以前有了较大的改观。一是完成了全市露天占道市场"管理岗亭"的设置工作,对露天占道市场实行"准入制度",实行了"一筐一袋一扫帚"的"三个一"试点工作。对露天占道市场开办单位领导及市场管理人员、市场监管人员进行了培训,并对市场管理人员实行了统一挂牌管理。二是市、区各级监管单位在加强监管的同时,狠抓教育和引导,开办单位配合管理意识增强。通过印制"经营手册"、"画线管理"等措施促进市场管理规范化。三是对20个市场的端点和范围施划了近40条城管线,减少了探头问题。在全市27个露天占道市场及5个重点区域设置33处监控点,对露天占道市场及重点管理部位进行全程、全时监控,提高了管理效能,同时,加强了城市出入口的监管,杜绝了新的占道市场产生。五是采取疏堵结合的方式,对具备退路进厅条件的小白房市场、顺城街市场进行了清理取缔,实现了退路进厅。

三、建筑垃圾专项治理取得历史性突破

组建专门的渣土管理机构,并首先从严格源头治理入手,对建筑工地及一些重点路段的建筑垃圾排放、运输、受纳实施了跟踪管理。其次是严格运输管理,采取市场化运作方式,完成了对全市散流体运输车辆的密闭改装。同时,采取城管、交警、巡警联动查处的方式,查扣违章运输散流体车辆。三是严格受纳管理,对需要回填的工地作出全年调剂计划,完成了七处建筑垃圾调剂工作,确保了上述工程如期顺利开工。四是组织市、区城管执法部门对全市主街路两侧新发现的、历史形成的455处,约4628立方米建筑垃圾进行了集中清运,各区政府组织城建、街道等社会力量清理小区内产生和多年存留的垃圾数万吨,各职能部门加强施工工地建筑垃圾的规范管理,使我市的建筑垃圾管理实现了新的突破;此外,全面加强了灰渣管理,与产生灰渣的企业签订了排放管理协议,对灰渣的运输排放实施全过程监管取得了明显效果。

四、牌匾广告整治及规范工作进一步加强

全市的牌匾广告整治工作力度空前,市、区城管执法部门按照规划标准,严格牌匾广告的管理,对高速公路引线、珲春街、北京路、越山路等主要街路两侧的1359块路牌式广告、墙体广告(含门口两侧宣传画)进行了整治和拆除,同时对100条主街路两侧的"野广告"进行了及时清理。全年全市共整治、拆除了吉林大街、解放大路、北京路等25条主次街路的牌匾广告6124块,其中整改牌匾727处,取缔非标准样式小型路牌及落地灯箱2527个。

五、违法建筑和超期临时建筑治理力度大,成效明显

一是配合重点棚户区改造、国有储备地项目、市政府重点工程及工业集中区项目,对用地范围内的违法建筑和行政裁决房屋进行依法拆除。共拆除违法建筑3922处、行政裁决房屋78处。二是开展了主要街路及居民小区违建整治工作,共拆除93条街路557处违法建筑和棚亭厦,拆除25个弃管小区、67栋弃管楼的各类违法建筑及棚亭厦273处。三是对全市露天占道市场内的3020处越冬棚亭厦及私自搭建的58个棚亭进行了依法拆除。拆除占压地下管线及存在极大的安全隐患的各类建筑物及棚厦50处。认真处理了涉及违法建筑的重点信访案件。全年受理的涉及违法建筑的92件案件全部办结。

2007年违法建筑的拆除量是上年的两倍多,再创我市行政执法拆除违建的新纪录,由于工作细致,在多次大型强拆行动中,没有出现大的暴力抗法事件,没有引发群访、集体访和越级访，确保了社会的稳定，保证了经开区、龙潭区等城市工业项目和重点工程项目的如期建设。

人事·劳动保障

【人事管理】　2007年，市人事局认真贯彻落实科学发展观，围绕中心，开拓创新，扎实工作，基本实现了重点工作有突破，难点工作有创新，常规工作有发展，在为总量翻番提供人才智力支撑和机构编制保障方面做出了新贡献。

——**事业单位人事制度改革工作取得重大进展**。一年来，市事改办先后召开50多次会议，研究有关问题，共提出29条政策性意见；先后召开了13次事改工作调度会；两次以市事改办文件下发了开展全市事业单位人事制度改革工作检查和检查验收的通知；3次对改革进展缓慢的市直部门单位和县（市）区进行检查、集中抽查和督查；6次深入教育、卫生两个系统进行调研督导。由于不断加强政策完善和指导，加大检查督促力度，改革取得了明显成效：一是转换了事业单位的用人机制。确立了岗位管理制度。对全市参改事业单位人员实行了管理岗位、专业技术岗位和工勤岗位分类管理。推行了聘用制度。各县（市）区的改革工作进展也比较顺利。

二是促进了事业单位人员选用的公平合理。实行了竞争上岗制度。全市参改事业单位实行了竞争上岗制度。建立了公开招聘制度。研究制定了实施意见和实施方案。15个部门35个事业单位116个岗位实施了首次公开招聘，101人选拔到事业单位工作，建立起了新的选人机制。三是建立了事业单位的分配激励机制。为128家单位1804名岗位变动人员重新核定了工资。四是精减了事业单位机构编制。全市共整合撤并事业单位373个，精减编制8112名。

——**人才资源开发工作成果丰硕**。引才工作取得新成果。积极组织相关单位“跑校赶会”，共签订意向性协议840份、就业协议127份。14名高校毕业生签订协议到街道社区、乡镇农村工作。引进国外智力工作有新突破。14项引智项目得到批复。引进外国专家103人。组织出国培训团组5个，培训77人。我市首个国家级引智示范基地——中石油吉化研究院有机硅植物生长调节剂引智示范基地获得批准。人才评价选拔工作有新进展。研究制定了《吉林市农民技术人员职称评定办法（试行）》，为3129名农民技术人员评定了相应职称。启动了全市中小学教师专业技术职务“评聘结合”改革工作，全市91个具备改革条件的单位有307个岗位实施了改革。完成了1983人的中高级专业技术职务评定申报和6.5万余人（次）的人事考试报名、考试工作。继续教育工作有新起色。继续教育工作首次列入市政府常务会议议题。3927人（次）参加继续教育。公共服务业务有新拓展。举办各类人才招聘会、集市日等143次，累计入市单位3780家（次），提供工作岗位4.8万余个，入市人才8.6万余人(次),统计成交或意向成交3.5万余人（次）。人才市场信息服务体系初步形成。毕业生就业指导水平有所提升。人才市场的开放度有所提高。人事代理、人才派遣等业务在不断创新中取得了新突破。服务人才、企业有新举措。编印了收录337名人才的《江城人才精英》一书，在市人事局建立并实施了联系江城人才精英制度。组织开展了“助推企业发展服务月”活动，受到了企业和人才的欢迎和好评。

——**公务员管理进入法制化新阶段**。公务员登记遗留问题较好解决。完成了市财政局、旅游局公务员和全市政府系统符合公务员登记遗留条件的362人登记入轨工作。招录公务员工作圆满完成。完成了2007年县（市、区）、乡（镇）政府机关招录公务员工作，107名优秀人才进入公务员队伍。培训工作经验在全省交流。先后组织开展了公共管理核心知识培训、初任培训等，共培训3353人。我市的公务员培训经验在全省公务员培训工作会议上作了交流。考核奖励工作力度大。以市委、市政府办公厅文件下发了《关于表彰奖励在“奋斗三年，总量翻番”中做出突出贡献公务员的方案》，在奖励的范围、奖金的额度、奖励的规格等方面都有很大的突破。

——**机构编制管理工作明显加强**。党政机构编制在管理中不断规范。归并了煤碳办、金融办等4个行办，分别组建了汽车园区和化工园区。清理撤销了146个非常设机构，占总数的45%。重新核定了市直党政机关领导职数。分配落实了省下达我市的199名行政编制。事业单位机构编制管理工作在调整中不断加强。较好完成了教育、文化等10多个部门近百个事业单位的机构编制、人员结构核定调整工作。稳步推进了水利、兽医、环境保护等行业管理体制改革工作。研究提出了《关于市直事业单位规格的意见》，19个被省编委批准的县级或副县级规格的事业单位的主要领导纳入市委管理范围。检查监督工作在实施中不断强化。开展了近年来上级业务部门对市县两级机构编制管理干预情况的专项清查和县（市）区党政群机关及事业单位机构设置、领导职数核定检查审核工作。完成了2006年市本级362个事业单位年审工作，开展了全市社会福利服务中心法人登记工作。启动了编制人事财政综合管理软件系统建设工作。

——**热点、难点工作协调开展**。军转干部安置解困任务较好完成。较好完成了153名计划分配军转干部培训安置任务。开展了572名自主择业军转干部管理服务工作。先后完成了2006年、2007年两次调整困难企业军转干部解困补贴标准和供热补贴发放工作，涉及发放补贴5200人（次）。进一步落实“五包”责任制，我市企业军转干部进京访、越级访和跨地区串联“三为零”。工资福利和离退休工作有序开展。先后完成了工资制度改革近14万人（次）的工资套改和市直近300家机关、事业单位的津贴补贴审批工作。制定了事业单位工伤（亡）待遇提高办法，为92人确定了伤残等级。人事争议仲裁工作较好开展。信息宣传工作扎实推进；局网站被评为市政府系统先进网站；人事信息管理水平不断提高。

——自身建设常抓不懈。全局干部大力践行“以人为本，快乐工作，构建和谐机关”工作理念，坚持学习，坚持调查研究，坚持强化信访工作，坚持加强作风建设，坚持开展系列主题教育活动，自身建设得到进一步加强。

（李春风）

【劳动保障管理】 2007年全市劳动保障工作认真按照市委、市政府的部署，立足民利，改善民生，全力促进就业再就业、社会保障和协调劳动关系等工作，通过落实包保事关民生重点工作等措施，扎实开展各项工作，全面超额完成了年初确定的各项任务指标，并在省政府2007年度就业和社会保障目标责任制考评当中获得第一名。

就业再就业工作取得了新成效。岗位开发工作得到很好落实。通过建立大项目建设用工岗位调查制度、企业劳动力空岗报告和劳动用工备案制度，就业渠道不断得到拓宽，全年开发城镇就业岗位11.2万个，城镇新增就业人员8.4万人。成功打造了创业促就业工作的“吉林模式”。充分利用各县市区现有工业集中区闲置的厂房和土地，利用低廉的租金和小额贷款等扶持政策，吸引创业者进入创业园区进行创业孵化，催生创业小老板。全市共扶持创业成功项目1243个，建立四类创业园区21个，孵化生成中小企业327户、个体工商业户1万余户，直接带动就业6万余人。我市打造的创业促就业“吉林模式”得到了省劳动保障厅的认可和推广。通过建立帮扶制度，对全市10643名就业困难对象，2241户“零就业”家庭卓有成效地开展了再就业援助活动，使就业困难对象全部实现了再就业，并于5月末在全省率先消除了“零就业”家庭。加强了对公益性岗位的开发和管理。对岗位补贴实行打卡按月发放，按实名制要求对原有公益岗位人员进行了清理，对部分岗位人员通过考试形式进行了公开招聘。组织输出、质量输出、品牌输出成为我市劳务输出工作的新特点，全年输出人数突破60万人，劳务经济收入占农民人均收入的比重逐年提高。强化对失业的调控，实行失业保险、低保和再就业联动的工作机制，到年底，城镇登记失业率控制在3.2%以内，比上年末下降0.21百分点，保持了就业局势的基本稳定。

社会保障体系建设取得了新突破。年末全市基本医疗保险参保人数达141万人，增加110%，其中：城镇职工基本医疗保险人数达62万人，增加16.25%，城镇居民基本医疗保险人数达79万人；工伤保险参保人数达36.9万人，增加3.39%；生育保险参保人数达27.76万人，增加6.8%。为把改革发展的成果及时惠及百姓，经过认真调查研究，并报请市委市政府及时制定出台了《吉林市城镇居民基本医疗保险试行办法》、《吉林市被征地农民基本养老保险试行办法》、《吉林市关于对未参加基本养老保险城镇集体企业退休人员发放生活费的工作方案》、《并轨人员错峰发放失业金的意见》和《非并轨人员发放社会保险补贴的意见》等五项惠民政策。在人力、财力都十分紧张的情况下，通过采取超常规的工作措施，圆满完成了年度工作任务，确保了惠民政策逐一落到实处，有效缓解了社会矛盾。仅市本级通过落实各项惠民政策，就为65.8万人发放补贴1.7亿元，受到了社会各界的一致好评。此外，在社会保障基金监管方面，还取得了很好的成效。2007年，代表吉林省接受了国家审计署和财政部专员办对我市再就业资金的审计工作，检查组对我市的工作给予了充分的肯定，认为我市在全省各地区中再就业资金管理的最好，没有发生违规使用资金问题。

劳动关系工作取得了新进展。加大对劳动合同的监管力度。通过发挥劳动部门整体优势，积极组织开展劳动关系协调工作进社区，全力推行劳动合同制度，企业劳动合同签订率达到了92.6%。通过建立建筑企业诚信档案，实行部门联动打造维权平台，进一步完善投诉举报综合处理制度，有效开展了农民工维权工作。全年收缴农民工工资保证金922万元，追回拖欠工资1910万元，农民工工资当期支付率达到了100%。建立全局大信访机制，强化领导干部接访责任制，推行“三清”首问负责接待制度，有效提高了工作效率，化解了矛盾，去省进京上访比上年同期下降56.1%。劳动争议仲裁工作也取得了长足进展，全年共立案424起，结案率达到97%。

其他各项工作也得到了全面协调发展。低保家庭适龄子女就业培训工作无论在培训标准、培训总量上，还是在资金到位率方面，都在全省居于第一的位置。省劳动保障厅为此专门在我市召开了现场会推广了我们的做法。全年共为523户企业的1789名工伤职工组织了15次劳动能力鉴定。劳动保障法制建设得到进一步加强。全面建立了劳动保障系统依法行政责任制度以及行政应诉和行政复议局领导和部门负责人参加工作制度，切实提高了全局系统的依法行政水平。全年在两级法院、省厅、市法制办的复议和应诉工作中未有败诉案件。完成了“12333”劳动保障电话咨询服务系统建设工作。“金保工程”建设取得了新进展，被劳动保障部授予全国“金保工程”示范城市光荣称号。以“三型”处室创建活动和主题教育活动为载体，全面加强了政行风和软环境建设工作。重点强化了事业单位服务窗口和政务大厅服务窗口的办事公开工作，特别是驻政务大厅服务窗口全面加强了标准化建设，全局政行风和软环境建设水平得到提升，在政行风测评中实现了整体升位，也在全社会树立了劳动保障部门的良好形象。从2005年开始，市劳动保障局连续三年被市直机关工委评为“十佳文明机关”。劳动保障宣传信息工作再上新台阶。在主要媒体开办专版专栏，集中宣传劳动保障的重点工作，引起了社会广泛关注。组织参加省《劳动合同法》和《就业促进法》电视大赛，荣获二等奖，并派选手代表省队参加了全国电视大赛预赛。2007年，市劳动保障局被市委、市政府办公厅评为政务信息工作优秀单位，被省厅评为宣传工作先进单位。

（段 琼）

【社会保障】 2007年，在市委、市政府的正确领导下，圆满地完成各项工作任务。基金征缴再创历史新高,支撑能力大幅提高,确保"两金"发放的目标胜利实现;覆盖面进一步扩大,多渠道参保格局已经形成,维护职工合法权益能力显著增强;基础管理工作进一步规范,管理效能进一步提高;对外服务环境和条件明显改善,服务型机关建设得到提升,行业作风明显好转,社保的社会地位和群众满意率进一步提高。

一、主要指标完成情况

——基金征缴大幅提高,养老、失业双双创历史最高水平。全年征缴养老保险基金16.17亿元,较上年净增4.61亿元,增幅达到40%,创下社保成立以来的新纪录。失业保险基金征缴1.51亿元,较上年净增5613万元,增幅近60%,也创下社保历史新高。清欠指标顺利完成,养老保险当前清欠2509万元,完成106%,失业保险清欠198万元,完成指标100.5%。

——"两金"按时足额发放,确保任务顺利完成。全年为18.93万离退休人员按时足额发放养老金18.78亿元,为1.1万名失业人员按时足额发放失业金1311万元。"两金"发放顺利实现,保障了广大离退休人员和失业人员的基本生活需要,维护了社会稳定。

——基金积累大幅上升,支撑能力显著增强。养老保险当期结余7.25亿元,创单年结余新高,累计结余12.73亿元,较2006年增长1.3倍。基金支撑能力由上年末的4.2个月提高到9.2个月,增长近一倍,彻底扭转了基金发放的被动局面。失业保险基金当期结余1.4亿元,累计结余2.4亿元,支撑能力显著增强。

——扩面、续保持续走高,拉动基金征缴作用显著。全年扩面新增人员1.89万人,新增基金4千多万元。续保全年缴费人数15.1万人,缴纳基金5.64亿元,占基金总额的35%。有效拉动基金增长。全年参保总数达到42.65万人,非公经济组织参保人数32.14万人,实际缴费人数达到41.48万人。

——社会化管理工作进一步加强,人员管理迈上新台阶。退休人员社会化管理率进一步提高,达到98.2%,社区管理率达到89%,退休人员服务得到进一步延伸,制度更加健全,群众文体娱乐活动更加丰富。当年接收退休档案1.45万份,累计接收退休人员档案近4万份,档案管理迈上了新台阶。

——基础建设得到进一步加强,"三化"建设目标顺利实现。档案管理中心建设顺利完成,并通过国家二级标准验收,续保业务大厅改造完成,并投入使用。环境建设得到进一步改善,档案管理、业务大厅、社区管理"三化"建设目标基本实现,为职工和参保群体提供了更加便捷的服务。

二、重点工作情况

(一)千方百计抓征缴,一心一意保发放。

我们牢牢抓住这一中心工作,把全部工作重心和职工思想统一在是否有利于基金征缴,是否有利于确保"两金"发放,是否有利于社会稳定上来,把是否确保"两金"发放作为我们全部工作的出发点和落脚点。

一是增强忧患意识,狠抓思想统一。年初和年中两次召开全体职工大会,把思想统一到征缴工作中来,通过分析现状,进一步提高了职工思想认识,增强了工作的使命感、责任感,通过分析形势,进一步增强了职工的忧患意识,增强了完成工作任务的决心和信心。

二是完善缴费手段,狠抓续保缴费。针对我市解除人员大幅增加的现实情况,今年通过积极宣传社保补贴政策、灵活人员参保政策,完善缴费卡功能等手段,努力提高续保缴费率。从10月起,缴费持续升温,每日续保人员达到1000多人次,日最高征缴基金突破九百万元。虽然不断采取措施进行续保分流、降温,仍然难以阻挡续保热潮。全年续保征缴基金较上年增加12%,累计办理缴费卡6.5万张,缴费1.33亿元。

三是创新工作方法,狠抓扩面参保。一方面充分发挥行政执法功能,深入开展"万户民企进社保"活动,促进基金征缴和扩面工作。全年扩面237户,新增参保人员六千多人,新增收入两千多万元,对拒不缴费和不按时缴费参保单位立案查处11起,处理、处罚7户用人单位。另一方面,强化扩面工作目标管理,人人有指标,个个有任务,全局各处室扩面三千多人,极大促进了扩面工作的开展。

(二)埋头苦干抓建设,凝心聚力搞规范。

今年重点以"三化"建设为龙头,以创新为动力,针对工作存在的薄弱环节,通过制度完善、方法创新,进行了卓有成效的综合治理,管理能力得到整体提升,收到了显著的效果。

一是进一步完善了操作办法,理顺了业务管理关系。出台了被征地农民养老保险操作办法,填补了农民养老保险操作的空白,促进了被征地农民养老保险的开展。

二是进一步完善了基金管理办法,有效堵塞了基金漏洞。稽核审计方面,继续加大基金核查力度,全年核增养老保险基数5118万元,核增基金一千二百多万元,核增失业保险基数2.7亿元,核增基金五百多万元;在基金发放方面,对95名重新就业的失业人员停发失业金,退回多领取失业金6.4万元,全年追回冒领养老金100多万元,有效地避免了基金流失。

三是适应业务发展需要,计算机软件开发完善到位。随着对业务管理精准化、标准化的要求不断提升,2007年先后开发完善了取暖费代发、养老金预发、待遇审计、单位缴费卡、社区管理等应用程序,同时在安全管理方面安装了网管软件、系统还原卡等满足了业务管理和安全需要,提升了业务管理水平,推进了业务发展。

(三)全力以赴抓队伍,求真务实树形象。

队伍建设是事业的核心,是发展的根本。通过党建工作,发挥组织作用,发挥模范作用,带动队伍建设;通过廉政工作,强化思想意识,发挥制度保障作用,促进队伍建设;通过培训工作,提高素质,建设合格队伍。

党风廉政建设方面,一是狠抓了党风廉政责任制落实,把党风廉政责任制与业务工作紧密结合,认真坚持民主集中制,认真贯彻落实《关于严格禁止利用职务上的便利谋取不正当利益的若干规定》。二是加强教育,注重提高干部队伍的整体素质,认真开展廉政教育,组织收看“人民好公仆”、“权钱交易的代价”等电教片,开展“树立正确的价值观、权力观和利益观”讨论活动。

行风建设方面,把民主评议软环境和政行风建设工作作为重要工作来抓,制定工作方案,明确工作内容和要求,采取多种途径,征求意见建议。广泛开展学、做、创活动,不断将行风建设活动引向深入,极大地提高了职工主动服务意识,促进了服务质量的提高,使行风建设工作不断得以提升。

素质培训方面,认真贯彻落实“练成多面手,争做明白人”活动精神,制定方案,专人授课,严格把握进度,通过培训工作,提高了职工的业务知识水平和经办能力水平。

通过加强党风廉政建设和行风建设,集体战斗力、凝聚力明显增强,“三个文明”建设取得丰硕成果。三个部门被评为文明处室,一个支部被评为先进支部,4 名党员获市直优秀党员和党务干部,24 人被评为系统先进个人,19 人被市政府及有关部门评为先进个人。市局被省局评为养老保险先进单位,档案管理和信访工作荣获创新奖。

教育科技

【教　　育】　2007 年,市教育局按照我市“奋斗三年,总量翻番”的要求,紧紧围绕“省内争排头,行业创一流”以及建设均衡、普惠和人民满意教育的目标,通过重点开展基础教育均衡发展、职业教育专业调整与建设、直属事业单位编制核定及人事制度改革、高中新课程改革等重点工作,在全市教育改革和建设等难点问题上实现了新突破,在教育质量和办学水平等核心问题上实现了新跨越,在教育干部和教师队伍建设等关键工作上实现了新跃升,为我市社会和经济的发展做出了突出贡献。

一、稳步推进人事制度改革,增强了直属学校的办学活力

顺利完成了直属事业单位编制核定和人事制度改革工作,解决了直属教育系统多年未进编、未核编的重大问题,促进了教师队伍稳定,增强了市直属学校的办学活力。

1. 全面完成了直属事业单位的编制核定工作。根据省定的编制标准和计算公式以及事业单位的基本情况,经过 10 个月的艰苦努力,为各直属事业单位核定了人员编制数。

2. 基本完成了直属事业单位人员聘用工作。起草了《关于市直普通中小学校教职工入编工作方案》和《关于市直普通中小学在岗待调教师入编实施方案》,通过认真考核、资格审查以及竞聘上岗,基本完成了事业单位人员聘用工作。

3. 顺利开展了直属事业单位人事制度改革。在直属事业单位实行了人事制度改革,开始施行教师聘任制管理和专业技术职务评聘结合改革以及分配制度改革,形成了管人用人新机制,有效提高了教师工作的积极性。

二、整体优化教育资源配置,促进了全市教育的均衡发展

将教育的均衡发展问题提到了重要位置,通过合理配置教育资源,组织开展系列活动,有效缩小了城乡之间、校际之间教学质量的差距。

1. 积极稳妥地完成了中小学校布局调整和职业学校资源整合。全地区共调整中小学校 69 所(市直学校 6 所),整合职业学校 10 所,接收行办管理职业学校 4 所,提前两年完成了市直中小学校布局调整任务,基本实现了职业学校的实质性整合。部分教育布局调整中的闲置资源得到变现,吉林女子学校等 7 所学校的基本项目建设全面开工并按预期完成工程进度。

2. 建立了优质教育资源共享区。下发了《吉林市教育局关于建立优质资源共享区推进基础教育均衡发展实施方案》。在城区确定了 6 所区域核心发展带动校,在各县(市)区分别选定了 1 所幼儿园、小学、中学做为区域核心发展带动园、校,充分发挥了示范校的带动作用,促进了优质教育资源共享。

3. 在中小学校开展了“拉手帮扶”活动。下发了《关于开展普通中、小学学校间拉手帮扶活动的实施意见》,网上公布了 160 名“全天候”优秀任课教师信息资料,有 200 多名“全天候”教师与薄弱校教师结成了帮扶对子。

4. 全面开展了送课下乡活动。下发了《关于全面开展全天候、优秀任课教师送课下乡的通知》,100 多名示范高中优秀教师参与送教活动,400 多人次薄弱学校教师到示范高中听课,600 多名各级名优教师向县(市)区、乡镇、村小分级送课近 2000 节,促进了先进教学理念、教学经验、教学方法的传播和应用。

5. 继续深化了人才支援农村教育项目工作。启动了有 96 所学校参加的“对口支援、互助共进”行动,有 77 名城镇教师下派到农村学校任教,有 118 名农村中小学教师到城市优质学校进行研培。推荐永吉县教育局为省支教工作先进集体,推荐船营区两名教师为省支教工作先进个人。

6. 认真落实农村义务教育经费保障机制。9 个县(市)区转移支付资金全部纳入财政预算,其中有 6 个县(市)区由教育局统一管理使用或由教育局提出方案、财政局直接拨付资金。经统计,全地区用于免学杂费和补助公用经费的资金总计分别为 7866.7 万元和 2728.1 万元。其中,全市共投入免学杂费和提高公用经费标准资金 2419 万元,超出应配套标准,有 568932 人次享受了免学杂费政策,为 5.2 万名学生提供了免费教科书,为 9000 人补助了寄宿生生活费。同时,在贯彻农村中小学校校舍维修改造长效机制中,共投入资金 3900 万元,改造危房 13 万平方米,新建校舍 29 万平方米。此外,市县两级用于职业教育的专项经费达 1031 万元,用于民族教育改善办学条件的经费达 428 万元,用于装备农村学校理化生实验室建设资金 1116 万元,全市按新标准仪器配备率达到 78%,

图书生均达标率达 94%，卫生室建设和装备达到 97%。

7. 广泛开展扶贫助学活动。认真落实农民工子女入学政策，保证了 11098 名农民工子女 100%正常就学。积极开展“双特救助”活动，共免除费用约 280 万元。年内拨出 10 万元扶贫助学爱心专款，共资助了 208 名贫困学生。继续开展了“每班帮一生”活动，近 2000 名贫困学生受到资助。2007 年，全市小学学龄儿童入学率达到 99%，初中入学率达到 98.5%，义务教育完成率提高到 97.1%，同比提高了 0.1 个百分点。

三、全力实施质量创优工程，提高了基础教育优质化水平

启动了我市基础教育质量“十一五”工作，切实把提高教育质量贯穿到我市教育“十一五”规划始终，全市教育教学水平有了新的提升。

1. 基础教育质量管理工作扎实推进。召开了全市基础教育“2006 年教育教学质量管理年活动总结暨质量十一五活动启动大会”，开展了“市第二批小学教学管理示范校”评选表彰，组织进行了“吉林市第二批中小学优秀教务主任评选”。开展了 8 次 “教务主任活动日”、“教学校长交流日”、“教学管理专题日”活动，为我市 400 多名普通中学教学管理人员提供了学习、交流平台。

2. 素质教育向纵深发展成果显著。承办了全省未成年人思想道德建设工作现场会，编辑出版了《道德早餐案例选编》，我市学生思想道德建设经验在全国得到宣传推广，并被评为全国职业学校整体构建和谐德育体系先进实验区。“露一手”系列活动深入推进，我市的经验文章《学生喜欢“露一手”》入选教育部编写的《新时期素质教育案例选编》。我市已有 5 个县（市）区建成劳动实践总校。学生阳光体育运动蓬勃开展，在省高中生运动会中，我市有 120 名高三运动员获得了省体育优胜者称号，有 41 人次通过高校高水平运动员面试，比去年增长 31%。学校艺术教育水平不断提高，有 4 节优质课代表我省参加第五届全国中小学音乐、美术课评选。高考和中考工作成绩突出，高考文理科超 600 分率、进重点线率均居全省第一位，我市被评为国家自考工作先进集体和全省招生工作先进单位。

3. 幼儿教育、特殊教育和民族教育成绩突出。在丰满区成立了我省首家孤独症儿童矫治、康复训练基地，承办了全省中小学朝鲜语文教学研究会第 19 次年会，召开了吉林市“以园为本教研制度建设”220100 项目启动大会，完成了全市 400 余所私立幼儿园的互检工作，有 5 所幼儿园晋升为省示范园，总数达到 17 所，数量居全省第一。全市农村现代远程教育设备和资源覆盖率达到 100%，开课率达到 24 节\周。在全国特教学生高考中，我市报考 54 人，被录取 31 人，录取人数位居东三省第一名。

4. 积极稳妥地开展了高中新课改。以市政府名义下发了《吉林市普通高中新课程实验工作实施意见》，全面启动了我市的高中新课改工作。继续推广舒兰、蛟河农村办学模式改革经验，使全市省级农村初中办学模式改革示范校达到 5 所、市级 17 所。

四、有效开展专业建设行动，提升了职业教育的服务能力

以资源整合和专业调整为主线，有效开展了职业教育“专业建设年”活动，初步形成了与吉林市“十一五”经济发展相适应的骨干专业。工学结合办学经验在全国宣传推广，毕业生一次性就业率达到 98%以上。

1. 深入开展了“专业建设年”活动。深入到 2100 多家企业和行业协会调研论证，按照“一校一策”办法制定了《吉林市中等职业学校改革与发展规划》，指导各学校强化原有优势专业，逐渐拨离非主流专业，修订了 144 个专业教学计划，新开设专业 37 个，评选确立了 30 个市级重点建设专业。

2. 加强了与开发区和驻区企业的多边联合办学。分别与经开区、高新区、丰满区及驻区 57 家企业成功举行了人才供需联合办学对接会，拟定了《吉林市教育局与吉林高新区管委会关于技能型紧缺人才（人力）培养（培训）就业等事宜的合作协议书》，全市 27 所职业学校与 604 家企业签订意向性培养订单 177 份，年内培养技能型紧缺人才 2 万多人。此外，进一步加强了乡镇成人文化技术学校建设，全年共有 54 万人参加了农村实用技术培训，有 1.1 万人参加了农村劳动力转移培训。

3. 有效开展了“双创杯”专业技能竞赛。先后举办了焊接、机械加工（车工）、计算机及电子技术、餐旅服务与管理类和财会类等多项专业技能竞赛，开展了学生技能成果广场展示活动。同时，我市代表全省参加全国中等职业学校专业技能比赛，共有 3 人获二等奖、5 人获三等奖。在全国职业学校音乐学科说课比赛中，吉林女子学校教师获得一等奖的第一名。

4. 积极打造职业学校“名师”队伍。组织 106 名教师参加了国家、省级职业教育骨干教师培训，开展了第三届“专业带头人”评选和第二批“双师型”教师认定工作，共评选出专业带头人 60 名，认定双师型教师 142 名，使我市双师型教师达到 641 人。此外，2007 年我市职业学校招生数比前年增加 573 人，达到 22054 人，高中段职校在校生比例达到 43%。

5. 加强了重点校、示范校建设。机电工程学校数控和汽车专业被列为全国制造业技能型紧缺人才培养培训基地、信息工程学校被国家七部委确定为计算机紧缺人才培训基地，舒兰职教中心通过省重点校验收，磐石市在全省职教中心建设现场会上介绍经验，全市“省百强校”达到 18 所，占职校总数的 69.2%。

五、全面实施人才强教战略，促进了教师队伍的专业成长

把促进教师队伍的均衡发展作为解决教育不均衡问题的根本来抓，通过开展系列培训，将师培工作摆在了突出重要的位置，有效促进了教师的专业化成长。

1. 认真开展了高中新课改师资培训工作。组织了全地区 216 名校长和副校长、677 名教务主任和班主任、2107 名高中专任教师参加了高中新课改国家级、省级和市级培训。目前，全地区2007—2008年度高一年级任课教师及教研员全部接受了新教材培训。

2.加强了全市教育管理者的培训工作。选派56名德育副校长参加了"全国第十一届中小学骨干校长高级研修班"，组织了70名吉林地区教育干部赴北京师范大学参加了校长高级培训班，进一步提高了教育干部的理论知识水平。

3.名优教师的数量获得较快增长。我市有23人被省命名为特级教师，105名市级骨干教师参加省级培训，有99名教师被认定为省级骨干教师，723人被认定为市级骨干教师，全市共涌现市级优秀教师标兵、先进工作者、优秀教师、优秀班主任1118名。市一实验小学被评为全国教育系统先进集体，有3人被评为全国模范教师，1人被评为全国优秀教育工作者、5人被评为全国优秀教师。目前，全市2235名农村高中专任教师中，有91.7%学历合格，同比增加1.2个百分点。

4.教师教育网络联盟计划得到贯彻落实。全市50%教师参加"教师网联"培训，完成英特尔未来教育培训600多人，完成"教育部—微软携手助学项目"信息技术师资培训750人。吉林市教育局被评为全国教育科学"十一五"规划重点课题《有效推进区域教师专业发展研究与实验》先进单位。

六、竭力创办人民满意教育，形成了稳定和谐的教育环境

坚持科学治教、民主治教、依法治教，认真解决了群众关心、关注的教育热点、难点问题，在办人民满意教育上迈出了新步伐。

1.深入开展"五五"普法工作，全面启动了法律进学校活动。成立了吉林市教育法律咨询服务中心，举办法制专题报告会11场，发放《义务教育法辅导讲座》光盘307盘，依法化解矛盾、排解纠纷100多次，有效开展了"规范办学行为，规避学校风险"活动。举办了全市学校章程制度规范化建设成果展示，召开了全市依法治校经验交流会，完成了44家直属事业单位政务公开目录编制工作。积极实施了省"十一五"重点课题《未成年人法律保护制度实务研究》工作。年内命名第三批11所市级"依法治校示范校"、25所"依法治校先进校"及69名依法治校先进个人。

2.促进了民办教育健康发展。《吉林市民办教育促进条例》于8月1日正式实施，举办了庆祝《条例》颁布实施暨民办教育成果展示大会。认真开展了对全市民办学校的督导评估，合格率达到96%以上，98%的专职教师都做到了持证上岗。对13所不具备办学条件的学校下达了整改通知，对26所未经教育部门审批的非法办学机构进行了清理整顿，有效净化了办学市场。

3.加强了校园安全防范工作。召开了全市教育系统安全工作及业务培训工作会议，加强了校园安全教育和各种安全隐患的排查、整改，对在建校园工程进行了安全专项检查，开展了校车安全专项整治活动，有297所学校开展了应急救援活动，共投入100多万元为10余所市直学校安装了电子监控设施，全市在校园周边设立治安岗亭50个、报警点1263处、护学岗24处。磐石市投入700多万元为各校食堂配备了消毒设备，蛟河市投资近千万元对校园安全隐患进行整改，全市校园安全状况有了极大好转。特别是进一步加强了民办学校的安全工作，有效提高了民办学校的安全水平。

4.强化了学校饮食卫生安全管理。制定下发了《吉林市学校卫生安全突发事件应急预案》，联合市卫生监督所对局直属39所学校和各县（市）区学校进行了食品安全专项督导检查。按照市政府要求组织全市中小学生参加了城镇居民基本医疗保险。

5.切实加强了教育行风建设工作。对全地区中小学课外作业、考试、竞赛、学后班、晚自习、补习班等进行了重点检查，全地区共聘请教育行风监督员7077名，办学行为得到了进一步规范。廉洁文化进校园和"万名教师访万家"等活动取得实效，教育部在我市召开了"全国部分省市民主评议教育行风工作座谈会"，我市的经验得到教育部好评。

七、着力加强党的组织建设，提高了干部队伍的整体素质

坚持把教育系统的班子和党员干部队伍建设作为教育加快发展的关键，采取有效措施切实提高了教育基层班子的凝聚力和创造力。

1.积极稳妥地完成了直属学校和事业单位领导班子和领导干部的调整。组织指导基层单位党组织圆满完成了换届和增补、改选工作。举办了直属单位领导干部培训班，召开了局首次政治工作会议。

2.建立了校级后备干部人才库。认真开展了市第七批拔尖人才推荐考察工作，有11名校长、教师被市委、市政府命名为市拔尖人才。

3."三型"机关建设得到加强。进一步强化了机关为基层服务的要求，将两名机关干部下派到农村和企业挂职锻炼，完善了市教育局"政务公开网页"。出色完成市直机关运动会成员单位的工作任务，并在运动会上取得总成绩第10名、优秀组织奖和特殊贡献奖等好成绩。局机关支部在基层建立联系点，为13名贫困学生捐款8000元，为3名下岗职工解决了实际困难。

【科　技】　2007年，市科技局在市委、市政府的正确领导下，以深入实施科教兴市战略和推进自主创新为主线，工业科技创新成效明显，农业科技示范取得硕果，科技合作有实质性进展，科技管理再上新水平，各项工作均取得了较好成效。

一、工业科技创新工作成效明显，企业自主创新水平进一步提高

1.推进工业科技开发及产业化项目建设。一是组织重点项目的科研攻关。对电子信息、新材料等重点高新技术领域中能够对地区经济增长产生较大带动作用的15个重点科技项目进行支持。二是组织了"CRT 高清、数字电视行管及阻尼二极管" 等 10 个高新技术产业化项目申报了 2007 年度国家火炬计划项目，全部通过了省科技厅组织的专家评审并被推荐到科技部。三是围绕全市的重点企业和重点项目进行了深入调研，针对制约企业发展与项目建设的关键技术难题设计课题，储备了 50 个攻关课题和科技大项目。

2. 大力培育自主创新型企业。一是筛选确定了东北虎药业等 10 户企业作为吉林市首批自主创新型示范企业，对其自主创新经验进行了总结和推广。吉林华微电子股份有限公司被科技部评为国家首批技术创新试点企业，成为我市唯一获此殊荣的企业。二是围绕电子信息、新材料等高新技术领域，引导创新型企业开发具有自主知识产权的新产品、新技术和新工艺。全年共有 37 个项目获得了国家和省中小企业技术创新基金的支持。三是加强对创新型企业实施项目的管理与推介力度。配合省科技厅顺利完成了 4 个创新基（资）金项目的验收工作；组织了"XLP 新型多功能液相分布器"等两个项目参加了第十届中国北京国际科技产业博览会。

3. 推进了技术开发与服务平台建设。一是对中钢吉炭技术中心等 5 户国家级企业技术中心申报科技部的企业核心技术需求项目进行了沟通协调，由中钢吉炭技术中心承担的"大型各向同性石墨的研制" 等 2 个课题均通过了科技部评审。二是在重点领域加强了市级企业技术中心的培育与建设力度，并组织吉林昊宇石化电力设备制造有限公司等 6 户企业申报了省级企业技术中心；完成了市集成制造技术中心、市新型电力器材技术中心两个市级技术中心的筹建工作。三是完成了电子信息、新材料、先进制造技术 3 个技术创新专家工作站的建设工作。四是加快生产力中心建设。组建了昌邑区生产力促进中心，使我市县（市）区生产力促进中心达到 8 家；电力电子科技研发公共服务平台等 3 个平台建设项目已在科技部立项，获得无偿资助资金 200 万元。

4. 推广信息化等关键共性技术。一是继续实施了信息化带动工业化示范工程。对信息化提升传统产业等 3 个基地示范企业建设，进行了连续的跟踪和经验总结，使示范企业真正起到了样板、示范的作用；围绕企业信息化的升级改造，引导科技中介机构对 ERP 等信息化共性技术开展了咨询和推广工作。二是推进工业设计工作。与北华大学等单位配合，以吉林市工业设计协会为依托，在具备条件的企业中开展了工业设计的培训、推介和咨询，提高了企业产品的设计水平。

二、农村科技示范不断深入，科技引领新农村建设有效推进

1. 组织开展社会主义新农村建设科技示范村试点。为发挥科技在新农村建设中的示范引导作用，确定了 6 个村为我市首批科技示范村试点单位，具体是磐石市烟筒山镇鸡冠山村、船营区越北镇沙河子村、昌邑区桦皮厂镇平胜村、昌邑区左家镇小塘村、丰满区江南乡永庆村、龙潭区乌拉街镇旧街村。经过一年的积极工作，科技示范村建设取得了较好成效。

2. 高效特色农业科技示范基地建设取得新进展。农作物新品种示范、人参西洋参优质规范化生产科技示范、农作物秸秆综合利用科技示范、优质高产黑木耳等食用菌科技示范、高效蜜蜂科技示范、优质高效柞蚕科技示范等 6 个科技示范基地建设成效明显。

3. 推进农村科技服务体系建设。一是完善星火科技专家大院建设。推进了 6 个省级星火科技专家大院和 10 个市级星火科技专家大院建设。二是发挥科技特派员作用。选派了吉林农业大学姚方杰教授等 6 名专家为我市科技特派员，派驻到龙潭区乌拉街镇等地开展科技服务。三是搞好星火学校建设。全年 8 所星火学校共举办各类培训班 43 期，培训人员 5200 多人次。四是完善农村星火科技信息网建设。全年录入信息累计 2 万余条，接受供求信息反馈 2000 余个。

4. 与有关部门联合举办"2007 中国·吉林农业科技产品博览会暨金秋丰收节"。组织中国农科院特产研究所等单位的 65 位专家和技术人员参加了活动，围绕玉米、水稻、蔬菜、食用菌等产业开展技术咨询服务，共发放农业技术资料和科技致富信息资料 20 多万份，现场咨询 2 万多人次。

三、科技交流日益广泛，科技合作有效开展

1. 举办科技成果推介会。于 5 月 17 日—18 日在吉林市博物馆成功举办了"2007 年吉林市科技成果及专利技术项目推介会"。围绕精细化工、汽车零部件产业、长白山资源开发、节能环保新技术等我市重点行业，筛选科技成果及专利技术项目共 500 余项，布置展板 150 块，邀请 20 位专利发明人在推介会现场咨询。会后应丰满区、龙潭区等要求开展了县区巡展工作，并在市科技信息研究所设立了常设科技项目超市，为技术持有人和需求方搭建了合作平台。

2. 推进科技合作项目的实施。选择了 10 个进入合作环节的重点项目进行跟踪服务，以吉化北方净水剂厂与天津化工研究院合作的"聚合铝"为代表的 10 个合作项目顺利实施，部分项目进入产业化阶段。

3. 为企业搭建信息服务平台。为使我市范围内的科技资源得到综合利用，对驻吉高校和重点科研单位的科技资源（包括人才、仪器设备、重点学科及实验室等）进行了收集整理，将 7 所驻吉高校和 4 所重点科研单位的科技资源在吉林市科技信息网上进行发布，供企业查询。

四、科技管理工作不断加强，科技兴市工作深入开展

1. 做好科技计划管理工作。全市共实施各类科技计划项目 141 项，共投入资金 4048 万元。其中，共组织实施市级科技计划项目 65 项，重点支持了碳纤维原丝关键技术研究及中试、工业用高淀粉玉米综合配套技术示范与推广、全身弥散成像在恶性肿瘤检测中的临床应用研究等科研项目，有效提升了我市重点领域的科研攻关水平和科技创新能力。

2. 做好科技成果管理工作。全市共登记科技成果 77 项，

其中达到国际水平3项，具有国内先进水平74项。

3.推进科技法制建设。向市人大、市政府提交了制定《吉林市科技进步条例》立法申请，市人大常委会及市政府法制办已同意将制定《吉林市科技进步条例》纳入全市立法计划。

五、专利工作水平不断提高，全社会的专利意识明显增强

2007年，全市专利申请量和授权量分别达到447件和313件，分别比去年增长5.7%和6%。一是开展了4.26世界知识产权日宣传月活动，发放宣传资料5000余份，接待咨询人员300人次。二是加强对企事业单位的专利服务工作。三是加强对吉林数控机械专利产业化基地建设的指导，使专利产业化基地工作取得阶段性成果。四是加大知识产权保护力度，联合相关部门开展打击假冒专利违法活动。

六、科技信息研究与咨询工作不断推进，专业化服务水平有效提高

1.抓好信息研究与咨询服务。全年为20多家单位编写项目可研报告23份；全年累计查新课题150多个，完成了省技术先进型企业评估报告3份。市科技信息研究所成为全省唯一获得省科技厅备案的科技查新和评估的地市级服务机构。

2.提升网络化信息服务水平。对吉林市科技信息网和吉林市星火科技网两个公共科技信息服务平台进行了第3次改版。全年累计更新各类信息5000余条。

3.加强科技信息宣传。市科技信息研究所成为吉林地区唯一的中央电视台第七频道《农广天地》栏目的合作制片单位，为我市开展农业技术推广、推进社会主义新农村建设搭建了新的媒体平台。

（马千辉）

卫生·体育

【卫生事业】 2007年，全市卫生工作以“服务江城人民健康，服务经济总量翻番”为指针，认真贯彻市政府切实解决群众看病难、看病贵问题的要求，以开展“医院管理年”活动为载体，突出抓好医疗市场清理整顿、调整卫生资源、医疗服务体系和公共卫生体系及城市社区卫生服务体系建设，在防治重大疾病、加强卫生执法监督、强化卫生行风建设等方面取得较好成效。

——全面推行新农合制度，整体推进了农村卫生事业持续发展。

新型农村合作医疗工作取得新突破。2007年，在原有4个试点县（市）的基础上，全面启动了新型农村合作医疗制度。五县（市）参合率达到84%，城区参合率达到81%，分别超出计划指标的4个、11个百分点。全年共补偿医疗人数35.9万人次，补偿医疗费总额7381万元，占年度基金总额的85.1%。

农村社区卫生工作取得新进展。制定下发《吉林市农村社区卫生工作评价标准（试行）》，开展农村社区卫生服务整顿工作，农村三级医疗卫生服务网络得到完善，服务功能明显增强。乡镇卫生院和农村社区卫生服务站基本建设达标率分别为90%、70%。

提高农村医疗卫生服务能力项目取得阶段性成效。启动了乡村卫生专业技术人员培训项目，全市有2563名乡村卫生技术人员参加了培训，培训率达98%；发挥城市医疗机构的技术和人才优势，实施人才支农项目三年规划，到2007年8月，首轮项目工作圆满完成，启动了第二轮项目工作。先后派出150名主治医师以上的专业技术人员，组成50支医疗队进驻50所乡镇卫生院落实帮扶任务，促进了农村卫生服务能力的提升。

——公共卫生体系不断完善，公共卫生服务能力进一步增强。

疾病预防控制工作成绩斐然。加强传染病疫情管理和报告预警工作，法定报告甲乙类传染病总发病率为90.53/10万，低于国家和省的平均水平。流行性出血热得到有效控制，儿童计划免疫五苗接种率均达到98%以上。艾滋病防控得到进一步加强，第五轮全球基金艾滋病项目第一年度工作被国家项目办评为全国A级标准。结核病控制项目取得新进展，卫生部对我市“结核病防治进社区”的做法给予充分肯定。妇幼保健工作取得新成效，全市孕产妇死亡率由2006年的28.3/10万下降到20.8/10万，婴儿死亡率由8.9‰下降到7.0‰。开通12320公共卫生公益热线，群众投诉、咨询电话办结率达98%以上。

卫生执法监督力度不断加大。组织开展以饮食卫生、公共场所卫生为重点的专项整治行动。共监督检查业户2.3万多户次，立案处罚504起，取缔无证经营87户，限期整改900余家；对4844家餐饮单位和集体食堂进行卫生量化分级评审；开展学校及周边食品卫生专项整治，有343家学校食堂达到C级以上标准；积极开展全民爱国卫生运动，推进卫生创建工作，组织清脏治乱专项治理，城乡卫生状况得到进一步改观。

城市社区卫生服务体系日益完善。对社区卫生服务机构进行了全面整顿和重新准入，达到科学规划、合理布局、完善功能、优化内涵、提高质量。23家城市社区卫生服务中心标准化建设一次性全部通过省级验收。76家城市社区卫生服务机构，覆盖城市人口119万人，社区卫生服务人口覆盖率达78%。

卫生应急保障能力得到增强。健全市、县两级卫生应急管理体系，修订完善《吉林市突发公共卫生事件应急预案》，开展专业培训和应急演练，提高了突发公共卫生事件快速反应和处置能力。及时有效地完成了舒兰市亚硝酸盐引起食物中毒、磐石市误食鼠药、船营23小学水痘病例、北山“6·13”交通事故等多起突发事件的医疗卫生应急救援工作，圆满完成中俄贸易洽谈会、雾凇冰雪节等重大活动医疗卫生保障任务。

——开展医疗市场整顿，强化了医疗质量管理。

*医疗市场清理整顿工作取得阶段性成效。*市区两级卫生部门牵头，相关部门积极配合，对城区1595家医疗机构进行了三轮全方位监督检查，共处罚542家，其中取缔医疗机构45家，限期整改294家，罚款80家，吊销或注销医疗机构123家，实现了取缔一批、注销一批、关停一批、限改一批的目标，使医疗市场秩序明显好转。

*加强卫生资源规划与调控。*按照政府主导与市场机制相结合的思路，编制吉林市《区域卫生规划》、《医疗机构设置规划》、《城市社区卫生服务发展规划》、《2008—2012年卫生事业发展计划》和《大型医用设备（乙类）配置规划》。《城市社区卫生服务发展规划》已经市政府审定并颁布实施，其它规划正在进一步论证，为合理配置和整合卫生资源提供了科学依据。

*医院管理年活动成效显著。*全市卫生系统深入开展了"以病人为中心，提高医疗服务质量"为主题的医院管理年活动，推进"平安和谐医院"建设。突出急诊急救、医疗护理、血液质量、院内感染、医疗安全五个重点，对二级以上医疗机构定期进行全面检查，并及时反馈和通报检查结果，促进了医疗质量的提高。

*服务效率和综合效益明显提高。*狠抓经营管理，以质量求生存，向管理要效益，服务效率和综合效益明显提高。市直14家医院全年门诊量为171.6万人次，同比提高0.69%；业务收入5.35亿元，同比增加32.5%；病床使用率为69.1%，同比提高2.5个百分点；实现减亏1694万元。蛟河市医院、龙潭区医院综合效益创历史新高，龙潭铁东医院、船营二院和搜登站、天岗、红石、烟筒山、北大湖等中心卫生院经营效果明显改善，桦甸市、永吉县所属的乡镇卫生院全部实现无亏损运营。

*医学教育与科研不断进步。*继续医学教育工作有了新的进展，远程教育有新突破；全年共有243名全科医生和110名社区护士参加全科医生和社区护士培训并通过考试；重新确定了市级医学重点专科54个，重点建设专科34个，特色专科8个；全市卫生系统共有省级科研立项12项，其中2项获省科技进步奖，市级科研立项58项，40项科研成果被评为市科技进步奖；大力加强中医专科专病建设，创建了2项国家级和8项省级重点专科专病。

——不断加大纠风力度，卫生行风持续好转。

全市卫生系统开展了"抓服务、树形象、促翻番"优质服务百日竞赛和群众评价医院活动，组织开展了以弘扬白求恩精神为核心的医院文化建设活动和以诚信为内容的医院品牌建设工程；继续加大卫生纠风力度，专项治理行风突出问题，大力治理医药购销领域商业贿赂；依法规范了医疗卫生单位的管理、经营、服务行为；继续推行院内不当处方点评制、医疗服务价格公示制、住院费用清单制、政务公开等项制度；市卫生局、市广播电视局、江城日报社联合举办"白衣天使献爱心，走进社区大型义诊"活动，68支医疗队走进105个社区，为群众送医上门，开展健康咨询与大型义诊活动。卫生系统在全市政行风测评中的位次连续三年有所前移。市卫生局被评为全省卫生系统精神文明建设先进单位。舒兰市水曲柳镇村医郝国范被评为全国优秀乡村医生，出席了2007年全国卫生工作会议，作为全国5名优秀乡医代表之一在中南海受到了吴仪副总理的亲切接见。吉林市第二中心医院消化内科主任王宏光，蛟河市中医院中医科主任陈祥义在各自工作岗位上，认真履行救死扶伤、治病救人的光荣使命，以高尚的医德、精湛的医术、全心全意为人民健康服务，2007年被人事部、卫生部、国家中医药管理局评为"全国卫生系统先进工作者"。

（宋曙春）

【体　　育】 2007年吉林市体育局在市委、市政府的正确领导下，在上级体育部门的大力支持下，体育局新一届领导班子围绕重振体育雄风、重塑体育形象的工作目标，抓队伍，树形象，解难题、求突破，凝聚人心，提高战斗力，在工作中克难求进，开拓创新、积极进取，大力开展全民健身活动，不断提高竞技体育运动水平，积极发展体育产业，使体育在推进总量翻番和构建和谐社会中发挥着独特的作用，全市体育工作取得了可喜的成绩。

一、营造全民健身浓厚社会氛围，为总量翻番提供健康保障

体育事业的根本目的是满足广大人民群众强身健体的需求。动员、组织人民群众参与全民健身活动，促进体育健身成为广大人民群众生活中不可或缺的重要组成部分，同时广大人民群众的身心健康有助于全市的总量翻番。

*1.积极开展全民健身活动，不断掀起全民健身热潮。*大型群众体育活动丰富多彩。围绕"全民健身与奥运同行"这个主线，坚持以活动增活力，积极开展喜闻乐见的群众体育活动。相继举办了奥运会火炬手选拔和全民健身系列群体活动共61项次，全市上下产生良好的反响。特别是在第6届亚洲冬季运动会火炬传递活动、第十二个全民健身活动月启动仪式活动等品牌赛事的辐射力、影响力的带动下，我市群众体育做到了天天有锻炼、周周有活动、月月有比赛，达到参与50万，带动50万，辐射100万的目标，全市经常参加体育锻炼人数达到130万人，占总人口的28%。使我市荣幸地入选为"北京2008奥运会"火炬传递城市。

*2.积极发挥各级体育组织作用，扎实推进社会体育工作。*在政府引导、体育部门带动下，各级体育组织参与体育活动的热情不断高涨。由社会团体冠名参与的群众体育赛事达到50余项次。其中，广场三人篮球赛、雪地足球赛等已成为我市特色品牌项目。

（1）社会体育。

各类群众体育活动丰富多彩。目前全市共有40个体育协会、7个体育分会，26个民办体育团体，258个晨晚练站点，开展了近50个体育项目，近十万余人活跃在全市城乡，开展不

同形式的群众体育活动。目前已形成以体育总会为龙头,体育协会为平台,社区为依托,以晨晚练站为带动,辖区单位共同参与,全市人民受益的多层次、全方位的群众体育工作新格局。吉林市体育局被全国妇联和国家体育总局授予“全国亿万妇女健身活动先进集体”荣誉称号。吉化老年艺术团、吉林市松北晨练站、吉林市龙潭区龙潭街道东方社区妇女健身队、吉林市昌邑区莲花街道靓嫂艺术团、吉林市丰满区世纪广场舞蹈队荣获“全国亿万妇女健身活动巾帼文明健身队”荣誉称号。

(2)青少年体育。

青少年体育以贯彻落实《国务院关于加强青少年体育、增强青少年体质的意见》为重点,积极创建体育传统校。目前,我市共有111所各级各类体育传统校,其中国家级体育传统项目学校2所、省级体育传统项目学校22所、市级体育传统校87所。并涌现出一批优秀传统项目学校,受到国家和省市体育行政部门的表彰,另外,我们还举办了吉林市中小学生田径、球类、游泳等比赛,并积极组队参加国家、省体育传统校竞赛活动。通过活动的开展,努力培养青少年良好的锻炼习惯,形成了青少年热爱体育,全社会重视青少年体育的浓厚氛围。

3. *全民健身工程效果显著*。按照“市州有中心、县区有广场、社区有路径、乡镇有设施、村屯有网点”的工作目标,2007年,局党委克难求进,大力推进全民健身工程建设。在充分利用本级体彩公益金的同时,努力拓宽经费渠道,积极争取社会各方面资金的投入,目前我市共建设全民健身路径工程163处,投入各类健身器材3113件。这些路径器材主要投放在了人群密集、贴近群众生活、方便群众健身的居民小区、城市公园、广场、县市区乡镇广场、重点村屯的文化广场,成为我市全民健身的一条亮丽的风景线,并带来了极强的健身辐射效果,在一定程度上改善了我市全民健身设施匮乏的局面,受到了群众的广泛赞誉,被誉为“民心工程”。

二、营造竞技体育宽松发展环境,为总量翻番提供精神动力

竞技体育是社会关注的热点,为更好地营造竞技体育宽松发展环境,为总量翻番提供精神动力,我们遵循“精一线、强二线、壮三线,积极培养和输送竞技体育人才”的目标,竞技体育取得显著成绩。

1. *赛场争金夺银,运动成绩整体提升*。在第6届亚冬会上我市运动员以5金4银3铜的成绩创造了新的辉煌,特别是王春丽在越野滑雪短距离项目上的夺冠,实现了我国越野滑雪项目在亚冬会单项比赛中金牌零的突破,使我市越野滑雪项目竞赛水平走到全国前列;在全国第六届城市运动会预赛中我市又有9人在四个项目上进入决赛,在开幕式上打出了吉林市大旗,并取得一枚铜牌,展示了我市风采;在第十五届吉林省运会上我市以152枚金牌、88枚银牌、98枚铜牌、总分6081分的成绩名列全省第二,并荣获体育道德风尚奖。

2. *体育教育,硕果累累*。扎实办好运动学校。坚持以体为本,以就业为导向的办学原则,坚持以体育技能为特色,以综合素质为基础,以能力培养为重点,以市场就业为导向的办学方针,坚持一手抓竞技体育后备人才培养,一手抓市场就业。为社会培养体育人才148人,为各类高水平运动队输送人才16人,被国家体育总局授予“国家高水平体育后备人才基地”荣誉称号。

3. *承办体育赛事,为魅力江城争光添彩*。成功举办和承办了自由式滑雪空中技巧世界杯赛、全国冬季两项冠军赛等3项(次)国际比赛和10余项(次)国家级赛事活动。特别是成功地承办了第6届亚冬会全部雪上项目比赛,被亚雪联、亚奥理事会官员盛赞本届亚冬会是历史上最成功、最圆满、最有影响力的一届亚冬会,我局被省政府授予集体二等功。这些比赛引起社会各界的广泛关注,提升了吉林市的城市品位,为魅力城市增添了光彩。

4. *改善设施条件,奠定发展基础*。经改造后的体育运动训练基地已投入使用,缓解训练场地不足的矛盾;完善了冰上训练馆配套设施,使之功能齐全,为训练服务;这些项目的改造,整合了资源,为可持续发展奠定基础。

三、努力推进体育产业发展,为体育事业提供物质支撑

体育产业的发展,体育市场的繁荣,对丰富广大人民群众的业余文化生活,提高生活质量,促进人的全面发展和建设和谐社会发挥了积极作用。

1. *彩票发行工作健康发展*。积极培养体育彩票销售市场,树立市场意识,扩大体育彩票发行规模,加强对体彩营销技巧、营销渠道的研究,提高销售服务水平。今年我地区体育彩票销售额达到2.18亿元,接待兑奖人员达9000多人次,兑奖准确率达到了100%,为地方财政代扣代缴56万余元税款,解决了近400个低收入家庭的贫困问题,近500个无业人员、下岗人员的就业、再就业问题,提高了近800人的年收入,同时为体育事业可持续发展奠定了基础。

2. *指导社会体育产业健康有序发展*。积极培育市场,对体育经营场所进行安全检查,组织体育从业人员培训。目前全市非经营性体育场所1600余家,开办项目30余个,共有从业人员约12000人,有近5000余人实现了再就业。

文化艺术　广播电视

【文化艺术】　2007年,在市委、市政府的领导下,按照“创新、改革、发展、繁荣”的工作方针,市文化局以建设先进文化、和谐文化为努力方向,以服务城市发展、扩大城市影响为目标,务实重行,埋头苦干,努力繁荣文化事业,大力发展文化产业,开创了我市文化事业和文化产业发展的新局面。

一、艺术创作和演出取得新突破

广大文艺工作者坚持文艺发展方向,创作了一批体现时代精神、反映现实生活、适应市场需求的精品力作。创排了《今夜星光灿烂》、《十七大春风暖人心》、《三只小猪》等剧目50多个(台),一大批剧目获奖。其中,朝鲜族舞蹈《鼓欣》和少儿曲艺《美丽的谎言》分获全国第十四届群星奖舞蹈类表演奖和曲艺类表演奖。满族新城戏《开发景阳岗》、地方戏《此路不通》分获第五届中国戏剧文学奖小型剧本一等奖和二等奖,历史故事剧《玉碎香消》获剧本奖。在"吉林省第三届二人转小品艺术节"中,我市参赛的作品全部获奖,并连续3届蝉联最高奖项。

市歌舞团、话剧团、戏曲剧团全年完成各类演出436场。市歌舞团参加了中央电视台2007年春节联欢晚会、第六届亚冬会闭幕式文艺晚会、第三届东北亚贸易博览会开幕式文艺晚会等20多个国家级大型文艺演出,远赴俄罗斯、西班牙、香港等国家和地区开展了文化交流活动。为长春一汽集团、吉林石化公司等中省直大企业及社会各界慰问演出30余场。话剧团努力打造儿童剧品牌,《丑小鸭》、《三只小猪》、《皇帝的新衣》等经典剧目巡演江苏、安徽等地,演出140场。戏曲剧团实现了与北京市文化局的持续合作,完成商业演出108场。

二、群众文化丰富多彩

统筹城乡文化发展,努力构建公共文化服务体系,全面加强广场文化、节庆文化和基层文化建设,广泛开展群众喜闻乐见的文化活动,全年组织各类大型活动100多项,举办群众休闲型文化活动200多场次,极大丰富了广大人民群众的精神文化生活,提高了城乡市民群众的文化生活品味。

"三节"期间,组织了13项内容丰富、形式多样、极具民族风情的文化活动。其中,"多彩松花江"大型烟花艺术表演在全国率先燃放了为奥运会专门设计的98个新品种。创新开展的第六届朝鲜族民俗文化节,充分展示了我市朝鲜族群众热爱家乡、奋发向上的精神风貌。此外,还参与组织了首届雪花啤酒节、首届河灯节焰火表演以及庆祝中华人民共和国建国58周年等系列文化活动。

坚持高雅文化进广场,成功举办了第九届"松花江之夏"和"松花江金秋"广场文化活动周,组织省交响乐团、市歌舞团等专业团体演出了10场文艺节目。"松花江之夏"和"松花江金秋"广场文化活动周获全国第十四届群星奖服务奖。

为方便群众、服务群众,组织6支流动电影放映队在全市广场和社区免费举办了452场露天电影晚会,放映了《开国大典》、《地道战》、《永不消逝的电波》等200部优秀影片,受到了广大市民群众的欢迎和好评,观众达76万人次。

扎实推进文化信息资源共享工程工作。完成了全年"双百工程"和"十百千"工程创建工作。组织艺术骨干赴基层进行辅导100余次。2007年完成送演出下乡200场。

在全地区还整理出10个门类、200多个非物质文化遗产项目,有24个项目进入吉林省第一批省级非物质文化遗产名录。

三、文物博物稳步推进

加强文物保护、开发和利用,编制了《吉林市文物古迹保护利用意见》、《吉林市文物文化景点分布规划意见》。完成了乌拉街"三府"复原和抢救性维修方案的制作和上报。全市22处文化遗产被省政府核准为第六批文物保护单位。

组织实施了吉林陨石雨博物馆改建工程。完成了吉林市工业史展览、吉林市满族民俗展览、吉林市城市发展史展览文本设计和内容设计工作。

开展了吉林市历史人文内涵的挖掘和《话说吉林》栏目讲稿撰写和形式设计等工作。编辑出版了介绍吉林市自然风光、民风民俗和历史文化的普及读物《凇情水韵看江城》20万册,并发放至全市中小学生。

努力挖掘城市文化资源,积极引进外埠文化精品,推出了《吉林市出土文物展》、《承德帝后御用珍品展》等各类临时展览22个。举办了全球华人华侨同祭孔大典、国学大讲堂等活动,极大地扩大了吉林文庙的社会影响。

四、文化市场规范有效

在文化市场工作中,坚持抓管理和促繁荣并重。强化对文化市场的社会监督,开通了文化市场全国统一举报电话12318,聘请100名义务监督员参与文化市场管理。2007年,先后组织开展了"扫黄打非"专项行动、打击网络侵权盗版专项行动、校园周边网吧联合检查等专项行动,规范了文化市场经营秩序。全年共检查文化经营场所3000多家次,处理群众举报82起,收缴违法音像制品11000余盘。

五、文化产业实力不断增强

按照国家文化产业发展政策的有关要求,积极培育和扶持民营文化产业,壮大民营文化产业实力,取得了长足的发展,成为推动我市经济发展的新增长点。在市直文化系统内,大力发展演出业、电影业、展览业、培训业等主体项目,精心培育吉林剧场电脑城、江城剧场小商品批发广场等重点项目,积极开办吉林画廊等竞争力强的优势项目,使文化产业收入快速增长、实力不断壮大。2007年,系统内实现文化产业收入2500万元,为促进文化事业发展提供了坚实的保障。

(才　旺)

【广播电视】　一、电视剧制作

2007年是我局电视剧制作喜获丰收的一年。电视剧《都市外乡人》获第十届全国精神文明建设"五个一工程"优秀奖和中国广播电视大奖"飞天奖"二等奖。电视剧《插树岭》获第十届全国精神文明建设"五个一工程"特别奖和中国广播电视大奖"飞天奖"一等奖。

二、大型活动策划

2007年我们通过广播电视这一独具优势的载体,策划了一系列大型活动。市电视台与中央电视台经济频道合作,举办的《倾国倾城:最值得向世界介绍的中国名城》大型直播晚会、市经广台承办的"雪花啤酒节"、市电台策划举办的"首届江城的士节”在省、市以至全国产生了积极效应,为促进江城经济发展和展示城市魅力做出了卓有成效地贡献。

三、创优榜

2007 年获吉林省广播电视新闻奖:

(1)广播新闻一等奖 8 个,二等奖 6 个、三等奖 4 个。

(2)广播社教一等奖 4 个,二等奖 4 个。

(3)电视新闻一等奖 7 个,二等奖 5 个、三等奖 2 个。

(4)电视社教类一等奖 4 个,二等奖 1 个、三等奖 4 个。

(5)电视综艺一等奖 1 个,二等奖 1 个。

2007 年获吉林省播音主持作品奖一等奖 4 个、二等奖 5 个、三等奖 6 个。

2007 年获吉林省广播电视著作奖一等奖 4 个、二等奖 5 个。

2007 年获吉林省广播电视论文奖一等奖 8 个、二等奖 8 个、三等 1 个。

2007 年获吉林省新闻奖:

(1)电视类一等奖 2 个、二等奖 1 个、三等奖 6 个。

(2)广播类一等奖 1 个、二等奖 3 个、三等奖 6 个。

2007 年获吉林省少儿节目奖二等奖 1 个。

外事及民族事务

【外　事】　2007 年吉林市人民政府外事(侨务)办公室被评为市部门决算先进单位,档案、保密工作先进单位。全年共接待来自美国、加拿大、德国、法国、意大利、澳大利亚、日本、南非、阿联酋、马来西亚、阿根廷、瑞士、韩国、朝鲜、缅甸等国和香港及澳门特别行政区代表团 89 批,1065 人次。全年我市因公派出经贸、科技、文化等各类团组 101 批,540 人次,其中市级领导出访 22 人次,市外办代政府下批件的团组 22 批,119 人次。办理“三侨”考生证明 24 人,为 12 名城镇归侨侨眷落实低保待遇,协调有关部门为贫困侨户经营的小摊点减免税费约 2 万余元,为 10 名下岗归侨侨眷提供机会参加技能培训班,协助 1 户特困归侨进行了危房改造,帮助救济特困归侨侨眷 22 户,为 27 名归侨侨眷家庭的贫困学生提供救助,促成了松下电器、育英基金落户北华大学,使 60 名家庭困难且品学兼优的学生获得了奖学金。

2007 年通过我们的工作,广泛宣传了吉林市,提高了我市国际知名度,进一步拓宽了对外交往渠道,促进了我市同国外经济、贸易、科技、文化等领域的交流与合作。

——接待工作。

2007 年,按照接待体现招商情的服务理念,在做好接待工作的同时,随时捕捉和了解经济信息,较好地完成了全年的接待任务。接待了香港特首曾荫权、俄联邦委员、总统特命全权大使罗高寿、俄中友协主席季塔连科、朝鲜两江道委员长金哲、缅甸农业与水产部长及美国、日本、朝鲜驻沈阳总领事等重要客人;接待了美国高盛公司代表团、摩根斯坦利公司代表团、法国里昂证券代表团、瑞士再保险业代表团、日本松江市代表团、香港贸发局代表团、马来西亚中国经济贸易总商会代表团、阿根廷东北华商总会代表团、南非夸祖鲁·纳塔尔省经济与外事代表团等重要团组。

圆满地完成了第六届亚冬会雪上赛区对外联络、志愿者培训和赛会进行期间的外事翻译与接待等工作,共接待来自 18 个国家的官员、运动员、教练员和裁判员,热情、周到细致的服务给来宾留下了深刻的印象,赢得了组委会的好评;邀请来自美国、俄罗斯、日本、韩国、南非等国来宾 60 多人参加了在长春举办的“第三届中国吉林·东北亚投资贸易博览会”整个“东博会”期间,共接待各类来我市访问的团组 16 批,近 280 人次;充分利用俄罗斯中国年的契机,组织安排并参与了一系列活动,接待了俄罗斯圣彼得堡市代表团,协助吉林鼎新安全科技有限公司同其就阻隔防爆项目进行了对接,并达成了合作意向;与市商务部门一起在俄罗斯伊尔库茨克州成功举办了“俄罗斯中国年大型经贸活动”;承担了首届中国吉林市·中俄贸易交易会期间参会俄方政要和参会商的接待、礼宾活动安排、翻译和志愿者招募及组织管理等工作。协助相关部门安排了交易会开幕式、签约仪式及政府招待酒会,安排了省、市领导会见和宴请了俄方政要。此次交易会的成功举办必将大大推动我市对俄的经贸交流与合作,促进我市的招商引资,对我市提前实现经济总量翻番起到积极的推动作用。

——出访工作。

全年我们科学筹划,本着出访跟着项目走的原则,合理安排市县两级领导率团出访了 30 多个国家和地区。这些出访拓展了对外合作网络,使我市与一批国际知名公司、商会建立了联系,并促成了相关领域经济项目的合作签约。陪同以市长张晓霈为团长的经贸代表团赴俄罗斯,参加了在俄罗斯举办的“俄罗斯中国年”系列活动及第二届中俄经济工商界高峰论坛,考察了圣彼得堡贸易公司,同俄方建立了经贸合作关系,签订了共同搭建中俄贸易交易平台和小型飞机制造合作协议;与商务部门一起组织部分中小企业负责人组成经贸考察团赴欧洲考察,访问了联合国工业开发署、法国圣哥安橡木桶公司等多家企业,签订了经贸合作框架协议,建立了同欧洲的长期经贸合作机制,洽谈了葡萄酒橡木桶生产合作等项目。派团参加了在英国邓迪市召开的,以为会员城市的 IT 产业提供技术交流平台为宗旨的第八届国际数码城市年会,促进了我市电子企业与国际电子行业的交流与合作。

——为经济建设服务。

为更好地为经济建设服务,2007 年由我办主要领导带队,率处以上干部到县(市)区、开发区就外事侨务工作如何更好地为县域经济和企业服务进行调研,建立起与各地经济部门和企业的长效、快捷的沟通机制,及时准确了解各地对外合作需求,找出外侨工作服务的切入点,以便提供更好的服务。

围绕吉林化纤集团与意大利蒙特公司的15万吨腈纶项目和一汽吉林汽车公司与日本丰田大发公司的“森雅”商务车项目，把握时机策划市领导高层出访推动项目进程，协助我方企业出国技术考察和外方来访考察的接待工作，安排了上述两项目投产庆典仪式的外事礼宾工作。为化纤集团与德国恩卡公司合作出国拆设备提供了便捷的服务。与此同时，对其它大项目，如太阳能电池板、汽车零部件、醋酸、生物乙醇项目进行跟踪服务，收到了较好的效果。

组织有关县（市）区、市直相关部门及企业共27家、50多人参加了我省“东博会”及期间举行的“吉林省海外交流大会第二届大会暨项目洽谈会”，同来自20多个国家的近150位海外华侨华人工商界人士广泛接触，推介我市经贸项目，此间还特别邀请澳大利亚、西班牙、马来西亚、加拿大知名华人侨领到我市进行有针对性的实地考察，对双方感兴趣的合作项目进行了深入洽谈，促成了一批项目在会议期间签约，为扩大我市的对外宣传和影响，推动我市对外经济合作彰显了外事侨务工作的特殊作用。

组织部分企业家参加了在日本神户召开的有来自世界30几个国家3600多人参加的第九届世界华商大会，为企业提供了新的商贸交流平台；安排经开区和吉林沱牌农产品开发有限公司相关人员赴韩国洽谈了植物性塑料生产、玉米桔杆制乙醇等项目。

与我市友好城市纳霍德卡市互派代表团访问，考察、洽谈了房地产开发、劳务输出、木家具出口等项目，确定了明年交往计划。

——自身建设

按照“规范、创新、活跃、有效”的原则，2007年我办加强了“学习型机关”的建设。通过学习十七大精神、中央和省外事工作会议精神，开展外事侨务工作在新的形势下如何定位，如何为地方经济建设服务，如何在工作中进一步解放思想、创新机制、完善工作程序、创新服务模式的大讨论，使全办干部思想统一，精神振奋，明确了今后的努力方向。根据年初全市机关党建工作总体安排部署，以“树新风正气、促和谐发展、推进总量翻番”主题教育和“创建‘三型’处室、构建和谐机关”活动为载体，积极开展了机关党建工作。

进一步规范了各项规章制度和工作程序，对已有的规章制度进行了梳理，查遗补缺，并在全办范围内开展了学习研讨，广泛征求群众意见，使各项管理步入科学化、规范化、制度化。建立了吉林市外侨办中文网站，准确快捷地发布相关信息。

【民族事务】 2007年全市民族宗教工作以保稳定、促发展为核心，积极为实现全市“奋斗三年、总量翻番”的发展目标助推加力，较好地完成了各项工作任务，得到了省民委的好评。

一、全年主要工作情况

（一）积极开发历史文化资源，突出重点项目，促进招商引资。

重点恢复修建我市著名历史文化景观玄帝观工程和天齐庙工程，引进域外资金计一亿八千多万元。重点开发了昌邑区土城子满族朝鲜族乡、孤店子镇大荒地村、北大湖开发区等景点。深入开发了历史文化资源，打造清打牲乌拉满族文化品牌，积极建立满族文化旅游开发带，构筑全市民族文化景点体系，初步把吉林市打造成为了全省民族文化游览中心城市。

（二）进行科学规划，统筹指导全市民族乡镇经济发展。

1.抓住机遇，全力申报民族特需品企业。经过协调，现已申报了吉林市东福实业有限公司等6户企业为民族用品定点生产企业，现已通过国家民委审定，为民品企业拓展了发展空间。

2.编制了《吉林市民族乡（镇）经济和社会发展“十一五”规划》，制定吉林市少数民族和少数民族经济社会发展目录编撰提纲。全面总结了民族乡镇发展成果，明确了各民族乡镇的发展重点和主要任务。

3.努力完成了经济指标。2007年全市民族乡镇实现国内生产总值16.32亿元，同比增长23%，招商引资7.19亿元，同比增长44%，固定资产投资22.34亿元，同比增长35%，农民人均纯收入3850元，同比增长10%。

4.积极加强民族乡村基础设施建设。向省申报了龙潭区大口钦满族镇乡村公路修建项目，争取资金50万元。为两家子乡争取资金20万元，用于基础设施建设。引进域外资金40万元为民族乡镇兴办5个改水公益事业。同时切实加强了对民族乡村新农村建设的指导，向市有关部门提供了建议名单，使2007年全市列为三级试点的民族乡（镇）村达到19个。

5.继续实施“民族情万人创业促就业”培训工程。举办了“小老板”培训班和少数民族农民技能培训班。积极筹建了民族宗教工作培训基地，为全面加强民族宗教培训工作提供了保障。

（三）坚持统筹兼顾全面发展，少数民族社会事业发展取得新进步。

1.民族传统体育项目得到拓展。在我市莱德国际马术俱乐部建立了吉林省少数民族传统体育项目马术训练基地，为我市发展马术项目创造了条件。举办了全市首届少数民族足球、排球运动会，推动了少数民族体育运动。举办了第四届吉林市朝鲜族中学生足球、教职工排球赛，丰富了少数民族群众的业余文化生活。

2.民族教育工作不断提高。重点向省民委申请了昌邑区两家子满族乡中心校教学楼、孤店子镇中心校校舍、市回小教学楼设施建设资金90万元。召开了全市朝鲜族优秀班主任表彰大会，总结推广了民族教育工作经验。举办了全市朝鲜族中小学“三语”竞赛选拔赛，参加了全省朝鲜族中小学“三语”竞赛。

3.民族文化活动特点突出,影响深远。筹建了吉林市少数民族艺术团。举办了"第六届朝鲜族民俗文化节"。组织吉林市回族艺术团赴民族乡村进行了演出,组织了"开斋节"大型文艺汇演,获得了较好反响。积极协调省、市体育部门为船营区北寺社区、朝鲜族老年活动中心等单位安装了体育健身器材20种,价值10万余元。

(四)深入开展创建全国民族团结进步模范市活动,进一步推进了民族团结进步事业。

年初召开了全市创建工作会议,深入开展了民族团结进步活动。在各层面开展了"乡企共建"、"科技支农"、"对口支援"、"节庆活动"、"和谐社区"、"和谐乡村"等民族团结宣传教育活动。集中利用9月份的一个月时间在全市开展了民族政策、法规知识等内容的宣传月活动,先后组织开展了知识竞赛、政策法规知识讲座等系列活动。同时强化了创建活动的领导机制、协调议事机制、社会共建机制、监督机制以及考核机制。并向市人大全面报告了我市民族团结进步工作。通过创建活动提升了民族工作水平,省里准备在全省推广我市民族工作经验。

(五)严格规范了民族成份变更工作。

今年年初将城区更改和恢复民族成份行政审批权限上收到市民委,并将其纳入市政府政务服务中心审批办理,从而保证了申请更改和恢复民族成份的公开和公正。

(六)着力加强爱国宗教团体和宗教职业者队伍建设,建设一支爱国爱教、拥护社会主义的宗教职业者队伍。

圆满完成了市伊协换届、北清真寺寺管会换届工作,通过了《吉林市伊斯兰教协会章程》。帮助天齐庙从五台山请来管理僧团,提高了我市佛教界的层次。切实加强了爱国宗教团体队伍建设,对加强民族团结、促进宗教和谐起到了十分重要的意义。

(七)认真贯彻落实《宗教事务条例》,依法加强规范化管理。

指导各宗教活动场所制定了《寺庙管理制度》、《学习制度》、《重大事情汇报制度》、《财务管理制度》、《安全工作制度》和《消防安全制度》等项制度。出台了《关于在市直管宗教活动场所推行财务管理委托代理试点工作方案》,把宗教活动场所的财务管理纳入到专业化管理,从而使宗教场所进入了规范化管理轨道。根据国务院《宗教事务条例》的规定,对已具备条件的14个临时登记的基督教宗教活动场所给予正式登记。及时办理了3处宗教活动场所新建、翻建、扩建审批手续。实地踏查了磐石市道教玉虚宫新建三清殿地址,指导丰满区做好三清宫易地迁建工作,确定了佛教天齐庙移地复建的审批及奠基的筹备工作。此外,今年我市的大型宗教活动较多,如船营区灵岩寺奠基、北京路基督教会献堂、天主教圣母圣诞日等,通过我们积极有效的工作,确保了大型宗教活动的安全。

(八)及时化解矛盾,促进社会和谐稳定。

先后处理了牛羊肉屠宰场业主提高费用群众上访、女寺房产上访、市朝中征地上访、藏族进城经商人员上访及伊斯兰教界、佛教界等上访事件。由于我们工作及时,上访事件得到圆满解决,使事态没有进一步复杂化。高度重视大型宗教活动及宗教活动场所的安全工作,认真排查安全隐患,防患未然,确保了安全有序。

(九)依法治理非法宗教活动,抵御宗教渗透的重点,坚决维护国家的安全利益。全面开展了整顿基督教私设聚会点、天主教专项治理和整顿宗教活动秩序等专项工作,取得了一定的成效。制止了解放西路善斋素食餐馆开业庆典中的非法从事宗教活动,查处了龙潭区江北乡柳树屯乱建寺庙、桦甸市红石拉子镇乱建道观等问题。为保证国家的安全利益,及时有力地打击了印度传教士进行非法宗教活动等渗透案。

(十)加强机关队伍建设,打造一支称职的宗教管理者队伍。开展了创建学习型、服务型、创新型、效能型、和谐型的"五型"机关活动,大大提高了机关干部整体素质,提升了整体形象。为加强机关内部管理,在充分讨论的基础上,重新制定完善了17项规章制度,印制了局机关规章制度汇编,严格约束每个干部的言行。同时完善了市、县两级宗教工作领导组织机构及工作机制,指导选拔了一批素质高、能力强的工作人员,充实了宗教管理者队伍,形成了市、县、乡三级宗教工作网络。

(吴振江)

社会团体

【总工会】 2007年全市各级工会组织在市委和上级工会的领导下,以邓小平理论和"三个代表"重要思想为指导,认真落实科学发展观,以发展和谐劳动关系为主线,突出抓好"奋斗三年,总量翻番"立功竞赛、"创建劳动关系和谐单位"、"送温暖"和"基层工会标准化建设"等四项活动,充分发挥了工会组织在实现经济总量翻番、构建社会主义和谐社会中的重要作用。

一、开展"奋斗三年,总量翻番"立功竞赛活动,为推进经济总量翻番做贡献

全市各级工会组织紧紧围绕市委提出的"奋斗三年,实现经济总量翻番"的目标任务,结合实际制定了具体的竞赛活动方案,围绕提速增效、招商引资、大项目建设、提高职工素质、提高服务水平和服务效能,开展了富有行业特色的竞赛活动。工业企业组织职工开展了"降成本、创最佳、增效益"竞赛、"班组炉台竞赛",开展了"百工种岗位操作技能大练兵"活动,举办了全市十大工种、三大行业职工职业技能大赛。基建交通、财贸农林、教科文卫体等产业系统开展了"建造魅力江城"、"争首席员工,创一流品牌"、"五德塑形、行业立功"等立功竞赛活动;女职工委员会开展了"女职工建功立业"达标竞赛活动。全市80%的职工参与到竞赛活动中来,有力地调动了广大职工的积极性和创造性。市总编印了立功竞赛活动简报,举办了职工职业技能竞赛和“促经济总量翻番,展江城职工风采”职工文艺汇演,在吉化化肥厂召开了全市“奋斗三年,总量翻番”立功竞赛活动现场推进会,交流经验,表彰先进,使竞赛活动不断深入。

积极推动节能减排和招商引资。市总制定了《关于动员和组织职工在立功竞赛活动中做好节能减排工作的意见》,在中钢吉林铁合金集团召开了全市工会系统推进节能减排工作交流会,举办了节能减排的形势任务专题讲座,动员广大职工立足岗位,为节能减排做贡献。在招商引资工作中,充分发挥机关全体干部的作用,成立了招商组赴江苏等地,实地考察企业宣传吉林市,全面完成了招商引资任务。

深化“创建学习型组织,争做知识型职工”活动。围绕“提素质,求创新,促翻番”的主题,加大了对基层开展活动的指导力度,完善“创争”活动运行和保证机制,不断扩大活动覆盖面。指导基层开展研讨征文、拓展竞赛、“职工职业生涯设计”等活动。宣传先进典型,评选表彰了“创争”活动示范单位、先进班组和知识型职工。推荐全国和省五一劳动奖章16人、五一劳动奖状单位2个,推荐了省职业道德建设十佳单位、先进班组和十佳标兵。加大新闻宣传力度,大力宣传工人阶级的先进事迹,激发了广大职工群众积极参与“奋斗三年,总量翻番”竞赛的积极性。

据不完全统计,去年全市职工围绕节能增效提出合理化建议56230件,实施21402件,实现技术创新、修旧利废项目4453项,取得经济技术创新成果2841项,节创价值2.8亿元。我市职工立功竞赛活动得到省总和市委领导的充分肯定,市总受到全总和国务院振兴东北办的表彰,荣获“振兴杯”劳动竞赛优秀组织奖。

二、开展“创建劳动关系和谐单位”活动,进一步强化了工会维权机制建设

职代会制度建设进一步加强。通过创建“五星级职代会”和实行区域性职工代表联合大会制度,企事业单位的民主管理水平得到提高,企业经营管理者的民主意识和职工参与企业管理能力不断增强。我市有8名同志被省总授予依靠职工办好企事业最佳经营管理者称号;8个单位的职代会在全省双最佳表彰大会上受到表彰。厂务公开民主管理工作进一步加强,市总被评为全国推进厂务公开民主管理工作先进单位。

积极推进建立平等协商集体合同和劳动合同制度。联合市劳动部门对全市建立平等协商集体合同、劳动合同制度、建立劳动用工录入监控管理系统、和谐企业创建活动、三方机制建设、企业拖欠工资等情况进行了监督检查和调研指导,有力地促进了基层民主管理各项机制的进一步建立健全。目前,全市实行平等协商集体合同制度的单位已达3072户。女职工权益保障专项集体合同工作进一步拓展,全市已有394个单位签订了女职工特殊权益专项集体合同。积极宣传《劳动合同法》,邀请全总专家为工会干部作了《劳动合同法》的专题讲座。

加强劳动争议调解和职工劳动保护监督检查工作。下发了《关于进一步加强劳动争议调解工作的若干意见》,规范和推进劳动争议调解工作。认真做好群体访工作,全年共接待职工信访980次,其中集体访33次,完成上级交办的信访案件9件。深化“安康杯”竞赛活动,组织基层开展“我为安全生产献一计”、“百日安全生产竞赛”等活动。参与全市煤炭资源整治暨小煤窑关闭工作和职工伤亡事故调查处理工作,在协同政府部门处理事故过程中,积极提出整改意见,有力地维护了职工劳动安全卫生权益。

三、开展“送温暖”活动,切实帮助困难职工解决实际生活问题

“两节”期间,市总本级筹集送温暖资金180多万元,全市各级工会组织共筹集1600万元,举行了送温暖活动启动仪式,购买140吨米面油,成立了1000多个送温暖活动小组,走访慰问了1.6万户困难职工家庭。市总困难职工帮扶中心接待和帮扶困难职工1569人,发放米面油51吨,捐助棉衣棉被105套,处理法律援助案件162件,为3199名下岗职工联系了工作岗位。各县(市)区帮扶中心都在帮扶困难职工上发挥了积极作用。“金秋助学”活动影响大、反响好。市总举行了“金秋助学”受助仪式,直接资助了1300名特困职工子女就学。全市各级工会组织共筹集资金486万元,资助5263名困难职工、农民工和单亲女职工子女就学。组织劳模出国疗养,开展劳模“一帮一”结对活动,帮扶资助困难劳模636人。举办了青年职工联谊会,帮助他们解决婚恋问题。去年市总确定的为困难职工办的10件实事好事全部完成。

促进下岗职工再就业取得新成效。以“五一创业行动”为载体,征集创业金点子272项,扶持创业带头人45名,提供创业扶持资金43.6万元。召开了“五一创业行动”援助大会,集中展示推介了200个创业项目。完成了市政府安排的150名失业人员再就业工作。去年,全市新发展扶持下岗职工创业型的职工劳福事业17户,安置下岗职工510人,职工劳福事业帮扶特困职工结对子40户。全市各级工会为2万多名下岗职工提供了就业服务,安置了2873名下岗职工再就业。职工互助互济保障活动有新的发展。市政府批转了市总与市劳动和社会保障局《关于开展职工医疗互助保障工作的意见》。目前,全市参加职工医疗互助互济保障、职工团体意外伤害保障、重大疾病互助互济保障计划已达15.1万人。职工获得互助互济保障金153.9万元。

四、开展“基层工会标准化建设”活动,基层工会组织活力不断增强

制定了《吉林市基层工会标准化建设工程实施方案》和《考核细则》。全年30%的基层工会达到了标准化建设要求。

按照省总开展“县级工会标准化建设”创建活动的要求，有8个县（市）区总工会通过了省总的考核验收。继续强化“党工共建”、“双爱双评”等活动，重点抓了新建企业、改制企业、非公企业工会的组建和重建。目前，我市177户改制企业全部组建了工会组织，组建率达100%，职工入会率达98%以上。抓住工会经费实行税务代征的契机，及时做好工会组建的跟进工作，成立了一站式建会工作指导中心，全面指导基层单位建会工作。全市新建工会组织380户，组建了182个社区工会联合会，新发展会员4万人，市总获得全省建会工作一等奖。积极进行工会干部职业化的探索。建立了《工会组织员聘任制度》、《工会组织员考核管理制度》，对全市192名社区工会专职组织员重新进行了考核和培训，选聘了60名职业化工会主席。

去年，各产业工会围绕市总中心工作，结合各自行业特点，积极落实全委会的工作部署，重点工作取得了成效。工会新闻宣传工作进一步加强。工会经费税务代征工作取得显著成效，经费收缴创历史最好水平。此外，本级事业单位改革、职工劳福事业、经费审查监督和资产审计、调研和信息等工作都有新的发展。

（赵廷韬）

【团市委】 2007年全市各级团组织在市委和团省委的正确领导下，深入贯彻落实市第十一次党代会和团省委十三届六次会议精神，紧紧围绕实现经济总量翻番的发展目标，扎实有效地开展团的各项工作，圆满完成了各项工作任务，实现了共青团事业的新发展。

一、围绕和谐社会建设，培育江城新青年

1.加强青少年思想道德建设。全市各级团组织通过理论学习、主题团日、专题宣讲、形势报告、座谈研讨等形式学习贯彻党的十七大精神，举办宣讲会、培训班近百余场次。认真贯彻落实中央[2004]8号、16号文件精神，全年有15万人次的青少年参与到18岁成人仪式、手拉手等思想道德教育活动中。大力开展大中学生“三下乡”、“四进社区”等社会实践活动，有5个先进集体、16个优秀团队、7名先进个人受到团省委表彰。加强高校学生理论社团建设，全年在高校新成立5个大学生理论社团。各级少先队组织广泛开展“祖国发展我成长”——少先队员光荣感教育。市青企协会员企业通过开展“我将如何推动总量翻番”大讨论活动，提高会员企业抢抓机遇，服务振兴，推动发展的自觉性。全力配合《倾国倾城：最值得向世界介绍的中国名城》组委会做好吉林市的宣传推介活动，开展“我爱我城——青春涌动”集中宣传月活动，全市2万余名团员青年，5万余名少先队员参与其中，共征集“我爱我城理由”1万余条，征集“我爱我城”征文1200份，征集城市文明大搜索DV作品50余份，在全市青少年中掀起了热爱家乡、建设家乡的热潮。

2.大力开发青年人力资源。深入实施青工技能振兴计划，通过开展导师带徒、岗位练兵和技术比武等活动，全年培训青年技工10632名，实现了1051名技工晋等级，培养各级岗位能手1028名。在“青工技能竞赛月”活动中，组织和动员吉林化建、吉林热电、白山电厂、铁合金等20多家企业相继开展青工技能竞赛，近2万名青年职工参加了车工、化工、计算机操作等15个类别的比赛。与市劳动和社会保障局、市委组织部、市总工会等部门联合开展“吉林市2007年职业技能大赛”。大力实施“双培”计划，培养农村青年人才。结合全市“青年创富工程”，新培养农村青年致富带头人2000名，新确定2000名培养对象，并全部登记备案。在县（市）区开展以技术辅导、跟踪服务为主要内容的“乡村青年大课堂”活动，开展种植、养殖、菌类栽培等各类实用技能培训70余场次，共培训青年5800余人次，结成各类帮扶对子200余对。积极鼓励培养大学生科技创新人才，北华大学团委历来注重科技创新人才的培养工作，今年在第十届“挑战杯”全国大学生课外科技学术作品竞赛中，该校2项科技学术作品均获三等奖。充分发挥典型育人的作用，组织开展了第二届吉林市十佳大学生、十佳中学生，百优大学生、百优中学生评选活动，在全市青年学生中树立可学可敬的先进典型，用身边的人和事引导青年学生自觉提高思想政治素质。

3.关注青少年弱势群体。充分发挥市青企协会员企业作用，实施“桑梓梦，桃李情”大学生阳光助学计划。通过各种公益晚会、书画义卖等活动，募集善款6.982万元，资助贫困学生449人，同时，为100名待业青年提供工作岗位。在各级少先队组织中，以扶贫帮困送温暖、寻找身边的“雷锋”等内容，广泛开展“红领巾学雷锋、做贡献”活动。组织开展“让爱在这里起飞”——2007吉林市红领巾城乡手拉手活动，帮助一批家庭贫困、品学兼优的儿童度过快乐而有意义的“六一”儿童节。开展“温暖学子”慰问留校大学生活动，为全市532名留校大学生捐赠58000元钱物。大商集团团委举办“寒冬送暖”爱心捐助活动，为100名贫困大学生捐赠羽绒服及保暖内衣各100件，用实际行动温暖贫困学子。密切关注青少年心理健康，深入实施大中学生“心理阳光工程”，做好大中学生心理健康教育。健全未成年人保护委员会工作网络，目前，全市各县（市）区已全部成立未保委预防工作机构。各级团组织积极探索未成年人维权工作，其中，桦甸团市委与17名未成年服刑人员建立了帮扶对子。

二、团结带领广大青年在经济发展中建功立业

1.服务青年创业就业。承办“吉林省2007年度SIYB青年创业培训班（吉林市高校毕业生专场）”，对全市2002年以来部分未就业但有强烈创业意向和创业条件的大学生在进行摸底调查、组织推荐和个人申报的基础上，择优对51名创业青年进行集中培训。全年各级团组织与劳动部门联合培训创业青年2391名。建立“吉林市青年企业家人力资源信息库”，积极帮助毕业大学生、城市下岗青年、农村剩余劳动力寻求就

业机会。举办"吉林市2007年大中专毕业生供需见面会"，提供900多个就业岗位，达成1436个就业意向。充分发挥"吉林市青年企业家创业咨询指导中心"作用，积极帮助青年掌握创业本领，提高创业能力，目前已帮扶13名创业青年创办自己的企业。深入实施"大学生就业见习行动"，鼓励和组织在校学生到企（事）业单位进行就业见习，提高大学生的社会实践能力。

2. 引导青年创新创效，服务企业节能降耗。组织青年职工参与节能降耗技术改造等活动，充分发挥青年职工在建设节约型企业中的积极作用。向团省委申报8个节能减排项目，积极申请资金扶持。吉林石化公司团委立足岗位实际开展"五小"攻关、合理化建议等经济技术创新活动，全年该公司团员青年共提出合理化建议8000余条，实施创新创效217项，累计增创效益780万元。深化"青年安全生产示范岗"创建活动，围绕加强企业安全生产管理等关键环节，强化青工安全生产意识、提高青工安全生产技能。

3. 充分发挥青联、青企协组织在经济建设和社会发展中的作用。充分发挥青联、青企协组织的外联优势，为我市招商引资工作提供中介、搭建平台。2007年与北京等地的青年企业家协会组织建立了战略友好合作关系，成功邀请韩国、美国等国家的境外、域外企业家来我市进行友好访问，并对我市的物流、农业、地产开发、商业、能源等项目进行考察，较好的推介了我市的产业资源优势，为我市的招商引资工作起到了积极的促进作用。全年全市各级团组织共完成招商引资任务2.15亿元。

4. 大力实施"青春建功新农村行动"。在农村基层团组织中开展"青年创业科普大集"活动，现场讲解、推广农业新产品和新技术10余项，发放各类用工信息和农业新项目宣传单5000余份，签订各种供求协议100多份。各县（市）区团委结合本地实际，大力推广科技致富项目，其中，蛟河团市委通过各级农村团组织，发动广大农村青年大力发展黑木耳产业，目前蛟河市共有5万袋以上青年黑木耳种植户30多户，争取到省经贸厅建设"长白山特色食品加工园区"专项资金50万元。进一步加强市青年经纪人协会工作，新吸纳30多名产业大户和优秀青年经纪人。建立"吉林市青年创业信息资讯网"，为青年经纪人提供网络服务平台。建立健全市、县、乡三级青年劳动力转移服务网络，各级团组织与相关部门联合发布就业信息近万条，提供就业岗位1000余个，各级团组织直接输出剩余劳动力2500余人，磐石市、丰满区已经建立农村剩余劳动力转移技能定点培训基地。

三、加强文化引导，创建具有时代气息、江城特色的青年文化

1. 大力弘扬创业文化。通过典型的示范带动作用，营造全民创业的浓厚氛围，成功举办"第六届吉林市十大杰出青年"和"第七届吉林市十大杰出青年企业家"的评选表彰活动。继续开展"共享成才——杰出青年进校园"活动，组织3场青年企业家报告会，以优秀企业家自身的奋斗历程和成功经验引导、教育当代大学生，为大学生的成长成才提供支持和帮助。在第二届"吉林青年创业行动"候选人和候选集体申报工作中，举荐崔宏伟等4名青年企业家为组织工作先进个人；桦甸团市委等4家青年集体为优秀组织单位；曲彤等青年创业工作者为组织工作先进个人。

2. 全面活跃校园文化。举办"创意2007第二届江城学生校园文化艺术节"活动，推出一批体现时代特色，具有青年特点的创意文化精品，东北电力大学团委的70多个学生社团成员全部参与到此次校园文化活动中来，并举办了创业卖场、经济论坛对抗赛、舒馨心理咨询等具有一定规模和影响力的精品活动。举办"吉林市首届红领巾文化艺术节"，打造独具魅力的江城少先队文化，营造活泼、健康、进步的少先队文化氛围。深化青少年体验教育活动，实施"文明红领巾"实践行动，促进青少年健康快乐成长。

3. 广泛开展"乡村青年文化节"。以县区、乡镇、社区为单位，组织开展以"新农村、新青年、新风采"为主题的"乡村青年文化节"活动。其中，各县（市）区团委牵头开展的大型文化娱乐、科技传播活动30余场次，为农村青年赠送图书近万余册，举办图片展30余次。昌邑区团委举办的"讲文明、树新风、创和谐、促发展"金秋文艺汇演、丰满区团委举办的"咱村大舞台"大型文艺汇演、蛟河市团委组织的乡村青少年校园文化系列活动、舒兰市团委举行的"优化经济发展环境，实现经济总量翻番"主题演讲比赛等活动在青年中引起了强烈的反响，为乡村文化生活的进一步繁荣起到了积极的促进作用。

4. 积极构筑和谐文化。为弘扬社会正气，维护良好的社会秩序，开展吉林市首届"杰出（优秀）青年卫士"评选表彰大会，对28名杰出和优秀青年卫士进行了命名表彰。加强典型的培养举荐工作，神华工贸董事长、全国人大代表李彦群、著名演员闫学晶被评为"吉林省十大杰出青年"；市公安局巡警支队特警大队大队长苗立中被评为吉林省"五四"奖章获得者。为普及奥运知识，弘扬奥运精神，吉林医药学院临床医学院团委开展"上一堂奥运课，传一份学子情"大型奥运系列公益活动。深刻把握当前我市青年志愿者活动发展状态，针对我市青年志愿者活动的特点和存在的主要问题进行深入调研，形成了《关于吉林市青年志愿者活动发展状况的调查报告》，为我市青年志愿者立法调研提供数据支持。集中开展"保护母亲河"系列活动，各级农村团组织利用广播、电视、报刊、网站等宣传媒体，宣传生态环保知识，深入开展生态环保理念教育。活动期间，组织广大青少年开展"青年林"植树活动，共植树7400余株，同时，开展青年志愿者捡拾白色垃圾、环保知识宣传等环境美化公益活动，受到了社会的一致好评。以"树行业新风，促总量翻番"为主题，开展"第七届江城青年文明服务竞赛"，评比表彰青年文明号先进集体和个人。加大青年文

明号督导力度，对126个服务意识不强，服务措施不明显的青年文明号进行摘牌。服务团员青年婚恋需求，举办“缘定新生活—吉林市未婚青年联谊会”，全市近700名团员青年参与了此次活动。

四、进一步加强团的自身建设

1. 加强团的基层组织建设。坚持“党建带团建、团建抓创新”，不断扩大基层团组织的有效覆盖。昌邑区团委进一步规范街道团建工作，全区13个街道统一成立了团工委，磐石市团委的8个社区均已建立团组织，化纤集团公司团委坚持团组织设置与党组织同步设置的原则，在中外合资企业、民营企业、外埠公司中建立了团组织，并将团支部工作纳入到《党支部工作检查考核细则》绩效考核中，使党团建设同步规划、同步实施、同步检查、同步发展。

2. 加强团干部、团员队伍建设。依托市青少年素质拓展基地，探索开展团干部培训、团员培训的新方式，全年培训基层团干部362名。各级团组织也通过多种形式为团干部、团员青年成长成才营造氛围，其中，吉航公司团委通过设置读书角、开展读书月活动、创办《吉航团讯》等形式，积极服务团员青年成长成才。吉林热电厂团委以“好书伴我成长”为主题，组织开展《成为企业最受欢迎的人》专题读书活动并广泛征集学习心得。加强对直属团干部的协管力度，积极向党组织推荐优秀团干部到重要岗位工作。继续做好推优入党工作，全年向党组织输送了一大批优秀团员青年。规范团员证注册和管理工作，切实加强团员教育、管理和服务工作。深入推进增强共青团员意识主题教育活动，其中，国贸集团公司团委通过开展“我是团员，我该怎样做”的行为反思和“让流失的团员回家”活动，定期对团员行为进行评议，积极将流动团员、无组织团员纳入团的管理体系，增强团组织的覆盖面和影响力。

3. 加强团的调研、信息和宣传工作。配合团中央就吉林市共青团工作进行全面深入调研，形成全市共青团调研报告，提高了共青团工作的科学性、前瞻性、系统性。大力加强少先队基础调研工作和理论研究工作，在全市范围内开展了“少年儿童荣辱观教育”大调研，通过分发问卷、专题座谈等形式，对全市少年儿童思想道德现状进行了系统的了解和分析，并形成了一批理论研究成果，其中有7篇调研报告获得吉林省2007年度少先队工作调研奖。加大信息报送力度，全年共上报信息650余条，其中67条信息被《中国青年报》、《吉林团情》、《宣传动态》采用。加强“江城共青团”网站、“江城青联网站”建设，初步建立了全团工作上下互通及时、横向交流广泛、信息资源共享的高效运转机制。

4. 加强团的外围组织建设。召开市青联第十三届二次常委（扩大）会议，卸免并增补部分委员。完善青企协章程，增补20名优秀青年企业家，为推动协会工作奠定了坚实的基础。制作青企协会员卡，与我市19家商贸企业签订优惠协议，为青企协会员提供理财、票务、购物、餐饮等12类服务项目。按照“先行探索，逐步提高，抓住难点，分类指导”的工作思路，在四个城区确定了社区少工委工作试点，初步形成以社区少工委为核心，以热心少年儿童事业的各方面人士为骨干，以丰富多彩的体验活动为载体，组建开放、灵活、充满活力的少先队组织网络。积极参与《中国青年报》“各地青企协名牌活动展示栏目”评选活动，荣获最佳管理奖。

5. 推动团属事业发展壮大。启动吉林市青年学生家教服务中心会员吸纳、会员培训、供需对接等方面工作，创建吉林市青年学生家教服务中心网站，不断加强中心的规范化建设。加强青少年校外教育阵地建设，充分发挥文化育人功能，实现了团校和青少年宫的灵活运转。广泛整合资源，争取政策支持，建成含素质拓展训练区、思想道德教育区、军事模拟训练区、安全救护教育区、快乐农业体验区、生态环保体验区、手工坊、服务中心八大功能园区的青少年素质拓展教育基地，该基地被团省委命名为“吉林省青少年素质教育拓展基地”；被省文明办命名为“吉林省未成年人思想道德示范基地”，自今年5月份试运行以来，共接待60余个团队，培训青少年近3万余人次。

【妇　联】 2007年吉林市的妇女工作在市委、市政府的正确领导下，各级妇联组织和广大妇女干部以党的十七大精神和科学发展观为统领，从广大妇女的根本利益出发，围绕中心、服务大局，不断丰富“双学双比”、“巾帼建功”活动的内涵，在帮助下岗妇女创业就业、引领农村妇女增收致富、推动城乡妇女劳动力转移、维护妇女儿童合法权益、帮扶贫困儿童、关注留守（流动）儿童、构建和谐家庭等方面做了大量卓有成效的工作，有力地促进了经济和社会事业的全面进步。

——农村妇女“双学双比”活动不断深化。全市各级妇联组织为农村妇女协调小额贷款8348.7683万元，支持7204户妇女兴业致富；为农村妇女发放科普资料2万多份，举办实用技术培训班1546期，有75920人次的妇女得到培训；组织女党员与贫困妇女结成2000对帮扶对子；建立以妇女为主的各类专业协会93个，培树专职女经纪人67名；转移农村女富余劳动力15083人次，通过妇联组织输送3651人。创建了10个市级、20个县（市）区级、30个乡镇级的“巾帼示范村”。

——城镇妇女“巾帼建功”活动充满生机。围绕“创新业、建新功、增效益、促翻番”这一主题开展竞赛活动，在各级劳动部门的支持下，全市各级妇联组织共举办各种技能培训班198期，培训人数达8214人次，提供就业岗位6700个人，安置3410名下岗女工实现了再就业；组织“春风送岗位行动”用工洽谈会、创业项目推介会12场；帮助开发创业项目500余个，实施“巾帼创业小额借款项目”发放借款96万元，扶持1092名下岗女工实现了自主创业，培树巾帼创业带头人106名。全市女职工为企业发展献计献策1230条，以女职工为主的经济技术创造成果达215项，节创价值1096万元。今年有3个“巾帼文明岗”、2个“巾帼建功”标兵受到国家级表彰。

——妇女宣传教育工作成效显著。全市各级妇联组织广泛宣传各行各业先进妇女在经济和社会发展中做出的突出贡献，彰显先进妇女群体的风采，在全市妇女中形成了赶超先进、争当先进，人人为“推进总量翻番”做贡献的良好氛围。开展“三八红旗手(标兵)”、“三八红旗集体”、“2006江城经济女性年度人物”和“感动江城十大母亲”评选活动，并对306名个人和43个集体进行了表彰；开展“和谐示范家庭”评选和“家书抵万金”有奖征集等活动，有100户和谐家庭、50封优秀家书受到表彰；开展吉林市“蒙牛《城市之间》”社区选拔赛，在全市6个分赛场进行12场比赛，选出120名选手参加了全市选拔赛。全年各级妇联组织通过各种形式培树宣传先进妇女集体和个人586人次。

——维护妇女儿童权益实现新突破。各级妇联把代表和维护妇女利益作为一切工作的出发点和落脚点，积极向人大、政协提交议案、提案，与有关部门联合执法检查；结合“平安家庭”创建活动，对妇女十大热点问题进行透视评析，就《吉林省预防和制止家庭暴力条例》进行解读，引导妇女群众依法维护自身的合法权益；在全地区组织开展禁毒宣传活动，发表以“妇女远离毒品，促进家庭和谐”为主题的公开信。截止2007年10月，全地区妇联系统共接待来信、来访、来电1767件（其中市妇联接待792件），结案率达到97%；为困难妇女代写诉状、答辩状、申诉材料12份；配合有关部门调解婚姻家庭矛盾7起，介入涉及妇女儿童权益的重点案件3件；各级妇联组织接待妇女群众法律咨询1550余人次；参与陪审妇女儿童权益案件72件。

积极推动《妇女儿童发展规划》的实施，组织专家对重点指标完成情况进行督查；实施“春蕾”助学活动，开展“春蕾”十年回顾活动，资助贫困女童1181名、472370元；指导和推进家庭教育，培树大批“双合格”家长和优秀家长学校典型，其中2个单位受到全国表彰；积极探索留守（流动）儿童的思想教育工作，开展留守（流动）儿童学习、生活状况调查；开展“‘编织爱心、奉献真情’恒爱行动”，组织全市各界热心人士为孤残儿童捐赠和编织爱心毛衣3220件；与市慈善总会共同开展了为艾滋病患者捐款活动，全市各级妇女组织和妇女群众为艾滋病患者捐款40190元。

——妇联自身建设水平有了新的提升。在全市基层妇联组织中开展“三创建一提高”活动，加强了基层妇联班子建设和干部队伍能力建设，提高了妇联组织的凝聚力和战斗力。抓住村委会换届的有利时机，全力做好村妇代会主任进“两委”工作，全市1354个村妇代会主任中，有1316人进入村委会和党支部；提高妇联干部“五种能力”，在基层妇女干部中开展“读一本好书、搞一项调研、写一篇文章（学习体会或调研报告）”活动；开展农村女党员状况调查，形成了专题调查报告。

在市委的重视、支持和各级妇女干部的共同努力下，成功召开了吉林市妇女第十三次代表大会，选举产生了新一届执行委员会和主席、副主席，审议并通过了今后五年妇女及妇女工作的发展目标，绘就了今后五年我市妇女事业发展的宏伟蓝图。

2007年市妇联被授予全国先进妇联组织、全国“双学双比”先进集体、全国信访工作先进集体；荣获省妇女创业就业工作先进单位、省“巾帼建功”竞赛活动先进单位、省农村工作优胜奖、“恒爱行动”优秀组织奖；“家书抵万金”、“江城女性年度人物评选”两项活动被省妇联评为2007年度妇联工作创新奖；被市委、市政府评为精神文明先进单位和2007年度社会治安综合治理、平安创建先进单位。

（曲雪松）

【老龄委】 2007年全市老龄工作在市委、市政府的领导下，在各级党委政府、各老龄委成员单位、企事业单位以及社会各界的重视支持下，老龄工作和老龄事业取得了新进展和新成绩。

一、各级党委政府更加重视老龄工作，老年群体受到社会的广泛关注

自市委、市政府下发《关于进一步加强老龄工作的意见》后，各县（市）、区党委、政府相继制发了有关文件，对老龄事业的发展和老龄工作的开展起到重要推动作用。市政府常务会议多次听取老龄工作汇报，安排资金30多万元用于老年人救助、慰问百岁老人和活动经费。市委、市政府各位领导带头走访慰问老年人，给老年人发慰问信等。磐石市委、市政府重视老龄工作，主要领导多次参加老年人的活动。吉林石化公司连续两年支付3000多万元资金，用于老年活动场所的改造和更新。昌邑区投入800万元资金，加强社区服务网络建设，完善服务功能，一线通网络服务中心搭建平台为老年人服务。桦甸市定期召开老龄工作例会，把老龄工作纳入到党建工作考核中。蛟河市政府帮助解决老年人健身、文化活动场所问题，充分发挥市老年人协会作用，老年人活动十分踊跃。丰满区政府制定支持兴办老年产业的相关政策。一些县（市）、区人大、政协对老龄工作进行视察。市公交集团公司为落实老年人优待政策，仅去年补贴70周岁以上老年人免费乘车1200万元。由于各级党委、政府有关部门、企事业单位热心于老年民生事业，使全市老年人社会医疗保险、养老机构发展、老年人文化体育及旅游、老龄基础性工作都有较快发展，老年群体受到了全社会的广泛关注和关爱。

二、老龄委成员单位发挥作用明显，有力地促进了老龄工作协调发展

各成员单位从自身实际情况出发，充分发挥职能作用，合力推动老龄工作向纵深发展。市委宣传部把老龄宣传工作做为重点内容列入工作日程，协调部署新闻单位加大宣传力度，为加强和促进老龄社会宣传提供了有力的保证。市公用事业局在解决高龄老年人免费乘车、进公园等涉及老年人生活实际问题上，积极努力，多方协调，保证了各项优待政策的全面落实。市民政局、市劳动和社会保障局、市社会保险公司出台一系列优惠政策，全市有13200多名老年人享受低保，39768名老年人被纳入医疗保险，在城镇医疗保险中为60周岁以上老年人每年补贴100元。市卫生局抓住建立社区卫生网点的契机，为社区老年人提供免费卫生保健服务，为45538名老年人建立健康档案，为30301名老年人免费进行慢性病筛查，为13039名高血压、4525名糖尿病患者免费提供血压、血糖监测、病例管理。各成员单位鼎力相助，各尽所职，真正为老年人办实事、好事，促进了为老服务工作的开展。

三、加强维权工作，老年合法权益得到有效维护

市老龄办举办老龄干部《老年法》知识竞赛，通过基层单位层层选拔，普遍提高了老龄干部的法律意识和知识，为依法做好老龄工作奠定了基础。桦甸市老龄办组织全市法律工作者开展老年人法律援助争先活动。蛟河市印发万余册《老年法》宣传手册，发给社会各界和老年人。磐石市、蛟河市、桦甸市率先在全地区实现按照老年人口比例提取老年事业经费，并列入财政预算。桦甸市、丰满区、昌邑区开展赡养协议书执行情况公示活动，完善老年人养老权益保障工作。永吉县岔路河镇岔路河村、丰满区江南乡建华村连续多年发放养老金。永吉县西阳镇政府下发关于实施老年优待政策的文件，明确老年人审批建房、法律服务、集中供养、免“一事一议”筹劳任务等多项优惠政策。丰满区在老年人就医服务等出台相应政策。《吉林省优待老年人规定》颁布后，我市加大贯彻落实力度，为城区百岁老年人每月政府补贴200元。全年为1万多名老年人办理了优待证。

四、老年福利设施建设加快，为老服务得到较快发展

各县（市）、区加大投入力度，新（改）扩建一批与老年人日常生活密切相关的养老、文化、卫生、社区服务等公共设施。桦甸市、永吉县、舒兰市新建的综合性社会福利中心投入使用。社会民办养老服务机构不断发展壮大。全市老年公寓、养老院、老年康复（护理）院、托老所等场所221个，拥有床位13000多张，有效缓解了老年人入住需求。桦甸市、磐石市、丰满区、昌邑区等进行了居家养老工作试点，大力推进居家养老工作。桦甸市在社区中开展“认亲养老服务”活动，9个社区启动了活动仪式，参加认亲服务的公益岗位人员120人，为受助老年人提供以生活照料、心理慰藉、文化娱乐为内容的社区为老服务。

五、加大老龄宣传调研工作，促进老龄工作全面发展

各地采取得力措施运用舆论工具，营造出良好的尊老、敬老社会氛围。超额完成了2008年《吉林老年报》订阅工作，在全省排在前列。在市级以上报刊发表的老龄工作信息、经验、调研报告等340篇。《构建居家养老社区服务保障体系》论文，在第八届亚太地区老年学和老年医学大会上荣获优秀论文奖。各县（市）、区在各大节日和老人节期间，印发老年政策宣传单，利用新闻媒体宣传老龄工作。磐石市部分乡镇村屯主要公路和岔路边竖有宣传提示碑（牌）。永吉县、桦甸市在交通主要路口和群众活动集中的地方设立大型敬老宣传广告牌。各地按照省市要求精心组织，周密安排，完成了65周岁以上老年人基本情况调查工作，其中市老龄办、磐石市、蛟河市受到省表彰奖励。

六、组织开展文体活动，丰富老年人文化生活

各地紧紧围绕精神文明建设、和谐社会建设，组织老年人开展了丰富多彩的文体活动。磐石市老龄办举办以创建文明城市为主题的迎新春老年人文艺联欢会，“全民健身与奥运同行”千名老年人健身步行活动。桦甸市在老人节前夕，举办了百对金婚、千对银婚庆典活动。丰满区在世纪广场开展庆祝第九个老人节为老服务一条街活动。蛟河市在迎奥运倒计时一周年之际，召开全市老年人迎奥运运动会，千余名老人参加活动。龙潭区注重老年大学的建设，为老年人学习创造条件。与此同时，全市开展了“二次创业银龄行动”活动。桦甸市开展了“银龄志愿者援农行动”活动，组建“银龄志愿者援农服务队，深入村屯进行科技兴农人才培训，帮助农民提高科学文化素质。昌邑区组织老年人开展“感动昌邑”系列活动。各地通过组织各种载体，积极组织引导广大老年人，为我市经济总量翻番做出贡献。

（周敬君）

【残　　联】　2007年，吉林市残联在市委、市政府的领导下，在省残联的指导下，在社会各界的支持下，圆满完成各项工作任务，吉林市残疾人事业持续快速发展。

一、残疾人教育就业工作

1.扶贫工作。把残疾人扶贫纳入政府扶贫工作范围，为残疾人扶贫提供了强有力的支持。积极推行小额信贷、基地辐射等行之有效的扶贫形式，广泛开展“帮、包、带、扶”、“百千万”扶贫工程等灵活多样的扶贫活动，促进了扶贫效果。

同时在九个县（市）区开展农村贫困残疾人危房改造工程，共有633户贫困残疾人家庭迁入新居。

2.就业工作。开辟就业基地11个，新增残疾人就业1355人；利用保障金扶持残疾人就业826人；利用再就业资金扶持就业194人；全地区共收缴残疾人就业保障金2200万元，其中市本级保障金1645万元。

开展了残疾人就业咨询及就业洽谈会，安置残疾人就业。发挥市残联就业服务大厅功能，共接待就业咨询325人次，求职登记205人，推荐就业153人，成功就业129人。同时，通过各种渠道开展残疾人就业洽谈会，召开14次用工洽谈会。

3.教育工作。全地区开办了电脑基础初中级培训班、电脑网页制作初中级培训班，服装裁剪培训班、美容美发培训班、食用菌栽培技术培训班等共计15期，培训学员348人。本年度共资助108名残疾学生及残疾人家庭子女就学，其中大专34人，大学74人，资助总金额29万元。

二、残疾人康复工作

与市卫生、民政、教育、财政等部门联合下发《吉林市残疾人康复工作“十一五”实施方案》、《吉林市“十一五”重症贫困精神病患者康复医疗救助实施意见》,建立吉林市残疾人社区康复技术指导组和各类残疾康复技术中心。以“人人享有康复服务”为目标,全年 3 万余残疾人得到不同程度康复服务。其中,完成白内障复明手术 2436 例,完成全年任务的 100.3%,“视觉第一”为贫困白内障患者免费手术 268 例,“彭年光明行动”为贫困白内障患者免费手术 560 例,完成任务的 116.7%,植晶率达 98%,脱盲率 100%,脱残率达 97%;安装大腿假肢 64 例,完成任务 106.7%;小腿假肢安装 73 例,完成任务的 121.7%,完成“国家电网”助行项目,免费安装小腿假肢 54 例,大腿 40 例;发放辅助器具 3274 件,完成任务的 100.1%;安装矫形器 11 例,100%完成全年任务;肢体残疾康复训练 114 名,完成任务的 178%;重症贫困精神病患者免费住院 204 名,完成任务的 110.3%,为 1420 名贫困精神病患者免费服药;九个县(市)区残疾人社区康复工作达标,有 29916 名各类残疾人在社区得到不同程度的康复服务,其中磐石市作为国家级残疾人社区康复示范县接受了验收,被命名为“全国残疾人社区康复示范区”。

三、残疾人基层组织建设

基层组织建设工作按照上级“城市抓社区、农村抓乡镇”的要求,典型引路,以点带面,以国家级乡镇残疾人组织建设工作先进单位磐石市为点,全面推动各县(市)区组织建设工作,各县(市)区均完善了“四位一体”、“三位一体”建设。社区(村)残协配备了残协主席和联络员,其中村、社区残疾人活动室大多以资源共享的方式建立。针对我市社区残疾专职委员“一高二低”的实际,制定了组织建设、规范工作、就业服务、康复服务、保障权益等十个项目的社区残疾人工作考核评分方法,使社区残疾人工作在广度和深度上得以延伸。

为了使残疾证发放管理规范化、制度化、科学化,市残联专门召开了全市残疾证发放与管理工作会议,率先在全省实行全地区残疾人证发放管理数据网络化。自行设计了残疾人证管理系统、残疾人状况动态数据库、统一印证设备,不仅对全地区的残疾人状况进行了深入细致的调查,也使残疾人证认定审批、检查办理等程序更加规范严谨。

四、残疾人宣传文体工作

积极开展了第十七次“全国助残日”活动。我市的 191 个社区都有包联单位走访残疾人家庭。市委、市政府领导、九个县(市)区委、政府领导及市直各委办局、企事业单位的领导都走访了特困残疾人家庭。据统计,我市各级党政领导共走访贫困残疾人户 5179 户,送去慰问金 49.3 万元,送种子、化肥、衣物等慰问品折合人民币 21.5 万元,其中为 1106 户残疾人发放救济粮 13100 斤,为贫困残疾人解决种子 10460 斤、化肥 12180 斤。

承办国家 2007 年特奥家庭支持联络网社区活动。活动分运动会和培训两部分,国家残奥中心特奥部副部长熊瑛和项目负责人倪娜参加了特奥社区运动会的开幕式。

开展吉林市第三届残疾人运动会。市五大班子主管领导出席开幕式,共有聋人、肢残人、盲人等 12 支代表队进行 3 个大项 31 个小项的角逐。

五、残疾人维权工作

市残联主要负责人亲自抓信访维权工作,亲自处理残疾人上访的重点问题。残联理事会多次专题研究信访工作。全市残联系统坚持信访集中排查制度,每月都要对社会影响较大,残疾人反映强烈的信访案件进行集中摸底排查,变上访为下访,及时发现苗头,对排查出的信访案件,落实责任,实行领导负责,部门包干,采取有力措施,化解矛盾,把问题解决在基层,防止越级上访和集访事件发生,有力地维护了全市政治与社会稳定。据统计,全年共接待来访 2000 余次,处理信访 545 件,结案率 100%。接待的信访事件都能够在初信初访得到妥善解决,未发生一起进京、去省、来市上访和集体上访事件。

六、残疾人募捐工作

开展了书墨传香、爱心助残义卖活动,我市刘乃中、李挥等著名书画家捐助了一批字画,在企业家、社会爱心人士中开展义卖活动,共募集资金 2 万余元,为残疾人子女入学解决了一定的困难。

(张 琦)

县 区

【民 政】 2007 年我们围绕全市发展大局,努力实践“以民为本,为民解困,为民服务”的宗旨,坚持贯彻“打造精品,争创一流,建设现代民政事业”的工作思路,各项民政工作加快发展,扎实推进,10 项重点工作目标全部实现,5 件为民实事逐一落实,各项工作任务圆满完成,为实现全市总量翻番目标,促进经济社会协调发展做出积极贡献。

一、提高城乡困难群体救助水平,民生问题得到改善

10 月份,以市政府名义制定下发了《吉林市城乡社会救助体系建设实施意见》和《“十一五”规划》,专门成立了城乡社会救助体系建设工作领导小组,建立统一管理和联席会议制度,实现了各项社会救助制度相配套,我市城乡社会救助体系全面建立。

城乡低保提标扩面工作,被市政府列为 2007 年改善民生十件实事之一。我市从 1 月份开始,城区低保标准由 156 元提高到 176 元,各区所辖乡镇由 125 元提高到 140 元。农村低保年补助标准提高到 360 元。通过实施城市低保动态管理,新增保障对象 5903 户、11332 人,取消低保对象 3081 户、8302 人。办理困难居民证 4769 户、13136 人。为城市低保对象核发住房租金补贴,从 1 月开始为 1059 户无房城市低保家庭每月发放住房租金补贴 100 元。为了规范城市低保工作,以市政府 189

号令出台了《吉林市城市居民最低生活保障办法》。对近几年来城市低保出现的新情况新问题以政府规章做出了新的规定,将实行城区民政部门对街道(乡镇)城市居民最低生活保障管理机构垂直管理。截止去年年底,城区共有城市低保对象36501户、78919人,月人均补差128.3元,月发放保障金1099.5万元。分类施保对象有19846户、42068人。城区纳入农村低保3.2万人,1.9万户,占农业人口的5.6%。

进一步加强农村救灾救济工作,会同市财政局向各城区下拨救灾资金285万元,向城区17所建设完工的农村福利服务中心下拨补助资金359万元。共安排医疗救助资金147万元,实施二次救助患病群众369人,人均救助2764元。对城区农村144户五保、优抚及低保对象困难户泥草房改造情况进行调查确认,保证了我市泥草房改造工程试点任务的顺利完成。

二、加强基层民主政治建设,民权进一步落实

全市共有194个社区,按照和谐社区达到总数50%的目标,共评出107个和谐社区,占社区总数的55%。全市社区建设工作扎实推进,一是以设置"五室一站"为模式,社区基本功能进一步健全。二是以指导帮助社区居委会建设为内容,机关部门包联社区活动深入开展。三是以创建平安、文明、绿色社区活动为载体,特色社区建设活动取得了新成果。四是以市政府为昌邑区鸿博花园社区举行首批和谐社区挂牌仪式为标志,全市和谐社区建设活动蓬勃开展。

为保证圆满完成第七次村民委员会换届选举工作,在选举过程中,积极推行无提名候选人选举、定岗定员选举、村主任与党组织书记"一肩挑"选举等形式。城区实行无提名候选人选举的村为73个,占已选举村的22%;实行定岗选举村为79个,占已选举村的24%;实行村党组织书记与村委会主任"一肩挑"村为86个,占已选举村的26%。截止去2007年9月,城区有331个村已经结束换届选举工作,占村总数(333个村)的99.4%。本次换届工作操作选举程序规范、村民民主选举意识增强、选举结果多数村民满意,充分保障了基层民主权利的进一步落实。

三、完善优抚安置政策,支持国防和军队建设

认真贯彻执行重点优抚对象医疗补助政策,建立了较为完善的1—6级残疾军人及重点优抚对象医疗保障体系。研究起草《关于我市困难企业1—6级残疾军人纳入特殊医疗保障的意见》,下发了《关于将我市重点优抚对象纳入商业保险的指导意见》。与市财政局协调,将全市困难企业和无工作单位的1—6级残疾军人纳入特殊医疗保障,将7—10级残疾军人、三属、在乡老兵在纳入新型农村合作医疗保险的基础上,同时纳入了商业医疗保险。市城区义务兵家庭优待金标准达到了上年度人均收入的100%,重点优抚对象优待金达到了30%。

积极开展以"双支"为载体的双拥共建活动。着重抓好"双支"项目的落实,完成军地"双支"项目5项。深入开展科技拥军活动,协调东北电力大学,对驻军官兵报考地方院校研究生、本科生和短期专业培训创造方便条件。做好随军家属安置工作,与市人事局协调解决8名随军家属安置问题。召开总结表彰大会,全面总结和部署民企拥军工作,巩固民企拥军成果。

退役士兵安置工作实行了"考评加考试,择优安置"的办法,进一步增强了安置工作的公开性和合理性。去年城区共接收符合安置条件的城镇退役士兵1090人,通过考评安置、鼓励自谋、政府推进等方式,于四月份分配安置完毕。在安置渠道上,鼓励退役士兵自谋职业,调整提高了自谋职业补助标准,两年兵由1.5万元调整为2万元,10年以上转业士官由2万元调整为3万元,同时为分配到民营企业的退役士兵每人补助5000元。据统计,市本级退役士兵安置率达98%以上,上岗率达85%,自谋职业率达14%(155人)。

我市双拥工作得到了党政军领导的高度重视,经过多年来广大军民的积极参与,各级民政部门的辛勤努力,我市第六次被授予"全国双拥模范城"称号,成功实现了"六连冠"目标,这是全市党政军民紧密团结携手取得的又一辉煌成果。

四、依法管理专项社会事务,切实维护民利

进一步加强民间组织登记管理工作,去年共筹建社会团体14个,成立登记7个,民办非企业单位批准登记8个。开展市本级民间组织年检工作,共年检社会团体270个,占社会团体总数的92%。加强地名信息化建设,对《吉林市政区电子地图》数据进行更新补充,共采集4万余条地名信息。开通"114"地名查询系统,接听地名查询热线300余次,受到社会的好评。加强婚姻登记工作网络化建设,举办婚姻登记信息系统学习培训班,组织婚姻登记处同步安装了婚姻登记信息软件,实现全省婚姻登记信息系统联网。加强殡葬管理专项整治工作,根据全市开展"城市管理年"活动方案安排,对全市180余家殡葬用品店进行清理整顿,下达行政告知书及处罚通知书300余份,清理封建迷信用品4000余件,查处非法土葬5起,收到良好的社会效果。

五、加大福利工程建设投入,保障福利事业可持续发展

去年我们总投资5800多万元,完成六项福利工程建设任务。其中烈士纪念馆总投资500万元,扩建展馆面积1500□;精神病院总投资1040万元、新建住院部大楼面积5300□;市殡葬服务中心总投资3450万元,收购口前殡仪馆并完成改扩建工程;社会福利院总投资699万元、完成建筑面积1500□四栋三无收养人员宿舍和综合楼改扩建工程;军供站总投资95万元,完成客房改造工程。这些项目的投资和高标准、高质量建设任务的完成,不仅使民政事业单位增资、扩容,而且为全市民政事业发展提供了强劲的动力。

六、深化改革,民政事业单位实现又好又快发展

福彩销售总量再创历史新高,全市共销售福利彩票

4.14 亿元（市本级 2.94 亿元），同比增长 65%，超计划完成 1.74 亿元，超额完成 72.5%。其中电脑福利彩票销售 2.67 亿元；“刮刮乐”彩票销售 1 亿元，在全国城市中名列第三，人均购票全国第一；“中福在线”即开型彩票销售 4700 万元，在全省名列前茅。积极开展“慈善救助双日捐”活动，共募集善款 1800 万元，其中市本级 777 万元，实现了历史性突破。

公墓管理处狠抓管理和服务，全年共销售墓穴 1704 位，实现销售额 2529 万元，新建墓穴 2127 位，超额完成了全年的计划指标。

救助管理站进一步加大工作力度，创新救助方式，全年共救助流浪乞讨人员 2860 人次，救助保护流浪儿童 433 人次，为维护社会正常秩序发挥了积极作用。

福利院、精神病院认真做好“三无”对象收养、收治工作，福利院新接收“三无”人员 65 人、弃婴 23 人；精神病院门诊量达 7145 人次，收治“110”送来患者 78 人次，完成经济收入 160 万元，较好地发挥了社会供养的职能作用。

军休军供服务工作取得显著成效。四个军休所继续认真落实军队离退休干部的政治待遇和生活待遇，积极组织军队干部开展各种有益于身心健康的文体活动，军休服务管理水平不断提高；军供站共接待军供任务 6 批次，1800 多人次，圆满完成过往部队饮食供应任务。

企业办积极维护残疾职工的合法权益，努力提高福利企业的经济效益和社会效益。去年全市社会福利企业工业总产值实现 7 亿元，销售收入 6.5 亿元，实现利税 1 亿元。

烈士陵园管理处充分发挥爱国主义教育主基地作用，积极接待全市各界群众来园参观和举行各种纪念活动，共接待参观群众 4 万多人，义务讲解 80 多场，高质量圆满完成全年接待任务。

殡葬服务中心全年共火化尸体 8435 具，继 2006 年完成了资产确权后，2007 年又按市政府要求，进行资产战略性重组，实现了两次历史性跨越。一是成功运作了口前殡仪馆的收购，并于 6 月 28 日完成了接收工作；二是对口前殡仪馆进行改扩建，于今年 1 月 5 日将虎牛沟殡仪馆正式迁至口前殡仪馆，并投入运营。这两项工作的完成，结束了我市殡葬市场一度混乱的局面，使我市殡葬改革步入了社会效益和经济效益双赢的发展轨道。

（张庆伟）

【人民防空】 ——人防指挥、通信警报建设

一是按照军地一体化防空袭斗争的要求，进一步修订完善了城市防空袭预案，根据国家人民防空应急准备方案和总体意图，制订了我市人民防空应急准备方案，新修订的防空袭预案包括基本方案、行动方案、22 个保障方案和附图，具有很强的实战性和可操作性。二是组织开展了人民防空应急准备评估，制订了评估工作方案和调研提纲，形成了应急准备评估报告。三是配合市外事办公室制定了《吉林市预防与应急处置日本遗弃化学武器预案》，落实了应急处置“日遗化武”的配套工作。四是依法开展人防专业队的整组与训练。组建了抢险抢修、医疗救护、消防、治安、防化通信、运输等七支城市防空专业队伍，编制为 4170 人。五是完成城市 100 个一、二类重要经济目标普查工作，按目标的种类、性质进行了分类，为其建立了电子信息档案。制订了重要经济目标总体防护方案，并纳入了城市防空袭预案中。六是加强了干部培训，组织参加了省人防办“人防机关 0711 防空袭研究性演习。七是建立了人民防空战备值班制度，设立了值班室，实行 24 小时战备值班，落实了值班人员和值班电话，对上对下通信联络畅通。八是制订了市信息保障方案，明确管理机制和建设任务，落实了实施单位。装备了省统一标准的指挥电台，按时与省办沟通联络。九是加强了指挥自动化系统的维护管理，开通了机关局域网，各办公室配备了电脑（今年新增电脑 14 台），办公楼内新装了电子屏幕。加强通信警报设施和机线设备的维护管理，定期进行了警报音响试鸣，全市 100 台警报器均处于良好的使用状态，警报音响鸣响率和音响覆盖率均达到了规定的标准。制定了警报音响统一控制发放规划，并按规划组织实施，年内试点安装了 5 台警报控制终端，统控效果良好。十是完成了通信战备执勤和业务训练任务，人员参训率和通信联络沟通率均达到 100%。

——防护工程体系建设。2007 年，防空地下室建设坚持了“以建为主，以收促建”的原则，年内共审批市内民用建筑项目 61 项，地上总建筑面积 1790522 平方米，建地下室 112 项，总建筑面积 40574 平方米，结建率 98.3%，建设率 75.8%。去年竣工验收合格的防空地下室 12 项，面积为 38917.7 平方米，竣工验收面达 100%，初次验收合格率达到 100%。加强了对重点县（市）防空地下室建设的指导、监督。根据吉林市修编城市总体规划的要求，市人防办被列为吉林市城市总体规划委员会成员，吉林市人防工程规划将纳入吉林市城市总体规划。2007 年 4 月，吉林市人防办被国家人防办授予“十五”期间人防工程建设先进单位。

——人防工程维护管理和开发利用。一是进一步加大了已建人防工程维护管理工作的力度，对市三条主干道、701 指挥所、505 指挥所等工程进行了维修、清淤、排水和电器、线路的维修，全市人防工程维管合格率为 96.5%，完好率为 71%。二是加强了对已开发利用工程的经营管理、开发利用人防工程的产值（营业额）达到 24287 万元，税金为 933 万元，利润 2125 万元，平战结合收入实现 640 万元。年内开发利用了昌邑区九中地下室，建筑面积 1415 平方米、使用面积 1076 平方米，用于生产各种冷饮，现已投入使用。全市人防工程开发利用率达到 63%。

——行政执法和宣传教育。一是全面推行人防行政执法责任制，建立了执法检查、执法监督和执法考评等规章制度；行政执法程序规范，法律文书符合规定，行政处罚决定准确。

年内共下达执法检查通知书309份、处罚告知书5份、处罚决定书1份。认真总结人防行政执法工作的做法,《强化法治意识,严格依法行政,努力提高人防行政执法综合效益》的经验,在2007年7月全省人防法制建设工作会议上作了介绍。二是充分利用9.18纪念日,开展大型的社会宣传;利用电视广播、板报巡展、警报试鸣、画廊专刊等宣传形式,向社会公民宣传人防法律法规、人防知识,提高了公民的法律意识和人防意识。深入开展人防宣传教育“五进”活动。中学防空知识教育纳入了教学计划,开课率达到95%,学生受教育率达到90%。

——机关“准军事化”建设。认真贯彻国家人防办制定的人民防空机关“准军事化”建设《标准》和《纲要》,坚持形式和效果统一、教育与制度并举、软件与硬件协调,本着抓班子、带队伍、强素质、树形象的原则,全面加强了机关“准军事化”建设。机关的思想政治建设、战备训练工作、作风纪律建设、业务素质建设、办公秩序建设有新的发展。2007年被省人防办评为机关“准军事化”建设一等达标单位,被国家人防办评为“人防机关准军事化建设先进单位”。

(赵光明)

【计划生育】 2007年我市人口和计划生育工作在市委、市政府的领导下,紧紧围绕全市经济发展的大局,不断强化措施,创新实践,全市人口和计生工作取得了新的进展和突破,圆满完成了年初确定的各项工作任务和目标。为全市提前实现经济总量翻番创造了良好的人口环境。省“党政线”、“计生线”考核中我市均被评为先进单位,分别受到省委、省政府和省人口计生委的通报表彰。政行风建设在全市23个综合管理部门中排名第二。我市人口计生多项工作在国家、省会议上介绍和交流了经验。

一、人口计划执行情况

截止去年底,全市总人口控制在432.4万人以内,出生人口29626人,人口自然增长率2.74‰,政策生育率达95.12%,全面完成了省下达的人口控制指标。

二、各项工作取得的新突破(“十个突破”)

一是中央《决定》和省委《意见》精神贯彻落实取得新突破。成功举办了全市乡(镇)街主管人口计生工作党政领导、计生干部学习中央《决定》研讨班,省、市计生委领导进行了授课。通过学习,进一步统一了思想、提高了认识,推动中央《决定》和省委《意见》精神的贯彻落实。

二是人口学校建设取得新突破。承办了全国人口宣教中心的业务工作研讨暨文图音像宣传品发行会分会场会议。我市人口学校建设成果及蛟河市宣教工作经验在大会上进行了交流。

三是计生协会工作取得新突破。成功举办了全省生育关怀行动暨救助计划生育特殊家庭启动大会。龙潭区在大会上做了经验介绍,参会的省政府和国家人口计生委的领导及各市(州)人口计生委的领导对这次大会给予了很高的评价。

四是流动人口管理和服务工作取得新突破。全省流动人口计划生育工作会议在我市召开,我市及昌邑区、舒兰市分别在大会上介绍了经验。桦甸市、磐石市、昌邑区被省人口计生委评为全省流动人口计划生育管理和服务示范县。舒兰市被评为全省流动人口计划生育管理和服务先进县。

五是人口计生依法行政工作取得新突破。承办了全省人口计生行政执法工作座谈会。我市的生育指标微机化管理及蛟河市的依法行政工作经验在会上做了介绍,得到了省人口计生委领导的充分肯定。

六是人口计生信息化建设取得新突破。研发并推广应用了人口计生综合信息管理系统。实现市、县、乡三级信息一体化管理,进一步提升了人口计生信息化建设水平。

七是胎教和早期教育工作取得新突破。我们总结了船营区开展胎教和0—3岁儿童早教及儿童成长的经验,这一经验得到国家人口计生委培训中心领导和国家早教专家的赞扬,并正式被命名为全省唯一一家“中国人口早期教育暨独生子女培养示范区”。

八是优生示范工程取得新突破。我们培树的舒兰市搞好“四项病毒”筛查防治工作典型经验,处于全省一流水平,得到省人口计生委领导多次表扬,要求全省学习推广,并在全省的科技工作会上介绍了经验。

九是药具供应改革扩面工作取得新突破。药具供应由上一年的49251人上升到95090人,占综合节育措施的比例由上一年6.2%上升到11.9%,提高了生殖健康水平,保障了计生工作的开展。

十是电子政务和政务公开、网络化办公取得新突破。加大了网络特别是社会版的信息量和更新速度。在全省首家开辟了《江城人口博客》,公布人口政策,工作需求,回答群众提出的问题和咨询,点击率达5081人次,为广大群众提供了便利,同时也避免了群众上访。

三、重点工作取得的新进展

(一)我市在省“党政线”考核中取得优异成绩。10月31日至11月7日,省委、省政府人口和计划生育“党政线”考核组一行5人在省卫生厅副厅长郝久利带领下,在副市长杨金顺、市政府副秘书长王鹏飞,市人口计生委主任李学勇、市卫生局副局长张宝清、市人口计生委副主任矫勇的陪同下,对市本级和5个县(市)、4个区及2个开发区的人口和计划生育“党政线”工作进行了考核。

省考核组对我市总体评价是:全市的人口和计划生育工作,各级党政领导高度重视,相关部门密切配合,经费投入足额到位,惠民政策得到落实,计生机构健全、人员稳定,工作持续创新亮点多。全市人口计生“党政线”工作不仅没扣一分,考核组还建议省委、省政府给予我市表彰奖励。考核组通过考核总结了我市人口和计划生育工作9个特点和10个亮点,特别是全市在学习贯彻中央《决定》精神、依法便民维权、流动人口管理和服务、基层人口学校建设、救助特殊家庭活动、信息化建设、生育指标管理、药具供应、优生示范工程、儿童早期教育等方面创造了许多新的亮点,得到了考核组的高度评价。

（二）“三结合”、“五关爱”活动扎实有效开展。以市人口和计划生育领导小组名义下发了《2007 年度全市城乡协调推进“三结合”、“五关爱”活动第二周期项目计划的通知》。制定了六个项目文本,加强协调,督促落实,积极推动“五关爱”活动扎实有效的开展。截止去年底,全市为育龄群众进行生殖健康普查 55 万人，四项病毒检测 2.7 万余人,B 超筛查 2.9 万余人,药物干预 3 万余人;免费为育龄妇女发放安全套达 500 万只左右；为 1635 户计生家庭落实了致富项目,为 5928 户完成了贷款,总金额达 3320 万元;资助了 1856 名辍学女孩重返校园,对 386 名独生子女免费进行了专业技术培训。

（三）奖励扶助制度得到很好落实。2007 年,全市农村符合奖扶条件的共计 5023 人,做到了“三到位”,即:资金配套到位,审核确认到位,奖励发放到位。组织全市 11 个县（市）区，对本辖区内部分城镇计生家庭奖扶对象进行基数的再调查,推动奖扶工作扎实有效地开展,兑现率达 70%以上。开展了计划生育特别家庭扶助对象的调查和确认工作，确保扶助资金足额兑现到位。这些政策的兑现,激发了广大育龄群众执行计划生育政策的自觉性。

（四）人口计生技术服务工作取得新进展。针对要生“金猪娃”传统习俗,可能引起的多生苗头,有效开展了冬春“查补落”活动,并取得了显著成效。全市重点人孕检达 19 万人次以上,B 超筛查 1.9 万人次,补救 1593 人,上环 1.4 万人,结扎 485 人,皮埋 226 例。加强了出生人口性别比的综合治理,召开了全市打击“两非”,综合治理性别比工作现场经验交流会,市卫生局、科技局、公安局、监察局、人口计生委等联合开展打击非法行医专项行动,使全市出生人口性别比趋于平衡。计划生育药具发放率有了明显的拓展。乡（镇）中心服务站建设取得突破性进展，现全市共有 10 所标准化乡镇中心服务站,85%的乡（镇）服务站达“四优一满意”示范站标准。

（薛庆武）

区、县社会经济发展概况

【船营区】　船营区位于吉林市中西部,总面积 710.81 平方公里。辖 1 乡 3 镇（欢喜乡和越北镇、大绥河镇、搜登站镇）,70 个行政村;11 个街道（大东、青岛、南京、向阳、德胜、北极、致和、北山、临江、长春路、黄旗）,45 个社区;1 个省级经济开发区（船营经济开发区）。2007 年末,全区总人口 459431 人（户籍人口），男、女人口占总人口比重分别为 50.3%和 49.7%。其中非农业人口 349166 人。区内少数民族人口 4.9 万人,占全区人口总数的 11%。全区共有耕地面积 29781 公顷。林业用地面积 25560 公顷,活立木蓄积量为 146 万立方米,森林覆盖率为 33.1%。区内有河流 14 条,中型水库 2 座,小型水库 14 座,塘坝 27 座。可开发利用水资源总量 1.4 亿立方米,人均水资源量 2780 立方米。现有住宅小区 79 个,次街路 22 条,巷道 500 余条,城区绿化覆盖率为 27%。

——经济总量。继续坚持“经济工作突出招商引资,招商引资突出项目建设,项目建设注重实效”的方针和“工商并举”的发展思路,优化投资结构,培育骨干企业,壮大优势产业,特别是经过高起点开局、百日奋战、决战四季度等系列攻坚,全区经济发展速度和质量取得重大突破。经济总量快速增长。实现全区生产总值 92.5 亿元,增长 28.8%。其中,二产增幅最大，增长 36.2%，占生产总值比重同比由 12.9%提高到 15.7%。农业总产值 5.5 亿元，增长 16.5%；农民人均纯收入 4780 元,增长 13.8%。

——项目建设和招商引资。项目建设和招商引资再创新高。完成固定资产投资 95.5 亿元,增长 44.9%。招商引资到位资金 47 亿元,增长 57.3%。项目总量、投资规模及增长幅度显著增加。千万元以上重点项目 130 个，其中亿元以上项目 10 个。工业项目投资比重由上年的 36.6%提高到 47%,引资建设了常州荣立年产 15 万套集装箱角件、华博年产 10 万吨日用玻璃瓶生产线等 33 个 3000 万元以上工业项目；商贸业态进一步丰富,新兴业态比重提高,中东新生活购物乐园、大润发超市、众安居三期、永通别克 4S 店、奇瑞汽车 4S 店等 41 个重点商贸项目建成运营。

——工业经济。工业总体实力得到增强。实现工业总产值 43.2 亿元。规模工业现价产值 23.1 亿元,增长 50.4%;规模工业增加值 7 亿元,增长 41.8%;规模企业实现利润 5400 万元,整体扭转亏损局面;规模工业企业新增 9 户,达 48 户。机械加工、食品医药、木材加工等优势产业的配套和带动能力不断增强,列入全市“123 工程”的重点项目进展顺利,恒达埃玛斯年产 3 万吨“消失模”铸造铸件技术改造、九洲年产 600 台套除尘装置及 6 台套脱硫装置制造、吉东木业年产 200 标准集装箱出口欧洲实木家具技术改造等 10 个重大项目年内建成投产。盘活、启动了市机械厂、8270 厂、吉林高特实业有限公司等 33 处、共 19.6 万平方米的闲置厂房。

——开发区建设。开发区产业集聚效应逐步显现。完成了新一轮开发区征地拆迁和基础设施建设工作,56 个总投资 32 亿元的项目进入开发区,产业竞争实力不断增强。木材、食品和机械加工等行业的企业产值达到 8.7 亿元,占开发区内工业企业产值的 50%以上;汇集了恒通、翔鹿等一批物流中心和神华大众、创嘉本田等 10 家汽车销售 4S 店，越北商圈初具规模。

——财政增收。财政增收成效明显。实现全口径财政收入 34203 万元,同比增加 9432 万元,增长 38.1%,为历史最好水平。新增纳税登记人 1700 户,新增纳税超百万元企业 2 户。财政收入的显著增长，有效缓解了政策性增支等因素给区财政带来的巨大压力，确保了民生民利和社会保障等方面近亿元的新增支出。

——和谐船营建设。和谐船营建设进一步深入。以改善民生为重点推动和谐船营建设，八件实事全面落实。“城市管理年”各项任务全面完成，对9条街路两侧人行道方砖进行改造和覆盖，合计21588平方米；修建胡同和小区内道路4.6万平方米；新增绿地28公顷；露天占道市场、废品收购站、违章建筑等综合整治成果显著；区内3个弃管小区和155栋弃管楼全部落实了管理单位，并维修了重点弃管小区和弃管楼；环卫体制一体化改革成效明显。完成农村公路建设146公里。对区内28座经营性小锅炉和44座经营性取暖锅炉进行了改燃并网。我区被确定为全市全民创业促就业工作试点区，试点区经验在全市推广，创业园区建设经验在全省交流；全区小资本创业项目115个，创造就业岗位21203个，新增就业人员13086人，劳动力转移33566人，培训下岗失业人员和农民工6189人，基本消除“零就业”家庭，为74户企业发放小额担保贷款684万元。新农合参合率达81.8%，城镇居民基本医疗保险参保人数达12.7万人，参保率全市领先。应保尽保和分类施保率、城乡低保补差标准到位率、城乡低保金社会化发放及信息化建设达标率等8项城乡低保管理工作目标均已实现；建成3所农村社会福利服务中心；慈善救助“双日捐”募集资金87.3万元；和谐社区建设深入开展，基层政权建设切实加强，第七届村委会换届选举圆满完成。开展了农村泥草房安居改造工程试点工作，启动了残疾人社区康复工程，改造了100户泥草房和35户农村贫困残疾人危房。积极为牧业小区和养殖户争取贴息贷款补助，并为养殖户发放补贴30余万元。科技创新能力不断增强，全年申报市级以上科技计划项目9项，新增高新技术企业和科技型企业2户，引进、推广农业新技术、新成果、新品种76个。整合教育资源，改善办学条件，投入128.2万元，对20所农村薄弱学校进行了改造；基础教育质量有了新提升，中考再创好成绩。群众性文体活动广泛开展，申报了2项国家级非物质文化遗产项目，成功举办了船营区2007年田径运动会。强化了城乡社区卫生服务和人口计生工作，人口出生率和自然增长率分别控制在3.71‰和0.81‰，被国家确定为结核病进社区工作试点单位和东北三省第一个国家级“中国人口早期教育暨独生子女培养示范区”。大力推进政府廉政建设，继续开展民主评议政行风活动，严肃查处干扰和破坏发展软环境的人和事，切实保障了企业和群众的合法权益。民主法制、军民共建、民族宗教、政府效能建设得到加强。

——改革和稳定工作。改革和稳定工作进一步巩固。财政体制改革不断深入，区政府会计核算中心正式运行，46个行政事业单位纳入集中管理。事业单位人事制度改革工作有序进行，已核减事业单位45个，精简编制598个，新的事业单位人事管理机制基本建立。德奥公司、德胜商场、船营房地产开发公司等企业改制工作稳步推进。认真落实信访工作责任制，实行领导包案、下访和定期接访制度，加大了解决历史遗留问题的力度，有效解决了征地拆迁、企业改制以及农村土地林地纠纷等群众关注的一批热点难点问题，确保了全区社会稳定。落实安全生产责任制，加大安全隐患整治力度，事故发生、伤亡人数等各项安全生产指标有所下降；各类灾害和重大疫病的应急防范机制进一步健全，公共卫生防控能力和预防、处置重大突发公共事件能力明显增强。“平安船营”创建活动深入开展，社会治安形势良好。

（谷朝辉）

【龙潭区】 2007年龙潭区政府开拓进取，奋力作为，全区经济社会实现了又好又快发展。

——区域经济实力进一步增强。

全区生产总值实现229亿元，增长29%。全口径财政收入实现9.79亿元，增长31.7%。农民人均年收入4497元，增长7%。

工业提速增效成果显著。规模工业实现增加值135.8亿元，增长26%。年内开工的重点项目投产率达到52%，新增销售收入4.5亿元。企业管理水平和产品档次不断提升，重点规模企业均已通过质量认证，名牌产品达到33个。

民营经济蓬勃发展。着力实施民营经济三年腾飞计划，成功申报开发区为国家级中小企业创业孵化基地，7个工业项目被推介为全市重点支持项目，累计为企业协调贷款和扶持资金4亿元。全年新生成民营企业380户，民营经济实现增加值42亿元，增长20.3%。

第三产业稳步增长。现代物流业迅速发展，东、北两个出口物流配送企业已达52户，九天储运公司、吉化物流中心实力日益壮大，鑫富达物流公司投入运营。江北百货大楼等商业网点经营规模不断扩大，中泰驾校、万通机动车检测线等现代服务企业快速兴起，旅游业进一步发展。三产增加值实现35.2亿元，增长27.5%。

——项目建设和招商引资取得新突破。

全年新建续建各类项目281个。大力实施工业重点项目“235”工程，建成投产吉化1万吨高活性聚异丁烯、江城20万套汽车制动器等重点项目32个，开工建设吉化12万吨丙烯腈扩建、祥康60万立方米商品混凝土等投资千万元以上项目62个。全区固定资产投资完成120亿元，增长31.8%。确保项目建设用地需求，完成土地收储122公顷。招商引资工作水平进一步提升。突出产业招商、定点定向招商，强化重点项目包保，提高了招商引资成功率。成立了区企业服务中心，15个涉企审批部门全部进驻中心办公，投资环境不断优化。通化钢铁集团、中国冶金建设集团京冶公司等知名企业相继落户我区。全年共引进美联有机硅深加工、亚泰水泥粉磨站等各类项目192个，其中总投资亿元以上项目8个，千万元以上项目100个，实现引资额50亿元。外经外贸工作有了新的发展，利用外资1400万美元，实现外贸出口500万美元，新增外资企业3家。

——社会主义新农村建设稳步推进。

粮食生产克服低温多雨等灾害影响，产量创22万吨新高。农业产业化步伐加快，龙头企业发展到52家，畜牧业规模户达到2622户。农产品品牌建设取得阶段性成果，乌拉街小米、毛葱申报地理标志证明商标和集体商标已通过国家商标局的审核。农村基础设施建设力度加大，投资685万元，完成农田水利基本建设工程69个；投资620万元，建设农村饮水安全项目13个，解决饮水困难人口15600人；投资396万元，新建标准化村部28个；修建村屯公路168公里，黑大公路大口钦段基本完工。加强农业信息工程建设，乡镇、村级信息服务站建立率分别达到100%和53%。新农村建设试点单位扩展到8个。村容镇貌整治长效机制初步建立，乡村面貌明显改观。不断拓宽农民增收致富渠道，转移农村富余劳动力6750人。实现了连续27年无重大森林火灾。一产增加值实现9亿元，增长20.6%。

——城市建设管理水平进一步提升。

加大市政建设力度，对湘潭街、遵义路等11条主要街路两侧的人行步道重新进行了“硬覆盖”铺装，铺设方砖56800平方米；新建维修次干道6条、小街小巷63条，面积73300平方米；栽植各类树木花卉33.2万株，新增绿地20公顷。开展了以清运残土垃圾为重点的环境卫生专项整治活动，共清运残土垃圾11600吨。投资110万元，实施了街区彩化亮化工程。加快棚户区改造，共拆迁棚户区16.7万平方米。完成农民新村建设9万平方米，安置动迁户1330户。落实了2个弃管小区、16栋弃管楼的物业管理工作。“城市管理年”活动取得突出成果，违章建筑、露天占道市场、炭类烧烤、广告牌匾、废品收购站等得到规范治理。继续开展“区企共建和谐社区”活动，对吉化22个小区的环境进行了集中整治。大力清理整顿不法排污企业，彻底治理小锅炉冒黑烟现象，配合市政府实施北大沟改造工程，城区环境质量获得较大改善。

——民生工程取得明显成效。

全民创业促就业工作有效开展，开发城镇就业岗位13200个，新增就业10120人，劳务输出30500人，基本消除“零就业家庭”，城镇登记失业率为2.2%。城市、农村低保对象分别达到20080人和11520人，做到了应保尽保。妥善做好了城镇集体企业未参保退休人员生活费发放工作。积极推行城镇居民医疗保险制度，参保居民100300人。完成农村泥草房和贫困残疾人危房改造111户。全区6所敬老院全部达到社会福利中心标准。高度重视信访工作，实行领导包保攻坚，共解决鹏程花园二期工程等信访问题342件。扎实做好党的十七大期间稳定工作，我区去省进京上访实现减量退位。高效处理落实了吉化公司破产清算等遗留问题。深入开展严打整治斗争，社会治安形势保持良好。安全生产监管力度加大，查改各类隐患312处。基本杜绝煤炭私挖乱采行为，切实保护了国家资源。进一步完善应急体系建设，预防和处置突发公共事件的能力不断增强。

——社会各项事业和谐发展。

科技工作得到加强。获批准市级以上科技计划项目7项，向企业推介科研成果项目30项。我区再次被评为国家科技进步先进区。教育事业均衡发展。大力推进学校规范化管理，50%的学校被评为全市教学管理示范校。各项教育成果显著，我区被命名为国家级教育科研先进区、全省幼儿教育工作先进区、全省教育督导科研工作先进区。妥善接收了江机中学、冶金机电子弟校等4所企业学校。文化体育事业日益繁荣。组织了雪花啤酒节文艺演出等10余场大型群众文化活动，举办了全区田径运动会和残疾人田径运动会，营造了健康向上的社会文化氛围。强化文化市场监管，未成年人进入网吧等娱乐场所现象得到有效遏制。多方筹措资金，组织实施了乌拉街“三府”维修工程。卫生工作稳步推进。深入开展医院管理年活动，城乡医疗服务质量和水平进一步提高。加强食品药品监管和卫生执法监督，确保了全区公共卫生安全。大力实施新型农村合作医疗制度，参保农民达到14.7万人，参合率76.3%。继续稳定低生育水平，生育关怀活动、生育指标改革等工作走在全省前列。积极开展和谐社区、特色社区创建活动，67%的社区达到和谐社区标准。加强普法和依法治理工作，公民法律意识和法律素质不断提高。档案史志工作取得重大成果，《龙潭区志（1986—2003）》正式出版发行。

人防、武装、双拥、妇女儿童、老龄、民族、宗教、外事、侨务、物价等各项工作都取得新进步。

（王志勇）

【丰满区】 2007年是全市总量翻番的开局之年，也是落实“十一五”规划的关键一年。丰满区在市委、市政府的正确领导下，紧紧围绕“奋斗三年、总量翻番”的发展目标，凝心聚力搞建设，一心一意谋发展，全区经济建设和社会事业取得显著成果，全面完成年初确定的各项目标任务，实现“十一五”规划和总量翻番的良好开局。

一、区域经济又好又快发展

全区生产总值实现58.7亿元，增长54.4%；全口径财政收入实现38240万元，其中区直接组织入库25705万元，增长23.7%；固定资产投资实现80.1亿元，增长18%，其中工业项目投资55.2亿元，增长29%；规模工业增加值实现24.3亿元，增长116.9%；招商引资实现45.7亿元，增长82.8%；农民人均纯收入实现4580元，比上年增加475元。

1.项目建设积极推进。以“123”重点项目建设为主战场，落实了区级领导推进重点项目的责任机制，强化了重点项目的调度与管理，有效破解了项目建设的诸多难题，加快了重点项目建设进程。全年新建、续建项目开工318个，其中工业项目232个，投资3000万元以上项目67个，投资亿元以上项目20个。“123”重点工程当年竣工投产18个，开工建设20个，前期推进36个,在全市"百日奋战"中名列第三。随着钰翎珑钢制防火门、环宇陶粒制品、吉轻物流等一批重点项目的建成投产,全区总量翻番的基础更加坚实。

2. 招商引资成效显著。拓宽招商引资渠道,明确招商引资主体,创新招商引资方式,坚持域外引资与域内安商并行,务实招商活动取得显著效果。全国性金融保险企业——都邦财产保险有限公司总部成功落户。国电江南热电厂、恒日光伏电池、苏宁建材工业园、北京伯爵商贸中心、佛手山生态公园等一批投资亿元以上项目相继落地。全年开展有针对性的务实招商活动50余次,共引进域外项目89个,其中计划投资3000万元以上项目49个。

3. 经济运行势头强劲。以工业提速增效为突破口,扎实有效地实施"纳税千百万工程",着力破解规模工业发展难题,工业经济发展势头强劲,规模工业户数由去年的35户增加到60户,规模工业增加值在全市"百日奋战"中名列第一。以民营经济三年腾飞为目标,全力抓好民营企业的培育和发展,完成主营业务收入156亿元。组建了"三位一体"的区中小企业服务中心,基本满足区内中小企业各类需求。

4. 农村经济实现新发展。全年实现农业总产值68992万元,同比增长12.4%。新开工的绿孚米业、九巧生物制剂等10余个投资千万元以上项目,有效地拉动了农副产品生产。农村新型经济组织发展到49个,带动农户5600余户。农村剩余劳动力转移步伐加快,全年转移16000人。二道水库除险加固工程主体完工,旺起黑土地水土流失治理工程顺利开工。农村新能源开发积极推进,新建沼气池215个。总建筑面积达8.2万平方米的永庆和建华农民新村一期工程竣工,为村民提供18栋、860套高标准住房。完成旺起西大河治理工程,新修村路31.22公里,新农村建设试点村镇群众的生产生活环境得到改善。林业资源保护扎实有效,实现连续28年无重大森林火灾。

5. 旅游商贸业健康发展。全面实施旅游发展总体规划,积极推进重点旅游项目建设。佛手山生态公园天齐寺正式奠基;大石门沟原生态园项目破解了用地难题,基础设施建设扎实推进;麒麟谷和阿什古船厂遗址公园进行了总体策划,深入招商;枫林山庄、莱德马术俱乐部成为全市有一定知名度的旅游景点;朱雀山、二道沟农家特色餐饮业逐渐形成规模。全年实现旅游营业收入2亿元,接待国内外游客176万人次。

二、城乡环境进一步改善

全面完成园林绿化、环境卫生管理、市容市貌整治等重点工作,在全市市容和市场评比中多次获得双第一荣誉。实施"蓝天工程"和环保专项整治行动,区域环境质量明显提高。宜山东路贯通工程竣工通车,完成吉桦线、吉天线两条县级公路的大修改造,新建农村公路44公里,全区路网建设实现新跨越。房地产开发迅猛,总面积达200万平方米。

三、社会事业协调发展

继续保持全国科技进步先进区荣誉。教育事业全面发展,教育教学改革进一步深化。成立全省第一所孤独症儿童康复训练机构,投资400万元对12所学校进行了维修改造。爱国卫生工作继续保持全市领先位次。群众文体活动更加丰富,丰满区专场文艺演出、"三节"文艺演出、和谐大舞台等活动获全市突出贡献奖。"五五"普法正式启动,社区矫正工作开始实施。人口和计划生育工作重心下移,各项控制指标均好于往年。稳妥推进事业单位改革,在131个事业单位推行全员聘用制。加大人才服务力度,为企事业单位引进各类人才389人。基层政权和社区建设进一步加强,完成48个村委会和22个社区居委会的换届工作。加大安全生产专项整治力度,整治各类安全隐患1490处,预防和应急处置重大突发公共事件的能力不断增强。对重点信访案件落实领导包保,切实做好维稳工作。强化社会治安综合治理,"平安丰满"建设持续深化。精神文明创建活动深入开展,"感动丰满十大人物"评选活动影响广泛。国防教育和民兵预备役工作不断加强,继续保持"双拥模范区"荣誉。审计、民族宗教、侨务、人防、档案、老龄、老干部和残疾人等工作也都取得新进展。

四、民生民利得到改善

积极完善社会保障体系,将2582户城市居民和5316名农村特困人口纳入低保范围。全民创业促就业工作深入开展,城镇新增就业8305人,实现劳务输出31508人,全面消除零就业家庭。城镇登记失业率控制在3.1%。职工医保参保人数达到6493人,城镇居民医保参保人数达到38141人。新建社区卫生服务中心2个,社区卫生服务机构标准化建设不断加强。全面启动新型农村合作医疗,参合人数达84502人,参合率达91.7%。改造农村泥草房100户,为38名农村低保对象提供大病医疗救助6.1万元。落实了未参保集体企业退休人员生活费发放、改制企业退休人员采暖费补贴等惠民政策。

五、政府自身建设不断加强

自觉接受人大及其常委会的工作监督和政协的民主监督,决策的科学性和民主性不断增强。人大代表议案和政协委员提案的办结率和满意率均达到100%。积极推进法治政府建设,集中清理了行政审批和行政收费项目。加强公务员队伍建设,干部素质和依法行政能力明显提高。深入开展各类纠风和专项治理,经济发展软环境不断优化。区政务办公内网正式运行,实现区内文件即时无障碍传输,推进了电子政务建设,提高了机关工作效率。

【昌邑区】 2007年在市委、市政府和区委的正确领导下,全区上下坚持以邓小平理论为指导,全面落实科学发展观,以推进总量翻番为主线,在高起点开局的基础上,持续开展了"百日会战"和"决战四季度"等系列攻坚,实现了经济社会的快速发展。

一、区域经济快速增长

全区实现地区生产总值103亿元,同比增长42.1%,其中,一、二、三产增加值分别完成现5.4亿元、26.6亿元和71亿元。

全口径财政收入完成5.88亿元,同比增长56.4%。

二、经济结构趋于优化

三次产业结构由2006年的6:20:74优化到6:25:69。

规模工业经济总量快速扩张。全年实现规模工业总产值97.2亿元，同比增长58.6%；增加值21.6亿元，同比增长83.1%。新增规模工业企业10户,华康益民木糖、中特生物技术、鑫岩混凝土、泷鑫电器、松花江实业等一批成长型民营企业跨入规模工业企业行列。

哈达湾开发区发展进程加快。充分利用工业集中区的优势,积极争取市政府支持,完成了开发区内珲春北街、秀水南街及中小企业园内三条道路等基础设施建设。为有效缓解工业发展空间不足问题,投资近7000万元集中收储哈达湾开发区北区土地35.5万平方米。通过采取基础设施建设及土地收储等项措施,构筑了哈达湾开发区发展的基本框架,开发区内新上固定资产投资3000万元以上工业项目16个，工业集群发展的核心区域作用初步显现。

商贸经济繁荣活跃。传统商业发展态势良好;东市商贸区形象进一步提升,创业大厦投入使用,财富广场招商工作进展顺利;百联购物中心如期投入运营;江苏南林五星级酒店入区注册。在幸福管理区的大力支持与服务下,哈达家居购物中心商户入驻率达到90%以上,周边商业氛围日渐浓厚。全年实现社会消费品零售总额113.25亿元,同比增长17.7%。

农业经济稳步发展。突出东福实业、新星公司、益民集团、雄霸实业、其仕公司等龙头企业的辐射带动作用,农产品基地规模化、标准化发展进程加快。绿色水稻种植面积达到3100公顷,有机稻面积达到200公顷,优质水稻面积达到1.07万公顷,专用玉米面积达到1.6万公顷,水貂等特种经济动物存栏总量达到15万只。大力实施“粮变肉”工程,“大户、小区、强乡”建设成效显著。建设牧业经济强乡2个,新建牧业小区5个,新增专业大户26户。加强对重大动物疫情的防控工作,有效保障了畜牧业的健康发展,预计牧业产值达5.03亿元。新农村试点工作扎实推进,社会共建成效显著,在中石油工程设计有限公司东北分公司的支持下，彻底解决了左家镇梨树村百年来的饮水安全问题,省市区三级试点村镇达到30个。农民人均纯收入达4765元,人均增加554元。

三、固定资产投资及项目建设成效显著

固定资产投资继续保持强劲的增长态势。全年实现100.4亿元,同比增长33.8%。新建、续建项目319个,其中工业项目179个,农业项目18个,商业项目32个,房地产项目21个,基础设施建设项目69个;“123”工程中,投资3000万元以上工业项目当年竣工投产10个;当年开工并结转下年15个。年产6000吨木糖、20万支绝缘子、500吨碱回收、污水处理、浆纸系统改造、10万立混凝土、1亿条塑料编织袋、中药材有效成分提取、垃圾焚烧发电等一批市场前景好、财政贡献率高的项目陆续开工和建成投产，为全区经济的快速发展和实现总量翻番目标奠定了坚实基础。

四、招商引资实现新的突破

充分调动企业作为招商引资主体的积极性，强化政府的组织推动作用,积极加快对外开放步伐。全年引进亿元以上项目4个,5000万元—1亿元项目14个,3000—5000万元项目27个。浙江金科、江苏南林、香港智盛等一批知名企业集团落户我区。中钢集团、晨鸣纸业、冀东水泥、大连新型、上海百联、上海中环等企业战略性再投资继续增加。全年实现45亿元，同比增长61.9%。

五、“城市管理年”活动开展扎实有效

按照“把东市建成全市商业样板区”的要求,从城市发展的战略高度出发,历时5个月,投资4000余万元,对东市商贸区进行了整体改造。建成综合性农贸大厅，安置业户300余户。集中取缔了成都路、贵阳街等7个占道市场。清理违章建筑及占道经营棚亭560余处,烟亭、报刊亭等“五亭”92处,彻底解决了以街代市等影响商贸区整体形象的问题。开展环境卫生集中整治,共清运垃圾、残土4960余立方米。改造重庆街、长沙街等10条道路53317平方米,人行道34458平方米;改造兰天一区、兰天二区等小区道路11340平方米。对东市10条街路交通进行科学规划设计。将长沙路列为步行街,重庆街等8条街路实行单行。全面开展美化、亮化工程。把重庆街、长沙路、太原街、成都路建设为精品街路,对建设街、贵阳街、兰州街等街路牌匾进行了规范改造。共改造牌匾264块,粉饰楼体46栋、18.5万平方米。经过整体改造提升,东市商贸区以完善的设施、完备的功能、旺盛的商气为二次腾飞奠定了坚实的基础。

完善城市基础设施建设。全年完成义务植树45万株,新增绿地20万平方米；完成13条主次街路硬覆盖9.1万平方米,新建改建垃圾中转站2座。加强对弃管小区、弃管楼的改造管理,15个弃管小区中,11个落实了物业管理,3个纳入社区管理,1个实行自治管理;196栋弃管楼中,83栋落实了“三不漏” 管理,76栋明确产权单位管理,30栋纳入社区管理,7栋实行业主管理。启动了哈达百货大楼改扩建工程,为周边的通江路等市场实现退路进室创造了有利条件。全面完成了市政府交办的哈达湾工业开发区南区土地收储工作。

广泛开展市容整治活动。共拆除越冬棚亭171处1654平方米、违章建筑715处6138平方米;清运残土4万余立方米;完成辖区内76个废品收购站的撤站工作;规范整治吉林大街等18条主街路牌匾1987块,清理野广告32000余处;清理占道修洗车792处;对全区19处占道经营市场全面落实了按时上、撤市及明确收费标准等规范化管理。聘请200名城管协管员,全面开展了门前“五包”工作,对区域内的街路和小区实施分段、分片管理,城市管理长效化水平进一步提升。

加大环保工作力度。对全区154台经营性小锅炉进行专项治理,关停超标排放经营业户4户,拆除燃煤锅炉36台,实现改燃33户,全区在用经营性小锅炉基本实现了达标排放。

六、繁荣和谐稳定的社会局面进一步巩固

科技工作不断进步,共申报国家、省、市三级科技项目10个。左家镇小塘村和桦皮厂镇平胜村进入全市新农村建设科技示范村行列。坚持德育为先,未成年人思想道德建设取得新成效;教育教学水平得到全面提升,莲花小学等4所小学进入“吉林市小学教学管理示范校”行列;全面落实国家“两免一补”政策,为全区11914名农村学生免除学杂费367万元,为374名农村学生补助住宿生活费10万元。我区成为全省首批农村中小学现代远程教育覆盖率达100%的县区。加大文化市场监管力度,群众性文体活动蓬勃开展。融资200万元,建成首个占地3万平方米的公众体育场一处。进一步健全城市社区卫生服务网络,深入开展医疗市场和食品安全整治工作,强化了重点传染病的预防和控制。计划生育“五关爱、五关怀”活动深入开展,农村计生奖励扶助对象政策全面落实;加强流动人口网络化管理,我区被评为全省流动人口计划生育管理与服务工作示范区。

全面启动“全民创业促就业”活动。确立了以百联购物中心、哈达家居、创业大厦为平台的三个创业园区,新建17个充分就业社区。加大对就业困难群体的帮扶力度,安置“零就业”家庭91户125人,基本消灭了“零就业”家庭。安置就业困难对象1406人,其中“4050”人员1123人。帮助下岗失业人员再就业7675人;培训农民工4072人次,转移农村剩余劳动力33974人。全年预计开发城镇就业岗位13199个,新增城镇就业12000人。和谐社区建设扎实推进。全区和谐社区总数达到30个,占社区总数的51%。“一线通”网络中心管理平台建设日益完善。

民主法制建设继续推进。自觉接受人大代表和政协委员的监督,高度重视并规范了建议、提案的办理工作,代表、委员的满意和基本满意率均达100%。进一步巩固“平安昌邑”创建成果,维护了和谐稳定的社会环境。建立集中处理信访突出问题及群体性事件联席会议制度,有效地解决了市政维管处企业改制等一批历史遗留问题。事业单位人事制度改革工作扎实推进。顺利完成了乡(镇)街第一次残疾人代表大会选举工作。持续开展“安全隐患排查整治专项行动”,安全生产和公共安全长效管理机制逐步完善,连续三年保持无重大安全和死亡事故,有效地保证了各项事业的安全发展。

此外,监察、审计、司法、法制、档案、人防、民族宗教等项工作均取得了良好的成绩。

七、人民生活继续改善

为增加有效公共支出,不断强化区级财政收入,深入开展了综合治税等增收活动,全年可用财力预计达到4.3亿元。在区级财力大幅提高的同时,区政府以福祉民生、为民谋利为宗旨,对事关群众生产生活等公共领域事业给予财力重点倾斜。投资545万元,完成农田水利基础设施建设421项;投入新农村建设资金5295万元,完成试点村镇基础设施建设项目13个,新修农村水泥路94公里,改造泥草房126户,建设沼气池150个,新建标准化村部3处1000平方米,完成农村人畜饮水安全工程项目10处;投资7000万元,建成面积5.6万平方米的虹园农民新村,彻底改善了856户居民的居住环境。投入170万元,对前程、胜昌、扶华三个小区进行了全面整治,改造造纸厂东厂宅小区道路18条。投入362.45万元,新建、维修、改造两家子中学、桦皮厂平安小学等25所学校校舍4.66万平方米;投入110万元,改造了4所学校装备设施。将152000名城镇居民、115111名农民纳入城镇居民基本医疗保险和新型农村合作医疗保障范畴,为2106名参合农民患者补偿合作医疗金196.1万元。

【高新区】 一、2007年主要工作回顾

2007年,我们在市委、市政府的正确领导下,以“三年总量翻两番”为目标,以项目建设年为主线,狠抓科技创新、招商引资、项目建设、征地拆迁、基础设施建设、城市管理和社会服务等各项工作,诸多方面实现了跨越性突破,以崭新的姿态、崛起的形象、强势的启动,向提前一年实现总量翻两番的目标迈出了坚实的步伐。据统计,全区技工贸总收入完成720亿元,增长10.3%;其中江南新建区完成167亿元,增长40.5%。工业总产值完成690亿元,增长12.4%;其中江南新建区完成118亿元,增长48.2%。地区生产总值完成216亿元,增长12.5%;其中江南新建区完成50亿元,增长40.3%。江南新建区固定资产投资完成82亿元,增长22.4%。

一、项目建设与招商引资均创历史最高水平

开展了“项目建设年”活动,一季度抓前期、二季度抓开工、下半年抓建设投产和项目储备,形成了项目进区高潮,是建区以来项目建设成果最为显著的一年。全年共有97个项目开工建设,其中工业84个、商业6个、其他7个;投资1亿元以上的21个,5000万—1亿元的42个,5000万元以下的34个。招商引资到位资金71亿元,同比增长68%;实际利用外资3352万美元,同比增长20%。到去年底,有15个工业项目建成投产,规模工业企业由2004年的21户增加到63户,工业二区和三区初具规模。去年新进区的项目呈现出了域外项目多、投资额度大、技术水平高、带动能力强的特点,上海凯赛公司生物丁醇、北京行者公司太阳能光电池、沈阳隆迪国际公司乳制品、中国生物技术集团公司生物诊疗制剂基地、中科院激光毛化设备、华微电子股份公司6英寸芯片等项目相继开工建设,这些企业和项目的进区,标志着高新区招商引资工作提升到了一个新的层次。

二、征地拆迁和土地收储成效显著

征地拆迁投入3.5亿元,共拆迁房屋1100户,腾空土地150公顷,及时有效地保证了项目建设用地。收储并盘活了统一集团、松日电器公司、水利局仓库、顺隆密封件公司、矿山机械厂、水工机械厂等土地54公顷,将为财政融出资金5亿元以上。全面开展了土地登记建卡工作,全年发放《国有土地使用证》2500本。

三、基础设施建设扎实推进

投入1.5亿元建设道路、供电、给排水、供热管线、通讯及平整土地等工程,修建了总长6000米的9条道路,建设了江南热电厂荣光供热中心。去年是劈山填沟平地任务最为艰巨的一年,共平整土地76万平方米、挖方量达240万立方米,工业三区基本实现"七通一平"。规划了3个回迁区,开工建设47栋、建筑面积31万平方米的棚户区改造工程,已竣工28栋,回迁安置2628户。

四、科技创新取得新进展

一批高新技术项目进区建厂,新增高新技术企业50户,总数达到300户;新增孵化企业50户,总数达到400户。有30个项目列入各级各类科技发展计划,获得资金支持2100多万元。举办了国家软件产业化与国防信息化专家论坛,推动了产学研合作。

五、城市管理水平登上新台阶

按照市政府城市管理年的要求,对建成区进行绿化、亮化、净化,栽植树木4万余棵、种植草坪10万平方米、铺设硬覆盖5万平方米。全面清理违法占道、违章建筑和广告牌匾,整顿小锅炉、烧烤店和废品收购站,强化弃管楼的物业管理。加大消防、安全监察、交通管理等工作力度,各类事故呈下降趋势。

六、财税收入取得新突破

开展了税源普查和综合治税,做到依法征收,应收尽收。全口径财政收入完成8.3亿元,同比增长74%;可用财力完成2.6亿元,同比增长53%,比2004年净增2亿元。强化资金支出管理,完善工程预算评审制度,对25个基建项目、1.25亿元设计预算,审减4000万元,节约32%。涌现出一批纳税大户,年纳税额超千万元的企业10户,其中华微、永大、科伦康乃尔、东升伟业进入全市重点企业行列。吉林大通今年纳税1000多万元,发展势头猛、贡献很大。预计2008年永大、东升伟业纳税可超过4000万元,大通可超2000万元。相当一批企业进入良性循环。

七、党的建设和软环境建设取得新成绩

强化了领导班子和干部队伍建设,提高了驾驭经济、驾驭和谐社会建设的能力,保持了干部队伍激情创业、勤廉从政、团结奋进的工作状态。通过项目督办、好项目评选,促进各项目标任务的落实;通过强化对项目的全程服务和深层次服务,努力打造全市一流的投资环境,为高新区又好又快发展提供了有力的组织和环境保证。

与此同时,工会妇联、信访审计、人事管理、社会保障、民政司法、社区物业、计划生育、文教卫生、政府采购、应急管理、依法行政、后勤保障、社会治安综合治理、村级组织建设等工作也取得了显著成效,特别是管委会出资培训失地农民700多人,安置就业2000余人,在关心民生,维护民利,促进社会和谐稳定方面做出了有益的实践。

【经济技术开发区】 一、基本情况

吉林经济技术开发区是1998年底由省政府批准设立的省级开发区,已经通过了ISO1400环境管理体系和ISO9001质量管理体系双认证,是中国黄河以北唯一的国家专利技术产业化试点基地。行政辖区103平方公里,规划面积28平方公里。规划区东临松花江,西至长吉北线,南起长珲高速公路,北至通溪河。现有各类企业299户,其中规模以上工业企业50户,常驻人口6.8万人。2007年吉林经开区综合经济实力取得历史性突破。按市统计局调整口径,实现地区生产总值34.37亿元,同比增长48.8%;实现规模工业总产值110.5亿元,同比增长50.8%;按市考核口径,实现财政收入3.25亿元,同比增长37.6%;完成固定资产投资90.1亿元,同比增长35.9%;完成招商引资实际到位资金71.9亿元,同比增长48.4%,其中利用外资2805万美元。产业结构日趋优化,一二三产比例达到2.3:85:12.7。

二、工业集中区建设

根据市委、市政府提出的加快工业集中区建设发展的要求,我区突出发展化工(包括精细化工、生物化工、天然气化工)、轻工化纤纺织和品牌食品三大主导产业,大力发展能源与环保产业和安全技术产业,积极发展机械电子产业,提升产业配套能力,初步形成了比较合理的产业布局。目前,化工产业园、轻工化纤纺织工业园、品牌食品工业园、机械电子工业园、航空航天工业园和生物能源环保产业园"六大园区"布局明确,化工园区、化纤纺织园区和品牌食品园区基本成形,建成了一批有影响的工业项目;生物能源环保产业园和机械电子工业园项目陆续开工,航空航天工业园正在加紧筹建之中。

三、招商引资与项目建设

2007年,我们始终把招商引资工作作为头等大事来抓,不断创新招商思路,改革招商方式,拓宽招商渠道,全年签订各类投资协议50个,合同金额180亿元,同比增长22%。新开工建设的工业项目63个,主要包括吉林康乃尔化学有限公司年产15万吨苯胺项目、吉林拓普纺织工业园20万锭纺纱项目、吉林恒宇化工年产5000吨愈创木酚项目、吉林省鼎基电力公司年产5000吨锅炉A级部件项目、吉林市伯耐卓公司年产100万台智能转子燃气表项目、吉林三鼎化工年产8000吨乙醛酸项目、吉化长江橡胶助剂公司年产2000吨橡胶防老剂项目、吉林市拓慕远公司年产3万吨净水剂项目、山东史丹利公司年产28万吨复合肥项目、辽宁奥克集团公司年产8万吨环氧乙氧基化系列项目、大连新型集团年产6万吨环氧乙烷等。全年共有121个工业项目开工建设,其中3000万元以上重点工业项目44项,当年竣工投产3000万元以上项目18项。全年新增规模工业企业11户。

四、基础设施建设

始终坚持"一手抓招商引资，一手抓城建城管"，构筑现代化工业集中区框架。面对基础设施和公用工程相对滞后及建设资金十分紧张的矛盾，我们坚持按照市场化和社会化运作方式，与中建八局、松花江热电公司等大企业合作，先后开工建设了污水长输管线、净水厂、道路路网、供热管线和标准厂房等25个项目，完成投资6.2亿元。另外，为配合市政府提出的工业集中区建设总体部署，积极开展了总体规划的修编工作，进一步完善了园区规划，科学合理地进行了项目选址；编制了东区基础设施和公用工程规划，完成了化工园区道路路网规划并实施建设，完成了电力线路规划并部分实施。完善了城市管理纲要，重点进行了区容区貌和运输散流体车辆专项整治，拆除违章建筑，开发区外部形象大幅提升。

五、征地拆迁工作

2007年我区的拆迁工作是建区以来集中拆迁规模最大的一次，管委会专门成立了拆迁办公室，调整充实人员力量，特别是市建委、市拆迁办给予了大力支持，使拆迁安置工作得以顺利开展。本次拆迁涉及通溪、新村、九东、建新和二台子五个行政村，总户数988户。截止到年底，已签订拆迁协议890户，完成拆迁总量的90%。全部完成拆迁后可腾出工业用地和回迁用地75公顷，目前全区共有建设熟地437公顷，为项目建设提供了发展空间。另外，为保证公用工程建设，还完成了污水长输管线、蒸汽管线、净水管线等项目的征地拆迁工作，处理了部分历史遗留问题，保证了重点项目建设和社会稳定。

六、财税管理

财政和国、地税等部门相互配合，加大了税源普查和综合治税工作力度，建立了经开区三级综合治税协护网络，查补入库税收1800多万元，组织清理区内建安税收，强化非税收入征管。为确保基础设施建设和征地拆迁资金需求，财政部门加大融资力度，争取到商业银行1亿元信用担保，解决了总公司与中建八局BT项目所需资金问题。同时还争取到商业银行3.43亿元贷款支持，确保了征地拆迁工作顺利开展。

七、各项管理工作

为解决建设用地不足和规划区基本农田问题，我们调整了经开区土地利用总体规划；土地收储工作完成了二、四批次化纤纺织园及部分企业用地规划调整和报批。人事劳动工作紧紧围绕经开区中心任务进行了人才储备和交流，探索了一条失地农民再就业的新路子。加强了安全生产和环境保护工作，建立健全了各项安全生产和环境保护管理制度，制订了处置重特大突发事件应急系统预案。工商、公安、技术监察等部门充分发挥职能作用，为经开区的建设与发展做出了积极努力。

八、农村经济和社会事业

九站街道紧紧围绕管委会的中心工作，着力解决"三农"问题，促进了农村经济的发展。广泛开展了社区文化建设，完成了村民委员会换届选举工作。认真处理历史遗留问题，取得了明显成果。积极协助相关部门完成了征地拆迁和安置补偿工作，受到项目单位的好评；处理了多批上访问题，全年共接待各类上访562件，累计5573人次，已有90%以上的上访问题得到处理；全面细致地做了不稳定因素排查工作，较好的组织了驻京信访稳定工作。

九、软环境建设

为搞好项目建设，积极实施"代办制"，帮助企业办理了大量审批事项，并多次组织召开项目调度会和项目建设专题会议。在全力搞好项目建设的同时，我们还致力于为企业创造良好的发展环境，加大服务力度，促进工业提速增效和民营经济腾飞，积极向国家、省申报扶持项目，帮助解决生产经营过程中的主要矛盾，使大多数建成企业都保持了稳定快速发展的态势。

（王英宏）

【永吉县】 2007年永吉县政府在省、市政府和县委的正确领导下，在县人大、县政协的监督支持下，县政府认真落实县十二次党代会和县人大十六届一次会议精神，按照总量翻番的工作要求，进一步把握县情，立足工业强县，突出项目建设，狠抓财政增收，努力改善民生，全县经济社会发展取得了显著成果。全县生产总值实现43.2亿元，增长37.6%。全社会固定资产投资完成54亿元，增长42.5%。一般预算全口径财政收入实现2.5亿元，比上年增加7304万元，增长41.3%。招商引资额实现45.5亿元，增长85.7%。城镇居民可支配收入达到10500元，农民人均纯收入达到4145元，分别增长31.1%和12.8%。

一、重点工业项目建设和招商引资取得突破性成果

强化政府推动和引领作用，实行"一个重大项目，一个推进组，一名责任领导"的工作机制，及时解决水、电、路、土地等要素难题，快速推进重点工业项目建设。全县新引进投资亿元以上项目9个，其中工业项目7个。开工3000万元以上重点工业项目45个，当年投产20个。大黑山钼矿日处理矿石3500吨扩产项目10月份全面投产，当年新增产值8000万元，利税2000万元。日处理钼矿石10000吨技改项目已获得立项批复，征地报批基本结束。钼系列产品深加工项目落户永吉经济开发区，征地工作已经完成。钼矿总部办公楼竣工并实现整体搬迁。引进建县以来投资规模最大的招商项目——总投资12亿元的冀东水泥日产2×4500吨水泥熟料生产线项目，石灰石储量详勘已全面展开。大力实施吉林哈啤振兴计划，哈啤产品地区市场占有率明显提高，企业当年实现减亏1000万元。绰丰年设计能力8万台E474汽车发动机技改扩产项目正式投产。吉利达再生铜项目当年开工并投产，年内实现产值2亿元，税金400万元。中石油吉林公司投资8000万元的石油、天然气勘探项目年内正式启动。狠抓工业企业提速增效和升级改造，全县规模工业企业达到30户，实现产值15.6亿元，利润1.33亿元，税金9900万元。当年盘活3户企业资产，全县工业

资产利用率达到80%。

二、开发区发展快速推进

永吉经济开发区工业经济主战场作用更加明显。完成重庆街污水管网、排水管网、天津街路基等工程建设，项目承载能力进一步增强。区内新开工建设项目29个，当年投产15个。规模工业企业户数达到26户，占全县的86.7%。财政收入实现1.25亿元，占全县的50%。岔路河特色农业经济开发区产业发展方向进一步明晰，基础设施不断完善，项目建设有效推进。聘请中国社科院专家高起点编制了发展总体规划和产业发展规划，工业集中区"三通一平"建设正式启动。区内新落地工业项目4个，其中投资亿元以上项目2个。规模工业增加值实现9000万元，财政收入实现3050万元。

三、财政收入实现历史性突破

调整县对乡镇、开发区财政管理体制，加大了骨干企业发展和重点项目建设的扶持力度。采取全社会综合治税、大力发展总部经济、全力向上争取资金等超常规措施，财政收入创我县历史新高，突破2亿元大关。在财政资金缺口巨大、调度异常艰难的情况下，保证了干部职工工资和社会保障人员生活费按月发放，按现行标准兑现了津贴补贴。进一步加强财政监管，实行部分县直机关经费预算包干，开展行政事业单位国有资产清查和专项资金审计检查，财政资金使用效益明显提高。

四、农业农村经济稳步发展

全县粮食总产量达到70万吨（统计上报56.54万吨），再次获得国家粮食生产专项奖励资金。发放国家各项农业补贴资金6429万元，农民人均增收205元。我县被农业部和中国绿色食品发展中心确定为全国绿色食品原料标准化生产基地。与北京三安公司和吉粮集团合作的"三安模式"、"股田制"试点取得明显成效，德润生有机功能米成为北京2008年奥运会运动员指定用米。紫苏、柞蚕等特色产业基地规模和效益稳步提升。全县畜牧业健康发展，市级以上标准化牧业小区达到82个。新型农村经济合作组织、经纪人队伍不断壮大，农村信息化建设进一步推进。全县各类农产品加工企业达到85户，加工产值占农业总产值的比重达到50%。国家基本农田保护示范区、国家级农业综合开发新农村建设试点项目、沼气开发、饮水安全工程等项目顺利实施。强力推进退耕停耕还林工作，清理林地7080公顷，还林1100公顷。社会主义新农村试点建设有效推进，全面完成年度工作任务。

五、基础设施建设得到加强

星星哨水库除险加固等重点水利工程建设进展顺利。庙岭、朝阳2座中型水库二次除险加固项目申报取得实质性进展，全县12座小（一）型水库有6座纳入国家扶持规划。四间水库建设项目完成测量、地质勘探、项目建议书和可研编制。高标准建设160公里农村水泥路，农村公路养护逐步走上正轨。完成黄榆至双阳山河镇路（桥）建设项目可研编制申报和施工图设计。北大湖至大平岭13.8公里一级公路征地拆迁工作全部结束。永吉大桥改扩建工程竣工并投入使用。高起点启动县城总体规划编制工作。完成县城东扩基础设施项目包装、评审，融资平台初步搭建。县城房地产开发面积达到21.6万平方米，创历史新高。县城棚户区改造成效明显，改造和改善面积10.8万平方米。改造建设东山街、建设路等县城街巷道路24条，安装路灯215基，改造供水管线2965延长米。完成城北公园三期建设，县城居民休闲更加方便。

六、保障和安全工作进一步加强

全年开发城镇岗位8200个，城镇新增就业5600人，零就业家庭有就业要求人员全部实现就业。劳务输出累计达到6.4万人次。全面启动城镇居民基本医疗保险。基本养老、失业等社会保险覆盖面进一步扩大。农民医疗保障能力逐步增强，参合农民受益程度明显提高。城乡享受最低生活保障人数达到2.6万人，社会化发放低保金1930万元。启动实施政策性农业保险试点工作，参保农户达到3.7万户。改造农村泥草房244户、贫困残疾人危房70户。完成9所农村社会福利服务中心标准化建设。"万村千乡"市场工程农家连锁店发展到180家。深入开展各类安全整治，依法打击和有效治理非法营运车辆、学生通勤车、违法排污企业、窃水和非法开采地下水行为。强化社会治安综合治理，有力打击黑恶势力和各类违法犯罪。全力做好信访稳控，实现了亚冬会和党的十七大期间去省进京零上访。全县制定各类突发公共事件预案45个，应急处置能力进一步提高。

七、各项社会事业取得新进展

引进科技新技术、新品种5项，推广新技术、新成果10项。初步建立"以县为主"的义务教育经费管理体制。高考成绩取得新突破，重点本科和普通高校录取人数均进入地区外县市前列。完善职业教育实习实训基地设备，职教中心服务能力得到提高。完成24个农村社区卫生服务站标准化建设。群众文体活动中心实现主体封闭。全县继续保持低生育水平，出生人口素质和计生服务能力进一步提高。平稳实施有线电视网络整合，当年架设光缆130公里。完成《永吉县志》续志编纂、出版。

（付洪涛）

【舒兰市】 舒兰市幅员面积4557平方公里，辖10个镇、5个乡、5个街道办事处，1个省级经济开发区。总人口65.9万人，其中农业人口46.1万人。现有耕地面积137623公顷，其中水田58000公顷，盛产水稻、玉米、大豆。森林覆盖率为41.6%，木材蓄积量达1132.7万立方米。有积水面积20平方公里以上河流57条、大中小型水库439座，养鱼水面7万亩。主要矿藏有褐煤、粘土、硅石、泥炭、黑色玄武岩及红、白花岗岩、钼矿石等。

2007年实现生产总值63.8亿元，同比增长32.8%，其中一、二、三产业增加值分别实现27亿元、11.7亿元和25.1亿元，分别比上年增长18.4%、88.7%和31.9%；实现全口径财政收入26345万元,同比增长31.7%;社会消费品零售总额实现24亿元,比上年增长16.4%;全社会固定资产投资完成68.2亿元,比上年增长23.6%;城镇居民人均可支配收入和农民人均纯收入分别达到7200元和4230元,分别比上年增长8.3%和12.9%。

——招商引资和项目建设。招商引资到位资金47亿元,同比增长67.3%,其中工业项目到位资金29亿元,比上年增长31.8%。新开工建设100万元以上项目221个,其中亿元以上8个,3000万元至亿元49个,1000万元至3000万元92个。北京汇源集团、大连松源集团等一批知名企业落户我市。开发区建设步伐进一步加快,新规划了30公顷的轻工机加产业园区,全面完成起步区"七通一平",新入区3000万元以上项目5个。

——工业经济。规模工业实现增加值5.4亿元,比上年增长43.1%;税金8000万元,比上年增长33.3%;利润3300万元,比上年增长84.3%。投入资金1.5亿元,实施了配件公司发动机缸体、合成药业2000吨咖啡因扩产、东富建陶产品换代改造等10个技改项目及阻尼板公司发泡橡胶、通机公司后踏板总成和汽车玻璃升降器导轨、制动器公司D82A汽车配件等15种新产品开发,已竣工技改项目6个,投放市场新产品10种,新增产值1.8亿元、利税900万元。首次培育出合成药业、矿业集团2户纳税2000万元以上企业。

——农业和农村经济。发放各种惠农政策资金11421万元,农民人均增收248元。粮食总产量创历史新高,达到84.13万吨。新发展地市级以上龙头企业2户,引进大型农产品加工企业5户,新生成饲料加工企业5户;新建牧业小区41个,生猪、黄牛、肉鸡、白鹅饲养量分别达到85万头、53万头、3800万只和165万只,养殖大户达到4100户;新发展农村经济组织、专业协会38个,经纪人110人;新建农业科技示范园区34个、标准化种植基地6个,推广农业新技术15项、农机新技术12项。投资2500万元,完成亮甲山水库除险加固及细鳞河城防、拉林河长胜防洪工程年度建设任务。新建和维修602项农田水利工程。购置大型农机具1700台(套),新建农机示范村30个,机械化作业占可作业面积90%以上。植树造林982公顷,实现连续26年无一般森林火灾。争取省新农村建设资金260万元,完成24个试点村镇规划编制、产业定位;新建农村水泥路306公里,农村客运站7座。投资2000万元,建设饮水安全工程55处,4.68万农民喝上干净水、放心水。新建沼气池600处,600户农民家庭用上清洁能源。

——民营经济和商贸流通。实施成长型民营企业培育工程,16户企业纳入全省成长型中小企业培育计划。推进全民创业,为950名创业者贷款2800万元。民营经济实现主营业务收入41.5亿元,比上年增长20.3%;税金1.55亿元,比上年增长19.2%;新生成个体工商户1950户,私营企业155户。通过实施隆宇商务会馆、万嘉购物广场等一批重点商贸项目,三产经营规模和档次进一步提升,城市中心商贸区日见雏形。推进"万村千乡"市场工程建设,建成农家连锁店302家。基本完成商业系统13户企业改制。新发展外贸进出口经营权企业2户,出口创汇1500万美元。

——财政税收。通过实行综合治税、重点行业专项治理、非税收入管理等措施,实现了财政收入快速增长,达到历史最高水平,比上年增加6194万元。市本级收入实现16577万元,比上年增长39%。积极争取上级资金和政策支持,共争取各类专项资金2.1亿元。严格政府采购和投资项目评审,共审减节约资金4800万元。压缩一般性支出,保证了职工医疗保险、农村合作医疗、城镇居民医疗、公益岗位、救助救济、低保人员生活费等增加的支出,按时足额发放了国家规定的标准工资和绩效工资。

——城乡建设。"南展东拓"战略取得积极进展。按照"让利于民"的原则,零投入实现了市委、政府办公楼置换;8.4万平方米滨河花园一期工程如期竣工。以隆宇商务会馆带动城南旧城区改造,已开工2.6万平方米并实现主体封闭。棚户区改造已开工7个区域36.3万平方米,可安置居民2820户,当年竣工回迁楼14栋7.5万平方米。煤矿棚户区改造项目已获国家发改委批准,争取上级资金3.4亿元。完成沿河路、人民大路西段等5条街路建设。建成铁东集中供热中心。投资2.8亿元,完成省道五桦线一级公路、榆江线二级公路年度建设任务;完成县道四家子至舒兰及松花江大桥建设项目立项批复和五桦线舒兰连接线一级公路、榆江线舒兰城区绕越线二级公路可研设计。

——依法行政。认真执行人大决议、决定,自觉坚持向人大报告工作和政协通报情况制度,主动接受监督。办理人大议案102件,政协提案89件,办结率均为100%。"五五"普法全面展开,行政执法行为得到规范。取消行政审批项目33项,95%的审批和收费项目进入政务服务中心办理。查处涉软案件3件。

——社会保障与稳定。城镇新增就业1.15万人,开发公益岗位800个,下岗失业人员再就业9250人,城镇登记失业率下降0.51个百分点。累计劳务输出17.9万人,当年实现劳务收入8.8亿元,被命名为全国劳务输出示范县和省劳务输出大县、被省政府确定为统筹就业工作4个试点县之一、被中国就业促进会确定为国际惠普援助创业项目2个试点县之一、被省政府命名为公益岗位开发管理工作先进市。全面启动城镇居民医疗保险,参保人数达到7.4万人。养老、失业、职工医疗、工伤、生育保险参保人数分别达到3.8万人、2.3万人、4.6万人、2.9万人、1.48万人。发放各类救助资金6200万元,使14万困难群众得到救助,新纳入低保对象900人,救助面提高17%。新建5100平方米的市社会福利服务中心,改建农村社会福利服务中心9所,完成350户农村泥草房和30户贫困残疾人危房改造。开展"信访大接访"活动,解决积案38件。严厉打击各种违法犯罪活动，刑事、治安案件分别下降16%和15.7%，实现了命案必破目标。政策性关闭煤矿15处，打击盗采煤炭资源案件35起，不法行为得到有效遏制。

——各项社会事业。申报国家级科技项目4项，促成产学研合作项目18项，被列为全国开展科技富民强市科技行动试点市、科技进步市和省中草药基地市，争取国家科技扶持资金531万元。投资1400万元，实施农村中小学远程教育工程，改造农村薄弱校54所；发放免费教科书和住宿生补助费168万元；1616名考生进入本科录取线，进线率列地区外县（市）之首。启动新型农村合作医疗，参合率达78%，报销医药费876万元。实施优生工程，新出生人口缺陷率下降到5‰以下，人口出生率、自然增长率分别下降到8‰和4‰以下，稳定了低生育水平，被省命名为流动人口计划生育工作先进市，保持了国家优质服务先进县（市）荣誉和省一类县（市）位次。7100平方米图书馆、档案馆、政务服务中心综合楼投入使用，启动9400平方米职业教育中心建设。完成第二阶段广播电视网络整合和12个信号盲村盲屯年度建设任务，实现市乡光纤联网。启动了事业单位人事制度改革。民族宗教、侨务外事、档案、老龄、残疾人等社会事业都取得了新成绩。

（曹 强　郝文鑫）

【磐石市】　磐石市位于吉林省中南部，幅员面积3960平方公里，辖14个乡镇、3个街道办事处，2个省级经济开发区，267个行政村、970个自然屯，总人口50.3万。

一年来，磐石市坚持环境立市、全民创业，坚持促进投资发展工业，用工业化带动产业化、城镇化和市场化，坚持三个文明协调发展，实现了县域经济的快速发展。2007年，全市GDP实现193.6亿元，同比增长39.2%；固定资产投资完成76亿元，同比增长19.3%；一般预算全口径财政收入完成10亿元，同比增长49.2%；城镇居民人均可支配收入实现9200元，同比增长17.9%；农民人均纯收入实现5260元，同比增长10%。获得省委、省政府县域突破工作“升级晋位”一等奖，全省民营经济腾飞竞赛活动先进市；工业提速增效工作取得了地区、全省双第一的好成绩，首批进入全省工业“十强市”行列；是东北县域竞争力“十强市”之一。

——工业经济迅猛增长。磐石市始终把加快工业发展作为拉动县域经济发展的重中之重，不断发展壮大工业，实现工业反哺农业、城市反哺农村。2007年，全口径工业增加值实现84亿元，其中规模工业增加值实现70.8亿元，占全口径工业增加值84.3%。规模工业企业总户数达到107户。金属冶炼、非金属加工和食品加工三大主导产业增加值实现63亿元、实缴税金7.2亿元，分别占全口径工业增加值和全市财政收入的75%和72%。镍业1.5万吨金属镍，亚泰、冀东二期及余热发电，雨润生猪屠宰加工等一批重点项目相继开工建设，鑫富源钢管、北亚钢结构、馋神畜禽屠宰加工等一批项目已竣工即将投产。

——开发区建设成效显著。磐石和明城两个省级经济开发区路、水、电、讯等基础设施建设日益完善，逐步形成了以有色金属冶炼、非金属加工和食品加工为主导的产业格局。全年引进工业项目47个，实际到位资金13.6亿元；工业增加值和财政收入分别实现34.2亿元和4.98亿元，分别占全市工业增加值和财政收入的40.7%和49.8%。

——新农村建设成绩斐然。粮食总产量达到73万吨。围绕盈宝禽业、晓生蛋品、馋神和雨润畜禽屠宰加工等龙头企业，新建产业基地31个、园区90个，发展产业大户810户、规模户9200户。转移农村劳动力8.5万人次。完成村屯水泥路、试点镇泥草房改造和残疾人危房改造任务。互联网宽带接入村屯达560个。完成农田水利基本建设工程790项，饮水安全工程120处。新建乡镇客运站4处、户用沼气池346个、卫生厕所2300座。绿化造林2568公顷，绿化村屯32个，恢复植被200公顷。

——基础设施日益完善。不断加大投入力度，完成了市区街路拓建、大修改造以及河道治理、城区供水等项改造任务，城市面貌大为改观，城市承载功能进一步提高。完成省道长阿线磐石段，县道磐朝线和牛心至黑石水泥路大修、续建工程。亚吉水库节水配套、明城一次变电所等项工程也已相继完成。

——民营经济蓬勃发展。投资3000万元，建立创业孵化基地2个，孵化企业45户。新增个体工商户1600户、私营企业321户、从业人员4300人。民营经济主营业务收入和实缴税金分别达到222.5亿元和6.5亿元，分别增长96.6%和51.9%。民营经济成为县域经济最具活力的增长点。

——民生民利工程硕果累累。狠抓职业教育资源整合，新建维修校舍3.5万平方米。获得全国科技示范市、计生工作国家优质服务先进市、老年维权先进单位、残疾人康复工作示范市以及省级平安市等项荣誉。省级双拥模范城创建工作实现“五连冠”。文化大厦主体工程建成投入使用。新型农村合作医疗参合率比上年提高11个百分点。社区用房建设全面完成。新建有线电视屯30个，新发展有线电视用户3000户。多渠道开发就业岗位14500个，安置下岗失业人员9900人，解决了零就业家庭和“4050”人员的就业问题。提高了城乡居民低保发放标准，为21414名低保人员发放最低生活保障金1954万元。

（王 峰　宋 斌　张承中）

【蛟河市】　蛟河市位于吉林省东部，吉林市东南，地处长白山麓、松花湖畔，幅员面积6429平方公里。辖2乡、8镇、5个街道和3个经济开发区（其中2个省级开发区），256个村，926个自然屯。境内有汉、满、朝、回等14个民族，总人口45.7万。辖区森林植被状况较好，活立木总蓄积量达2781万立方米，森林覆盖率达67%，已探明有镍、铁、花岗岩、硅石等矿产资源43种，其中花岗岩地质储量约100亿立方米，镍矿保有储量达140.5万吨，境内共有大小河流89条，水资源总量

19.51 亿立方米，素有长白山自然资源“立体宝库”的美誉。

2007 年蛟河市在吉林市委和上级政府的正确领导下，团结带领全市人民，锁定提前翻番目标，苦干上半年，奋战 100 天，决战四季度，全力加速招商引资、项目建设和固定资产投资，坚定不移地推进工业强市、产业立市，实现了加快发展的重大突破。全市地区生产总值达 62 亿元，同比增长 37.5%；全社会固定资产投资达 72.8 亿元，同比增长 28.2%，超年初计划 8.8 亿元；全口径财政收入达 3 亿元，同比增长 47.6%，超年初计划 6000 万元；城镇居民人均可支配收入达 9100 元，农民人均纯收入达 4405 元，同比分别增长 22.2%和 15.2%。

——招商引资和项目建设。出台鼓励投资政策，强化资源、区位、产业等特色优势招商，突出攻关大项目。全年新引进峨眉柴油发动机等超千万元项目 48 个，其中超亿元项目 6 个；招商引资到位资金 45 亿元，同比增长 67%。得利斯集团总投资 3 亿元 300 万头生猪屠宰加工项目落户，填补了该市引进国内著名企业集团的空白。全面落实“四个一、四个一批”等项目建设推进机制，全市 12 个超亿元、34 个超千万元工业项目竞相建设。东北虎药业双孢菇等 7 个超亿元，悦丰食品等 13 个超千万元项目主体竣工；金蛟木业等 7 个超亿元，森华木业等 12 个超千万元项目投产见效。协调资金 3800 万元，全速推进 38 个矿产资源勘查项目，漂河镍矿新探明 5 号矿体实现开采加工。

——工业集中区建设。克服重重困难筹资 7000 万元，超前收储新区土地 130 公顷；千方百计争取国家软贷资金 2.5 亿元建设基础设施，新区五纵三横主干路网已经形成，配套服务功能日臻完善，保障了项目随时入区需求。浙江杭州伟基实业国贸中心等 10 个重大项目落地开工，山东百圣源等 17 个项目厂房主体封闭，科普立辉军用发电机等 14 个项目建成投产，企业集聚发展势头凸现；天岗开发区加快发展政策全面实施，2 亿元开行 BT 投资基础设施建设项目快速推进，吉顺工业园实现“五通一平”，承载功能显著增强。引进建设 4 个超亿元、9 个超千万元项目，推动 21 户企业进行技改扩能，4 个项目建成投产；奶子山园区 1.3 平方公里起步区建设正式启动，土地批发招商加速推进，金正牧业等 3 个超千万元项目建成投产。新区、天岗开发区、奶子山园区全口径财政收入分别达到 4507 万元、1526 万元、1158 万元，同比分别增长 150%、142%、158%。

——工业经济。以工业提速增效、纳税十强企业竞赛活动为载体，坚持抓大带小，突出强化重点企业的扶持、服务。全面梳理了规模企业生产、销售、税收等情况，有针对性地落实了推动措施。全力协调资金 9240 万元，推动 15 个投资超千万元技改项目开工，11 个投产。全市规模工业发展到 75 户、纳税超百万元企业达到 13 户，长白山制药纳税突破 2000 万元，规模工业税金实现 7496 万元，同比增长 89.3%。全口径工业税金净增 3813 万元，占税收入库增量的 47.4%，工业成为拉动经济发展的主导力量。

——城乡建设。投资 12.5 亿元，强力推进以新区为主的城市建设。浦东大街北段、深圳大街等 3 条道路完成路基工程，创业路、红星大道北段、北京路中段等 9 条道路和新兴大桥竣工通车，2024 米城防二期全部建成。全市政务服务大厅主体封闭，城市污水处理厂实现当年开工建设、当年投入运行。经过不懈努力，114 栋采煤沉陷区居民搬迁住宅楼交付使用，6000 余户矿区居民喜迁新居。抢抓政策机遇，大力实施 6 片占地 76 万平方米的城市棚户区改造；投资 6300 万元，全面启动 156 栋 60 万平方米煤矿棚户区搬迁住宅楼建设。新开发首钢美丽城、实验小区等商住工程 45 万平方米；全力推进城区 24 小时供水、向阳楼危楼翻建、东山棚户区基础设施修建等民生民利工程。全力配合征地拆迁等工作，推进江黄高速公路主体完工；大力度推进农村公路建设，全年新建高等级公路 125.5 公里。

——社会主义新农村建设。全年黑木耳发展到 4.5 亿袋，中草药种植面积达 4500 公顷，小浆果栽植面积达 2100 公顷；启动 200 万头商品猪工程，生猪发展到 55 万头。引进建设今日食品等超千万元农业产业化项目 11 个，天星植物油等 5 个项目投产见效。转移农村劳动力 6.9 万人。建成重点农田水利工程 30 项。完成农村饮水安全工程 26 处。投入 1.5 亿元，全面建设 32 个试点村镇 213 项目，我市被评为全省新农村建设先进市。

——全民创业和旅游经济。以三年创业工程和民营经济腾飞计划为平台，高效组织创业宣传，精心举办创业大集，深入开展领创办和局包村，全年培训创业者 5.6 万人。小额担保贷款规模提高到 3000 万元，年内为 371 名创业者发放贷款 1565 万元，累计发放贷款总额名列全省县级第一。建设创业园区和孵化器 16 个，建成省级孵化器 1 个。全市新生成个体工商户 1880 户、投资百万元以上民营企业 121 户。强化景区基础设施建设，建成湖湾度假区、城市旅游特色街区等 6 个新项目，开工建设省内第一条客运观光索道，拉法山森林公园晋升国家 4A 级景区。继续加大主流媒体、旅行社营销力度，创新举办第六届红叶节，“十一”黄金周红叶谷日接待量跃居全省首位。全年接待游客 36.6 万人次，旅游总收入实现 3.37 亿元。

——社会事业。一次性通过国家科技进步考核，进一步拓宽了向上争取资金渠道。全面落实免除农村义务教育学生杂费政策，城乡教育差距进一步缩小。启动建设集健身、阅览、举办赛事于一体的全民健身活动中心。扎实推进新型农村合作医疗试点工作，我市被评为全国先进市。强化有线电线管理与投入，电视编播水平显著提高，有线电视综合覆盖率达到 90%。开发公益岗位安置特困就业对象 1347 人，12800 名下岗失业人员实现再就业。51000 人参加城镇居民基本医疗保险。发放最低生活保障金 2693 万元。完成 60 户农村贫困残疾人和 160 户城乡低保家庭危房改造。开通市长信访接待日等 5

条联系群众通道，妥善解决群众诉求。办结信访积案93件。狠抓安全生产和环境保护，健全落实应急处理机制，杜绝了重特大安全生产事故的发生。强化社会治安综合治理，有效维护了社会稳定。

【桦甸市】 ——经济发展状况。2007年度实现地区生产总值83.6亿元，比上年增长40.4%。其中第一产业增加值23.5亿元，比上年增长21.9%；第二产业增加值37.7亿元，比上年增长58.7%；第三产业增加值22.4亿元，比上年增长35.6%。完成工业总产值31.1亿元，其中规模工业增加值23.6亿元，同比增长72%。全社会固定资产投资完成67.2亿元，比上年增长13.4%；全口径财政收入5.8亿元，比上年增长34.3%；社会消费品零售总额30.7亿元，比上年递增18.4%。农民人均收入4760元，比上年增长24.4%。

实现农业总产值35.08亿元，比上年增长16.3%。粮食总产量10.09亿斤，比上年增产2.75亿斤，连续3年创历史新高。全市生猪、肉牛、肉羊分别发展到93.7万头、66.4万头和27.7万只，肉鸡出栏730万只，实现牧业产值16.9亿元，增长28.7%。农产品加工业销售收入8.55亿元，增长61.96%。园艺特产业产值12.58亿元，增长18.7%。转移农村劳动力4.27万人，实现劳务收入2.51亿元。种植业订单8.9万亩，畜禽订单1000万头（只）。2007年新发展各类农民合作经济组织43个，累计261个；经纪人200人，累计1600人；入社（会）农户3500户，带动农户20000户，分别占全市农户总数的5.9%和33.8%。

实施"万村千乡"市场建设工程，成功举办第二届白桦节，实现旅游收入6112万元，拉动消费2.6亿元。被中国市场学会命名为"中国·长白山林蛙之都"、"林蛙产业发展示范试验基地"和全国农村水电电气化建设县（市）。

2007年全市共引进项目125个，总投资44亿元，其中二产项目85个，总投资35.9亿元。固定资产投资80亿元，比上年增长35%。全市新开工千万元以上项目220个，开工千万元以上项目投资76亿元。成功引进中国第一铅笔股份有限公司年产6亿支铅笔项目、吉粮集团年产10万吨玉米饮料项目、长裕隆黄金氰化冶炼厂等较大项目，三道沟铁矿、亿隆木业等170个新续建项目年内投产和达产。15万吨还原铁项目一期工程开工建设。西金沟、龚沙河等一批水电项目进展顺利，油页岩综合开发项目正式签约。

开发区发展迅速，道路、供水等基础设施进一步完善。开发区工业总产值8.4亿元，同比增长28.9%，全口径财政收入0.32亿元，固定资产投资7.1亿元。开发区共有入区二产项目10个，总投资7.1亿元，其中：仅开发区独立引进的项目就达7个，总投资5.7亿元。完成了陶瓷园区长经三路的东延工程和长纬二路的续建工程；新建供热站一座，供热能力为10万平方米；新修明渠432米；种植各种树木4836株，绿化草坪11572.8平方米。基础设施总投资达3853万元。

——新农村建设。投入资金7951万元，开展了24个村屯建设试点和沿公路村屯环境卫生整治工作。黄牛、甜粘玉米产业得到较快发展，特色园区发展势头强劲，产业化经营水平不断提升。政策性农业保险顺利启动。投入资金7951万元，开展了24个村屯建设试点和沿公路村屯环境卫生整治工作。修建水泥路61.7公里，砌围墙18890延长米，改水1767户，改厕451户，改厨674户，改圈151户，建设沼气池252个，围绕"四清"，投工投劳19080人次，清理垃圾13550立方米，清污泥5487立方米，清路障15484米，清柴垛2518处。村屯美化绿化植树29万株；新建村级文化室16个，新通有线电视288户，新通电话153部。

——基础设施建设。光明路南延、桦甸大街东延、市体育场和三水厂建设快速推进。文化广场建成使用，总投资1243万元。新增城市绿地8万平方米。完成棚户区拆迁15万平方米，开工建设安置楼17栋，安置被拆迁户195户，投资3亿元。新开工房地产15万平方米，投资1.8亿元。实施单户供热改造10万平方米。维修市区路面1.5万平方米。内河二期堤防工程全面竣工。污水处理厂建设进展顺利。桦辉公路、五桦公路、长阿公路和辉发河大桥完成年度修建计划。

新修乡村水泥路196.7公里。完成农田水利基本建设工程317处、安全饮水工程40处。

——劳动和社会保障。全年对352个"零就业"家庭进行就业援助，实现了"零就业"家庭为零的目标。开发城镇就业岗位11286个，公益性岗位开发840个，新增城镇就业人员13365个，岗位利用率达到118%；下岗失业人员再就业10796人，其中：大龄就业对象再就业2954人；城镇登记失业率控制在3.1%以内；创业促就业成功项目159个；实现劳务输出90534人，其中省外57362人，北京保安输出318人，境外输出8349人；小额担保基金当年新到位120万元。

新发放小额担保贷款658万元。为16000名下岗失业人员发放社会保险补贴664万元。下岗失业人员技能培训4603人，下岗失业人员培训后有4097人实现了再就业，培训后就业率达到89%。下岗失业人员创业培训567人，培训后创业成功率达100%；参加职业技能鉴定3815人，鉴定率98%，职业技能鉴定合格率87%。建成农村劳动力转移培训实训基地6个，建成率100%。

基本养老保险参保35337人，其中非公有制经济组织参保26438人，实际缴费人数占参保人数的比例99%；基本养老保险当期征缴额7774万元；基本养老金按时足额发放率100%；企业退休人员社会化管理率100%，其中社区管理率93%；上级财政转移支付资金按季到位率100%。基本医疗保险参保39917人，扩面新增67074人；城镇居民参加住院保险77338人；基本医疗保险缴费率达95%。工伤保险参保27742人，扩面新增8149人，其中：高风险企业参保率97%；工伤保险缴费率100%。全市7511户、14194人享受最低生活保障，分类施保 1946 户、4696 人,人均每月 88 元,分类施保率 100%。

——各项社会事业。改造维修校舍 11.8 万平方米,新建第一实验小学、夹皮沟镇中心小学 2 所教学楼并交付使用。群众文体活动丰富多彩，文化信息资源共享工程在全国会议交流经验。西荒山古墓群、“放山习俗”分别被列入“省保”和省非物质文化遗产名录。20 集电视连续剧《静静的白桦林》成功拍摄。完成市医院配套基础设施和 4 所乡镇卫生院改扩建工程，新型农村合作医疗参合率达到 98%。在全省县级城市率先启动有线电视数字化整体转换工程，已完成整转用户 3000 多户,用户可接收高清晰数字节目 70 套。农村广播电视覆盖率达 98%。计划生育率达 92.7%,人口出生率控制在 5.61‰。首部《桦甸年鉴》正式出版发行,档案基础工作得到加强。光荣院、救助管理站和殡仪馆新改扩建工程交付使用，社会福利服务中心建设经验在全国推广。残疾人康复训练指导中心正式运行。改造贫困残疾人危房 80 户。

综　　合

Zong he

1-1 行 政 区 划(2007)

项 目	街道办事处	社 区	乡镇政府	#镇政府	村民委员会
全 市	**71**	**253**	**78**	**54**	**1384**
市 区	**50**	**194**	**19**	**11**	**333**
昌邑区	16	64	5	3	102
船营区	13	45	4	3	70
龙潭区	14	49	6	4	108
丰满区	7	36	4	1	53
各县(市)	**21**	**59**	**59**	**43**	**1051**
永吉县		15	9	7	140
舒兰市	4	17	15	10	210
磐石市	4	6	14	13	268
蛟河市	8	12	10	8	256
桦甸市	5	9	11	5	177

1-2 土地面积与人口密度(2007)

项 目	土地面积(平方公里)	年末人口(人)	人口密度(人/平方公里)
全 市	**27120**	**4326656**	**159.54**
市 区	**3636**	**1823007**	**501.38**
昌邑区	806	612638	760.10
船营区	688	459431	667.78
龙潭区	1110	490814	442.17
丰满区	1032	260124	252.06
永吉县	2624	392593	149.62
舒兰市	4000	659473	143.36
磐石市	3960	540751	136.55
蛟河市	6050	454951	75.20
桦甸市	6250	455881	72.94

1－3 社会经济主要指标（1986－2007）

年 份	年末总人口（人）	#市 区（人）	从业人员（人）	#单位从业人员（人）	#职工（人）	职工年平均工资（元）
1986	3964703	1169216	1735000	912912	912912	1232
1987	3986052	1199445	1799000	937287	937287	1367
1988	4004811	1227805	1874000	966207	966207	1696
1989	4052086	1253413	1997000	976119	976119	1866
1990	4125374	1274892	1999257	979120	979120	1999
1991	4151582	1298159	2019786	1007095	1007095	2223
1992	4167843	1337962	2125999	1018891	1018891	2498
1993	4192804	1352304	2140000	1011707	1011707	2928
1994	4211536	1367743	2119392	976109	976109	3837
1995	4254275	1384802	2052295	970450	970450	4812
1996	4259697	1393573	2075357	948742	948742	5639
1997	4276280	1408085	2018479	901688	893223	5767
1998	4275873	1409331	1784798	643373	636243	6713
1999	4300107	1423878	1754386	585158	582135	7274
2000	4316726	1793429	1742617	523735	521223	8193
2001	4313833	1792458	1749192	465523	461803	8485
2002	4310773	1788970	1721748	453375	448343	9295
2003	4316023	1795531	1744098	414490	410953	10610
2004	4290695	1789015	1550839	390967	386678	12694
2005	4294514	1798651	1560869	354963	351125	14902
2006	4304419	1804635	1567685	356470	354234	17209
2007	4326656	1823007	1579218	344499	341018	23037

注：1.年末总人口按户籍人口计算，2000年、2001年、2002、2003、2004年普查口径人口数分别为448万人、448万人、450万人、451.4万人、452.8万人。

2.1998年以后为在岗职工人数和在岗职工年平均工资。

1-3 续1

单位：万元

年份	全市生产总值（现价）	第一产业	第二产业	#工业	#建筑业	第三产业	#交通运输、仓储及邮电通信	#批发零售贸易及餐饮业	人均生产总值（元）
1986	529040	87853	321481	288530	32951	119707			1319
1987	627413	89751	412569	371190	41379	125093			1561
1988	764238	107131	494401	446839	47562	162706			1898
1989	797605	86881	515282	470826	44456	195442			1968
1990	**845655**	**141423**	**506647**	**465989**	**40658**	**197585**	**49828**	**22038**	**2056**
1991	955345	139724	563297	513197	50100	252324	62618	45035	2292
1992	1082981	146248	613267	544312	68955	323466	75307	74557	2585
1993	1376034	183003	755978	677474	78504	437053	85015	103811	3268
1994	1788085	291495	920302	834302	86000	576288	123801	124663	4225
1995	2240745	332573	1171688	1046433	125255	736484	153940	160568	5256
1996	2580732	444941	1198815	1009928	188887	936976	200212	204548	6020
1997	2677196	501770	1066972	933369	133603	1108454	238069	243319	6229
1998	3025742	606886	1115713	953569	162144	1303143	284975	286899	7027
1999	3162958	597169	1187722	1022244	165478	1378067	280515	302064	7325
2000	**3527418**	**605165**	**1402416**	**1228295**	174121	**1519837**	**340270**	**320930**	**8131**
2001	3837126	657750	1500003	1302562	197441	1679373	378485	364576	8831
2002	4265706	714298	1706056	1397290	308766	1845352	412829	411605	9824
2003	4856038	775010	2049113	1695016	354097	2031915	457702	467073	11180
2004	5647318	886544	2506900	2168500	338400	2253874	506699	533044	13032
2005	6296913	1005594	2829601	2432758	396843	2461718	535074	611401	14498
2006	7288301	1097062	3328293	2898313	429980	2862946			16796
2007	10080128	1355819	4967088	4223197	743891	3757221			23277

1-3 续2

单位：万元

年 份	全 市 生产总值 (可比价)	第一产业	第二产业	#工 业	#建筑业	第三产业	#交通运输、仓储及邮电通信	#批发零售贸易及餐饮业
1986	413801	61507	262795	239475		89499		
1987	457572	65775	307194	279522		84550		
1988	502113	66418	338473	312690		97222		
1989	475525	52038	317722	296206		105765		
1990(1980年不变价)	**483637**	**70010**	**310827**	**290990**		**102800**		
1990(1990年不变价)	**866924**	**145486**	**520425**	**479943**		**200294**		
1991	929111	143226	545688	498240		239429		
1992	1001148	141177	552063	512103		307908		
1993	1156578	168760	614060	556389	57671	373758	75267	82150
1994	1350454	182862	718568	654389	64179	449024	93607	98385
1995	1470364	179701	808339	723975	84364	482324	102035	110144
1996	1630752	238753	866183	769645	96538	525816	114315	119836
1997	1629146	266544	754294	682337	71957	608308	136172	139063
1998	1835643	322229	817462	738057	79405	695952	152916	155796
1999	2015251	339223	946604	864769	81835	729424	162580	170561
2000(1990年不变价)	**2227175**	**347936**	**1086880**	**1000240**	**86640**	**792359**	**181303**	**185519**
2000(2000年不变价，下同)	**3527418**	**605165**	**1402416**	**1228295**	**174121**	**1519837**	**340270**	**320930**
2001	3786605	657750	1504422	1314392	190030	1624433	369254	360253
2002	4203014	714298	1712497	1425806	286691	1776219	404496	407934
2003	4714442	763256	1962768	1651419	311349	1988418	469005	459265
2004	5285047	858115	2314170	2032170	282000	2112762	493767	508630
2005	5758546	941926	2536751	2214114	322637	2279869	521758	576793
2006(2005年不变价)	7097604	1063477	3215350	2795980	419370	2818777		
2007	8400595	1145019	3878550	3268353	610197	3377026		

1－3 续3

单位：万元

年份	工业总产值（当年价）	工业增加值	工业利税	农林牧渔业总产值	农林牧渔业增加值
1986	619049	288530	168494	236802	87853
1987	785727	371190	208232	132705	89751
1988	937607	446839	188832	166205	107131
1989	1068822	470826	269759	148432	86881
1990	**1319558**	**477650**	**229425**	**214664**	**141423**
1991	1484962	513197	227791	216213	139724
1992	1681203	502910	195120	223898	146248
1993	2176400	620100	256500	273275	183003
1994	2741064	832996	344409	456231	291495
1995	2841660	858519	283935	525316	336431
1996	3171170	951859	243448	702453	455048
1997	3537134	743618	90032	793504	518352
1998	3232326	666635	55485	962593	631823
1999	3405520	722614	116918	959785	625474
2000	**4089784**	**895426**	**248605**	**999808**	**642619**
2001	3414062	940376	167057	1083124	704982
2002	3569462	1036283	257059	1175270	773013
2003	4543570	1320708	447230	1300442	853297
2004	6415358	1869223	816679	1391317	991910
2005	7547385	1717786	313229	1573247	1013366
2006	9023937	2057013	191365	1725102	1095551
2007	12228681	3286398	991799	2115975	1353803

注：1997年以前工业总产值和工业增加值、工业利税为乡及乡以上独立核算工业企业数据，1998年以后为规模工业口径。

1-3 续4

单位：万元

年 份	固定资产投资总额	房地产投资	新 增 固定资产	竣工房屋面 积（万m^2）	#住宅（万m2）	建筑业总产值
1986	101892		86517	111.0	63.6	96675
1987	131870		117719	123.7	71.7	117215
1988	154431		108269	143.9	82.2	140435
1989	145492	6495	147020	100.7	39.5	129054
1990	115062	9979	106603	75.0	41.9	129938
1991	164975	19027	123176	102.5	65.9	165031
1992	266176	34799	214519	142.8	99.2	255056
1993	414078	93203	247203	179.8	136.0	358419
1994	629646	90539	291380	162.0	99.9	363486
1995	814914	58368	244917	162.8	101.4	368252
1996	1003160	61049	1392189	183.9	122.0	446834
1997	786416	66031	466875	150.5	85.2	355802
1998	858399	135627	1375031	251.6	174.0	404014
1999	951110	165091	705533	265.8	152.1	442804
2000	1058205	180677	735947	316.8	170.4	607995
2001	1300023	245713	884354	406.9	227.3	471160
2002	2510158	293069	1923906	604.3	198.1	442233
2003	3110848	305781	2156253	561.0	213.5	482748
2004	3500630	304979	1919098	358.2	144.1	490828
2005	4550403	335000	3030685	382.5	78.3	499463
2006	6917666	465747	5143368	783.0	173.9	599212
2007	9050217	702812	6495501	1161.4	284.1	796177

1-3 续5

单位：万元

年 份	全口径财政收入	体制收入	财政支出	财政收入占GDP比重（%）	人均财政收入（元）
1986	79281		51809	15.0	200.0
1987	94337		60633	15.0	236.7
1988	111523		70723	14.6	278.5
1989	130851		84106	16.4	322.9
1990	135301		74557	16.0	328.0
1991	151550	62246	73225	15.9	365.0
1992	143183	59632	79832	13.2	343.5
1993	188843	65879	112147	13.7	450.4
1994	237869	73088	126634	13.3	564.8
1995	259282	80284	147855	11.6	609.5
1996	314946	114474	183011	12.2	739.4
1997	337843	168006	196914	12.6	790.0
1998	343391	134770	215126	11.3	803.1
1999	344086	142270	237466	10.9	800.2
2000	336091	138478	240498	9.5	778.6
2001	363744	145833	304746	9.5	843.2
2002	412915	162591	361445	9.7	957.9
2003	484899	184800	416544	10.0	1123.5
2004	561752	197301	576894	9.9	1309.2
2005	670286	235100	674767	10.6	1560.8
2006	656511	276693	791514	9.0	1525.2
2007	1005707	408408	987682	10.0	2324.4

1-3 续6

单位：万元

年份	金融机构存款余额（本币）	#年末储蓄存款余额	金融机构贷款余额（本币）	社会消费品零售总额	居民消费价格总指数（%）	#零售价格指数（%）
1986	211085	110201	429533	281345	106	105.7
1987	272437	155223	496115	320434	107.5	107.9
1988	346625	218175	578719	419225	120.6	120.8
1989	364761	286735	671504	468364	117.1	116.9
1990	464861	377279	868725	460545	104.9	104.3
1991	577822	486262	1051223	534148	107	105.7
1992	692771	584595	1171331	592897	107.3	107.1
1993	859074	700972	1440188	607138	114.6	112.7
1994	1121309	982878	1680113	756313	129.9	118.7
1995	1400787	1333639	1965484	883071	115.1	114.2
1996	1814218	1761195	2427485	1008555	107.3	105.3
1997	2139617	1880889	2888266	1119574	102.9	101.7
1998	2642245	2278804	3418811	1239058	99.1	97.9
1999	2938957	2478330	3841952	1356893	98	97
2000	3060751	2875611	3276223	1477657	99	98.2
2001	4077305	3182217	3880348	1679800	102.3	101.7
2002	4453253	3449011	4038974	1898007	99.7	99.2
2003	5173669	3924420	4264813	2154238	101.3	100.8
2004	5878717	4460401	4072319	2458201	103.8	102.9
2005	6803918	5180840	3344319	2839352	101.7	101.4
2006	7839084	5719736	4004190	3296591	101.3	101.2
2007	8357583	5963848	4477797	3889979	105.3	103.2

注：1990—2000年为银行存贷款余额，2001年以后为金融机构信贷收支。

1－3 续7

年 份	交通部门旅客运输量（万人）	#铁路（万人）	#公路（万人）	交通部门货物运输量（万吨）	#铁路（万人）	#公路（万人）
1986	3917	1714	2198	3057	1643	1411
1987	4028	1801	2221	3299	1739	1559
1988	4251	1899	2345	3741	1799	1940
1989	3697	1754	1929	3187	1809	1377
1990	**3226**	**1404**	**1783**	**3836**	**1779**	**2055**
1991	3252	1367	1860	3739	1718	2019
1992	3473	1398	2023	3921	1778	2142
1993	3210	1445	1538	3768	1746	2021
1994	3150	1474	1633	3794	1756	2006
1995	3071	1351	1686	3944	1693	2221
1996	3552	1684	1835	4010	1684	2289
1997	3300	1252	2019	4609	1983	2374
1998	3053	964	2069	4115	1516	2359
1999	3498	1265	2218	4174	1688	2468
2000	**3541**	**1219**	**2307**	**4152**	**1573**	**2565**
2001	4094	1646	2429	4704	2086	2600
2002	3917	1492	2411	4786	2097	2671
2003	4194	1331	2845	5298	2250	3032
2004	4843	1346	3476	6013	2505	3490
2005	4406	784	3560	5448	1855	3593
2006	4753	797	3888	5706	1769	3928
2007	4828	811	3954	6035	1737	4298

1-3 续8

单位：万美元

年 份	合同利用外资额	#外商直接投资	实际利用外资额	#外商直接投资	进出口总额	#进口	#出口	旅游总收入（万元）	旅游人数（万人次）
1986									
1987	278	93	383						
1988	1613	1613	124	114					
1989	131	131	127	127					
1990	**1005**	**1005**	**691**	**691**					
1991	2380	1768	1057	445					
1992	4330	4330	1691	1691					
1993	7229	5047	4363	3030					
1994	6111	3909	3576	1707					
1995	6836	3320	4000	1889					
1996	5650	3968	4668	2006					
1997	10914	5941	5568	3442	42804	23751	19053		
1998	12621	10152	6050	3581	32754	14887	17867		
1999	10347	8047	7258	5958	30215	11877	18338	120123	581
2000	**11932**	**8932**	**8030**	**5030**	**33790**	**17254**	**16536**	**159600**	**450**
2001	11253	10053	6721	5521	31889	16147	15742	210000	497
2002	31352	26411	11681	6539	24892	11293	13599	285000	550
2003	66218	10026	30299	6020	25675	8522	17153	370000	728
2004	45929	13106	18815	6641	46705	17968	28737	410000	757
2005	61688	16090	22282	7071	68678	28744	39934	460000	780
2006	72578	11163	25183	8452	74695	29241	45454	560000	894
2007	74372	14517	28859	9103	95858	39626	56232	708000	1029

注：进出口总额数据由吉林海关提供。

1-3 续9

年份	城镇人均居住面积（m^2）	农村人均居住面积（m^2）	城镇居民人均年可支配收入（元）	城镇居民人均年消费性支出（元）	城镇居民恩格尔系数（%）	农村居民人均年纯收入（元）	农村居民恩格尔系数（%）
1986	4.9		842	753	55.54	444	
1987	5.0		933	816	56.35	494	
1988	5.2	13.4	1162	1126	49.24	556	
1989	5.4	13.1	1365	1249	52.44	502	
1990	5.6	14.2	1457	1293	53.55	641	
1991	5.7	14.0	1612	1423	55.26	666	
1992	6.0	13.8	1952	1715	50.74	743	
1993	6.2	14.2	2337	1997	49.31	882	63.67
1994	6.4	13.4	2871	2515	48.83	1247	66.24
1995	6.6	14.0	3393	2949	48.31	1461	60.35
1996	6.9	16.9	4262	3423	47.63	1875	54.79
1997	7.3	17.6	4678	3711	45.50	1964	53.56
1998	7.7	18.2	4732	3846	43.31	1996	52.16
1999	8.1	19.4	5016	4012	40.81	2035	49.59
2000	8.6	18.0	5365	4458	38.46	2066	45.37
2001	9.1	18.3	5883	4801	37.98	2113	44.69
2002	13.1	18.4	6710	5280	36.72	2394	46.24
2003	13.3	20.2	7700	5875	34.30	2700	41.25
2004	14.1	20.5	8550	6540	35.22	3201	43.21
2005	14.8	20.6	9230	7744	34.77	3449	42.20
2006	14.6	20.9	10155	8346	33.80	3905	38.63
2007	14.9	21.6	12501	10048	31.65	4496	38.10

注：2002年为城镇人均住房使用面积与前期不可比。2003年农村居民人均年纯收入为全面抽样调查口径。

1-3 续10

单位：人

年份	在校学生数					
	高等院校	中等专业学校	技工学校	职业学校	普通中学	小学
1986	8558	11746	6147	18619	217839	522514
1987	9664	12030	8203	21681	210493	511031
1988	10523	13127	9279	23302	201095	494136
1989	10739	14335	11275	21356	182166	476074
1990	11005	13926	11880	19938	182313	458885
1991	11345	14626	13300	20564	195568	440000
1992	12022	16348	14586	19430	211945	426735
1993	13371	17837	15947	19153	220561	414072
1994	14729	20734	17489	19163	215969	414650
1995	15568	23725	17364	21219	259492	414550
1996	15924	27434	16190	22332	227319	418053
1997	16518	29587	12964	21912	226660	425784
1998	17023	31115	7946	29719	220405	419517
1999	16581	31115	4620	29719	220405	419517
2000	22000	26305	3157	19014	248693	376587
2001	22000	26305	2743	12277	260029	347416
2002	25947	23371	2919	11825	265949	322188
2003	38494	31166	5049	13064	269593	292824
2004	48486	26243	5049	14580	267913	274517
2005	65908	33442	7399	18432	258788	252967
2006	62845	29842	13843	25622	246562	238800
2007	69431	28774	6982	27773	232502	237566

注：2005年职业学校在校学生数为职业高中在校学生数。

1-3 续11

年份	卫生事业机构数（个）	#医院（个）	床位数（张）	#医院（张）	卫生技术人员（人）	#医生（人）
1986	817	207	17353	15088	20892	7778
1987	831	211	18932	16426	21294	7980
1988	802	212	19042	16477	21634	8657
1989	775	213	18976	16782	22121	8991
1990	**760**	**214**	**18705**	**16601**	**22715**	**9326**
1991	734	208	19123	16710	23419	9572
1992	711	210	19123	16982	23697	9402
1993	688	211	19698	17266	23648	9716
1994	667	213	19203	16893	23954	9647
1995	660	213	18947	16766	23722	9935
1996	1066	213	18973	14656	24106	10249
1997	1060	214	18587	17043	23795	10117
1998	1127	213	18025	14366	23585	10202
1999	1321	213	17579	13867	23754	10594
2000	**1280**	**214**	**16657**	**13219**	**22974**	**10232**
2001	1480	214	17233	13489	22987	10563
2002	2357	255	16591	13427	24037	10014
2003	3384	255	16270	13133	24876	9972
2004	3511	258	16851	13538	19664	8839
2005	3885	253	17406	14007	19339	8645
2006	3928	253	17866	14418	20200	8969
2007	3991	260	18116	14552	22973	10371

1-4 国民经济主要比例关系

单位：%

指　　标	2000	2002	2003	2004	2005	2006	2007
一、全市生产总值中一、二、三产业比例							
第一产业	17.2	16.7	16.0	15.7	16.0	15.1	13.5
第二产业	39.8	40.0	42.2	44.4	44.9	45.7	49.3
第三产业	43.1	43.3	41.8	39.9	39.1	39.2	37.2
二、工业总产值中轻重工业比例							
轻工业	14.7	15.0	12.6	10.7	11.9	13.5	18.2
重工业	85.3	85.0	87.4	89.3	88.1	86.5	81.8
三、农林牧渔业总产值中农林牧渔业比例							
农　业	56.4	49.2	43.2	51.2	48.1	49.7	47.5
林　业	1.8	2.5	4.8	3.2	2.8	3.2	2.9
牧　业	39.9	44.6	47.4	41.2	45.3	43.0	45.4
渔　业	1.9	3.7	3.7	3.6	3.0	3.3	3.4
农林牧渔服务业			0.9	0.8	0.8	0.8	0.9
四、农业人口与非农业人口比例							
农业人口	51.7	51.4	51.1	51.1	50.8	51.1	51.1
非农业人口	48.3	48.6	48.9	48.9	49.2	48.9	48.9
五、粮食与经济作物播种面积比例							
粮食作物	85.6	88.6	88.8	91.4	92.2	91.5	91.7
经济作物	2.7	1.9	2.4	1.5	1.3	1.3	1.2
其他作物	11.7	9.5	8.8	7.1	6.5	7.2	7.1
六、一、二、三产业人员比例							
第一产业	46.0	45.5	46.2	48.3	47.2	47.5	46.5
第二产业	22.4	20.9	18.9	19.3	19.0	19.7	19.8
第三产业	31.6	33.6	34.9	32.4	33.8	32.8	33.7

1-5 平均每天主要社会经济活动

指　　标	单位	2000	2002	2003	2004	2005	2006	2007
全市生产总值（现价）	**万　元**	**9664**	**11687**	**13304**	**15472**	**17252**	**19968**	**27617**
工业总产值（现价）	万　元	11205	9779	12448	17576	20678	24723	33503
农业总产值（现价）	万　元	2739	3220	3563	3812	4310	4726	5797
主要工业产品产量								
原煤	万　吨	0.54	0.53	0.52	0.65	0.62	0.55	0.92
发电量	万千瓦时	2496	2205	2090	3183	3707	3482	3548
钢	吨	3	741	2501	3419	3500	5018	4400
铁合金	吨	314	416	693	978	874	1135	1377
化学纤维	吨	350	409	411	434	595	620	925
纱	吨	25	29	20	11	20	25	24
啤酒	吨	656	671	699	709	689	808	932
汽油	吨	2224	2196	2879	2843	2869	2871	2958
柴油	吨	2778	3711	5830	7452	8232	7779	7315
乙烯	吨	1187	1397	1575	1590	1401	2060	2391
汽车	辆	110	216	255	243	172	191	137
固定资产投资完成额	万　元	2899	6877	8523	9591	12467	18953	24795
房屋竣工面积	万平方米	0.87	1.66	1.54	0.98	1.05	2.14	3.18
社会消费品零售额	万　元	4048	5200	5902	6735	7779	9032	10657

1-6 主要指标占全国全省比重（2007）

指　　标	单位	全国	全省	吉林市	吉林市占全国比重（%）	吉林市占全省比重（%）
一、生产总值	亿 元	246619	5226.08	1008.01	0.41	19.29
第一产业	亿 元	28910	813.48	135.58	0.47	16.67
第二产业	亿 元	121381	2389.87	496.71	0.41	20.78
第三产业	亿 元	96328	2022.73	375.72	0.39	18.57
二、主要工业产品产量						
原煤	万 吨	253600	3157.75	335.28	0.13	10.62
发电量	亿千瓦时	32777.2	493.34	129.5	0.40	26.25
钢	万 吨	56894.4	607.34	160.58	0.28	26.44
化学纤维	万 吨	2390	36.05	33.75	1.41	93.62
乙烯	万 吨	1047.7	87.26	87.26	8.33	100.00
汽车	万 辆	888.7	82.3	4.995	0.56	6.07
三、主要农产品产量						
粮食	万 吨	50150	2454	390.68	0.78	15.92
油料	万 吨	2461	43.71	1.28	0.05	2.93
蔬菜	万 吨	56336.7	878.46	196.37	0.35	22.35
肉类产量	万 吨	6800	347.76	49.6	0.73	14.26
四、全社会固定资产投资额	亿 元	137239	4003.18	905.02	0.66	22.61
五、社会消费品零售总额	亿 元	89210	1999.2	389	0.44	19.46
六、高等学校在校学生	万 人	1885	47.02	6.94	0.37	14.76

国民经济核算

Guo min jing ji he suan

2-1 主要年份全市生产总值

（按当年价格计算） 单位：万元

年份	全市生产总值	第一产业	第二产业	#工业	第三产业	#运输、仓储、邮电业	#批发和零售贸易餐饮业	人均生产总值（元）
1949	23754	14874	4212	3945	4668			142
1952	39395	19551	11494	10487	8350			225
1957	64658	19285	29855	25913	15518			311
1962	86553	22668	43813	40642	20072			341
1965	119891	32447	67454	63648	19990			425
1970	175031	53134	96869	93408	25028	7351	5048	542
1975	197980	53355	117224	110652	27401	9111	4430	548
1978	225899	51362	141804	132445	32733	9771	7284	598
1980	242677	39459	161652	146612	41566	12627	5955	624
1985	449654	79159	278911	245105	91584	22020	21404	1124
1988	764238	107131	494401	446839	162706	32647	36223	1898
1989	797605	86881	515282	470826	195442	37778	37479	1968
1990	845655	141423	506647	465989	197585	49828	22038	2056
1991	955345	139724	563297	513197	252324	62618	45035	2292
1992	1082981	146248	613267	544312	323466	75307	74557	2585
1993	1376034	183003	755978	677474	437053	85015	103811	3268
1994	1788085	291495	920302	834302	576288	123801	124663	4225
1995	2240745	332573	1171688	1046433	736484	153940	160568	5256
1996	2580732	444941	1198815	1009928	936976	200212	204548	6020
1997	2677196	501770	1066972	933369	1108454	238069	243319	6229
1998	3025742	606886	1115713	953569	1303143	284975	286899	7027
1999	3162958	597169	1187722	1022244	1378067	280515	302064	7325
2000	3527418	605165	1402416	1228295	1519837	340270	320930	8131
2001	3837126	657750	1500003	1302562	1679373	378485	364576	8831
2002	4265706	714298	1706056	1397290	1845352	412829	411605	9824
2003	4856038	775010	2049113	1695016	2031915	457702	467073	11180
2004	5647318	886544	2506900	2168500	2253874	506699	533044	13032
2005	6296913	1005594	2829601	2432758	2461718	535074	611401	14498
2006	7288301	1097062	3328293	2898313	2862946			16796
2007	10080128	1355819	4967088	4223197	3757221			23277

2-2 主要年份全市生产总值构成

（以全市生产总值为100）　　单位：%

年份	全市生产总值	第一产业	第二产业	#工业	第三产业
1949	100.0	62.6	17.7	16.6	19.7
1952	100.0	49.6	29.2	26.6	21.2
1957	100.0	29.8	46.2	40.1	24.0
1962	100.0	26.2	50.6	47.0	23.2
1965	100.0	27.1	56.3	53.1	16.6
1970	100.0	30.4	55.3	53.4	14.3
1975	100.0	26.9	59.2	55.9	13.7
1978	100.0	22.7	62.8	58.6	14.5
1980	100.0	16.3	66.6	60.4	17.1
1985	100.0	17.6	62.0	54.5	20.4
1988	100.0	14.0	64.7	58.5	21.3
1989	100.0	10.9	64.6	59.0	24.5
1990	100.0	16.7	59.9	55.1	23.4
1991	100.0	14.6	59.0	53.7	26.4
1992	100.0	13.5	56.6	50.3	29.9
1993	100.0	13.3	54.9	49.2	31.8
1994	100.0	16.3	51.5	46.7	32.2
1995	100.0	14.8	52.3	46.7	32.9
1996	100.0	17.2	46.5	39.1	36.3
1997	100.0	18.7	39.9	34.9	41.4
1998	100.0	20.1	36.9	31.5	43.0
1999	100.0	18.9	37.6	32.3	43.5
2000	100.0	17.2	39.8	34.8	43.0
2001	100.0	17.1	39.1	33.9	43.8
2002	100.0	16.7	40.0	32.8	43.3
2003	100.0	16.0	42.2	34.9	41.8
2004	100.0	15.7	44.4	38.4	39.9
2005	100.0	16.0	44.9	38.6	39.1
2006	100.0	15.1	45.7	39.8	39.2
2007	100.0	13.5	49.3	41.9	37.2

2－3 主要年份全市生产总值指数

上年=100

年份	全市生产总值	第一产业	第二产业	#工业	第三产业	人均生产总值
1949						
1952	116.1	118.9	118.6	120.0	109.6	111.7
1957	107.5	97.1	116.9	126.3	104.4	106.4
1962	92.8	104.2	88.3	90.5	92.4	89.7
1965	115.4	122.4	116.2	118.1	104.6	112.7
1970	151.5	234.3	145.3	147.0	102.9	147.0
1975	103.3	103.6	103.0	101.9	103.8	101.7
1978	120.5	112.2	126.1	125.5	109.6	118.5
1980	101.8	69.3	114.9	114.1	104.4	100.5
1985	101.1	78.4	107.5	106.7	106.2	101.1
1988	109.9	101.0	110.2	111.9	115.0	109.7
1989	94.8	78.3	93.9	94.7	108.8	94.1
1990	101.6	134.5	97.8	98.2	97.2	100.3
1991	107.2	98.4	104.9	103.8	119.5	105.9
1992	107.8	98.6	101.2	102.8	128.6	107.2
1993	115.5	119.5	111.2	108.6	121.4	114.9
1994	116.8	108.4	117.0	117.6	120.1	116.2
1995	108.9	98.3	112.5	110.6	107.4	108.1
1996	110.9	132.9	107.2	106.3	109.0	110.3
1997	99.9	111.6	87.1	88.7	115.7	99.6
1998	112.7	120.9	108.4	108.2	114.4	112.5
1999	109.8	105.3	115.8	117.2	104.8	109.5
2000	110.5	102.6	114.8	115.7	108.6	110.0
2001	107.3	108.7	107.3	107.0	106.9	107.2
2002	111.0	108.6	113.8	108.5	109.3	111.1
2003	112.2	106.9	114.6	115.8	111.9	112.1
2004	112.1	112.4	117.9	123.1	106.3	112.4
2005	109.0	109.8	109.6	109.0	107.9	108.7
2006	112.7	104.8	113.6	114.9	114.9	112.8
2007	118.4	107.7	120.6	116.9	119.8	118.6
1977~2007平均每年增长	9.2	6.6	8.8	8.7	11.5	8.0
1990~2007平均每年增长	11.0	8.9	10.2	10.0	13.1	9.5
1995~2007平均每年增长	10.6	10.8	10.6	10.6	10.7	9.1
2000~2007平均每年增长	11.8	8.5	13.9	13.5	10.9	9.7

2-4 第三产业增加值构成（2005-2007）

单位：%

行　　业	2005	2006	2007
总　　计	**100.0**	**100.0**	**100.0**
交通运输、仓储及邮政业	17.2	17.8	19.9
信息传输、计算机服务和软件业	9.0	8.6	8.1
批发和零售业	18.7	18.2	17.1
住宿和餐饮业	7.0	6.8	6.3
金融保险业	7.1	7.0	6.5
房地产业	8.2	9.1	9.1
租赁和商务服务业	4.9	5.0	4.5
科学研究、技术服务和地质勘查业	1.6	1.4	1.2
水利、环境和公共设施管理业	1.1	1.0	1.0
居民服务和其他服务业	4.3	4.3	4.3
教育	6.9	7.5	8.0
卫生、社会保障和社会福利业	4.2	4.3	4.3
文化、体育和娱乐业	0.9	0.8	0.8
公共管理和社会组织	8.7	8.3	9.0

2-5 第三产业增加值指数

（按可比价格计算　上年=100）

行　　业	2006	2007
总　　计	**114.9**	**119.8**
交通运输、仓储及邮政业	117.3	124.5
信息传输、计算机服务和软件业	112.1	110.0
批发和零售业	111.6	114.9
住宿和餐饮业	114.7	112.6
金融保险业	112.0	117.6
房地产业	126.9	112.5
租赁和商务服务业	116.4	111.6
科学研究、技术服务和地质勘查业	103.5	106.0
水利、环境和公共设施管理业	100.7	128.5
居民服务和其他服务业	112.9	120.6
教育	122.1	134.1
卫生、社会保障和社会福利业	117.1	127.6
文化、体育和娱乐业	105.1	118.8
公共管理和社会组织	109.9	136.0

2-6 三次产业增量贡献率

（按可比价格计算） 单位：%

年 份	全 市 生产总值	第一产业	第二产业	#工 业	第三产业
1990	100.0	231.8	-88.9	-68.4	-42.9
1991	100.0	-3.6	40.6	29.4	63.0
1992	100.0	-2.8	8.8	19.2	94.0
1993	100.0	17.7	39.9	28.5	42.4
1994	100.0	7.3	53.9	50.5	38.8
1995	100.0	-2.6	74.9	58.0	27.7
1996	100.0	36.8	36.1	28.5	27.1
1997					
1998	100.0	27.0	30.6	27.0	42.4
1999	100.0	9.5	71.9	70.5	18.6
2000	100.0	4.1	66.2	63.9	29.7
2001	100.0	20.3	39.4	33.2	40.3
2002	100.0	13.6	50.0	26.8	36.4
2003	100.0	9.6	48.9	44.1	41.5
2004	100.0	16.6	61.6	66.7	21.8
2005	100.0	17.7	47.0	38.4	35.3
2006	100.0	7.2	48.2	45.4	44.6
2007	100.0	6.3	50.9	36.3	42.8

注：产业贡献率指各产业增加值增量与GDP增量之比。

2-7 三次产业拉动率

（按可比价格计算） 单位：%

年 份	全 市 生产总值	第一产业	第二产业	#工 业	第三产业
1990	1.6	3.8	-1.4	-1.1	-0.8
1991	7.2	-0.3	2.9	2.1	4.6
1992	7.8	-0.2	0.7	1.5	7.3
1993	15.5	2.8	6.2	4.4	6.5
1994	16.8	1.2	9.0	8.5	6.6
1995	8.9	-0.2	6.6	5.2	2.5
1996	10.9	4.0	3.9	3.1	3.0
1997	-0.1	1.7	-6.9	-5.4	5.1
1998	12.7	3.4	3.9	3.4	5.4
1999	9.8	0.9	7.0	6.9	1.9
2000	10.5	0.4	7.0	6.7	3.1
2001	7.3	1.5	2.9	2.4	2.9
2002	11.0	1.5	5.5	2.9	4.0
2003	12.2	1.2	6.0	5.4	5.0
2004	12.1	2.0	7.5	8.1	2.6
2005	9.0	1.6	4.2	3.4	3.2
2006	12.7	0.9	6.1	5.8	5.7
2007	18.4	1.1	9.4	6.7	7.9

注：产业拉动率指GDP增长速度与各产业贡献率之乘积。

2-8 总产出

单位：万元

指标	按当年价格计算 绝对数 2007	按当年价格计算 绝对数 2006	按可比价格计算 绝对数 2007	按可比价格计算 绝对数 2006	以上年为100的速度（%） 2007
生产总值	**28732580**	**20352106**	**23492324**	**19788794**	**118.7**
第一产业	2117951	1726613	1789418	1678750	106.6
农、林、牧、渔业	2115935	1725102	1787696	1677277	106.6
农业	1004272	857149	841912	811674	103.7
林业	61056	55217	48668	49784	97.8
畜牧业	960756	742015	808697	745147	108.5
渔业	71823	56072	71185	56023	127.1
农、林、牧、渔服务业	18028	14649	17234	14649	117.6
第二产业	18712243	12520321	14608441	12095626	120.8
工业	15885909	10886658	12290064	10502275	117.0
采掘业	692207	426908	539396	411835	131.0
制造业	14765540	10080345	11416949	9724431	117.4
电力、燃气及水的生产和供应业	428162	379405	333719	366009	91.2
建筑业	2826334	1633663	2318377	1593351	145.5
第三产业	7902386	6105172	7094465	6014418	118.0
交通运输、仓储及邮政业	1852950	1252427	1534280	1220689	125.7
交通运输和仓储业	1841069	1241558	1524442	1211135	125.9
邮政业	11881	10869	9838	9554	103.0
信息传输、计算机服务和软件业	662472	542961	587819	546238	107.6
电信和其他信息传输服务业	595809	485692	528668	488624	108.2
批发和零售业	1535515	1247769	1412747	1231756	114.7
批发业	879764	679771	809425	671047	120.6
零售业	655751	567998	603322	560709	107.6
住宿和餐饮业	622741	522851	580819	522158	111.2
住宿业	156431	107014	151317	105070	144.0
餐饮业	466310	415837	429502	417088	103.0
金融业	642055	540014	605656	531509	114.0
银行业	547413	459025	516379	451796	114.3
证券业	572	447	540	440	122.7
保险业	93114	79862	87835	78604	111.7
其他金融活动	956	680	902	669	134.8
房地产业	551748	458433	476202	449361	106.0
房地产管理业	104176	100242	104176	100242	103.9
房地产开发与经营业	197739	176633	167094	171989	97.2
城市居民自有住房	166685	116333	136728	113496	120.5
农村居民自有住房	83148	65225	68204	63634	107.2
租赁和商务服务业	271921	216691	250572	212860	117.7
科学研究、技术服务和地质勘查业	106067	97105	97740	95388	102.5
水利、环境和公共设施管理业	47431	34246	44511	33840	131.5
居民服务和其他服务业	339000	245069	303057	237931	127.4
教育	334158	274694	311656	267733	116.4
卫生、社会保障和社会福利业	349141	260576	333978	257741	129.6
文化、体育和娱乐业	51446	39935	47857	39229	122.0
公共管理和社会组织	535741	372401	507571	367985	137.9

2－9 全市生产总值构成项目（2007）

单位：万元

	增加值	劳动者报酬	生产税净额	#补贴	固定资产折旧	营业盈余
生产总值	10080128	4345633	2004455	203962	1703222	2026818
第一产业	1355819	1245531	-32291	32291	68703	73876
农、林、牧、渔业	1353803	1245531	-32291	32291	68703	71860
农业	693545	638061	-32291	32291	34677	53098
林业	42187	37842			2109	2236
畜牧业	560832	518285			29055	13492
渔业	45747	41035			2287	2425
农、林、牧、渔服务业	11492	10308			575	609
第二产业	4967088	1687245	1381787	171671	1029951	868105
工业	4223197	1207583	1231165	171671	973220	811229
采掘业	333021	71702	64774	9307	19030	177515
制造业	3744541	1077378	1137682	154718	892131	637350
电力、燃气及水的生产和供应业	145635	58503	28709	7646	62059	-3636
建筑业	743891	479662	150622		56731	56876
第三产业	3757221	1412857	654959		604568	1084837
交通运输、仓储及邮政业	746344	112287	114102		92680	427275
交通运输和仓储业	738637	106036	113834		90844	427923
邮政业	7707	6251	268		1836	-648
信息传输、计算机服务和软件业	305201	30027	196217		11555	67402
电信和其他信息传输服务业	279375	26122	189551		9118	54584
批发和零售业	640773	200387	187784		65298	187304
批发业	349882	83928	93964		26819	145171
零售业	290891	116459	93820		38479	42133
住宿和餐饮业	237064	68712	27507		56974	83871
住宿业	47649	9365	5542		1988	30754
餐饮业	189415	59347	21965		54986	53117
金融业	244878	142439	46332		16938	39169
银行业	207141	129174	35734		11204	31029
证券业	232	87	49		45	51
保险业	36873	13029	10454		5433	7957
其他金融活动	632	149	95		256	132
房地产业	340691	41256	26533		230772	42130
房地产管理业	38514	33175	2751		148	2440
房地产开发与经营业	74785	8081	23782		3232	39690
城市居民自有住房	152430				152430	
农村居民自有住房	74962				74962	
租赁和商务服务业	169570	78546	6524		17518	66982
科学研究、技术服务和地质勘查业	46192	30923	6156		2466	6647
水利、环境和公共设施管理业	37466	23013	1457		12710	286
居民服务和其他服务业	162347	24073	8623		16998	112653
教育	298871	250184	11924		29387	7376
卫生、社会保障和社会福利业	160989	107141	6996		15944	30908
文化、体育和娱乐业	29211	12934	1426		2110	12741
公共管理和社会组织	337624	290935	13378		33218	93

2－10 按支出法计算的全市生产总值

	按当年价格计算		按可比价格计算		
			绝对数		以上年为100
	2007	2006	2007	2006	2007
支出法全市生产总值	**10080128**	**7288301**	**8400595**	**7097604**	**118.4**
一、最终消费	**3928041**	**3317870**	**3710113**	**3277841**	**113.2**
居民消费	3172699	2643457	2996623	2613722	114.6
农村居民	803398	690524	758074	684448	110.8
城镇居民	2369301	1952933	2238549	1929274	116.0
政府消费	755342	674413	713490	664119	107.4
二、资本形成总额	**9524082**	**7195866**	**9026381**	**7055909**	**127.9**
固定资本形成总额	9050217	6917666	8606075	6788681	126.8
存货增加	473865	278200	420306	267228	157.3
三、货物和服务净出口	**-3371995**	**-3225435**	**-4335899**	**-3236146**	**134.0**
出　口					
进　口	3371995	3225435	4335899	3236146	134.0
统计误差					

2－11 按行业划分的资本形成总额（2005-2007）

单位：万元

	2005	2006	2007
固定资本形成总额	**4550403**	**6917666**	**9050217**
第一产业	108319	204478	344034
1.农林牧渔业	108319	204478	344034
第二产业	2713341	4282194	5607754
2.采掘业	155524	328669	459084
3.制造业	2303653	3477430	4753558
4.电力、煤气及水的生产和供应业	166954	348116	316122
5.建筑业	87210	127979	78990
第三产业	1728743	2430994	3098429
6.交通运输、仓储和邮政业	325233	407227	327298
7.信息传输、计算机服务和软件业	81379	95076	76567
8.批发和零售业	139786	290798	361160
9.住宿和餐饮业	49998	91211	91747
10.金融业	5241	15220	31967
11.房地产业	344000	470757	728092
12.其他行业	783106	1060705	1481598
存货增加	175277	278200	473865
第一产业	-32	19583	89508
1.农林牧渔业	-32	19583	89508
第二产业	237907	311879	404698
2.工业	189619	235765	324660
3.建筑业	48288	76114	80038
第三产业	-62598	-53262	-20341
4.交通运输、仓储和邮政业	1873	1986	1025
5.批发和零售业	-75823	-53675	-21571
6.住宿和餐饮业	-3976	-1573	205
7.其它行业	15328		

2－12 最终消费（2005–2007）

单位：万元

	2005	2006	2007
最终消费支出	2976255	3317870	3928041
一、居民消费支出	2368676	2643457	3172699
（一）农村居民	610907	690524	803398
1.食品类支出	239364	258367	269279
2.衣着类支出	44660	51391	57916
3.居住类支出	62318	43878	86120
4.家庭设备、用品及服务类支出	20359	22442	28402
5.医疗保健类支出	53034	61275	71037
6.公共医疗消费支出		1193	1200
7.交通和通信类支出	60203	74353	74996
8.文教娱乐用品及服务类支出	67865	77144	92591
9.金融中介服务虚拟支出		3097	4361
10.金融机构实际服务消费支出		4841	5523
11.保险服务消费支出		1826	2469
12.自有住房服务虚拟支出	41650	65225	83148
13.其它商品和服务类支出	21454	25492	26356
（二）城镇居民	1757769	1952933	2369301
1.食品类支出	574480	605574	675877
2.衣着类支出	202370	204628	287818
3.居住类支出	203412	250460	318472
4.家庭设备、用品及服务类支出	59296	83005	110273
5.医疗保健类支出	168630	187721	234796
6.公共医疗消费支出	12209	14633	30460
7.交通和通信类支出	199302	190746	226711
8.文教娱乐用品及服务类支出	176976	202088	206323
9.金融中介服务虚拟支出		4879	5742
10.金融机构实际服务消费支出		7556	8860
11.保险服务消费支出		3479	5487
12.自有住房服务虚拟支出	79932	116333	166685
13.实物消费支出	13440	14237	16794
14.其它商品和服务类支出	67722	67594	75003
二、政府消费支出	607579	674413	755342

2-13 居民消费水平

	单 位	2007	2006	以上年为100的速度 2007
当年价格居民消费	元/人	7326	6092	120.3
农村居民	元/人	3643	3149	115.7
城镇居民	元/人	11150	9097	122.6
可比价格居民消费水平	元/人	6920	6023	114.9
农村居民	元/人	3437	3122	110.1
城镇居民	元/人	10534	8986	117.2
居民年平均人口	万人	433.05	433.94	99.8
农村居民	万人	220.55	219.25	100.6
城镇居民	万人	212.5	214.69	99.0

2－14 各县（市）生产总值主要指标（2007）

单位：万元

	永吉		舒兰		磐石		蛟河		桦甸	
	2007	以上年为100的速度	2007	以上年为100的速度	2007	以上年为100的速度	2007	以上年为100的速度	2007	以上年为100的速度
地区生产总值	**423047**	**125.1**	**628320**	**120.8**	**1911161**	**128.0**	**619382**	**125.0**	**836371**	**128.3**
第一产业	105780	106.8	281142	114.1	275322	110.4	200285	110.3	235820	104.7
农、林、牧、渔业	105780	106.8	281142	114.1	275322	110.4	200285	110.3	235820	104.7
农业	70927	105.5	139611	100.2	129606	106.9	121163	108.3	105832	104.0
林业	1500	210.7	5628	87.6	3039	89.6	16892	126.2	11917	104.9
畜牧业	28308	101.1	130156	133.2	132245	114.6	47714	108.0	104646	104.9
渔业	2317	147.1	3347	115.7	8081	107.2	14116	120.3	12160	112.2
农、林、牧、渔服务业	2728	173.3	2400	115.4	2351	132.2	400	107.8	1265	108.8
第二产业	115278	150.2	96522	137.9	1051689	136.0	195792	160.5	375727	148.9
工业	83980	144.6	70707	127.5	860645	141.4	141177	157.9	311268	146.3
采掘业	16220	112.7	14001	157.7	83989	174.9	26716	114.9	136958	162.5
制造业	66780	155.3	49010	122.7	774653	138.5	110882	177.3	132911	159.9
电力、燃气及水的生产和供应业	980	140.3	7696	115.6	2003	147.6	3579	99.2	41399	91.2
建筑业	31298	167.3	25815	191.2	191044	116.6	54615	169.1	64459	162.7
第三产业	201989	123.9	250656	123.2	584150	123.4	223305	117.0	224824	126.1
交通运输、仓储及邮政业	55918	131.2	86645	117.3	199326	127.1	77366	117.2	48037	128.7
交通运输和仓储业	49152	140.4	83799	117.5	197487	127.2	76432	117.1	45599	129.1
邮政业	6766	88.9	2846	113.8	1839	115.6	934	129.1	2438	122.0
信息传输、计算机服务和软件业	248	132.0	19010	139.7	13333	106.4	8740	116.4	26164	130.5
电信和其他信息传输服务业	248	132.0	17235	128.9	12666	106.4	8225	117.5	21900	122.0
批发和零售业	37304	116.7	33358	121.4	65256	122.8	33570	112.8	47386	119.5
批发业	17906	116.7	6071	147.3	25570	121.5	4086	123.3	10806	128.4
零售业	19398	116.7	27287	116.9	39686	123.6	29484	111.5	36580	117.8
住宿和餐饮业	13564	114.6	5342	125.5	23920	117.6	21225	105.3	12622	118.0
住宿业	1696	98.7	302	126.9	9681	119.7	1074	142.0	1767	123.7
餐饮业	11868	117.2	5040	125.4	14239	116.2	20151	103.8	10855	117.1
金融业	783	112.2	26089	110.3	31197	117.8	5233	99.4	9068	110.2
银行业	548	109.7	9680	110.6	26876	117.8	3354	97.9	3802	110.2
证券业			1198	123.2						
保险业	235	118.5	5098	110.5	4321	117.8	1879	102.1	4422	110.1
其他金融活动			10113	108.6					844	110.6
房地产业	10752	100.9	26676	129.0	71482	115.4	22186	109.3	10755	107.7
房地产管理业	1112	105.7	703	142.0	4014	117.5	1027	120.1	245	107.6
房地产开发与经营业	98	151.7	1299	130.0	31682	124.7	6137	131.5	1498	103.0
城市居民自有住房	6086	106.1	12371	130.9	16139	109.3	9215	102.0	5040	108.4
农村居民自有住房	3456	90.9	12303	126.4	19647	107.4	5807	102.0	3972	108.5
租赁和商务服务业	11118	121.1	78	162.5	31546	121.2	335	123.2	4358	133.5
科学研究、技术服务和地质勘查业	1844	140.4	1897	131.3	4363	126.1	843	123.0	2400	128.7
水利、环境和公共设施管理业	4677	160.0	825	129.3	2720	116.8	643	120.4	1148	133.0
居民服务和其他服务业	21717	115.0	2718	133.1	4697	116.2	7930	122.9	8193	130.7
教　育	11891	140.3	15745	132.9	55274	134.6	17476	137.2	15255	136.1
卫生、社会保障和社会福利业	2323	119.2	13011	121.6	17280	117.8	11315	121.8	14768	138.3
文化、体育和娱乐业	7257	142.0	638	119.2	5640	118.4	3171	142.8	4542	138.9
公共管理和社会组织	22593	135.7	18624	139.6	58116	128.2	13272	135.5	20128	134.8

2008吉林市社会经济统计年鉴

5 人　　口

Ren kou

3-1 主要年份全市总人口数

单位：人

年 份	总人口	按性别分		按农业非农业分		平均人口
		男	女	农业人口	非农业人口	
1949	1637489	902339	735150	1277786	359703	1637489
1952	1724164	946777	777387	1235342	488822	1689601
1957	2055932	1110772	945160	1261089	794843	2032353
1962	2511869	1328797	1183072	1495391	1016478	2472566
1965	2793412	1468210	1325202	1698626	1094786	2756956
1970	3203096	1672083	1531013	2043566	1159530	3153315
1975	3583626	1859329	1724297	2283014	1300612	3556178
1978	3748869	1938635	1810234	2384219	1364650	3720403
1980	3861422	1990744	1870678	2368337	1493085	3836325
1985	3950686	2034117	1916569	2253325	1697361	3947199
1988	4004811	2060112	1944699	2202532	1802279	3995432
1989	4052086	2081795	1970291	2224198	1827888	4028449
1990	4125374	2114434	2010940	2273965	1851409	4088730
1991	4151582	2129056	2022526	2279638	1871944	4138478
1992	4167843	2137408	2030435	2271110	1896733	4159712
1993	4192804	2146316	2046488	2251321	1941483	4180323
1994	4211536	2157178	2054358	2233473	1978063	4202170
1995	4254275	2175531	2078744	2248255	2006020	4232906
1996	4259697	2174096	2085601	2238331	2021366	4256986
1997	4276280	2179978	2096302	2236304	2039976	4267988
1998	4275873	2179564	2096309	2227397	2048476	4276076
1999	4300107	2188849	2111258	2231929	2068178	4287990
2000	4316726	2198080	2118646	2232901	2083825	4308416
2001	4313833	2196237	2117596	2222196	2091637	4315279
2002	4310773	2193301	2117472	2216511	2094262	4312303
2003	4316023	2193250	2122773	2205850	2110173	4313398
2004	4290695	2178385	2112310	2194656	2096039	4303359
2005	4294514	2180698	2113816	2183753	2110761	4292605
2006	4304419	2185186	2119233	2201184	2103235	4299467
2007	4326656	2194995	2131661	2209798	2116858	4315538

3-2 主要年份全市户数、人口数、人口密度

年份	总户数（万户）		总人口（万人）		平均每户人口（人）		人口密度（人/平方公里）	
	全市	市区	全市	市区	全市	市区	全市	市区
1949	37	6	164	28	4.48	4.5		
1952	36	7	172	36	4.74	5.26		
1957	44	11	206	57	4.69	5.02		
1962	54	15	251	74	4.62	5		
1965	57	15	279	81	4.88	5.21		
1970	64	16	320	79	4.99	5.03		
1975	73	18	358	89	4.94	4.83		
1978	79	20	375	94	4.73	4.68		
1980	85	23	386	102	4.57	4.6		
1985	95	29	395	114	4.14	3.87	146	938
1988	101	33	400	123	3.96	3.68	147.7	1012.2
1989	106	35	405	125	3.84	3.63	149.4	1033.3
1990	109	36	413	127	3.8	3.55	152.1	1051
1991	111	37	415	130	3.75	3.52	153.1	1070.2
1992	112	38	417	134	3.74	3.53	153.7	765.4
1993	114	39	419	135	3.69	3.51	154.6	773.6
1994	112	39	421	137	3.66	3.51	155.3	782.5
1995	116	39	425	138	3.66	3.51	156.9	792.2
1996	118	40	426	139	3.61	3.5	157.1	794.1
1997	119	41	428	141	3.59	3.47	157.7	802.3
1998	121	41	428	141	3.53	3.42	157.7	803
1999	123	42	430	142	3.51	3.37	158.6	811.3
2000	145	53	432	179	3.46	3.38	159.2	493.2
2001	126	54	431	179	3.42	3.32	159.1	493
2002	128	55	431	179	3.36	3.26	158.95	492
2003	129	56	432	180	3.35	3.21	159.15	493.82
2004	135	57	429	179	3.18	3.13	158.21	492.03
2005	137	58	429	180	3.12	3.09	158.35	494.68
2006	141	59	430	180	3.05	3.03	158.72	496.32
2007	144	61	433	182	3.01	2.98	159.54	501.38

3-3 主要年份人口自然变动

单位：人、‰

年份	出生			死亡			自然增长		
	人数	出生率	#市区	人数	死亡率	#市区	人数	增长率	#市区
1949									
1952									
1957	69658	34.28	48.38	19624	9.66	12.1	50034	24.62	36.28
1962	99903	40.4	42.86	28145	11.38	10.98	71758	29.02	31.88
1965	107720	39.07	32.65	26287	9.53	6.51	81433	29.54	26.14
1970	104849	33.25	25.78	19673	6.24	6	85176	27.01	19.78
1975	64439	18.12	11.56	26196	7.37	6.12	38243	10.75	5.44
1978	75572	20.31	17.91	24496	6.58	5.57	51076	13.73	12.34
1980	66388	17.3	15.49	22982	5.99	4.97	43406	11.31	10.52
1985	49180	12.45	14.9	22216	5.62	5.07	26964	6.83	9.83
1988	57768	14.46	15	22065	5.52	5.19	35703	8.94	10.24
1989	63307	15.71	14	20771	5.16	5.15	42536	10.55	9.29
1990	73995	18.1	14.81	24117	5.9	5.91	49878	12.2	8.9
1991	51415	12.42	9.65	20372	4.92	4.66	31043	7.5	4.99
1992	55500	13.34	9.92	21914	5.27	5.2	33586	8.07	4.72
1993	58632	14.03	10.43	21496	5.14	5.07	37136	8.89	5.36
1994	50542	12.03	8.86	22085	5.26	5.43	28457	6.77	3.43
1995	49204	11.62	9	21706	5.13	5.52	27498	6.49	3.51
1996	41205	9.68	8	21736	5.11	5.56	19469	4.57	2.29
1997	36288	8.5	7.64	21330	5	4.95	14958	3.5	2.69
1998	32988	7.71	6.96	22967	5.37	5.71	10021	2.34	1.25
1999	29671	6.92	7	21431	5	5.52	8240	1.92	1.48
2000	39158	9.09	9.56	28829	6.69	8.7	10329	2.4	0.86
2001	30062	6.97	7.07	20319	4.71	4.62	9743	2.26	2.45
2002	30477	7.07	6.45	20789	4.82	4.77	9688	2.25	1.68
2003	27493	6.37	5.32	19413	4.5	4.86	8080	1.87	0.46
2004	34490	8.01	6.33	41632	9.67	9.47	-7142	-1.66	-3.14
2005	31105	7.25	6.23	19757	4.6	5.36	11348	2.65	0.87
2006	31187	7.25	5.97	19848	4.62	4.73	11339	2.63	1.24
2007	38216	8.86	7.48	19900	4.61	5.2	18316	4.25	2.28

3-4 分县（市）区户数与人口（2007）

单位：人

县（市）区	户数（户）	人口数	按性别分		按农业与非农业人口分		未落常住户口人数	平均人口
			男	女	农业人口	非农业人口		
合　计	1437143	4326656	2194995	2131661	2209798	2116858	1981	4315538
吉林市	611865	1823007	913461	909546	539715	1283292	1138	1813821
昌邑区	212137	612638	304891	307747	149230	463408		609337
龙潭区	162054	490814	248598	242216	187183	303631	1000	490267
船营区	155342	459431	231148	228283	110265	349166		455677
丰满区(含高新区)	82332	260124	128824	131300	93037	167087	138	258540
各县（市）	825278	2503649	1281534	1222115	1670083	833566	843	2501717
永吉县	124183	392593	201208	191385	301729	90864		392397
舒兰市	223398	659473	337568	321905	461091	198382	65	658353
磐石市	173158	540751	277395	263356	365254	175497	449	539891
蛟河市	145869	454951	232258	222693	281157	173794	327	455731
桦甸市	158670	455881	233105	222776	260852	195029	2	455345

3-5 分县（市）区人口出生率、死亡率、自然增长率（2007）

单位：人、‰

县（市）区	出生		死亡		自然增长	
	人数	出生率	人数	死亡率	人数	增长率
合　计	38216	8.86	19900	4.61	18316	4.25
吉林市	13575	7.48	9423	5.2	4152	2.28
昌邑区	4612	7.57	3676	6.03	936	1.54
龙潭区	3498	7.13	2380	4.85	1118	2.28
船营区	3403	7.47	2320	5.09	1083	2.38
丰满区（含高新区）	2062	7.98	1047	4.05	1015	3.93
各县（市）	24641	9.85	10477	4.19	14164	5.66
永吉县	3406	8.68	1912	4.87	1494	3.81
舒兰市	6753	10.26	2139	3.25	4614	7.01
磐石市	5607	10.39	2578	4.78	3029	5.61
蛟河市	4385	9.62	2190	4.81	2195	4.81
桦甸市	4490	9.86	1658	3.64	2832	6.22

3-6 分县（市）区人口机械变动情况（2007）

单位：人

县（市）区	迁入人数		迁出人数		增（+）、减（-）
	省内迁入	省外迁入	迁往省内	迁往省外	
合　　计	**44635**	**13047**	**43279**	**21892**	**-7489**
吉林市	**21573**	**9728**	**11151**	**11719**	**8431**
昌邑区	6642	2582	2965	2881	3378
龙潭区	5222	2019	3057	3091	1093
船营区	4989	3021	1996	3394	2620
丰满区	4720	2106	3133	2353	1340
各县（市）	**23062**	**3319**	**32128**	**10173**	**-15920**
永吉县	3446	385	4109	1012	-1290
舒兰市	3995	796	6202	2539	-3950
磐石市	5046	763	6565	2408	-3164
蛟河市	4252	765	6868	2108	-3959
桦甸市	6323	610	8384	2106	-3557

3-7 计划生育情况（2007）

单位：%

县（市）区	计划生育率	2007比2006±	一胎率	2007比2006±
合　　计	**95.12**	**0.17**	**78.34**	**3.37**
吉林市	**97.57**	**-0.38**	**86.25**	**1.71**
昌邑区	98.48	-0.25	90.11	2.18
龙潭区	96.74	-1.36	82.23	3.53
船营区	98.61	0.05	84.86	0.06
丰满区	95.03	0.03	85.8	0.72
高新区	99.63	-0.37	94.85	1.33
经济技术开发区	96.23	-0.04	74.34	-5.57
各县（市）				
永吉县	92.25	0.07	76.07	7.1
舒兰市	95.7	0.69	69.74	0.62
磐石市	94.77	-0.59	73.54	0.65
蛟河市	93.75	1.73	74.59	2.59
桦甸市	92.06	-1.02	78.09	7.31

从业人员和职工工资

Cong ye ren yuan he zhi gong gong zi

4－1 主要年份从业人数及构成

年份	从业人数	职工人数	国有单位	城镇集体单位	其他单位	城镇私营企业从业人员和个体劳动者	乡村劳动者	其他从业人员
绝对值（人）								
1978	1194110	648681	483724	164957		2000	543429	
1980	1329509	766159	567490	198669		7522	555828	
1985	1681598	922240	616810	305430		39923	719435	
1986	1735441	965912	640796	325116		41724	727805	
1987	1782953	978087	658504	319583		47452	757414	
1988	1857112	1021563	680214	341349		58381	777168	
1989	1926035	976119	651203	324432	484	67800	882116	
1990	1999257	979120	660641	316488	1991	65820	954317	
1991	2016172	1007095	677754	325807	3534	67849	941228	
1992	2118393	1018891	678468	332036	8387	71267	1028235	
1993	2096194	1011707	685530	304418	21759	75808	1008679	
1994	2097641	976109	667119	270025	38965	98119	1014479	8934
1995	2032140	970450	684507	254188	31755	118893	930867	11930
1996	2043985	948742	683644	234651	30447	154019	932586	8638
1997	1975797	893223	611515	214795	66913	164037	910072	8465
1998	1784798	636243	428118	131621	76504	239675	901750	7130
1999	1754386	582135	389408	110411	82316	269082	900146	3023
2000	1742617	521223	351693	89135	80395	298853	920029	2512
2001	1749192	461803	318387	73954	69462	346220	937449	3720
2002	1721748	448343	317085	59245	72013	324864	943509	5032
2003	1744098	410953	290353	52528	68072	324864	1004744	3537
2004	1550839	386678	263325	44172	79181	162417	997455	4289
2005	1560869	351125	227803	33148	90174	193329	1012577	3838
2006	1567685	354234	223668	34087	96479	180815	1030400	2236
2007	1575737	337537	218628	20848	98061	188061	1046658	3481
比重（%）								
1978	100	54.32	40.51	13.81		0.17	45.51	
1980	100	57.63	42.68	14.94		0.57	41.81	
1985	100	54.84	36.69	18.16		2.37	42.78	
1986	100	55.66	36.93	18.73		2.4	41.94	
1987	100	54.86	36.94	17.92		2.66	42.48	
1988	100	55.01	36.63	18.38		3.14	41.85	
1989	100	50.68	33.81	16.84	0.03	3.52	45.8	
1990	100	48.97	33.05	15.83	0.1	3.29	47.73	
1991	100	49.95	33.61	16.16	0.18	3.37	46.68	
1992	100	48.1	32.03	15.67	0.4	3.36	48.54	
1993	100	48.26	32.7	14.52	1.04	3.62	48.12	
1994	100	46.53	31.8	12.87	1.86	4.68	48.36	0.43
1995	100	47.76	33.68	12.51	1.56	5.85	45.81	0.59
1996	100	46.42	33.44	11.48	1.49	7.54	45.63	0.42
1997	100	45.21	30.95	10.87	3.39	8.3	46.06	0.43
1998	100	35.65	23.99	7.37	4.29	13.43	50.52	0.4
1999	100	33.18	22.2	6.29	4.69	15.34	51.31	0.17
2000	100	29.91	20.18	5.12	4.61	17.15	52.8	0.14
2001	100	26.4	18.21	4.23	3.97	19.79	53.59	0.21
2002	100	26.04	18.42	3.44	4.18	18.87	54.8	0.29
2003	100	23.56	16.65	3.01	3.9	18.63	57.61	0.2
2004	100	24.93	16.97	2.85	5.11	10.47	64.32	0.28
2005	100	22.49	14.59	2.12	5.78	12.39	64.87	0.25
2006	100	22.6	14.27	2.17	6.16	11.53	65.73	0.14
2007	100	21.42	13.88	1.32	6.22	11.94	66.42	0.22

4-2 主要年份分三次产业的从业人数及构成

单位：人、%

年 份	从业人数	第一产业		第二产业		第三产业	
		人数	比重	人数	比重	人数	比重
全 市							
1978	1194110	523843	43.87	482368	40.4	187899	15.73
1980	1329509	517305	38.91	529782	39.85	282422	21.24
1985	1681598	677721	40.3	621067	36.93	382810	22.77
1986	1735441	671631	38.7	656270	37.82	407540	23.48
1987	1782953	691982	38.81	672381	37.71	418590	23.48
1988	1857112	692141	37.27	706739	38.06	458232	24.67
1989	1926035	816368	42.39	685004	35.57	424663	22.04
1990	1999257	888293	44.43	679582	33.99	431382	21.58
1991	2016172	870177	43.16	700220	34.73	445775	22.11
1992	2118393	945748	44.64	707168	33.38	465477	21.98
1993	2096194	908542	43.34	683302	32.6	504350	24.06
1994	2097641	910056	43.38	683315	32.58	504270	24.04
1995	2032140	821962	40.45	706751	34.78	503427	24.77
1996	2043985	822061	40.22	687989	33.66	533935	26.12
1997	1975797	802822	40.63	646884	32.74	526091	26.63
1998	1784798	805487	45.13	462193	25.9	517118	28.97
1999	1754386	795327	45.33	429565	24.49	529494	30.18
2000	1742617	801828	46.01	390411	22.4	550378	31.59
2001	1749192	802511	45.88	363548	20.78	583133	33.34
2002	1721748	783655	45.52	359426	20.88	578667	33.6
2003	1744098	805124	46.16	328984	18.86	609990	34.98
2004	1550839	749406	48.32	298464	19.25	502969	32.43
2005	1560869	736283	47.2	296333	19	528253	33.8
2006	1567685	744522	47.49	308283	19.67	514880	32.84
2007	1575737	734186	46.59	312716	19.85	528835	33.56
市 区							
1978	430330	58731	13.65	264348	61.43	107251	24.92
1980	498331	68013	13.65	306121	61.43	124197	24.92
1985	611457	72034	11.78	366452	59.93	172971	28.29
1986	641143	67141	10.47	402053	62.71	171949	26.82
1987	675592	68304	10.11	409061	60.55	198227	29.34
1988	694885	68822	9.9	430960	62.02	195103	28.08
1989	707797	72438	10.23	424052	59.91	211307	29.86
1990	722417	72484	10.03	430195	59.55	219738	30.42
1991	740053	70468	9.52	448883	60.66	220702	29.82
1992	772385	71278	9.23	452087	58.53	249020	32.24
1993	770019	74367	9.66	457507	59.42	238145	30.92
1994	767464	69555	9.06	444627	57.93	253282	33.01
1995	791476	72763	9.2	440982	55.7	277731	35.1
1996	809932	75336	9.3	421509	52.04	313087	38.66
1997	793381	74058	9.34	405435	51.1	313888	39.56
1998	654649	63912	9.76	295600	45.15	295137	45.09
1999	635341	76471	12.04	274733	43.24	284137	44.72
2000	762416	190188	24.95	237018	31.09	335210	43.96
2001	789221	201636	25.55	235541	29.84	352044	44.61
2002	756192	188881	24.98	229114	30.3	338197	44.72
2003	746831	195152	26.13	216187	28.95	335492	44.92
2004	598324	178035	29.76	168991	28.24	251298	42
2005	607028	185108	30.5	163840	27	258080	42.5
2006	588453	184622	31.37	158563	26.95	245268	41.68
2007	587450	182044	30.99	155631	26.49	249775	42.52

4-3 主要年份市区从业人数及构成

年份	从业人数	职工人数	国有单位	城镇集体单位	其他单位	城镇私营企业从业人员和个体劳动者	乡村劳动者	其他从业人员
绝对值（人）								
1978	430330	361867	275901	85966			68463	
1980	498331	421967	298473	123494		3778	72586	
1985	611457	508837	330280	178557		15234	87386	
1986	641143	535733	345199	190534		18580	86830	
1987	675592	561662	366332	195330		23152	90778	
1988	694885	581755	378461	203294		23152	89978	
1989	707797	585015	386199	198508	308	32452	90330	
1990	722417	588401	393484	193935	982	32874	101142	
1991	740053	613778	405978	205402	2398	35987	90288	
1992	772385	627333	408134	211565	7634	41707	103345	
1993	770019	622696	405950	196212	20534	48844	98479	
1994	767464	600662	388855	176266	35541	70443	93888	2471
1995	791476	600060	406227	164822	29011	92855	94588	3973
1996	809932	583312	402764	155665	24883	130682	93406	2532
1997	793381	555419	351079	142769	61571	145380	90184	2398
1998	654649	401950	237491	91063	73396	154231	95173	3295
1999	635341	368796	220541	78415	69840	172145	93438	962
2000	762416	330553	201618	60218	68717	213553	217007	1303
2001	789221	285372	176652	49152	59568	258984	242442	2423
2002	756192	274942	174311	40554	60077	239851	237460	3939
2003	746831	257533	166292	37070	54171	239851	247422	2025
2004	598324	229354	144524	28429	56401	110399	256376	2195
2005	607028	213341	124688	22407	66246	125096	266675	1916
2006	588453	212441	120117	24029	68295	102138	272591	1283
2007	587450	200391	119138	14005	67248	104327	280517	2215
比重（%）								
1978	100	84.09	64.11	19.98			15.91	
1980	100	84.68	59.89	24.78		0.76	14.57	
1985	100	83.22	54.02	29.2		2.49	14.29	
1986	100	83.56	53.84	29.72		2.9	13.54	
1987	100	83.14	54.22	28.91		3.43	13.44	
1988	100	83.72	54.46	29.26		3.33	12.95	
1989	100	82.66	54.57	28.05	0.04	4.58	12.76	
1990	100	81.45	54.46	26.85	0.14	4.55	14	
1991	100	82.94	54.86	27.76	0.32	4.86	12.2	
1992	100	81.22	52.84	27.39	0.99	5.4	13.38	
1993	100	80.87	52.72	25.48	2.67	6.34	12.79	
1994	100	78.27	50.67	22.97	4.63	9.18	12.23	0.32
1995	100	75.82	51.33	20.82	3.67	11.73	11.95	0.5
1996	100	72.02	49.74	19.22	3.07	16.13	11.53	0.31
1997	100	70.01	44.25	18	7.76	18.32	11.37	0.3
1998	100	61.4	36.28	13.91	11.21	23.56	14.54	0.5
1999	100	58.05	34.72	12.34	10.99	27.09	14.71	0.15
2000	100	43.36	26.45	7.9	9.01	28.01	28.46	0.17
2001	100	36.16	22.37	6.23	7.55	32.82	30.72	0.31
2002	100	36.36	23.06	5.36	7.94	31.72	31.4	0.52
2003	100	34.48	22.27	4.96	7.25	32.12	33.13	0.27
2004	100	38.33	24.15	4.75	9.43	18.45	42.85	0.37
2005	100	35.14	20.54	3.69	10.91	20.61	43.93	0.32
2006	100	36.1	20.41	4.08	11.61	17.36	46.32	0.22
2007	100	34.11	20.28	2.38	11.45	17.76	47.75	0.38

4-4 主要年份职工人数

单位：人

年份	全市	国有单位	城镇集体单位	其他单位	市区	国有单位	城镇集体单位	其他单位
1949		57154						
1952		110083						
1957	218408	173842	44566				29887	
1962	336456	255819	80637				70227	
1965	315010	257448	57562				46607	
1970	**386333**	**334138**	**52195**				**40000**	
1975	543123	425028	118095				77709	
1978	648681	483724	164957		375878	275901	99977	
1980	**766159**	**567490**	**198669**		**421967**	**298473**	**123494**	
1985	922240	616810	305430		508837	330280	178557	
1988	966207	639177	327030		581755	378461	203294	
1989	976119	651203	324432	484	585015	386199	198508	308
1990	**979120**	**660641**	**316488**	**1991**	**588401**	**393484**	**193935**	**982**
1991	1007095	677754	325807	3534	613778	405978	205402	2398
1992	1018891	678468	332036	8387	627333	408134	211565	7634
1993	1011707	685530	304418	21759	622696	405950	196212	20534
1994	976109	667119	270025	38965	600662	388855	176266	35541
1995	970450	684507	254188	31755	600060	406227	164822	29011
1996	948742	683644	234651	30447	583312	402764	155665	24883
1997	893223	611515	214795	66913	555419	351079	142769	61571
1998	636243	428118	131621	76504	401950	237491	91063	73396
1999	582135	389408	110411	82316	368796	220541	78415	69840
2000	**521223**	**351693**	**89135**	**80395**	**330553**	**201618**	**60218**	**68717**
2001	461803	318387	73954	69462	285372	176652	49152	59568
2002	448343	317085	59245	72013	274942	174311	40554	60077
2003	410953	290353	52528	68072	257533	166292	37070	54171
2004	386678	266214	44882	79871	229354	144524	28429	56401
2005	351125	227803	33148	90174	213341	124688	22407	66246
2006	354234	223668	34087	96479	212441	120117	24029	68295
2007	337537	218628	20848	98061	200391	119138	14005	67248

4-5 按经济类型分各行业从业人员数（2007）

单位：人

指标名称	合计	国有单位	城镇集体单位	其它单位	城镇个体私营	乡村劳动者
总计	1575737	221338	21118	98562	188061	1046658
按国民经济行业分组						
（一）农、林、牧、渔业	734186	12971	2	3841	2389	714983
（二）采矿业	13496	9136	1140	1926	1294	
（三）制造业	196156	21954	7160	76798	32420	57824
（四）电力、燃气及水的生产和供应业	15328	12894	1084	579	771	
（五）建筑业	87736	9535	3080	3164	4898	67059
（六）交通运输、仓储和邮政业	56781	9085	55	853	14821	31967
（七）信息传输、计算机服务和软件业	8792	2655		88	2909	3140
（八）批发和零售业	136356	4495	872	6303	87372	37314
（九）住宿和餐饮业	46483	1132	123	1157	14912	29159
（十）金融业	11672	4983	3890	2799		
（十一）房地产业	5232	1571	3	390	3268	
（十二）租赁和商务服务业	8248	1822	272	170	5984	
（十三）科学研究、技术服务和地质勘查业	4400	4331	46	23		
（十四）水利、环境和公共设施管理业	9570	7551	1589	430		
（十五）居民服务和其他服务业	14741	363	149	36	14193	
（十六）教育	52547	51588			959	
（十七）卫生、社会保障和社会福利业	22796	20159	1613		1024	
（十八）文化、体育和娱乐业	4591	3739		5	847	
（十九）公共管理和社会组织	41414	41374	40			
（二十）国际组织						
其它	105212					105212

4-6 各县（市）全部从业人员数（2007）

单位：人

指标名称	合计	国有单位	城镇集体单位	其它单位	城镇个体私营	乡村劳动者
吉林市	1575737	221338	21118	98562	188061	1046658
市区	587450	120667	14221	67718	104327	280517
永吉县	159966	12420	933	349	8745	137519
舒兰市	250761	31030	1877	6241	10502	201111
磐石市	220623	16809	643	13589	23239	166343
蛟河市	180896	20877	1698	4431	11370	142520
桦甸市	176041	19535	1746	6234	29878	118648

4-7 按县（市）分国有经济全部在岗职工年末人数（2007）

单位：人

指标名称	全市	市区	永吉	舒兰	磐石	蛟河	桦甸
合计	218628	119138	12085	30602	16774	20705	19324
一、按隶属关系分组							
1.中央	35409	30765	445	861	829	1044	1465
2.省、自治区、直辖市	33290	17130	648	5691	886	3694	5241
3.地区	52141	47052	1984	2725		314	66
4.县及县以下	97681	24084	9008	21325	15059	15653	12552
5.其他	107	107					
二、按企业、事业、机关分组							
1.企业	81429	44884	4103	15793	2504	6342	7803
2.事业	100989	51959	5935	11242	11711	11492	8650
3.机关	36210	22295	2047	3567	2559	2871	2871
三、按国民经济行业分组							
（一）农、林、牧、渔业	12918	1741	885	4129	1332	3397	1434
（二）采矿业	9095		801	5092	34		3168
（三）制造业	21910	17359	303	122	292	3308	526
（四）电力、燃气及水的生产和供应业	12893	8882	769	889	331	690	1332
（五）建筑业	9535	6410	303	2700	30	86	6
（六）交通运输、仓储和邮政业	8882	5415	650	1025	698	754	340
（七）信息传输、计算机服务和软件业	2580	1678	136	50	182	266	268
（八）批发和零售业	4495	1549	146	1568	578	258	396
（九）住宿和餐饮业	1132	921		48	42	121	
（十）金融业	4868	3003	301	519	293	432	320
（十一）房地产业	1517	692	60	390	201	124	50
（十二）租赁和商务服务业	1816	1557	28	69	27	80	55
（十三）科学研究、技术服务和地质勘查业	4123	2591	387	238	501	53	353
（十四）水利、环境和公共设施管理业	7432	4523	248	1260	736	421	244
（十五）居民服务和其他服务业	363	238		53	26	30	16
（十六）教育	50945	24498	3401	7076	5539	5165	5266
（十七）卫生、社会保障和社会福利业	19646	11568	993	1361	2125	2149	1450
（十八）文化、体育和娱乐业	3731	2712	153	82	393	205	186
（十九）公共管理和社会组织	40747	23801	2521	3931	3414	3166	3914
（二十）国际组织							

4-8 国民经济各行业女性从业人员（2007）

单位：人

指标名称	国有	集体	其它
总计	86389	9531	29991
（一）农、林、牧、渔业	3739		1066
（二）采矿业	1467	354	206
（三）制造业	6407	3042	21544
（四）电力、燃气及水的生产和供应业	3187	274	227
（五）建筑业	1972	950	1111
（六）交通运输、仓储和邮政业	2842	11	212
（七）信息传输、计算机服务和软件业	954		30
（八）批发和零售业	1660	332	2888
（九）住宿和餐饮业	633	55	616
（十）金融业	2366	2430	1502
（十一）房地产业	501		116
（十二）租赁和商务服务业	708	80	87
（十三）科学研究、技术服务和地质勘查业	1314	16	8
（十四）水利、环境和公共设施管理业	2890	908	360
（十五）居民服务和其他服务业	71	61	16
（十六）教育	30401		
（十七）卫生、社会保障和社会福利业	12596	1011	
（十八）文化、体育和娱乐业	1642		2
（十九）公共管理和社会组织	11039	7	
（二十）国际组织			

4-9 城镇失业人数及失业率（2003-2007）

单位：人

年份	当年已安置就业的人数	年末城镇失业人数	城镇失业率（%）
2003	8837	29597	3.52
2004	19896	30100	3.9
2005	19836	30189	3.92
2006	15629	19551	3.41
2007	37263	17786	3.2

4-10 城镇登记失业人数、失业率（2003-2007）

单位：人

指标名称	2003	2004	2005	2006	2007
城镇年末登记失业人数及失业率					
1.年末城镇登记失业人数	29597	30100	30189	19551	17786
#新成长劳动力登记失业人数					2885
就业转业失业人员登记失业人数					14901
2.城镇失业率（%）	3.52	3.9	3.92	3.41	3.2

4-11 离休、退休及退职人数（2007）

单位：人

指标名称	合计	企业	#内资企业	事业	机关
全市总计	**308914**	**262774**		**36751**	**9389**
离休人员	5403	3304		1252	847
退休人员	303511	259470		35499	8542
领取定期生活费的退职人员					

4-12 主要年份职工工资总额

单位：万元

年份	全市				市区			
	全部职工	国有单位	城镇集体单位	其他单位	全部职工	国有单位	城镇集体单位	其他单位
1949		1258						
1952		4826						
1957		13233						
1962		18760						
1965		19249						
1970		22555						
1975	34976	29259	5717					
1978	44289	35503	8786		14956	10202	4754	
1980	54897	44025	10872		20196	12948	7248	
1985	99789	72834	26955		58195	40274	17921	
1988	172086	12587	46215		107517	75408	32109	
1989	178582	130765	47726	913	119759	84403	34694	662
1990	191793	143278	48228	287	126899	92398	34345	156
1991	218921	162298	56068	555	145853	104665	40794	394
1992	251490	185192	64218	2080	170266	121187	47152	1927
1993	289321	216904	64424	7993	200607	144992	47807	7808
1994	371758	279293	74141	18324	257808	184021	56167	17620
1995	456148	352367	83809	19972	327118	243362	64544	19212
1996	531352	414110	95923	21319	383581	290795	73231	19555
1997	513925	359787	83777	70361	373875	241561	63665	68649
1998	435800	297668	64440	73692	312204	192574	47472	72158
1999	429070	294803	56292	77975	306397	193848	41843	70706
2000	432559	290908	51173	90478	313752	192807	36048	84897
2001	398596	282264	45194	71138	281467	184468	32201	64798
2002	420515	305223	36974	78318	294012	197502	26163	70347
2003	445670	316840	35004	93826	317831	210101	25420	82310
2004	494239	339892	36597	117750	354326	230044	24929	99353
2005	533030	340480	33943	158607	387728	230947	23938	132843
2006	612127	383829	38941	189357	447795	259915	28721	159159
2007	774150	510050	33197	230903	546910	332647	23670	190593

4-13 主要年份职工年平均工资

单位：元

年份	全市				市区			
	全部职工	国有单位	城镇集体单位	其他单位	全部职工	国有单位	城镇集体单位	其他单位
1949		248						
1952		464						
1957		716						
1962		683						
1965		760						
1970		695						
1975	646	695	484					
1978	666	728	498			708	567	
1980	769	841	571			839	619	
1985	1097	1189	914		1158	1234	1018	
1988	1696	1856	1380		1879	2018	1617	
1989	1866	2042	1508	1890	2054	2199	1772	2095
1990	1999	2207	1562	1829	2190	2374	1812	2109
1991	2223	2443	1766	1993	2425	2621	2035	2257
1992	2498	2738	1990	2730	2740	2961	2301	2753
1993	2872	3180	2115	3871	3195	3531	2418	3994
1994	3837	4220	2756	4818	4318	4768	3181	5113
1995	4812	5215	3480	6389	5474	5996	3954	6752
1996	5639	6082	4136	7212	6549	7168	4700	8090
1997	5767	5884	3945	10445	6702	6808	4524	11024
1998	6713	6762	4842	9703	7567	7775	5158	9900
1999	7274	7439	5055	9487	8125	8525	5256	10087
2000	8193	8145	5650	11275	9334	9371	5871	12302
2001	8485	8802	5802	9992	9632	10284	6095	10795
2002	9295	9616	5961	10730	10493	11210	6137	11463
2003	10610	10641	6537	13649	12137	12419	6716	15007
2004	12694	12868	8076	14738	15325	15902	8504	17359
2005	14902	14784	9650	17201	17917	18126	10303	20202
2006	17209	17234	10903	19468	20947	21590	11333	23390
2007	23037	23599	15734	23368	27194	27978	16739	27997

4－14 在岗职工工资总额（2007）

单位：千元

项目	全市				市区			
	工资总额	国有单位	城镇集体单位	其他单位	工资总额	国有单位	城镇集体单位	其他单位
总计	**7741501**	**5100498**	**331974**	**2309029**	**5469107**	**3326471**	**236704**	**1905932**
按企业、事业、机关分								
企业	4401883	1806807	289328	2305748	3449734	1340235	203567	1905932
事业	2395539	2350032	42226	3281	1373555	1340418	33137	
机关	944079	943659	420		645818	645818		
按国民经济行业分								
农、林、牧、渔业	168965	135825	44	33096	29772	29300	44	428
采矿业	176383	128415	10464	37504				
制造业	2625553	620829	108150	1896574	2266899	578329	97610	1590960
电力、燃气及水的生产和供应业	456943	423025	13379	20539	368940	336889	11512	20539
建筑业	312272	170292	67865	74115	268088	153581	44573	69934
交通运输、仓储和邮政业	140248	132227	537	7484	87018	86871		147
信息传输、计算机服务和软件业	70368	68612		1756	50508	49430		1078
批发和零售业	181898	70832	10698	100368	131504	31926	7686	91892
住宿和餐饮业	36774	15331	2931	18512	31760	13154	636	17970
金融业	331194	163266	64356	103572	251527	113246	36200	102081
房地产业	36588	26873	237	9478	25398	15773	237	9388
租赁和商务服务业	54110	45485	6613	2012	46206	40498	4881	827
科学研究、技术服务和地质勘查业	106511	105437	717	357	72521	72521		
水利、环境和公共设施管理业	135202	121239	11079	2884	93224	84760	8464	
居民服务和其他服务业	13146	9353	3105	688	7651	6953	10	688
教育	1321801	1321801			691840	691840		
卫生、社会保障和社会福利业	452483	421502	30981		303206	278355	24851	
文化、体育和娱乐业	76983	76893		90	57768	57768		
公共管理和社会组织	1044079	1043261	818		685277	685277		
国际组织								
按隶属关系分（国有经济）								
中央		1073924				954587		
省		807813				580113		
省辖市		1256946				1190657		
县及县以下		1958942				598241		
其　它		2873				2873		

4－15　在岗职工年平均工资（2007）

单位：元

项　　目	全　市				市　区			
	平均工资	国有单位	城镇集体单　位	其他单位	平均工资	国有单位	城镇集体单　位	其他单位
总　　计	23037	23599	15734	23368	27194	27978	16739	27997
按企业、事业、机关分								
企业	22479	22736	16076	23442	27643	29811	17310	27997
事业	22963	23316	13714	7227	25389	25917	13917	
机关	26303	26308	18261		29065	29065		
按国民经济行业分								
农、林、牧、渔业	10060	10488	22000	8612	16868	16791	22000	23778
采矿业	17223	18350	8823	18232				
制造业	24907	28348	15501	24780	29150	33414	16990	29077
电力、燃气及水的生产和供应业	32334	33845	13053	33781	36008	38741	12221	33781
建筑业	18525	17141	20837	20222	21246	23078	16725	21205
交通运输、仓储和邮政业	14405	14978	9764	8774	16265	16253		29400
信息传输、计算机服务和软件业	27211	27259		25449	30537	30778		22458
批发和零售业	15731	16131	12157	15952	18024	21470	14420	17417
住宿和餐饮业	15662	13799	23448	16647	16312	14616	63600	17329
金融业	28608	33395	16239	38008	33971	37264	21282	38844
房地产业	19146	17691	59250	24428	23893	22826	59250	25511
租赁和商务服务业	20551	21963	16870	11835	22706	22301	27117	21205
科学研究、技术服务和地质勘查业	24373	24469	18868	15522	28185	28185		
水利、环境和公共设施管理业	14380	16139	7588	6707	15909	18342	6831	
居民服务和其他服务业	23945	25837	20563	19111	27822	29338	5000	19111
教育	25962	25962			28255	28255		
卫生、社会保障和社会福利业	21664	21792	20065		24411	24627	22228	
文化、体育和娱乐业	20595	20598		18000	21324	21324		
公共管理和社会组织	25849	25855	20450		28938	28938		
国际组织								
按隶属关系分（国有经济）								
中央		30592				31483		
省		25615				33782		
省辖市		24096				25308		
县及县以下		20149				24665		
其　它		27893				27893		

4-16 分县(市)区职工工资总额(2007)

单位：千元

县(市)区	合 计	国有单位	集体单位	其他单位
总　　计	**7741501**	**5100498**	**331974**	**2309029**
市　区	5469107	3326471	236704	1905932
昌邑区	285194	199537	28432	57225
龙潭区	318454	145557	70826	102071
船营区	394410	217040	20832	156538
丰满区	111527	98995	4662	7870
永吉县	254798	241710	8888	4200
舒兰市	511925	439832	13712	58381
磐石市	582330	341872	8176	232282
蛟河市	423941	350555	21067	52319
桦甸市	499400	400058	43427	55915

4-17 分县(市)区职工年平均工资(2007)

单位：元

县(市)区	合 计	国有单位	集体单位	其他单位
总　　计	**23037**	**23599**	**15734**	**23368**
市　区	27194	27978	16739	27997
昌邑区	18890	24468	11274	12944
龙潭区	20781	22383	20036	19310
船营区	23526	25388	24336	21269
丰满区	22986	25024	15911	13051
永吉县	18875	19764	9445	12805
舒兰市	13971	15412	7348	9357
磐石市	18670	20293	10829	17093
蛟河市	16159	17268	13134	12080
桦甸市	18254	20711	24234	8946

4－18 职工增减变动情况（2007）

单位：人

项　　目	全市			市区		
	国有单位	城镇集体单位	其他单位	国有单位	城镇集体单位	其他单位
一、增加人数	7278	1226	6263	4361	961	2466
1.从农村招收	204	381	552	21	332	278
2.从城镇招收	538	396	2974	131	281	550
3.录用的退伍军人	580	8	483	409	8	319
4.录用的大中专技工学校毕业生	1953	201	1370	1457	188	705
5.调入人数	2430	149	148	1345	121	79
#由外省调入	24		17	21		5
6.其他	1573	91	736	998	31	535
二、减少人数	9073	1092	6189	5222	781	5032
1.离休、退休、退职	3969	535	1658	2552	483	1449
2.开除、除名、辞退	243	18	631	85	8	435
3.终止、解除合同	1142	206	2289	727	163	1729
4.离开本单位仍保留劳动关系的职工	663	22	626	240		624
5.死亡	829	30	110	626	23	98
6.调出人数	1924	235	390	848	101	341
#调到外省	62		9	48		2
7.其他	303	46	485	144	3	356

固定资产投资

Gu ding zi chan tou zi

5-1 主要年份固定资产投资

单位：万元

年份	全社会固定资产投资	基本建设	更新改造	其它投资	集体单位投资	房地产开发
1949	550	550				
1952	5841	5841				
1957	18275	18275				
1962	8181	8181				
1965	14552	14552				
1970	11091	11091				
1975	24018	24018				
1978	62490	58200	4290			
1980	63922	56442	7299		181	
1985	100836	60464	34627	2945	2800	
1988	154431	62084	78367	2468	11512	
1989	145492	46268	79687	4302	8740	6495
1990	115062	46643	50948	2739	4573	9979
1991	164975	71552	63879	3206	7311	19027
1992	266176	122290	92274	3735	13078	34799
1993	414078	180547	118103	6514	15711	93203
1994	629646	392987	123609	6998	15513	90539
1995	814914	629471	110037	9650	7388	58368
1996	1003160	792949	118086	4577	26499	61049
1997	786416	576576	89446	17030	37333	66031
1998	858399	375889	225895	79179	39139	135627
1999	951110	387462	228170	114840	55547	165091
2000	1058205	466703	240539	139648	30638	180677
2001	1300023	599060	296533	124450	34267	245713
2002	2510158	1073207	570772	310992	262118	293069
2003	3110848	1219261	753491	460987	371328	305781
2004	3500630	1228527	861959	1105165		304979
2005	4550403					335000
2006	6917666					465747
2007	9050217					702812

5-1 续表1

单位：万元

年 份	按构成分 建筑安装工程	设备工器具购置	其他费用	按资金来源分 国家投资	国内贷款	利用外资	自筹及其他
1949	326	223	1				
1952	3599	1774	48				
1957	11421	6139	715				
1962	5251	2566	364				
1965	6181	7317	1054				
1970	5370	3591	2130				
1975	16817	5828	1373				
1978	33005	23080	6405				
1980	41986	17511	4425				
1985	70630	24160	6046	30664	20515		48345
1988	87951	43961	22519	15577	43424	264	90012
1989	70177	54568	20747	12807	26490	1711	103336
1990	66129	39365	9568	13955	35060	5470	50516
1991	84289	61507	19179	14653	55204	2930	73045
1992	158754	67453	39969	12430	81902	10561	126384
1993	257153	97270	59655	14310	74125	38796	226555
1994	305098	211888	112660	2710	169972	180479	253630
1995	398173	248038	168703	4968	170180	245103	331822
1996	499186	316289	187685	2556	322400	175775	302537
1997	349933	190886	245597	2545	235406	136655	321530
1998	530577	180854	146968	11092	124516	88083	471453
1999	694677	185436	70997	42650	126073	42999	580202
2000	746182	229881	82142	92634	196140	49476	651227
2001	794577	314221	191225	90662	214858	123557	821000
2002	1435973	585022	489163	53789	204540	104504	1806071
2003	1793415	751147	566286	33695	321831	48425	2284119
2004	2262352	863145	375133	35725	284044	43743	2622665
2005	2407715	1597929	544759	84589	433042	21340	3906605
2006	3807255	2171534	938877	67984	556902	31731	6194891
2007	4998287	2654898	1397032	17035	411894	80356	8512228

5-1 续表2

单位：万元

年份	新增固定资产	竣工房屋面积（万m^2）	#住宅（万m^2）	建筑业总产值
1949	464	2.49	0.67	482
1952	4939	11.00	4.65	4841
1957	31042	62.46	27.10	13718
1962	6119	14.00	6.02	7047
1965	18151	37.36	16.36	11303
1970	6013	22.78	4.91	7884
1975	10982	35.05	12.18	20897
1978	14892	43.49	15.85	40789
1980	36140	87.88	46.28	61321
1985	67292	118.51	79.41	94669
1988	108269	143.91	82.15	140435
1989	147060	100.70	39.50	129054
1990	106603	75.00	41.90	129938
1991	123176	102.50	65.90	165031
1992	214519	142.80	99.20	255056
1993	247203	179.80	136.00	358419
1994	291380	162.00	99.90	363486
1995	244917	162.80	101.40	368252
1996	1392189	183.90	122.00	446834
1997	466875	150.50	85.20	355802
1998	1375031	251.60	174.00	404014
1999	705533	265.80	152.10	442804
2000	735947	316.80	170.40	607995
2001	884354	406.90	227.30	471160
2002	1923906	604.30	198.10	442233
2003	2156253	561.00	213.50	482748
2004	1919098	358.23	144.08	490828
2005	3030685	382.52	78.32	499463
2006	5143368	782.99	173.87	599212
2007	6495501	1161.38	284.06	796177

5-2 市区主要年份固定资产投资

单位：万元

年 份	全社会固定资产投资	基本建设	更新改造	其它投资	集体单位投资	房地产开发
1949	423	423				
1952	4808	4808				
1957	17036	17036				
1962	4944	4944				
1965	12079	12079				
1970	5352	5352				
1975	10782	10782				
1978	46955	44269	2686			
1980	50841	44983	5758		100	
1985	70640	37880	29245	955	2560	
1988	128624	46266	69625	1842	10891	
1989	122759	37661	74009	2700	8389	
1990	93977	32202	47091	1154	4394	9136
1991	134716	47299	60439	1570	6381	19027
1992	189518	93205	82726	3100	10487	
1993	357438	152744	95854	6100	11952	90788
1994	578139	369787	101940	6567	14542	85303
1995	792318	618458	102717	8097	6928	56118
1996	927174	750450	101567	3060	14435	57662
1997	693724	533667	74507	16051	10320	59179
1998	678702	295364	175624	69524	6643	131547
1999	776259	273833	199833	101707	49552	151334
2000	806067	338557	167847	124113	20889	154661
2001	1017444	450742	234749	103262	25309	203382
2002	1954121	861062	430040	280939	133044	249036
2003	2226568	824985	561741	340270	228033	271539
2004	1858347	742307	653246	739859	282082	205947
2005	2770311					223522
2006	4191268					340518
2007	5662531					537212

5-3 全社会固定资产投资主要指标

指 标	单 位	2007	2006	2007比2006±%
一、固定资产投资额	万元	9050217	6917666	30.8
1.按报表种类分				
城镇固定资产投资	万元	7499619	5831271	28.6
#房地产开发	万元	702812	465747	50.9
农村固定资产投资	万元	1550598	1086395	42.7
2.按构成分				
建筑工程	万元	4444837	3362700	32.2
安装工程	万元	553450	444555	24.5
设备工器具购置	万元	2654898	2171534	22.3
其它费用	万元	1397032	938877	48.8
3.按经济类型分				
国有经济	万元	2275172	2004936	13.5
集体经济	万元	181670	108764	67.0
股份有限公司	万元	550822	459484	19.9
有限责任公司	万元	3528724	2506233	40.8
外商投资	万元	142082	160555	-11.5
其他经济	万元	2371747	1677694	41.4
二、建筑面积				
1.施工面积	万平方米	1963.01	1200.49	63.5
#住宅	万平方米	686.14	372.94	84.0
2.竣工面积	万平方米	1161.38	782.99	48.3
#住宅	万平方米	284.06	173.87	63.4
三、建设项目				
1.施工项目	个	2717	3419	-19.0
#新开	个	2338	2887	-19.0
2.投产项目	个	2033	2844	-28.5
四、本年新增固定资产	万元	6495501	5143368	26.3

5-4 全社会固定资产投资完成情况（2007）

单位：万元

指　　标	全　社　会 固定资产投资	城镇固定 资产投资	#房 地 产 开发投资	农村固定 资产投资
投　资　总　额	**9050217**	**7499619**	**702812**	**1550598**
按构成分				
建筑工程	4444837	3606767	549662	838070
安装工程	553450	491780	3152	61670
设备、工具、器具购置	2654898	2189576	5490	465332
其他费用	1397032	1211496	144508	185536
按建设性质分				
新建	2004065	1816549		187516
扩建	2294860	1803902		490958
改建	3726481	3134776		591705
单纯建造生活设施	10125	10125		
其他	1014686	734267		280419
按国民经济行业分				
农林牧渔业	344034	124043		219991
采矿业	459084	202497		256587
制造业	4753558	4131446		622112
电力、煤气及水的生产和供应业	316122	289952		26170
建筑业	78990	55670		23320
交通运输、仓储和邮政业	327298	287010		40288
信息传输、计算机服务和软件业	76567	76567		
批发和零售业	361160	331665		29495
住宿和餐饮业	91747	63117		28630
金融业	31967	31967		9260
房地产业	728092	723592		4500
租赁和商务服务业	60588	59088		1500
科学研究、技术服务和地质勘探业	42875	37875		5000
水利、环境和公共设施管理业	959705	764590		195115
居民服务和其他服务业	35332	33332		2000
教育	122418	108987		13431
卫生、社会保障和社会福利业	58326	50196		8130
文化、体育和娱乐业	43920	34740		9180
公共管理和社会组织	158434	93285		65149
按经济类型分				
国有经济	2275172	1963181	112895	311991
集体经济	181670	96260	2300	85410
其他经济	4456174	4110542	341713	545632

5-4 续表

单位：万元

指　　标	全社会固定资产投资	城镇固定资产投资	#房地产开发投资	农村固定资产投资
私营个体	2137201	1529636	245904	607565
按隶属关系分				
中央	618878	616478		2400
省	279654	242904	2900	36750
市	610962	586352	192930	24610
县（市）	1277386	1013747	107500	263639
其他	6263337	5040138	1101080	1223199
按投资规模分				
100万元以下	381	381		
100-500万元	42679	37264		5415
500-1000万元	320342	231577		88765
1000-3000万元	2496898	1824566	12825	672332
3000-5000万元	1306628	951648	44500	354980
5000-1亿元	1716655	1510819	196212	205836
1亿元以上	3166634	2943364	449275	223270
新增固定资产	**6495501**	**5137647**	**429233**	**1357854**
建设项目　（个）				
施工项目个数	2717	2027	142	690
#本年新开工	2338	1684	142	654
全部建成投产项目	2033	1402	142	631
房屋建筑面积　（平方米）				
施工面积	19630051	16347985	7361954	3282066
#住宅	6861439	6860839	6581703	600
竣工面积	11613795	8732748	2918474	2881047
#住宅	2840631	2840031	2666895	600
资金来源合计	**9022413**	**7467995**	**701052**	**1554418**
上年末结余资金	900	900	900	
本年资金来源小计	9021513	7467095	700152	1554418
#国家预算内资金	17035	16735		300
国内贷款	411894	363174	29295	48720
债券				
利用外资	80356	73356		7000
自筹资金	8113652	6631054	569464	1482598
#省自筹	249764	216214		33550
市自筹	265162	240552		24610
县自筹	1034108	786218		247890
企、事业单位自有资金	3536415	3102976	225257	433439
其他资金	398576	382776	101393	15800

5-5 重点项目一览表（2007）

单位：万元

单位项目名称	开工时间	实际需要的总投资	自开始建设至本年底累计完成投资	#本年完成	累计新增固定资产
吉林晨鸣纸业有限责任公司低定量涂布纸生产线	200603	58000	53100	15100	
吉林晨鸣纸业有限责任公司浆纸系统技术改造	200703	19994	19300	19300	19300
吉林市东关热电厂电厂三期改造	200706	18000	9000	9000	
吉化集团公司公用事业总公司通潭东区小区改造	200706	18000	6000	6000	
吉林市吉诚彩涂钢板有限公司12万吨/年双面彩涂钢板项目	200704	11500	11050	11050	
吉林沱牌农产品开发有限公司5000吨/年有机硒项目	200608	14109	7900	3900	
吉林沱牌农产品开发有限公司50万吨玉米深加工项目	200509	110476	97195	42700	
吉林燃料乙醇有限责任公司5万吨/年乙酸乙酯项目	200606	35755	33819	13742	
吉林化纤集团有限责任公司5000吨粘胶长丝连续纺项目	200606	33741	30823	11893	
吉林化纤集团有限责任公司20万锭纺织工业园项目	200709	65372	9000	9000	
吉林怡达化工有限公司醇醚酯项目	200606	15000	22077	13077	
吉林鼎新安全科技有限公司阻隔防爆产品	200610	51200	60410	51410	
吉林经济技术开发区吉林技术开发总公司工业集中区路网	200610	10185	10185	5085	
辽宁奥克化学集团吉林有限公司环氧乙氧基化物	200705	63000	50300	50300	
吉林大榆气体有限公司空气分离扩建	200709	27000	8000	8000	
吉林市博大生化有限公司玉米制乙醇项目	200606	49980	54085	15085	
吉林大榆气体有限公司二氧化碳综合利用项目	200606	73000	19400	13900	
吉林经济技术开发区经济技术开发总公司工业净水厂	200703	15200	15200	15200	
吉林康乃尔化学工业有限公司30万吨/年产苯胺项目	200704	58000	43346	43346	
吉林经济技术开发区经济技术开发总公司精细化工园区基础设施建设	200703	66000	69480	69480	
史丹利化肥吉林有限公司28万吨/年复合肥	200709	19000	10000	10000	
吉林省吉林市水利局亚行贷款吉林市城市防洪工程	200609	18123	8500	3400	
吉林松花江热电有限公司电厂系统改造	200706	12022	12426	12426	
吉林世华数码电子有限公司150万台/年液晶电视	200708	40000	16000	16000	
吉林市新星天然植物开发有限公司黑米加工	200606	12000	12000	7500	12000
吉林市昌邑区东福实业有限责任公司东福二期工程（农业机械大院、低温冷藏库）	200603	14000	15100	8600	15100
吉林市神农庄园有限公司神农庄园旅游项目	200706	29200	5389	5389	
吉林益民华康木糖有限责任公司木糖项目	200608	11000	11460	10110	11460
吉林省吉林市其仕养殖有限公司50万只水貂养殖厂	200603	25000	23430	12070	23430
吉林省吉林市亿兴木业有限公司年产40万件实木家具生产线改造、设备	200603	10800	11300	4300	11300
吉林省吉林市双嘉环保能源利用有限公司垃圾焚烧电站建设工程	200705	29600	12535	12535	
中钢吉林炭素股份有限公司超高功率石墨电极改造工程	200706	13137	2305	2305	
吉林市幸福实业公司哈达批发市场	200605	50000	60000	10000	60000
吉林市渤海生物有限公司年产6万吨环氧乙烷项目	200705	70000	33500	33500	
中国石油天然气股份有限公司吉林石化分公司给排水系统改造项目	200606	14700	8137	807	
中国石油天然气股份有限公司吉林石化分公司原油管输顺序接油改造工程	200610	11437	9142	3219	
吉化集团公司一般技改和更新购置项目	200610	34154	24922	4192	
吉化集团公司安全环保整治项目	200610	38130	21030	11808	
中国石油天然气股份有限公司吉林石化分公司7万吨/年乙丙橡胶改扩建工程	200706	75597	75597	75597	75597
中国石油天然气股份有限公司吉林石化分公司技术改造项目	200704	17216	15660	15660	15660

5－5 续表1

单位：万元

单位项目名称	开工时间	实际需要的总投资	自开始建设至本年底累计完成投资	#本年完成	累计新增固定资产
吉化集团公司动力二期工程	200705	33008	22124	22124	
吉化集团公司丙烯腈扩建项目	200705	71273	71273	71273	71273
吉化集团公司MMA项目	200705	48000	30024	30024	
吉化集团公司丙烯项目	200705	128300	30493	30493	
吉化集团公司总医院一院改造项目	200705	18285	18285	18285	18285
吉化集团公司铁道罐车生产线	200705	10030	10030	10030	10030
吉化集团公司废水治酸项目	200706	43680	24847	24847	
吉林省吉林市龙潭区建设局小区道路建设	200608	10230	10230	7760	7760
吉林省吉林市锦通添加剂厂干气制乙苯	200703	13000	500	500	
吉林省吉林市隆正基础设施开发有限公司乡村道路建设	200703	50000	42000	42000	42000
吉林省吉林市隆正基础设施开发有限公司高速路工程	200703	50000	45000	45000	45000
吉林省吉林市隆正基础设施开发有限公司龙潭开发区污水处理厂	200703	66599	5866	5866	5806
吉林省吉林市隆正基础设施开发有限公司龙潭开发区北区供热中心	200703	13286	1443	1443	
吉林省吉林市隆正基础设施开发有限公司龙潭开发区农民新村项目	200703	27562	34512	34512	34512
吉林省吉林市隆正基础设施开发有限公司龙潭区南区标准厂房建设工程	200703	13000	12564	12564	12564
吉林省吉林市隆正基础设施开发有限公司棋盘工业区标准厂房建设	200704	41800	26120	26120	
吉林省吉林市隆正基础设施开发有限公司开发区机械产业园区项目	200706	46000	40100	40100	
吉林省吉林市隆正基础设施开发有限公司钢铁配套园区	200708	57000	25400	25400	
吉林省吉林市盛东塑料制品厂厂房建设	200708	15000	4000	4000	4000
吉林省吉林市金通化工有限公司净水剂生产线	200706	10000	7000	7000	
吉林省吉林凯赛生物技术有限公司生物丁醇生产线	200708	26470	11186	11186	
吉林省吉林市环宇化工厂醋酸乙酯乙晴生产线	200607	11000	9000	5000	5000
吉林省吉林市交通局道路建设	200204	932233	710181	188733	188000
吉林省吉林市建设委员会雾淞中路与吉林大街立交桥建设工程	200506	23587	38098	6421	38098
吉林省吉林市建设委员会珲春北街道路工程	200606	27000	27552	7256	7256
东北电力大学新校区建设项目	200704	19000	9200	9200	
吉林省吉林市众安居建材有限公司众安居建材市场	200505	12000	12000	200	200
吉林省吉林市福源馆食品有限责任公司迁建厂房及玉米主食肠加工生产线	200408	11000	11050	1100	1100
吉林省吉林市爱朗生物技术开发有限公司年产2万吨蛋白粉及包装物项目	200608	11000	11000	1000	1000
吉林省吉林市中东大市场有限公司建综合大市场	200607	80000	79500	41600	41600
吉林省吉林市富康木业有限公司年产100万平方米木制地板建设项目	200706	30000	20000	20000	20000
吉林省吉林船营经济开发区开发区基础设施建设	200706	75000	74000	74000	74000
吉林省吉林市裕华盛世商品批发城有限公司裕华商品批发城一期工程项目	200706	12000	9900	9900	9900
吉林省吉林市越北镇沙河子村委员会建农民新村	200708	30000	30000	30000	30000
吉林省吉林瀚星集团有限公司二手车交易市场建设	200609	43000	17535	15400	
吉林省吉林市瀚森电气有限公司厂房及办公楼建设	200606	16000	13000	10000	
吉林省吉林市辐射化学有限责任公司厂房及生产线建设	200606	25000	25000	10000	25000
吉林省吉林移动通信有限责任公司吉林市分公移动通信3G生产楼建设	200609	48000	16335	14200	
吉林省吉林东升伟业生物工程集团有限公司系列保健品项目	200505	35000	35000	2000	35000
吉林省吉林市双林射孔器材有限责任公司厂房、办公楼和生产线建设	200606	16000	10325	1500	

5－5 续表2

单位：万元

单位项目名称	开工时间	实际需要的总投资	自开始建设至本年底累计完成投资	#本年完成	累计新增固定资产
吉林省一汽吉林汽车有限公司微型车换型改造	200607	56500	48900	25000	
吉林省吉林市盛达矿山机械有限责任公司厂房及生产线建设	200705	15000	5100	5100	
吉林省吉林市新丰牧业有限公司奶牛场建设	200705	13000	8080	8080	
吉林省吉林市新达牧业有限公司奶牛场建设	200705	13000	9500	9500	
吉林省吉林市有限广播电视传输有限责任公司机顶盒等数字电视设备购置		13000	8000	8000	8000
吉林省吉林大通集团有限公司机械设备制造、厂房、办公楼建设及设备购置	200704	36000	26030	26030	
吉林行者赛能太阳能光电池制造有限公司500兆瓦光电池制造项目	200704	80000	80000	80000	80000
吉林省吉林东光瑞宝车灯有限责任公司厂房、办公楼、车灯和门锁生产线建设	200705	30000	17000	17000	
吉林省吉林美登高食品有限公司10万吨乳制品和22万吨玉米乳厂房和生产线	200706	74000	30650	30650	
吉林省吉林市东恒电气科技有限责任公司厂房建设及设备购置	200706	12000	7000	7000	
吉林博德医学免疫制品有限公司中生集团公司诊断治疗制品产业化基地	200709	20000	5000	5000	
吉林省吉林东波电器有限公司新建臭氧机系列产品研发生产基地	200704	50000	24500	24500	
吉林省吉林吉彩信息科技有限公司军品RFID产业化设备购置		10000	1850	1850	1850
吉林省吉林凯赛生物技术有限公司厂房办公楼生产线建设用设备购置	200704	41155	40000	40000	
吉林市高新行者太阳能光电池制造有限公司2.5兆瓦太阳能光电池制造项目		10000	10000	10000	10000
吉林省吉林市华微电子股份有限公司年产48万片6英寸芯片项目	200704	39345	20000	20000	
吉林市玲珑家具有限公司钢制防火门项目建设	200704	10000	13935	13935	13935
吉林市吉轻运输有限公司物流中心服务区建设	200703	10000	10000	10000	10000
吉林市科罗纳多医疗器械有限公司厂房建设及设备购置	200703	10000	10000	10000	10000
吉林市沃奥建材有限公司粉煤灰蒸压砖生产项目建设	200704	14000	10000	10000	
吉林省恒日科技有限公司光伏发电项目建设	200708	18000	8000	8000	
吉林市苏宁环球有限公司商业区开发	200708	190000	30000	30000	
吉林市天力冷食有限公司厂房建设及设备购置	200703	11000	5350	5350	
吉林市玲珑家具有限公司厂房建设	200606	20000	20000	6600	6600
吉林省吉林市原进筑路机械有限责任公司建厂房生产线	200505	11000	11150	10150	
吉林省吉林市金派食品有限公司厂房食品生产线	200506	16550	14950	13850	14950
吉林省吉林大黑山钼业有限公司采选改造	200507	21000	21000	12500	
吉林省吉林德润生有机农业有限公司厂房设备	200705	14000	14000	14000	14000
吉林省吉林市玉温泉度假村温泉开发	200506	15000	7800	7000	
吉林省吉林建捷工程机械有限公司厂房设备	200704	10058	10058	10058	10058
吉林省吉林市吉利达有色金属熔炼有限公司厂房设备	200706	11570	11570	11570	11570
河北省冀东水泥有限公司厂房生产线	200706	120000	2900	2900	
吉林省蛟河市煤矿棚户区改造工程建设办公室棚户区改造工程	200705	35000	6800	6800	
吉林省蛟河市建设局城市道路建设工程	200708	11000	11000	11000	11000
吉林省蛟河市建设局棚户区配套工程	200708	35000	16800	16800	
吉林省蛟河市建设局污水处理厂建设工程	200708	10000	6500	6500	
吉林省蛟河市奶子山接续产业园区煤矿扩建	200703	16000	16000	16000	16000
吉林省长白山制药股份有限公司新建松柏泰生产车间	200706	30000	4000	4000	
吉林省蛟河市国贸中心商业大楼建设工程	200708	25000	3500	3500	
吉林省长白山酒业集团有限公司建原料基地、调温库、污水处理厂	200603	26000	20000	10000	

5－5 续表3

单位：万元

单 位 项 目 名 称	开工时间	实际需要的总投资	自开始建设至本年底累计完成投资	#本年完成	累计新增固定资产
吉林省吉林关东石材精加工有限公司建厂房、购设备	200507	10000	7800	4860	
吉林省吉林市天鑫实业发展有限公司建石材加工厂、建石材交易大市场	200508	16700	13950	6000	
吉林省长白山石业有限公司开发矿山、建板材加工厂	200606	13000	7650	4450	
吉林省蛟河市天岗石材产业园区管理委员会园区基础设施建设	200704	30000	16600	16600	
吉林省蛟河市天岗石材产业开发区创业园区道路建设工程	200708	12000	11522	11522	11522
吉林省长白山九牛生态牧业公司有机无抗奶项目及养殖基地建设	200509	12000	10780	6000	10780
吉林省吉林圆方机械集团有限公司120万根半轴生产线	200306	11760	9700	6400	
吉林省桦甸市建设局城市基础设施建设	200703	72480	96610	96610	96610
吉林省吉粮集团公司桦甸实业有限公司2.4万吨醇法大豆蛋白	200703	16000	100	100	
吉林省桦甸市自来水公司城市引供水工程	200404	12110	8420	8300	
吉林省桦甸市吉林物华公司城市污水处理	200608	22000	17800	17600	
吉林省桦甸市东陶新型陶瓷有限公司陶瓷生产线	200704	12500	6400	6400	
吉林省桦甸市全兴矿业有限公司方解石加工	200704	20000	12820	12820	
桦甸市玉米浆饮料厂生产玉米浆	200706	12000	9200	9200	
吉林省桦甸市汇源矿业公司直接还原铁	200708	23200	4770	4770	
吉林省桦甸市西金沟水电站新建西金沟电站	200506	50000	35600	26500	
吉林省桦甸市鑫源矿业公司金矿石开采	200606	13500	9170	9070	
吉林省桦甸市老金厂金矿矿石开采	200606	25000	22330	21230	
吉林省通钢桦甸矿业公司采选矿改造	200705	11732	11732	11732	11732
吉林省东北电力集团白山抽水蓄能泵站建设处抽水蓄能泵站工程	200209	82626	67282	15193	
吉林省桦甸市华瑞能源开发公司万两河水电站	200704	14000	4000	4000	
吉林省桦甸市小红石水力发电站小红石电站	200505	42000	19700	17000	
吉林省舒兰市福润禽业食品有限公司2000万只肉鸡屠宰加工项目	200606	12000	8500	8400	
吉林省舒兰市煤炭沉陷区综合治理办公室煤炭沉陷区综合治理	200404	32000	17100	10500	
吉林省舒兰市新禾玉米饮品有限责任公司3.5万吨/年玉米深加工食品项目	200606	16200	8460	7000	
吉林省舒兰市济邦洪德堂制药有限公司生物制药项目	200606	13000	8500	7500	
北京汇源国汁集团公司舒兰分公司果汁饮料及矿泉水开发	200706	20000	16000	16000	
吉林省舒兰市格来德热力有限公司格来得坑口煤矸石热电厂	200504	32000	4530	3000	
吉林省吉林吉辉矿业有限责任公司日处理2000吨钼矿石	200606	20939	16200	10900	
吉林省磐石市三太子食品有限公司二期工程	200608	15000	19980	14080	19980
吉林馋神食品有限公司建厂	200608	20000	20000	16500	20000
吉林莲花山食品有限公司奶制品生产项目	200610	19500	19000	14500	19000
吉林省宝艺木业有限公司新建厂房	200611	10000	13000	10000	13000
吉林省吉林供电公司磐石分公司电网改造	200704	18000	18000	18000	18000
吉林省吉林宏润食品有限公司新建厂	200706	30000	16500	16500	
吉林省吉恩镍业股份有限公司镍系列产品改建	200504	57466	58130	6230	
吉林昊融有色金属集团有限公司电解镍项目	200706	27000	20150	20150	
吉林省吉林亚泰明城水泥有限公司建日产5000吨熟料生产线	200710	42000	14496	14496	
吉林省磐石市鑫富源制钢有限公司新建厂	200708	15000	15000	15000	15000

5-6 新增生产能力（2007）

能力名称	本年新增生产能力合计	城镇	农村
原煤开采（万吨/年）	57.5	25.5	32
铁合金（折标吨/年）	3540	3540	
冷轧（拔）钢材（万吨/年）	20	20	
硫铁矿开采（万吨/年）	1.2		1.2
水泥（万吨/年）	120	120	
石墨及炭素制品（吨/年）	2230	30	2200
钾肥（吨/年）	30000	30000	
塑料树脂及共聚物（吨/年）	5	5	
合成橡胶（吨/年）	70000	70000	
化学原料药（吨/年）	200	200	
中成药（吨/年）	5	5	
啤酒（万吨/年）	9.1	9.1	
白酒（万吨/年）	1.35	1.2	0.15
其他酒（万吨/年）	1.7	1.7	
机制纸浆（万吨/年）	8.5	8.5	
新建公路（公里）	270.1	270.1	
其中：高速公路（公里）	143	143	
改建公路（公里）	1912	1912	
一级公路（公里）	62.9	62.9	
高等院校：学生席位（个）	12460	11610	850
建筑面积（平方米）	120714	111224	9490
宾馆、旅馆、招待所客房数（间）	60	60	
宾馆、旅馆、招待所客房数（平方米）	1200	1200	
城市自来水供水能力（万吨/日）	20	20	
城市道路扩建长度（公里）	93.44	93.44	
城市道路扩建面积（万平方米）	202.28	202.28	
城市排水管道铺设长度（公里）	54	54	
城市污水处理能力（万吨/日）	11.44	11.44	
城市永久性桥梁（座）	1	1	
城市防洪堤长度（公里）	17.47	4.47	13
一级公路（公里）	53.9	53.9	
二级公路（公里）	73.2	73.2	
二级公路（公里）	101.8	101.8	
焊接钢管（万吨/年）	20	20	
钢材（万吨/年）	20	20	
农用氮、磷、钾化学肥料（吨/年）	30000	30000	
酒（万吨/年）	12.15	12	0.15

5-7 房地产投资与销售情况（2002-2007）

指　　标		2002	2003	2004	2005	2006	2007
企业个数	**（个）**	**111**	**107**	**137**	**102**	**117**	**142**
内资		107	106	135	100	117	142
国有		6	4	11	10	11	11
集体			2	1	1		2
其他有限责任公司		28	60	51	49	60	71
外商投资		4	1	2	2		2
其他经济					1		
投资完成额	**（万元）**	**293069**	**305781**	**304979**	**335000**	**465747**	**702812**
按工程用途分							
住宅		206033	226428	226764	228168	385813	599184
#经济适用房屋		31939					
办公楼		12276		12007	15532	13715	10950
商业营业用房		59209	15774	57161	76576	42724	70641
其他		15551	47303	9047	14724	23495	22037
土地开发及购置	**（平方米）**						
本年土地开发面积		1447372	1038862	736603	1019385	1204177	1697101
本年土地购置面积		564534	763670	608133	649259	1465702	1724041
商品房销售情况	**（平方米）**						
房屋实际销售面积		1283820	1267265	1539910	2098687	2278954	2353098
#住宅		1077420	1084747	1401302	1847935	2059594	2177548
#经济适用房		118133	8882				
商品房销售额	（万元）	156168	159346	215044	344063	377002	469687
商品房空置面积	（平方米）	1096540	1128288	635040	667952	612705	679739
#空置一年到三年（含一年）		187833	368485	313001	306470	420321	213176
空置三年以上（含三年）			14100	28638	1200	1200	

5-8 按市县分固定资产投资主要指标（2007）

单位：万元

指　　标	全市	市区	永吉	舒兰	磐石	蛟河	桦甸
投资总额	**9050217**	**5662531**	**541765**	**722360**	**672194**	**682237**	**769130**
城镇	7499619	5129020	302358	334506	529974	583150	620611
#房地产开发投资	702812	537212	37400	19300	10000	44200	54700
农村	1550598	675801	229340	331174	109579	70739	133965

能源购进、消费与库存

Neng yuan gou jin xiao fei yu ku cun

6-1 工业企业能源购进、消费与库存（2007）

单位：吨

能源名称	年初库存量	购进量		消费量				年末库存量
		实物量	金额（千元）	合计	工业生产消费	非工业生产消费	合计中：运输工具消费	
原煤	1387993	12894796	3661926	13226292	13177232	49059		1120118
洗精煤	62458	410061	263637	425503	422865	2638		40672
其他洗煤	66602	568237	281910	555196	555196			56895
煤制品	266	7189	2266	7614	6835	780		110
型煤	266	7189	2237	7614	6835	780		110
水煤浆								
煤粉								
焦炭	10462	971443	981504	925066.00	924652.00	414.00		31928.66
其他焦化产品		4100	2900	4100	4089	11.00		
焦炉煤气（万立方米）		2	2	5712	5710	2.00		
高炉煤气（万立方米）				7053.63	7053.63			
其他煤气（万立方米）		4180	7124	4180	4180			
天然气（万立方米）		3791	56497	1774	1734	39		
液化天然气								
原油	163506	7314427	29571970	7228716	7228716			211768
汽油	768	30199	171956	31317	26454	4864	11922	1759
煤油	2	128	732	131	119	12		
柴油	711	47849	252348	61428	42552	18876	26275	1536
燃料油	2476	34020	88954	317333	317333			4683
液化石油气		240	330	240	240			
炼厂干气		1219	3458	226175.00	226175.00			
其他石油制品	30	655863	3579577	654346.18	654346.18			11951.44
热力（百万千焦）		19656576	660268	52635659	49011902	3623757		
电力（万千瓦时）		801389	4279789	1033402	1026557	6845.56		
其他燃料（吨标准煤）	17702	65294	39156	83039.78	83039.78			
煤矸石								
生物质能（吨标准煤）		2650	659	2650	2650			
工业废料（吨标准煤）								
城市固体垃圾（吨标准煤）								
能源合计（吨标准煤）				24957071.5	24753813.9	203257.6		

6-1 工业企业能源购进、消费与库存附表（2007）

能源名称	工业生产消费量	加工转换投入合计	火力发电	供热	炼焦	炼油	能源加工转换产出	回收利用
原煤	10354864	10315272	6089874	4225398				
洗精煤	374102	243078			243078			
其他洗煤	550796	550796	165239	385557				
煤制品								
型煤								
水煤浆								
煤粉								
焦炭	565290						176246	
其他焦化产品								
焦炉煤气（万立方米）	5710						6588	
高炉煤气（万立方米）	7054	7054	7054					7053.63
其他煤气（万立方米）								
天然气（万立方米）	11							
液化天然气								
原油	7228716	5183020				5183020		
汽油	4222						1082879	
煤油								
柴油	3504						2669915	
燃料油	314594	63604	6968	56636			330823	
液化石油气							156793	
炼厂干气	225467						226116	
其他石油制品	654299	8583		8583			666063	
热力（百万千焦）	44975741						70514038	
电力（万千瓦时）	468936						1008664.3	
其他燃料（吨标准煤）	70167	69069	17628	51441				
煤矸石								
生物质能（吨标准煤）								
工业废料（吨标准煤）								
城市固体垃圾（吨标准煤）								
能源合计（吨标准煤）	21377210	14181741	3619822.99	2938685.01	218770.2	7404462.4	11166099	9070.97

6-2 工业企业能源购进、消费及库存补充资料（2007）

能源名称	计量单位	数 值
上年同期综合能源消费量	吨标准煤	12631907
上年同期非工业生产消费	吨标准煤	226345
上年同期电力消费合计	万千瓦时	864221
上年同期工业生产的电力消费	万千瓦时	860144
上年同期电力产出	万千瓦时	973829
本期综合能源消费量	吨标准煤	13578644

财政、金融、保险、证券

Cai zheng jin rong bao xian zheng quan

7-1 地区财政收支

单位：万元

指标	2007	2006	2007比2006±%
财政收入	1005707	656511	53.2
一、工商税收	726348	495851	46.5
二、农业各税	38021	22591	68.3
三、企业所得税	131115	64377	103.7
四、专项收入	26225	17364	51.0
五、行政事业性收费收入	33408	28489	17.3
六、罚没收入	28001	18624	50.3
七、其他收入	22589	9215	145.1
财政支出	987682	791514	24.8
一、一般公共服务	128553	103260	24.5
二、国防	551	264	108.7
三、公共安全	78340	60582	29.3
四、教育	221599	147671	50.1
五、科学技术	8105	6605	22.7
六、文化体育与传媒	18471	17273	6.9
七、社会保障和就业	215887	188802	14.3
八、医疗卫生	62399	39566	57.7
九、环境保护	12655	13058	-3.1
十、城乡社区事务	82380	75970	8.4
十一、农林水事务	79854	57507	38.9
十二、交通运输	18385	20744	-11.4
十三、工业商业金融等事务	46383	40886	13.4
十四、其他支出	14120	19326	-26.9

7-2 主要年份金融机构存贷款

单位：万元

年份	存款合计	#企业存款	#储蓄存款	贷款合计	#短期贷款	#中长期贷款
1949						
1952						
1957	4478	2158	1059			
1962	12929	6822	1077	34605		
1965	10271	6951	2075	33298		
1970	23428	9821	2528	65892		
1975	24193	12354	6408	89160		
1978	23104	12404	9673	109632		
1980	40966	21511	17939	128646		
1985	161864	63539	68877	310312		
1988	346625	114623	218175	578719		
1989	364761	106754	277078	671504		
1990	575175	126608	377279	997620	789639	163705
1991	709963	149642	495485	1192786	943062	174373
1992	895227	193530	599364	1391973	1055063	200620
1993	1047025	214120	719495	1635869	1266433	236415
1994	1422264	318748	982878	1903216	1406060	329874
1995	1796320	382248	1333639	2232634	1691718	355237
1996	2353404	503782	1761195	2780463	2150629	436479
1997	2774770	614984	1981202	3504834	2706119	538105
1998	3034795	589973	2278804	3783835	2896457	600698
1999	3362772	676270	2478330	4194781	3230233	658715
2000	3761870	751591	2875611	3743186	2898975	562196
2001	4077305	755198	3182217	3880348	2957370	742776
2002	4453253	764745	3449011	4038974	2947585	850071
2003	5173669	970580	3924420	4264812	3036665	999375
2004	5878717	1059291	4460401	4072319	2781234	1066212
2005	6803918	1084314	5180840	3344319	2261900	985138
2006	7839084	1169872	5719736	4004190	2562955	1178047
2007	8357583	1444711	5963848	4477797	2686885	1526776

7－3 金融机构人民币信贷收入

单位：万元

项　　目	2007	2006	2007比2006±%
一、各项存款	8357583	7839084	6.6
1.企业存款	1444711	1169872	23.5
（1）活期存款	1114456	900784	23.7
（2）定期存款	330255	269088	22.7
2.财政存款	41007	30631	33.9
3.机关团体存款	366714	374964	-2.2
4.储蓄存款	5963848	5719736	4.3
（1）活期存款	1910847	1761933	8.5
（2）定期存款	4053001	3957803	2.4
5.农业存款	129605	110931	16.8
6.信托存款			
7.委托存款	4047	2250	79.9
8.其他存款	536339	430700	24.5
二、金融债券	2	2	
三、应付及暂收款	162648	82739	96.7
#应付及预收利息	98173	41029	139.3
四、同业往来	3259	12705	-74.3
五、流通中货币			
六、各项准备	121487	88347	37.5
#贷款损失准备	105516	71117	48.4
七、所有者权益	158890	29707	434.9
#实收资本	158440	157515	0.6
当年结益	28343	4815	488.6
八、其它	-1122527	-1184755	-5.3
资金来源总计	7681341	6867798	11.8

7-4 金融机构人民币信贷支出

单位：万元

项目	2007	2006	2007比2006±%
一、各项贷款	4477797	4004190	11.8
1.短期贷款	2686885	2562955	4.8
（1）工业贷款	791905	703312	12.6
（2）商业贷款	841609	1000771	-15.9
（3）建筑业贷款	30444	106563	-71.4
（4）农业贷款	460933	346245	33.1
（5）三资企业贷款	8394	9260	-9.4
（6）私营企业及个体贷款	48701	62687	-22.3
（7）其他短期贷款	504900	334117	51.1
#个人短期消费贷款	28838	18191	58.5
2.中长期贷款	1526776	1178047	29.6
（1）基本建设贷款	522519	383061	36.4
（2）技术改造贷款	33300	45103	-26.2
（3）其他中长期贷款	970957	749883	29.5
#个人中长期消费贷款	189522	157875	20
3.票据融资	257763	255623	0.8
#贴现	257763	255623	0.8
4.各项垫款	6373	7565	-15.8
二、有价证券及投资	196189	301673	-35
三、应收及预付款	20966	12351	69.8
#应收利息	10987	10998	-0.1
四、同业往来	730	56149	-98.7
五、二级准备金		177120	
六、系统内资金往来	2721127	2077164	31
七、金银占款			
八、外汇占款			
九、固定资产	169720	164284	3.3
十、库存现金	94813	74867	26.6
资金运用合计	7681341	6867798	11.8

7－5 主要年份银行现金收支

单位：万元

年　份	现金收入	#商品销售	#服务事业	现金支出	#工资性	#行政管理	现金投放（+）回笼（－）
1949							
1952	11467		806	12241		1561	774
1957	26493	15953	1999	27464	16957	2871	971
1962	42396	28338	4762	41776	24010	2057	-620
1965	40487	28307	4059	41253	24294	2850	766
1970	48133	33330	3762	49634	28195	3085	1501
1975	69649	49216	6981	72764	40900	5473	3115
1978	82646	55684	7533	87141	50558	5354	4495
1980	119879	74047	10257	125790	67927	8014	5911
1985	328108	145243	19203	353569	96603	21931	25459
1988	787538	236220	35045	862516	215698	42980	74978
1989	962078	260501	39330	1030635	241113	46432	68557
1990	994826	252844	46101	1097120	260625	53722	102294
1991	1207239	282110	55962	1329114	296682	64359	121875
1992	1812426	296078	76041	1975902	370918	86543	163476
1993	2730654	328148	107103	2897386	433996	134264	166732
1994	3153482	371160	135058	3458290	553107	163800	304808
1995	4807243	464243	186515	5137601	782389	224285	330358
1996	4882604	446986	231789	5334640	772934	228025	452036
1997	5616225	511462	289825	6140359	854082	262764	524134
1998	7720342	579388	340589	8177243	991460	395448	456901
1999	8440704	712874	385855	8913652	952618	478899	472948
2000	9750100	799180	480650	10215181	1009521	609233	465081
2001	10510685	843668	478109	10868097	966307	646711	357412
2002	12323470	860164	538867	12642664	878031	756070	319194
2003	15080764	906945	578650	15357183	817209	826080	276419
2004	18173001	1214724	616672	18385507	834860	876991	212506
2005	19535151	1284949	673842	19901630	822279	971948	366479
2006	23919546	1551031	759931	24246632	843716	1105703	327086
2007	31407627	1435751	849190	31694184	1053316	1112531	286557

7-6 银行现金收支

单位：万元

项　　目	2000	2002	2003	2004	2005	2006	2007
一、收入合计	9750100	12323470	15080764	18173001	19535151	23919546	31407627
商品销售收入	799180	860164	906945	1214724	1284949	1551031	1435751
服务业收入	480650	538867	578650	616672	673842	759931	849190
税款收入	61724	63682	62724	72701	69506	95268	182424
城乡个体经营收入	176696	172899	188674	247179	212224	152216	172807
储蓄存款收入	7125017	9246745	11810078	14309496	15946071	19782308	26764400
其他金融机构收入	72786	32770	30591	17675	48760	56013	78265
居民归还贷款收入	111804	170813	225186	325141	350589	479585	573800
汇兑收入	203792	225959	135064	122880	119612	142301	147686
有价证券收入	110833	31667	31488	26582	10373	8377	21445
其他收入	607618	979904	1111364	1219951	819225	892514	1181858
二、支出合计	10215181	12642664	15357183	18385507	19901630	24246632	31694184
工资性支出	1009521	878031	817209	834860	822279	843716	1053316
农副产品采购支出	316653	232230	289583	324195	476166	510910	527231
工矿及其他产品采购支出	55944	79943	74151	125813	135548	203943	346522
行政企事业管理费支出	609233	756070	826080	876991	971948	1105703	1112531
城乡个体经营支出	246716	257715	329390	417382	376974	407687	482037
储蓄存款支出	7070778	9061717	11561667	13999230	15601209	19615625	26111181
其他金融机构支出	34428	34850	36313	22709	6301	16100	4546
居民提取贷款支出	82226	185420	234522	312257	335250	539142	662232
汇兑支出	150076	141061	59977	24418	42737	30051	26003
有价证券支出	79865	37823	60710	23109	12273	7485	20638
其他支出	559741	977804	1067581	1424543	107878	966270	1347947
三、投放（+）、回笼（-）	465081	319194	276419	212506	366479	327087	286557

7－7 财险业务情况（2007）

单位：万元

	承保数量		承保金额		保费收入		赔款支出	
	本期	累计	本期	累计	本期	累计	本期	累计
合计	**16254**	**318213**	**1098876**	**11247337**	**2031**	**36720**	**1703**	**18495**
企财险	99	2418	252668	3269754	278	3241	120	1521
家财险	3594	47112	60467	338293	62	572	30	284
机动车险	9916	177540	101781	2716479	1480	27480	1291	12847
货运险	38	576	-101432	344843	-38	1194	1	323
责任保险	65	1723	675816	2183874	26	1046	22	584
保证保险		13		3087		80		229
短期保险								
意外险	2361	86766	35697	942426	58	1957	164	1779
健康险	53	467	273	723618	1	600	30	442
其它险种	128	1598	73606	724963	164	550	45	486

7－8 寿险业务情况（2007）

单位：万元

	保费收入		退保情况		满期给付		医疗、伤残、死亡给付	
	本期	累计	本期	累计	本期	累计	本期	累计
合计	**12668**	**142452**	**1222**	**17726**	**970.0**	**31820.0**	**629**	**6529**
个人寿险	7097	76285	-1178	4344	-140	4344	329	4262
#续期业务	6327	57639	104	1568	254	2462	30	460
新保业务								
期缴	963	17996	0.25	5.78				
趸缴	-193	650	-1426	1084	-608	205	219	2865
团体寿险	298	4955	-540	790		2570		
#续期业务								
新保业务								
期缴								
趸缴	271	4652	-550	235		2570		
意外伤害保险	82	1030					29	194
健康险	467	4970	10	144			170	1725
代理业务	4724	55212	2930	12448	1110	24906	101	348

7－9 证券期货市场基本情况（2004－2007）

	2007	2006	2005	2004
一、上市证券公司情况				
拥有上市股份公司（个）	11	11	11	11
占全国比重（‰）	0.65	0.73	0.8	0.5
上市股份公司总股本（亿股）	31.14	25.47	55.97	49.37
#流通股（亿股）	18.32	13.08	46.11	9.44
总市值（亿元）				47.3
累计证券市场筹措资金（亿元）				58.1
二、证券经营机构情况				
拥有证券公司（个）	8	8	8	8
#证券营业部（个）	8	8	8	8
占全省比重（%）				
投资者开户数（万户）				18.2
证券交易总额（亿元）				140
三、期货市场情况				
拥有期货经纪公司（个）				
期货营业部（个）				
期货代理交易额（亿元）				
每个经纪公司平均拥有注册资金（万元）				

7－10 企业股票股本构成情况（2007）

单位：万股

股 票 名 称	总股本	国家股	法人股	自然人股	流通股
吉林制药	15824.4		6754		10270.2
吉林化纤	37825.7				31451.4
领先科技	6167		3868		3173.68
苏宁环球	49098.9				19405.5
吉林碳素	28289.9				13849.19
物华股份	33644.2				30939.2
华微电子	52160				30243.13
中油化建	30000	8534.49	1965.51		17116.35
吉恩镍业	50889.4				24701.01
东北虎药业	7467		1942	3455	2070
合 计	311366.50				183219.66
	总股本	内资股	非H股外资股		H股
吉林奇峰化纤（H股）	86625	43702	16936		25987

7－11 股票发行情况一览表（2007）

股票名称	发行时间	发行价（元）	发行量（万股）	筹资额（万元）
吉林制药	1993.11.21	5	3000	15000
吉林化纤	1996.07.23	6.99	3097.6	21652
领先科技	1996.11.24	4.6	1367	6288
苏宁环球	1997.03.28	6.45	6000	39700
吉林物华	2000.10.31	4.8	3500	16800
华微电子	2001.02.20	8.42	5000	40500
东北虎	2002.02.28	$0.26	18000	$4200
吉林碳素	1998.11.27	6.28	9000	56520
中油化建	2003.07.16	10.51	4000	42040
吉恩镍业	2003.08.21	4.66	6000	26771
吉林奇峰华纤（H股）	2006.06.21	$1.69	25987.5	$39926.25

注：$为港币

7－12 国税税收情况（2007）

单位：万元

	地区			市区		
	累计收入	同期收入	比去年同期±%	累计收入	同期收入	比去年同期±%
税收收入合计	567087	368324	54	456993	286974	59
增值税	368607	230777	60	274118	159899	71
消费税	92508	81707	13	91387	80056	14
外企所得税	7070	6262	13	6547	5785	13
其他各税小计	98902	49578	99	84941	41234	106
企业所得税	58672	18071	225	53090	15896	234
个人所得税	19905	17353	15	14626	12636	16
车购税	20325	14154	44	17225	12702	36

7－13 全市地税税收完成情况

单位：万元

	2007	2006	2007比 2006±%
合　　计	356441	253856	40.4
1.营业税	105735	86319	22.5
其中：金保营业税	15012	11695	28.4
一般营业税	90723	74624	21.6
2.土地使用税	18989	7475	154.0
3.个人所得税	42872	28738	49.2
4.城市维护建设税	38443	27965	37.5
5.车船使用税	1462	1049	39.4
6.房产税	16584	15275	8.6
7.资源税	5250	4186	25.4
8.印花税	5670	3753	51.1
9.土地增值税	5376	3473	54.8
10.企业所得税	60354	40562	48.8
11.烟叶税	41	40	2.5
12.耕地占用税	7799	6667	17.0
13.契　税	30178	15884	90.0
14.教育费附加	17670	12407	42.4
15.其它收入	18	63	-71.4

7-14 市区地税税收完成情况

单位：万元

	2007	2006	2007比 2006±%
合　　计	246913	176681	39.8
1.营业税	80658	66311	21.6
其中：金保营业税	12341	10161	21.5
一般营业税	68317	56150	21.7
2.土地使用税	16264	6448	152.2
3.个人所得税	30726	21888	40.4
4.城市维护建设税	31718	22992	38.0
5.车船使用税	1017	795	27.9
6.房产税	13488	12379	9.0
7.资源税	120	70	71.4
8.印花税	3893	3026	28.7
9.土地增值税	4795	3247	47.7
10.企业所得税	21293	12734	67.2
11.烟叶税			
12.耕地占用税	4712	3920	20.2
13.契　税	24417	13206	84.9
14.教育费附加	13802	9605	43.7
15.其它收入	10	60	-83.3

物　　价

Wu jia

8-1 主要年份物价指数

（以上年价格为100）

年　份	商品零售价格指数	居民消费价格指数	#食品类	#衣着类	#服务项目价格指数
1950					
1951	116.3		115.1	102.9	131.1
1952	114.3		122.3	108.2	174.2
1957	102.7		102.6	99.7	95.7
1962	104.5		103.6	101.3	100.0
1965	100.4		100.9	100.1	98.5
1970	99.4		100.0	99.7	
1975	101.2		100.0	100.0	100.6
1978	100.2		100.1	100.0	100.0
1979	101.5		102.0	100.2	100.0
1980	108.1	107.5	109.4	100.8	100.0
1981	101.7	101.6	102.9	100.0	100.0
1982	103.6	103.4	105.3	101.2	100.0
1983	105.7	107.5	104.6	103.3	109.4
1984	104.3	104.4	105.6	100.9	106.3
1985	112.2	111.6	116.9	101.9	103.8
1986	105.7	106.0	105.4	108.9	109.9
1987	107.9	107.5	109.1	105.5	103.5
1988	120.8	120.6	125.2	113.2	118.7
1989	116.9	117.1	115.6	119.9	118.9
1990	104.3	104.9	104.3	106.0	111.4
1991	105.7	107.0	103.6	106.5	118.6
1992	107.1	107.3	108.3	100.8	108.7
1993	112.8	114.6	117.3	101.4	128.2
1994	118.7	129.9	131.0	115.1	171.6
1995	114.2	115.1	116.1	133.1	110.0
1996	105.3	107.3	106.8	106.0	104.8
1997	101.7	102.9	98.9	109.6	107.1
1998	97.9	99.1	96.5	94.0	109.8
1999	97.0	98.0	95.8	94.9	104.9
2000	98.2	99.0	96.3	100.7	100.4
2001	101.7	102.3	101.0	99.6	108.7
2002	99.2	99.7	101.0	99.9	101.1
2003	100.8	101.3	103.0	99.7	101.1
2004	102.9	103.8	108.6	102.3	99.8
2005	101.4	101.7	104.7	99.6	100.6
2006	101.3	101.2	101.7	100.3	101.8
2007	103.2	105.3	112.1	101.5	103.1

8-2 主要年份物价指数

（以1950年价格为100）

年 份	商品零售价格指数	居民消费价格指数	#食品类	#衣着类	#服务项目价格指数
1952	132.9	135.9	140.8	111.3	228.4
1957	151.0	153.9	165.8	112.7	231.6
1962	184.1	191.5	210.8	134.4	264.3
1965	180.9	183.9	205.6	127.6	258.4
1970	**175.4**	**189.5**	**207.6**	**123.8**	**250.9**
1975	191.5	194.1	210.5	123.8	253.2
1978	193.1	195.6	210.7	123.8	253.5
1979	196.7	199.0	214.9	124.0	253.5
1980	**212.7**	**213.8**	**235.2**	**125.0**	**253.5**
1981	216.3	217.2	242.0	124.9	253.5
1982	224.1	224.6	254.7	126.4	253.5
1983	236.8	241.3	266.5	130.6	277.3
1984	247.0	252.0	281.4	131.7	294.8
1985	277.1	281.2	329.0	134.2	306.0
1986	292.9	298.1	346.7	146.2	336.3
1987	316.0	320.4	378.3	154.2	348.1
1988	381.8	386.4	473.6	174.6	413.2
1989	446.3	452.5	547.5	209.3	491.2
1990	**465.5**	**474.7**	**571.0**	**221.9**	**547.2**
1991	492.0	507.9	591.6	236.3	649.0
1992	526.9	545.0	640.7	238.2	705.5
1993	594.3	624.6	751.5	241.5	904.4
1994	705.4	811.4	984.5	278.0	1552.0
1995	805.6	933.9	1143.0	370.0	1707.2
1996	848.3	1002.1	1220.7	392.0	1789.2
1997	862.7	1031.2	1207.3	429.9	1916.2
1998	844.6	1021.9	1165.0	404.1	2104.0
1999	819.3	1001.5	1116.1	383.5	2207.1
2000	**804.6**	**991.5**	**1074.8**	**386.1**	**2215.9**
2001	818.3	1014.3	1086.6	384.6	2408.7
2002	811.8	1011.3	1098.6	384.2	2435.2
2003	818.3	1024.4	1131.5	383.1	2437.6
2004	842.0	1063.3	1228.8	391.9	2432.8
2005	853.8	1081.4	1286.6	390.3	2447.4
2006	864.9	1094.4	1308.5	391.5	2491.5
2007	892.6	1152.4	1466.8	397.4	2568.7

8-3 消费价格类指数（2007）

类　　别	2007	类　　别	2007
居民消费价格总指数	**105.3**	1.服装	101.5
非食品价格指数	101.6	2.衣着材料	100.0
服务项目价格指数	103.1	3.鞋袜帽	101.5
扣除鲜菜鲜果总指数	105.5	4.衣着加工服务	102.4
消费品价格指数	106.0	**四、家庭设备用品及维修服务**	**102.9**
一、食品	**112.1**	1.耐用消费品	104.1
1.粮食	104.4	2.室内装饰品	100.6
2.淀粉	136.6	3.床上用品	100.0
3.干豆类及豆制品	113.6	4.家庭日用杂品	101.8
4.油脂	119.1	5.家庭服务及加工维修服务	106.9
5.肉禽及其制品	137.7	**五、医疗保健和个人用品**	**104.4**
6.蛋	140.2	1.医疗保健	104.9
7.水产品	104.1	2.个人用品及服务	103.0
8.菜	109.5	**六、交通和通讯**	**97.0**
9.调味品	100.4	1.交通	103.5
10.糖	100.9	2.通讯	92.1
11.茶及饮料	100.2	**七、娱乐教育文化用品及服务**	**99.1**
12.干鲜瓜果	94.0	1.文娱用耐用消费品及服务	91.4
13.糕点饼干	102.3	2.教育	101.1
14.液体乳及乳制品	100.6	3.文化娱乐类	100.9
15.在外用膳食品	105.6	4.旅游	99.4
16.其它食品	108.7	**八、居住**	**105.5**
二、烟酒及用品	**99.7**	1.建房及装修材料	106.3
1.烟草	91.9	2.租房	112.2
2.酒	111.0	3.自有住房	103.6
3.吸烟饮酒用品	98.0	4.水、电、燃料	105.3
三、衣着	**101.5**		

8-4 零售价格类指数（2007）

类　　别	2007	类　　别	2007
商品零售价格总指数	103.2	1.服装	101.5
一、食品	112.4	2.鞋袜帽	101.5
1.粮食	104.4	四、纺织品	100.0
2.淀粉	136.6	1.衣着材料	100.0
3.干豆类及豆制品	113.6	2.床上用品	100.0
4.油脂	119.1	五、家用电器及音像器材	100.3
5.肉禽及其制品	137.7	1.家庭设备	104.2
6.蛋	140.2	2.文娱用耐用消费品	96.9
7.水产品	104.1	3.音像器材	90.4
8.菜	109.5	六、文化办公用品	93.2
9.调味品	100.4	七、日用品	100.3
10.糖	100.9	八、体育娱乐用品	98.5
11.干鲜瓜果	94.0	1.体育用品	99.7
12.糕点饼干面包	102.3	2.娱乐用品	97.8
13.液体乳及乳制品	100.6	九、交通、通信用品	91.8
14.在外用膳食品	105.6	十、家具	104.0
15.其它食品	108.7	十一、化妆品	99.6
二、饮料、烟酒	99.9	十二、金银珠宝	105.5
1.茶及饮料	100.2	十三、中西药品及医疗保健用品	99.1
2.烟草	91.9	十四、书报杂志及电子出版物	100.7
3.酒	111.0	十五、燃料	103.4
三、服装、鞋帽	101.5	十六、建筑材料及五金电料	104.0

8-5 工业品出厂价格指数（2002－2007）

（以上年价格为100）

指　　标	2002	2003	2004	2005	2006	2007
全部工业品	98.88	104.39	110.46	107.66	103.66	106.88
#轻工业	91.64	105.37	109.44	98.30	100.15	105.90
重工业	101.61	103.99	110.88	111.46	104.46	107.10
#生产资料	98.43	105.33	112.27	108.80	103.87	107.20
采　掘	103.33	103.99	116.52	116.73	105.48	115.07
原　料	97.30	107.17	113.45	110.93	108.09	107.21
加　工	100.29	99.99	107.96	101.49	94.71	106.67
#生活资料	101.46	98.56	98.23	99.46	99.78	100.81
食　品	101.60	100.76	102.39	99.87	100.03	101.20
衣　着	99.55	99.31	99.63	100.23	100.27	103.64
一般日用品	106.57	101.88	99.83	100.15	100.66	100.43
耐用消费品	99.13	95.35	93.05	98.96	95.68	97.13

人民生活

Ren min sheng huo

9-1 人民物质文化生活提高情况

指　　标	单位	2000	2002	2003	2004	2005	2006	2007
一、城乡居民收入								
农民年人均纯收入	元	2066	2393.9	2700	3201.22	3449.21	3904.61	4495.89
城镇单位职工年平均工资	元	8193	9295	10610	12694	14902	17209	23037
城市居民年人均可支配收入	元	5365.37	6710.28	7699.68	8549.87	9230.31	10155.1	12500.8
二、城乡居民消费								
城市：粮食	千克	98	98.64	100.08	92.53	98.53	78.49	66.38
食用植物油	千克	9.74	11.4	13.32	10.75	13.52	11.76	11.92
鲜蛋	千克	11.73	11.76	13.56	10.04	14.14	14.21	12.36
鱼	千克	9.1	8.28	8.04	6.84	9.02	8.41	8.57
农村：粮食	千克	253.06	246.38	241.96	241.18	175.77	254.83	177.5
食用油	千克	7.82	8.01	8.88	9	8.46	7.08	8.49
肉类	千克	8.66	12.84	10.2	9.3	15.82	15.03	8.86
水产品	千克	3.77	4.09	4.39	4.49	4.58	4.6	4.66
三、城乡居民居住面积								
城市居民人均住宅建筑面积	平方米	18.52	21	23.07	26.89	27.25	27.77	28.7
农村居民人均居住面积	平方米	18.04	18.36	20.2	20.51	20.59	20.92	21.55
四、城乡居民储蓄余额	亿元	287.6	344.9	392.4	446	518.1	571.97	596.4
人均储蓄余额	元	6663	8001	9092	10394	12064	13288	13784
五、学龄儿童入学率	%	99.87	99.3	99.4	99.59	99.75	99.63	99.82
每万人口中大学在校学生	人	50.96	60.19	89.19	113	153	146	160
六、城市每百户拥有彩色电视机	台	115	127.42	130.36	136.67	137	137.67	132.67
城市每百户拥有电冰箱	台	82.5	85.21	87.1	92	91.67	90	100.67
七、每万人口拥有医疗床位	张	38.59	38.49	37.7	39.27	40.53	41.51	38.67
每万人口拥有医生	人	23.7	23.23	23.1	20.59	20.13	20.84	24.67

9-2 城市居民、农民家庭生活基本情况

指　　标	单 位	2000	2002	2003	2004	2005	2006	2007
城市居民家庭								
调查户数	户	200	200	300	300	300	300	300
平均每户人口	人	3.13	3.07	3.02	2.95	2.95	2.87	2.79
平均每户就业人口	人	1.62	1.58	1.64	1.69	1.62	1.52	1.53
平均每一就业者负担人口	人	1.93	1.94	1.84	1.75	1.82	1.89	1.82
人均可支配收入	元	5365.37	6710.28	7699.68	8549.87	9230.31	10155.1	12500.8
人均年消费支出	元	4457.66	5280.12	5874.48	6539.6	7744.39	8345.67	10048.1
农民家庭								
调查户数	户	420	450	760	760	760	700	700
平均每户人口	人	3.77	3.67	3.65	3.62	3.55	3.55	3.5
平均每户劳动力	人	3.11	2.57	2.68	2.71	2.58	2.64	2.64
平均每一劳动力负担人口	人	1.4	1.43	1.36	1.34	1.37	1.34	1.3
平均每人年均纯收入	元	2066	2393.9	2700	3201.22	3449.21	3904.61	4495.89
平均每人年均生活费支出	元	1839.9	1880.9	2009.1	2359.4	2598.16	3027.45	3204.26
#食 品	元	834.8	869.8	828.9	1019.7	1092.8	1169.38	1220.95
居 住	元	302.5	237.6	246.3	247.1	285.19	418.51	390.48
城市居民、农民人均年收入对比		2.59:1	2.80:1	2.85:1	2.67:1	2.68:1	2.6:1	2.78:1
城市居民、农民人均年生活费支出对比		2.42:1	2.81:1	2.92:1	2.77:1	2.98:1	2.76:1	3.14:1

注：农村部分2003年后为省统计局认定数。

9-3 城市居民每百户家庭主要耐用品拥有量

指标	单位	2000	2002	2003	2004	2005	2006	2007
成套家具	套		7.25	15.37	16.33	17.67	18.33	
自行车	辆	163	154.38	157.87	148	139.33	137.33	
摩托车	辆	5.5	5.75	6	8.33	9.67	9.33	7
助力车	辆		0.5	0.96	1	1	1.33	2.33
家用汽车	辆			0.37	1	1.33	1.67	3.33
录音机	台	69	69.5	70.35	55.67	46.33	45.67	
彩色电视机	台	115	127.42	130.36	136.67	137	137.67	132.67
录放像机	台	27.5	23.54	25.04	28	28.33	26.33	
影碟机	台	28.5	44.17	52.75	62.33	62.67	60.67	
组合音响	台	18.5	16.25	14.33	16.67	18	17	18
家用空调器	台	1	1.46	2.42	3	3.67	4	7
淋浴热水器	台	60.5	65.75	69.76	77.67	71	68.33	72
微波炉	台	10.5	24.29	34.21	50.33	56.67	58.33	61.33
家用电脑	台	7.5	13.33	18.62	26.67	34.33	38.67	46.33
电风扇	台	64	66.71	64.84	68.33	65	65	
电冰箱	台	82.5	85.21	87.1	92	91.67	90	100.67
洗衣机	台	94.5	93.5	94.38	98.33	96	95.33	98.67
照相机	架	45	52.21	50.41	60	57	53.67	53.67
摄像机	架		1	2.04	5.33	7	7	9.67
钢琴	架	1	2	2.33	2.67	1.67	1.67	2
移动电话	台	19.5	58	87.7	123.33	142	145.67	167

9-4 农村住户每百户家庭主要耐用品拥有量

指　　标	单 位	2000	2002	2003	2004	2005	2006	2007
大型家具	件/百户	70.48	89.33	113.55	99.61	93.03	98.57	
洗衣机	台/百户	50	55.33	66.45	67.11	64.47	64	71.14
电风扇	台/百户	19.52	23.11	22.37	22.63	24.47	24.43	
电冰箱	台/百户	9.76	10.67	17.11	16.71	17.5	19.86	26.43
空调机	台/百户	0.24	0.22	0.13	0.39	0.13	0.29	0.14
抽油烟机	台/百户	0.95	2.22	2.37	2.63	3.68	3.57	5.71
吸尘器	台/百户			0.39	0.26	0.39	0.14	0.14
微波炉	台/百户				1.05	1.05	2.43	3.14
热水器	台/百户	1.43	0.22	2.24	2.63	1.58	3	3.86
自行车	辆/百户	102.62	104.22	89.47	84.87	71.18	67.57	67.29
摩托车	台/百户	14.52	21.33	26.97	30.53	37.76	41.43	42.57
汽车(生活用)	台/百户	0.24	0.89	1.84	0.79	0.53	0.71	2.14
电话机	部/百户	38.81	57.11	72.24	78.02	76.97	77.29	72.14
移动电话	部/百户	1.43	9.56	28.29	41.71	64.87	79.57	104.71
寻呼机	台/百户	4.76	2.89	2.5	1.84	0.13		
彩色电视机	台/百户	66.67	81.11	90.92	94.74	105	105.29	110.43
黑白电视机	台/百户	41.9	31.78	23.29	18.03	8.42	5.86	2.71
录放像机	台/百户	3.81	4.89	5.53	2.24	1.84	1.71	
摄像机	台/百户	0.24	0.67	0.79	0.79		1.14	1
影碟机	台/百户	17.14	22.89	41.84	46.45	45.53	44.14	47
组合音响	台/百户	9.05	11.78	9.74	10.13	13.03	6.29	
收录机	台/百户	24.76	20.22	19.21	13.68	10.92	6.57	
照相机	架/百户	3.1	5.11	5	3.42	3.03	3.43	3.14
家用计算机	台/百户	1.19	0.44	1.84	0.79	1.71	0.57	1
中高档乐器	件/百户	0.48	0.44	0.26	0.26	0.13	0.14	0.29

注：2003年后为省统计局认定数。

9-5 城市居民家庭基本情况

指　　标	单 位	2000	2002	2003	2004	2005	2006	2007
一、调查户数	户	200	200	300	300	300	300	300
二、平均每户家庭人口	人	3.13	3.07	3.02	2.95	2.95	2.87	2.79
三、平均每户就业人口	人	1.62	1.58	1.64	1.69	1.62	1.52	1.53
四、平均每户就业面	%	0.52	0.51	0.54	0.57	0.55	0.53	0.55
五、平均每一就业者负担人数	人	1.93	1.94	1.84	1.75	1.82	1.89	1.82
六、年人均实际收入	元	5391.41	7073.52	8084.16	8976.69	9743.19	10629.93	13696.56
#可支配收入	元	5365.37	6710.28	7699.68	8549.87	9230.31	10155.14	12500.79
工薪收入	元	3545.98	4404.4	5111.16	5859.24	6245.61	6358.01	8083.37
个体经营者的净收益	元	260.4	406.54	429.24	652.08	383.62	513.33	537.02
财产性收入	元	30.67	91.54	128.04	62.28	87.09	104.93	93.01
转移性收入	元	1554.36	2171.04	2415.72	2403.09	3026.87	3653.65	4098.38
七、年人均实际支出	元	5172.28	6704.28	7363.56	7966.55	9846.17	10477.74	13297.68
1.消费性支出	元	4457.66	5280.12	5874.48	6539.6	7744.39	8345.67	10048.1
（1）食品	元	1714.59	1939	2015.63	2303.49	2692.78	2820.56	3180.53
（2）衣着	元	462.66	548.88	668.03	839.08	948.58	953.09	1354.41
（3）设备用品及服务	元	393.42	284.4	294.47	295.22	277.93	386.61	518.92
（4）医疗保健	元	321.37	403.53	454.31	516.78	790.44	874.34	1104.9
（5）交通和通讯	元	339.12	486.84	604.66	681.23	934.20	888.43	1066.82
（6）娱乐教育和文化服务	元	661.71	787.2	883.65	886.4	829.55	941.26	970.91
（7）居住	元	364.65	647.4	742.91	765.34	953.46	1166.56	1498.66
（8）杂项商品和服务	元	200.14	182.87	210.82	252.06	317.44	314.83	352.95
2.购房与建房支出	元	235.04	374.76	317.04	123.17	642.87	486.3	647.88
3.转移性支出	元	479.58	709.8	813.12	940.92	1011.49	1233.19	1449.83
4.财产性支出	元		6.84	1.32				6.1
5.社会保障支出	元		332.64	357.6	362.87	447.42	412.59	336.26
八、人均期末手存现金	元	337.93	399.23	434.18	413.14	424.69	462.98	364.83

9-6 城市居民不同收入层次家庭基本情况（2007）

单位：元

指标	全市平均	最低收入户	低收入户	较低收入户	中间收入户	较高收入户	高收入户	最高收入户
一、调查户数（户）	300	30	30	60	60	60	30	30
二、可支配收入（新算法）（元）	12500.8	4899.55	7089.44	9077.2	11971	15738.09	19735.46	27177.51
服务性消费支出（元）	2360.61	1054.85	1874.75	1681.4	2356.51	2958.42	3337.26	4424.16
三、家庭人口数（人/户）	2.79	3.23	3.27	3	2.85	2.62	2.3	2.17
（一）有收入者人数	2.21	2	2.37	2.23	2.27	2.23	2.2	2.07
1.就业人口数	1.53	1.5	1.8	1.62	1.52	1.63	1.37	1.13
（1）国有经济单位职工人数	0.72	0.37	0.43	0.63	0.75	1.03	0.8	0.77
（2）城镇集体经济单位职工人数				0.02				
（3）其他各种经济类型单位职工	0.35	0.27	0.63	0.42	0.33	0.33	0.33	0.13
（4）城镇个体经营者人员数	0.1	0.13	0.1	0.13	0.1	0.08	0.03	0.1
（5）城镇个体被雇人员数	0.21	0.43	0.4	0.3	0.2	0.07	0.1	0.03
（6）离退休再就业人员数	0.08	0.03	0.03	0.05	0.12	0.08	0.1	0.1
（7）其他就业人员数	0.07	0.27	0.2	0.07	0.02	0.03		
2.离退休人数	0.67	0.5	0.53	0.62	0.75	0.6	0.83	0.93
3.其他有收入者人数			0.03					
（二）无收入者人数	0.58	1.23	0.9	0.77	0.58	0.38	0.1	0.1
四、期末家庭人口数（人/户）								
五、非家庭人口在家用餐人次数（人次/户）								
六、家庭人口在外用餐人次数（人次/户）	6.98	7.3	5.83	3.6	7.6	8.25	4.17	13.63
七、负担系数（人）	1.82353	2.15333	1.81667	1.8519	1.875	1.607362	1.678832	1.920354
八、家庭折算人口数（人/户）								

9-7 城市居民家庭年人均现金收支情况（2007）

单位：元

指　　标	全市平均	最低收入户	低收入户	较低收入户	中间收入户	较高收入户	高收入户	最高收入户
一、期初手存现金	421.89	359.63	266.89	374.29	422.69	448.99	618.56	600.81
二、家庭总收入	13696.56	6484.99	7748.61	9653.89	14152.98	16950.13	20091.39	28570.29
#可支配收入	12500.79	4899.55	7089.44	9077.19	11971	15738.09	19735.46	27177.51
（一）工薪收入	8083.37	3412.65	5156.88	6236.59	7594.13	11664.07	11621.87	13380.27
1.工资及补贴收入	8078.27	3407.24	5149.23	6224.93	7594.13	11658.34	11621.87	13380.27
2.其他劳动收入	5.1	5.41	7.65	11.67		5.72		
（二）经营净收入	537	285.6	234.2	593.7	596.1	609.1	327.5	1097
（三）财产性收入	93.01		2.94	7.64	17.78	61.77	250.87	702.08
1.利息收入	23.54		2.94	2.09	17.78	13.21	113.19	93.19
2.股息与红利收入	66.1			5.56		45.39	114.49	597.87
3.保险收益	3.37					3.18	23.19	11.01
4.其它投资收入								
5.出租房屋收入	75.29	63.92			259.65	62.32	39.13	
6.知识产权收入								
7.其他财产性收入								
（四）转移性收入	4098.38	1493.93	1989.3	2454.72	3876.14	3885.79	7851.99	12720.29
1.养老金或离退休金	3882.89	1383.09	1886.24	2401.39	3825.56	3762.42	7623	11105.73
2.社会救济收入	4.82	41.67						
3.辞退金								
4.赔偿收入								
5.保险收入	1.91							24.3
#失业保险金								
6.赡养收入	31.41		61.22		6.14	64.23		139.32
7.捐赠收入	100	27.94	17.35	26.67	16.37	28.62	194.2	818.73
8.亲友搭伙费								
9.提取住房公积金	42.36							539.24
10.记帐补贴	28.64	24.74	24.49	26.67	28.07	30.52	34.78	36.46
11.其他转移性收入	6.35	16.49						56.51
三、出售财物收入	337.13	2.21		556.59	2.92	9.9	2608.7	1.26
1.出售住房收入	334.11	0.1		555.56			2608.7	

9–7 续表1

单位：元

指　　　标	全市平均	最 低 收入户	低收入户	较 低 收入户	中 间 收入户	较 高 收入户	高收入户	最 高 收入户
2.出售其他物品收入	3.02	2.11		1.04	2.92	9.9		1.26
四、借贷收入	**3350.98**	**1742.27**	**2146.94**	**2519.44**	**3477.78**	**3053.74**	**5600**	**7810.63**
1.提取储蓄存款	2787.43	1742.27	2143.88	2519.44	2957.31	2633.39	4434.78	4218.23
2.借入款	120.04				438.6	3.82		379.75
3.收回借出款	131.13				81.87	403.82		492.15
4.收回储蓄性保险本	120.04				438.6	3.82		379.75
5.兑售有价证券	131.13				81.87	403.82		492.15
6.收回投资本金	199.86							2544.3
7.住房贷款	95.93						1165.22	
8.汽车贷款								
9.教育贷款								
10.其他贷款	2.39					12.72		
11.其他借贷收入								
五、家庭总支出	**13297.68**	**7620.19**	**8541.53**	**10137.22**	**13866.98**	**14844.47**	**21931.44**	**23161.84**
（一）消费支出	10048.1	5389.32	7256.44	8017.85	9913.65	11534.06	15195.44	18024.16
#服务性消费支出	2360.61	1054.85	1874.75	1681.35	2356.51	2958.42	3337.26	4424.16
通过互联网购买商品或服务	1.03			4.44	0.29		0.22	
1.食品	3180.53	2159.31	2689.48	2563.34	3210.09	3678.83	4074.75	4899.5
2.衣着	1354.41	548.83	677.21	1056.74	1393.93	1717.33	2501.46	2191.55
3.家庭设备用品及服务	518.92	284.18	277.32	425.71	412.84	548.15	1009.15	1171.2
4.医疗保健	1104.9	389.48	825.37	675.74	1004.8	1118.7	1990.03	3047.91
5.交通和通信	1066.82	429.67	576.58	1188.53	1082.14	1169.62	1027.82	2158.08
6.教育文化娱乐服务	970.91	643.86	1177.77	781.83	900.5	1244.21	871.62	1296.05
7.居住	1498.66	761.82	849.94	1014.02	1541.39	1638.73	3237.75	2606.75
8.杂项商品和服务	352.95	172.18	182.76	311.94	367.96	418.5	482.86	653.13
（二）购房与建房支出	647.88	103.09		821.67	530.66	70.93	4104.07	
1.购房	647.88	103.09		821.67	530.66	70.93	4104.07	
2.建房								
（三）转移性支出	1449.83	567.09	651.69	750.11	1276.99	2102.08	2272.14	3880.89
1.交纳的个人收入税	21.37		1.28	2.43	8.23	44.11	35.49	99.54

9-7 续表2

单位：元

指标	全市平均	最低收入户	低收入户	较低收入户	中间收入户	较高收入户	高收入户	最高收入户
2.捐赠支出	993.5	284.56	389.88	475.26	836.39	1532.46	1509.13	2933.94
3.购买彩票	20.79	0.21	12.55	12.21	28.85	20.08	9.65	79.26
4.赡养支出	341.55	280.93	190	164.61	354.32	372.1	676.42	683.09
#在外就学子女费用	236.82	221.65	130.61	101.67	214.56	288.79	625.7	312.91
5.各种非储蓄性保险支出	64.53	1.03	54.92	88.11	36.12	128.24	26.09	69.87
#车辆保险支出	16.02			50		21.62		15.55
6.其他转移性支出	8.09	0.37	3.06	7.48	13.08	5.08	15.36	15.19
（四）财产性支出	6.1						74.12	
1.非生产性利息支出								
2.其他	6.1						74.12	
（五）社会保障支出	336.26	331.82	268.1	186.4	336.54	470.31	285.66	586.15
1.个人交纳的养老基金	172.94	302.22	235.81	134.16	130.96	153.52	62.74	265.84
2.个人交纳的住房公积金	99.39	23.7	23.55	23.12	77.95	231.93	145.5	223.1
3.个人交纳的医疗基金	58.72	2.7	7.9	27.16	125.56	74.35	64.91	85.82
4.个人交纳的失业基金	4.65	3.21	0.85	1.95	1.91	9.73	7.9	11.4
5.其他社会保障支出	0.56				0.17	0.78	4.61	
六、借贷支出	**4162.88**	**783.92**	**1375.4**	**2668.99**	**3800**	**5235.8**	**6555.36**	**13247.74**
1.存入储蓄款	3808.09	737.11	1316.33	2472.22	3152.05	4924.01	6285.51	12136.71
2.借出款	22.67				46.78	63.59		15.19
3.归还借款	137.22	20.62			444.44		72.46	486.08
4.储蓄性保险支出	73.08		59.07	37.83	110.82	93.83	71.3	152.29
5.购买有价证券	35.8			111.11				151.9
6.其它投资支出	11.93							151.9
7.归还住房贷款	73.05	26.19		47.82	41.23	153.93	126.09	153.68
8.归还汽车贷款								
9.归还教育贷款								
10.归还其他贷款								
11.其他借贷支出	1.04				4.68	0.45		
七、期末手存现金	**364.83**	**196.22**	**281.79**	**323.01**	**411.96**	**397.98**	**431.84**	**582.31**

9-8 城市居民家庭年人均消费支出（2007）

单位：元

指标	全市平均	最低收入户	低收入户	较低收入户	中间收入户	较高收入户	高收入户	最高收入户
一、食品	3180.53	2159.31	2689.48	2563.34	3210.09	3678.83	4074.75	4899.5
（一）粮油类	512.87	406.31	521.5	422.62	505.81	540.85	665.59	695.2
1.粮食	289.2	234.28	304.28	241.19	286.95	294.72	366.6	390.49
（1）大米	158.95	131.67	179.52	130.32	162.53	162.2	181.54	206.12
（2）面粉	43.81	36.58	50.57	35.43	42.23	46.71	49.66	58.34
（3）其他粮食及制品	86.44	66.04	74.2	75.44	82.2	85.81	135.4	126.03
2.淀粉及薯类	45.91	34.4	44.01	37.3	46.83	49.95	59.07	63.4
3.干豆类及豆制品	58.24	44.41	52.54	48.07	56.28	62.95	84.52	81.24
4.油脂类	119.52	93.22	120.66	96.06	115.75	133.23	155.41	160.07
（1）食用植物油	119.4	93.16	120.5	95.91	115.67	133.15	155.18	159.96
（2）食用动物油	0.12	0.07	0.17	0.15	0.08	0.08	0.23	0.11
（二）肉禽蛋水产品类	745.2	533.7	718.23	628.44	731.63	809.27	988.99	1042.94
1.肉类	440.66	316.59	428.67	370.73	436.05	470.45	579.12	628.25
（1）猪肉	220.82	163.37	222.17	183.87	218.11	232.04	292.41	309.74
（2）牛肉	108.79	75.78	109.21	90.12	110.13	117.09	145.21	146.33
（3）羊肉	29.92	21.14	30.62	24.5	26.78	32.49	37.88	50.3
（4）其他肉及制品	81.13	56.3	66.66	72.24	81.04	88.83	103.62	121.89
2.禽类	91.69	65.06	87.42	78.48	94.93	97.45	119.32	122.28
（1）鸡	39.71	28.49	36.82	34.68	39.28	43.05	55.3	51.1
（2）鸭	5.66	4.53	6.22	4.71	6.06	5.25	8.48	6.04
（3）其他禽类及制品	46.32	32.03	44.38	39.1	49.59	49.15	55.54	65.14
3.蛋类	85.71	64.03	90.88	72.77	82.68	95.13	112.03	103.14
（1）鲜蛋	78.35	58.78	84.02	66.96	74.55	87.81	101.71	92.72
（2）蛋制品	7.36	5.25	6.85	5.82	8.13	7.33	10.32	10.43
4.水产品类	127.14	88.03	111.26	106.46	117.96	146.24	178.52	189.27
（1）鱼	74.89	53.17	69.28	64.73	69.3	82.49	102.01	111.02
（2）虾	31.61	21.66	26.66	23.13	31.23	38.33	43.87	48.93
（3）其他水产品及制品	20.63	13.2	15.31	18.61	17.44	25.42	32.63	29.32

9-8 续表1

单位：元

指标	全市平均	最低收入户	低收入户	较低收入户	中间收入户	较高收入户	高收入户	最高收入户
（三）蔬菜类	386.66	293.7	351.5	323.4	394.4	415.9	512.9	526.9
1.鲜菜	340.52	259.2	304.5	287.8	351.9	366.0	445.3	458.0
2.干菜	32.3	20.01	36.45	25.59	30.94	35.53	45.6	44.39
3.菜制品	13.84	14.46	10.52	10.07	11.51	14.33	21.99	24.52
（四）调味品	42.08	31.56	34.86	36.05	41.87	44.51	61.11	59.57
（五）糖烟酒饮料类	314.86	226.47	281.27	241.67	353.24	350.29	367.66	455.54
1.糖类	43.54	29.7	37.32	37.85	40.07	48.49	63.78	64.72
2.烟草类	131.47	100.31	130.39	90.6	164.73	147.4	120.17	178.19
3.酒类	82.5	56.68	62.77	69.44	83.33	91.5	108.98	134.22
（1）白酒	35.93	22.54	23.84	28.98	34.19	39.57	51.08	72.58
（2）果酒	8.03	5.12	6.54	5.51	7.82	9.8	8.48	17.23
（3）啤酒	37.89	28.71	32.04	34.14	40.3	41.59	48.85	43.84
（4）其他酒	0.65	0.3	0.34	0.81	1.01	0.54	0.57	0.57
4.饮料	57.35	39.78	50.8	43.78	65.11	62.9	74.73	78.41
（1）碳酸饮料	18.14	13.79	17.64	15.28	16.85	20.59	28.18	20.12
（2）瓶装饮用水	8.62	6.13	7.02	6.67	9.73	8.23	13.26	13.19
（3）茶叶	19.36	12.12	14.37	12.47	28.37	19.45	18.83	33.18
（4）其他饮料	11.23	7.74	11.76	9.36	10.16	14.63	14.46	11.91
（六）干鲜瓜果类	342.78	253.93	299.34	289.12	325.79	374.32	504.34	484.55
1.鲜果	257.44	196.95	226.37	220.78	247.28	281.17	370.16	344.66
2.鲜瓜	15.12	9.95	12.62	10.39	13.83	16.15	29.23	25.52
3.其它干鲜瓜果类及制品	70.22	47.04	60.36	57.96	64.68	77.01	104.95	114.36
（七）糕点、奶及奶制品	190.05	154.03	146.37	154.19	185.58	216.91	252.76	287.85
1.糕点	63.44	49.05	47.82	55.84	58.67	74.28	79.96	97.8
2.奶及奶制品	126.61	104.98	98.55	98.35	126.91	142.64	172.8	190.05
（1）鲜乳品	70.87	49.79	52.93	52.14	75.65	80.35	97.13	117.21
（2）奶粉	14.1	23.94	9.92	12.11	15.15	11.5	13.87	15.04
（3）酸奶	23.85	17.19	21.62	19.99	21	28.49	35.4	31.78

9-8 续表2

单位：元

指　　标	全市平均	最　低 收入户	低收入户	较　低 收入户	中　间 收入户	较　高 收入户	高收入户	最　高 收入户
（4）其他奶制品	17.79	14.06	14.08	14.12	15.11	22.29	26.4	26.02
（八）其他食品	28.11	20.27	26.52	22.1	28.63	29.85	45.06	35.22
（九）饮食服务	617.93	239.35	309.93	445.73	643.17	896.95	676.37	1311.72
1.食品加工服务费	3.57	3.76	3.72	4.81	3.05	2.64	2.49	4.4
2.在外饮食	614.36	235.59	306.21	440.92	640.12	894.32	673.88	1307.32
二、衣着	**1354.41**	**548.83**	**677.21**	**1056.74**	**1393.93**	**1717.33**	**2501.46**	**2191.55**
（一）服装	902.9	334.2	403.33	658.2	978.55	1160.21	1694.32	1513.02
（二）衣着材料	25.43	24.97	11.48	26.29	31.56	25.92	31.54	20.94
（三）鞋类	339.66	136.03	214.59	289.41	305.57	424.89	659.43	513.13
（四）其他衣着用品	68.39	49.41	37.37	71.77	59.25	83.25	85.54	103.58
（五）衣着加工服务费	18.02	4.22	10.44	11.07	19.01	23.06	30.62	40.88
三、家庭设备用品及服务	**518.92**	**284.18**	**277.32**	**425.71**	**412.84**	**548.15**	**1009.15**	**1171.2**
（一）耐用消费品	186.09	106.59	103.67	137.08	83.88	198.87	489.26	477.1
1.家具	30.65	10.31	18.22	13.1		18.91	227.98	27.95
2.家庭设备	143.72	95.78	84.76	120.59	81.81	159.61	208.37	420.47
（1）洗衣机	27.62	26.48	27.54	33.16	6.77	11.16	62.31	71.31
（2）电冰箱（柜）	12.48	20.64	26.97	14.7	0.82	2.11	35.52	3.75
（3）微波炉	3.91	6.15		2.07	2.29	2.14	8.65	14.91
（4）空调器								
（5）淋浴热水器	41.39	9.38	10.45	11.4	55.89	42.18	63.37	154.01
（6）消毒碗柜								
（7）洗碗机	1.53	0.11	0.69	0.02	0.02	2.67	3.44	8.25
（8）其它家庭设备	56.79	33.03	19.12	59.24	16.02	99.35	35.07	168.24
（二）室内装饰品	41.96	45.01	11.05	52.68	41.39	29.33	61.15	65.73
（三）床上用品	79.8	30.98	39.25	67.29	83.54	70.9	109.42	226.81
（四）家庭日用杂品	169.59	84.38	102.81	140.12	161.08	181.1	266.66	367.99
（五）家具材料	17.81	13.79	17.85	16.78	10.52	13.24	58.94	13.19
（六）家庭服务	23.67	3.42	2.68	11.76	32.42	54.71	23.72	20.36

9-8 续表3

单位：元

指　　标	全市平均	最低收入户	低收入户	较低收入户	中间收入户	较高收入户	高收入户	最高收入户
1.家政服务	16.48	1.24	0.46	7.71	21.96	44.39	10.87	11.79
2.加工维修服务费	7.19	2.18	2.22	4.05	10.47	10.32	12.85	8.57
四、医疗保健	**1104.9**	**389.48**	**825.37**	**675.74**	**1004.8**	**1118.7**	**1990**	**3047.91**
（一）医疗器具	21.92	6.43	21.7	4.78	25.48	41.45	6.67	52.02
（二）保健器具	29.32	0.31	11.23	8.41	7.25	9.87	234.2	45.16
（三）药品费	440.39	177.92	291.68	281.79	386.53	540	639.62	1175.25
（四）滋补保健品	203.34	23.62	21.17	58.15	238.65	145.39	522.49	848.45
（五）医疗费	394.45	181.06	475.78	298.9	324.54	376.19	558.25	902.55
（六）其他	15.5	0.13	3.81	23.71	22.35	5.8	28.8	24.49
五、交通和通讯	**1066.8**	**429.67**	**576.58**	**1188.5**	**1082.1**	**1169.6**	**1027.8**	**2158.08**
（一）交通	530.51	141.04	181.43	706.81	559.17	523.63	454.43	1163.71
1.家庭交通工具	168.51		8.41	414.69	176.63	36.04	11.38	442.03
（1）摩托车	7.17		5.1	8.33	0.04	25.44		
（2）助力车	0.7				0.53	3.18		
（3）家用汽车	157.72			404.44	176.02	0.66	5.51	437.47
（4）其他交通工具	2.92		3.31	1.92	0.05	6.76	5.87	4.56
2.车辆用燃料及零配件	41.35	4.48	0.67	59.14	64.5	32.75	43.91	65.3
（1）燃料	14.69			8.37	42.36	1.88	15.36	33.46
（2）零配件	15.54	0.46	0.67	31.35	15.54	11.99	23.05	17.26
（3）其他								
3.交通工具服务支出	9.49	0.33		4.63	6.82	9.78	1.14	65.42
（1）维修费	3.58	0.23		2.49	5.16	8.35	1.14	3.9
（2）车辆使用税费								
（3）其它车辆使用费用	0.14			0.24	0.39	0.03		
4.交通费	311.16	136.23	172.35	228.34	311.22	445.06	398	590.97
（1）飞机	24.85	11.96	9.58	14.16	38.41	34.94	16.53	45.27
（2）火车	88.92	31.39	45.72	56.25	80.66	129.73	127.65	210.71
（3）长途汽车	29.11	21.39	15.11	17.01	23.04	51.43	40.67	44.69

9-8 续表4

单位：元

指　　标	全市平均	最　低 收入户	低收入户	较　低 收入户	中　间 收入户	较　高 收入户	高收入户	最　高 收入户
（4）市内公共交通	79.13	32.83	48.46	61.89	79.86	108.67	108.32	137.04
（5）出租汽车费	86.88	38.12	52.41	77.71	85.28	118.5	99.01	151.07
（6）其他交通费	2.27	0.53	1.07	1.32	3.97	1.79	5.81	2.2
（二）通信	536.31	288.63	395.15	481.72	522.98	645.99	573.38	994.37
1.通信工具	120.16	73.51	80.69	112.46	82.25	176.06	82.45	273.11
（1）电话机	0.52		0.83	0.06	0.42	1.25	0.24	0.81
（2）移动电话	85.42	62.65	39.19	80.99	69.36	108.24	65.67	207.8
（3）其他通信工具	0.82	0.12	0.06	1.06	0.37	1.61	0.16	2.33
2.通信服务	416.15	215.12	314.45	369.26	440.73	469.92	490.93	721.26
（1）电信费	410.69	212.56	310.77	365.58	434.62	464.33	483.37	708.26
（2）邮费	5.46	2.56	3.68	3.68	6.11	5.59	7.56	13
（3）其他								
六、教育文化娱乐服务	**970.91**	**643.86**	**1177.8**	**781.83**	**900.5**	**1244.2**	**871.62**	**1296.1**
（一）文化娱乐用品	167.95	95.42	128.02	55.07	154.62	194.81	328.55	445.11
1.彩色电视机	16.65	2.34	28.7	2.87	10.25	38.28	4.1	35.54
2.家用电脑	43.53	60.21	40.96	6.18	12.61	61.4	100.02	103.3
（1）整机电脑	41.65	60	40.58	5.72	11.7	60.53	86.97	99.63
（2）计算机外部设备	1.29	0.16	0.27	0.33	0.47	0.56	8.77	3.06
（3）各种零配件及耗材	0.6	0.05	0.11	0.13	0.45	0.31	4.28	0.62
3.组合音响								
4.摄像机	7.98	1.04	1.59	2.02	24.99	3.18	6.43	12.9
5.照相机	32.07	5.93	22.46	15.19	33.79	26.65	79.35	89.96
6.钢琴								
7.其他中高档乐器	3.35	1.07	9.97	0.18	7.84	0.66	0.52	3.17
8.健身器材								
9.电子辞典								
10.音像制品及软件	5.65	1.13	1.38	2.2	5.66	5.37	10.49	23.64
11.体育用品	2.32	0.22	0.88	1.08	2.38	2.34	7.27	5.52

9-8 续表5

单位：元

指标	全市平均	最低收入户	低收入户	较低收入户	中间收入户	较高收入户	高收入户	最高收入户
12.书报杂志	33.74	9.58	10.7	14.67	31.84	41.05	71.43	103.68
13.纸张文具	6.61	1.74	5.31	3.31	8.97	4.7	14.54	14.83
14.其他文娱用品	16.08	12.15	6.07	7.37	16.28	11.18	34.42	52.56
（二）文化娱乐服务	217.33	38.18	85.01	100.53	189.66	374.25	310.27	597.27
1.参观游览	47.65	6.93	14.17	17.01	23.66	123.14	56.57	113.88
2.健身活动	11.22	3.67	4.45	11.62	11.78	13.01	5.22	31.93
3.团体旅游	94.4	14.92	31.18	26.77	81.62	162.75	116.01	337.85
4.其它文娱活动	58.85	11.59	33.52	44.23	63.16	73.73	107.83	108.04
5.文娱用品修理服务费	5.21	1.07	1.68	0.9	9.44	1.62	24.64	5.57
（三）教育	585.63	510.26	964.75	626.23	556.22	675.15	232.8	253.66
1.教材	356.89	332.61	533.2	483.11	256.06	374.66	152.99	218.32
（1）课本及参考书	317.11	298.3	479.9	431.35	225.96	337.42	125.08	179.65
（2）教育软件	30.5	26.12	47.81	42.81	20.19	25.03	19.2	29.2
（3）其它教材	9.28	8.19	5.5	8.94	9.91	12.2	8.71	9.47
2.教育费用	228.74	177.65	431.55	143.12	300.16	300.49	79.81	35.34
（1）非义务教育学杂费	45.08	24.42	37.37	20.15	64.8	99.57	15.24	5.02
（2）义务教育学杂费	37.58	28.58	52.42	51.83	45.02	35.45	9.56	4.84
（3）托幼费	17.23	51.95	28.71	5.82	17.18	7.63	18.14	2.25
（4）成人教育费	36.38	6.94	46.8	12.36	70.1	59.34	12.17	12.88
（5）家教费	6.92	2.78	18.14	5.02	9.8	3.55	7.61	1.31
（6）培训班	53.03	53.61	56.76	39.99	73.8	78.96	15.01	6.21
（7）学校住宿费	7.01	4	6.06	2.45	16.58	9.23	2.07	0.42
（8）其他	25.52	5.37	185.29	5.51	2.88	6.76		2.4
七、居住	**1498.7**	**761.82**	**849.94**	**1014**	**1541.4**	**1638.7**	**3237.8**	**2606.8**
（一）住房	400.71	72.97	95.55	198.87	412.32	288.77	1718.6	745.64
1.租赁房房租	42.66	54.68	75.33	31.68	25.25	67.02		38.06
2.自有房租金折算								
3.住房装潢支出	295.14	13.4	7.55	62.97	284.39	184.69	1685.5	607.66

9-8 续表6

单位：元

指　　标	全市平均	最低收入户	低收入户	较低收入户	中间收入户	较高收入户	高收入户	最高收入户
4.维修用建筑材料	58.63	0.31	12.67	101.51	90.03	35.24	33	96.96
5.其他	4.28	4.58		2.71	12.65	1.82	0.13	2.96
（二）水电燃料及其他	1034.2	675.66	726.45	779.86	1065.1	1286	1329.7	1724.7
1.水	92.88	62.25	52.96	81.58	100.16	113.45	119.85	132.05
2.电	280.95	202.89	197.39	243.09	275.46	326.56	417.74	385.77
3.燃料	159.78	149.42	143.81	148.87	156.24	161.21	174.52	218.91
（1）煤炭								
（2）液化石油气	128.49	128.43	107.32	116.16	120.72	134.12	122.62	206.69
（3）管道煤气	31.06	20.02	36.49	32.72	34.94	27.09	51.9	12.22
（4）其他燃料	0.23	0.97			0.58			
4.取暖费	493.08	261.1	332.29	297.98	522.74	683.46	576.96	987.93
5..其它相关支出	7.52			8.33	10.53	1.28	40.58	
（三）居住服务费	63.74	13.19	27.94	35.29	63.93	64.01	189.46	136.44
1.物业管理费	50.93	11.65	18.07	27.34	43.68	52.86	167.88	113.84
2.维修服务费	11.04	0.66	7.04	4.5	19.09	10.35	21.45	20.05
3.其它	1.77	0.89	2.84	3.45	1.16	0.79	0.13	2.55
八、其它商品和服务	**352.95**	**172.18**	**182.76**	**311.94**	**367.96**	**418.5**	**482.86**	**653.13**
（一）其它商品	146.55	68.34	63.38	115.63	162.05	168.24	241.45	278.65
1.金银珠宝饰品	67.26	33.82	28.89	53.87	77.07	85.27	82.77	125.5
2.手表								
3.理发美容用具	13.51	8.16	6.68	11.12	17.64	13.85	17.89	21.94
4.化妆品	53.94	21.28	19.52	41.38	57.68	52.39	124.23	107.97
5.其他杂品	11.85	5.08	8.3	9.27	9.66	16.74	16.55	23.24
（二）服务	206.4	103.84	119.38	196.31	205.91	250.26	241.41	374.48
1.旅馆住宿费	27.56	11.4	14.15	16.89	24.93	32.65	29.55	93.06
2.理发洗澡费	130.99	73.32	84.35	139.17	136.05	162.45	139.46	165.86
3.美容费	31.41	11.56	12.33	27.45	32.15	33.74	35.45	88.18
4.其他服务	16.44	7.55	8.55	12.8	12.78	21.42	36.96	27.38

9-9 城市居民家庭年人均购买主要商品（2007）

指　　标	单　位	全市平均	最　低 收入户	低收入户	较　低 收入户	中　间 收入户	较　高 收入户	高收入户	最　高 收入户
粮　食									
#大米	千克	52.4	44.03	59.6	42.91	53.42	53.3	59.91	67.27
面粉	千克	13.98	11.86	16.54	11.4	13.44	14.77	16.09	17.71
其他粮食									
粮食制品									
淀粉及薯类									
食用植物油	千克	11.92	9.38	12.08	9.73	11.59	13.27	15.76	15.02
猪　肉	千克	12.16	9.05	12.27	10.2	11.94	12.76	16.33	16.78
牛　肉	千克	5.28	3.64	5.28	4.41	5.28	5.67	7.27	6.99
羊　肉	千克	1.38	0.98	1.4	1.13	1.24	1.5	1.76	2.33
其他肉									
肉制品									
禽　类									
#鸡	千克	3.56	2.55	3.34	3.03	3.57	3.93	5	4.45
蛋　类									
#鲜蛋	千克	12.36	9.24	13.28	10.54	11.79	13.86	15.89	14.81
水产品类									
#鱼	千克	8.57	6.03	7.99	7.43	7.89	9.29	12.2	12.54
虾	千克	1.1	0.78	0.97	0.84	1.1	1.28	1.48	1.63
鲜　菜	千克	118	93.72	108.94	99.75	122.08	124.75	146.63	160.41
干　菜									
白　酒	千克	2.57	2.1	1.68	2.66	2.35	2.61	3.42	3.89
果　酒	千克	0.66	0.43	0.57	0.44	0.64	0.95	0.7	1.02
啤　酒	千克	9.51	7.35	8.14	8.63	10.3	10.19	11.83	11.03
其他酒									

9-9 续表

指　　标	单　位	全市平均	最低收入户	低收入户	较低收入户	中间收入户	较高收入户	高收入户	最高收入户
碳酸饮料	千克/人	5.33	3.92	5.33	4.53	5.03	5.95	8.14	5.99
果蔬饮料									
瓶装饮用水	千克/人	4.45	3.14	3.54	4.08	4.91	4.01	6.43	6.56
茶　叶	千克/人	0.06	0.02	0.05	0.03	0.09	0.05	0.08	0.1
鲜　果	千克/人	60.41	46.94	54.06	52.41	58.98	64.78	85.17	78.86
鲜　瓜	千克/人	4.7	3.14	3.91	3.16	4.36	4.84	8.74	8.64
干　果									
瓜果制品									
坚果及果仁									
糕　点	千克/人	5.76	4.55	4.35	5.15	5.4	6.6	7.24	8.63
鲜乳品	千克/人	17.73	12.54	13.2	13.02	18.45	20.32	26.43	27.84
奶　粉	千克/人	0.53	0.61	0.44	0.65	0.46	0.45	0.54	0.51
酸　奶	千克/人	3.57	2.6	3.24	3.05	3.05	4.24	5.19	4.99
服　装	件/人	7.02	3.3	3.51	5.4	7.35	8.85	12.29	11.39
鞋　类	双/人	2.66	1.4	1.83	2.36	2.39	3.2	4.6	3.93
水	吨/人	51.62	34.6	29.43	45.34	55.66	63.05	66.6	73.39
电	度/人	533.93	385.55	375.16	461.93	523.52	620.6	793.98	733.26
煤　炭	千克/人								
液化石油气	千克/人	25.46	25.45	21.44	22.94	24.02	26.47	24.2	41.02
管道燃气	立方米/人	14.59	9.53	17.01	15.39	16.19	13.15	24.17	5.55

9-10 城市居民家庭消费构成（2005-2007）

项目	2005		2006		2007	
	年人均支出金额（元）	占消费支出的比重（%）	年人均支出金额（元）	占消费支出的比重（%）	年人均支出金额（元）	占消费支出的比重（%）
消费支出	7744.39		8345.67		10048.1	
一、食品	2692.78	34.77	2820.56	33.80	3180.53	31.65
#1.粮食	304.44	3.93	254.1	3.04	289.2	2.88
2.油脂	102.25	1.32	85.38	1.02	119.52	1.19
3.肉禽及其制品	469.73	6.07	455.76	5.46	659.8	6.57
4.蛋类	79.29	1.02	74.47	0.89	85.71	0.85
5.水产品	131.07	1.69	120.63	1.45	127.14	1.27
6.菜类	324.14	4.19	296.17	3.55	386.66	3.85
7.烟草	116.06	1.50	121.61	1.46	131.47	1.31
8.酒和饮料	146.54	1.89	153.86	1.84	139.9	1.39
9.干鲜果品	289.6	3.74	329.32	3.95	342.78	3.41
10.奶及奶制品	131.69	1.70	138.07	1.65	126.61	1.26
二、衣着	948.58	12.25	953.09	11.42	1354.41	13.48
（1）服装	650.59	8.40	686.26	8.22	902.9	8.99
（2）衣着材料	3.86	0.05	8.18	0.10	25.43	0.25
（3）鞋类	266.61	3.44	228.83	2.74	339.66	3.38
三、家庭设备用品及服务	277.93	3.59	386.61	4.63	518.92	5.16
#日用耐用消费品	125.89	1.63	138.22	1.66	186.09	1.85
四、医疗保健	790.44	10.21	874.34	10.48	1104.9	11.00
五、交通与通讯	934.2	12.06	888.43	10.65	1066.82	10.62
六、娱乐教育文化服务	829.55	10.71	941.26	11.28	970.91	9.66
1.文娱耐用消费品	223.05	2.88	271.96	3.26	167.95	1.67
2.教育	175.9	2.27	188.76	2.26	217.33	2.16
3.文化娱乐服务	430.6	5.56	480.55	5.76	585.63	5.83
七、居住	953.46	12.31	1166.56	13.98	1498.66	14.91
八、杂项商品与服务	317.44	4.10	314.83	3.77	352.95	3.51

9-11 城市居民居住情况（2007）

项 目	计量单位	附加单位	合 计	项 目	计量单位	附加单位	合 计
1.家庭居住人口	人	户	2.79	矿泉水		%	
2.现住房总建筑面积	平方米	人	28.7	纯净水		%	18.67
3.房屋产权(合计)			100	井、河水		%	
租赁公房		%	7.33	其它		%	
租赁私房		%	0.67	13.用水情况(合计)			100
原有私房		%		独用自来水		%	100
房改私房		%	55	公用自来水		%	
商品房		%	35.33	井、河水		%	
其它		%	1.67	其它		%	
4.住宅建筑式样(合计)			100	14.卫生设备(合计)			100
单栋住宅		%		无卫生设备		%	
四居室		%		有厕所浴室		%	72
三居室		%	14.67	有厕所无浴室		%	28
二居室		%	71.33	公用		%	
一居室		%	14	15.取暖设备(合计)			
普通楼房		%		无取暖设备		%	
平房及其它		%		空调设备		%	
5.建筑年份		户	13.89	暖气		%	100
6.装修状况(合计)			100	其它		%	
有装修		%	71.67	16.炊用燃料使用情况(合计)			
未装修		%	28.33	管道煤气		%	24.67
如果装修过最近一次装修年份	年	户	5.43	液化石油气		%	75
如果装修过最近一次装修花费	元	户	17433.33	煤		%	
7.现有住房按市场价估计值	元	户	126336.7	其它		%	0.33
8.租赁房房租	元	户	7.49	17.除了现住房，还有几处其它住房	套	户	0.06
9.自有房房租折算	元	户	106.31	（1）出租房	套	户	0.05
10.购房时间	年	户	7.26	#建筑面积	平方米	户	3.22
11.购房总金额	元	户	59935.05	（2）偶尔居住房	套	户	
购房实际支出金额	元	户	58908.39	#建筑面积	平方米	户	0.05
12.饮水情况(合计)			100	（3）其它用途房	套	户	0.01
自来水		%	81.33	#建筑面积	平方米	户	0.37

9-12 每百户城市居民家庭年末耐用品拥有量（2007）

指　　标	单 位	合 计	最 低收入户	低收入户	较 低收入户	中 间收入户	较 高收入户	高收入户	最 高收入户
调查户数	户	300.00	30.00	30.00	60.00	60.00	60.00	30.00	30.00
1.摩托车	辆	7.00	3.33	3.33	8.33	6.67	11.67	3.33	6.67
2.助力车	辆	2.33	3.33		5.00	1.67	3.33		
3.家用汽车	辆	3.33			5.00	5.00	1.67	3.33	6.67
4.洗衣机	台	98.67	93.33	96.67	100.00	96.67	101.67	96.67	103.33
5.电冰箱	台	100.67	93.33	96.67	105.00	105.00	91.67	106.67	106.67
6.彩色电视机	台	132.67	120.00	120.00	121.67	138.33	143.33	126.67	153.33
7.家用电脑	台	46.33	30.00	30.00	36.67	48.33	63.33	53.33	53.33
8.组合音响	套	18.00	6.67	3.33	21.67	15.00	21.67	26.67	26.67
9.摄像机	架	9.67	3.33		8.33	13.33	10.00	13.33	16.67
10.照相机	架	53.67	20.00	26.67	66.67	46.67	60.00	60.00	83.33
11.钢琴	架	2.00			3.33	1.67	3.33	3.33	
12.其它中高档乐器	件	9.67	3.33	6.67	8.33	13.33	13.33	10.00	6.67
13.微波炉	台	61.33	40.00	46.67	51.67	60.00	78.33	76.67	70.00
14.空调器	台	7.00		3.33	3.33	11.67	8.33	10.00	10.00
15.淋浴热水器	台	72.00	36.67	50.00	73.33	76.67	80.00	86.67	86.67
16.消毒碗柜	台	7.00			8.33	8.33	10.00	6.67	10.00
17.洗碗机	台	0.67	3.33				1.67		
18.健身器材	套	3.00			3.33	1.67	5.00	3.33	6.67
19.固定电话	部	78.00	63.33	73.33	75.00	80.00	81.67	80.00	90.00
20.移动电话	部	167.00	116.67	140.00	180.00	176.67	186.67	163.33	163.33
信息化调查（每百户）									
1.接入互联网的移动电话	部	5.33	3.33		3.33	8.33	6.67	6.67	6.67
2.接入有线电视网络的电视机	台	131.33	120.00	120.00	120.00	138.33	141.67	126.67	146.67
3.接入互联网的计算机	台	24.00	6.67	13.33	26.67	26.67	28.33	23.33	33.33

9-13 农村住户基本情况（2001－2007）

项　目	单位	2001	2002	2003	2004	2005	2006	2007
一、调查户数	户	**420**	**450**	**760**	**760**	**760**	**700**	**700**
二、调查人口								
1.常住人口	人	1569	1652	2777	2748	2698	2485	2450
2.整半劳动力	人	1077	1156	2038	2056	1961	1846	1846
3.平均每个劳动力负担人口（含本人）	人	1.46	1.43	1.36	1.34	1.37	1.34	1.33
三、劳动力就业地点								
1.乡内	人	1023	1084	1896	1943	1862	1698	1537
2.县内乡外	人	30	42	23	19	12	36	
3.省内县外	人	14	12	74	56	51	63	32
4.国内省外	人	5	9	27	26	27	32	1
5.国外	人	2	2	1	5	5	4	6
四、平均每百个劳动力中								
不识字或识字很少	人	3.7	3.29	2.85	2.82	2.8	2.98	2.28
小学程度人数	人	34.82	34.26	32.43	32.05	32.64	30.99	31.69
初中程度人数	人	49.03	50.51	53.58	52.77	53.19	53.14	54.49
高中程度人数	人	9.94	9.52	8.19	9.72	9.33	9.59	8.56
中专程度人数	人	2.23	1.9	2.06	1.86	1.48	1.95	1.68
大专及以上程度人数	人	0.28	0.52	0.88	0.78	0.56	0.65	0.59
五、耕地经营及流转情况(人均)								
1.期初经营耕地面积	亩	4.06	3.86	3.8	5.04	5.34	5.61	5.95
2.期内转入耕地面积	亩	0.31	0.53	0.61	0.24	0.2	0.35	0.31
3.期内转出耕地面积	亩	0.03	0.05	0.19	0.11	0.04	0.12	0.07
4.期末经营耕地面积	亩	4.34	4.34	4.22	5.17	5.5	5.84	6.19
六、平均每户年末生产性固定资产原值	元	**6940.91**	**7203.56**	**10840.7**	**10024.1**	**12605.5**	**10847.7**	**13070.7**
1.第一产业	元	5934.02	6136.44	9338.09	8715.3	10618.3	9146.79	10772.9
2.第二产业	元	61.9	69.11	137.1	136.32	77.26	33.15	13.86
3.第三产业	元	944.99	998.01	1365.54	1172.49	1909.95	1667.79	2283.94
七、平均每百户年末主要生产性固定资产数量								
其中：汽车（生产用）	辆	2.14	1.33	2.63	2.37	2.63	3.57	2.28
大中型拖拉机	台	2.86	2.89	5	2.76	2.37	3.57	3.43
小型和手扶拖拉机	台	22.62	25.33	26.84	34.34	35.79	40.71	43.14
农用动力机械	台	8.57	10.22	7.89	8.03	11.45	8.86	6
八、平均每人全年收入								
1.总收入	元	3069.18	3443.6	4047.93	4675	5392.46	5877.13	6849.75
2.纯收入	元	2112.9	2393.9	2700.27	3201.22	3449.21	3904.61	4495.89
3.现金收入	元	2150.41	2414.35	3399.54	3889.52	4875.5	4888.77	5431.12
4.可支配收入	元	1968.56	2255.59	2518.92	2946.61	3115.45	3507.92	3921.31
九、按人均纯收入分组户数占总户数比重								
1000元以下	%	11.43	8.89	12.24	7.77	7.37	5.15	2.71
1000—2000元	%	28.33	27.78	26.97	16.18	16.32	11.71	10.02

注：2003年后为省统计局认定数

9-13 续表

项　　目	单位	2001	2002	2003	2004	2005	2006	2007
2000—3000元	%	26.44	20.67	22.37	26.45	22.37	16.86	16.71
3000—4000元	%	14.52	13.56	17.77	20.66	19.08	18.86	16.57
4000—5000元	%	9.52	13.56	8.02	12.89	13.42	16.71	15.14
5000元以上	%	9.76	15.54	12.63	16.05	21.44	30.71	38.85
十、生活消费支出总计	元	**1778.89**	**1880.93**	**2009.09**	**2359.41**	**2598.16**	**3027.45**	**3204.26**
1.食品消费支出	元	795.16	869.75	828.95	1019.67	1092.8	1169.38	1220.95
2.衣着	元	124	132.07	152.75	180.16	203.07	234.4	262.6
3.居住	元	286.58	273.63	246.33	247.81	285.19	418.51	390.48
4.家庭设备用品及服务	元	63.94	65.06	69.69	77.6	92.41	102.36	128.78
5.医疗保健	元	127.69	140.87	185.53	191.34	242.58	279.48	322.09
6.交通通讯	元	130.66	132.38	199.43	254.19	274.99	335.11	340.04
7.文化娱乐用品及服务	元	185.44	193.92	266.6	313.14	310.05	371.95	419.82
8.其它商品及服务	元	65.42	73.25	59.81	75.49	97.08	116.27	119.5
十一、期末住房情况								
1.人均住房面积	平方米	18.29	18.36	20.2	20.51	20.59	20.92	21.55
2.每平方米住房价值	元	309.36	325.04	303.55	310.87	307.89	360.73	426.39
3.住房类型								
(1)人均楼房面积	平方米	0.28	0.26	1.01	0.28	0.13	0.21	0.7
(2)人均砖瓦平房面积	平方米	16.2	16.44	18.22	19.31	19.83	20.29	20.58
(3)人均其它住房面积	平方米	1.5	1.66	1.07	0.92	0.62	0.42	0.27
4.住房结构								
(1)人均钢筋混凝土结构面积	平方米	0.28	0.26	1.01	0.28	0.13	0.21	0.7
(2)人均砖木结构面积	平方米	16.2	16.44	18.22	19.31	19.83	20.29	20.58
(3)人均其它结构面积	平方米	1.5	1.66	1.07	0.92	0.62	0.42	0.27
十二、期内户均新建(购)住房情况								
1.新建(购)住房面积	平方米	2.49	3.02	2.15	1.33	1.78	1.73	0.73
2.每平方米新建(购)住房价值	元	351.76	309.79	415.54	482.69	421.79	492.17	477.14
3.新建(购)住房类型								
(1)楼房面积	平方米							
(2)砖瓦平房面积	平方米	2.49	2.86	2.08	1.33	1.78	1.73	0.73
(3)其它	平方米		0.16	0.07				
4.新建(购)住房结构								
(1)钢筋混凝土结构面积	平方米							
(2)砖木结构面积	平方米	2.49	2.86	2.08	1.33	1.78	1.73	0.73
(3)其它	平方米		0.16	0.07				

9-14 农村住户人均总收入和纯收入（2007）

单位：元

项　目	金额	项　目	金额
一、总收入	6849.75	3.第三产业收入	352.85
(一)工资收入	815.63	（1）其他产品收入	2.76
1.在非企业组织中劳动得到收入	105.08	（2）第三产业服务性收入	350.09
2.在本乡地域内劳动得到收入	444.06	①交通、运输和邮电业收入	210.67
（1）在企业中劳动得到收入	175.48	②批发零售贸易、餐饮业收入	63.69
（2）在国家投资基建项目得到收入	2.98	③社会服务业收入	44.49
（3）提供其他劳务收入	265.6	④文教卫生业收入	25.51
3.外出从业得到收入	266.5	⑤其他行业收入	5.73
（1）在乡外县内从业得到收入	101.43	（三）财产性收入	254.21
（2）在县外省内从业得到收入	88.17	#1.利息	7.6
（3）在省外国内从业得到收入	47.72	2.租金（包括农业机械）	17.06
（4）在国外从业得到收入	29.18	3.土地征用补偿收入	2.17
（二）家庭经营现金收入	5417.67	4.转让承包土地经营权收入	9.44
1.第一产业收入	4965.35	5.其他投资收益	0.12
（1）农业收入	4240.95	（四）转移性收入	362.24
（2）林业收入	21.64	#1.家庭非常住人口寄回	16.24
（3）牧业收入	702.19	2.城市亲友赠送收入	11.64
（4）渔业收入	0.58	3.农村亲友赠送收入	76.59
2.第二产业现金收入	99.48	4.退耕还林还草补贴收入	7.46
（1）工业收入	74.2	5.粮食直接补贴收入	139.37
（2）建筑业收入	25.28	二、全年人均纯收入	4495.89

9-15 农村住户人均总支出（2007）

单位：元

项　目	金　额	项　目	金　额
总支出	6307.72	2.第二产业税	
(一)家庭经营费用支出	2008.73	3.第三产业税	0.53
1.第一产业生产费用支出	1809.34	4.其他各种收费	9.55
（1）农业生产费用支出	1505.24	(五)生活消费支出	3204.26
（2）林业生产费用支出	5.44	1.食品消费支出	1220.95
（3）牧业生产费用支出	298.29	2.衣着消费支出	262.6
（4）渔业生产费用支出	0.37	3.居住消费支出	390.48
2.第二产业生产费用支出	58.8	4.家庭设备、用品消费支出	128.78
（1）工业生产费用支出	58.05	5.交通通讯消费支出	340.04
（2）建筑业生产费用支出	0.76	6.文化教育、娱乐消费支出	419.82
3.第三产业生产费用支出	140.58	7.医疗保健消费支出	322.09
（1）交通、运输和邮电业生产费用支出	106.83	8.其他商品和服务消费支出	119.5
（2）批发零售贸易餐饮业生产费用支出	28.7	（六）财产性支出	120.48
（3）社会服务业生产费用支出	3.05	1.宅基地有偿使用费	
（4）文教卫生业生产费用支出	0.78	2.承包其他农户转让费	117.02
（5）其他行业生产费用支出	1.23	3.其他	3.46
(二)购置生产用固定资产支出	429.3	（七）转移性支出	527.25
(三)建造生产性固定资产雇工支出	7.57	其中：1.寄给带给家庭非常住人口	73.04
(四)税费支出	10.12	2.赠送农村亲友	345.12
1.第一产业税	0.03	3.赠送城市亲友	14.22

9-16 农村住户人均现金收入（2007）

单位：元

项　目	金 额	项　目	金 额
一、期内现金收入	5431.12	④文教卫生业收入	25.51
（一）工资收入	815.63	⑤其他行业收入	5.73
1.在非企业组织中劳动得到收入	105.08	（三）财产性收入	56.43
2.在本乡地域内劳动得到收入	444.06	#1.利息	7.6
（1）在企业中劳动得到收入	175.48	2.租金（包括农业机械）	17.06
（2）在国家投资基建项目得到收入	2.98	3.土地征用补偿收入	2.17
（3）提供其他劳务收入	265.6	4.转让承包土地经营权收入	9.44
3.外出从业得到收入	266.5	5.其他投资收益	0.12
（1）在乡外县内从业得到收入	101.43	（四）转移性收入	362.15
（2）在县外省内从业得到收入	88.17	#1.退耕还林还草补贴	7.46
（3）在省外国内从业得到收入	47.72	2.粮食直接补贴	139.37
（4）在国外从业得到收入	29.18	3.良种补贴	47.26
（二）家庭经营现金收入	4196.9	4.农村亲友赠送	76.51
1.第一产业收入	3744.58	二、非收入现金所得	2057.09
（1）农业收入	3074.31	（一）非借贷性现金所得	248.38
（2）林业收入	19.3	#1.保险赔款	3.44
（3）牧业收入	650.8	2.出售财物	33.58
（4）渔业收入	0.17	3.出售役畜、产品畜	74.39
2.第二产业现金收入	99.48	4.调查补贴	26.87
（1）工业收入	74.2	5.一次性工伤补贴	
（2）建筑业收入	25.28	6.婚、丧、嫁、娶礼金	105.79
3.第三产业现金收入	352.85	（二）借贷性现金所得	1808.71
（1）出售其他产品收入	2.76	#1.从银行信用社得到的贷款	501.06
（2）第三产业服务性现金收入	350.09	2.借入款	707.61
①交通、运输和邮电业收入	210.67	3.收回借出款	86.87
②批发零售贸易、餐饮业收入	63.69	4.取回存款	510.13
③社会服务业收入	44.49		

9-17 农村住户人均现金支出（2007）

单位：元

项　目	金　额	项　目	金　额
一、期内现金支出	5848.7	（4）购买农林牧渔业机械	174.93
（一）生产费用支出	2356.61	（5）购买工业机械	0.05
1.家庭经营费用支出	1919.74	（6）购买运输机械	35.48
（1）第一产业生产费用支出	1720.35	（7）购买其他生产性固定资产	8.44
①农业生产费用支出	1445.31	（二）税费支出	10.12
②林业生产费用支出	5.44	1.第一产业税	0.03
③牧业生产费用支出	269.23	2.第二产业税	
④渔业生产费用支出	0.37	3.第三产业税	0.53
（2）第二产业生产费用支出	58.8	4.其他各项收费	9.55
①工业生产费用支出	58.05	（三）生活消费支出	2834.24
②建筑业生产费用支出	0.76	（四）财产性支出	120.48
（3）第三产业生产费用支出	140.58	1.宅基地有偿使用费	
①交通运输邮电业费用支出	106.83	2.承包其他农户转让	117.02
②批零贸易餐饮业生产费用支出	28.7	3.其他	3.46
③社会服务业生产费用支出	3.05	（五）转移性支出	527.25
④文教卫生业生产费用支出	0.78	#1.寄给带给家庭非常住人口现金	73.04
⑤其他行业生产费用支出	1.23	2.赠送农村亲友	345.12
2.购置生产性固定资产支出	429.3	3.赠送城市亲友	14.22
（1）购置建筑生产用建筑物材料	46.53	二、非消费性现金支出	2066.73
（2）购买生产用房	96.08	（一）非借贷性支出	282.38
（3）购买役畜、产品畜	67.8	（二）储蓄、借贷性支出	1784.35

9-18 农村住户人均生活消费现金支出（2007）

单位：元

项　目	金　额	项　目	金　额
生活消费现金支出	**2834.24**	2.家庭设备服务消费支出	3.37
（一）食品	**882.5**	**（五）交通和通讯**	**340.04**
1.购买食品支出	771.52	1.购买交通和通讯用品支出	148.25
（1）谷物	97.94	（1）交通工具	50.16
（2）薯类	5	（2）交通工具用燃料	33.32
（3）豆类	10.04	（3）交通工具用零配件	5.79
（4）食用油	76.94	（4）通讯工具	58.78
（5）蔬菜及制品	58.8	（5）通讯工具用零配件	0.19
（6）肉、禽、蛋、奶及制品	188.14	2.交通和通讯服务消费支出	191.78
（7）水产品及制品	35.85	**（六）文化教育、娱乐用品及服务**	**419.82**
（8）烟、酒	119.56	1.购买文化教育、娱乐用品	72.93
（9）茶叶、饮料	13.88	（1）文教、娱乐用机电消费品	38.68
（10）其他类食品	165.35	（2）书报杂志	14.07
2.食品消费服务性支出	110.97	（3）纸张文具	5.7
（二）衣着	**262.6**	（4）音像制品	0.63
1.购买衣着支出	261.77	（5）电脑软件	0.33
（1）服装	153.67	（6）体育用品	0.48
（2）服装材料	3.75	（7）计算机零配件及耗材	0.5
（3）鞋类	80.82	（8）鲜花	0.04
（4）其他	23.53	（9）娱乐用品	5.56
2.衣着消费服务性支出	0.82	（10）其他用品	6.93
（三）居住	**358.9**	2.教育服务消费	314.22
1.购买居住消费品支出	267.52	3.文化体育、娱乐服务消费	32.68
（1）购买建筑生活用房材料	144.01	（1）旅游	5.09
（2）购买维修生活用房材料	37.12	（2）休闲娱乐费	16.21
（3）装修生活用房材料	30.17	（3）文化、体育、娱乐用品修理费	0.18
（4）购买生活用房	21.84	（4）其他	11.2
（5）购买生活用燃料	34.38	**（七）医疗保健**	**322.09**
2.居住消费服务性支出	91.39	1.购买医疗保健用品	151.95
（四）家庭设备、用品及服务	**128.78**	（1）购买医疗卫生用品	148.38
1.购买家庭设备、用品支出	125.41	（2）保健用品	3.58
（1）日用品	50.95	2.医疗保健服务消费支出	170.14
（2）床上用品	8.27	**（八）其他商品和服务**	**119.5**
（3）室内装饰品	2.52	1.购买其他商品支出	52.33
（4）家具类	13.18	2.其他消费服务支出	67.18
（5）机电设备	50.5		

9-19 农村住户购买消费品情况（2005-2007）

商品名称	单位	2005		2006		2007	
		数量	金额	数量	金额	数量	金额
蔬菜	千克/人	38.5	54.62	30.51	56.71	28.07	57.68
豆制品	元/人		11.21		14.13		12.46
猪肉	千克/人	10.06	112.62	8.86	91.35	6.9	105.91
牛羊肉	千克/人	0.95	13.3	0.82	12.06	0.97	18.3
食糖	千克/人	1.03	4.14	1.12	5.74	0.96	4.91
糕点	元/人		9.71		8.7		9.73
糖果	元/人		1.78		1.97		2.18
卷烟	盒/人	21.51	57.47	22.44	68.61	22.73	73.57
酒	千克/人	15.26	40.46	16.49	46.43	15.54	44.23
#啤酒	千克/人	9.36	21.04	10.5	25.06	10.11	24.65
茶叶	千克/人	0.04	0.65	0.06	0.66	0.05	0.75
水果	千克/人	20.8	45.14	19.34	51.69	19.33	56.41
服装	件/人	2.39	121.51	2.48	138.1	2.49	153.67
洗衣机	台/百户	3.82	2210.5	4.43	3000.4	4.71	2846.55
电冰箱	台/百户	0.79	1315.8	2.14	3376.1	4.86	7574.31
摩托车	辆/百户	3.68	11687	3.86	13310	3.71	14399.08
电话	部/百户	5.79	449.34	4.14	521	3.86	460.19
手机	部/百户	13.95	12499	19	15566	27.43	20036.61
彩色电视机	台/百户	6.05	8041.6	6	9433.9	4.86	6630.75
影碟机	台/百户	1.97	650	2.71	1208.1	2.86	1349.92

9-20 农村住户平均每百户购买生产资料和生活资料（2005-2007）

商品名称	单位	2005		2006		2007	
		数量	金额	数量	金额	数量	金额
种籽	千克	6625.09	40190.19	8122.28	57598.30	9684.13	67159.42
化肥	千克	84447.33	182419.43	96024.1	199556.91	109067.57	229310.08
农药	元		32723.47		35257.06		35826.97
农用薄膜	千克	571.41	6172.10	556.14	6024.69	421.71	5192.58
生产用电	度	1487.55	888.53	1095.43	691.29	671.29	407.65
汽车	辆	0.66	7210.53	1.29	66357.14	0.29	6815.00
大中型拖拉机	台	0.13	701.45			0.42	5691.00
小型和手扶拖拉机	台	4.61	19671.62	4.29	16260.00	6.42	29558.82
机动脱粒机	台	1.45	4726.18	1	5584.29	1.14	11685.00
动力机	台	0.66	732.89	0.14	117.14	1.29	1569.50
水泵	台	4.08	849.47	5.43	1098.29	4.14	1013.02
役畜	头	4.74	10768.42	3.71	10474.29	2.43	11971.32
产品畜	头	9.08	13034.05	8.86	8323.86	2.86	11776.05
生活用水泥	千克	21054.61	5316.38	29717.14	8357.14	30164.29	9604.50
生产用水泥	千克	8335.53	2406.49	6458.86	1937.14	6457.14	1981.43
生活用木材	立方米	3.53	1873.55	4.94	2989.14	6.95	3700.90
生产用木材	立方米	3.61	844.34	4.71	594.14	0.71	132.48
生活用钢材	千克	1593.29	3940.07	2445.29	6368.64	1459.03	4025.14
生产用钢材	千克	323.42	1060.53	895.79	2416.29	1109.78	6852.25
生活用砖瓦	块	35930.53	9185.16	47976.29	14251.93	39978.29	12569.40
生产用砖瓦	块	11729.87	3327.57	14333.29	4743.93	9030.14	4216.99

9-21 农村住户人均主要食品消费量（2000－2007）

单位：千克

指　　标	2000	2001	2002	2003	2004	2005	2006	2007
1.粮食（原粮）	253.06	219.64	246.38	241.96	241.18	190.95	254.83	177.5
2.蔬菜	146.71	140.51	141.57	117.9	149.73	140.04	161.68	147.92
3.食用油	7.82	7.06	8.01	8.88	9	8.46	7.38	8.49
（1）植物油	7.28	6.6	7.35	8.48	8.66	8.15	7.08	8.3
（2）动物油	0.53	0.46	0.66	0.4	0.34	0.32	0.3	0.19
4.肉类	8.66	8.63	12.84	10.2	9.3	15.82	10.53	8.86
（1）猪肉	8.13	7.83	9.88	9.73	8.59	13.42	9.69	7.78
（2）牛羊肉	0.53	0.8	2.96	0.47	0.71	2.4	0.84	1.08
5.牛羊奶	0.23	0.2	0.43	0.65	1.04	1.62	2.59	3.09
6.家禽	2.54	2.18	2.22	2.77	4.25	3.43	2.79	3.73
7.蛋类	7.84	5.63	10.48	7.38	8.35	10.47	7.25	6.54
8.水产品	3.77	3.95	4.09	4.39	4.49	4.58	4.6	4.66
9.食糖	0.76	0.81	4.27	0.82	0.98	1.03	1.12	0.96
10.卷烟（盒）	21.91	23.22	21.84	19.97	20.08	21.51	22.44	20.99
11.酒	14.32	14.19	13.95	14.48	15.07	15.26	16.51	15.54
12.茶叶	0.05	0.04	0.05	0.05	0.04	0.04	0.06	0.05
13.水果及水果制品	23.65	22.69	25.89	17.36	22.58	23.35	20.86	20.73

注：2003年后为省统计局认定数

9-22 分县（市）区农民人均纯收入情况（1998－2007）

指　　标	单 位	1998	1999	2000	2001	2002	2003	2004	2005	2006	2007
船营区	元						2911	3450	3694	4201	4763
昌邑区	元						2896	3427	3704	4201	4765
龙潭区	元						2901	3427	3707	4203	4768
丰满区	元						2940	3500	3692	4200	4764
永吉县	元	2546	2313	2274	2156	2812	2504	3031	3289	3676	4284
舒兰市	元	2707	2458	3368	2798	2744	2574	3105	3356	3747	4356
磐石市	元	2445	2549	2197	2394	2551	2648	3144	3406	3861	4488
蛟河市	元	2627	2578	2879	2927	3079	2666	3181	3373	3829	4466
桦甸市	元	2536	2694	2656	2645	2684	2596	3138	3386	3824	4451

注：2003年后为省统计局认定数。

2008吉林市社会经济统计年鉴

城市公用事业

Cheng shi gong yong shi ye

10-1 主要年份城市建设和公用事业

年 份	建成区面积（平方公里）	房屋建筑面积（万平方米）	住宅建筑面积（万平方米）	道路长度（公里）	道路面积（万平方米）	汽车、电车线路（条）	汽车、电车线路长度（公里）
1949							
1952							
1957							
1962							
1965							
1970							
1975							
1978							
1980							
1985	99	1701	816	442.3	285.4	31	460.65
1988	99	2108	1073	449	317.42	31	404
1989	99	2208	1127	473	342.78	33	457.5
1990	**99**	**2372**	**1192**	**479.3**	**351.54**	**39**	**557.6**
1991	99	2443	1248	491.97	365.4	40	569
1992	100	2550	1340	499.03	376.34	44	577.3
1993	105	2678	1418	502.96	384.87	41	569.8
1994	106.5	2801	1418	514.86	392.54	41	609.8
1995							
1996							
1997	105.4	3130	1776	709.04	607.95	42	781
1998	106.5	3267	1880	743.86	649.29	44	796
1999	107.74	3420	1974	731	679.49	51	799
2000	**109.16**	**3800**	**2188**	**771**	**753**	**51**	**792**
2001	128	4017.66	2347.94	776	1025.9	51	812
2002	136	4620	2687	794	1075.8	64	812
2003	163.6	4764.6	2824.7	842	1183.3	67	883
2004	165.63	5035.5	2976.27	842	1183.3	68	931
2005	165.63	5249	3155.92	851	1198.8	68	930
2006	165.63	5239	3137.67	1166	1200	68	750
2007	165.63	5276	3168.82	1043	1265	68	746

10－1 续表1

年 份	自来水管道长度（公里）	全年供水总量（万吨）	全年售水总量（万吨）	#生活用水	生活用水普及率（%）	下水管道长度（公里）
1949						
1952						
1957						
1962						
1965						
1970						
1975						
1978						
1980						
1985						
1988						
1989						
1990						
1991						
1992						
1993						
1994						
1995	960	88921	85840	3301	77.70	564.00
1996	963	85895	82795	4878	77.21	574.90
1997	966	83482	81329	5236	77.34	587.58
1998	972	85894	82650	5449	80.61	612.80
1999	985	86822	83244	6052	80.62	653.81
2000	988	87286	83194	5578	64.58	672.00
2001	1004	87062	82089	5423	65.38	731.00
2002	1015	87891	84656	6523	67.19	766.00
2003	1032	89744	85511	6315	68.17	827.00
2004	1032	84892	80338	6344	68.98	827.00
2005	1040	86976	81990	5701	68.66	834.70
2006	1135	29114	28064	5591	98.19	862.00
2007	1142	28064	23615	5322	98.22	816.00

10－1 续表2

年 份	营运车辆（辆）			全年客运量（万人次）	出租汽车（辆）	*使用天然气、液化气、煤气人数（万人）				天然气售气量（吨）
		汽 车	电 车				天然气	液化气	煤 气	
1949	18			40						
1952	18			326						
1957	41			1836						
1962	61			1810						
1965	85			2522						
1970	**114**			**3225**						
1975	209			8517						
1978	235			10688						
1980	**303**			**12550**						
1985	331			15709						
1988	334			18453						
1989	350			18626						
1990	**362**			**19622**						
1991	423			20293						
1992	544			19752						
1993	559			17778						
1994	569			17450						
1995	653	593	60	11798	5936	103.2		80.1	23.1	
1996	708	648	60	18491	6191	108		84	24	
1997	762	702	60	17470	6502	106.6		82.1	24.5	
1998	807	749	58	16365	6578	110.1		85.3	24.8	
1999	914	888	26	13856	6586	94.67		81.91	12.76	
2000	**942**	**919**	**23**	**12829**	**6301**	**109.5**	**20**	**76.5**	**13**	
2001	1081	1081		15213	6742	110.2	34.9	69.7	5.6	
2002	1054	1054		14906	6429	114.7	36.6	71.2	6.9	
2003	1032	1032		15404	6100	115.7	41.6	67.2	6.9	
2004	1032	1032		16760	5459	116	44.6	64.5	6.9	
2005	1013	1013		19029	4920	117.6	45	64.7	7.9	
2006	871	871		19512	4429	120.97	45.1	69	6.87	2527
2007	866	866		19719	4452	120.96	47.5	67.11	6.35	3245

注：*1999年以前（含1999年）为不含天然气的用气人数。

10-1 续表3

年份	液化气售气量（吨）	煤气售气量（万立方米）	*天然气、液化气、煤气普及率（%）	园林绿地面积（公顷）	#公共绿地	人均公共绿地面积（平方米）	建成区绿化覆盖率（%）	公园、动物园（个）	公园、动物园面积（公顷）
1949								1	
1952								2	
1957								4	
1962								4	
1965								8	
1970								**5**	
1975	116							5	
1978	1605							5	
1980	**2555**							**5**	
1985	6412							5	
1988	18769							5	
1989	12398							6	
1990	**12406**							**6**	
1991	10541							6	
1992	38436							6	
1993	40003							6	
1994	39829							6	
1995	31578	2761	74.52	3188	652.00	4.71		6	413
1996	37500	3988	77.50	4669	658.20	4.72		6	413
1997	43876	4036	75.70	4699	665.95	4.73	32.23	6	414
1998	43996	3999	78.12	4729	669.76	4.75	32.50	6	404
1999	43689	2564	66.49	4759	678.40	4.76	32.39	6	403
2000	**41632**	**1475**	**49.91**	**4790**	**675.00**	**3.76**	**35.67**	**7**	**409**
2001	19000	1279	42.01	5133	729.07	4.07	34.72	8	429
2002	29589	855	92.33	5284	868.60	4.86	34.76	8	429
2003	21185	792	92.55	6671	1091.40	6.08	40.50	8	429
2004	24755	792	92.62	6741	1151.40	6.44	40.53	8	429
2005	29167	792	93.05	6811	1201.40	6.68	41.01	8	429
2006	28600	720	95.39	6050	1015.00	8.01	41.81	8	429
2007	39215	740	95.66	6100	1323.00	10.46	42.20	8	429

注：*2001年以前（含2001年）为不含天然气的普及率。

10－2 全年供电（2003–2007）

项　　　目	单　位	2003	2004	2005	2006	2007
发电设备总容量	万千瓦	422.21	426.61	442.81	456.91	460.01
全年发电量	万千瓦时	877741	1192894	1380735	1273565	1294970
全年实际用电量	万千瓦时	977336	1059125	1031541	1099389	1259444
工业	万千瓦时	805495	883412	850196	902536	1048205
农业	万千瓦时	5499	4844	11896	13776	14523
生活	万千瓦时	101795	103402	104222	109585	118821

注：发电设备总容量包括：所有6000千瓦以上的电厂和3个小水电站（龙云、龙城、松白电站）。

10－3 城市住宅

项　　　目	单　位	2007	2006	2007比2006±%
年末房屋建筑面积	万平方米	5275.71	5239	0.7
年末住宅建筑面积	万平方米	3168.82	3137.67	0.99
#私有住宅	万平方米	2693.37	2667.02	0.99
本年新建竣工房屋面积	万平方米	212	151	40.4
#住宅	万平方米	173	121.39	42.52
本年减少房屋面积	万平方米	94.41	161	-41.36
#住宅	万平方米	87.67	131.5	-33.33
城市居住人口	万　　人	146.8	146	0.55
平均每人住宅建筑面积	平方米	21.59	21.49	0.47
年末危险住宅	万平方米		0.55	

表中4、5项指标由建委提供，其余为房产局提供。

10－4 城市供水

项　　目	单 位	2007	2006	2007比2006±%
自来水管道长度	公里	1142	1135	0.62
供水能力	万吨/日	411	411	0.00
全年供水量	万吨	28064	29114	-3.61
#生产用	万吨	18293	18800	-2.70
公共服务用	万吨	1245	1201	3.66
生活用	万吨	4077	4390	-7.13
消防及其他用	万吨	4449	4723	-5.80
平均每日供水量	万吨	76.89	79.76	-3.60
#生产用	万吨	50.12	51.51	-2.70
生活用	万吨	14.58	15.32	-4.83
用水户数	户	422724	432891	-2.35
用水人口	万人	124.19	124.5	-0.25
工业用水量重复利用率	%	74.52	75.6	

10－5 城市公共交通

项　　目	单 位	2007	2006	2007比2006±%
线路长度	公里	746	750	-0.53
公共电、汽车营运车辆	辆	866	871	-0.57
电车	辆			
汽车	辆	866	871	-0.57
公共电、汽车客运量	万人次	19719	19512	1.06
电车	万人次			
汽车	万人次	19719	19512	1.06
公共电、汽车平均每日客运量	万人	54.02	53.46	1.05
出租汽车数	辆	4452	4429	0.52

10－6 城市供气

项　　目	单位	2002年	2003年	2004	2005	2006	2007
一、天然气							
管道长度	公里	400	430	467	492	498	520.15
供气总量	万立方米	2271	2093	2130	2138	2813	3482
家庭用量	万立方米	913	927	917	1029	1191	1345
用气户数	户	73267	119194	127151	132526	140192	153645
家庭户数	户	73186	119074	127030	132368	140029	153450
二、液化石油气							
供气总量	吨	29589	21185	24755	29167	28600	39215
家庭用量	吨	29487	20290	18402	17800	17200	25473
用气户数	户	203600	191600	184979	185000	222362	225933
家庭户数	户	203600	191600	184979	185000	222362	225933
三、煤气供应总量							
供气总量	万立方米	855	792	792	792	781	878
家庭用量	万立方米	830	786	759	779	670	682
用气户数	户	19746	19613	19613	22600	22260	20985
家庭户数	户	19721	19592	19600	22587	22227	20949
天然气、液化石油气、煤气普及率	%	92.33	92.55	92.62	93.05	95.39	95.66

10－7 城市环境卫生

项　　目	单位	2007	2006	2007比2006±%
市容环卫专用车辆总数	辆	208	196	6.12
生活垃圾清运量	万吨	33.66	38.1	-11.65
生活垃圾无害化处理厂（场）数	座			
生活垃圾无害化处理能力	吨/日			
生活垃圾无害化处理量	万吨			
道路清扫保洁面积	万平方米	1616	1700	-4.94
#机械化	万平方米	228	169	34.91
粪便清运量	万吨	11.2	11.6	-3.45
粪便无害化处理量	万吨		8	
公共厕所	个	434	540	-19.63
城市清洁卫生工作人员数	人	6457	6452	0.08

10-8 城市道路、下水道及绿化

项　　目	单　位	2007	2006	2007比2006±%
道　　路				
年末市政道路长度	公里	1043	1166	-10.55
年末铺装道路面积	万平方米	1265	1200	5.42
#人行道面积	万平方米	205	201	1.99
下水道总长度	公里	816	862	-5.34
园林绿化				
绿化覆盖面积	公顷	7982	7917	0.82
园林绿地面积	公顷	6100	6050	0.83
公共绿地	公顷	1323	1015	30.34
公园数	个	8	8	
公园面积	公顷	429	429	
游人量	万人次	320	315	1.59
城市每人平均公共绿地面积	平方米	10.46	8.01	30.59
绿化覆盖率	%	42.2	41.81	

10-9 环境质量状况

项　　目	单　位	2007	2006	2007比2006±%
市区空气质量优良率	%	89	91	-2.2
空气质量按功能区达标率	%	80	60	20
市区饮用水源地水质达标率	%	100	100	
市区区域环境噪声平均等效声级	分贝（A）	54.6	53.8	1.49
市区道路交通噪声平均等效声级	分贝（A）	69.7	69.7	

10－10 工业“三废”排放情况

项　　目	单　位	2007	2006	2007比2006±%
工业废水排放总量	万吨	18292.55	16685.04	9.63
废水治理设施数	套	145	147	-1.36
废水治理设施处理能力	万吨/日	88.35	81.06	8.99
进入城市污水处理厂量	万吨	2619.6	4246	-38.3
工业废水排放达标量	万吨	17316.75	14523.07	19.24
化学需氧量排放量	吨	27951.85	27199.66	2.77
氨氮排放量	吨	341.79	2304.7	-85.17
工业废气排放总量	万标立方米	18597554	16429793	13.19
废气治理设施数	套	587	461	27.33
#脱硫设施数	套	132	97	36.08
废气治理设施处理能力	万标立方米/时	2696.43	7597.82	-64.51
#脱硫能力	吨/时	19.81	3.6	450.28
二氧化硫去除量	吨	78487.55	67428.62	16.4
二氧化硫排放量	吨	52513.03	52653.35	-0.27
#达标排放量	吨	42459.8	39628.76	7.14
烟尘排放量	吨	52624.13	80813.33	-34.88
#达标排放量	吨	48482.64	72565.56	-33.19
工业粉尘排放量	吨	9289.96	16757.8	-44.56
#达标排放量	吨	9278.13	16689.61	-44.41
工业固体废物产生量	万吨	938.76	850.96	10.32
#危险废物	吨	472826.28	295036.04	60.26
工业固体废物综合利用量	万吨	580.12	511.16	13.49
工业固体废物排放量	万吨	0	0	
#危险废物	吨	0	0	
污染治理项目完成投资	万元	22810.2	23858.9	-4.4
污染治理项目数	个	56	58	-3.45
当年竣工治理项目数	个	53	49	8.16

10－11 分县（市）区工业“三废”排放情况（2007）

县（市）区名称	废水排放总量（万吨）	废水排放达标量（万吨）	化学需氧排放总量（吨）	氨氮排放量（吨）	废水治理设施数（套）	二氧化硫排放量（吨）	#达标排放量（吨）	烟尘排放量（吨）
总　计	**18292.55**	**17316.75**	**27951.85**	**341.79**	**145**	**52513.03**	**42459.80**	**52624.13**
市　区	15899.74	15526.98	23783.34	216.58	86	35914.35	35140.39	39459.37
昌邑区	7128.61	7112.08	15965.99	48.53	24	6120.78	6087.6	5899.16
龙潭区	8630.21	8340.45	7677.41	167.36	46	27040.22	27002.96	27884.8
船营区	55.69	53.68	47.64	0.64	9	1833.11	1262	4165.85
丰满区	85.24	20.77	92.3	0.06	7	920.24	787.84	1509.55
高新区								
经济开发区								
永吉县	47.6	47.6	17.2	0.21	10	509.17	505.95	618.28
舒兰市	134.72	134.72	812.3	66.69	5	349.31	349.31	2468.44
磐石市	105.21	105.21	91.77	14.7	18	3823.66	3823.66	2521.42
蛟河市	12	7.1	16.96		5	670	668.25	1424.48
桦甸市	384.01	384.01	155.09	8.53	21	7554.58	1194.58	1210.26

10－11 续表

县（市）区名称	#达标排放总量（吨）	粉尘排放量（吨）	#达标排放总量（吨）	工业固体废物产生量（万吨）	#危险废物（吨）	工业固体废物综合利用量（万吨）	工业固体废物排放量（吨）	#危险废物排放量（吨）
总　计	**48482.64**	**9289.96**	**9278.13**	**938.76**	**472826.3**	**580.12**		
市　区	36397.95	1948.03	1947.16	374.3	472562.1	264.67		
昌邑区	5831.41	1899.59	1899.59	99.27	1613.3	99.26		
龙潭区	26582.94	47.23	47.23	260.36	470798.3	148.43		
船营区	2803.98			8.92		12.15		
丰满区	1179.62	1.22	0.35	5.75	150	4.84		
高新区								
经济开发区								
永吉县	546.51	2985.7	2985.7	89.04	9.36	50.4		
舒兰市	2468.44	400	400	18.17		18.17		
磐石市	2521.42	2066.45	2066.45	194.85	0.8	169.78		
蛟河市	1328.38	288	288	6.44	200	6.44		
桦甸市	1210.26	466.05	460	206.26	54	27.51		

农　　业

Nong ye

11－1 农村基本情况

项　　目	单 位	1995	2000	2002	2003	2004	2005	2006	2007
一、农村基层组织									
乡政府	个	63	51	43	44	43	24	24	24
镇政府	个	57	58	58	58	58	54	54	54
村民委员会	个	1620	1620	1590	1500	1402	1403	1398	1397
二、乡村户数人口、劳动力									
乡村户数	万户	51.6	53	54.2	54.6	54.7	55.1	55.3	55.8
乡村人口	万人	205.2	203.6	205.6	205.9	205.5	205.8	205.4	207.2
乡村劳动力	万人	93	92	94.4	100.5	99.7	101.2	103	104.7
男劳动力	万人	54	51.2	52.7	56.5	56.4	56.9	57.4	58.2
女劳动力	万人	39	40.8	41.7	44	43.3	44.3	45.6	46.5
三、年末实有耕地面积	万公顷	38.8	39.2	39.7	40.4	47.6	51.9	53.6	55.1
四、农用机械总动力	万千瓦	98.5	110.4	120.6	126.3	139	152.7	160.8	183.5
拖拉机	台	33755	41367	47802	50818	56177	66115	73832	98047
农用汽车	辆	2288	13048	14862	17022	21213	21737	21867	23271
五、农村用电量	万千瓦时	31112	36611	36829	39373	44140	42942	43231	44391
六、农用化肥施用量（实物量）	万吨	32.0	36.0	36.2	37.3	39.6	41.5	45.1	48.2
七、有效灌溉面积	万公顷	16.0	16.0	16.0	16.0	16.0	17.3	17.0	18.0

注：从2002年起年末实有耕地面积数据为常用耕地面积数据。

11-2 农村劳动力（1988-2007）

单位：万人

年 份	合 计	农林牧渔业	工 业	建筑业	交通运输仓储和邮电业	批发零售贸易、餐饮业	其他劳动力
1988	77.7	65.7	3.9	1.2	1.0	1	3.2
1989	88.2	78.0	3.2	1.1	0.9	0.9	2.6
1990	95.4	85.4	3.1	1.0	1.0	1	2.4
1991	94.1	83.7	3.0	1.0	0.9	1	2.9
1992	102.8	91.3	3.2	1.4	1.0	1.2	3.3
1993	100.9	88.8	1.9	1.3	1.3	1.4	4.5
1994	101.4	88.9	2.8	1.9	1.5	1.8	4.5
1995	93.0	79.5	2.9	2.1	1.6	1.9	5
1996	93.3	78.7	2.8	2.4	1.7	2.1	5.6
1997	91.0	76.7	2.6	2.3	1.7	2.1	5.6
1998	90.2	76.0	2.2	2.4	1.6	2.1	5.9
1999	90.0	74.9	2.5	2.5	1.8	2.4	5.9
2000	92.0	75.3	2.6	2.5	1.9	2.4	7.3
2001	93.8	75.0	2.7	2.9	2.2	2.9	8.1
2002	94.4	73.2	3.0	3.3	2.2	2.9	9.8
2003	100.5	74.8	3.4	3.8	2.4	2.8	13.3
2004	99.7	72.9	4.4	4.4	2.7	5.4	9.7
2005	101.2	71.7	4.7	5.5	2.8	5.7	10.8
2006	103.0	72.4	5.2	6.1	2.9	6.1	10.3
2007	104.7	71.5	5.8	6.7	3.2	6.6	10.9

11-3 主要年份耕地面积

单位：千公顷

年份	年末实有耕地面积	水田	旱地	年内减少	#国家基建占地	人均占有耕地（亩/人）按农业人口计算	按乡村劳动力计算
1949	544.3	26.7	517.6			6.4	18.5
1952	549.3	30.0	519.3			6.7	19.4
1957	494.8	89.2	405.6			5.9	18.2
1962	452.4	48.1	404.3			4.5	15.6
1965	463.3	52.2	411.1			4.1	15.4
1970	447.5	86.3	361.2			3.3	11.5
1975	430.4	94.7	335.7			2.8	11.9
1978	421.5	104.8	316.7			2.7	11.6
1980	420.9	96.4	324.5			2.7	11.4
1985	401.7	105.5	296.2	9.5	0.3	2.7	8.4
1988	392.9	111.0	281.9	1.7	0.3	2.8	7.6
1989	387.6	110.7	276.9	5.7		2.7	6.6
1990	388.1	111.6	276.5	0.7	0.1	2.6	6.1
1991	387.6	112.0	275.6	1.0	0.1	2.7	6.2
1992	386.4	111.7	274.7	1.8	0.2	2.7	5.6
1993	385.5	110.6	274.9	2.1	1.4	2.8	5.6
1994	387.7	110.8	276.9	1.1	0.2	2.8	5.7
1995	387.6	110.8	276.8	1.9	0.6	2.6	6.2
1996	387.0	111.3	275.7	1.9	0.1	2.8	6.2
1997	386.3	110.8	275.5	1.3	0.5	2.8	6.4
1998	386.2	111.0	275.2	0.7	0.1	2.9	6.4
1999	392.7	112.3	280.4	1.3	0.2	2.9	6.5
2000	391.6	112.4	279.2	2.1	0.4	2.6	6.4
2001	391.7	110.9	280.8	1.8	0.5	2.9	6.3
2002	396.9	101.8	295.1	12.2	0.5	2.9	6.3
2003	403.9	91.3	312.6	11.8	0.3	2.9	6.0
2004	476.3	104.6	371.7	6.2	0.5	3.2	7.2
2005	519.8	138.6	381.2	3.0		3.8	7.7
2006	536.3	149.1	387.2	4.5	0.9	3.9	7.9
2007	551.0	147.0	404.0	5.2	1.7	4.0	7.9

11－4 农林牧渔业分项产值（2007）

单位：万元

指　　标	2007年 按当年价格计算	2007年 按可比价格计算	2006年按当年价格计算	构成（%）	2007年为2006年%（可比价）
农林牧渔业总产值	**2115975**	**1836822**	**1725102**	**100.0**	**106.5**
一、农业产值	**1004272**	**889059**	**857149**	**47.5**	**103.7**
1.谷物及其他作物	643285	582263	555119	30.4	104.9
(1)谷物	526190	481373	447776	24.9	107.5
其中：小 麦					
稻 谷	205853	205853	192875	9.7	106.7
玉 米	293997	293997	216360	13.9	135.9
(2)薯 类	31533	27583	18921	1.5	145.8
(3)油 料	10222	8383	4259	0.5	196.8
(4)豆 类	51499	41417	65517	2.4	63.2
其中：大 豆	49083	49083	63170	2.3	77.7
(5)棉 花					
(6)麻 类	35	35	225		15.6
(7)糖 料	4	4	2		200.0
(8)烟 草	1620	1339	1500	0.1	89.3
(9)其他农作物	22182	22127	16919	1.0	130.8
2.蔬菜园艺作物	245272	212520	201887	11.6	105.3
(1)蔬菜(含菜用瓜)	243102	210350	200675	11.5	104.8
(2)花 卉	1177	1177	700	0.1	168.1
(3)其他园艺作物	993	993	512		193.9
3.水果	94140	74875	92396	4.4	81.0
4.中药材	21575	19402	7747	1.0	250.4
二、林业产值	**61056**	**53978**	**55217**	**2.9**	**97.8**
(一)林木的培育和种植	8437	8437	6551	0.4	128.8
(二)竹木采运	38403	31325	35784	1.8	87.5
其中：村及村以下	4352	4352	2571	0.2	169.3
(三)林产品	14216	14216	12882	0.7	110.4
三、牧业产值	**960796**	**805300**	**742015**	**45.4**	**108.5**
(一)牲畜饲养	217277	196366	219832	10.3	89.3
1.牛的饲养	193996	176088	194429	9.2	90.6
2.羊的饲养	6064	5465	6504	0.3	84.0
3.其他牲畜饲养	1405	1405	1511	0.1	93.0
4.奶产品	15092	12692	16638	0.7	76.3
5.毛绒产品	720	720	750		96.0
6.其他牲畜副产品					
(二)猪的饲养	425296	324778	274641	20.1	118.3
(三)家禽饲养	297808	263742	226347	14.1	116.5
(四)狩猎和捕捉动物					
(五)其他畜牧业	20415	20415	30539	1.0	66.8
四、渔业产值	**71823**	**71249**	**56072**	**3.4**	**127.1**
#蛙类	39550	39550	28870	1.9	137.0
五、农林牧渔服务业	**18028**	**17234**	**14649**	**0.9**	**117.6**
补充资料：家庭兼营商品性工业	940	940	820	0.1	114.6
退耕还草					

11－5 农林牧渔业总产值、中间消耗及增加值（2000－2007）

（按当年价格计算） 单位：万元

指　　标	2000	2001	2002	2003	2004	2005	2006	2007
农林牧渔业总产值	**999808**	**1083124**	**1175270**	**1300442**	**1391317**	**1573247**	**1725102**	**2115975**
农业产值	563571	556103	578026	561632	712888	755925	857149	1004272
林业产值	18142	22832	29419	62055	44227	44665	55217	61056
牧业产值	399358	463508	524521	616594	572778	712745	742015	960796
渔业产值	18737	40681	43304	48051	49521	46889	56072	71823
农林牧渔服务业产值				12110	11903	13023	14649	18028
农林牧渔业中间消耗	**357189**	**378142**	**402257**	**447145**	**497620**	**559881**	**629551**	**762172**
农业中间消耗	168378	166707	174311	178614	232822	259129	254687	310727
林业中间消耗	4104	4901	9002	16651	18774	20419	22322	18869
牧业中间消耗	178233	195806	205819	235575	224566	256990	324971	399964
渔业中间消耗	6474	10728	13125	11184	16708	18092	21966	26076
农林牧渔服务业中间消耗				5121	4750	5251	5605	6536
农林牧渔业增加值	**642619**	**704982**	**773013**	**853297**	**893697**	**1013366**	**1095551**	**1353803**
农业增加值	395193	389396	403715	383018	480066	496796	602462	693545
林业增加值	14038	17931	20417	45404	25453	24246	32895	42187
牧业增加值	221125	267702	318702	381019	348212	455755	417044	560832
渔业增加值	12263	29953	30179	36867	32813	28797	34106	45747
农林牧渔服务业增加值				6989	7153	7772	9044	11492

11－6 农林牧渔业总产值、中间消耗及增加值构成（2000－2007）

（按当年价格计算） 单位：%

指　　标	2000	2001	2002	2003	2004	2005	2006	2007
农林牧渔业总产值	**100.0**	**100.0**	**100.0**	**100.0**	**100.0**	**100.0**	**100.0**	**100.0**
农业产值	56.4	51.3	49.2	43.2	51.2	48.1	49.7	47.5
林业产值	1.8	2.1	2.5	4.8	3.2	2.8	3.2	2.9
牧业产值	39.9	42.8	44.6	47.4	41.2	45.3	43.0	45.4
渔业产值	1.9	3.8	3.7	3.7	3.6	3.0	3.3	3.4
农林牧渔服务业产值				0.9	0.8	0.8	0.8	0.9
农林牧渔业中间消耗	**100.0**	**100.0**	**100.0**	**100.0**	**100.0**	**100.0**	**100.0**	**100.0**
农业中间消耗	47.1	44.1	43.3	39.9	46.8	46.3	40.5	40.8
林业中间消耗	1.2	1.3	2.2	3.7	3.8	3.7	3.5	2.5
牧业中间消耗	49.9	51.8	51.2	52.8	45.1	45.9	51.6	52.5
渔业中间消耗	1.8	2.8	3.3	2.5	3.4	3.2	3.5	3.4
农林牧渔服务业中间消耗				1.1	0.9	0.9	0.9	0.9
农林牧渔业增加值	**100.0**	**100.0**	**100.0**	**100.0**	**100.0**	**100.0**	**100.0**	**100.0**
农业增加值	61.5	55.2	52.2	44.9	53.7	49.0	55.0	51.2
林业增加值	2.2	2.5	2.7	5.3	2.8	2.4	3.0	3.1
牧业增加值	34.4	38.0	41.2	44.7	39.0	45.0	38.1	41.4
渔业增加值	1.9	4.3	3.9	4.3	3.7	2.8	3.1	3.4
农林牧渔服务业增加值				0.8	0.8	0.8	0.8	0.8

11-7 主要年份农作物播种面积

单位：千公顷

年份	总播种面积	一、粮食作物		在粮食作物播种面积中				
		播种面积	占总播种面积（%）	小麦	稻谷	薯类	玉米	大豆
1949	541.7	509.2	94.0	2.7	26.8	4.6	131.4	106.3
1952	536.5	494.1	92.1	7.5	32.6	5.9	97.6	140.6
1957	474.9	430.1	90.6	1.4	83.4	8.7	67.4	127.7
1962	450.9	408.6	90.6	4.0	43.1	7.4	101.3	108.8
1965	469.5	428.1	91.2	3.2	53.6	8.8	108.6	101.8
1970	447.0	418.0	93.5	9.8	85.9	11.2	96.3	86.9
1975	430.8	398.1	92.4	3.2	94.7	7.3	141.8	74.6
1978	419.7	379.5	90.4	5.9	104.8	8.0	128.5	64.9
1980	423.1	377.3	89.2	1.6	95.0	4.7	143.5	67.7
1985	405.7	365.0	90.0		106.7	5.0	136.5	82.7
1988	399.2	363.3	91.0		112.3	6.1	150.5	78.1
1989	395.1	356.5	90.2		109.5	5.9	146.9	78.5
1990	391.5	356.2	91.0		111.4	5.7	149.3	75.7
1991	392.1	354.0	90.3		112.6	5.3	150.6	73.2
1992	390.4	352.4	90.3		113.2	5.5	148.7	73.3
1993	388.9	345.5	88.8		110.0	5.8	135.3	85.0
1994	391.3	350.8	89.6		110.7	5.7	142.4	82.3
1995	393.3	350.6	89.1		112.5	6.2	158.7	66.0
1996	388.8	343.7	88.4		108.1	6.1	168.7	55.3
1997	392.8	348.1	88.6		112.7	6.2	166.3	58.3
1998	392.6	350.5	89.3		109.7	6.1	172.3	57.8
1999	400.8	360.9	90.0		113.8	6.5	181.5	55.8
2000	404.0	346.0	85.6		113.2	7.0	149.5	70.8
2001	398.4	341.0	85.6		106.2	5.9	159.2	65.2
2002	395.5	350.4	88.6		98.1	6.1	168.4	74.9
2003	415.3	368.7	88.8		86.6	5.5	198.4	75.7
2004	440.5	402.7	91.4		94.0	5.2	210.7	90.6
2005	575.9	531.1	92.2		127.8	7.3	276.7	116.2
2006	579.5	530.2	91.5		137.0	7.2	278.6	105.0
2007	612.8	562.0	91.7		145.0	7.3	349.1	57.0

11-7 续表

单位：千公顷

年份	二、经济作物		在经济作物播种面积中				三、其他作物	#蔬菜
	播种面积	占总播种面积（%）	油料	麻类	烟叶	甜菜		
1949	11.0	2.0	4.7	2.8	2.9		21.5	17.7
1952	21.3	4.0	7.9	7.0	6.0	0.3	21.2	18.4
1957	18.0	3.8	5.0	8.3	2.3	1.6	26.8	22.9
1962	10.2	2.3	1.6	5.9	1.3	1.2	32.2	29.3
1965	12.1	2.6	1.5	6.4	1.1	2.9	29.2	27.0
1970	7.6	1.7	0.5	4.8	1.0	1.1	21.4	20.5
1975	8.1	1.9	1.2	4.4	0.8	1.0	24.7	22.5
1978	9.2	2.2	1.3	4.5	1.6	1.3	31.0	26.7
1980	13.0	3.1	7.1	4.0	0.7	0.3	32.8	27.6
1985	12.3	3.0	2.3	2.0	1.2	2.0	28.4	25.0
1988	6.4	1.6	1.1	0.7	0.6	1.9	29.5	26.5
1989	9.0	2.3	1.3	0.7	1.6	1.2	29.6	25.9
1990	7.9	2.0	1.3	0.3	2.0	1.9	27.4	24.2
1991	11.1	2.8	1.1	0.2	3.4	4.1	27.0	24.1
1992	10.3	2.6	1.4	0.2	3.4	1.7	27.7	23.9
1993	9.6	2.5	2.5	0.1	3.0	2.7	33.8	23.6
1994	9.7	2.5	2.6		2.5	3.7	30.8	22.3
1995	9.5	2.4	3.3	0.1	2.2	3.4	33.2	25.0
1996	11.7	3.0	3.6	0.1	5.0	2.4	33.4	25.8
1997	12.3	3.1	5.5	0.1	5.5	0.9	32.4	24.3
1998	5.6	1.4	2.3	0.1	2.1	0.7	36.5	25.4
1999	6.6	1.6	2.6	0.1	2.7	0.7	33.3	25.3
2000	11.0	2.7	6.6	0.1	2.6	1.0	47.0	29.9
2001	11.4	2.9	6.6	0.1	1.9	1.0	46.0	29.7
2002	7.5	1.9	4.2	0.1	1.5	0.2	38.0	25.5
2003	10.1	2.4	6.2	0.3	1.5		36.5	25.4
2004	6.8	1.5	3.6	0.3	0.7		31.0	24.7
2005	7.7	1.3	3.8	0.6	0.8		37.1	29.2
2006	7.3	1.3	3.4	0.3	0.9		42.0	34.5
2007	7.4	1.2	3.4	0.1	0.8		43.4	36.8

11－8 主要农作物播种面积和产量

指 标	2007			2006		
	播种面积（公顷）	总产量（吨）	每公顷产量（公斤）	播种面积（公顷）	总产量（吨）	每公顷产量（公斤）
农作物总播种面积	612835			579532		
一、粮食作物合计	562044	3906812	6951	530222	3557590	6710
(一)谷 物	495075	3692252	7458	416901	3236063	7762
1. 稻 谷	145020	1114600	7686	137026	1049725	7661
其中：水 稻	145020	1114600	7686	137026	1049725	7661
2. 小 麦						
3. 玉 米	349139	2573010	7370	278619	2180758	7827
4. 谷 子	186	856	4602	201	870	4328
5. 高 粱	474	2938	6198	687	3532	5141
6. 其它谷物	256	848	3313	368	1178	3201
(二)豆类合计	59694	150552	2522	106096	271867	2562
其中:大 豆	57023	147399	2585	104975	269958	2572
(三)薯 类	7275	64008	8798	7225	49660	6873
二、油料合计	3390	12811	3780	3396	11118	3274
1.花 生	887	3950	4453	833	3316	3981
2.芝 麻	64	117	1828	30	40	1333
3.葵花子	676	2009	2972	810	2245	2772
三、棉花合计						
四、麻类合计	60	219	3650	303	935	3086
五、甜 菜	16	137	8563	8	80	10000
六、烟叶合计	777	2020	2600	852	2152	2526
七、药材类合计	3151	24731	7849	2738	12293	4490
八、蔬菜(含菜用瓜)	36848	1963714	53292	34462	1794129	52061
九、瓜果类	5179	218270	42145	4952	196685	39718
十、其它作物	1370			2599		

11－9 主要年份主要农产品产量

年份	粮食（万吨）	油料（万吨）	蔬菜（万吨）	水果（万吨）	大牲畜年末数（万头）	生猪存栏（万头）	猪牛羊肉（万吨）	水产品（万吨）
1949	69.51	0.35	14.80		28.26	31.08		
1952	87.64	0.71	18.01		31.37	37.98		
1957	60.93	0.32	26.33		21.28	26.28		
1962	57.89	0.07	28.96	0.15	21.87	23.33		0.12
1965	88.35	0.12	34.54		25.65	36.24		
1970	100.40	0.06	50.58	0.20	30.74	39.74		0.03
1975	132.59	0.20	55.32	0.53	30.55	72.19		
1978	128.43	0.13	58.18	0.55	30.53	74.13	1.95	0.04
1980	104.40	0.87	47.95	0.47	31.09	66.31	2.82	0.18
1985	154.86	0.21	51.49	0.86	39.74	64.74	2.68	0.57
1988	177.38	0.19	77.20	1.94	39.08	49.75	3.12	0.89
1989	132.26	0.18	74.31	2.48	40.85	54.66	3.43	1.05
1990	197.86	0.19	65.69	2.57	44.61	58.02	3.94	1.13
1991	188.51	0.13	61.62	2.61	46.27	59.63	4.43	1.23
1992	170.82	0.23	59.08	2.56	47.67	60.66	5.30	1.40
1993	205.77	0.37	65.99	3.80	49.55	63.22	6.35	1.52
1994	219.47	0.51	68.60	5.38	59.31	72.66	8.30	1.71
1995	173.67	0.34	84.99	6.19	78.50	90.13	11.37	1.79
1996	237.32	0.46	92.43	8.59	94.87	111.52	16.52	1.96
1997	214.87	0.52	118.23	12.30	106.63	122.66	20.50	2.14
1998	267.78	0.60	139.84	17.45	125.47	133.31	25.62	2.33
1999	261.27	0.61	156.62	18.99	141.00	149.05	29.38	2.57
2000	245.72	1.58	163.63	18.82	135.82	151.40	32.28	2.96
2001	227.79	1.65	148.14	14.86	152.04	148.76	35.51	2.63
2002	239.69	1.62	156.66	22.08	147.09	154.01	36.03	2.56
2003	230.78	1.73	150.69	29.95	153.98	185.94	40.43	2.75
2004	300.21	2.07	148.84	37.18	174.10	200.08	45.08	3.00
2005	296.95	2.15	174.42	36.67	165.46	204.12	55.53	2.94
2006	355.76	1.11	179.41	38.15	167.58	216.51	48.90	3.18
2007	390.68	1.28	196.37	35.02	149.95	208.57	49.59	3.55

11－10　蚕桑、水果生产情况

单位：吨、公顷

指　　标	1990	1995	2000	2002	2003	2004	2005	2006	2007
蚕茧产量	**348.5**	**268.9**	**1043**	**990.2**	**1190**	**1348.5**	**656.8**	**624.9**	**1185.8**
水果产量	**25743**	**61925**	**188186**	**220824**	**299486**	**371791**	**366695**	**381486**	**350156**
#苹果	3403	16433	60170	100971	140314	202117	205814	223031	82141
梨	1694	5568	29175	29766	39459	43031	44118	40920	40289
葡萄	3816	7609	15660	22024	26549	26966	27654	23656	40117
果园面积	**10422**	**16767**	**23165**	**24927**	**27345**	**26083**	**24202**	**21479**	**20871**
#苹果园	688.2	4850	8224	11127	12053	11865	10308	9732	6544
梨园	610.4	2061	3449	3953	4082	3613	3049	2851	3044
葡萄园	1115.1	1259	1822	2289	2604	2495	2853	2212	2618

11－11　林业生产情况

单位：公顷

指　　标	1990	1995	2000	2002	2003	2004	2005	2006	2007
造林面积	10813	1664	9753	11844	16423	5273	7765	1267	497
#用材林	9640.2	1664	5761	1609	88	302	136	20	484
经济林	857.8		1957	43	200	46	2054		
防护林	173.5		1587	10192	16135	4605	5575	1247	13
有林地造林面积									5798
林冠下造林									5131
飞播造林									
有林地和灌木林地新封									667
迹地更新面积	1642	5121	1602	2032	2010	1472	943	1234	1412
四旁植树（万株）	588	414	214.5	203	163	127	145	103	165.8
林木种子采集量（吨）		1	3012	85	863	95	10	19	45
本年育苗面积	498.3	83	73.2	282	609	341	185	310	84
幼林抚育实际面积	48333	17199	26883	22625	23478	7729	4439	8158	11504
成林抚育面积	16244	14707	40301	27916	27799	18636	23462	27649	34539
低产林改造面积	2827.2	3572	1863	245	329	66	122	332	512
木材采伐量（万立方米）	41.9	47.7	45.9	42.5	43	40.9	37.7	79.5	45.5

11－12 畜牧业生产情况

单位：吨

指　　标	1990	1995	2000	2002	2003	2004	2005	2006	2007
牲畜年末头数									
大牲畜（万头）	44.6	78.5	135.8	147.1	154	174.1	165.5	167.6	150
#役畜		38.5	50.2	55.2	52.3	57.5	46.8	49.4	45.1
牛	36.7	72.1	128.4	137.8	144.4	166.2	157.8	160	142.4
马	5.6	4.5	5.2	6.4	6.7	5.8	5.8	5.5	5.5
驴	0.7	0.5	0.7	1.2	1.4	0.7	0.7	0.7	0.7
骡	1.7	1.4	1.5	1.7	1.5	1.3	1.3	1.3	1.3
猪（万头）	58	90.1	151.4	154	185.9	200.1	204.1	216.5	208.6
羊（万只）	5.2	9.4	23.3	32.5	39.3	40.8	46.7	48	37.4
#山羊		6.9	18.5	22.2	26.2	27.9	31.7	31.8	25.9
兔（万只）	5.9	4.3	13.7	17.3	30.3	16.2	24	24	29.8
家禽（万只）	659	1065.8	1978.8	2779.9	5071.5	3771.8	4471.8	4003.9	3883.7
畜产品产量									
肉猪出栏头数（万头）	37.4	96.4	243.3	284.7	319.4	353.5	399.8	391:5	402.4
肉类总产量		144595	413900	460006	536592	603185	749553	709893	784610
#猪肉	34481	81824	194539	215354	249069	285381	329359	297400	330347
牛肉	4649	31158	125012	140429	149131	157471	217563	183020	159257
羊肉	227	672	3235	4474	6072	7965	8411	8594	6262
禽肉		29807	89083	94889	129021	149944	191376	218118	285615
兔肉		63	322	337	518	375	567	403	478
其他畜产品产量									
牛奶产量	32540	17390	31964	45284	59725	69903	89145	88326	81044
羊奶产量	112	353	463	288	540	1059	898	2552	873
绵羊毛产量	70	56.3	125.5	292.9	336.9	197.6	249.4	245.7	209.9
蜂蜜	544	730	2568	2263	3643	3599	4754	4137	2536
禽蛋	32251	67754	119884	143337	153980	180505	215056	201832	182273

11－13 水产品生产情况

单位：吨、公顷

指　　标	1990	1995	2000	2002	2003	2004	2005	2005	2006	2007
水产品产量	11260	17921	29632	25572	27533	30030	29397	29397	31791	35497
捕捞产量	1032	767	1107	844	889	751	577	577	991	1265
养殖产量	10228	17154	28525	24728	26644	29279	28820	28820	30800	34232
鱼类	11260	17921	29632	25472	26540	29987	29368	29368	31767	35474
虾蟹类				10	13	43	29	29	24	23
贝类										
其它					980					
水产养殖面积	48067	51000	51389	47494	47779	47750	48504	48504	49846	47596

11-14 农业现代化情况

单位：千公顷

指　　标		1995	2000	2002	2003	2004	2005	2006	2007
农业机械化情况									
机耕面积		264	223	237	260.5	261.9	277.5	378.7	576.2
机播面积		176	181	175.3	183.8	209.1	239.5	259.1	323.8
机械植保面积			16	40	107.6	111.3	150.6	152.2	152.6
机械收获面积			2	3.2	2	3.7	7.2	8.7	22.9
农村电气化情况									
农村用电量	（万千瓦小时）	31112	36611	36829	39373	44140	42942	43231	44391
农业化学化情况									
农用化肥施用量（实物量）	（吨）	320466	360880	362495	373416	396152	415545	450515	481575
#氮肥		248520	252759	230398	224342	214088	221722	223749	230209
磷肥		10261	18112	21955	24356	29224	29640	31032	34236
钾肥		16007	27418	32478	34973	38228	39318	41240	42373
复合肥		45678	62591	77664	89745	114552	124865	154494	174757
每公顷耕地施用量（实物量）	（公斤）	826.8	921.6	914	924.5	831.7	799.4	840	874
农用塑料薄膜使用量	（吨）	4815	5513	6665	6594	6174	5545	6034	6319
农药使用量	（吨）	2632	3850	4748	4397	5131	5786	6628	8093
农田水利情况									
有效灌溉面积		160	159.9	159.9	160.4	172.8	172.8	170.3	180.4
旱涝保收面积		91	88.8	87	86.2	86.2	86.2	85.6	85.6
机电排灌面积		71.1	70.1	73.1	73	73	73	71.8	71.8
机电井数	（眼）	5037	5486	5776	5843	5897	5915	5881	6059
农村基础设施情况									
自来水受益村数	（个）	380	477	529	514	557	546	570	623
通汽车村数	（个）	1337	1571	1549	1481	1387	1380	1393	1392
通电话村数	（个）	1250	1423	1451	1426	1361	1376	1385	1386

11－15 主要农业机械拥有量

指　　标		1995	2000	2002	2003	2004	2005	2006	2007
农业机械总动力	（万千瓦）	98.5	110.4	120.6	126.3	139	152.7	160.8	183.5
#柴油机		50.7	62.3	77.5	87.5	99.3	115.5	124.9	148.6
电动机		31.3	31.8	30.6	29.2	30.5	29.1	26.8	25.9
主要农业机械									
大中型拖拉机	（台）	1782	1325	1491	1297	1512	1849	1600	1986
	（万千瓦）	5.9	4.4	5.1	4.3	4.7	5.7	5.6	7.2
小型拖拉机	（台）	31973	40042	46311	49521	54665	64266	72232	96061
	（万千瓦）	24.9	30.4	35.3	38.1	42.6	51.4	59	79.4
农用排灌动力机械	（台）	38234	45177	49547	52242	53864	48443	47168	42555
	（万千瓦）	21.9	22.3	24.5	23.5	24.2	24.4	25.1	23.5
#柴油机		7.9	7.3	10.1	10.5	10.6	11.1	11.4	11
电动机		14	15	14.4	13	13.5	13.3	13.6	12.5
农用水泵	（台）	35691	48639	51624	54652	54743	60633	57326	51454
喷灌机械	（套）	1628	1059	761	933	987	980	216	230
联合收割机	（台）		4	13	9	10	38	72	191
机动脱粒机		24714	21713	23157	23399	24240	22946	22016	22160
农产品加工机械动力	（万千瓦）	17.6	17.4	17.8	16.1	16.5	15.6	14.8	15.1
农用载重汽车	（辆）	2288	2536	2058	1861	1910	1670	1781	1817
	（万千瓦）	18.7	20.9	18.1	16.4	17.1	15.7	16.5	16.8

11－16 农林牧渔业主要经济效益指标

指　　标		1995	2000	2002	2003	2004	2005	2006	2007
农民人均创造的农林牧渔业总产值	（元）	2560	4911	5716	6316	7429	7643	8396	10210
农民人均创造的农林牧渔业增加值	（元）	1640	3156	3760	4144	4826	4923	5332	6533
每公顷耕地创造的种植业产值	（元）	7751	14377	14560	13902	14968	14541	15982	18228
每公顷耕地创造的种植业增加值	（元）	5066	10081	10169	9481	10080	9557	11233	12588
每个农业劳动力生产的粮食产量	（公斤）	1867	2671	2539	2296	3010	2933	3453	3733
每个农业劳动力生产的肉类产量	（公斤）	155	450	487	534	605	740	689	750
每个农业劳动力生产的水产品产量	（公斤）	19	32	27	27	30	29	31	34
农民人均纯收入	（元）	1461	2640	3060	2700	3201	3449	3905	4496

注：农民人均纯收入2003年起采用新口径。

11-17 分县（市）区农林牧渔业总产值（2007）

单位：万元

县（市）区名称	农林牧渔业总产值	农业产值	林业产值	牧业产值	渔业产值	农林牧渔服务业产值
吉林市	**2115975**	**1004272**	**61056**	**960796**	**71823**	**18028**
昌邑区	97921	40985	152	52466	3418	900
龙潭区	153999	76693	3119	71677	1010	1500
船营区	94040	45223	661	46741	525	890
丰满区	62123	29630	1578	25701	4599	615
开发区	11072	8352	32	2479	101	108
永吉县	172713	108792	3062	53915	3744	3200
蛟河市	303935	165622	24847	89750	23216	500
桦甸市	357527	163163	17136	157237	17396	2595
舒兰市	441859	182772	6308	243403	5676	3700
磐石市	420786	183040	4161	217427	12138	4020

11-18 分县（市）区农林牧渔业增加值（2007）

单位：万元

县（市）区名称	农林牧渔业增加值	农业增加值	林业增加值	牧业增加值	渔业增加值	农林牧渔服务业增加值
吉林市	**1353803**	**693545**	**42187**	**560832**	**45747**	**11492**
昌邑区	56564	25737	85	28008	2078	656
龙潭区	95708	46129	1719	46370	590	900
船营区	58720	29188	280	28541	261	450
丰满区	37684	19956	1107	13603	2741	277
开发区	6777	5396	19	1241	56	65
永吉县	105780	70927	1501	28308	2317	2728
蛟河市	200285	121163	16892	47714	14116	400
桦甸市	235820	105832	11917	104646	12160	1265
舒兰市	281142	139611	5628	130156	3347	2400
磐石市	275323	129606	3039	132245	8081	2351

11－19 分县（市）区乡镇、村个数及乡村户数、人口情况（2007）

县（市）区名称	乡镇个数（个）	镇个数（个）	村民委员会个数（个）	自来水受益村数（个）	通汽车村数（个）	通电话村数（个）	乡村户数（户）	乡村人口数（人）
吉林市	78	54	1397	623	1392	1386	558766	2072396
昌邑区	5	3	85	35	85	85	36659	122835
龙潭区	6	4	122	35	119	119	51134	192578
船营区	4	3	70	25	70	70	31630	106460
丰满区	4	1	52	11	52	52	24773	85044
开发区			18	11	18	18	8319	28958
永吉县	9	7	140	57	138	140	79456	298644
蛟河市	10	8	256	107	256	256	73016	256675
桦甸市	11	5	177	121	177	169	58267	217225
舒兰市	15	10	210	60	210	210	114765	435900
磐石市	14	13	267	161	267	267	80747	328077

11－20 分县（市）区乡村从业人员（2007）

县（市）区名称	乡村劳动力资源数（人）	劳动年龄内（人）	乡村从业人员数（人）	劳动年龄内（人）	男（人）	女（人）	农业从业人员（人）
吉林市	**1183723**	**1070702**	**1046658**	**968996**	**581846**	**464812**	**714983**
昌邑区	79000	70565	76708	68600	42358	34350	47486
龙潭区	114683	93129	93169	85448	50898	42271	58369
船营区	56988	53475	52908	51377	28462	24446	36400
丰满区	47454	43237	44050	40793	23712	20338	26647
开发区	16219	14637	13682	12483	6939	6743	9608
永吉县	154869	142111	137519	124193	77059	60460	106822
蛟河市	156734	143123	142520	131641	79117	63403	80355
桦甸市	131629	124330	118648	110156	65354	53294	91505
舒兰市	229934	215688	201111	188785	112370	88741	149183
磐石市	196213	170407	166343	155520	95577	70766	108608

11－20 续表

县（市）区名称	工业从业人员（人）	建筑业从业人员（人）	交通仓储和邮政业从业人员（人）	信息传输计算机服务和软件业（人）	批发与零售业从业人员（人）	住宿和餐饮业从业人员（人）	其他行业从业人员（人）
吉林市	**57824**	**67059**	**31967**	**3140**	**37314**	**29159**	**105212**
昌邑区	3538	4760	3039	194	4630	2218	10843
龙潭区	6729	6509	3205	374	3438	3231	11314
船营区	4836	3016	2221	214	2386	1846	1989
丰满区	4936	3201	2335	158	2431	1868	2474
开发区	901	739	371	230	407	485	941
永吉县	3546	7122	2649	681	3491	3553	9655
蛟河市	11052	13246	5459	749	6961	6221	18477
桦甸市	3797	3598	1695	70	2713	1395	13875
舒兰市	6282	11974	6415	292	5757	4311	16897
磐石市	12207	12894	4578	178	5100	4031	18747

11－21 分县（市）区用电量、化肥、薄膜、柴油、农药使用情况（2007）

县（市）区名称	农村用电量（千千瓦小时）	农用化肥施用量（实物量）	氮肥（吨）	磷肥（吨）	钾肥（吨）	复合肥（吨）
吉林市	**443907**	**481575**	**230209**	**34236**	**42373**	**174757**
昌邑区	44222	23807	10438	1745	2091	9533
龙潭区	32581	29927	17533	2292	2128	7974
船营区	27426	17055	8957	1419	1132	5547
丰满区	56224	8232	4059	619	310	3244
开发区	7329	2573	707		383	1483
永吉县	55629	79756	31785	4671	3928	39372
蛟河市	47623	63357	29724	6585	7090	19958
桦甸市	48519	71132	35385	1550	7662	26535
舒兰市	73001	87768	41703	8709	7962	29394
磐石市	51353	97968	49918	6646	9687	31717

11－21 续表

县（市）区名称	农用塑料薄膜使用（吨）	地膜使用量（吨）	农用柴油使用量（吨）	农药使用量（吨）
吉林市	**6319**	**2189**	**55891**	**8093**
昌邑区	349	192	4839	358
龙潭区	401	183	3666	537
船营区	322	59	2235	114
丰满区	723	173	1013	474
开发区	99	13	449	32
永吉县	1107	531	7119	1357
蛟河市	782	491	8817	935
桦甸市	528	122	5080	1118
舒兰市	1414	154	11468	871
磐石市	594	271	11205	2297

11-22 分县（市）区耕地面积（2007）

单位：公顷

县（市）区名称	年初耕地总资源	年内增加	新开荒地	园地改为耕地	年内减少	国家基建占地	其他基建占地
吉林市	**632390**	**25453**	**8573**	**179**	**5241**	**1734**	**199**
昌邑区	37692	483					
龙潭区	29977	623	521		1581	1432	147
船营区	29769				91	91	
丰满区	14910				8	3	5
开发区	3578						
永吉县	74559	10232			1923	68	
蛟河市	111223	63	5		194		
桦甸市	102998	2371	2371		1133	99	
舒兰市	136763	44		44	308	41	47
磐石市	90921	11637	5676	135	3		

11-22 续表

单位：公顷

县（市）区名称	退耕还林还草占地	耕地改为园地	年末耕地总资源	常用耕地面积	水田	水浇地	临时性耕地	#25度以上坡
吉林市	**1176**	**13**	**652602**	**550950**	**147014**	**3900**	**101652**	**10184**
昌邑区			38175	32208	13150	157	5967	1010
龙潭区		2	29019	28674	5466	370	345	15
船营区			29678	29111	6842	140	567	81
丰满区			14902	12373	2439	1505	2529	
开发区			3578	3562	1032		16	10
永吉县			82868	68518	21489	974	14350	2471
蛟河市		3	111092	87600	12342	186	23492	405
桦甸市	1034		104236	80070	8580		24166	3156
舒兰市	142	8	136499	121290	51726	475	15209	1177
磐石市			102555	87544	23948	93	15011	1859

11-23 分县（市）区主要农作物播种面积（2007）

单位：公顷

县（市）区名称	农作物总播种面积	#粮食	谷物	水稻	玉米	豆类	大豆	薯类
吉林市	**612835**	**562044**	**495075**	**145020**	**349139**	**59694**	**57023**	**7275**
昌邑区	32179	30379	30258	13150	17108	121	121	
龙潭区	32933	27120	26238	8866	17347	882	877	
船营区	29340	25841	25708	6752	18953	133	133	
丰满区	13307	10378	9467	2013	7399	911	891	
开发区	4105	2955	2955	1032	1923			
永吉县	74605	68606	64269	21840	42384	3626	3510	711
蛟河市	92927	86699	63377	12364	50589	21902	21356	1420
桦甸市	93848	86883	75281	9470	65655	10461	10307	1141
舒兰市	128091	122775	105838	48006	57726	15009	13327	1928
磐石市	111500	100408	91684	21527	70055	6649	6501	2075

11-23 续表

单位：公顷

县（市）区名称	#油料	#麻类	#甜菜	#烟叶	#药材	#蔬菜	#瓜果类	水果
吉林市	**3390**	**60**	**16**	**777**	**3151**	**36848**	**5179**	**20871**
昌邑区						1706	94	445
龙潭区					23	5344	415	1850
船营区	150	13			33	2656	404	2429
丰满区					2	2539	297	929
开发区						1088	53	70
永吉县	1094					4586	265	1540
蛟河市	664	28		513	594	3021	923	2788
桦甸市	1119			5	1014	3679	836	4379
舒兰市	160	10	16	13	189	4318	589	1936
磐石市	203	9		246	1296	7911	1303	4505

11-24 分县（市）区主要农产品产量（2007）

单位：公顷

县（市）区名称	粮食	谷物			豆类		薯类
			水稻	玉米		大豆	
吉林市	**3906812**	**3692252**	**1114600**	**2573010**	**150552**	**147399**	**64008**
昌邑区	240568	240253	101978	138275	315	315	
龙潭区	220678	218004	74481	143281	2674	2658	
船营区	187054	186759	52048	134695	295	295	
丰满区	72372	70635	15439	55126	1737	1705	
开发区	24014	24014	7731	16283			
永吉县	565609	549162	182604	366236	11147	10215	5300
蛟河市	533233	461599	84596	374295	61478	60019	10156
桦甸市	504941	478583	70198	407843	21818	21583	4540
舒兰市	841039	770778	358200	412187	34883	34650	35378
磐石市	717304	692465	167325	524789	16205	15959	8634

11-24 续表

单位：公顷

县（市）区名称	#油料	#麻类	#甜菜	#烟叶	#药材	#蔬菜	#瓜果类	水果
吉林市	**12811**	**219**	**137**	**2020**	**24731**	**1963714**	**218270**	**350156**
昌邑区						52233	4531	6734
龙潭区						452476	46682	31390
船营区	225	7			85	107713	6312	13844
丰满区					20	77981	6721	10128
开发区						35090	1067	948
永吉县	4924					71233	3955	37335
蛟河市	1910	161		1548	5970	231217	36406	43378
桦甸市	4643			4	13826	317411	20068	135160
舒兰市	550	40	137	39	1675	252176	32692	19859
磐石市	559	11		429	3155	366184	59836	51380

11-25 分县（市）区畜牧业生产情况

县（市）区名称	大牲畜存栏头数（头）	牛存栏（只）	良种及改良奶牛（头）	生猪存栏头数（头）	羊存栏只数（只）	家禽存栏只数（千只）	鹿存栏只数（只）	养蜂箱数（箱）	免存栏只数（只）
吉林市	**1499532**	**1424306**	**33305**	**2085677**	**373635**	**38837**	**108872**	**68837**	**298140**
昌邑区	106378	104757	8716	93220	50466	3134	3405	4370	27663
龙潭区	106652	101158	2566	139207	39334	2092	9201	9225	16057
船营区	22198	18834	5464	90038	9288	703	2066	1130	12913
丰满区	26010	24550	5433	47531	8689	1570	6361	2128	24286
开发区	1704	1654	692	7650	2180	96			
永吉县	77253	73441	3822	149843	25642	862	5863	4820	2829
蛟河市	169039	158420	2113	239708	48275	1331	35149	15375	48289
桦甸市	341320	332626	2903	374421	124793	4206	10350	18742	106732
舒兰市	535977	501171	1352	711265	43109	10257	1305	9943	40161
磐石市	113001	107695	244	232794	21859	14586	35172	3104	19210

11-25 续表1

县（市）区名称	猪出栏头数（头）	牛出栏头数（头）	羊出栏头数（头）	家禽出栏只数（千只）	免出栏只数（只）	肉类总产量（吨）	猪牛羊肉产量	奶类产量（吨）	牛奶产量
吉林市	**4023725**	**1193040**	**435842**	**130500**	**270722**	**784610**	**495866**	**81917**	**81044**
昌邑区	271768	56307	32410	8972	11324	48377	31281	22780	22020
龙潭区	299520	74471	30075	14569	7345	54170	31434	8411	8411
船营区	235498	56368	9998	796	10794	28534	26864	18390	18360
丰满区	79882	12190	17145	1198	23730	11460	8229	16848	16848
开发区	4230	2112	5430	64		1031	868	1832	1832
永吉县	339549	91682	50965	2139	1124	40519	36167	3740	3740
蛟河市	339553	151282	51239	2612	132286	53520	47548	1514	1514
桦甸市	562857	334589	172958	8912	62950	101771	86528	7196	7113
舒兰市	954385	300671	51172	43699	11485	256666	137333	799	799
磐石市	936483	113368	14450	47539	9684	188562	89614	407	407

11-25 续表2

县（市）区名称	禽蛋产量（吨）	蜂蜜产量（吨）	鹿茸产量（公斤）	山羊毛产量（公斤）	绵羊毛产量（公斤）	羊绒产量（公斤）	貂皮产量（张）	蚕茧产量（公斤）
吉林市	**182273**	**2536**	**33911**	**37540**	**209870**	**5097**	**153164**	**1185810**
昌邑区	13445	328	1680	13000	17500	62	125000	52000
龙潭区	10838	689	2795					
船营区	9030	84	865		18920		6000	420000
丰满区	9190	90	4562		3000			
开发区	893							
永吉县	3670	80	2399	9190	5550	444	4470	700000
蛟河市	11486		151	6720	7780	1799		
桦甸市	23018	463	2585				6322	
舒兰市	41727	658	121		115000		8634	
磐石市	58976	144	18753	8630	42120	2792	2738	13810

工　　业

Gong ye

12－1 工业企业单位数

单位：个

指　　标	1995	2000	2002	2003	2004	2005	2006	2007
总　　计	2878	479	508	444	457	449	516	739
一、按隶属关系分								
中央工业	79	47	51	41	44	21	22	16
省属工业	47	34	36	35	43	23	24	21
地方工业	2752	412	421	368	380	405	470	702
二、按经济类型分								
国有企业	538	229	183	164	160	55	51	32
集体企业	2218	77	67	42	31	34	30	27
其他经济类型企业	122	173	258	238	266	360	435	680
#“三资”企业	90	39	37	27	27	31	32	38
三、按轻重工业分								
轻工业	1165	193	174	131	137	141	166	242
以农产品为原料	812	142	120					
以非农产品为原料	353	51	54					
重工业	1713	286	334	313	320	308	350	497
采掘工业	256	45	56					
原料工业	384	89	93					
加工工业	1073	152	185					
四、按企业规模分								
特大型企业								
大型企业	43	60	53	10	10	10	11	11
中型企业	89	50	42	49	49	54	65	65
小型企业	2723	369	413	385	398	385	440	663
五、按工业行业分								
采矿业（小计）	172	34	37	29	28	53	59	69
煤炭开采和洗选业						17	16	17
石油和天然气开采业						3	3	
黑色金属矿采选业	7	5	4	5	5	6	8	13
有色金属矿采选业	36	13	15	10	12	10	11	14
非金属矿采选业	129	16	18	14	11	17	21	25
制造业（小计）	2319	343	382	303	303	365	423	636

注：1995年为乡及乡以上口径，2000年以后为规模工业口径。

12－1 续表

单位：个

指　　标	1995	2000	2002	2003	2004	2005	2006	2007
农副食品加工业						38	46	89
食品制造业	117	20	41	13	14	16	20	27
饮料制造业	88	20	23	20	19	19	20	25
纺织业	52	11	10	7	7	6	10	10
纺织服装、鞋、帽制造业	81	1	4	5	5	1	2	4
皮革、毛皮、羽毛(绒)及其制品业	37	2	1			1	1	1
木材加工及木、竹、藤、棕、草制	176	11	14	16	14	19	22	38
家具制造业	41	3	4	5	5	5	5	6
造纸及纸制品业	60	11	9	9	7	7	7	9
印刷业和记录媒介的复制	141	16	7	4	4	1	2	2
石油加工、炼焦及核燃料加工业	24	3	1	5	3	6	6	10
化学原料及化学制品制造业	221	42	42	39	47	52	64	88
医药制造业	42	24	22	21	22	19	20	24
化学纤维制造业	1	1	1	1	1	1	1	2
橡胶制品业	27	5	1	2	2	1	3	5
塑料制品业	105	14	16	11	11	11	12	19
非金属矿物制品业	348	43	42	39	41	49	52	82
黑色金属冶炼及压延加工业	34	14	10	10	12	12	13	14
有色金属冶炼及压延加工业	24	4	5	4	2	5	4	8
金属制品业	179	11	21	12	11	8	12	21
通用设备制造业	178	20	24			15	14	25
专用设备制造业						16	23	38
交通运输设备制造业	183	48	58	66	58	41	39	47
电气机械及器材制造业	90	7	16	12	11	10	13	24
通信设备、计算机及其他电子设备	23	8	8		5	3	5	5
仪器仪表及文化、办公用机械制造	47	4	2	2	2	2	3	6
工艺品及其他制造业						1	3	5
电力、燃气及水的生产和供应业（小计）	46	33	31	38	33	31	34	34
电力、热力的生产和供应业	31	23	22	32	25	22	25	27
燃气生产和供应业	2	2	2		2	2	2	1
水的生产和供应业	13	8	7	6	6	7	7	6

12－2 分县（市）区工业企业单位数（2007）

单位：个

县（市）区名称	规模以上	按轻重工业分		按企业规模分		
		轻工业	重工业	大型企业	中型企业	小型企业
总　　计	**739**	**241**	**498**	**10**	**66**	**663**
昌邑区	86	40	46	3	12	71
龙潭区	70	11	59	3	11	56
船营区	50	17	33		7	43
丰满区	95	30	65	1	7	87
高新区	62	17	45		8	54
经济技术开发区	29	13	16		2	27
永吉县	42	13	29		1	41
舒兰市	42	21	21		4	38
磐石市	108	32	76	2	3	103
蛟河市	77	23	54		4	73
桦甸市	79	25	54	1	7	71

12－2 续表

单位：个

县（市）区名称	按经济类型分			
	国有企业	集体企业	乡镇企业	三资企业
总　　计	**32**	**27**	**15**	**38**
昌邑区	2	5		4
龙潭区	6	7	1	4
船营区	1	1		1
丰满区	2	3		4
高新区	1			8
经济技术开发区				3
永吉县				4
舒兰市	7			3
磐石市	5	5		4
蛟河市	4	4	3	3
桦甸市	4	2	11	

注：按地域属划分。

12－3 主要年份工业总产值

单位：万元

年　份	工业总产值	轻工业产值	重工业产值
1985	614105	176798	437307
1986	737676	199091	538585
1987	931833	255820	676013
1988	1128544	322088	806455
1989	1303571	398483	905088
1990	1341999	399889	942110
1991	1512519	437951	1074568
1992	1700959	462578	1238381
1993	2317768	474642	1284342
1994	2765051	601427	2163624
1995	3330045	755429	2474617
1996	3199486	616575	2582512
1997	3564562	548642	3015921
1998	3232326	505804	2726522
1999	3405520	554588	2850932
2000	4089784	602530	3487254
2001	3414062	618596	2795466
2002	3509462	535823	3033639
2003	4543570	572427	3971143
2004	6415358	685552	5729807
2005	7547385	898647	6648738
2006	9023937	1215111	7808826
2007	12228681	2225280	10003400
“七五”时期合计	5443623	1575371	3868251
“八五”时期合计	11626342	2732027	8235532
“九五”时期合计	17491678	2828139	14663141

12－4 分行业工业总产值

单位：万元

指　　标	1995	2000	2002	2003	2004	2005	2006	2007
总　　计	2872398	4089784	3569462	4543570	6415358	7547385	9023937	12228681
煤炭开采和洗选业	28881	13923	12959	17117	23863	33640	45131	103354
石油和天然气开采业						5168	6767	
黑色金属矿采选业	2344	8119	10925	16021	41548	54901	73699	132022
有色金属矿采选业	24506	21332	20476	25369	34402	49540	46966	101578
非金属矿采选业	20197	13632	13320	10856	7487	13484	58855	163986
农副食品加工业	118808	62852	45678	60129	73952	107798	168721	437456
食品制造业	48870	23166	23516	23371	38546	55391	149344	279854
饮料制造业	60501	65345	85184	93076	95485	112911	146527	181929
纺织业	49597	29199	20583	16024	7795	17423	33061	60357
纺织服装、鞋、帽制造业	10182	165	1871	7393	10720	2500	3675	5634
皮革、毛皮、羽毛（绒）及其制品业						4000	5382	6695
木材加工及木、竹、藤、棕、草制品业	14879	7007	12228	34922	64606	85055	94751	157954
家具制造业	7224	22130	8903	5901	7380	13640	26729	41837
造纸及纸制品业	87837	66601	13909	8264	5116	13656	46652	135887
印刷业和记录媒介的复制	9764	2707	549	196	261	169	540	1530
石油加工、炼焦及核燃料加工业	5570	2393	954	17575	1182035	26124	27335	86900
化学原料及化学制品制造业	1182754	2448007	1696244	2372760	2357825	4322307	4984690	5732725
医药制造业	43989	72040	89093	108507	126405	80203	138241	279128
化学纤维制造业	93731	215206	201866	223878	277875	363278	376165	672291
橡胶制品业	3620	331	5738	9766	2756	1671	6056	14313
塑料制品业	32048	15187	21434	7135	14957	18432	16368	55611
非金属矿物制品业	154974	117555	155756	198620	259527	300982	382268	598990
黑色金属冶炼及压延加工业	175925	82362	174589	354957	629003	773224	897837	1041802
有色金属冶炼及压延加工业	66853	80411	104351	77783	64345	131947	194932	353259
金属制品业	23356	9168	8420	10200	35444	45352	68856	158811
通用设备制造业	29012	10676	19201	15422	32598	31846	39969	83872
专用设备制造业	27154	21099	25786	39604	71552	95095	149648	273852
交通运输设备制造业	207514	269940	249865	403125	394772	301205	322243	343321
电气机械及器材制造业	37972	16924	16103	55664	55263	53070	60603	143201
通信设备、计算机及其他电子设备制造业	12814	63358	77768	59821	55895	63983	92073	148974
仪器仪表及文化、办公用机械制造业	9107	842	40	7		7604	2233	7358
工艺品及其他制造业	1343			1175	3844	980	2120	8904
电力、热力的生产和供应业	210760	244686	245396	252216	424472	345826	337238	383274
燃气生产和供应业	12	319	2305	3102	2900	2637	3862	4738
水的生产和供应业	9445	14224	14358	13614	12730	12347	13876	14357

12－5 分县（市）区全部工业总产值（2007）

单位：万元

县（市）区名称	工业总产值	规模以上工业	乡属企业	三资企业	规模以下工业
总　　计		12228681		415647	
昌邑区		1920203		21033	
龙潭区		5736970		95736	
船营区		227498		3476	
丰满区		883847		99436	
高新区		332934		45815	
经济开发区		135677		36517	
永吉县		167138		30016	
舒兰市		174974		15209	
磐石市		1895113		58600	
蛟河市		298855		9806	
桦甸市		456470			

注：按地域属划分。

12－6 规模以上工业企业主要经济指标（2007）

单位：万元

指标	企业单位数（个）	#亏损企业	工业总产值（当年价）	#新产品产值	工业销售产值（当年价）	#出口交货值	工业中间投入
总计	739	98	12228681	1371698	11840573	377723	9305038
一、按登记注册类型分组:							
内资企业	701	87	11813033	1356230	11441269	313097	9034887
国有企业	32	11	920266	2340	907314	11850	695131
中央企业	9	3	840653		832507	11850	642093
地方企业	23	8	79613	2340	74808		53038
集体企业	27	2	184095	1748	179886		139442
股份合作企业	1		2497		2482		1583
有限责任公司	147	20	3505653	789672	3355392	183276	2617704
国有独资公司	10	3	1315968	469699	1213279	80334	1012866
其他有限责任公司	137	17	2189685	319973	2142113	102943	1604838
股份有限公司	18	2	4597806	339773	4532215	59084	3949518
私营企业	475	52	2593683	222697	2454946	58887	1624592
私营独资企业	63		447275	3675	435406	3541	274736
私营合作企业	8	1	67940	730	64654	11789	47589
私营有限责任公司	378	48	1944381	188732	1824751	39700	1211970
私营股份有限公司	26	3	134087	29561	130135	3857	90298
其他企业	1		9034		9034		6917
港、澳、台商投资企业	11	4	197017		188414	8561	130304
合资经营企业(港或澳、台资)	6	2	49470		46286	5846	30836
港澳台商独资经营企业	4	2	136505		131875	2715	90042
港澳台商投资股份有限公司	1		11042		10253		9426
外商投资企业	27	7	218630	15468	210890	56065	139847
中外合资经营企业	17	3	159608		151049	30893	100727
中外合作经营企业	1		515		515		368
外资企业	8	4	57956	15468	58775	25172	38471
外商投资股份有限公司	1		550		550		281
二、按经济组织类型分组							
独资企业	134	19	1746097	23231	1713256	43279	1237822
国有企业	32	11	920266	2340	907314	11850	695131
集体企业	27	2	184095	1748	179886		139442
私营独资企业	63		447275	3675	435406	3541	274736
港澳台商独资经营企业	4	2	136505		131875	2715	90042
外资企业	8	4	57956	15468	58775	25172	38471
合作、合伙企业	11	1	79986	730	76685	11789	56456
股份合作企业	1		2497		2482		1583
私营合伙企业	8	1	67940	730	64654	11789	47589

注：中油吉林分公司现金流为67446万元，涉及的补贴收入、利润总额、利税总额均不含此数。

12－6 续表1

单位：万元

指 标	企业单位数（个）	#亏损企业	工业总产值（当年价）	#新产品产值	工业销售产值（当年价）	#出口交货值	工业中间投入
中外合作经营企业	1		515		515		368
其他企业（内资）	1		9034		9034		6917
股份有限公司	46	5	4743485	369334	4673154	62941	4049523
股份有限公司(内资)	18	2	4597806	339773	4532215	59084	3949518
私营股份有限公司	26	3	134087	29561	130135	3857	90298
港澳台商投资股份有限公司	1		11042		10253		9426
外商投资股份有限公司	1		550		550		281
有限责任公司	548	73	5659112	978404	5377478	259715	3961237
国有独资公司	10	3	1315968	469699	1213279	80334	1012866
私营有限责任公司	378	48	1944381	188732	1824751	39700	1211970
合资经营企业(港或澳、台资)	6	2	49470		46286	5846	30836
中外合资经营企业	17	3	159608		151049	30893	100727
其他有限责任公司	137	17	2189685	319973	2142113	102943	1604838
三、在总计中:亏损企业	**98**	**98**	**635449**	**104590**	**619967**	**48559**	**488277**
在总计中:国有控股企业	71	17	7805630	956691	7637332	221031	6431863
国有控股大型企业	10	1	6628046	867489	6504144	194667	5600759
国有控股中型企业	25	7	964706	86897	934643	26101	691386
国有控股小型企业	36	9	212878	2305	198544	263	139718
在总计中:农村工业	2	1	3522		3512		2118
在总计中:轻工业	242	35	2225280	508222	2083929	63859	1609102
重工业	497	63	10003400	863476	9756644	313864	7695936
在总计中:大型企业	11	1	6963133	1014466	6846444	208943	5871779
中型企业	65	16	1796627	185023	1697814	84434	1236141
小型企业	663	81	3468921	172209	3296315	84346	2197117
在总计中:民营工业	597	67	3784189	397791	3585291	92329	2437476
四、按隶属关系分组:							
中央企业	16	4	5536417	359307	5505366	67454	4724580
省及省以下属企业	723	94	6692264	1012392	6335207	310269	4580458
省属企业	21	3	1172199	195087	1112846	140051	798179
地区及地区以下属企业	702	91	5520064	817305	5222362	170218	3782279
地区属企业	20	7	411712	90298	374509	12682	316126
县及县以下属企业	682	84	5108353	727007	4847852	157536	3466153
县属企业	131	24	1546226	520181	1482329	36664	1251505
街道属企业	5		15473	1840	15377		7337
镇属企业	14	1	37368	2845	36666		20163
乡属企业	1	1	522		522		285
村委会办企业	1		3000		2990		1833
其他属企业	530	58	3505764	202141	3309969	120872	2185029

12－6 续表2

单位：万元

指　　　标	企　业 单位数 （个）	#亏损 企业	工　业 总产值 （当年价）	#新产品 产　值	工业销售 产　值 （当年价）	#出　口 交货值	工业中间 投　入
采矿业（小计）	69	4	500941		485566	25662	284917
煤炭开采和洗选业	17		103354		99033		67831
黑色金属矿采选业	13		132022		131088		64300
有色金属矿采选业	14	1	101578		99567		46427
非金属矿采选业	25	3	163986		155878	25662	106359
制造业(小计)	636	81	11325371	1371698	10956565	352061	8748747
农副食品加工业	89	8	437456	12118	421521	6067	284019
食品制造业	27	2	279854	39624	272760	6873	171823
饮料制造业	25	3	181929	5942	174936		123524
纺织业	10	3	60357	2313	59414	3242	43101
纺织服装、鞋、帽制造业	4		5634		5512		3241
皮革、毛皮、羽毛(绒)及其制品业	1		6695		6695	6038	5029
木材加工及木、竹、藤、棕、草制品业	38	3	157954	24243	151761	24033	101346
家具制造业	6	1	41837	17712	41310	23117	27201
造纸及纸制品业	9	3	135887	66346	126573		107907
印刷业和记录媒介的复制	2	1	1530		1510		803
石油加工、炼焦及核燃料加工业	10		86900		75813		41015
化学原料及化学制品制造业	88	13	5732725	355894	5676311	19031	4764484
医药制造业	24	5	279128	37711	226028	16659	161391
化学纤维制造业	2		672291	316515	628327	844	606026
橡胶制品业	5		14313		13305		11020
塑料制品业	19	1	55611	5689	50873		41566
非金属矿物制品业	82	9	598990	34032	571292	44271	444860
黑色金属冶炼及压延加工业	14	1	1041802	232666	1044594	97683	826816
有色金属冶炼及压延加工业	8		353259	111193	298090	56129	160263
金属制品业	21	5	158811	7000	150080		91240
通用设备制造业	25	2	83872	6484	74919	376	51484
专用设备制造业	38	3	273852	24825	264711	6997	185631
交通运输设备制造业	47	12	343321	34021	338788	4935	277794
电气机械及器材制造业	24	4	143201	19639	121410		91067
通信设备、计算机及其他电子设备制造业	5	1	148974	15592	131675	35766	106703
仪器仪表及文化、办公用机械制造业	6	1	7358	302	6804		4718
工艺品及其他制造业	5		8904	1840	8782		5963
废弃资源和废旧材料回收加工业	2		12930		12772		8715
电力、燃气及水的生产和供应业（小计）	34	13	402369		398442		271374
电力、热力的生产和供应业	27	8	383274		380131		259531
燃气生产和供应业	1	1	4738		4738		3959
水的生产和供应业	6	4	14357		13574		7884

12－6 续表3

单位：万元

指 标	直接材料	制造费用中的中间投入	管理费用中的中间投入	营业费用中的中间投入	工业增加值（当年价）	资产总计	流动资产合计
总 计	**8077767**	**535550**	**359984**	**206489**	**3286398**	**10720466**	**4368659**
一、按登记注册类型分组：							
内资企业	7866177	514824	346765	184906	3129055	10332226	4167466
国有企业	567284	63662	44544	14131	269548	1924827	593036
中央企业	526453	58386	40771	11879	240502	1773819	551501
地方企业	40831	5277	3773	2251	29047	151008	41535
集体企业	123540	9479	2934	2945	49395	99430	53931
股份合作企业	1158	322	85	19	987	985	718
有限责任公司	2109150	236680	100590	89919	1018560	4221996	2029742
国有独资公司	753235	141724	45976	33412	346690	1886526	945966
其他有限责任公司	1355916	94956	54614	56508	671870	2335470	1083775
股份有限公司	3726618	62310	132761	17750	755779	2758316	836928
私营企业	1332397	142372	65422	59684	1032623	1326239	652872
私营独资企业	220790	25688	11237	11682	186625	204377	113909
私营合作企业	37557	2448	1743	5003	24161	15543	6812
私营有限责任公司	993890	108885	50140	41536	776325	1002593	490443
私营股份有限公司	80160	5352	2302	1463	45512	103727	41709
其他企业	6029		430	458	2162	435	240
港、澳、台商投资企业	102560	9185	4333	13826	71862	122909	78468
合资经营企业(港或澳、台资)	18137	4491	1638	6101	18824	16888	11619
港澳台商独资经营企业	75303	4616	2521	7670	51177	104131	65258
港澳台商投资股份有限公司	9120	79	175	55	1861	1890	1591
外商投资企业	109030	11540	8887	7758	85481	265331	122724
中外合资经营企业	75631	9884	7528	5690	64663	187594	85743
中外合作经营企业	355	5	3		210	1672	1108
外资企业	32855	1601	1326	2056	20340	45274	29498
外商投资股份有限公司	190	50	30	11	269	30792	6375
二、按经济组织类型分组							
独资企业	1019771	105045	62560	38484	577085	2378038	855631
国有企业	567284	63662	44544	14131	269548	1924827	593036
集体企业	123540	9479	2934	2945	49395	99430	53931
私营独资企业	220790	25688	11237	11682	186625	204377	113909
港澳台商独资经营企业	75302.8	4615.7	2520.5	7670.3	51176.6	104130.7	65258.3
外资企业	32855	1600.9	1325.5	2056	20339.7	45273.8	29497.7
合作、合伙企业	45099.5	2774.1	2259.9	5479.8	27520	18633.2	8878.3
股份合作企业	1158.3	321.6	84.5	19.1	987.1	984.5	718
私营合伙企业	37557.2	2447.5	1742.9	5002.7	24161.4	15542.5	6812.1

12－6 续表4

单位：万元

指　　标	直接材料	制造费用中的中间投入	管理费用中的中间投入	营业费用中的中间投入	工业增加值（当年价）	资产总计	流动资产合计
中外合作经营企业	355	5	3		210	1672	1108
其他企业（内资）	6029		430	458	2162	435	240
股份有限公司	3816088	67790	135267	19280	803422	2894724	886603
股份有限公司(内资)	3726618	62310	132761	17750	755779	2758316	836928
私营股份有限公司	80160	5352	2302	1463	45512	103727	41709
港澳台商投资股份有限公司	9120	79	175	55	1861	1890	1591
外商投资股份有限公司	190	50	30	11	269	30792	6375
有限责任公司	3196808	359940	159896	143246	1878371	5429071	2617546
国有独资公司	753235	141724	45976	33412	346690	1886526	945966
私营有限责任公司	993890	108885	50140	41536	776325	1002593	490443
合资经营企业(港或澳、台资)	18137	4491	1638	6101	18824	16888	11619
中外合资经营企业	75631	9884	7528	5690	64663	187594	85743
其他有限责任公司	1355916	94956	54614	56508	671870	2335470	1083775
三、在总计中:亏损企业	349205	54743	34272	32268	166213	1187346	379847
在总计中:国有控股企业	5703739	310456	247342	88434	1610737	7948815	2920050
国有控股大型企业	5060075	235139	195084	62528	1217440	5671098	2207410
国有控股中型企业	527237	64866	47545	23201	311431	1902324	606466
国有控股小型企业	116427	10451	4713	2706	81866	375393	106173
在总计中:农村工业	1518	201	204	162	1418	4377	2069
在总计中:轻工业	1306303	136174	54881	63118	678656	2057134	813247
重工业	6771464	399376	305103	143372	2607741	8663332	3555412
在总计中:大型企业	5295975	245560	204098	72457	1301451	6022477	2453085
中型企业	950104	116069	78486	51044	626661	2708016	1014323
小型企业	1831688	173921	77399	82988	1358286	1989973	901251
在总计中:民营工业	2018967	191868	94970	92871	1455064	2215653	1165808
四、按隶属关系分组:							
中央企业	4335977	128320	195926	41322	957842	4721518	1456147
省及省以下属企业	3741789	407229	164057	165167	2328556	5998948	2912512
省属企业	618573	115852	22804	23830	434812	1504161	783338
地区及地区以下属企业	3123216	291378	141254	141337	1893744	4494787	2129174
地区属企业	220614	41927	18245	17936	112665	892440	341311
县及县以下属企业	2902602	249451	123009	123401	1781080	3602347	1787863
县属企业	1082290	66502	36788	32084	341086	1486748	703437
街道属企业	5908	1047	359	23	8232	5800	1344
镇属企业	15530	3164	1225	223	17484	24407	6283
乡属企业	235	45	5		236	288	186
村委会办企业	1283	156	199	162	1182	4089	1883
其他属企业	1797355	178538	84433	90909	1412860	2081015	1074730

12－6 续表5

单位：万元

指　　标	直接材料	制造费用中的中间投入	管理费用中的中间投入	营业费用中的中间投入	工业增加值（当年价）	资产总计	流动资产合　计
采矿业（小计）	212587	29727	20922	16621	238460	398623	201225
煤炭开采和洗选业	53460	7761	5889	564	42132	83305	38627
黑色金属矿采选业	43802	6886	4497	6126	79424	156167	99985
有色金属矿采选业	31871	8437	5526	393	57425	127883	46839
非金属矿采选业	83454	6644	5010	9538	59480	31268	15775
制造业(小计)	7644485	479422	327813	186367	2891150	9298811	4074649
农副食品加工业	237988	25768	7018	8527	163150	243496	116283
食品制造业	124383	22178	10770	9102	117377	104951	40055
饮料制造业	98138	9344	3833	11537	69133	189948	82193
纺织业	39773	1740	661	673	18505	22656	11151
纺织服装、鞋、帽制造业	2555	269	486	317	2414	6099	3984
皮革、毛皮、羽毛(绒)及其制品业	4670	131	115	15	1678	4950	3756
木材加工及木、竹、藤、棕、草制品业	81710	7824	6927	4016	60354	159367	85545
家具制造业	25048	564	506	618	14749	20881	10568
造纸及纸制品业	75075	20003	1976	4161	30764	249481	60478
印刷业和记录媒介的复制	540	80	111	37	768	610	296
石油加工、炼焦及核燃料加工业	35453	3420	1445	544	46538	33607	10216
化学原料及化学制品制造业	4422060	118416	179585	32430	1110518	3934692	1233528
医药制造业	114183	16876	9864	14589	126654	276207	140279
化学纤维制造业	524399	29741	16328	11604	82806	791842	305807
橡胶制品业	9962	546	241	244	3721	4451	2799
塑料制品业	35926	3499	1170	637	14775	25824	12126
非金属矿物制品业	368470	30766	18110	16117	175151	763145	422892
黑色金属冶炼及压延加工业	737410	32654	15720	26979	259585	838367	584647
有色金属冶炼及压延加工业	59818	88217	4163	3152	211672	518948	318357
金属制品业	78565	7063	2695	2504	69757	74879	53616
通用设备制造业	44786	2895	1278	1811	34075	59598	42797
专用设备制造业	142475	16337	11510	12505	91920	227305	121652
交通运输设备制造业	218218	17515	17353	19256	73651	349365	198238
电气机械及器材制造业	73266	5096	7557	2499	55456	100777	58334
通信设备、计算机及其他电子设备制造业	74256	15586	7722	2058	45763	277427	144027
仪器仪表及文化、办公用机械制造业	3725	277	425	275	2915	8184	5514
工艺品及其他制造业	5054	527	239	134	3029	4869	2382
废弃资源和废旧材料回收加工业	6582	2091	7	28	4271	6887	3131
电力、燃气及水的生产和供应业（小计）	220695	26400	11248	3501	156788	1023032	92784
电力、热力的生产和供应业	215524	23297	9462	2383	148453	913279	81616
燃气生产和供应业	1874	531	691	209	1012	35432	4352
水的生产和供应业	3296	2572	1096	908	7323	74322	6817

12－6 续表6

单位：万元

指　　标	应收帐款	存　货	产成品	流动资产年平均余额	固定资产合计
总　　计	**731005.9**	**1484519.7**	**517800.8**	**4180117.4**	**5293758.4**
一、按登记注册类型分组:					
内资企业	688787.6	1424267.6	494609.8	3987650	5139914.9
国有企业	92049.7	198082.8	58886.5	613549.5	939037.4
中央企业	83732.2	183709.3	50784.1	573348.7	875642.2
地方企业	8317.5	14373.5	8102.4	40200.8	63395.2
集体企业	11098.3	17215.3	7149.4	52442.5	39159.7
股份合作企业	508.3	209.7	20.1	702.5	266.5
有限责任公司	305933.1	584797.4	253952.2	1748085.1	1761317.8
国有独资公司	114436.4	273289.1	115682.2	810020.6	685663.1
其他有限责任公司	191496.7	311508.3	138270	938064.5	1075654.7
股份有限公司	53326.1	425208.8	82970	962810.2	1858337.2
私营企业	225714.9	198670.8	91595.5	609820.2	541601.8
私营独资企业	74249.3	16372	8063.8	103574.8	81230.7
私营合作企业	1164.8	4370.4	3053.8	7031.6	6640
私营有限责任公司	138189	167715.3	75410.9	456624	420046.9
私营股份有限公司	12111.8	10213.1	5067	42589.8	33684.2
其他企业	157.2	82.8	36.1	240	194.5
港、澳、台商投资企业	9884	33095.6	16798.5	77379.1	42480.9
合资经营企业(港或澳、台资)	8138.1	1845.9	1281.7	11304.8	4436.1
港澳台商独资经营企业	1135.9	30950.7	15463.8	64494.3	37753.8
港澳台商投资股份有限公司	610	299	53	1580	291
外商投资企业	32334.3	27156.5	6392.5	115088.3	111362.6
中外合资经营企业	23038.4	22588.7	5525.5	85653.9	99300.4
中外合作经营企业	215.9	201.8		523.9	563.5
外资企业	9080	4293.4	867	22540.5	11269.1
外商投资股份有限公司		72.6		6370	229.6
二、按经济组织类型分组					
独资企业	187613.2	266914.2	90430.5	856601.6	1108450.7
国有企业	92049.7	198082.8	58886.5	613549.5	939037.4
集体企业	11098.3	17215.3	7149.4	52442.5	39159.7
私营独资企业	74249.3	16372	8063.8	103574.8	81230.7
港澳台商独资经营企业	1135.9	30950.7	15463.8	64494.3	37753.8
外资企业	9080	4293.4	867	22540.5	11269.1
合作、合伙企业	2046.2	4864.7	3110	8498	7664.5
股份合作企业	508.3	209.7	20.1	702.5	266.5
私营合伙企业	1164.8	4370.4	3053.8	7031.6	6640

12－6 续表7

单位：万元

指　　标	应收帐款	存　货	产成品	流动资产年平均余额	固定资产合　计
中外合作经营企业	216	202		524	564
其他企业（内资）	157	83	36	240	195
股份有限公司	66048	435794	88090	1013350	1892542
股份有限公司(内资)	53326	425209	82970	962810	1858337
私营股份有限公司	12112	10213	5067	42590	33684
港澳台商投资股份有限公司	610	299	53	1580	291
外商投资股份有限公司		73		6370	230
有限责任公司	475299	776947	336170	2301668	2285101
国有独资公司	114436	273289	115682	810021	685663
私营有限责任公司	138189	167715	75411	456624	420047
合资经营企业(港或澳、台资)	8138	1846	1282	11305	4436
中外合资经营企业	23038	22589	5526	85654	99300
其他有限责任公司	191497	311508	138270	938065	1075655
三、在总计中:亏损企业	**74922**	**108568**	**44209**	**373115**	**682287**
在总计中:国有控股企业	382128	1049600	338289	2841404	4231365
国有控股大型企业	180898	874471	260145	2205882	2834008
国有控股中型企业	178747	146022	64588	546935	1154849
国有控股小型企业	22483	29106	13556	88588	242508
在总计中:农村工业	38	1861	16	2201	2308
在总计中:轻工业	143737	322729	145809	734790	980823
重工业	587269	1161791	371992	3445327	4312936
在总计中:大型企业	184611	934462	269231	2413272	2926986
中型企业	319858	233922	94309	934856	1490285
小型企业	226537	316135	154260	831989	876488
在总计中:民营工业	292380	356283	145921	1072323	836758
四、按隶属关系分组:					
中央企业	145102	644290	145416	1612998	2854047
省及省以下属企业	585904	840230	372385	2567119	2439711
省属企业	59843	176029	86046	644935	527619
地区及地区以下属企业	526061	664201	286339	1922184	1912093
地区属企业	94807	86336	34061	317211	457658
县及县以下属企业	431254	577865	252278	1604973	1454435
县属企业	70147	261845	103671	616285	640385
街道属企业	288	566	526	1465	4228
镇属企业	2750	1579	1359	5821	18012
乡属企业		16	16	186	102
村委会办企业	38	1845		2015	2206
其他属企业	358032	312014	146706	979200	789502

12－6 续表8

单位：万元

指　　标	应收帐款	存　货	产成品	流动资产年平均余额	固定资产合计
采矿业（小计）	77433	26407	18038	175897	142943
煤炭开采和洗选业	4232	10882	8581	28251	36453
黑色金属矿采选业	68159	5708	1713	90746	48534
有色金属矿采选业	1123	2464	1399	41801	42882
非金属矿采选业	3920	7352	6346	15098	15074
制造业(小计)	631028	1441183	499358	3904927	4285549
农副食品加工业	26330	41263	22355	104952	88669
食品制造业	9525	12528	6504	38194	58296
饮料制造业	15410	37850	8303	67835	77275
纺织业	1654	7991	4301	9730	10041
纺织服装、鞋、帽制造业	337	2191	224	3797	1933
皮革、毛皮、羽毛(绒)及其制品业	43	3048	120	3756	1194
木材加工及木、竹、藤、棕、草制品业	13640	21256	15231	82148	71199
家具制造业	1673	3102	464	10588	10300
造纸及纸制品业	19873	20023	6892	51042	173023
印刷业和记录媒介的复制	43	50	28	220	314
石油加工、炼焦及核燃料加工业	3564	3234	930	6161	18313
化学原料及化学制品制造业	114908	533815	121898	1390278	2322472
医药制造业	29720	35201	20639	139253	108752
化学纤维制造业	26622	151988	72420	262784	394241
橡胶制品业	1024	1771	1569	2704	1652
塑料制品业	5437	4378	2502	9887	12188
非金属矿物制品业	132130	137791	43067	365214	264847
黑色金属冶炼及压延加工业	37690	176067	79896	505689	197062
有色金属冶炼及压延加工业	12112	49272	2865	231973	79981
金属制品业	6530	22489	15834	53014	19003
通用设备制造业	10221	17573	2780	41518	14965
专用设备制造业	46423	37843	15232	121817	79458
交通运输设备制造业	45110	62780	30909	203535	138312
电气机械及器材制造业	19564	19696	8679	54696	32878
通信设备、计算机及其他电子设备制造业	45469	34550	13198	133819	102178
仪器仪表及文化、办公用机械制造业	3541	980	432	4606	1745
工艺品及其他制造业	1402	646	279	2587	1502
废弃资源和废旧材料回收加工业	1034	1808	1806	3131	3756
电力、燃气及水的生产和供应业（小计）	22545	16931	405	99294	865266
电力、热力的生产和供应业	20282	16511	352	88935	804671
燃气生产和供应业	387	164		3080	30371
水的生产和供应业	1876	256	53	7280	30224

12－6 续表9

单位：万元

指　　标	资产总计				
	固定资产原价	累计折旧	#本年折旧	固定资产净值	固定资产净值年平均余额
总　　计	8648628.3	3569122.1	436410.3	5079506.2	5007822.1
一、按登记注册类型分组:					
内资企业	8406627.2	3477225.5	424697.2	4929401.7	4862648.4
国有企业	1877184.8	849955.1	80787.6	1027229.7	917028.6
中央企业	1768361.8	804059.9	77003.7	964301.9	856088.6
地方企业	108823	45895.2	3783.9	62927.8	60940
集体企业	63102	27905.7	5556	35196.3	33051.4
股份合作企业	534.4	267.9	40.5	266.5	258
有限责任公司	2328319.4	755043.9	115930.5	1573275.5	1557980.6
国有独资公司	1003704	406993.2	36941.2	596710.8	633818.8
其他有限责任公司	1324615.4	348050.7	78989.3	976564.7	924161.8
股份有限公司	3470199.2	1699199.4	192613.4	1770999.8	1839571.9
私营企业	667068.5	144829.1	29766.8	522239.4	514563.4
私营独资企业	97042.9	16794.2	5113.5	80248.7	79495.9
私营合作企业	8524.3	2179.6	241	6344.7	6288.6
私营有限责任公司	518854.6	114985.7	22806.6	403868.9	397233.1
私营股份有限公司	42646.7	10869.6	1605.7	31777.1	31545.8
其他企业	218.9	24.4	2.4	194.5	194.5
港、澳、台商投资企业	77298.4	36462.7	3670.5	40835.7	39950.5
合资经营企业(港或澳、台资)	4036.4	1044.6	233.6	2991.8	2817.5
港澳台商独资经营企业	72661	35108.1	3369.9	37552.9	36832.9
港澳台商投资股份有限公司	601	310	67	291	300.1
外商投资企业	164702.7	55433.9	8042.6	109268.8	105223.2
中外合资经营企业	148882.1	51546.9	7504.7	97335.2	93262.2
中外合作经营企业	700.2	154.8	77.5	545.4	602.4
外资企业	14879.3	3720.7	448.9	11158.6	11138.6
外商投资股份有限公司	241.1	11.5	11.5	229.6	220
二、按经济组织类型分组					
独资企业	2124870	933483.8	95275.9	1191386.2	1077547.4
国有企业	1877184.8	849955.1	80787.6	1027229.7	917028.6
集体企业	63102	27905.7	5556	35196.3	33051.4
私营独资企业	97042.9	16794.2	5113.5	80248.7	79495.9
港澳台商独资经营企业	72661	35108.1	3369.9	37552.9	36832.9
外资企业	14879.3	3720.7	448.9	11158.6	11138.6
合作、合伙企业	9977.8	2626.7	361.4	7351.1	7343.5
股份合作企业	534.4	267.9	40.5	266.5	258
私营合伙企业	8524.3	2179.6	241	6344.7	6288.6

12－6 续表10

单位：万元

指　　标	资产总计				
	固定资产原价	累计折旧	#本年折旧	固定资产净值	固定资产净值年平均余额
中外合作经营企业	700	155	78	545	602
其他企业（内资）	219	24	2	195	195
股份有限公司	3513688	1710391	194298	1803298	1871638
股份有限公司(内资)	3470199	1699199	192613	1771000	1839572
私营股份有限公司	42647	10870	1606	31777	31546
港澳台商投资股份有限公司	601	310	67	291	300
外商投资股份有限公司	241	12	12	230	220
有限责任公司	3000093	922621	146475	2077471	2051293
国有独资公司	1003704	406993	36941	596711	633819
私营有限责任公司	518855	114986	22807	403869	397233
合资经营企业(港或澳、台资)	4036	1045	234	2992	2818
中外合资经营企业	148882	51547	7505	97335	93262
其他有限责任公司	1324615	348051	78989	976565	924162
三、在总计中:亏损企业	**1195715**	**562028**	**44405**	**633687**	**582445**
在总计中:国有控股企业	7252987	3184122	361980	4068865	4004597
国有控股大型企业	5030789	2256505	270214	2774284	2779279
国有控股中型企业	1919359	849151	77039	1070208	1008722
国有控股小型企业	302838	78466	14726	224372	216597
在总计中:农村工业	2579	271	59	2308	2310
在总计中:轻工业	1193776	346410	51239	847366	845545
重工业	7454852	3222712	385172	4232140	4162277
在总计中:大型企业	5165106	2297844	280861	2867262	2871457
中型企业	2411691	1018113	102264	1393578	1327837
小型企业	1071832	253166	53286	818666	808528
在总计中:民营工业	1046359	251366	54093	794993	786208
四、按隶属关系分组:					
中央企业	5339836	2508419	284985	2831417	2766498
省及省以下属企业	3308793	1060703	151425	2248089	2241324
省属企业	863407	359382	32410	504026	511630
地区及地区以下属企业	2445386	701322	119015	1744064	1729695
地区属企业	601158	187389	21540	413769	371690
县及县以下属企业	1844228	513933	97475	1330295	1358005
县属企业	829847	272940	45368	556907	607304
街道属企业	4652	486	224	4167	3754
镇属企业	21112	3832	550	17280	13931
乡属企业	123	20	9	102	104
村委会办企业	2456	250	50	2206	2206
其他属企业	986038	236405	51274	749633	730707

12－6 续表11

单位：万元

指　　标	资产总计				
	固定资产原价	累计折旧	#本年折旧	固定资产净值	固定资产净值年平均余额
采矿业（小计）	181534	51978	9387	129556	135047
煤炭开采和洗选业	57642	21440	2140	36202	33972
黑色金属矿采选业	50626	13370	4275	37256	46152
有色金属矿采选业	55707	13835	2147	41872	40046
非金属矿采选业	17560	3333	826	14226	14878
制造业(小计)	6806750	2700409	364924	4106341	4024538
农副食品加工业	98972	13499	3780	85473	79812
食品制造业	65128	8540	2742	56588	50182
饮料制造业	113070	46298	4538	66772	68417
纺织业	11259	2324	591	8936	9239
纺织服装、鞋、帽制造业	3033	1152	211	1881	1595
皮革、毛皮、羽毛(绒)及其制品业	1247	204	24	1043	1194
木材加工及木、竹、藤、棕、草制品业	109914	40538	3894	69377	67455
家具制造业	11571	1792	498	9779	11251
造纸及纸制品业	149465	9421	5216	140044	91838
印刷业和记录媒介的复制	676	362	76	314	293
石油加工、炼焦及核燃料加工业	21097	4957	1461	16140	17205
化学原料及化学制品制造业	4142317	1807368	250331	2334949	2282583
医药制造业	135114	38889	4997	96226	98346
化学纤维制造业	511735	184736	24624	326999	374486
橡胶制品业	1995	343	114	1652	1710
塑料制品业	14667	3804	1543	10863	11053
非金属矿物制品业	407545	159147	16733	248398	250471
黑色金属冶炼及压延加工业	299132	108134	17958	190997	189967
有色金属冶炼及压延加工业	133860	53984	2470	79876	76847
金属制品业	21862	2905	938	18957	17988
通用设备制造业	19586	6183	1186	13403	13052
专用设备制造业	107892	35113	4088	72780	70223
交通运输设备制造业	233427	114720	10962	118707	102327
电气机械及器材制造业	44136	12416	2252	31719	28285
通信设备、计算机及其他电子设备制造业	139929	41892	3444	98037	102932
仪器仪表及文化、办公用机械制造业	2503	1187	84	1316	853
工艺品及其他制造业	1725	365	84	1359	1222
废弃资源和废旧材料回收加工业	3892	136	89	3756	3716
电力、燃气及水的生产和供应业（小计）	1660345	816735	62099	843610	848237
电力、热力的生产和供应业	1562809	777848	58465	784961	785944
燃气生产和供应业	36917	8206	1476	28711	28852
水的生产和供应业	60618	30681	2158	29937	33442

12-6 续表12

单位：万元

指标	负债合计	流动负债合计	应付帐款	长期负债合计	所有者权益合计	实收资本	国家资本
总计	**5612293**	**3942274**	**1113441**	**1291625**	**5095476**	**3315011**	**335703**
一、按登记注册类型分组:							
内资企业	5394216	3750927	1074430	1265578	4925313	3111339	319599
国有企业	1051673	546408	221604	320047	873153	1629424	69169
中央企业	953668	496077	213604	281725	820150	1581678	28727
地方企业	98005	50331	8000	38322	53003	47746	40442
集体企业	51841	49676	10800	1183	47589	27509	
股份合作企业	327	321	26	6	658	163	
有限责任公司	2610113	1967773	494866	571232	1599185	1069573	248940
国有独资公司	1255776	920189	232978	286631	618053	355337	208315
其他有限责任公司	1354337	1047584	261888	284601	981132	714236	40625
股份有限公司	977808	633314	202172	300386	1780508	74217	1010
私营企业	702161	553436	144963	72724	624078	310313	480
私营独资企业	91077	59289	9957	2519	113300	53626	
私营合作企业	6873	6289	2435	386	8670	4489	
私营有限责任公司	541509	437899	123033	65888	461085	224359	480
私营股份有限公司	62702	49958	9538	3930	41024	27839	
其他企业	293				142	142	
港、澳、台商投资企业	88836	87982	6948	181	34073	60747	18
合资经营企业(港或澳、台资)	7639	7458	1942	181	9249	5956	18
港澳台商独资经营企业	80898	80225	4916		23233	54626	
港澳台商投资股份有限公司	299	299	89		1591	166	
外商投资企业	129241	103366	32063	25866	136090	142925	16086
中外合资经营企业	94609	72154	26631	22446	92985	91988	16086
中外合作经营企业	589	589	-168		1083	1025	
外资企业	26007	22587	3215	3420	19267	27156	
外商投资股份有限公司	8036	8036	2385		22756	22756	
二、按经济组织类型分组							
独资企业	1301496	758186	250492	327170	1076542	1792340	69169
国有企业	1051673	546408	221604	320047	873153	1629424	69169
集体企业	51841	49676	10800	1183	47589	27509	
私营独资企业	91077	59289	9957	2519	113300	53626	
港澳台商独资经营企业	80898	80225	4916		23233	54626	
外资企业	26007	22587	3215	3420	19267	27156	
合作、合伙企业	8082	7199	2293	392	10552	5818	
股份合作企业	327	321	26	6	658	163	
私营合伙企业	6873	6289	2435	386	8670	4489	

12－6 续表13

单位：万元

指　　标	负债合计	流动负债合计	应付帐款	长期负债合计	所有者权益合计	实收资本	国家资本
中外合作经营企业	589	589	-168		1083	1025	
其他企业（内资）	293				142	142	
股份有限公司	1048845	691607	214184	304316	1845879	124977	1010
股份有限公司(内资)	977808	633314	202172	300386	1780508	74217	1010
私营股份有限公司	62702	49958	9538	3930	41024	27839	
港澳台商投资股份有限公司	299	299	89		1591	166	
外商投资股份有限公司	8036	8036	2385		22756	22756	
有限责任公司	3253870	2485283	646472	659748	2162504	1391876	265524
国有独资公司	1255776	920189	232978	286631	618053	355337	208315
私营有限责任公司	541509	437899	123033	65888	461085	224359	480
合资经营企业(港或澳、台资)	7639	7458	1942	181	9249	5956	18
中外合资经营企业	94609	72154	26631	22446	92985	91988	16086
其他有限责任公司	1354337	1047584	261888	284601	981132	714236	40625
三、在总计中:亏损企业	**1034093**	**628757**	**163068**	**211096**	**144492**	**440334**	**194248**
在总计中:国有控股企业	4105988	2683774	831238	1141224	3830130	2522018	323955
国有控股大型企业	2448571	1814271	650799	570153	3209830	1958051	191031
国有控股中型企业	1414196	718354	145576	491961	488129	428073	104666
国有控股小型企业	243221	151149	34863	79110	132172	135895	28259
在总计中:农村工业	3295	3295	1500		1082	1000	
在总计中:轻工业	1257663	921725	201281	301769	799480	450571	22117
重工业	4354629	3020549	912161	989856	4295997	2864439	313586
在总计中:大型企业	2630099	1991036	678877	570153	3379680	2078051	191031
中型企业	1935774	1139479	222116	574808	772242	623065	116277
小型企业	1046419	811760	212449	146664	943554	613895	28395
在总计中:民营工业	1172695	976745	232193	100502	1042958	583779	517
四、按隶属关系分组:							
中央企业	2014936	1111405	488562	718196	2693876	1926252	216704
省及省以下属企业	3597356	2830870	624879	573430	2401601	1388758	118999
省属企业	1013464	811434	173509	117827	490697	279513	77082
地区及地区以下属企业	2583892	2019436	451370	455603	1910904	1109245	41917
地区属企业	652309	491940	80797	160369	240131	151323	22742
县及县以下属企业	1931583	1527496	370573	295233	1670773	957922	19175
县属企业	888301	658553	148952	170898	598456	269226	5436
街道属企业	4344	180	114		1456	319	
镇属企业	9922	3088	347	3070	14484	2120	
乡属企业	177	177			111	100	
村委会办企业	3118	3118	1500		971	900	
其他属企业	1025721	862380	219660	121266	1055294	685257	13739

12－6 续表14

单位：万元

指　　标	负债合计	流动负债合计	应付帐款	长期负债合计	所有者权益合计	实收资本	国家资本
采矿业（小计）	187624	97811	20700	45119	210998	103257	28566
煤炭开采和洗选业	51512	9108	5278	12007	31793	17969	13327
黑色金属矿采选业	41356	38404	8211	316	114811	47699	11819
有色金属矿采选业	77947	35128	3457	32499	49936	25503	1700
非金属矿采选业	16810	15171	3753	296	14458	12087	1720
制造业(小计)	4506849	3529762	1030750	847440	4779265	3103102	273638
农副食品加工业	119535	104437	18943	5453	123961	69902	3078
食品制造业	45026	40997	9113	422	59925	42347	
饮料制造业	114646	89248	14468	24086	75302	71830	
纺织业	18825	15844	8472		3831	5635	
纺织服装、鞋、帽制造业	5776	5776	4161		323	1305	
皮革、毛皮、羽毛(绒)及其制品业	3127	3119	999		1823	1000	
木材加工及木、竹、藤、棕、草制品业	117053	71633	8148	6833	42314	22410	9025
家具制造业	17576	15498	739	2079	3304	3340	
造纸及纸制品业	204530	143542	26770	60103	44951	49041	
印刷业和记录媒介的复制	145	145	84		465	270	
石油加工、炼焦及核燃料加工业	17570	15707	3321	386	16037	13083	
化学原料及化学制品制造业	1238187	825489	389195	401451	2696505	1753300	282
医药制造业	163791	138452	26480	22024	112416	75600	1247
化学纤维制造业	479418	316818	79948	154811	312433	80937	
橡胶制品业	822	753	349	69	3629	3953	
塑料制品业	14338	14287	2755	51	11486	7329	
非金属矿物制品业	458382	419788	66897	21391	304763	223099	12800
黑色金属冶炼及压延加工业	470600	452799	130476	11137	367766	243874	9167
有色金属冶炼及压延加工业	277148	241248	31488	18221	241800	36279	10560
金属制品业	32380	31644	5661		42499	28475	
通用设备制造业	44370	40415	11590	1770	15228	9350	580
专用设备制造业	146405	122380	30461	22781	76955	73083	51854
交通运输设备制造业	263001	200188	109568	60506	77603	233759	168258
电气机械及器材制造业	56537	49137	11464	7367	44240	23752	500
通信设备、计算机及其他电子设备制造业	189809	164470	35960	25334	87618	22735	6286
仪器仪表及文化、办公用机械制造业	3602	3602	2220		4583	3130	
工艺品及其他制造业	2166	1431	492		2702	1234	
废弃资源和废旧材料回收加工业	2084	919	529	1165	4803	3050	
电力、燃气及水的生产和供应业（小计）	917820	314701	61992	399067	105213	108652	33499
电力、热力的生产和供应业	836568	288311	57281	344242	76711	76095	12007
燃气生产和供应业	36042	13898	4490	22144	-610	10000	3700
水的生产和供应业	45210	12492	221	32681	29112	22557	17792

12－6 续表15

单位：万元

指标	集体资本	法人资本	个人资本	港澳台资本	外商资本	主营业务收入	主营业务成本
总计	36010	2537777	247912	43334	114275	12251160	10514359
一、按登记注册类型分组:							
内资企业	35710	2504059	240650	80	11241	11852005	10193626
国有企业		1555593	4662			1236257	1104620
中央企业		1552951				1163937	1048479
地方企业		2642	4662			72319	56141
集体企业	26055	1454				186025	162137
股份合作企业	163					2482	2147
有限责任公司	9203	740966	62750	80	7633	3380437	2777964
国有独资公司		131982	8640		6400	1244902	974721
其他有限责任公司	9203	608984	54110	80	1233	2135535	1803244
股份有限公司	260	30763	39914		2270	4630263	4240025
私营企业	29	175142	133324		1338	2407959	1899352
私营独资企业		38290	15336			431616	326230
私营合作企业		372	4117			62839	40853
私营有限责任公司	29	122259	100253		1338	1787638	1431007
私营股份有限公司		14221	13619			125867	101262
其他企业		142				8582	7381
港、澳、台商投资企业		15475		42665	2590	191262	162684
合资经营企业(港或澳、台资)		350		2997	2590	49407	43668
港澳台商独资经营企业		15000		39626		133309	111566
港澳台商投资股份有限公司		125		42		8546	7450
外商投资企业	300	18244	7261	590	100444	207894	158049
中外合资经营企业	300	18044	7229	590	49739	148340	109386
中外合作经营企业			33		992	895	704
外资企业		200			26956	58131	47457
外商投资股份有限公司					22756	527	502
二、按经济组织类型分组							
独资企业	26055	1610537	19998	39626	26956	2045337	1752009
国有企业		1555593	4662			1236257	1104620
集体企业	26055	1454				186025	162137
私营独资企业		38290	15336			431616	326230
港澳台商独资经营企业		15000		39626		133309	111566
外资企业		200			26956	58131	47457
合作、合伙企业	163	514	4149		992	74798	51086
股份合作企业	163					2482	2147
私营合伙企业		372	4117			62839	40853

12－6 续表16

单位：万元

指　　标	集体资本	法人资本	个人资本	港澳台资本	外商资本	主营业务收　入	主营业务成　本
中外合作经营企业			33		992	895	704
其他企业（内资）		142				8582	7381
股份有限公司	260	45108	53533	42	25026	4765204	4349239
股份有限公司(内资)	260	30763	39914		2270	4630263	4240025
私营股份有限公司		14221	13619			125867	101262
港澳台商投资股份有限公司		125		42		8546	7450
外商投资股份有限公司					22756	527	502
有限责任公司	9532	881619	170232	3667	61301	5365821	4362025
国有独资公司		131982	8640		6400	1244902	974721
私营有限责任公司	29	122259	100253		1338	1787638	1431007
合资经营企业(港或澳、台资)		350		2997	2590	49407	43668
中外合资经营企业	300	18044	7229	590	49739	148340	109386
其他有限责任公司	9203	608984	54110	80	1233	2135535	1803244
三、在总计中:亏损企业	**8997**	**122830**	**28775**	**34226**	**51259**	**592050**	**523581**
在总计中:国有控股企业	150	2137674	35049	17	25174	8078372	7147137
国有控股大型企业		1739135	21485		6400	6976439	6215642
国有控股中型企业		309977	13430			920038	780168
国有控股小型企业	150	88562	133	17	18774	181895	151327
在总计中:农村工业	900		100			4757	4319
在总计中:轻工业	398	237076	99995	34976	56009	2058233	1696768
重工业	35612	2300701	147917	8359	58266	10192927	8817591
在总计中:大型企业		1859135	21485		6400	7319153	6494665
中型企业	17286	380303	55703	34066	19431	1722883	1371448
小型企业	18724	298339	170724	9269	88444	3209124	2648246
在总计中:民营工业	803	377893	199846	80	4641	3515903	2814027
四、按隶属关系分组:							
中央企业		1689196	12845		7507	5929414	5442125
省及省以下属企业	36010	848581	235067	43334	106768	6321747	5072234
省属企业	187	184771	11073		6400	1148714	872717
地区及地区以下属企业	35823	663810	223994	43334	100368	5173033	4199517
地区属企业	6414	75491	24197	19209	3270	362375	277021
县及县以下属企业	29409	588319	199796	24126	97098	4810658	3922496
县属企业	5717	235345	22229		500	1502378	1283099
街道属企业		49	270			14909	13437
镇属企业	208	1687	225			36251	28085
乡属企业			100			522	498
村委会办企业	900					4235	3821
其他属企业	22584	351238	176973	24126	96598	3252364	2593556

12－6 续表17

单位：万元

指　　　标	集体资本	法人资本	个人资本	港澳台资本	外商资本	主营业务收入	主营业务成本
采矿业（小计）	32	59148	10974	1000	3538	469059	306100
煤炭开采和洗选业		2649	1993			90122	71254
黑色金属矿采选业		35086	794			131920	61523
有色金属矿采选业		18351	5452			95114	60827
非金属矿采选业	32	3062	2735	1000	3538	151902	112496
制造业(小计)	25071	2427067	230555	42334	104437	11373999	9826332
农副食品加工业		21124	16284	680	28736	433337	356708
食品制造业		19194	8686	14417	50	265950	207717
饮料制造业		9671	20883	19209	22067	170655	123034
纺织业		3409	2226			63133	59253
纺织服装、鞋、帽制造业		785	80	440		5595	3894
皮革、毛皮、羽毛(绒)及其制品业			600		400	6456	5162
木材加工及木、竹、藤、棕、草制品业	39	5470	2464		5412	157344	123340
家具制造业		2842	245		253	41221	35210
造纸及纸制品业	66	45222	3754			103024	88788
印刷业和记录媒介的复制		270				1510	1258
石油加工、炼焦及核燃料加工业		1150	11933			77053	62597
化学原料及化学制品制造业	14438	1693024	34695	1850	9011	5986958	5469457
医药制造业	282	38569	30919	80	4503	217522	153836
化学纤维制造业		80907	30			634886	564511
橡胶制品业		1818	2135			13366	11037
塑料制品业	220	1778	5330			51830	43506
非金属矿物制品业	3626	181251	25422			622243	511257
黑色金属冶炼及压延加工业	2993	227746	3967			1078540	893673
有色金属冶炼及压延加工业	16	7820	11483		6400	346259	197539
金属制品业	2935	18047	2493	5000		144994	127318
通用设备制造业	163	4481	4126			72390	58529
专用设备制造业		13477	7752			259727	217883
交通运输设备制造业	178	36424	8085	659	20156	336402	295343
电气机械及器材制造业	115	2180	20957			119082	95148
通信设备、计算机及其他电子设备制造业		7000	2000		7449	134551	98341
仪器仪表及文化、办公用机械制造业		300	2830			8531	6540
工艺品及其他制造业		109	1125			8699	6604
废弃资源和废旧材料回收加工业		3000	50			12739	8849
电力、燃气及水的生产和供应业（小计）	10907	51562	6384		6300	408103	381927
电力、热力的生产和供应业	10907	51449	1732			389925	366887
燃气生产和供应业					6300	5088	5709
水的生产和供应业		113	4651			13090	9331

12－6 续表18

单位：万元

指标	主营业务税金及附加	其他业务收入	其他业务利润	营业费用	管理费用	税金	财产保险费
总计	182668	334698	28889	232077	704334	50036	11064
一、按登记注册类型分组:							
内资企业	174899	326122	27228	209140	682111	49216	10708
国有企业	19374	98959	19280	17513	105236	5033	389
中央企业	18468	96679	17867	13641	93888	4494	110
地方企业	907	2280	1413	3872	11348	539	279
集体企业	1333	14479	316	2434	7807	622	57
股份合作企业	7			117	132		
有限责任公司	37455	128778	16936	95947	239580	19175	1609
国有独资公司	9394	101117	7106	34030	132340	6330	775
其他有限责任公司	28061	27660	9830	61917	107240	12845	834
股份有限公司	98061	69945	-8488	24272	223545	17593	6990
私营企业	17998	13962	-816	68859	105471	6793	1663
私营独资企业	4113	4679	1109	12353	16591	593	431
私营合作企业	582	3		5427	2639	29	1
私营有限责任公司	12850	9272	-1923	48874	80767	5280	1171
私营股份有限公司	453	8	-2	2205	5475	891	60
其他企业	670				340		
港、澳、台商投资企业	6817	1902	222	11505	9311	582	92
合资经营企业(港或澳、台资)	157	25	1	2262	2554	19	1
港澳台商独资经营企业	6533	1877	222	9061	6458	560	88
港澳台商投资股份有限公司	128			183	299	4	3
外商投资企业	952	6674	1439	11431	12913	238	264
中外合资经营企业	7	6551	1394	7826	10716	178	256
中外合作经营企业		112	34	2	109	15	
外资企业	945	11	11	3601	2073	45	8
外商投资股份有限公司				2	15	1	
二、按经济组织类型分组							
独资企业	32298	120005	20937	44961	138165	6852	973
国有企业	19374	98959	19280	17513	105236	5033	389
集体企业	1333	14479	316	2434	7807	622	57
私营独资企业	4113	4679	1109	12353	16591	593	431
港澳台商独资经营企业	6533	1877	222	9061	6458	560	88
外资企业	945	11	11	3601	2073	45	8
合作、合伙企业	1260	114	34	5546	3219	44	1
股份合作企业	7			117	132		
私营合伙企业	582	3		5427	2639	29	1

12－6 续表19

单位：万元

指　　标	主营业务税金及附加	其他业务收入	其他业务利润	营业费用	管理费用	税　金	财产保险费
中外合作经营企业		112	34	2	109	15	
其他企业（内资）	670				340		
股份有限公司	98642	69953	-8490	26661	229334	18488	7053
股份有限公司(内资)	98061	69945	-8488	24272	223545	17593	6990
私营股份有限公司	453	8	-2	2205	5475	891	60
港澳台商投资股份有限公司	128			183	299	4	3
外商投资股份有限公司				2	15	1	
有限责任公司	50469	144625	16408	154909	333616	24652	3036
国有独资公司	9394	101117	7106	34030	132340	6330	775
私营有限责任公司	12850	9272	-1923	48874	80767	5280	1171
合资经营企业(港或澳、台资)	157	25	1	2262	2554	19	1
中外合资经营企业	7	6551	1394	7826	10716	178	256
其他有限责任公司	28061	27660	9830	61917	107240	12845	834
三、在总计中:亏损企业	**11992**	**31516**	**3204**	**36471**	**87360**	**3459**	**682**
在总计中:国有控股企业	148193	274776	19015	101490	521876	37572	8513
国有控股大型企业	132574	232502	9889	68529	397753	26981	7150
国有控股中型企业	13508	40323	7943	28517	114316	10096	1169
国有控股小型企业	2111	1952	1182	4444	9807	495	194
在总计中:农村工业	3			188	205	5	
在总计中:轻工业	19199	72753	4776	78141	102227	9107	1688
重工业	163469	261945	24113	153936	602108	40929	9376
在总计中:大型企业	134004	232909	10187	78745	408360	27554	7299
中型企业	23475	76104	18669	62480	172298	13998	1573
小型企业	25189	25684	33	90852	123676	8485	2192
在总计中:民营工业	24582	30536	1492	103824	150636	9491	2072
四、按隶属关系分组:							
中央企业	128335	176978	11300	48525	356897	23909	7268
省及省以下属企业	54333	157720	17589	183552	347438	26128	3796
省属企业	14971	31105	1685	25100	104093	6765	219
地区及地区以下属企业	39363	126615	15904	158452	243345	19363	3576
地区属企业	8068	6629	1231	22546	37547	3518	1018
县及县以下属企业	31295	119986	14674	135906	205798	15845	2559
县属企业	7521	74594	11668	34206	67209	7601	469
街道属企业	173			193	753	198	5
镇属企业	854	2	-4	449	2455	38	7
乡属企业	1				72		
村委会办企业	2			188	133	5	
其他属企业	22745	45390	3010	100870	135176	8004	2077

12－6 续表20

单位：万元

指 标	主营业务税金及附加	其他业务收入	其他业务利润	营业费用	管理费用	税金	财产保险费
采矿业（小计）	7802	17798	2508	20711	38336	1713	278
煤炭开采和洗选业	1692	12086	1252	1035	8916	598	74
黑色金属矿采选业	2931	5542	1109	7630	8990	839	171
有色金属矿采选业	1835	170	148	707	11365	214	15
非金属矿采选业	1344			11340	9065	63	18
制造业(小计)	172878	307585	19467	207077	645016	47437	10471
农副食品加工业	4103	168	-2816	12642	12492	349	480
食品制造业	1505	203	42	10222	17041	1081	418
饮料制造业	9148	5440	289	14264	7682	1009	143
纺织业	135	996	392	904	1334	123	3
纺织服装、鞋、帽制造业	11			580	734	36	3
皮革、毛皮、羽毛(绒)及其制品业				15	175		
木材加工及木、竹、藤、棕、草制品业	1189	1417	1148	4865	12775	727	83
家具制造业	88			1285	941	100	16
造纸及纸制品业	356	1034	612	4297	5197	829	180
印刷业和记录媒介的复制	6	38	38	54	223	2	
石油加工、炼焦及核燃料加工业	522	4111	505	1636	1832	351	21
化学原料及化学制品制造业	125391	180301	2905	39679	326299	22690	7299
医药制造业	995	2038	730	18311	16282	999	141
化学纤维制造业	2301	62738	5397	12145	32025	3448	33
橡胶制品业	101	49		218	270	26	3
塑料制品业	213	433	4	562	2543	55	32
非金属矿物制品业	4434	19495	-92	19111	54178	2669	247
黑色金属冶炼及压延加工业	11941	3045	115	28131	36623	5866	239
有色金属冶炼及压延加工业	2984	7230	5929	3408	33682	2461	34
金属制品业	519	183	28	1314	3530	165	14
通用设备制造业	288	91	1	1802	3354	185	24
专用设备制造业	1265	2199	760	6079	19276	1186	78
交通运输设备制造业	4164	12445	3190	19912	31022	1447	313
电气机械及器材制造业	545	287	270	2504	11216	338	22
通信设备、计算机及其他电子设备制造业	473	3595	-21	2394	12830	1091	522
仪器仪表及文化、办公用机械制造业	192	51	42	462	1188	159	117
工艺品及其他制造业	9			219	220	28	6
废弃资源和废旧材料回收加工业	3			61	54	17	2
电力、燃气及水的生产和供应业（小计）	1989	9315	6915	4289	20983	886	315
电力、热力的生产和供应业	1899	6335	5575	1768	15873	393	70
燃气生产和供应业		2882	1246	431	1073	25	21
水的生产和供应业	90	98	93	2089	4038	468	224

12－6 续表21

单位：万元

指　　标	办公费	职　工 教育费	财务费用	利息支出	营业利润	投资收益	补贴收入
总　　计	38688	3769	125249	126575	552367	25280	104225
一、按登记注册类型分组:							
内资企业	37266	3685	122216	121976	528265	25280	104021
国有企业	1589	648	5511	7983	-3719	3152	4853
中央企业	1113	600	4605	7142	-4234	3151	2564
地方企业	476	48	905	841	515	1	2289
集体企业	499	30	544	530	12039	562	882
股份合作企业					79		
有限责任公司	7689	1402	81364	77204	172280	16430	94784
国有独资公司	1493	776	38520	33454	74984	13649	6560
其他有限责任公司	6197	625	42843	43750	97296	2781	88225
股份有限公司	3020	800	10080	22140	59246	5117	495
私营企业	24470	806	24718	14120	288149	18	3007
私营独资企业	5979	62	5341	2001	68052		
私营合作企业	62	1	838	389	12500		
私营有限责任公司	18185	724	17519	10880	192197	-2	2491
私营股份有限公司	244	19	1020	850	15400	20	516
其他企业					190		
港、澳、台商投资企业	1046	27	401	1660	751		
合资经营企业(港或澳、台资)	54	2	470	36	290		
港澳台商独资经营企业	961	25	-67	1624	-27		
港澳台商投资股份有限公司	31		-2		489		
外商投资企业	377	58	2632	2940	23351		204
中外合资经营企业	304	54	1994	2739	19801		180
中外合作经营企业	4	1	5	5	109		
外资企业	66	3	634	196	3432		24
外商投资股份有限公司	2				8		
二、按经济组织类型分组							
独资企业	9093	768	11962	12334	79778	3714	5759
国有企业	1589	648	5511	7983	-3719	3152	4853
集体企业	499	30	544	530	12039	562	882
私营独资企业	5979	62	5341	2001	68052		
港澳台商独资经营企业	961	25	-67	1624	-27		
外资企业	66	3	634	196	3432		24
合作、合伙企业	66	3	843	394	12879		
股份合作企业					79		
私营合伙企业	62	1	838	389	12500		

12－6 续表22

单位：万元

指　　标	办公费	职工教育费	财务费用	利息支出	营业利润	投资收益	补贴收入
中外合作经营企业	4	1	5	5	109		
其他企业（内资）					190		
股份有限公司	3296	818	11098	22989	75143	5137	1010
股份有限公司(内资)	3020	800	10080	22140	59246	5117	495
私营股份有限公司	244	19	1020	850	15400	20	516
港澳台商投资股份有限公司	31		-2		489		
外商投资股份有限公司	2				8		
有限责任公司	26233	2180	101347	90859	384568	16429	97456
国有独资公司	1493	776	38520	33454	74984	13649	6560
私营有限责任公司	18185	724	17519	10880	192197	-2	2491
合资经营企业(港或澳、台资)	54	2	470	36	290		
中外合资经营企业	304	54	1994	2739	19801		180
其他有限责任公司	6197	625	42843	43750	97296	2781	88225
三、在总计中:亏损企业	**1261**	**544**	**17789**	**18874**	**-82244**	**188**	**2933**
在总计中:国有控股企业	5182	2559	81892	94437	131197	24675	91714
国有控股大型企业	3501	1760	47932	57722	164694	23539	942
国有控股中型企业	1176	693	28538	28669	-43412	1136	80903
国有控股小型企业	506	106	5422	8046	9915		9869
在总计中:农村工业	29	3	34	34	5		
在总计中:轻工业	21180	561	48627	43316	131044	14770	861
重工业	17508	3208	76622	83259	421323	10510	103364
在总计中:大型企业	3508	1802	53689	63915	200363	23539	942
中型企业	5063	935	40438	40597	64774	1637	89751
小型企业	30117	1033	31122	22063	287230	105	13532
在总计中:民营工业	31457	1055	38800	25785	382225	18	4074
四、按隶属关系分组:							
中央企业	3119	1712	23035	38046	-31702	8428	69396
省及省以下属企业	35569	2057	102214	88530	584069	16853	34829
省属企业	959	516	17120	15303	114152	393	13352
地区及地区以下属企业	34610	1541	85094	73226	469916	16459	21477
地区属企业	1286	196	17404	19121	930	950	4488
县及县以下属企业	33324	1346	67690	54106	468987	15509	16989
县属企业	1597	270	33841	32108	100625	14951	7202
街道属企业	81	1			335		
镇属企业	26	7	21	21	4165		
乡属企业	3				-53		
村委会办企业	26	3	34	34	58		
其他属企业	31591	1065	33795	21944	363857	558	9787

12－6 续表23

单位：万元

指　　标	办公费	职　工 教育费	财务费用	利息支出	营业利润	投资收益	补贴收入
采矿业（小计）	1003	342	5060	1389	90884		9307
煤炭开采和洗选业	212	153	157	144	5908		4915
黑色金属矿采选业	396	91	2989	593	48956		
有色金属矿采选业	307	86	200	218	20085		3782
非金属矿采选业	88	11	1713	434	15935		610
制造业(小计)	37220	3238	110658	112274	465202	25223	87272
农副食品加工业	2326	96	4718	3345	39710		174
食品制造业	11501	43	5390	1727	24106		99
饮料制造业	778	99	672	1983	16142		
纺织业	205	6	254	145	1638		
纺织服装、鞋、帽制造业	122	17	-386	9	762		
皮革、毛皮、羽毛(绒)及其制品业	1		98	86	1007		
木材加工及木、竹、藤、棕、草制品业	660	22	868	363	15397		515
家具制造业	240	32	465	422	3224		
造纸及纸制品业	134	72	6693	6637	-1733		173
印刷业和记录媒介的复制	87	3	36	3	-66		
石油加工、炼焦及核燃料加工业	194	10	154	40	10084		
化学原料及化学制品制造业	3517	1217	11994	27452	43491	8188	67736
医药制造业	4259	20	5879	4620	21950	-141	
化学纤维制造业	312	114	23954	23786	19630	14910	
橡胶制品业	119	1	27	13	1713		13
塑料制品业	736	15	334	98	4677		
非金属矿物制品业	1103	156	11397	10271	17670	3517	9828
黑色金属冶炼及压延加工业	434	197	14054	14590	93887	221	249
有色金属冶炼及压延加工业	446	192	4912	15	109648		5926
金属制品业	1559	119	414	252	11926		36
通用设备制造业	310	40	713	479	7705		
专用设备制造业	4045	141	2805	1713	13113	6	102
交通运输设备制造业	1568	299	5452	5013	-16365	-45	1574
电气机械及器材制造业	1970	205	2650	2409	7021	-26	408
通信设备、计算机及其他电子设备制造业	314	71	7082	6805	13320	-1413	429
仪器仪表及文化、办公用机械制造业	175	51	15		161	7	11
工艺品及其他制造业	92		9		1621		
废弃资源和废旧材料回收加工业	14	1	7		3762		
电力、燃气及水的生产和供应业（小计）	465	190	9531	12913	-3720	57	7646
电力、热力的生产和供应业	213	167	8865	11731	194	56	7233
燃气生产和供应业	29	3	653	1177	-1532		
水的生产和供应业	222	20	13	4	-2382	1	413

12－6 续表24

单位：万元

指　　标	营业外收入	利润总额	应交所得税	亏损企业亏损总额	利税总额	广告费	研究开发费
总　　计	71345	446376	105653	95401	991799	5260	27976
一、按登记注册类型分组:							
内资企业	71178	436023	102110	80146	961830	3823	27933
国有企业	50746	32897	6167	19900	96684	78	321
中央企业	49175	30714	4969	15954	91123	78	321
地方企业	1571	2183	1198	3946	5561		
集体企业	104	6933	1148	437	13009		
股份合作企业		79	6		160		
有限责任公司	7524	213524	67102	57266	381589	3120	8010
国有独资公司	1976	74596	29988	52007	127578	2700	6977
其他有限责任公司	5549	138928	37114	5259	254011	420	1033
股份有限公司	9719	46081	2440	551	251633	256	16699
私营企业	3086	136319	25247	1992	217850	370	2904
私营独资企业	436	50801	12609		69000	1	
私营合作企业	14	2014	665	24	6405		
私营有限责任公司	1884	77840	11376	1859	134605	335	2904
私营股份有限公司	752	5664	598	109	7840	34	
其他企业		190			905		
港、澳、台商投资企业	11	-2185	1305	8712	9781	1410	43
合资经营企业(港或澳、台资)	7	272	9	284	619		
港澳台商独资经营企业	4	-2945	1200	8428	8301	1410	
港澳台商投资股份有限公司		489	96		862		43
外商投资企业	155	12537	2237	6543	20187	27	
中外合资经营企业	132	12799	2137	4104	18587	11	
中外合作经营企业	4	113			175		
外资企业	20	-383	100	2439	1417	16	
外商投资股份有限公司		8			8		
二、按经济组织类型分组							
独资企业	51309	87303	21224	31204	188411	1504	321
国有企业	50746	32897	6167	19900	96684	78	321
集体企业	104	6933	1148	437	13009		
私营独资企业	436	50801	12609		69000	1	
港澳台商独资经营企业	4	-2945	1200	8428	8301	1410	
外资企业	20	-383	100	2439	1417	16	
合作、合伙企业	18	2396	672	24	7646		
股份合作企业		79	6		160		
私营合伙企业	14	2014	665	24	6405		

12－6 续表25

单位：万元

指标	营业外收入	利润总额	应交所得税	亏损企业亏损总额	利税总额	广告费	研究开发费
中外合作经营企业	4	113			175		
其他企业（内资）		190			905		
股份有限公司	10471	52242	3133	660	260342	289	16742
股份有限公司(内资)	9719	46081	2440	551	251633	256	16699
私营股份有限公司	752	5664	598	109	7840	34	
港澳台商投资股份有限公司		489	96		862		43
外商投资股份有限公司		8			8		
有限责任公司	9548	304435	80624	63513	535400	3466	10913
国有独资公司	1976	74596	29988	52007	127578	2700	6977
私营有限责任公司	1884	77840	11376	1859	134605	335	2904
合资经营企业(港或澳、台资)	7	272	9	284	619		
中外合资经营企业	132	12799	2137	4104	18587	11	
其他有限责任公司	5549	138928	37114	5259	254011	420	1033
三、在总计中:亏损企业	2796	-95401	51	95401	-64368	4296	5332
在总计中:国有控股企业	65670	210608	54705	76316	595770	2886	24176
国有控股大型企业	56371	178236	32300	21635	500963	2777	22854
国有控股中型企业	8009	22671	22157	50749	74289	106	1303
国有控股小型企业	1289	9702	248	3932	20518	3	20
在总计中:农村工业		5	30	53	23		
在总计中:轻工业	5931	60531	13581	15502	142207	2218	1747
重工业	65414	385845	92072	79900	849592	3042	26229
在总计中:大型企业	56465	213879	41945	21635	557982	2777	22854
中型企业	9703	80979	41027	64640	170630	1690	2787
小型企业	5177	151517	22681	9127	263188	793	2335
在总计中:民营工业	4848	214116	44995	4791	347050	982	3757
四、按隶属关系分组:							
中央企业	57782	57665	14776	37588	332005	2808	21856
省及省以下属企业	13563	388711	90877	57813	659794	2453	6120
省属企业	3976	118909	31771	32039	194671	47	1023
地区及地区以下属企业	9587	269802	59106	25774	465123	2406	5097
地区属企业	4022	3330	4396	10576	28477	1415	742
县及县以下属企业	5565	266471	54711	15197	436646	991	4355
县属企业	1615	78580	20439	1828	132466	393	1474
街道属企业	-15	320	3		589		
镇属企业	10	3665	635	35	4798		
乡属企业		-53		53	-52		
村委会办企业		58	30		75		
其他属企业	3955	183901	33603	13282	298771	598	2880

12－6 续表26

单位：万元

指　　标	营业外收入	利润总额	应交所得税	亏损企业亏损总额	利税总额	广告费	研究开发费
采矿业（小计）	3127	80314	22592	361	110552	5	
煤炭开采和洗选业	398	6026	646		14327		
黑色金属矿采选业	23	47704	14743		62336		
有色金属矿采选业	2656	23020	6998	53	27128		
非金属矿采选业	49	3565	206	308	6760	5	
制造业(小计)	65727	366978	81761	73287	854380	5243	27796
农副食品加工业	1094	13000	2154	682	26815	1	35
食品制造业	2	4945	2028	3278	15796		85
饮料制造业	85	3965	2104	5321	23841	1454	19
纺织业		434	21	191	1818		2
纺织服装、鞋、帽制造业		762	130		794		
皮革、毛皮、羽毛(绒)及其制品业	51	36	11		48		
木材加工及木、竹、藤、棕、草制品业	1654	11784	1865	2010	16719		
家具制造业	1	1233	47	11	1433		
造纸及纸制品业	1375	-330	548	2588	2811		
印刷业和记录媒介的复制		-66	7	100	-19		
石油加工、炼焦及核燃料加工业	2	2939	763		4115	1	10
化学原料及化学制品制造业	53047	112959	17021	1563	380628	269	13127
医药制造业	1318	16694	1200	341	26606	735	999
化学纤维制造业	716	17574	4476		36416	27	581
橡胶制品业		713	137		1242		
塑料制品业	27	3299	211	121	4241	6	26
非金属矿物制品业	2740	-2379	4022	31380	23076	54	4089
黑色金属冶炼及压延加工业	626	52897	12705	402	109437	6	276
有色金属冶炼及压延加工业	944	108378	24864		130038	31	741
金属制品业	12	6466	1329	22	9171	1	
通用设备制造业	14	2292	498	33	4267	4	29
专用设备制造业	773	9946	1635	14	14910	4	200
交通运输设备制造业	797	-16266	969	24381	-3978	2643	5475
电气机械及器材制造业	350	6289	463	103	10156		831
通信设备、计算机及其他电子设备制造业	60	8835	2432	746	12800		818
仪器仪表及文化、办公用机械制造业	39	204	107	3	670	8	453
工艺品及其他制造业		214	6		311		
废弃资源和废旧材料回收加工业		162	11		221		
电力、燃气及水的生产和供应业（小计）	2492	-916	1300	21754	26867	12	180
电力、热力的生产和供应业	2139	2758	1300	18069	29367	2	180
燃气生产和供应业	18	-1548		1548	-1315	10	
水的生产和供应业	335	-2127		2137	-1186		

12－6 续表27

指　　标	劳动、失业保险费	养老保险和医疗保险费	住房公积金和住房补贴	本年应付工资总额	#主营业务应付工资总额	本年应付福利费总额	#主营业务应付福利费总额	本年应交增值税
总　　计	**14508**	**85151**	**36986**	**414288**	**333721**	**48125**	**37779**	**362755**
一、按登记注册类型分组:								
内资企业	14286	82897	36414	396126	317147	46456	36121	350908
国有企业	3775	22135	11696	91615	75274	7445	5162	44414
中央企业	3554	20320	10914	81888	65942	5992	3756	41942
地方企业	221	1815	782	9727	9331	1453	1406	2472
集体企业	956	561	544	6891	6864	1435	1433	4742
股份合作企业	2	19		117	117	16	16	73
有限责任公司	6520	23700	8306	109719	106579	13703	13274	130610
国有独资公司	4133	14394	3142	44813	43602	8940	8775	43588
其他有限责任公司	2388	9306	5165	64906	62978	4764	4500	87022
股份有限公司	2492	34420	15664	124257	68591	16375	9259	107491
私营企业	541	2063	205	63477	59672	7482	6977	63533
私营独资企业	21	121		10460	9419	725	625	14086
私营合作企业				960	842	117	117	3810
私营有限责任公司	518	1841	195	48124	45544	6214	5818	43914
私营股份有限公司	3	101	10	3932	3866	426	418	1723
其他企业				51	51			45
港、澳、台商投资企业	102	1038	262	6158	5718	766	760	5149
合资经营企业(港或澳、台资)	8	63	13	665	465	43	41	190
港澳台商独资经营企业	94	973	249	5106	4903	669	669	4713
港澳台商投资股份有限公司		3		387	350	54	50	245
外商投资企业	121	1217	309	12004	10856	903	899	6698
中外合资经营企业	96	1019	277	9559	8448	697	693	5782
中外合作经营企业		4		96	59	6	6	62
外资企业	22	154	24	2077	2077	162	162	854
外商投资股份有限公司	3	40	9	272	272	38	38	
二、按经济组织类型分组								
独资企业	4868	23943	12512	116149	98537	10436	8050	68810
国有企业	3775	22135	11696	91615	75274	7445	5162	44414
集体企业	956	561	544	6891	6864	1435	1433	4742
私营独资企业	21	121		10460	9419	725	625	14086
港澳台商独资经营企业	94	973	249	5106	4903	669	669	4713
外资企业	22	154	24	2077	2077	162	162	854
合作、合伙企业	2	23		1224	1068	138	138	3990
股份合作企业	2	19		117	117	16	16	73
私营合伙企业				960	842	117	117	3810

12－6 续表28

指　　标	劳动、失业保险费	养老保险和医疗保险费	住房公积金和住房补贴	本年应付工资总额	#主营业务应付工资总额	本年应付福利费总额	#主营业务应付福利费总额	本年应交增值税
中外合作经营企业		4		96	59	6	6	62
其他企业（内资）				51	51			45
股份有限公司	2497	34564	15682	128848	73079	16894	9765	109459
股份有限公司(内资)	2492	34420	15664	124257	68591	16375	9259	107491
私营股份有限公司	3	101	10	3932	3866	426	418	1723
港澳台商投资股份有限公司		3		387	350	54	50	245
外商投资股份有限公司	3	40	9	272	272	38	38	
有限责任公司	7142	26622	8791	168067	161036	20657	19826	180497
国有独资公司	4133	14394	3142	44813	43602	8940	8775	43588
私营有限责任公司	518	1841	195	48124	45544	6214	5818	43914
合资经营企业(港或澳、台资)	8	63	13	665	465	43	41	190
中外合资经营企业	96	1019	277	9559	8448	697	693	5782
其他有限责任公司	2388	9306	5165	64906	62978	4764	4500	87022
三、在总计中:亏损企业	**1410**	**10576**	**4692**	**45237**	**43694**	**6087**	**5985**	**19041**
在总计中:国有控股企业	11754	76527	35081	290748	216767	36332	26639	236969
国有控股大型企业	5147	58563	26521	219613	148272	27238	17896	190153
国有控股中型企业	6305	16172	7869	62912	60684	8070	7757	38111
国有控股小型企业	302	1791	691	8224	7811	1024	986	8706
在总计中:农村工业				224	224	31	31	15
在总计中:轻工业	1239	4694	1314	56330	55468	5998	5956	62478
重工业	13270	80457	35672	357958	278253	42127	31824	300277
在总计中:大型企业	5189	58903	26567	230614	159274	25151	15810	210098
中型企业	7869	20313	8947	103282	97949	13539	12989	66176
小型企业	1451	5935	1471	80392	76499	9435	8981	86482
在总计中:民营工业	1500	5160	736	96096	91161	8176	7541	108352
四、按隶属关系分组:								
中央企业	6841	54925	29460	212181	140722	21664	12322	146005
省及省以下属企业	7667	30227	7526	202106	192999	26461	25457	216750
省属企业	3606	18048	4254	50918	48510	11631	11295	60791
地区及地区以下属企业	4061	12179	3271	151189	144489	14830	14162	155959
地区属企业	326	4141	1178	23176	23025	3778	3773	17079
县及县以下属企业	3735	8038	2094	128013	121463	11052	10389	138880
县属企业	1371	2780	584	37524	36290	781	649	46365
街道属企业		1		458	446	49	49	96
镇属企业		1		1406	1402	174	173	279
乡属企业				76	76	11	11	
村委会办企业				148	148	20	20	15
其他属企业	2364	5257	1510	88401	83102	10017	9487	92125

12－6 续表29

指　　标	劳动、失业保险费	养老保险和医疗保险费	住房公积金和住房补贴	本年应付工资总额	#主营业务应付工资总额	本年应付福利费总额	#主营业务应付福利费总额	本年应交增值税
采矿业（小计）	3641	3906	279	24764	21552	2778	2437	22436
煤炭开采和洗选业	1743	3492	51	11195	10002	1390	1243	6608
黑色金属矿采选业	22	114	19	3683	2690	416	319	11702
有色金属矿采选业	1828	255	209	7151	6290	712	642	2273
非金属矿采选业	49	46	1	2735	2570	260	234	1852
制造业(小计)	10022	71253	31639	352344	275228	39929	29980	314525
农副食品加工业	36	164	50	6094	5912	733	722	9712
食品制造业	11	50	5	4329	4092	429	429	9346
饮料制造业	90	1187	271	7738	7633	1013	998	10728
纺织业	4	110	1	3438	3438	367	367	1249
纺织服装、鞋、帽制造业	1			4116	3885	32	32	21
皮革、毛皮、羽毛(绒)及其制品业				182	182	17	17	12
木材加工及木、竹、藤、棕、草制品业	162	1005	144	10239	10152	796	781	3746
家具制造业	1	11	3	1578	1578	117	117	113
造纸及纸制品业	8	361	38	3976	3973	553	552	2785
印刷业和记录媒介的复制	4	47	12	224	224	32	32	41
石油加工、炼焦及核燃料加工业	27	49	3	1238	1178	144	144	653
化学原料及化学制品制造业	4712	43824	25654	179765	107647	18983	9541	142277
医药制造业	55	777	43	8162	8162	1121	1121	8917
化学纤维制造业	930	855	405	10081	10065	684	681	16541
橡胶制品业	0	2		252	252	22	22	428
塑料制品业	17	290	34	1455	1412	132	129	729
非金属矿物制品业	1397	6345	1753	22437	21146	2790	2613	21021
黑色金属冶炼及压延加工业	754	4257	880	29705	29429	964	953	44600
有色金属冶炼及压延加工业	200	4448	96	6879	6861	5512	5509	18676
金属制品业	32	97	20	2206	2201	299	298	2186
通用设备制造业	52	202	77	4360	3753	537	468	1687
专用设备制造业	204	2058	355	11535	11291	1071	1039	3699
交通运输设备制造业	1166	4083	1644	20786	19966	2051	1898	8124
电气机械及器材制造业	22	353	20	3955	3939	453	453	3323
通信设备、计算机及其他电子设备制造业	84	602	116	6558	5907	983	983	3492
仪器仪表及文化、办公用机械制造业	52	63	17	454	427	39	35	274
工艺品及其他制造业	1	13		386	383	30	30	89
废弃资源和废旧材料回收加工业				218	140	28	17	55
电力、燃气及水的生产和供应业（小计）	845	9993	5067	37180	36941	5418	5363	25794
电力、热力的生产和供应业	754	8981	4576	32979	32792	4787	4740	24711
燃气生产和供应业	5	72	8	504	504	23	23	233
水的生产和供应业	86	940	483	3697	3646	607	600	850

12－6 续表30

指　　标	本　年 进项税额	本　年 销项税额	经营活动 产生的 现金流入	经营活动 产生的 现金流出	投资活 动产生 的现金 流　入	投资活 动产生 的现金 流　出	筹资活动 产生的 现金流入	筹资活动 产生的 现金流出	全部从业 人员年 平均人数 （人）
总　计	**1801591**	**2122497**	**11693458**	**11337066**	**231548**	**736000**	**1084201**	**888400**	**197067**
一、按登记注册类型分组:									
内资企业	1767180	2068595	11404497	11058582	217511	687221	1021165	860129	188813
国有企业	147159	174327	1544181	1515610	31077	174037	130856	80524	30456
中央企业	143133	167813	1498626	1476974	30925	171375	130196	78167	23639
地方企业	4025	6514	45555	38635	151	2662	660	2357	6817
集体企业	18962	23085	140850	138238	529	6234	2774	3025	4442
股份合作企业	92	166	1128	1122	4	64			65
有限责任公司	315802	525000	3467123	3346183	108679	339196	1102723	890016	68631
国有独资公司	65717	198752	1328539	1354656	46870	142876	414749	263491	37805
其他有限责任公司	250085	326249	2138584	1991527	61809	196320	687975	626525	30826
股份有限公司	1188125	1194192	5281072	5164993	42754	133545	-292953	-176682	37765
私营企业	97040	151825	970143	892436	34468	34145	77765	63246	47402
私营独资企业	19262	31647	110880	102024	4776	5648	12949	14714	8111
私营合作企业	414	4183	26203	25895		24	170	180	758
私营有限责任公司	72215	109511	788862	731203	17861	25584	52161	38373	35539
私营股份有限公司	5150	6484	44198	33314	11831	2889	12485	9979	2994
其他企业									52
港、澳、台商投资企业	19735	17503	182840	181652	12743	13293	19478	10947	2966
合资经营企业(港或澳、台资)	448	685	62775	61323	12743	11677	1189	630	438
港澳台商独资经营企业	19145	16431	120064	120329		1617	18289	10316	2431
港澳台商投资股份有限公司	143	388							97
外商投资企业	14675	36399	106121	96833	1294	35486	43557	17325	5288
中外合资经营企业	14160	35621	78980	70417	255	8210	15294	17201	2827
中外合作经营企业	114	168	1242	1195					72
外资企业	377	594	25599	24941	736	959	508	124	2036
外商投资股份有限公司	23	16	300	280	303	26317	27756		353
二、按经济组织类型分组									
独资企业	204904	246085	1941574	1901141	37118	188494	165376	108703	47476
国有企业	147159	174327	1544181	1515610	31077	174037	130856	80524	30456
集体企业	18962	23085	140850	138238	529	6234	2774	3025	4442
私营独资企业	19262	31647	110880	102024	4776	5648	12949	14714	8111
港澳台商独资经营企业	19145	16431	120064	120329		1617	18289	10316	2431
外资企业	377	594	25599	24941	736	959	508	124	2036
合作、合伙企业	620	4517	28573	28213	4	89	170	180	947
股份合作企业	92	166	1128	1122	4	64			65
私营合伙企业	414	4183	26203	25895		24	170	180	758

12－6 续表31

指　　标	本　年进项税额	本　年销项税额	经营活动产生的现金流入	经营活动产生的现金流出	投资活动产生的现金流入	投资活动产生的现金流出	筹资活动产生的现金流入	筹资活动产生的现金流出	全部从业人员年平均人数（人）
中外合作经营企业	114	168	1242	1195					72
其他企业（内资）									52
股份有限公司	1193441	1201079	5325571	5198587	54888	162750	-252712	-166703	41209
股份有限公司(内资)	1188125	1194192	5281072	5164993	42754	133545	-292953	-176682	37765
私营股份有限公司	5150	6484	44198	33314	11831	2889	12485	9979	2994
港澳台商投资股份有限公司	143	388							97
外商投资股份有限公司	23	16	300	280	303	26317	27756		353
有限责任公司	402625	670816	4397741	4209126	139538	384668	1171367	946220	107435
国有独资公司	65717	198752	1328539	1354656	46870	142876	414749	263491	37805
私营有限责任公司	72215	109511	788862	731203	17861	25584	52161	38373	35539
合资经营企业(港或澳、台资)	448	685	62775	61323	12743	11677	1189	630	438
中外合资经营企业	14160	35621	78980	70417	255	8210	15294	17201	2827
其他有限责任公司	250085	326249	2138584	1991527	61809	196320	687975	626525	30826
三、在总计中:亏损企业	**70886**	**79026**	**557878**	**569571**	**7726**	**90101**	**239082**	**150702**	**24844**
在总计中:国有控股企业	1557807	1760152	9283724	9105950	162366	574652	735430	600223	114859
国有控股大型企业	1442306	1610961	7890243	7822049	89464	423324	231331	134910	80894
国有控股中型企业	103734	128955	1225506	1142656	71569	125657	432485	391070	29391
国有控股小型企业	11768	20237	167975	141245	1333	25670	71613	74244	4574
在总计中:农村工业	92	118	1539	1308			297		111
在总计中:轻工业	91904	236727	1385256	1342345	61740	167047	443322	303624	46267
重工业	1709687	1885770	10308202	9994722	169809	568954	640879	584776	150800
在总计中:大型企业	1480921	1668349	8368544	8270984	90022	460277	378087	273689	84054
中型企业	165373	207079	1904909	1753521	91264	164917	529170	479801	52369
小型企业	155297	247068	1420005	1312562	50262	110806	176944	134909	60644
在总计中:民营工业	188706	283057	1957414	1802125	52687	107298	274433	248291	67222
四、按隶属关系分组:									
中央企业	1371595	1395813	7160861	7068728	52139	305308	-54343	808	63285
省及省以下属企业	429995	726684	4532596	4268338	179409	430692	1138544	887592	133782
省属企业	147484	205993	1179028	1074163	38111	122189	301879	240372	26375
地区及地区以下属企业	282512	520691	3353569	3194175	141299	308504	836665	647220	107407
地区属企业	45534	56956	407558	413668	47852	84268	234949	187569	14018
县及县以下属企业	236978	463735	2946011	2780507	93447	224235	601716	459651	93389
县属企业	64130	201006	1260900	1225589	40966	126644	329974	272216	31566
街道属企业	60	89	195	166					424
镇属企业	689	841	12657	10251		151	340	266	1287
乡属企业	5	16	283	283			297		31
村委会办企业	87	102	1256	1026					80
其他属企业	172007	261682	1670721	1543193	52481	97441	271105	187169	60001

12-6 续表32

指　　标	本　　年 进项税额	本　　年 销项税额	经营活动 产生的 现金流入	经营活动 产生的 现金流出	投资活 动产生 的现金 流　入	投资活 动产生 的现金 流　出	筹资活动 产生的 现金流入	筹资活动 产生的 现金流出	全部从业 人员年 平均人数 （人）
采矿业（小计）	12683	35867	258867	228735	4230	15892	20751	23863	18111
煤炭开采和洗选业	2607	9273	89445	83325		46	217	6	8602
黑色金属矿采选业	5618	15758	94740	83608	4217	5388	15236	18376	2370
有色金属矿采选业	1136	6140	62640	50487	13	10383	5297	5482	5121
非金属矿采选业	3323	4696	12041	11315		75			2018
制造业(小计)	1777582	2055055	11101415	10844431	179177	642444	1005305	795300	167136
农副食品加工业	16589	24532	229063	218916	15734	39473	58220	24068	4782
食品制造业	20900	23054	138519	122067	11613	805	13189	7252	3871
饮料制造业	11319	21584	130556	131861	214	2571	12144	4982	4070
纺织业	5596	6917	4713	4596		1	102	142	3483
纺织服装、鞋、帽制造业	118	139	3102	2661		29	32	17	812
皮革、毛皮、羽毛(绒)及其制品业	914	264	6904	6506		22	2377	2911	170
木材加工及木、竹、藤、棕、草制品业	7319	10607	96262	81379	3834	6661	7826	11732	10675
家具制造业	1345	892	8812	8241	1	24	174	216	1606
造纸及纸制品业	16668	19135	99448	99137	100	54003	136064	84348	2422
印刷业和记录媒介的复制	87	128	1271	1270					172
石油加工、炼焦及核燃料加工业	2854	3518	12297	13906	234	596			997
化学原料及化学制品制造业	1342787	1385630	6855763	6689954	21652	262741	-237615	-142371	49473
医药制造业	14023	21099	103569	87447	6645	4280	51558	52676	5355
化学纤维制造业	126	112056	584737	595938	22667	61510	165226	120864	14749
橡胶制品业	908	1118	2101	2045					222
塑料制品业	2878	3551	9895	8233	353	6		46	1341
非金属矿物制品业	68752	84430	407602	414395	39685	15087	244994	194942	13554
黑色金属冶炼及压延加工业	149380	190423	1191493	1139442	1277	65335	246717	236266	10409
有色金属冶炼及压延加工业	26291	44372	267885	255869	2637	49627	150074	72033	5555
金属制品业	10068	10559	92053	87906	872	125	1062	320	1614
通用设备制造业	5217	6528	46208	43641	554	1688	2280	1646	2899
专用设备制造业	8499	11805	195841	201099	28226	21187	21704	23333	7104
交通运输设备制造业	36949	44249	282744	314555	6544	29556	50493	24236	15056
电气机械及器材制造业	9483	12609	120552	117595	4653	10343	21032	21400	2805
通信设备、计算机及其他电子设备	17268	14304	197778	182438	2803	11047	54823	52514	3183
仪器仪表及文化、办公用机械制造	1072	1319	4989	6861	4279	1567	2203	1728	302
工艺品及其他制造业	53	60	6219	5509	4600	4162	625		282
废弃资源和废旧材料回收加工业	121	177	1038	964					173
电力、燃气及水的生产和供应业（小计）	11326	31575	333176	263901	48142	77665	58145	69237	11820
电力、热力的生产和供应业	10642	29892	323502	253937	48142	77279	55647	68739	8975
燃气生产和供应业	453	686	8901	9370		386	2499	498	324
水的生产和供应业	230	997	773	595					2521

12－7 规模以上国有及国有控股工业企业主要经济指标（2007）

单位：万元

指　　标	企业单位数（个）	#亏损企业	工业总产值（当年价）	#新产品产值	工业销售产值（当年价）	#出口交货值	工业中间投入
总　　计	**71**	**17**	**7805630**	**956691**	**7637332**	**221031**	**6431863**
在总计中:							
亏损企业	17	17	341847	82800	341247	515	289665
在总计中:							
中央企业	16	4	5536417	359307	5505366	67454	4724580
地方企业	37	10	1134754	402298	1056601	13526	943655
在总计中:							
轻工业	18	7	875853	386706	801199	850	755540
重工业	53	10	6929777	569985	6836133	220181	5676323
在总计中:							
大型企业	10	1	6628046	867489	6504144	194667	5600759
中型企业	25	7	964706	86897	934643	26101	691386
小型企业	36	9	212878	2305	198544	263	139718
采矿业（小计）	8		81257		80448		39342
煤炭开采和洗选业	2		28883		27888		20785
黑色金属矿采选业	1		19868		19971		5036
有色金属矿采选业	3		27282		27024		9437
非金属矿采选业	2		5224		5565		4084
制造业（小计）	48	10	7403193	956691	7236486	221031	6173452
农副食品加工业	5	1	36476		27386		17248
饮料制造业	1		16251		14865		12940
木材加工及木、竹、藤、棕、草制品业	2		49834		46801		31612
造纸及纸制品业	1	1	103021	66346	95610		86967
印刷业和记录媒介的复制	1	1	510		510		302
化学原料及化学制品制造业	5		5054911	309034	5026079	13266	4338156
医药制造业	3		33468	3845	21447	6	24547
化学纤维制造业	1		671771	316515	627807	844	605652
非金属矿物制品业	7	1	300816	23628	297937	44271	236073
黑色金属冶炼及压延加工业	2		464583	81799	472392	83407	389022
有色金属冶炼及压延加工业	1		301501	109869	246785	56129	118771
通用设备制造业	1	1	2813		2813		1757
专用设备制造业	6	1	86483	13610	81668	6997	69780
交通运输设备制造业	10	4	184478	16454	186701	3435	168669
电气机械及器材制造业	1		4201		4201		3598
通信设备、计算机及其他电子设备制造业	1		92076	15592	83485	12676	68357
电力、燃气及水的生产和供应业（小计）	15	7	321180		320397		219068
电力、热力的生产和供应业	9	3	306824		306824		211184
水的生产和供应业	6	4	14357		13574		7884

注：中油吉林分公司现金流为67446万元，涉及的补贴收入、利润总额、利税总额均不含此数。

12-7 续表1

单位：万元

指　　标	直接材料	制造费用中的中间投入	管理费用中的中间投入	营业费用中的中间投入	工业增加值（当年价）	资产总计	流动资产合　计
总　　计	**5703739**	**310456**	**247342**	**88434**	**1610737**	**7948815**	**2920050**
在总计中：							
亏损企业	204121	34386	17583	20587	62954	778128	221505
在总计中：							
中央企业	4335977	128320	195926	41322	957842	4721518	1456147
地方企业	781378	66900	28960	24325	222278	1731654	687593
在总计中：							
轻工业	630414	54451	20153	17772	140498	1178786	403484
重工业	5073326	256004	227189	70662	1470238	6770029	2516566
在总计中：							
大型企业	5060075	235139	195084	62528	1217440	5671098	2207410
中型企业	527237	64866	47545	23201	311431	1902324	606466
小型企业	116427	10451	4713	2706	81866	375393	106173
采矿业（小计）	21350	7802	8654	1146	45691	168258	76611
煤炭开采和洗选业	11203	5080	4210	290	9824	61886	30345
黑色金属矿采选业	3629	113	528	429	16794	29487	14562
有色金属矿采选业	3843	2198	3419	17	17880	71600	28426
非金属矿采选业	2675	411	497	410	1193	5284	3277
制造业（小计）	5490322	285145	236783	86380	1440736	6947860	2798742
农副食品加工业	13212	2911	183	695	19334	19921	13493
饮料制造业	10548	710	690	680	3500	34839	13949
木材加工及木、竹、藤、棕、草制品业	24393	2385	4122	1050	19706	93961	50357
造纸及纸制品业	56978	18457	1227	3755	17537	229660	51250
印刷业和记录媒介的复制	248	16	39		246	307	179
化学原料及化学制品制造业	4044823	92397	170850	20791	844198	3632394	1075270
医药制造业	21923	162	640	148	9959	28848	12803
化学纤维制造业	524210	29623	16279	11586	82600	790891	304994
非金属矿物制品业	190104	13187	12927	9819	78589	639462	369238
黑色金属冶炼及压延加工业	347324	13560	5163	15042	97776	419165	286756
有色金属冶炼及压延加工业	22695	86053	2465	2649	200423	488851	299324
通用设备制造业	1693	57		8	1227	1241	1171
专用设备制造业	54027	6632	4880	2964	18090	132277	70153
交通运输设备制造业	126142	10546	12915	15579	20293	226092	129910
电气机械及器材制造业	3011	156	96	13	689	5129	1314
通信设备、计算机及其他电子设备制造业	48993	8294	4308	1603	26570	204822	118582
电力、燃气及水的生产和供应业（小计）	192068	17510	1905	908	124309	832698	44698
电力、热力的生产和供应业	188772	14938	809		116987	758376	37881
水的生产和供应业	3296	2572	1096	908	7323	74322	6817

12－7 续表2

单位：万元

指　　标	应收帐款	存　货	产成品	流动资产年平均余额	固定资产合计
总　　计	382128	1049600	338289	2841404	4231365
在总计中:					
亏损企业	40071	62442	30427	226333	467832
在总计中:					
中央企业	145102	644290	145416	1612998	2854047
地方企业	178695	232155	108578	591592	851189
在总计中:					
轻工业	58109	183926	83739	345858	630736
重工业	324019	865673	254550	2495546	3600629
在总计中:					
大型企业	180898	874471	260145	2205882	2834008
中型企业	178747	146022	64588	546935	1154849
小型企业	22483	29106	13556	88588	242508
采矿业（小计）	3846	10169	7563	66155	63442
煤炭开采和洗选业	2161	6944	5295	21850	25432
黑色金属矿采选业	1016	567	166	12534	12670
有色金属矿采选业	345	721	217	28342	23332
非金属矿采选业	324	1937	1884	3430	2007
制造业（小计）	369022	1029720	330673	2721853	3436558
农副食品加工业	3101	2710	817	8729	5930
饮料制造业	4908	6170	2116	9991	20890
木材加工及木、竹、藤、棕、草制品业	1593	7462	7462	48073	43604
造纸及纸制品业	17230	17418	5792	42463	163760
印刷业和记录媒介的复制	40	49	27	203	128
化学原料及化学制品制造业	73831	485805	93401	1237929	2209044
医药制造业	4483	5824	2514	14491	15701
化学纤维制造业	26472	151500	72420	262702	394103
非金属矿物制品业	113017	119095	33667	315122	201567
黑色金属冶炼及压延加工业	28302	98099	65173	248946	90447
有色金属冶炼及压延加工业	9019	39253		213126	70802
通用设备制造业	722			1171	70
专用设备制造业	25349	24051	11297	66549	56706
交通运输设备制造业	22469	46584	23242	141429	90796
电气机械及器材制造业	426	580	302	1215	3711
通信设备、计算机及其他电子设备制造业	38061	25120	12443	109715	69301
电力、燃气及水的生产和供应业（小计）	9260	9711	53	53396	731366
电力、热力的生产和供应业	7384	9455		46116	701142
水的生产和供应业	1876	256	53	7280	30224

12－7 续表3

单位：万元

指　　标	资产总计 固定资产原价	累计折旧	#本年折旧	固定资产净值	固定资产净值年平均余额
总　　计	7252987	3184122	361980	4068865	4004597
在总计中:					
亏损企业	888598	466565	29324	422032	365846
在总计中:					
中央企业	5339836	2508419	284985	2831417	2766498
地方企业	1051917	317005	44722	734912	727779
在总计中:					
轻工业	761335	241251	33390	520083	522393
重工业	6491652	2942871	328590	3548781	3482204
在总计中:					
大型企业	5030789	2256505	270214	2774284	2779279
中型企业	1919359	849151	77039	1070208	1008722
小型企业	302838	78466	14726	224372	216597
采矿业（小计）	85816	32509	3547	53307	57216
煤炭开采和洗选业	43772	18372	1447	25399	23281
黑色金属矿采选业	8771	6101	782	2670	9722
有色金属矿采选业	30475	7240	1249	23236	22220
非金属矿采选业	2798	797	69	2002	1994
制造业（小计）	5704266	2393932	306315	3310334	3240002
农副食品加工业	9847	4022	482	5825	4836
饮料制造业	11345	789	745	10556	11190
木材加工及木、竹、藤、棕、草制品业	74210	30606	2035	43604	38595
造纸及纸制品业	137543	6516	3956	131027	81970
印刷业和记录媒介的复制	417	288	55	128	156
化学原料及化学制品制造业	3977000	1746807	240303	2230194	2183789
医药制造业	29836	14221	1371	15615	16315
化学纤维制造业	511730	184735	24624	326995	374485
非金属矿物制品业	331081	140108	13236	190973	193088
黑色金属冶炼及压延加工业	148433	62495	6844	85938	85531
有色金属冶炼及压延加工业	120557	49756	1743	70802	70802
通用设备制造业	121	51	4	70	70
专用设备制造业	77287	25068	2780	52218	50200
交通运输设备制造业	170929	93897	7480	77032	58742
电气机械及器材制造业	4727	1016	202	3711	3815
通信设备、计算机及其他电子设备制造业	99204	33558	457	65647	66419
电力、燃气及水的生产和供应业（小计）	1462905	757681	52118	705224	707379
电力、热力的生产和供应业	1402287	727000	49960	675287	673938
水的生产和供应业	60618	30681	2158	29937	33442

12－7 续表4

单位：万元

指　　标	负债合计	流动负债合　计	应付帐款	长期负债合　计	所有者权益合计	实收资本	国家资本
总　计	**4105988**	**2683774**	**831238**	**1141224**	**3830130**	**2522018**	**323955**
在总计中:							
亏损企业	734537	395611	119234	153726	34830	301898	185669
在总计中:							
中央企业	2014936	1111405	488562	718196	2693876	1926252	216704
地方企业	1083064	766407	170012	305207	648599	316520	30169
在总计中:							
轻工业	784493	521989	117075	254429	394302	164579	20971
重工业	3321495	2161785	714164	886795	3435828	2357440	302984
在总计中:							
大型企业	2448571	1814271	650799	570153	3209830	1958051	191031
中型企业	1414196	718354	145576	491961	488129	428073	104666
小型企业	243221	151149	34863	79110	132172	135895	28259
采矿业（小计）	98552	28044	8663	43731	69706	39642	28566
煤炭开采和洗选业	40744	2973	2786	10996	21143	13327	13327
黑色金属矿采选业	8998	8765	2604	233	20489	11819	11819
有色金属矿采选业	46385	13887	3042	32499	25215	12051	1700
非金属矿采选业	2426	2420	231	3	2858	2445	1720
制造业（小计）	3239151	2416544	775025	753595	3696012	2406672	267232
农副食品加工业	14580	14131	2037	200	5341	4144	2978
饮料制造业	21517	15511	6777	6007	13322	227	
木材加工及木、竹、藤、棕、草制品业	78205	42451	1494	3240	15756	9025	9025
造纸及纸制品业	198445	138445	25842	60000	31215	40000	
印刷业和记录媒介的复制	121	121	72		186	220	
化学原料及化学制品制造业	1088451	706298	358152	382121	2543943	1664208	282
医药制造业	25400	24670	2307	730	3447	16524	200
化学纤维制造业	479219	316619	79819	154811	311680	80907	
非金属矿物制品业	387653	358625	52423	16230	251809	194908	12800
黑色金属冶炼及压延加工业	243177	231388	96849	10567	175988	105316	9167
有色金属冶炼及压延加工业	258897	226490	20653	18000	229954	32000	10560
通用设备制造业	925	861	64		316	200	200
专用设备制造业	100957	78469	19077	22488	27375	51865	51854
交通运输设备制造业	194334	138511	82182	55823	22997	205221	168258
电气机械及器材制造业	4617	3017	215	1600	512	500	500
通信设备、计算机及其他电子设备制造业	142652	120938	27125	21714	62170	1408	1408
电力、燃气及水的生产和供应业（小计）	768284	239186	47551	343898	64413	75704	28157
电力、热力的生产和供应业	723074	226693	47330	311217	35301	53148	10365
水的生产和供应业	45210	12492	221	32681	29112	22557	17792

12－7 续表5

单位：万元

指　　标	集体资本	法人资本	个人资本	港澳台资本	外商资本	主营业务收　入	主营业务成　本
总　计	150	2137674	35049	17	25174	8078372	7147137
在总计中:							
亏损企业		100311	4651		11267	314904	300967
在总计中:							
中央企业		1689196	12845		7507	5929414	5442125
地方企业	150	263786	11131	17	11267	1036970	865318
在总计中:							
轻工业		132596	11012			765554	670496
重工业	150	2005078	24036	17	25174	7312818	6476641
在总计中:							
大型企业		1739135	21485		6400	6976439	6215642
中型企业		309977	13430			920038	780168
小型企业	150	88562	133	17	18774	181895	151327
采矿业（小计）		11076				72636	40776
煤炭开采和洗选业						23773	19785
黑色金属矿采选业						19957	5703
有色金属矿采选业		10351				24069	11108
非金属矿采选业		725				4838	4181
制造业（小计）	150	2083702	30397	17	25174	7685508	6795136
农副食品加工业		1151	15			14405	11829
饮料制造业		227				11876	10289
木材加工及木、竹、藤、棕、草制品业						55862	39379
造纸及纸制品业		40000				70783	60573
印刷业和记录媒介的复制		220				511	469
化学原料及化学制品制造业	150	1663668	108			5392729	4958555
医药制造业		9978	6346			20504	13646
化学纤维制造业		80907				634385	564360
非金属矿物制品业		169263	12845			351725	280107
黑色金属冶炼及压延加工业		93716	2433			496638	426867
有色金属冶炼及压延加工业		6400	8640		6400	266676	122080
通用设备制造业						2405	2367
专用设备制造业			10			81133	62448
交通运输设备制造业		18173		17	18774	194633	175630
电气机械及器材制造业						4188	3346
通信设备、计算机及其他电子设备制造业						87057	63191
电力、燃气及水的生产和供应业（小计）		42896	4651			320228	311225
电力、热力的生产和供应业		42783				307137	301894
水的生产和供应业		113	4651			13090	9331

12－7 续表6

单位：万元

指标	主营业务税金及附加	其他业务收入	其他业务利润	营业费用	管理费用	税金	财产保险费
总计	**148193**	**274776**	**19015**	**101490**	**521876**	**37572**	**8513**
在总计中:							
亏损企业	4111	25514	1279	21054	58497	2145	460
在总计中:							
中央企业	128335	176978	11300	48525	356897	23909	7268
地方企业	5029	67409	6064	28597	61786	6898	1025
在总计中:							
轻工业	3217	63988	6106	20464	43057	5039	497
重工业	144976	210788	12909	81026	478819	32533	8016
在总计中:							
大型企业	132574	232502	9889	68529	397753	26981	7150
中型企业	13508	40323	7943	28517	114316	10096	1169
小型企业	2111	1952	1182	4444	9807	495	194
采矿业（小计）	1063	11318	1188	1090	15584	606	81
煤炭开采和洗选业	457	10285	1041	360	6582	413	60
黑色金属矿采选业	428	864		522	1379	9	
有色金属矿采选业	93	170	148	20	6915	183	15
非金属矿采选业	85			188	709	2	5
制造业（小计）	145430	257605	12650	98310	496392	36481	8184
农副食品加工业	268			953	834	49	12
饮料制造业	404	108	-20	222	260	55	38
木材加工及木、竹、藤、棕、草制品业	158	1302	1056	1090	8970	101	32
造纸及纸制品业		1006	597	3848	4088	792	156
印刷业和记录媒介的复制	4	38	38		138		
化学原料及化学制品制造业	123432	155053	894	24655	305971	21576	6943
医药制造业	156			1237	1740	231	37
化学纤维制造业	2295	62738	5397	12115	31959	3443	30
非金属矿物制品业	1902	19381	730	14400	44986	2268	204
黑色金属冶炼及压延加工业	10046	1085	365	15923	23387	5226	49
有色金属冶炼及压延加工业	2630	1259		2720	30773	437	
通用设备制造业	16			8	47		
专用设备制造业	190	2177	752	3156	11640	334	14
交通运输设备制造业	3562	11035	2841	15991	23324	958	181
电气机械及器材制造业	9			121	389	16	5
通信设备、计算机及其他电子设备制造业	360	2423		1872	7887	995	483
电力、燃气及水的生产和供应业（小计）	1699	5853	5176	2089	9899	485	249
电力、热力的生产和供应业	1609	5755	5083		5862	17	25
水的生产和供应业	90	98	93	2089	4038	468	224

12－7 续表7

单位：万元

指　　标	办公费	职　工 教育费	财务费用	利息支出	营业利润	投资收益	补贴收入
总　　计	**5182**	**2559**	**81892**	**94437**	**131197**	**24675**	**91714**
在总计中:							
亏损企业	375	329	12988	12974	-81519	188	1131
在总计中:							
中央企业	3119	1712	23035	38046	-31702	8428	69396
地方企业	1104	330	42092	41444	50355	15854	8966
在总计中:							
轻工业	762	211	32750	32477	15908	14752	413
重工业	4421	2348	49142	61960	115289	9922	91301
在总计中:							
大型企业	3501	1760	47932	57722	164694	23539	942
中型企业	1176	693	28538	28669	-43412	1136	80903
小型企业	506	106	5422	8046	9915		9869
采矿业（小计）	357	207	392	342	12704		9307
煤炭开采和洗选业	106	143	3	3	-4586		4915
黑色金属矿采选业	18	6	338	339	11587		
有色金属矿采选业	231	56	-41		6121		3782
非金属矿采选业	3	2	91		-418		610
制造业（小计）	4563	2223	74823	84485	124684	24659	77160
农副食品加工业	134	4	247	253	266		
饮料制造业	23	38	312	311	368		
木材加工及木、竹、藤、棕、草制品业	282	11	-338	-302	7659		495
造纸及纸制品业	43	34	6550	6498	-3678		
印刷业和记录媒介的复制	3	3	-1	-1	-100		
化学原料及化学制品制造业	2061	1150	9296	25076	-1743	7666	66156
医药制造业	26	1	1674	1626	2052	-159	
化学纤维制造业	310	112	23953	23786	19381	14910	
非金属矿物制品业	383	127	10036	9060	-2975	3512	8684
黑色金属冶炼及压延加工业	70	149	7934	8049	12814	221	249
有色金属冶炼及压延加工业	335	176	4910		103563		148
通用设备制造业					-32		
专用设备制造业	267	100	1278	1269	3172	6	50
交通运输设备制造业	398	250	3487	3456	-24564	-64	1379
电气机械及器材制造业	67	14	322	322	2		
通信设备、计算机及其他电子设备制造业	160	54	5160	5082	8498	-1433	-1
电力、燃气及水的生产和供应业（小计）	263	129	6678	9610	-6191	15	5247
电力、热力的生产和供应业	41	109	6665	9606	-3809	14	4834
水的生产和供应业	222	20	13	4	-2382	1	413

12－7 续表8

单位：万元

指标	营业外收入	利润总额	应交所得税	亏损企业亏损总额	利税利润	广告费	研究开发费
总计	**65670**	**210608**	**54705**	**76316**	**595770**	**2886**	**24176**
在总计中:							
亏损企业	1917	-76316	14	76316	-61433	2641	5296
在总计中:							
中央企业	57782	57665	14776	37588	332005	2808	21856
地方企业	3913	35244	8524	6688	71452	31	1298
在总计中:							
轻工业	3772	15304	4528	4835	38705	29	801
重工业	61898	195305	50176	71480	557065	2856	23376
在总计中:							
大型企业	56371	178236	32300	21635	500963	2777	22854
中型企业	8009	22671	22157	50749	74289	106	1303
小型企业	1289	9702	248	3932	20518	3	20
采矿业（小计）	2706	21378	7203		26218		
煤炭开采和洗选业		329			2513		
黑色金属矿采选业		11576	3822		13965		
有色金属矿采选业	2656	9254	3328		9382		
非金属矿采选业	49	219	53		357		
制造业（小计）	61430	191551	47501	56642	547977	2886	23996
农副食品加工业	102	295	103	150	669		
饮料制造业	11	371			964		19
木材加工及木、竹、藤、棕、草制品业	1650	9061	1139		10703		
造纸及纸制品业	1372	-2448		2448	-965		
印刷业和记录媒介的复制		-100		100	-57		
化学原料及化学制品制造业	52133	79554	10941		330429	165	12436
医药制造业	1236	1987	32		3180	3	200
化学纤维制造业	716	17325	4394		36101	27	581
非金属矿物制品业	2553	-15201	2541	30195	547	12	4089
黑色金属冶炼及压延加工业	456	13161	2471		45421	6	276
有色金属冶炼及压延加工业	465	101814	23657		122137	31	741
通用设备制造业		-32		32	155		
专用设备制造业	53	2180	396	10	3757	1	
交通运输设备制造业	682	-21391	18	23708	-13344	2642	5158
电气机械及器材制造业		2			97		
通信设备、计算机及其他电子设备制造业	2	4973	1811		8184		497
电力、燃气及水的生产和供应业（小计）	1534	-2321	1	19674	21576		180
电力、热力的生产和供应业	1199	-194	1	17537	22762		180
水的生产和供应业	335	-2127		2137	-1186		

12-7 续表9

指标	劳动、失业保险费	养老保险和医疗保险费	住房公积金和住房补贴	本年应付工资总额	#主营业务应付工资总额	本年应付福利费总额	#主营业务应付福利费总额	本年应交增值税
总计	11754	76527	35081	290748	216767	36332	26639	236969
在总计中:								
亏损企业	1126	8138	4247	28947	28813	3296	3254	10772
在总计中:								
中央企业	6841	54925	29460	212181	140722	21664	12322	146005
地方企业	1321	3719	1366	28515	28401	3140	3125	31179
在总计中:								
轻工业	1027	2212	982	18728	18568	1965	1953	20185
重工业	10727	74315	34099	272020	198199	34366	24687	216785
在总计中:								
大型企业	5147	58563	26521	219613	148272	27238	17896	190153
中型企业	6305	16172	7869	62912	60684	8070	7757	38111
小型企业	302	1791	691	8224	7811	1024	986	8706
采矿业(小计)	3419	3811	238	11153	9670	1442	1284	3777
煤炭开采和洗选业	1743	3490	51	6061	4983	1028	881	1726
黑色金属矿采选业	5	61	19	980	928	137	127	1962
有色金属矿采选业	1625	218	169	3954	3601	266	265	35
非金属矿采选业	47	42		158	158	11	11	53
制造业(小计)	7601	64065	30107	248542	176096	30372	20869	210995
农副食品加工业	3	48	25	363	289	46	46	106
饮料制造业	4	28	15	580	546	81	76	189
木材加工及木、竹、藤、棕、草制品业	154	994	144	5037	5037	392	392	1484
造纸及纸制品业		266	36	3150	3150	441	441	1483
印刷业和记录媒介的复制	4	47	12	171	171	24	24	38
化学原料及化学制品制造业	3198	42639	24816	164478	93137	16866	7525	127444
医药制造业		28	7	738	738	90	90	1037
化学纤维制造业	930	855	405	10028	10028	676	676	16481
非金属矿物制品业	1362	6109	1747	15582	14828	1945	1821	13847
黑色金属冶炼及压延加工业	687	3763	834	15783	15783	2210	2210	22215
有色金属冶炼及压延加工业	180	3950	90	5473	5473	5333	5333	17693
通用设备制造业		52	47	383	383	54	54	171
专用设备制造业	168	1897	336	8176	8068	679	664	1387
交通运输设备制造业	854	3139	1560	14831	14697	1016	999	4485
电气机械及器材制造业				96	96	13	13	86
通信设备、计算机及其他电子设备制造业	59	250	33	3672	3672	507	507	2851
电力、燃气及水的生产和供应业(小计)	734	8652	4736	31052	31000	4518	4487	22197
电力、热力的生产和供应业	648	7712	4254	27355	27355	3911	3887	21347
水的生产和供应业	86	940	483	3697	3646	607	600	850

12－7 续表10

指　　标	本年进项税额	本年销项税额	经营活动产生的现金流入	经营活动产生的现金流出	投资活动产生的现金流入	投资活动产生的现金流出	筹资活动产生的现金流入	筹资活动产生的现金流出	全部从业人员年平均人数（人）
总　　计	**1557807**	**1760152**	**9283724**	**9105950**	**162366**	**574652**	**735430**	**600223**	**114859**
在总计中:									
亏损企业	47771	56537	402938	420830	3694	78018	189263	111599	12477
在总计中:									
中央企业	1371595	1395813	7160861	7068728	52139	305308	-54343	808	63285
地方企业	43460	164031	982012	1000520	72121	147569	487894	359043	25714
在总计中:									
轻工业	18893	133819	728766	740824	26473	116860	336696	242219	20211
重工业	1538915	1626333	8554958	8365126	135893	457792	398734	358005	94648
在总计中:									
大型企业	1442306	1610961	7890243	7822049	89464	423324	231331	134910	80894
中型企业	103734	128955	1225506	1142656	71569	125657	432485	391070	29391
小型企业	11768	20237	167975	141245	1333	25670	71613	74244	4574
采矿业（小计）	3164	9672	113695	102200	4022	6956	2717	5838	8533
煤炭开采和洗选业	1859	3585	54953	49496		46	217	6	4976
黑色金属矿采选业	862	2732	18812	17354	4014	4094	2500	3841	380
有色金属矿采选业	405	3264	38317	34127	9	2742		1992	3039
非金属矿采选业	38	91	1613	1223		75			138
制造业（小计）	1546010	1725010	8898156	8783870	110209	500638	686098	537850	97961
农副食品加工业	1254	1351	32214	32622		70	16295	14216	333
饮料制造业	1338	1264	19548	18954	214	1240			260
木材加工及木、竹、藤、棕、草制品业	3520	4926	60530	50494	159	1747	4700	11601	6135
造纸及纸制品业	14989	16181	80365	81680		54003	136064	84348	1651
印刷业和记录媒介的复制	27	66	751	828					117
化学原料及化学制品制造业	1299391	1313355	6524575	6384677	18712	249096	-252866	-152122	40836
医药制造业	954	1991	11140	10943	3592	39	19145	22831	608
化学纤维制造业	100	111971	583976	595202	22667	61508	165192	120825	14721
非金属矿物制品业	54752	64001	342314	350854	39495	14197	241906	192991	7935
黑色金属冶炼及压延加工业	102922	122850	533458	514260	269	27196	99688	97311	4773
有色金属冶炼及压延加工业	21874	39020	251879	239858	2637	49627	150074	72033	4455
通用设备制造业	252	409							200
专用设备制造业	5073	6436	90824	104784	14529	8033	17854	16662	4368
交通运输设备制造业	26243	30311	212111	252134	5332	25719	46596	19817	9634
电气机械及器材制造业	626	712	4021	4006		217	340	322	43
通信设备、计算机及其他电子设备制造业	12695	10168	150451	142574	2603	7946	41111	37016	1892
电力、燃气及水的生产和供应业（小计）	8634	25470	271873	219880	48135	67058	46614	56536	8365
电力、热力的生产和供应业	8404	24473	271100	219285	48135	67058	46614	56536	5844
水的生产和供应业	230	997	773	595					2521

12－8 规模以上集体工业企业主要经济指标（2007）

单位：万元

指 标	企业单位数（个）	#亏损企业	工业总产值（当年价）	#新产品产值	工业销售产值（当年价）	工业中间投入
总计	27	2	184095	1748	179886	139442
在总计中:						
亏损企业	2	2	5408		5618	3872
在总计中:						
农村工业	1		3000		2990	1833
在总计中:						
轻工业	2		3049		3039	2055
重工业	25	2	181046	1748	176847	137387
在总计中:						
中型企业	3	1	76852		75387	65865
小型企业	24	1	107243	1748	104499	73577
采矿业	3		16623		16018	11266
非金属矿采选业	3		16623		16018	11266
制造业	22	2	163554	1748	159961	126047
木材加工及木、竹、藤、棕、草制品业	1		1060		1060	707
家具制造业	1		580		570	355
造纸及纸制品业	1		2469		2469	1700
石油加工、炼焦及核燃料加工业	1		1975		1963	1465
化学原料及化学制品制造业	8	1	107888		105992	86191
塑料制品业	1		1548		1548	1300
非金属矿物制品业	4		23957	1748	23912	17786
黑色金属冶炼及压延加工业	1	1	4476		4677	3023
金属制品业	4		19602		17770	13520
电力、燃气及水的生产和供应业	2		3918		3908	2129
电力、热力的生产和供应业	2		3918		3908	2129

12－8 续表1

单位：万元

指　　　　标	直接材料	制造费用中的中间投入	管理费用中的中间投入	营业费用中的中间投入	工业增加值（当年价）	资产总计	流动资产合　　计
总　　计	**123540**	**9479**	**2934**	**2945**	**49395**	**99430**	**53931**
在总计中:							
亏损企业	3168	103	370	241	2369	13229	8801
在总计中:							
农村工业	1283	156	199	162	1182	4089	1883
在总计中:							
轻工业	1551	266	113	122	1150	4821	3356
重工业	121989	9214	2821	2823	48245	94610	50575
在总计中:							
中型企业	60836	2917	1196	759	14013	50806	24391
小型企业	62704	6562	1737	2186	35382	48624	29540
采矿业	10275	264	92	466	5465	1491	465
非金属矿采选业	10275	264	92	466	5465	1491	465
制造业	111840	9059	2486	2317	41928	91421	49796
木材加工及木、竹、藤、棕、草制品业	654	21	15	5	364	900	400
家具制造业	320	16	13	2	252	691	167
造纸及纸制品业	1231	250	100	120	898	4129	3189
石油加工、炼焦及核燃料加工业	1282	139	28	14	552	1937	750
化学原料及化学制品制造业	79900	3411	1455	1117	24533	56581	29513
塑料制品业	1100	131	70		315	3218	1973
非金属矿物制品业	14910	2333	176	342	6535	7239	4585
黑色金属冶炼及压延加工业	2609	60	197	166	2233	9838	5890
金属制品业	9834	2700	432	551	6246	6887	3329
电力、燃气及水的生产和供应业	1426	156	356	162	2003	6518	3671
电力、热力的生产和供应业	1426	156	356	162	2003	6518	3671

12－8 续表2

单位：万元

指　　标	应收帐款	存　货	产成品	流动资产年平均余额	固定资产合　计
总　计	**11098**	**17215**	**7149**	**52443**	**39160**
在总计中:					
亏损企业	527	709	570	8122	3790
在总计中:					
农村工业	38	1845		2015	2206
在总计中:					
轻工业	419	455	375	3234	1357
重工业	10679	16760	6774	49208	37803
在总计中:					
中型企业	1582	8840	3420	24883	21205
小型企业	9517	8376	3729	27559	17955
采矿业	215	149	45	877	1026
非金属矿采选业	215	149	45	877	1026
制造业	10110	15221	7105	47877	35286
木材加工及木、竹、藤、棕、草制品业	81	176	155	400	500
家具制造业	52	105	25	167	512
造纸及纸制品业	367	350	350	3067	845
石油加工、炼焦及核燃料加工业	230	46	19	723	680
化学原料及化学制品制造业	5484	10331	4318	30061	22437
塑料制品业	772	1200	1200	1165	793
非金属矿物制品业	1629	1592	441	4386	2653
黑色金属冶炼及压延加工业		469	378	5147	3310
金属制品业	1495	952	218	2760	3556
电力、燃气及水的生产和供应业	773	1845		3689	2848
电力、热力的生产和供应业	773	1845		3689	2848

12－8 续表3

单位：万元

指标	资产总计				
	固定资产原价	累计折旧	#本年折旧	固定资产净值	固定资产净值年平均余额
总计	63102	27906	5556	35196	33051
在总计中:					
亏损企业	5130	2413	89	2717	2821
在总计中:					
农村工业	2456	250	50	2206	2206
在总计中:					
轻工业	2181	862	829	1319	1364
重工业	60921	27044	4727	33878	31688
在总计中:					
中型企业	39817	21138	2705	18678	16358
小型企业	23286	6768	2851	16518	16693
采矿业	1193	253	9	940	940
非金属矿采选业	1193	253	9	940	940
制造业	58310	26902	5405	31409	29220
木材加工及木、竹、藤、棕、草制品业	563	63	30	500	515
家具制造业	600	88	55	512	512
造纸及纸制品业	1581	774	774	807	852
石油加工、炼焦及核燃料加工业	680	510	12	170	153
化学原料及化学制品制造业	42004	21134	3082	20870	18028
塑料制品业	1747	1091	1091	657	750
非金属矿物制品业	2708	609	80	2100	2552
黑色金属冶炼及压延加工业	3854	1617	26	2237	2312
金属制品业	4574	1018	256	3556	3547
电力、燃气及水的生产和供应业	3599	751	142	2848	2891
电力、热力的生产和供应业	3599	751	142	2848	2891

12-8 续表4

单位：万元

指标	负债合计	流动负债合计	应付帐款	长期负债合计	所有者权益合计	实收资本
总计	**51841**	**49676**	**10800**	**1183**	**47589**	**27509**
在总计中:						
亏损企业	13038	13038	3253		191	3300
在总计中:						
农村工业	3118	3118	1500		971	900
在总计中:						
轻工业	685	654	165		4135	253
重工业	51156	49022	10635	1183	43454	27255
在总计中:						
中型企业	27690	27650	4535	40	23116	13999
小型企业	24151	22026	6265	1143	24473	13509
采矿业	783	783	279		708	246
非金属矿采选业	783	783	279		708	246
制造业	47300	45135	9021	1183	44121	24573
木材加工及木、竹、藤、棕、草制品业	300	300			600	39
家具制造业	237	237	16		454	187
造纸及纸制品业	448	417	149		3682	66
石油加工、炼焦及核燃料加工业	1285	1285	320		652	50
化学原料及化学制品制造业	26668	25545	4233	1123	29913	14039
塑料制品业	3064	3064	80		154	220
非金属矿物制品业	2660	1649	1266	60	4579	3397
黑色金属冶炼及压延加工业	9850	9850	2418		-12	2993
金属制品业	2788	2788	541		4099	3582
电力、燃气及水的生产和供应业	3757	3757	1500		2761	2690
电力、热力的生产和供应业	3757	3757	1500		2761	2690

12-8 续表5

单位：万元

指　　标	集体资本	法人资本	主营业务收　入	主营业务成　本
总　计	26055	1454	186025	162137
在总计中:				
亏损企业	3300		7886	6656
在总计中:				
农村工业	900		4235	3821
在总计中:				
轻工业	66	187	2850	2330
重工业	25989	1267	183174	159807
在总计中:				
中型企业	13999		79609	71364
小型企业	12055	1454	106416	90773
采矿业	32	214	16018	14368
非金属矿采选业	32	214	16018	14368
制造业	23333	1240	164599	143751
木材加工及木、竹、藤、棕、草制品业	39		763	614
家具制造业		187	550	441
造纸及纸制品业	66		2300	1889
石油加工、炼焦及核燃料加工业		50	1963	1608
化学原料及化学制品制造业	13713	326	108227	96084
塑料制品业	220		1893	1359
非金属矿物制品业	3367	30	23024	22083
黑色金属冶炼及压延加工业	2993		7016	5968
金属制品业	2935	647	18863	13705
电力、燃气及水的生产和供应业	2690		5408	4018
电力、热力的生产和供应业	2690		5408	4018

12－8 续表6

单位：万元

指　　标	主营业务税金及附加	其他业务收入	其他业务利润	营业费用	管理费用	税金	财产保险费
总　计	1333	14479	316	2434	7807	622	57
在总计中:							
亏损企业	132	85	80	181	720	13	
在总计中:							
农村工业	2			188	133	5	
在总计中:							
轻工业	20	15	2	31	59	9	7
重工业	1313	14464	314	2402	7749	613	51
在总计中:							
中型企业	365	13563	-26	1186	4937	373	32
小型企业	967	916	343	1248	2870	249	25
采矿业	140			58	121		
非金属矿采选业	140			58	121		
制造业	1173	14479	316	2188	7313	447	57
木材加工及木、竹、藤、棕、草制品业	29			11	12	0	
家具制造业	7			3	20	5	3
造纸及纸制品业	13	15	2	28	39	4	4
石油加工、炼焦及核燃料加工业	36			15	32	2	
化学原料及化学制品制造业	515	13898	295	1703	5368	396	38
塑料制品业	39	433	4		486	13	2
非金属矿物制品业	102			154	284	11	10
黑色金属冶炼及压延加工业	127			106	472		
金属制品业	306	133	16	167	601	14	1
电力、燃气及水的生产和供应业	20			188	374	175	
电力、热力的生产和供应业	20			188	374	175	

12－8 续表7

单位：万元

指　　标	办公费	职　工 教育费	财务费用	利息支出	营业利润	投资收益	补贴收入
总　　计	499	30	544	530	12039	562	882
在总计中:							
亏损企业	15		-9		285		31
在总计中:							
农村工业	26	3	34	34	58		
在总计中:							
轻工业	22	2	4	4	409		128
重工业	477	29	540	526	11630	562	755
在总计中:							
中型企业	172	13	156	165	1574	521	539
小型企业	327	18	389	366	10465	41	343
采矿业		3	170	170	1161		
非金属矿采选业		3	170	170	1161		
制造业	472	22	346	327	10099	526	882
木材加工及木、竹、藤、棕、草制品业	2		13	13	84		
家具制造业	2		5	5	74		
造纸及纸制品业	20	2	-1	-1	335		128
石油加工、炼焦及核燃料加工业	6		2	2	270		
化学原料及化学制品制造业	192	13	309	302	4497	521	755
塑料制品业	15	1	-1	-1	14		
非金属矿物制品业	81	1	24	5	378	5	
黑色金属冶炼及压延加工业	8		-9		351		
金属制品业	147	6	3	2	4097		
电力、燃气及水的生产和供应业	27	5	29	34	780	36	
电力、热力的生产和供应业	27	5	29	34	780	36	

12－8 续表8

单位：万元

指　　标	营业外收　入	利润总额	应　交所得税	亏损企业亏损总额	利税总额
总　计	104	6933	1148	437	13009
在总计中:					
亏损企业	73	-437	0	437	529
在总计中:					
农村工业		58	30		75
在总计中:					
轻工业	2	538			714
重工业	102	6395	1148	437	12295
在总计中:					
中型企业	75	1663	414	402	5053
小型企业	28	5271	734	35	7955
采矿业		761	20		1009
非金属矿采选业		761	20		1009
制造业	104	5358	815	437	10951
木材加工及木、竹、藤、棕、草制品业		84	28		124
家具制造业		74			108
造纸及纸制品业	2	464			606
石油加工、炼焦及核燃料加工业		270	46		348
化学原料及化学制品制造业	4	3554	641	35	6904
塑料制品业	25	39			145
非金属矿物制品业	0	378	81		844
黑色金属冶炼及压延加工业	73	-402		402	506
金属制品业		896	19		1365
电力、燃气及水的生产和供应业		815	313		1049
电力、热力的生产和供应业		815	313		1049

12-8 续表9

指　　标	劳动、失业保险费	养老保险和医疗保险费	住　房公积金和住房补贴	本年应付工资总额	#主营业务应付工资总　额	本年应付福利费总　额	#主营业务应付福利费总额	本　年应　交增值税
总　计	**956**	**561**	**544**	**6891**	**6864**	**1435**	**1433**	**4742**
在总计中:								
亏损企业	57		7	420	420	536	536	833
在总计中:								
农村工业				148	148	20	20	15
在总计中:								
轻工业	2	38	1	168	164	22	20	156
重工业	954	523	543	6723	6700	1413	1412	4586
在总计中:								
中型企业	771	224	434	4189	4189	1129	1129	3025
小型企业	185	337	110	2702	2676	306	304	1717
采矿业				260	260	13	13	108
非金属矿采选业				260	260	13	13	108
制造业	938	557	531	6338	6311	1389	1387	4420
木材加工及木、竹、藤、棕、草制品业				102	102	14	14	11
家具制造业				54	54	5	5	27
造纸及纸制品业	2	38	1	114	110	16	15	129
石油加工、炼焦及核燃料加工业				29	29	2	2	42
化学原料及化学制品制造业	896	300	488	4713	4709	690	689	2835
塑料制品业	11	174	33	326	307	5	5	67
非金属矿物制品业	24	13		312	312	70	70	364
黑色金属冶炼及压延加工业				277	277	516	516	781
金属制品业	5	33	8	411	411	71	71	164
电力、燃气及水的生产和供应业	18	4	13	293	293	33	33	214
电力、热力的生产和供应业	18	4	13	293	293	33	33	214

12-8 续表10

指标	本年进项税额	本年销项税额	经营活动产生的现金流入	经营活动产生的现金流出	投资活动产生的现金流入	投资活动产生的现金流出	筹资活动产生的现金流入	筹资活动产生的现金流出	全部从业人员年平均人数（人）
总计	18962	23085	140850	138238	529	6234	2774	3025	4442
在总计中:									
亏损企业	377	1211	1093	1071					997
在总计中:									
农村工业	87	102	1256	1026					80
在总计中:									
轻工业	342	474							156
重工业	18620	22611	140850	138238	529	6234	2774	3025	4286
在总计中:									
中型企业	12870	15896	98118	95819	529	6054	2774	3025	2356
小型企业	6091	7189	42732	42419		179			2086
采矿业	173	213							257
非金属矿采选业	173	213							257
制造业	18701	22770	139594	137212	529	6234	2774	3025	4065
木材加工及木、竹、藤、棕、草制品	44	55							85
家具制造业	59	86							45
造纸及纸制品业	283	388							111
石油加工、炼焦及核燃料加工业	78	120	120	110					40
化学原料及化学制品制造业	16657	19511	124879	122308	529	6234	2774	3025	2004
塑料制品业	624	671							372
非金属矿物制品业	487	654	10092	10248					287
黑色金属冶炼及压延加工业	283	1064							850
金属制品业	187	222	4503	4547					271
电力、燃气及水的生产和供应业	87	102	1256	1026					120
电力、热力的生产和供应业	87	102	1256	1026					120

12-9 规模以上“三资”工业企业主要经济指标（2007）

单位：万元

指　　标	企业单位数（个）	#亏损企业	工业总产值（当年价）	#新产品产值	工业销售产值（当年价）	#出口交货值	工业中间投入
总　　计	38	11	415647	15468	399304	64626	270151
在总计中:							
亏损企业	11	11	120326	13610	113522	42309	84048
在总计中:							
港、澳、台商投资企业	11	4	197017		188414	8561	130304
合资经营企业(港或澳、台资)	6	2	49470		46286	5846	30836
合作经营企业(港或澳、台资)							
港澳台商独资经营企业	4	2	136505		131875	2715	90042
港澳台商投资股份有限公司	1		11042		10253		9426
外商投资企业	27	7	218630	15468	210890	56065	139847
中外合资经营企业	17	3	159608		151049	30893	100727
中外合作经营企业	1		515		515		368
外资企业	8	4	57956	15468	58775	25172	38471
外商投资股份有限公司	1		550		550		281
在总计中:							
国有控股企业	3	1	15632		14798	263	11940
在总计中:							
轻工业	18	5	136083	1858	133201	19476	89551
重工业	20	6	279564	13610	266103	45150	180601
在总计中:							
中型企业	7	5	99061	13610	93565	36463	69623
小型企业	31	6	316587	1858	305739	28163	200528
采矿业（小计）	2	1	18383		16700	5846	11580
非金属矿采选业	2	1	18383		16700	5846	11580
制造业（小计）	35	9	392526	15468	377866	58780	254612
农副食品加工业	6	1	21619		21137	4566	14577
食品制造业	2	1	23837		22630	6873	14324
饮料制造业	5	3	71749		71557		45986
纺织服装、鞋、帽制造业	1		3476		3376		1967
皮革、毛皮、羽毛(绒)及其制品业	1		6695		6695	6038	5029
木材加工及木、竹、藤、棕、草制品业	2	1	22935	13610	22866	19015	15860
家具制造业	1		2000	1858	2000	2000	1612
化学原料及化学制品制造业	4		48672		40143	2008	23513
医药制造业	1		6200		5300		5668
金属制品业	2		88994		87258		56852
专用设备制造业	1		31051		30932		20106
交通运输设备制造业	8	2	45080		45756	1763	35603
通信设备、计算机及其他电子设备制造业	1	1	20218		18218	16518	13517
电力、燃气及水的生产和供应业（小计）	1	1	4738		4738		3959
燃气生产和供应业	1	1	4738		4738		3959

12－9 续表1

单位：万元

指　　标	直接材料	制造费用中的中间投入	管理费用中的中间投入	营业费用中的中间投入	工业增加值（当年价）	资产总计	流动资产合　计
总　　计	**211590**	**20725**	**13219**	**21584**	**157343**	**388240**	**201192**
在总计中:							
亏损企业	55725	9102	7787	8972	39931	182491	65711
在总计中:							
港、澳、台商投资企业	102560	9185	4333	13826	71862	122909	78468
合资经营企业(港或澳、台资)	18137	4491	1638	6101	18824	16888	11619
合作经营企业(港或澳、台资)							
港澳台商独资经营企业	75303	4616	2521	7670	51177	104131	65258
港澳台商投资股份有限公司	9120	79	175	55	1861	1890	1591
外商投资企业	109030	11540	8887	7758	85481	265331	122724
中外合资经营企业	75631	9884	7528	5690	64663	187594	85743
中外合作经营企业	355	5	3		210	1672	1108
外资企业	32855	1601	1326	2056	20340	45274	29498
外商投资股份有限公司	190	50	30	11	269	30792	6375
在总计中:							
国有控股企业	7280	2241	1892	417	4517	37095	17274
在总计中:							
轻工业	70446	4597	3634	10409	51965	179029	86555
重工业	141144	16128	9585	11174	105378	209210	114638
在总计中:							
中型企业	47245	7326	5521	7711	32920	146715	50581
小型企业	164345	13400	7698	13873	124423	241525	150612
采矿业（小计）	8567	262	1048	1286	7133	2894	893
非金属矿采选业	8567	262	1048	1286	7133	2894	893
制造业（小计）	201148	19932	11479	20088	149198	349914	195947
农副食品加工业	12692	449	463	953	7644	54485	23229
食品制造业	12228	272	497	824	9514	22325	12103
饮料制造业	32585	3541	1977	8222	30351	81758	38452
纺织服装、鞋、帽制造业	1713	80	332	271	1509	4471	3320
皮革、毛皮、羽毛(绒)及其制品业	4670	131	115	15	1678	4950	3756
木材加工及木、竹、藤、棕、草制品业	13794	623	536	636	7082	11370	8907
家具制造业	1460	72	33	42	445	1487	196
化学原料及化学制品制造业	17991	1890	1253	2456	27826	29060	20239
医药制造业	4765	41	175	83	696	9255	5226
金属制品业	52111	2403	1043	1089	33547	43206	40371
专用设备制造业	10953	4024	342	4783	10953	1449	219
交通运输设备制造业	29983	2465	2316	715	11252	58788	35135
通信设备：计算机及其他电子设备制造业	6207	3941	2398		6702	27311	4795
电力、燃气及水的生产和供应业（小计）	1874	531	691	209	1012	35432	4352
燃气生产和供应业	1874	531	691	209	1012	35432	4352

12－9 续表2

单位：万元

指标	应收帐款	存货	产成品	流动资产年平均余额	固定资产合计
总计	**42218**	**60252**	**23191**	**192467**	**153844**
在总计中:					
亏损企业	9034	18692	1541	62056	110280
在总计中:					
港、澳、台商投资企业	9884	33096	16799	77379	42481
合资经营企业(港或澳、台资)	8138	1846	1282	11305	4436
合作经营企业(港或澳、台资)					
港澳台商独资经营企业	1136	30951	15464	64494	37754
港澳台商投资股份有限公司	610	299	53	1580	291
外商投资企业	32334	27157	6393	115088	111363
中外合资经营企业	23038	22589	5526	85654	99300
中外合作经营企业	216	202		524	564
外资企业	9080	4293	867	22541	11269
外商投资股份有限公司		73		6370	230
在总计中:					
国有控股企业	5200	2852	593	19902	19372
在总计中:					
轻工业	15298	30253	4643	76706	62092
重工业	26920	29999	18548	115762	91752
在总计中:					
中型企业	8577	21320	2645	49464	93974
小型企业	33641	38932	20546	143003	59869
采矿业（小计）	355	539	403	803	1985
非金属矿采选业	355	539	403	803	1985
制造业（小计）	41477	59550	22788	188585	121488
农副食品加工业	7905	4167	1545	21633	6779
食品制造业	3309	1754	369	12443	9208
饮料制造业	2731	15476	829	30514	38744
纺织服装、鞋、帽制造业	301	2062	179	3249	991
皮革、毛皮、羽毛(绒)及其制品业	43	3048	120	3756	1194
木材加工及木、竹、藤、棕、草制品业	5828	1572	465	8912	2460
家具制造业	125	72	33	196	1291
化学原料及化学制品制造业	9701	3027	2001	21056	8243
医药制造业	738	3602	1568	4634	3859
金属制品业	861	18514	14956	40375	2835
专用设备制造业	20	168	37	534	428
交通运输设备制造业	8803	3762	679	34919	22941
通信设备、计算机及其他电子设备制造业	1114	2325	7	6363	22515
电力、燃气及水的生产和供应业（小计）	387	164		3080	30371
燃气生产和供应业	387	164		3080	30371

12－9 续表3

单位：万元

指　　标	资产总计 固定资产原价	累计折旧	#本年折旧	固定资产净值	固定资产净值年平均余额
总　计	242001	91897	11713	150105	145174
在总计中:					
亏损企业	163087	54881	9269	108206	105074
在总计中:					
港、澳、台商投资企业	77298	36463	3671	40836	39951
合资经营企业(港或澳、台资)	4036	1045	234	2992	2818
合作经营企业(港或澳、台资)					
港澳台商独资经营企业	72661	35108	3370	37553	36833
港澳台商投资股份有限公司	601	310	67	291	300
外商投资企业	164703	55434	8043	109269	105223
中外合资经营企业	148882	51547	7505	97335	93262
中外合作经营企业	700	155	78	545	602
外资企业	14879	3721	449	11159	11139
外商投资股份有限公司	241	12	12	230	220
在总计中:					
国有控股企业	33164	13892	1544	19272	11745
在总计中:					
轻工业	109810	49037	4732	60773	60680
重工业	132191	42860	6981	89332	84494
在总计中:					
中型企业	144992	52931	7800	92062	95825
小型企业	97009	38966	3913	58043	49349
采矿业（小计）	2325	343	137	1982	1859
非金属矿采选业	2325	343	137	1982	1859
制造业（小计）	202759	83348	10101	119411	114463
农副食品加工业	8634	2659	286	5975	5997
食品制造业	10481	1438	861	9043	8138
饮料制造业	80639	42041	3135	38597	39414
纺织服装、鞋、帽制造业	2042	1051	179	991	825
皮革、毛皮、羽毛(绒)及其制品业	1247	204	24	1043	1194
木材加工及木、竹、藤、棕、草制品业	3733	1272	184	2460	2569
家具制造业	1300	10	10	1291	1161
化学原料及化学制品制造业	19105	11502	833	7603	6821
医药制造业	5391	1584	224	3807	3907
金属制品业	3142	307	42	2835	2333
专用设备制造业	428			428	355
交通运输设备制造业	37956	15134	1876	22822	15437
通信设备、计算机及其他电子设备制造业	28662	6147	2448	22515	26313
电力、燃气及水的生产和供应业（小计）	36917	8206	1476	28711	28852
燃气生产和供应业	36917	8206	1476	28711	28852

12－9 续表4

单位：万元

指　　标	负债合计	流动负债合计	应付帐款	长期负债合计	所有者权益合计	实收资本	国家资本
总　　计	218077	191348	39011	26048	170163	203672	16104
在总计中:							
亏损企业	137135	110898	14002	25564	45357	105330	8579
在总计中:							
港、澳、台商投资企业	88836	87982	6948	181	34073	60747	18
合资经营企业(港或澳、台资)	7639	7458	1942	181	9249	5956	18
合作经营企业(港或澳、台资)							
港澳台商独资经营企业	80898	80225	4916		23233	54626	
港澳台商投资股份有限公司	299	299	89		1591	166	
外商投资企业	129241	103366	32063	25866	136090	142925	16086
中外合资经营企业	94609	72154	26631	22446	92985	91988	16086
中外合作经营企业	589	589	-168		1083	1025	
外资企业	26007	22587	3215	3420	19267	27156	
外商投资股份有限公司	8036	8036	2385		22756	22756	
在总计中:							
国有控股企业	5881	5881	4024		31214	37583	7525
在总计中:							
轻工业	110090	109107	17264	302	68940	95161	
重工业	107987	82241	21747	25746	101223	108512	16104
在总计中:							
中型企业	135246	108707	15638	25866	11469	60515	8579
小型企业	82831	82640	23373	181	158694	143157	7525
采矿业（小计）	717	717	206		2177	3590	
非金属矿采选业	717	717	206		2177	3590	
制造业（小计）	181318	176733	34315	3904	168596	190082	12404
农副食品加工业	19876	19876	4668		34609	29970	
食品制造业	13544	12872	1347		8781	14467	
饮料制造业	59069	59069	4445		22689	47121	
纺织服装、鞋、帽制造业	5208	5208	4123		-737	900	
皮革、毛皮、羽毛(绒)及其制品业	3127	3119	999		1823	1000	
木材加工及木、竹、藤、棕、草制品业	11090	7670	700	3420	280	5412	
家具制造业	125	125			1362	253	
化学原料及化学制品制造业	2361	2331	1100	30	26699	16950	
医药制造业	9070	8768	1615	302	185	1250	
金属制品业	22668	22667	3006		20538	20100	
专用设备制造业	479	327	327	151	970	300	
交通运输设备制造业	18052	18052	9312		40736	40032	7525
通信设备、计算机及其他电子设备制造业	16650	16650	2674		10660	12328	4879
电力、燃气及水的生产和供应业（小计）	36042	13898	4490	22144	-610	10000	3700
燃气生产和供应业	36042	13898	4490	22144	-610	10000	3700

12－9 续表5

单位：万元

指　　标	集体资本	法人资本	个人资本	港澳台资本	外商资本	主营业务收　入	主营业务成　本
总　　计	300	33718	7261	43255	103034	399155	320733
在总计中:							
亏损企业		11267		34226	51259	113219	84295
在总计中:							
港、澳、台商投资企业		15475		42665	2590	191262	162684
合资经营企业(港或澳、台资)		350		2997	2590	49407	43668
合作经营企业(港或澳、台资)							
港澳台商独资经营企业		15000		39626		133309	111566
港澳台商投资股份有限公司		125		42		8546	7450
外商投资企业	300	18244	7261	590	100444	207894	158049
中外合资经营企业	300	18044	7229	590	49739	148340	109386
中外合作经营企业			33		992	895	704
外资企业		200			26956	58131	47457
外商投资股份有限公司					22756	527	502
在总计中:							
国有控股企业		11267		17	18774	15877	12141
在总计中:							
轻工业	300	830	6629	34896	52506	136888	103464
重工业		32888	633	8359	50528	262268	217268
在总计中:							
中型企业	250	460		34066	17161	92603	68855
小型企业	50	33258	7261	9189	85873	306553	251877
采矿业（小计）				1000	2590	17070	12301
非金属矿采选业				1000	2590	17070	12301
制造业（小计）	300	33718	7261	42255	94144	376998	302724
农副食品加工业		370	184	680	28736	23611	17248
食品制造业				14417	50	24147	24260
饮料制造业			5845	19209	22067	71571	48681
纺织服装、鞋、帽制造业		460		440		3376	2137
皮革、毛皮、羽毛(绒)及其制品业			600		400	6456	5162
木材加工及木、竹、藤、棕、草制品业					5412	21715	17361
家具制造业					253	2000	1802
化学原料及化学制品制造业	50	6039		1850	9011	41546	25928
医药制造业	250				1000	5219	3715
金属制品业		15100		5000		85966	78872
专用设备制造业		300				30932	30218
交通运输设备制造业		11449	633	659	19766	43255	35091
通信设备、计算机及其他电子设备制造业					7449	17203	12248
电力、燃气及水的生产和供应业（小计）					6300	5088	5709
燃气生产和供应业					6300	5088	5709

12－9 续表6

单位：万元

指　　标	主营业务税金及附加	其　他业务收入	其　他业务利润	营业费用	管理费用	税　金	财　产保险费
总　计	**7769**	**8575**	**1661**	**22937**	**22223**	**820**	**356**
在总计中:							
亏损企业	7230	4805	1454	12973	15740	600	141
在总计中:							
港、澳、台商投资企业	6817	1902	222	11505	9311	582	92
合资经营企业(港或澳、台资)	157	25	1	2262	2554	19	1
合作经营企业(港或澳、台资)							
港澳台商独资经营企业	6533	1877	222	9061	6458	560	88
港澳台商投资股份有限公司	128			183	299	4	3
外商投资企业	952	6674	1439	11431	12913	238	264
中外合资经营企业	7	6551	1394	7826	10716	178	256
中外合作经营企业		112	34	2	109	15	
外资企业	945	11	11	3601	2073	45	8
外商投资股份有限公司				2	15	1	
在总计中:							
国有控股企业		164	2	433	3620	2	22
在总计中:							
轻工业	7458	5305	290	13552	8763	690	101
重工业	312	3270	1371	9384	13460	130	255
在总计中:							
中型企业	6512	4759	1447	10354	11148	604	141
小型企业	1257	3816	215	12583	11075	216	215
采矿业（小计）	26			2228	1862	5	
非金属矿采选业	26			2228	1862	5	
制造业（小计）	7744	5694	415	20277	19289	791	335
农副食品加工业	225	6	6	1185	1103	58	6
食品制造业		6	6	1061	878	10	8
饮料制造业	7225	5294	279	10612	5597	570	75
纺织服装、鞋、帽制造业				460	511	32	3
皮革、毛皮、羽毛(绒)及其制品业				15	175		
木材加工及木、竹、藤、棕、草制品业	2			1322	773	1	2
家具制造业	8			118	53	10	2
化学原料及化学制品制造业		113	110	3674	771	4	168
医药制造业				102	404	8	8
金属制品业	5			775	1086	22	6
专用设备制造业	152			27	71		
交通运输设备制造业	128	275	36	927	4603	69	33
通信设备、计算机及其他电子设备制造业			-21		3263	5	26
电力、燃气及水的生产和供应业（小计）		2882	1246	431	1073	25	21
燃气生产和供应业		2882	1246	431	1073	25	21

12－9 续表7

单位：万元

指　　标	办公费	职　工 教育费	财务费用	利息支出	营业利润	补贴收入
总　　计	1422	85	3033	4600	24102	204
在总计中:						
亏损企业	326	13	2463	3622	-8036	
在总计中:						
港、澳、台商投资企业	1046	27	401	1660	751	
合资经营企业(港或澳、台资)	54	2	470	36	290	
合作经营企业(港或澳、台资)						
港澳台商独资经营企业	961	25	-67	1624	-27	
港澳台商投资股份有限公司	31		-2		489	
外商投资企业	377	58	2632	2940	23351	204
中外合资经营企业	304	54	1994	2739	19801	180
中外合作经营企业	4	1	5	5	109	
外资企业	66	3	634	196	3432	24
外商投资股份有限公司	2				8	
在总计中:						
国有控股企业	34	18	110	-20	-426	
在总计中:						
轻工业	344	30	465	2227	3467	24
重工业	1078	55	2569	2373	20635	180
在总计中:						
中型企业	327	21	1821	4303	-4649	
小型企业	1096	63	1213	296	28751	204
采矿业（小计）	14		416	1	238	
非金属矿采选业	14		416	1	238	
制造业（小计）	1380	82	1965	3421	25395	204
农副食品加工业	47	3	21	21	3834	
食品制造业	18	1	503	399	-2558	24
饮料制造业	219	9	-338	1111	73	
纺织服装、鞋、帽制造业	43	17	-430	5	697	
皮革、毛皮、羽毛(绒)及其制品业	1		98	86	1007	
木材加工及木、竹、藤、棕、草制品业	21	1	271	268	1985	
家具制造业	2		5		14	
化学原料及化学制品制造业	39	7	-77	43	11361	2
医药制造业	10		604	604	394	
金属制品业	840	25	207	150	5022	
专用设备制造业			5		453	
交通运输设备制造业	96	20	124	-14	2413	178
通信设备、计算机及其他电子设备制造业	45		971	748	700	
电力、燃气及水的生产和供应业（小计）	29	3	653	1177	-1532	
燃气生产和供应业	29	3	653	1177	-1532	

12-9 续表8

单位：万元

指　　标	营业外收入	利润总额	应交所得税	亏损企业亏损总额	利税总额	广告费	研究开发费
总　　计	167	10352	3543	15256	29968	1437	43
在总计中:							
亏损企业	42	-15256		15256	-4373	1436	
在总计中:							
港、澳、台商投资企业	11	-2185	1305	8712	9781	1410	43
合资经营企业(港或澳、台资)	7	272	9	284	619		
合作经营企业(港或澳、台资)							
港澳台商独资经营企业	4	-2945	1200	8428	8301	1410	
港澳台商投资股份有限公司		489	96		862		43
外商投资企业	155	12537	2237	6543	20187	27	
中外合资经营企业	132	12799	2137	4104	18587	11	
中外合作经营企业	4	113			175		
外资企业	20	-383	100	2439	1417	16	
外商投资股份有限公司		8			8		
在总计中:							
国有控股企业		-456	-2	1811	368		
在总计中:							
轻工业	93	-3720	790	8930	9170	1427	
重工业	74	14072	2752	6326	20798	10	43
在总计中:							
中型企业	24	-11568	122	12659	-1574	1420	
小型企业	143	21920	3420	2597	31542	17	43
采矿业（小计）		238		245	593		
非金属矿采选业		238		245	593		
制造业（小计）	149	11662	3543	13463	30690	1427	43
农副食品加工业	24	539	88	343	1366	1	
食品制造业	1	-3093		3265	-3093		
饮料制造业	16	-2312	568	5321	9502	1426	
纺织服装、鞋、帽制造业		697	122		697		
皮革、毛皮、羽毛(绒)及其制品业	51	36	11		48		
木材加工及木、竹、藤、棕、草制品业		-555	100	1938	-546		
家具制造业		14			79		
化学原料及化学制品制造业	51	9648	1141		12315		
医药制造业		394			558		
金属制品业		5022	1206		6431		
专用设备制造业		453			612		
交通运输设备制造业	4	1565	307	1850	3468		43
通信设备、计算机及其他电子设备制造业	2	-746		746	-746		
电力、燃气及水的生产和供应业（小计）	18	-1548		1548	-1315	10	
燃气生产和供应业	18	-1548		1548	-1315	10	

12-9 续表9

指　　标	劳动、失业保险费	养老保险和医疗保险费	住房公积金和住房补贴	本年应付工资总额	#主营业务应付工资总额	本年应付福利费总额	#主营业务应付福利费总额	本年应交增值税
总　计	**223**	**2255**	**572**	**18161**	**16574**	**1669**	**1658**	**11847**
在总计中:								
亏损企业	128	1592	385	8775	7806	1093	1093	3653
在总计中:								
港、澳、台商投资企业	102	1038	262	6158	5718	766	760	5149
合资经营企业(港或澳、台资)	8	63	13	665	465	43	41	190
合作经营企业(港或澳、台资)								
港澳台商独资经营企业	94	973	249	5106	4903	669	669	4713
港澳台商投资股份有限公司		3		387	350	54	50	245
外商投资企业	121	1217	309	12004	10856	903	899	6698
中外合资经营企业	96	1019	277	9559	8448	697	693	5782
中外合作经营企业		4		96	59	6	6	62
外资企业	22	154	24	2077	2077	162	162	854
外商投资股份有限公司	3	40	9	272	272	38	38	
在总计中:								
国有控股企业	28	309	98	1423	1423	44	44	824
在总计中:								
轻工业	110	1270	281	10995	10541	914	910	5432
重工业	113	985	290	7167	6032	755	748	6414
在总计中:								
中型企业	112	1412	331	11620	10536	1029	1029	3482
小型企业	111	843	241	6541	6038	640	629	8364
采矿业（小计）		2	1	377	262	2	2	330
非金属矿采选业		2	1	377	262	2	2	330
制造业（小计）	217	2181	562	17281	15808	1644	1633	11284
农副食品加工业	10	91	26	727	707	107	103	602
食品制造业	5	8	1	506	304	45	45	
饮料制造业	86	1118	255	5147	5147	678	678	4589
纺织服装、鞋、帽制造业				3942	3711	13	13	
皮革、毛皮、羽毛(绒)及其制品业				182	182	17	17	12
木材加工及木、竹、藤、棕、草制品业	7	6		1106	1106	55	55	6
家具制造业		2		169	169	9	9	57
化学原料及化学制品制造业	19	174	108	712	645	127	127	2667
医药制造业	7	51		300	300	42	42	164
金属制品业	19			523	523	58	58	1405
专用设备制造业				165	147	23	21	7
交通运输设备制造业	41	415	99	2390	2108	172	168	1775
通信设备、计算机及其他电子设备制造业	25	316	74	1412	761	298	298	
电力、燃气及水的生产和供应业（小计）	5	72	8	504	504	23	23	233
燃气生产和供应业	5	72	8	504	504	23	23	233

12－9 续表10

指　　标	本　年进项税额	本　年销项税额	经营活动产生的现金流入	经营活动产生的现金流出	投资活动产生的现金流入	投资活动产生的现金流出	筹资活动产生的现金流入	筹资活动产生的现金流出	全部从业人员年平均人数（人）
总　计	**34410**	**53902**	**288961**	**278485**	**14038**	**48779**	**63036**	**28271**	**8254**
在总计中:									
亏损企业	12524	8660	93529	97208	986	7196	30250	22826	4755
在总计中:									
港、澳、台商投资企业	19735	17503	182840	181652	12743	13293	19478	10947	2966
合资经营企业(港或澳、台资)	448	685	62775	61323	12743	11677	1189	630	438
合作经营企业(港或澳、台资)									
港澳台商独资经营企业	19145	16431	120064	120329		1617	18289	10316	2431
港澳台商投资股份有限公司	143	388							97
外商投资企业	14675	36399	106121	96833	1294	35486	43557	17325	5288
中外合资经营企业	14160	35621	78980	70417	255	8210	15294	17201	2827
中外合作经营企业	114	168	1242	1195					72
外资企业	377	594	25599	24941	736	959	508	124	2036
外商投资股份有限公司	23	16	300	280	303	26317	27756		353
在总计中:									
国有控股企业	1402	2373	13683	14072	1119	8095	1	14	432
在总计中:									
轻工业	17379	14223	118242	116824	1039	29288	51450	15872	4584
重工业	17031	39679	170718	161661	12998	19491	11586	12399	3670
在总计中:									
中型企业	12639	8686	86481	83128	1	2414	29742	23540	4785
小型企业	21772	45216	202480	195357	14037	46365	33294	4732	3469
采矿业（小计）	616	877	3156	3214					223
非金属矿采选业	616	877	3156	3214					223
制造业（小计）	33341	52339	276904	265901	14038	48394	60537	27774	7707
农副食品加工业	725	425	33258	32608	1039	27370	30405	1807	700
食品制造业	7291	206	17800	17410		747	6589	6601	410
饮料制造业	7476	12126	54303	59334		1104	12079	3716	2233
纺织服装、鞋、帽制造业									620
皮革、毛皮、羽毛(绒)及其制品业	914	264	6904	6506		22	2377	2911	170
木材加工及木、竹、藤、棕、草制品业	27	33	5529	5422					1300
家具制造业	183	240							124
化学原料及化学制品制造业	2959	23241	2372	2010		-419	132		145
医药制造业	723	887	5419	412		46		838	312
金属制品业	7861	8650	71801	67064					362
专用设备制造业	181	188	30932	30218	11877	10938			126
交通运输设备制造业	4259	5960	29211	28862	1121	8221	1	14	876
通信设备、计算机及其他电子设备制造业	743	120	19377	16056	1	366	8955	11888	329
电力、燃气及水的生产和供应业（小计）	453	686	8901	9370		386	2499	498	324
燃气生产和供应业	453	686	8901	9370		386	2499	498	324

12－10 规模工业企业主要经济效益指标（1998－2007）

年份	综合经济效益指数	总资产贡献率（%）	资本保值增值率（%）	资产负债率（%）	流动资产周转次数（次）	成本费用利润率（%）	全员劳动生产率（元/人）	产品销售率（%）
1998	43.29	3.54	90.20	74.15	1.02	-4.52	17927.38	96.40
1999	61.04	3.89	125.25	64.19	1.07	-2.78	21271.62	98.70
2000	72.97	4.68	71.20	76.42	1.02	1.54	30367.94	98.77
2001	75.69	3.62	137.91	66.45	1.04	-1.21	35568.30	97.42
2002	81.43	4.09	91.61	67.18	1.33	0.36	39544.98	98.00
2003	120.31	6.71	123.52	59.58	1.80	3.13	60096.45	98.26
2004	162.82	10.59	101.37	60.93	2.49	6.94	88607.08	98.45
2005	119.41	4.40	110.94	58.98	2.52	-0.60	79748.10	99.37
2006	159.35	6.39	126.2	51.01	2.58	1.35	123292.47	98.04
2007	214.31	11.41	103.02	52.66	2.86	4.4	180447.39	96.77

注：含中油吉林分公司现金流部分。

12－11 主要年份主要工业产品产量

年份	钢（吨）	生铁（吨）	焦碳（吨）	铁合金（吨）	原煤（万吨）	发电量（亿千瓦小时）	碳素制品（吨）	水泥（吨）	硫酸（吨）
1949					51.3	7.2			
1952					81.2	13.2			
1957				57086	124.5	25.4	14049		126
1962	2854		189687	70851	253.8	35.3	35778	56134	28688
1965	3320		255665	130826	320	47.5	42930	201984	52238
1970	6924	5268	314664	150655	403.1	49.5	105934	294486	54859
1975	19875	23520	351572	143789	478.3	58	103147	702958	55341
1978	28028	46997	381903	141054	530.2	47.9	110120	720000	60648
1980	25779	11762	321668	127167	493.4	56.8	105786	836000	59262
1985	50416	44002	310978	178283	612.2	68.4	109414	1122000	72326
1988	42954	48134	308230	230670	483.5	89.2	119629	1569300	71443
1989	49262	40715	286000	234045	558.8	73.8	120230	1523000	77899
1990	66243	38081	284000	252694	363.9	83.8	112470	1460000	79534
1991	88403	37935	253541	207222	615.3	98.2	100499	1700000	76930
1992	142082	57941	231730	233473	628	79.1	110112	1870000	80720
1993	174460	72225	222040	270073	624	89.5	113589	2030000	70871
1994	114706	67570	232350	272382	631.8	106.5	95435	1750000	92866
1995	74766	75364	226986	316432	641.2	120.1	133892	1970000	91492
1996	75828	80223	219802	291226	727.3	86.5	137667	1608906	92007
1997	43710	71588	200070	275277	703.2	85.9	114181	1675821	97489
1998	1631	71621	206449	197185	478.6	80.4	94336	1687637	88173
1999	1568	49407	194812	194927	258.7	91.7	88141	1366631	84129
2000	1184	82647	186254	114481	195.5	91.1	85723	1217000	84149
2001	1260	90417	149915	138415	217.2	88.5	113446	1785800	22839
2002	270321	340643	148350	151797	194.7	80.5	101529	1851500	25196
2003	912995	890863	165120	253074	191.3	76.3	109929	2609500	25987
2004	1247802	1001050	176695	357077	237.2	116.18	129951	2734600	28090
2005	1277662	1084189	184746	318972	226.8	135.3	151861	2910347	139291
2006	1831735	1154601	177485	414334	200	127.1	152426	3084557	192278
2007	1605836	1148128	176246	502648	335.28	129.5	225068	3368301	150938

12－11 续表1

年　份	浓硝酸（吨）	烧碱（吨）	合成氨（吨）	电石（吨）	木材（万m^3）	染料（吨）	毛线（吨）	棉布（万米）	呢绒（万米）
1949				531	10			285	
1952				9519	1.5			324	
1957	657		12056	31890	10.5			428	
1962	16123	17	116307	51391	11.3	651		345	
1965	32406	2393	244212	88054	28.2	5187	65	578	
1970	51166	13257	241447	70597	30.1	6109	305	1041	
1975	64355	24533	350074	110197	53.2	7734	664	1972	
1978	61464	26049	327415	106416	63.6	7943	650	1745	91
1980	56935	24588	334467	109314	65.7	5795	957	2527	120
1985	60063	31541	338535	43930	84.1	7189	1100	2122	240
1988	60101	37068	347063	63254	89	8669	1348	2199	290
1989	55548	38319	319235	53449	89.6	8669	1343	2064	291
1990	56937	40038	312000	59130	94.1	8419	1084	1764	292
1991	53563	40656	303000	53605	96	7109	938	1656	267
1992	59403	42794	310000	53067	72.7	8100	699	1390	243
1993	68202	46185	310000	50589	74.9	6689	426	658	187
1994	71040	46404	302000	50506	76.7	7681	316	781	223
1995	70380	47022	304000	49775	71.6	7834	128	248	239
1996	90298	50632	321481	47828	94.2	7194	47.8	263	318
1997	84996	49313	272987	42227	68.5	6983		74	268
1998	92632	45778	229173	35855	68.9	6273		89	175
1999	84805	40857	268633	1577	50.5	5133			226
2000	85672	44796	157127	507	45.5	2984			231
2001	101174	40398	77118	294	53.5	20			210
2002	101253	32966	74809	54	62.5	5			122.6
2003	100312	37447	123352	140	10.1				57
2004	104727	42495	335080						
2005	84062	44531	298563						
2006	48384	34492	251844						
2007	50485	26328	262798						

12－11 续表2

年　份	棉纱（吨）	化学纤维（吨）	糖（吨）	火柴（万件）	机制纸及纸板（吨）	饮料酒（千升）	农用化肥（吨）	轮胎外胎（条）	啤酒（千升）
1949				11	4889	3345			
1952				32	48789	5297			
1957			15306	23	86067	5514	43251		
1962			525	28	61256	11694	370368		
1965	261	3756	17869	28	91757	6372	820917		
1970	1897	4833	24128	22	102279	11086	768825	559	
1975	2350	7833	12458	25	150000	17990	1084632	45252	
1978	3373	8119	21576	30	167666	13826	940157	90000	
1980	3740	9824	34530	33	179351	10416	214674	100534	
1985	5851	11718	38410	47	193932	56621	183892	223878	
1988	8465	12753	34128	42	237061	85863	168895	443000	
1989	7854	15769	46089	55	236000	91379	183722	375000	
1990	1168	16700	20084	63.8	234000	89536	174000	471000	
1991	918	17524	35601	58	241000	112733	165000	537000	
1992	778	18901	43819	49.8	236000	138405	170000	652000	
1993	733	22300	37443	188.1	205000	149259	187000	471000	
1994	870	35400	13171	187.5	185000	155410	182000	470000	
1995	77	44250	25960	26.2	197000	161923	154000	527000	
1996	79	41013	30840	0.02	191975	167559	162984	565140	
1997	90	47984		0.02	113849	165034	151224	289692	
1998		64511			111140	121494	115296	173618	117598
1999		114058			140985	201617	157641	195696	197769
2000		127621			140911	246469	57420	85074	239362
2001		147964			108615	258580	1824	.	240700
2002		149128			28139	258175	1808	98993	244758
2003		150164			12276	266577	1187	90085	255191
2004		158252			10418	266958	11969		258832
2005		216996			23123	258476			251448
2006		226342			117779	320156			294787
2007		337547			225445	370439			340126

12－11 续表3

年　份	纱（吨）	汽油（吨）	柴油（吨）	燃料油（吨）	乙烯（吨）	纯苯（吨）	冰醋酸（吨）	化学原料药（吨）	汽车（辆）
1949									
1952									
1957									
1962									
1965									
1970									
1975									
1978									
1980									
1985									9022
1988		683109	432735		107585				14134
1989		680172	407100		113795				5700
1990		715183	420575		112745				3259
1991		785503	425148		116341				8729
1992		844604	476976		119190			4366	15282
1993								3787	15432
1994									
1995		904259	461417	711700	128618	32761	83260	3918	20900
1996		947118	493309		172281				60600
1997		779709	613810		309502				24212
1998		857852	682093	964215	392536	130647	118045	5361	19134
1999		803188	940383	930619	440052	152334	201330	5435	18714
2000		811803	1013963	912534	433147	150242	203330	5840	40005
2001		782978	1103511	704190	473726	166525	205076	6147	48213
2002		801441	1354512	686980	509755	172949	175754	6586	78677
2003		1050880	2127932	435795	574826	213842	187133	6991	93116
2004		6419666	1037517	243861	580456	228175	126721	5542	88616
2005		1047243	3004713	330157	511329	195266	140385	3402	62673
2006	9205	1047849	2839363	403768	751809	228339	140815	2904	69567
2007	8696	1079778	2669915	330823	872588	263042	138161	5056	49952

12－12 主要工业产品产量（2007）

产品名称	计量单位	全市	产品名称	计量单位	全市
原煤	吨	3352771	纯苯	吨	263042
铁矿石原矿量	吨	2370507	冰醋酸	吨	138161
石墨及碳素制品	吨	225068	塑料树脂及共聚物	吨	788885
配混合饲料	吨	619964	合成橡胶	吨	183766
白酒	千升	16768	合成纤维单体	吨	393618
啤酒	千升	340126	化学原料药	吨	5056
软饮料	吨	121277	塑料制品	吨	10081.08
化学纤维	吨	337547	水泥	万吨	336.83
合成纤维	吨	171336	生铁	吨	1148128
纱	吨	8696	粗钢	吨	1291638
服装	万件	71.6	钢材	吨	1605836
人造板	立方米	126902	中小型型钢	吨	
机制纸及纸板	吨	225445	线材	吨	129330
新闻纸	吨	73798	钢带	吨	882226
纸制品	吨	7707	无缝钢管	吨	287693
汽油	吨	1079778	焊接钢管	吨	188407
柴油	吨	2669915	铁合金	吨	502648
润滑油	吨	193	汽车	辆	49952
燃料油	吨	330823	载货汽车	辆	18287
焦炭	吨	176246	公路客车	辆	29076
硫酸（折１００％）	吨	150938	家用电冰箱	台	
浓硝酸（折１００％）	吨	50485	彩色电视机	部	9087
氢氧化钠（烧碱）（折１００％）	吨	26328	发电量	亿千瓦小时	129.5
合成氨	吨	262798	火电	亿千瓦小时	98.95
化学农药	吨	30918	水电	亿千瓦小时	30.42
乙烯	吨	872588			

12－13　大中型企业基本情况（2007）

单位：万元

企业名称	企业规模	经济类型	隶属关系	工业总产值（现价）	工业销售产值（现价）	工业增加值（现价）
吉林市水务集团有限公司	2	110	40	10580	10580	4976
吉化集团公司	1	110	10	681429	674774	165730
吉林北方铁合金联营公司	2	120	40	4476	4677	2233
吉化集团吉林市龙山化工厂	2	120	90	23380	22355	5850
吉林航空维修有限责任公司	2	151	10	22393	19948	6485
吉林远东药业集团股份有限公司	2	160	40	8265	5907	3889
中国第一汽车集团公司吉林轻型车厂	1	151	10	128307	133689	4312
吉林济源汽车部件有限公司	2	173	50	8108	8099	1561
沈阳铁路局吉林水泥轨枕厂	2	110	10	7736	8176	2059
沈阳铁路局吉林配件厂	2	110	10	5214	5507	1133
吉林江北制造有限责任公司	1	151	10	52726	52595	11043
吉化集团锦江油化厂	2	120	90	48997	48355	5931
吉林热电厂	2	110	10	42227	42227	12377
丰满发电厂	2	110	10	16651	16651	7670
吉林东光瑞宝车灯有限责任公司	2	151	90	5557	5557	907
吉林龙潭水泥有限公司	2	159	20	20647	21227	1123
吉林制药股份有限公司	2	160	40	24005	12463	6999
中钢集团吉林炭素股份有限公司	1	160	10	124545	119626	19244
吉林省舒兰合成药业股份有限公司	2	160	50	18617	18125	6364
舒兰矿业（集团）有限责任公司	2	151	20	25383	24673	8811
舒兰市通用机械有限责任公司	2	159	50	4343	4152	1522
吉林省白石山林业局	2	110	20	17150	17250	6138
白山发电厂	2	110	10	34332	34332	28379
吉林省夹皮沟黄金矿业有限责任公司	2	110	10	25557	25557	17381
吉林弘晟伟业能源有限公司热电厂	2	171	50	4273	3477	1607
吉林化纤集团有限责任公司	1	151	40	671771	627807	82600
吉林市东方电力有限责任公司	2	173	40	11360	11360	1930
通钢桦甸矿业公司	2	159	20	19868	19971	16794
思豪（吉林）制衣有限公司	2	310	90	3476	3376	1509
吉林永大集团有限公司	2	173	90	49597	34403	23712
吉林炭素集团有限责任公司	2	151	20	12641	15215	4334
华润雪花啤酒（吉林）有限公司	2	230	40	37829	37729	15237
吉林春光牧工商集团有限公司	2	159	90	12639	12389	3948
吉林鹿王制药有限公司	2	310	40	6200	5300	696
吉林市富康木业有限公司	2	330	90	17230	17230	5374
吉林华星电子集团有限公司	2	151	40	92076	83485	26570

12－13 续表1

单位：万元

企业名称	企业规模	经济类型	隶属关系	工业总产值（现价）	工业销售产值（现价）	工业增加值（现价）
桦甸市黄金有限责任公司	2	159	50	15612	15612	5861
吉林市热力总公司	2	159	40	20373	20373	6429
吉林市港华燃气有限公司	2	310	90	4738	4738	1012
通化钢铁集团磐石无缝钢管有限责任公司	2	159	20	115988	117629	25311
桦甸市隆兴铁矿	2	171	90	14357	14327	10386
吉林龙山有机硅有限公司	2	173	90	40010	40798	11157
吉林龙鼎电气股份有限公司	2	160	40	21800	16743	8183
中国石油股份有限公司吉林石化分公司	1	160	10	4137145	4115211	605875
冀东水泥吉林有限责任公司	2	159	40	32784	32645	7440
吉林市源源热电有限责任公司	2	159	40	9557	9557	3188
中钢集团吉林机电设备有限公司	2	110	10	24265	22106	4191
大森林食品有限公司	2	173	90	41148	40325	18821
吉林昊融有色金属集团有限公司	1	151	20	301501	246785	200423
通钢集团吉林钢铁有限责任公司	1	159	50	335087	342300	84011
吉林市吉东木业有限公司	2	173	90	14162	14160	4399
桦甸市建龙矿业有限责任公司	2	171	90	51591	51591	33707
吉林燃料乙醇有限公司	2	159	10	220173	221348	66436
吉林铁合金有限责任公司	1	159	20	348595	354763	72464
吉林康乃尔药业有限公司	2	173	90	22858	18185	7595
吉林亚泰明城水泥有限公司	2	159	90	65784	64573	31647
吉林省蛟河煤机制造有限责任公司	2	110	20	7504	4831	2002
吉林市荣升木业有限责任公司	2	173	90	5037	4943	1231
吉林大黑山钼业有限公司	2	159	50	19446	18372	16173
吉林水工机械有限公司	2	173	90	31504	24465	13881
吉林市北方云雀工贸有限责任公司	2	159	90	13939	13666	3624
吉林市伊利食品有限责任公司	2	159	50	18615	17547	5030
香港新实业国际集团（吉林）山梨酸有限公司	2	230	90	9370	6975	2390
吉林长白山精细化工有限公司	2	159	90	6333	6227	1421
吉林省东风化工有限责任公司	2	151	20	3614	3524	1204.7
吉林恩智浦半导体有限公司	2	310	90	20218	18218	6701.5
吉林京华制管有限公司	2	173	90	131250	121400	47625.2
舒兰市起重机配件有限责任公司	2	159	50	10005	6795	3379.3
吉林市北方炬醌工贸有限责任公司	2	159	90	7582	7354	3995.4
吉林麦吉柯半导体有限公司	2	173	90	21969	16843	8169.2
吉林科伦康乃尔药业有限公司	2	173	90	18820	14298	6749.5
吉林晨鸣纸业有限责任公司	2	159	40	103021	95610	17536.9
吉林市恒盛毛纺织有限公司	2	173	90	5992	5881	2199.9
吉林市华康益民木糖有限公司	2	174	90	6403	6403	3746.4
中国国电吉林龙华热电厂	1	160	20	149343	149343	42180.4
吉林森林工业股份有限公司红石林业分公司	1	160	20	32684	29551	13568.5

12－13 续表2

单位：万元

企 业 名 称	主营业务收 入	成本费用总 额	利润总额	固定资产净 值 年平均余额	流动资产合 计	全部从业人 员 年平均人数（人）
吉林市水务集团有限公司	10141	12330	-1976	29456	2915	1599
吉化集团公司	1007396	992467	31708	419681	476995	16266
吉林北方铁合金联营公司	7016	6537	-402	2312	5890	850
吉化集团吉林市龙山化工厂	24238	23578	1216	3150	10344	527
吉林航空维修有限责任公司	25427	25659	901	15348	19279	3117
吉林远东药业集团股份有限公司	9489	9174	265	18602	24999	442
中国第一汽车集团公司吉林轻型车厂	133112	154860	-21635	22333	78652	4212
吉林济源汽车部件有限公司	8383	8124	266	1916	3604	385
沈阳铁路局吉林水泥轨枕厂	8176	7987	110	1083	7126	575
沈阳铁路局吉林配件厂	7405	7414	-85	1077	6048	710
吉林江北制造有限责任公司	52528	51276	1235	41580	37622	3018
吉化集团锦江油化厂	48355	47527	848	10896	8157	979
吉林热电厂	42100	43166	-1378	21792	9154	977
丰满发电厂	16651	33882	-14490	176005	1523	796
吉林东光瑞宝车灯有限责任公司	5485	5646	26	4767	6684	495
吉林龙潭水泥有限公司	21524	21129	762	13929	16181	494
吉林制药股份有限公司	11519	10531	1873	15051	11490	430
中钢集团吉林炭素股份有限公司	172826	173221	934	63676	163637	4658
吉林省舒兰合成药业股份有限公司	18742	17483	1112	4791	5378	411
舒兰矿业（集团）有限责任公司	23113	26075	329	23146	29887	4938
舒兰市通用机械有限责任公司	4112	3705	378	2314	3058	307
吉林省白石山林业局	19291	19142	2187	9680	10895	2368
白山发电厂	34332	33888	4815	216030	1631	842
吉林省夹皮沟黄金矿业有限责任公司	22594	16019	9112	12832	27075	2533
吉林弘晟伟业能源有限公司热电厂	3356	3355	1	14856	349	347
吉林化纤集团有限责任公司	634385	632388	17325	374485	304994	14721
吉林市东方电力有限责任公司	15816	17935	-75	48453	10543	702
通钢桦甸矿业公司	19957	7941	11576	9722	14562	380
思豪（吉林）制衣有限公司	3376	2679	697	825	3320	620
吉林永大集团有限公司	31215	27313	3981	5970	18193	970
吉林炭素集团有限责任公司	13594	41221	-30195	11726	49739	438
华润雪花啤酒（吉林）有限公司	37738	34252	-5163	26199	16367	1669
吉林春光牧工商集团有限公司	12389	9912	317	4552	3218	314
吉林鹿王制药有限公司	5219	4825	394	3907	5226	312
吉林市富康木业有限公司	15579	14977	-1938	1644	7791	1136
吉林华星电子集团有限公司	87057	78111	4973	66419	118582	1892

12－13 续表3

单位：万元

企业名称	主营业务收入	成本费用总额	利润总额	固定资产净值年平均余额	流动资产合计	全部从业人员年平均人数（人）
桦甸市黄金有限责任公司	44887	48152	3089	2237	7538	621
吉林市热力总公司	20771	22261	646	26695	19313	1339
吉林市港华燃气有限公司	5088	7865	-1548	28852	4352	324
通化钢铁集团磐石无缝钢管有限责任公司	122539	117252	5599	14661	33408	1086
桦甸市隆兴铁矿	14327	7402	6415	1124	10365	393
吉林龙山有机硅有限公司	40798	35095	5502	3865	10600	550
吉林龙鼎电气股份有限公司	18803	18223	484	8345	19820	415
中国石油股份有限公司吉林石化分公司	4149502	4037117	91747	1571278	547422	23880
冀东水泥吉林有限责任公司	33253	31267	4230	18199	22620	1071
吉林市源源热电有限责任公司	9996	10029	111	9287	10159	335
中钢集团吉林机电设备有限公司	22106	21641	903	7368	21529	820
大森林食品有限公司	40325	39037	1207	2402	359	340
吉林昊融有色金属集团有限公司	266676	160483	101814	70802	299324	4455
通钢集团吉林钢铁有限责任公司	342714	305604	35643	92179	245675	3160
吉林市吉东木业有限公司	14160	12581	201	1485	3086	454
桦甸市建龙矿业有限责任公司	51591	26020	26285	9532	67777	551
吉林燃料乙醇有限公司	221074	258178	19872	191694	47415	541
吉林铁合金有限责任公司	374099	356860	7562	70870	253348	3687
吉林康乃尔药业有限公司	16407	16616	175	11140	23570	800
吉林亚泰明城水泥有限公司	64167	49714	6004	53846	80456	435
吉林省蛟河煤机制造有限责任公司	4231	3380	37	422	5653	349
吉林市荣升木业有限责任公司	4873	4858	-11	2553	2401	377
吉林大黑山钼业有限公司	18372	7141	10525	1294	15803	718
吉林水工机械有限公司	20456	20288	110	1450	22082	932
吉林市北方云雀工贸有限责任公司	13850	13864	379	3138	5415	339
吉林市伊利食品有限责任公司	18406	15303	112	722	2826	400
香港新实业国际集团（吉林）山梨酸有限公司	8400	11097	-3265	8086	8729	395
吉林长白山精细化工有限公司	4467	5153	-744	3200	915	310
吉林省东风化工有限责任公司	3524	3892	-177	3215	1203	519
吉林恩智浦半导体有限公司	17203	16482	-746	26313	4795	329
吉林京华制管有限公司	130223	88069	2154	5900	21400	470
舒兰市起重机配件有限责任公司	7000	6646	464	3245	3959	367
吉林市北方炬醌工贸有限责任公司	5901	5338	497	892	2693	590
吉林麦吉柯半导体有限公司	18400	14866	3546	4814	10775	535
吉林科伦康乃尔药业有限公司	12546	11958	753	1306	6395	576
吉林晨鸣纸业有限责任公司	70783	75058	-2448	81970	51250	1651
吉林市恒盛毛纺织有限公司	5881	4774	103	4604	2460	432
吉林市华康益民木糖有限公司	4688	4662	78	5536	3992	450
中国国电吉林龙华热电厂	149343	141224	8119	115658	5955	2230
吉林森林工业股份有限公司红石林业分公司	36571	29960	6874	28916	39462	3767

12－13 续表4

单位：%

企业名称	工业产品销售率	资产负债率	工业增加值率	成本费用利润率	全员劳动生产率（元/人、年）	流动资产周转次数（次）
吉林市水务集团有限公司	100.00	60.24	47.03	-16.03	31118.82	2.99
吉化集团公司	99.02	34.20	24.32	3.19	101887.43	2.02
吉林北方铁合金联营公司	104.49	100.13	49.89	-6.14	26267.06	1.36
吉化集团吉林市龙山化工厂	95.62	50.37	25.02	5.16	111000.00	2.38
吉林航空维修有限责任公司	89.08	71.70	28.96	3.51	20806.22	1.37
吉林远东药业集团股份有限公司	71.47	37.33	47.06	2.88	87984.16	0.38
中国第一汽车集团公司吉林轻型车厂	104.19	112.62	3.36	-13.97	10237.42	1.49
吉林济源汽车部件有限公司	99.89	85.61	19.26	3.27	40555.84	2.38
沈阳铁路局吉林水泥轨枕厂	105.69	92.86	26.62	1.38	35810.43	1.22
沈阳铁路局吉林配件厂	105.62	82.27	21.73	-1.14	15959.15	1.20
吉林江北制造有限责任公司	99.75	69.04	20.94	2.41	36590.79	1.40
吉化集团锦江油化厂	98.69	38.74	12.10	1.78	60579.16	5.05
吉林热电厂	100.00	100.00	29.31	-3.19	126682.70	3.80
丰满发电厂	100.00	100.00	46.06	-42.77	96354.27	7.10
吉林东光瑞宝车灯有限责任公司	100.00	69.88	16.32	0.46	18323.23	0.96
吉林龙潭水泥有限公司	102.81	67.46	5.44	3.61	22736.84	3.21
吉林制药股份有限公司	51.92	89.64	29.16	17.79	162767.44	0.88
中钢集团吉林炭素股份有限公司	96.05	60.68	15.45	0.54	41313.22	1.18
吉林省舒兰合成药业股份有限公司	97.36	66.70	34.18	6.36	154846.72	2.81
舒兰矿业（集团）有限责任公司	97.20	67.18	34.71	1.26	17843.26	1.12
舒兰市通用机械有限责任公司	95.59	54.02	35.03	10.21	49563.52	1.48
吉林省白石山林业局	100.58	39.27	35.79	11.43	25919.34	2.06
白山发电厂	100.00	100.00	82.66	14.21	337045.13	10.41
吉林省夹皮沟黄金矿业有限责任公司	100.00	67.62	68.01	56.88	68618.63	0.83
吉林弘晟伟业能源有限公司热电厂	81.37	111.34	37.61	0.04	46319.88	9.61
吉林化纤集团有限责任公司	93.46	60.59	12.30	2.74	56110.39	2.41
吉林市东方电力有限责任公司	100.00	61.93	16.99	-0.42	27498.58	1.21
通钢桦甸矿业公司	100.52	30.51	84.53	145.77	441942.11	1.59
思豪（吉林）制衣有限公司	97.12	116.49	43.40	26.02	24333.87	1.04
吉林永大集团有限公司	69.36	63.23	47.81	14.57	244454.64	1.84
吉林炭素集团有限责任公司	120.37	124.96	34.29	-73.25	98956.62	0.26
华润雪花啤酒（吉林）有限公司	99.73	113.58	40.28	-15.07	91296.58	2.65
吉林春光牧工商集团有限公司	98.02	36.31	31.24	3.20	125742.04	4.06
吉林鹿王制药有限公司	85.48	98.00	11.22	8.17	22301.28	1.13
吉林市富康木业有限公司	100.00	104.48	31.19	-12.94	47307.22	2.00
吉林华星电子集团有限公司	90.67	69.65	28.86	6.37	140432.88	0.79

12－13 续表5

单位：%

企业名称	工业产品销售率	资产负债率	工业增加值率	成本费用利润率	全员劳动生产率（元/人、年）	流动资产周转次数（次）
桦甸市黄金有限责任公司	100.00	37.06	37.54	6.42	94375.20	6.54
吉林市热力总公司	100.00	87.49	31.56	2.90	48014.19	1.27
吉林市港华燃气有限公司	100.00	101.72	21.36	-19.68	31234.57	1.65
通化钢铁集团磐石无缝钢管有限责任公司	101.41	66.12	21.82	4.78	233069.98	5.35
桦甸市隆兴铁矿	99.79	7.95	72.34	86.67	264277.35	1.91
吉林龙山有机硅有限公司	101.97	32.22	27.89	15.68	202850.91	3.85
吉林龙鼎电气股份有限公司	76.80	55.11	37.53	2.65	197171.08	0.89
中国石油股份有限公司吉林石化分公司	99.47	24.86	14.64	2.27	253716.54	6.06
冀东水泥吉林有限责任公司	99.58	42.74	22.69	13.53	69467.79	1.47
吉林市源源热电有限责任公司	100.00	85.46	33.36	1.11	95161.19	1.25
中钢集团吉林机电设备有限公司	91.10	83.79	17.27	4.17	51108.54	1.22
大森林食品有限公司	98.00	47.35	45.74	3.09	553570.59	112.42
吉林昊融有色金属集团有限公司	81.85	52.96	66.48	63.44	449882.83	1.25
通钢集团吉林钢铁有限责任公司	102.15	51.66	25.07	11.66	265857.91	1.65
吉林市吉东木业有限公司	99.99	82.61	31.06	1.60	96898.68	4.85
桦甸市建龙矿业有限责任公司	100.00	29.19	65.34	101.02	611736.84	0.83
吉林燃料乙醇有限公司	100.53	49.52	30.17	7.70	1228020.33	4.24
吉林铁合金有限责任公司	101.77	56.92	20.79	2.12	196540.28	1.65
吉林康乃尔药业有限公司	79.56	91.21	33.23	1.05	94941.25	0.71
吉林亚泰明城水泥有限公司	98.16	31.12	48.11	12.08	727514.94	0.97
吉林省蛟河煤机制造有限责任公司	64.38	97.74	26.68	1.11	57352.44	0.79
吉林市荣升木业有限责任公司	98.12	80.34	24.44	-0.22	32649.87	2.01
吉林大黑山钼业有限公司	94.48	49.48	83.17	147.40	225254.87	1.69
吉林水工机械有限公司	77.66	94.14	44.06	0.54	148938.84	0.93
吉林市北方云雀工贸有限责任公司	98.05	48.97	26.00	2.73	106905.60	2.61
吉林市伊利食品有限责任公司	94.26	81.22	27.02	0.73	125760.00	5.85
香港新实业国际集团（吉林）山梨酸有限公	74.44	57.17	25.51	-29.42	60511.39	0.83
吉林长白山精细化工有限公司	98.32	112.85	22.44	-14.43	45832.26	2.73
吉林省东风化工有限责任公司	97.52	77.23	33.34	-4.55	23211.95	3.50
吉林恩智浦半导体有限公司	90.11	60.97	33.15	-4.52	203693.01	2.70
吉林京华制管有限公司	92.50	72.68	36.29	2.45	1013302.13	7.22
舒兰市起重机配件有限责任公司	67.92	55.98	33.78	6.98	92079.02	1.93
吉林市北方炬醌工贸有限责任公司	97.00	53.39	52.70	9.30	67718.64	1.96
吉林麦吉柯半导体有限公司	76.67	56.01	37.19	23.85	152695.33	2.23
吉林科伦康乃尔药业有限公司	75.97	80.39	35.86	6.29	117178.82	1.94
吉林晨鸣纸业有限责任公司	92.81	86.41	17.02	-3.26	106219.87	1.67
吉林市恒盛毛纺织有限公司	98.15	79.64	36.72	2.16	50923.61	2.38
吉林市华康益民木糖有限公司	100.00	38.32	58.51	1.67	83253.33	1.22
中国国电吉林龙华热电厂	100.00	100.00	28.24	5.75	189149.78	16.87
吉林森林工业股份有限公司红石林业分公司	90.41	100.00	41.51	22.94	36019.38	0.95

2008吉林市社会经济统计年鉴

建　筑　业

Jian zhu ye

13-1 建筑业企业生产情况（1986－2007）

单位：万元

年　份	施工企业单位数（个）	建筑业总产值	#建筑工程	#安装工程	建筑业增加值
1986	161	96675			
1987	169	117215			
1988	168	140435			
1989	167	129054			
1990	**158**	**129938**			
1991	156	165031			
1992	156	255056			
1993	174	358420			
1994	179	363486			
1995	211	368252	275818	81503	137635
1996	237	446834	328289	107308	163573
1997	185	355802	254238	88876	132885
1998	190	404014	305547	87441	138319
1999	193	442804	353080	83440	163839
2000	**197**	**607995**	**476738**	**125281**	**178555**
2001	179	471160	362318	101493	138054
2002	142	442233	307616	130237	90893
2003	121	482478	343241	131581	95930
2004	178	490828	282427	195256	92975
2005	159	499463	307507	190295	95367
2006	150	599213	343856	236523	105531
2007	163	796177	506055	268798	127256

13-1 续表

单位：万平方米

年　份	施　工房屋面积	#新开工	#投标承包	竣工房屋面　积	#住宅
1986	260				
1987	262				
1988	333				
1989	300				
1990	**247**				
1991	313				
1992	398				
1993	442				
1994	381				
1995	322	167	36	166	
1996	374	187	86	217	
1997	331	199	101	207	
1998	352	202	155	206	
1999	411	279	241	244	
2000	**541**	**325**	**312**	**331**	
2001	463	348	323	311	106
2002	410	264	239	250	160
2003	380	221	218	248	138
2004	254	220	210	154	82
2005	227	164	198	109	64
2006	297	228	265	142	79
2007	397	336	356	237	150

13-2 建筑业企业生产情况（2007）

项　　目	单 位	合 计	国有企业	集体企业	其　他 所有制企业
一、施工企业单位数	个	163	36	20	107
二、建筑业总产值	万元	796177	540197	24703	231277
#建筑工程	万元	506055	289920	22510	193625
安装工程	万元	268798	238621	1908	28269
三、建筑业增加值	万元	127256	64369	5724	57163
四、全年竣工产值	万元	724479	470840	22459	231180
五、施工房屋面积	万平方米	397	198	18	181
#新开工	万平方米	336	164	16	156
投标承包	万平方米	356	187	6	163
六、竣工房屋面积	万平方米	237	72	16	149
#住　宅	万平方米	150	18	9	123
七、年末自有机械设备台数	台	15810	10108	878	4824
八、年末自有机械设备净值	万元	53866	26581	2315	24970
九、年末自有机械设备总功率	万千瓦	36	27	1	8
十、计算建筑业劳动生产率平均人数	人	53519	24499	3975	25045

13-3 建筑业企业财务状况（2007）

项 目	单位	合 计	国有企业	集体企业	其他所有制企 业
一、流动资产	万元	475342	340131	15648	119563
#存 货	万元	157728	142091	2467	13170
二、年末固定资产原价	万元	193886	104589	14813	74484
#生产经营用	万元	143079	88050	9512	45517
三、本年固定资产折旧	万元	9746	5988	563	3195
四、年末固定资产净值	万元	133142	63467	9510	60165
五、年末资产合计	万元	634734	422569	27390	184775
六、年末负债合计	万元	426331	317075	15316	93940
七、所有者权益合计	万元	208404	105494	12074	90836
#实收资本	万元	160166	75982	9963	74221
八、工程结算收入	万元	762696	526642	23703	212351
工程结算成本	万元	691265	486570	20953	183742
工程结算税金及附加	万元	24065	14243	1009	8813
工程结算利润	万元	45323	25500	1649	18174
九、管理费用	万元	33345	22931	2805	7609
十、利润总额	万元	8517	–192	–1002	9711
十一、利税总额	万元	34392	15282	70	19040
十二、年末被拖欠的工程款	万元	200738	153723	3940	43075

13-4 建筑业企业主要经济效益指标（2007）

项 目	单位	合 计	国有企业	集体企业	其他所有制企 业
一、建筑业劳动生产率					
按总产值计算	元／人	14875	220498	62145	92344
按增加值计算	元／人	23778	26274	14400	22824
二、竣工率					
按产值计算	%	91	87.2	90.9	99.9
三、产值工资率	%	8.6	6.1	18.7	13.2
四、资金利润率	%	1.4			5.4
五、产值利润率	%	1.1			4.2
六、技术装备率	元/人	10065	10850	5823	9970
七、流动比率	%	1.13	1.08	1.02	1.32
八、资产负债率	%	67.2	75	55.9	50.8

交通运输和邮电通讯业

Jiao tong yun shu he you dian tong xun ye

14－1 交通运输情况（2000－2007）

指　　标	单 位	2000	2001	2002	2003	2004	2005	2006	2007
交通运输里程									
1.铁路									
正线延展里程	公里	1410.1	2140.8	1486.8	1486.8	1486.8	737.9		
营业里程	公里	1414.9	1381.3	1491.9	1381.3	1381	603	603	548
2.公路线路里程	公里	6246.2	7435.5	7563.5	8057.9	8657.7	8755.7	14587.4	14620.5
等级路	公里	6002.5	7202	7216.5	7838.9	8464.5	8615	13555.9	13655.4
高速公路	公里	62.9	62.9	62.9	62.9	62.9	62.9	62.9	62.9
一级	公里	32.1	74.1	116.8	147.5	167.3	197.5	214.9	229.4
二级	公里	346.5	642.1	800.8	1008.9	1142.7	1276.2	1456.6	1539.8
三级	公里	1147.6	1518	1517	1580.2	1518.5	1565.5	1013.7	1061.5
四级	公里	4476.3	4905.2	4781.1	5039.2	5573.1	5512.9	10807.8	10761.8
等外路	公里	243.7	233.5	347	219	193.2	140.7	1031.5	965.1
3.民航	公里			5627	13386	8596			
4.内河航道里程	公里					576	576	576	576
货物周转量合计	**万吨公里**	**638973**	**759236**	**763557**	**843877**	**955644**	**731349**	**105173**	**142335**
铁路	万吨公里	583350	702100	704030	779300	875600	648323		
公路	万吨公里	55584	57071	59466	64515	79986	83026	105126	142288
水运	万吨公里	39.2	47	45.8	44.6	47		47	47
民航	万吨公里		18.2	15.3	17.5	11.1			
货运量合计	**万吨**	**4152.4**	**4704**	**4786.2**	**5297.6**	**6012.6**	**5448**	**5706**	**6034.7**
铁路	万吨	1573	2086	2097	2250	2505	1855	1769	1737
公路	万吨	2565	2600	2671	3032	3490	3593	3928	4289
水运	万吨	14.4	18	18.2	15.6	17.6		9	8.7
民航	万吨			0.01					
旅客周转量合计	**万人公里**	**315228**	**406851**	**403600**	**401409**	**467135**	**328178**	**155487**	**172497**
铁路	万人公里	230580	306400	290570	277200	326600	190198		
公路	万人公里	84298	93594	106096	116970	134197	137290	153782	170922
水运	万人公里	350.1	643	442.2	518.6	735.7	690	1705	1575
民航	万人公里	0.01	6214	6492.1	6720	5602			
客运量合计	**万人**	**3540.6**	**4093.6**	**3916.9**	**4193.6**	**4842.8**	**4406**	**4753**	**4828**
铁路	万人	1219	1646	1492	1331	1346	784	797	811
公路	万人	2307	2429	2411	2845	3476	3560	3888	3954

14-1 续表

指 标	单 位	2000	2001	2002	2003	2004	2005	2006	2007
水运	万人	11.8	14	10.3	14.8	18	62	68	63
民航	万人	2.8	4.6	3.6	2.8	2.8			
新建公路	公里			84.8	471.9	599.9	98	260	177
高速公路	公里								
民用车辆拥有量	辆	218014	227738	265816	288064	320141	382460	399591	480424
一、汽 车	辆	74900	74886	88608	93508	103869	134790	131795	170359
#私人汽车	辆			42292	48292	56337	83407	84424	121548
1.载客汽车合计	辆	39892	37563	52875	58689	67804	79240	87847	106996
大型	辆	4018	3686	3991	3955	4139	4532	4670	4752
中型	辆				2811	3160	3313	3425	3696
小型	辆	35774	33877	31843	35043	42214	52205	63166	81978
微型	辆				16880	18291	19190	16586	16570
2.载货汽车	辆	31843	32165	35334	34078	35113	36548	31961	33675
重型	辆	16428	14986	11294	8883	8987	9635	8333	8270
中型	辆				5732	5666	5415	5138	5420
轻型	辆	15415	17179	18708	19463	20021	21162	18256	19776
微型	辆				418	439	336	234	209
3.其他汽车	辆	3165	5158	399	741	952	19002	11987	29688
二、电 车	辆					1	1		
三、摩托车	辆	81085	86281	110731	126233	140336	160800	172702	188970
四、农用运输车	辆	19973	20456	17699	16792	19303	20067	20086	21454
三轮	辆	7534	8471	11047	11467	13650	13845	13757	14853
四轮	辆	11932	10205	6652	5325	5653	6222	6329	6601
五、拖拉机	辆	41024	43899	47823	50818	56177	66177	73894	98101
六、挂 车	辆	525	436	919	606	362	504	976	1391
七、特 种	辆	507	1780	36	107	93	121	138	149

14－2 邮电通讯情况（2000－2007）

指　　标	单 位	2000	2001	2002	2003	2004	2005	2006	2007
年末邮电局（所）数	所	186	190	193	194	269	269	309	342
邮政业务总量	**万元**	**9459**	**15396**	**16851.5**	**18339**	**16711**	**20354**	**24569**	**26216**
函件业务	万件	1762	884	1700.9	1980	1091	901	1221	1515
包件业务	万件	30	29	33.8	51	25.9	26	33	26
国内汇票	万张	68	58	57.7	53	40.3	35	34	47
报纸累计份数	万份	6827	4658.9	4785.7	4840.2	3251.7	3196.1	3511.0	3290.0
杂志累计份数	万份	497	423.7	531.2	514	342.5	329	257	146
邮政储蓄平均余额	万元	214738	240556	265798	291432	332050	417718	539607	575167
集邮业务量	万枚	2444	914	796.3	446	287.4	416	394	244
邮路总条数	条	44	36	35	35	37	34	36	35
邮路总长数	公里	6414	5674	5764	5534	5691	5708	5588	5505
邮政局所数	处	186	190	193	194	197	194	197	189
邮政储蓄网点	处	164	165	164	165	165	164	169	169
火车邮厢	辆	5	5	11	5	5	5	5	5
邮政汽车	辆	167	161	147	127	140	137	144	178
电信业务总量	**万元**	**48973**	**62680.6**	**64416.1**	**142187**	**157768**	**165112**	**289482**	**331011**
长途电话业务总量	万元	17164	12547.6	12463.2	14647.1	12528.5	11567	9165	8477
本地电话业务总量	万元	30128	47239	47642.5	53418.7	55214.4	49955	18876	15816
数据通讯业务总量	万元	1593	2848	3777	5807.1	6983.7	9598	11760	17434
电报业务总量	万元	88	46	36	15.4	11.2			
年末本地电话用户数	**户**	**652356**	**650941**	**824784**	**1033508**	**1170858**	**1373031**	**1134289**	**1154944**
城市电话用户	户	468788	498130	587802	759101	870873	1047784	806807	853634
#城市住宅电话	户	414282	433166	499335	620346	562019	905282	613657	639263
乡村电话用户	户	183568	229605	236982	274407	300106	325247	319099	301310
#乡村住宅电话	户	165687	217775	225883	262684	293606	302294	308223	292225
局用交换机容量	门	676202	1034064	1121688	1126128	1395386	1425898	1441688	1425532
用户交换机容量	门	158806	134827	149316	206042	221213	1433597	317708	314714
移动业务总量	万元	97113	64035	70000	66759	75800	80419	194620	235826
年末移动电话用户数	户	314486	575000	949452	964840	1409440	1848826	1849432	2474483
#数字	户	281011	575000	949452	964840	1409440	1848826	1849432	2474483
模拟	户	33475							
移动电话新增户数	户	116486	260000	374452	15388	444600	439386	767905	1859291
交换机个数	个	4	3	5	5	6	7	7	9
交换机容量	万户	40	65	101.9	124.9	145.9	168	341	310
#数字	万户	35	65	101.9	124.9	145.9	168	341	310
模拟	万户	5							
无线寻呼用户数	**户**	**168731**	**307000**	**190737**	**94973**	**6345**	**3164**		

2008吉林市社会经济统计年鉴

批发零售贸易和餐饮业

Pi fa ling shou mao yi he can yin ye

15-1 主要年份社会消费品零售总额

单位：万元

年份	社会消费品零售总额	按地区分			按行业分			
		市的零售额	县的零售额	县以下的零售额	批发零售贸易业	餐饮业	制造业	其他行业
1949	7169				6237	215	631	
1952	16220				15725	487	1427	8
1957	26520				23678	998	1030	167
1962	40510				34331	1834	2322	552
1965	39137				34987	1669	1411	162
1970	49019				44690	1997	1666	666
1975	73755				67217	3549	2897	92
1978	84300				76538	3389	3544	73
1980	109622				90000	5398	10608	1084
1985	240457				184828	14318	18533	3323
1988	419225				304763	23032	41285	6103
1989	468364				344382	26529	39616	57837
1990	460545				336619	22775	34943	57208
1991	534148				383977	22645	39115	88411
1992	592897				430812	32314	41248	88523
1993	607138	496681	39386	71071	434024	38330	48761	86023
1994	756313	624286	39359	92669	532387	77296	48742	97889
1995	883071	755537	19981	107553	598548	104786	71958	107779
1996	1008555	845635	30174	132746	664295	116152	74533	153575
1997	1119574	924915	32131	162528	738939	137476	82469	160691
1998	1239058	1032302	37271	169485	824840	156996	65220	192001
1999	1356893	1133117	45818	177958	884788	186236	72666	213203
2000	1477657	1161140	32935	283582	1093321	209428	68701	106207
2001	1679800	1345251	34415	300134	1266533	256742	59844	96680
2002	1898007	1548332	36511	313164	1418735	329114	57372	92786
2003	2154238	1775217	38501	340520	1769931	374378		9929
2004	2458201	2000292	32178	425731	2105523	349021		3657
2005	2839352	2330669	34817	473866	2429106	406294		3952
2006	3296591	2736494	39199	520898	2819339	473238		4014
2007	3889979	3248445	44620	596914	3326235	559407		4337

15-2 限额以上批发零售贸易业商品购进、销售、库存总额（2007）

单位：万元

项　　目	法人企业（个）	产业活动单位数（个）	年末从业人数（人）	销售合计	批发额	零售额
总　　计	117	271	11855	2822418.5	2215474.6	606943.9
一、批发业	56	182	4250	2416035.2	2215057.2	200978.0
其中：国有及国有控股	31	151	3204	2235581.8	2035100.3	200481.5
1.按登记注册类型分组						
内资	55	181	4204	2413056.6	2212078.6	200978.0
国有	25	28	1863	291432.5	291432.5	
有限责任公司	4	4	120	151915.3	151753.8	161.5
国有独资公司	2	2	56	4260.9	4099.4	161.5
其他有限责任公司	2	2	64	147654.4	147654.4	
股份有限公司	4	124	1319	1799553.0	1599032.2	200520.8
私营企业	16	19	760	91528.7	91233.0	295.7
私营独资	2	2	103	9995.1	9995.1	
私营有限责任公司	13	16	583	77670.4	77374.7	295.7
私营股份有限公司	1	1	74	3863.2	3863.2	
其他	6	6	142	78627.1	78627.1	
外商投资企业	1	1	46	2978.6	2978.6	
外资企业	1	1	46	2978.6	2978.6	
2.按国民经济行业分组						
农畜产品批发业	17	17	536	83220.4	83220.4	
食品、饮料及烟草制品批发业	12	15	1621	230130.7	230130.7	
米、面制品及食用油批发业	8	8	492	74801.7	74801.7	
烟草制品批发业	1	4	980	142355.3	142355.3	
纺织、服装及日用品批发业	1	1	12	3271.2	3271.2	
文化、体育用品及器材批发业	1	1	44	989.7	828.2	161.5
医药及医疗器材批发业	9	12	411	33929.9	33433.4	496.5
矿产品、建材及化工产品批发业	12	129	1490	2050532.7	1850212.7	200320.0
煤炭及制品批发业	1	1	16	3252.5	3252.5	
石油及制品批发业	3	120	1274	1794360.2	1594040.2	200320.0
金属及金属矿批发业	1	1	24	144065.0	144065.0	
机械设备、五金交电及电子产品批发	2	2	42	5571.8	5571.8	
计算机、软件及辅助设备批发业	1	1	12	4935.8	4935.8	
其他批发业	2	5	94	8388.8	8388.8	
二、零售业	61	89	7605	406383.3	417.4	405965.9
其中：国有及国有控股	13	24	1864	102143.9	169.3	101974.6
1.按登记注册类型分组						

15-2 续表

单位：万元

项　　目	法人企业（个）	产业活动单位数（个）	从业人数（人）	销售合计	批发额	零售额
内资	60	88	7060	383464.4	417.4	383047.0
国有	1	1	100	1588.0		1588.0
集体	2	2	75	5407.4	166.8	5240.6
股份合作	4	4	573	23332.2	30.0	23302.2
有限责任公司	17	35	2900	111535.1	220.6	111314.5
国有独资公司	1	6	287	4720.6		4720.6
其他有限责任公司	16	29	2613	106814.5	220.6	106593.9
股份有限公司	3	13	689	51065.7		51065.7
私营企业	27	27	2444	158038.0		158038.0
私营独资	4	4	102	2140.0		2140.0
私营有限责任公司	22	22	2333	155304.6		155304.6
私营股份有限公司	1	1	9	593.4		593.4
其他	6	6	279	32498.0		32498.0
外商投资企业	1	1	545	22918.9		22918.9
外资企业	1	1	545	22918.9		22918.9
2.按国民经济行业分组						
综合零售业	14	14	3102	139766.1	199.3	139566.8
百货零售业	6	6	922	57406.2	169.3	57236.9
超级市场零售业	7	7	2056	69412.1	30.0	69382.1
食品、饮料及烟草制品专门零售业	3	7	682	10963.0		10963.0
纺织、服装及日用品专门零售业	5	5	936	51290.0		51290.0
服装零售业	5	5	936	51290.0		51290.0
文化、体育用品及器材专门零售业	5	10	428	7900.0		7900.0
图书零售业	5	10	428	7900.0		7900.0
医药及医疗器材专门零售业	2	4	383	24300.8		24300.8
药品零售业	2	4	383	24300.8		24300.8
汽车、摩托车、燃料及零配件专门	23	34	926	113139.0		113139.0
汽车零售业	18	18	770	106130.4		106130.4
机动车燃料零售业	2	12	80	1778.5		1778.5
家用电器及电子产品专门零售业	7	13	1121	57747.8	218.1	57529.7
家用电器零售业	3	9	975	48636.0	218.1	48417.9
计算机、软件及辅助设备零售业	2	2	39	2663.9		2663.9
通讯设备零售业	1	1	80	2474.2		2474.2
五金、家具及室内装修材料专门零	1	1	7	620.0		620.0
无店铺及其他零售业	1	1	20	656.6		656.6

15－3 星级住宿业和限额以上餐饮业经营情况（2007）

单位：万元

项　　目	法人企业（个）	产业活动单位数（个）	从业人数（人）	营业额	客房收入	餐费收入	商品销售收入
总　　计	65	68	6211	45775.8	13234.2	30325.6	1260.9
一、住宿业	32	32	4029	29172.7	12636.6	14330.1	1250.9
其中：国有及国有控股	20	20	1997	13631.2	6352.8	6099.5	545.6
1.按登记注册类型分组							
内资	30	30	3638	26375.7	11722.5	12447.2	1250.9
国有	14	14	1592	10718.8	5161.4	5069.3	299.7
集体	3	3	209	1248.1	446.1	294.3	245.9
有限责任公司	3	3	185	1294.6	478.5	408.0	3.5
其他有限责任公司	3	3	185	1294.6	478.5	408.0	3.5
股份有限公司	1	1	139	513.0	115.0	398.0	
私营企业	9	9	1513	12601.2	5521.5	6277.6	701.8
私营独资	4	4	159	1856.8	749.8	1024.2	70.2
私营有限责任公司	5	5	1354	10744.4	4771.7	5253.4	631.6
港澳台商投资企业	1	1	273	2103.5	617.4	1486.1	
与港澳台商合资经营	1	1	273	2103.5	617.4	1486.1	
外商投资企业	1	1	118	693.5	296.7	396.8	
中外合资经营	1	1	118	693.5	296.7	396.8	
2.按国民经济行业分组							
旅游饭店	31	31	3988	28571.8	12234.7	14131.1	1250.9
一般旅馆	1	1	41	600.9	401.9	199.0	
二、餐饮业	33	36	2182	16603.1	597.6	15995.5	10.0
其中：国有及国有控股	1	1	53	200.0		200.0	
1.按登记注册类型分组							
内资	33	36	2182	16603.1	597.6	15995.5	10.0
国有	1	1	130	1124.6		1124.6	
集体	1	1	53	200.0		200.0	
有限责任公司	4	7	450	1969.0		1969.0	
其他有限责任公司	4	7	450	1969.0		1969.0	
股份有限公司	1	1	49	947.0		947.0	
私营企业	25	25	1488	12042.5	597.6	11434.9	10.0
私营独资	9	9	399	3985.3	12.0	3963.3	10.0
私营有限责任公司	15	15	1039	7099.5	585.6	6513.9	
私营股份有限公司	1	1	50	957.7		957.7	
其他	1	1	12	320.0		320.0	
2.按国民经济行业分组							
正餐服务业	33	36	2182	16603.1	597.6	15995.5	10.0

15-4 省外连锁总公司在吉林连锁分店经营情况（2007）

项目		总计	批发和零售业	#国有及国有控股	按零售业态分 超级市场	专业店	专卖店	餐饮业
连锁门店数		8	8		4	4		
直营店		8	8		4	4		
加盟店								
商品购进总额	(万元)	117318	117318		64933	52385		
#接受统一配送商品金额		102436	102436		61459	40977		
商品销售总额（或营业收入）	(万元)	112622	112622		63986	48636		
#商品零售额		112622	112622		63986	48636		
营业面积	(平方米)	120866	120866		87163	33703		
从业人员	(人)	2765	2765		1760	1005		
总店全部销售总额（营业收入）	(万元)							

15－5 限额以上批发零售贸易企业财务状况（2007）

单位：万元

项目	企业个数（个）	#亏损企业个数（个）	年末资产负债 流动资产合计	#存货	固定资产原价	累计折旧	#本年折旧
总计	117	49	348496.6	102538.4	178296.6	48561.6	9519.6
一、批发业	56	29	215207.0	68218.1	94604.4	28477.5	5148.9
其中：国有及国有控股	30	20	157500.4	51091.9	84491.1	26034.4	4722.7
1.按登记注册类型分组							
内资	55	29	214725.9	67737.0	94604.4	28477.5	5148.9
国有	25	20	96556.2	36275.0	58115.3	18219.7	3209.6
有限责任公司	4	1	45442.9	11316.4	1016.5	403.9	58.3
国有独资公司	2		4164.3	309.3	924.8	365.7	44.1
其他有限责任公司	2	1	41278.6	11007.1	91.7	38.2	14.2
股份有限公司	4		18143.4	4014.8	25442.0	7446.9	1465.9
私营企业	16	5	47806.6	13645.2	9650.5	2298.9	384.9
私营独资	2	1	3927.0	1007.6	1717.6	275.6	89.9
私营有限责任公司	13	4	32524.5	12473.1	6698.1	1628.2	215.1
私营股份有限公司	1		11355.1	164.5	1234.8	395.1	79.9
其他	6	3	6776.8	2485.6	380.1	108.1	30.2
外商投资企业	1		481.1	481.1			
外资企业	1		481.1	481.1			
2.按国民经济行业分组							
农畜产品批发业	17	14	43405.7	20493.2	20803.1	6331.6	349.2
食品、饮料及烟草制品批发业	12	7	69707.6	27320.3	41047.1	12195.2	2956.9
米、面制品及食用油批发业	8	6	43489.7	19100.0	18409.6	6544.6	1206.4
烟草制品批发业	1		21809.8	6731.6	20919.9	5375.0	1660.6
纺织、服装及日用品批发业	1		3294.0	152.6	392.1	246.0	20.5
文化、体育用品及器材批发业	1		870.3	156.7	532.7	119.7	23.6
医药及医疗器材批发业	9	4	28349.1	2311.7	4498.9	1434.9	282.3
矿产品、建材及化工产品批发业	12	3	67354.3	17136.5	26948.4	8040.2	1490.5
煤炭及制品批发业	1		1716.4		149.8	41.6	
石油及制品批发业	3		16216.0	3900.1	26167.0	7736.5	1461.0
金属及金属矿批发业	1		40594.4	10632.0	60.5	19.5	8.0
机械设备、五金交电及电子产品批发	2	1	1022.2	629.6	40.5	11.4	2.8
计算机、软件及辅助设备批发业	1	1	603.8	211.2	9.6		
其他批发业	2		1203.8	17.5	341.6	98.5	23.1
二、零售业	61	20	133289.6	34320.3	83692.2	20084.1	4370.7
其中：国有及国有控股	8	2	15673.5	5839.6	11462.8	2466.8	512.9
1.按登记注册类型分组							

15－5 续表1

单位：万元

项目	企业个数（个）	#亏损企业个数（个）	年末资产负债：流动资产合计	#存货	固定资产原价	累计折旧	#本年折旧
内资	60	20	128217.4	31220.3	75390.1	18551.9	3800.8
国有	1	1	1742.0	130.2	2088.2	102.9	
集体	2		401.9	213.2	180.2	91.3	4.3
股份合作	4	2	3092.1	875.8	9467.0	2730.3	1311.6
有限责任公司	17	5	38604.1	14218.3	17700.4	3487.3	678.6
国有独资公司	1		2383.2	1367.3	2012.6	811.1	70.1
其他有限责任公司	16	5	36220.9	12851.0	15687.8	2676.2	608.5
股份有限公司	3	2	2112.5	499.7	18450.4	4219.5	13.4
私营企业	27	7	64886.2	12216.4	21416.2	6344.8	1404.0
私营独资	4	1	2498.1	1352.2	1366.5	122.5	2.1
私营有限责任公司	22	6	61888.4	10771.8	20049.7	6222.3	1401.9
私营股份有限公司	1		499.7	92.4			
其他	6	3	17378.6	3066.7	6087.7	1575.8	388.9
外商投资企业	1		5072.2	3100.0	8302.1	1532.2	569.9
外资企业	1		5072.2	3100.0	8302.1	1532.2	569.9
2.按国民经济行业分组							
综合零售业	14	5	33924.2	11584.8	38110.1	9638.4	3099.0
百货零售业	6	2	16806.8	2170.1	12249.0	2434.3	715.8
超级市场零售业	7	3	16108.8	9384.6	21432.4	5691.9	2099.8
食品、饮料及烟草制品专门零售业	3	1	4430.1	1765.4	4336.6	503.5	61.3
纺织、服装及日用品专门零售业	5	1	6728.1	1107.4	20057.2	4136.8	62.7
服装零售业	5	1	6728.1	1107.4	20057.2	4136.8	62.7
文化、体育用品及器材专门零售业	5		4707.3	1888.7	3210.7	1288.8	137.7
图书零售业	5		4707.3	1888.7	3210.7	1288.8	137.7
医药及医疗器材专门零售业	2	1	19352.6	1986.5	1784.0	399.9	129.6
药品零售业	2	1	19352.6	1986.5	1784.0	399.9	129.6
汽车、摩托车、燃料及零配件专门	23	10	45145.2	10108.1	14737.9	3752.7	857.5
汽车零售业	18	6	42067.7	8823.9	13584.4	3496.5	834.0
机动车燃料零售业	2	2	593.5	544.1	1066.5	232.5	13.4
家用电器及电子产品专门零售业	7	2	18230.3	5816.3	845.0	328.6	21.9
家用电器零售业	3	1	16596.5	5183.3	306.9	88.0	2.3
计算机、软件及辅助设备零售业	2	1	917.7	106.4	308.1	147.7	9.5
通讯设备零售业	1		495.1	482.9	121.3	21.2	5.8
五金、家具及室内装修材料专门零	1		301.0	26.0	601.0	30.0	
无店铺及其他零售业	1		470.8	37.1	9.7	5.4	1.0

15－5 续表2

单位：万元

指标	资产合计	负债合计	所有者权益合计	实收资本	国家资本	集体资本
总计	548985.1	410596.4	138388.7	83982.8	20449.8	872.2
一、批发业	330739.0	234228.2	96510.8	46215.9	18873.3	129.6
其中：国有及国有控股	247497.8	180502.6	66995.2	23076.7	18873.3	129.6
1.按登记注册类型分组						
内资	330257.9	234209.3	96048.6	46165.9	18873.3	129.6
国有	157348.2	93667.9	63680.3	17072.4	14919.0	129.6
有限责任公司	47492.3	40882.9	6609.4	6059.3	3954.3	
国有独资公司	6153.9	1958.1	4195.8	4004.3	3954.3	
其他有限责任公司	41338.4	38924.8	2413.6	2055.0		
股份有限公司	45362.0	48518.2	-3156.2	139.2		
私营企业	72946.6	45028.1	27918.5	22355.0		
私营独资	5394.0	1686.2	3707.8	2000.0		
私营有限责任公司	45066.6	31977.0	13089.6	14188.0		
私营股份有限公司	22486.0	11364.9	11121.1	6167.0		
其他	7108.8	6112.2	996.6	540.0		
外商投资企业	481.1	18.9	462.2	50.0		
外资企业	481.1	18.9	462.2	50.0		
2.按国民经济行业分组						
农畜产品批发业	76013.6	57599.6	18414.0	9123.6	5114.0	129.6
食品、饮料及烟草制品批发业	105267.7	51949.8	53317.9	13878.8	9805.0	
米、面制品及食用油批发业	58255.2	43648.6	14606.6	9805.0	9805.0	
烟草制品批发业	41137.4	6596.1	34541.3	2023.8		
纺织、服装及日用品批发业	4755.4	883.1	3872.3	3954.3	3954.3	
文化、体育用品及器材批发业	1398.5	1075.0	323.5	50.0		
医药及医疗器材批发业	42123.1	25032.6	17090.5	14970.0		
矿产品、建材及化工产品批发业	98635.9	96023.4	2612.5	3795.0		
煤炭及制品批发业	2007.8	1824.6	183.2	500.0		
石油及制品批发业	43860.3	46581.3	-2721.0	500.0		
金属及金属矿批发业	40635.4	38295.3	2340.1	2000.0		
机械设备、五金交电及电子产品批发	1088.2	578.1	510.1	80.0		
计算机、软件及辅助设备批发业	613.4	126.4	487.0	50.0		
其他批发业	1456.6	1086.6	370.0	364.2		
二、零售业	218246.1	176368.2	41877.9	37766.9	1576.5	742.6
其中：国有及国有控股	28568.00	28313.70	254.30	3553.30	1576.50	
1.按登记注册类型分组						

15－5 续表3

单位：万元

指　　标	资产合计	负债合计	所有者权益合计	实收资本	国家资本	集体资本
内资	204511.4	162458.6	42052.8	37716.9	1576.5	742.6
国有	4190.1	3920.0	270.1	338.2	338.2	
集体	490.8	223.8	267.0	84.8		82.8
股份合作	11643.4	12225.9	-582.5	1903.8		619.8
有限责任公司	59348.0	60696.7	-1348.7	10239.2	1238.3	40.0
国有独资公司	4727.5	3276.8	1450.7	1123.1		
其他有限责任公司	54620.5	57419.9	-2799.4	9116.1	1238.3	40.0
股份有限公司	17760.4	12454.6	5305.8	4088.0		
私营企业	87955.2	54745.5	33209.7	17111.9		
私营独资	4018.4	3118.2	900.2	805.9		
私营有限责任公司	83437.1	51169.6	32267.5	16236.0		
私营股份有限公司	499.7	457.7	42.0	70.0		
其他	23123.5	18192.1	4931.4	3951.0		
外商投资企业	13734.7	13909.6	-174.9	50.0		
外资企业	13734.7	13909.6	-174.9	50.0		
2.按国民经济行业分组						
综合零售业	69540.6	72409.2	-2868.6	10434.8	1238.2	696.6
百货零售业	28970.8	24951.0	4019.8	7238.5	1238.2	96.6
超级市场零售业	34830.3	43290.2	-8459.9	1988.0		
食品、饮料及烟草制品专门零售业	8979.5	6462.5	2517.0	3830.0		
纺织、服装及日用品专门零售业	24253.8	18154.2	6099.6	4838.9		
服装零售业	24253.8	18154.2	6099.6	4838.9		
文化、体育用品及器材专门零售业	8152.6	5662.1	2490.5	1663.5	338.3	
图书零售业	8152.6	5662.1	2490.5	1663.5	338.3	
医药及医疗器材专门零售业	24230.2	7043.4	17186.8	1313.7		
药品零售业	24230.2	7043.4	17186.8	1313.7		
汽车、摩托车、燃料及零配件专门	62023.6	46762.4	15261.2	13891.0		
汽车零售业	56197.4	42027.1	14170.3	12410.0		
机动车燃料零售业	2805.2	2556.0	249.2	563.0		
家用电器及电子产品专门零售业	19718.7	19126.9	591.8	1576.0		46.0
家用电器零售业	17616.7	17664.2	-47.5	1050.0		40.0
计算机、软件及辅助设备零售业	1224.0	723.6	500.4	470.0		
通讯设备零售业	620.0	570.0	50.0	50.0		
五金、家具及室内装修材料专门零	872.0	521.0	351.0	109.0		
无店铺及其他零售业	475.1	226.5	248.6	110.0		

15－5 续表4

单位：万元

指标					损益及分配	
	法人资本	个人资本	港澳台资本	外商资本	营业收入合计	主营业务收入
总计	**33492.6**	**29030.7**	**37.5**	**100.0**	**2812437.0**	**2807904.4**
一、批发业	**10437.2**	**16725.8**		**50.0**	**2381091.4**	**2380931.1**
其中：国有及国有控股	4073.8				2197111.9	2197007.8
1.按登记注册类型分组						
内资	10437.2	16725.8			2378112.8	2377952.5
国有	2023.8				296509.9	296444.7
有限责任公司	2105.0				151915.3	151876.4
国有独资公司	50.0				4260.9	4222.0
其他有限责任公司	2055.0				147654.4	147654.4
股份有限公司		139.2			1759475.6	1759475.6
私营企业		16561.6			91584.9	91528.7
私营独资	50.0	1950.0			9995.1	9995.1
私营有限责任公司	2465.0	11723.0			77726.6	77670.4
私营股份有限公司	3278.4	2888.6			3863.2	3863.2
其他	515.0	25.0			78627.1	78627.1
外商投资企业				50.0	2978.6	2978.6
外资企业				50.0	2978.6	2978.6
2.按国民经济行业分组						
农畜产品批发业		3880.0			86983.5	86918.3
食品、饮料及烟草制品批发业	2073.8	1950.0		50.0	231445.0	231445.0
米、面制品及食用油批发业					76116.0	76116.0
烟草制品批发业	2023.8				142355.3	142355.3
纺织、服装及日用品批发业					3271.2	3271.2
文化、体育用品及器材批发业	50.0				989.7	950.8
医药及医疗器材批发业	4193.4	10776.6			33592.8	33536.6
矿产品、建材及化工产品批发业	3795.0				2010848.6	2010848.6
煤炭及制品批发业	500.0				3252.5	3252.5
石油及制品批发业	500.0				1754676.1	1754676.1
金属及金属矿批发业	2000.0				144065.0	144065.0
机械设备、五金交电及电子产品批发	25.0	55.0			5571.8	5571.8
计算机、软件及辅助设备批发业	25.0	25.0			4935.8	4935.8
其他批发业	300.0	64.2			8388.8	8388.8
二、零售业	**23055.4**	**12304.9**	**37.5**	**50.0**	**431345.6**	**426973.3**
其中：国有及国有控股	1826.80	150.00			48555.60	48555.60
1.按登记注册类型分组						

15－5 续表5

单位：万元

指　　标	法人资本	个人资本	港澳台资本	外商资本	损益及分配 营业收入合计	主营业务收入
内资	23055.4	12304.9	37.5		406011.7	401639.4
国有					1357.6	1357.6
集体		2.0			5458.4	5407.4
股份合作	500.0	784.0			23332.2	23332.2
有限责任公司	3937.9	5023.0			112800.3	110688.1
国有独资公司	1123.1				4087.7	4087.7
其他有限责任公司	2814.8	5023.0			108712.6	106600.4
股份有限公司	588.0	3500.0			51065.7	51065.7
私营企业	14079.5	2994.9	37.5		179499.5	177290.4
私营独资	100.0	705.9			2851.6	2851.6
私营有限责任公司	13909.5	2289.0	37.5		176054.5	173845.4
私营股份有限公司	70.0				593.4	593.4
其他	3950.0	1.0			32498.0	32498.0
外商投资企业				50.0	25333.9	25333.9
外资企业				50.0	25333.9	25333.9
2.按国民经济行业分组						
综合零售业	7058.5	1354.0	37.5	50.0	139673.8	137491.4
百货零售业	5726.0	177.7			54534.4	52716.5
超级市场零售业	1332.5	568.0	37.5	50.0	72191.6	71827.1
食品、饮料及烟草制品专门零售业	200.0	3630.0			10963.0	10963.0
纺织、服装及日用品专门零售业	1100.0	3738.9			52392.8	52001.6
服装零售业	1100.0	3738.9			52392.8	52001.6
文化、体育用品及器材专门零售业	1324.2	1.0			7267.1	7267.1
图书零售业	1324.2	1.0			7267.1	7267.1
医药及医疗器材专门零售业	989.7	324.0			24300.8	24300.8
药品零售业	989.7	324.0			24300.8	24300.8
汽车、摩托车、燃料及零配件专门	11343.0	2548.0			136143.1	136143.1
汽车零售业	10260.0	2150.0			129130.5	129130.5
机动车燃料零售业	268.0	295.0			1778.5	1778.5
家用电器及电子产品专门零售业	930.0	600.0			59328.4	57529.7
家用电器零售业	460.0	550.0			50165.6	48417.9
计算机、软件及辅助设备零售业	470.0				2663.9	2663.9
通讯设备零售业		50.0			2474.2	2474.2
五金、家具及室内装修材料专门零		109.0			620.0	620.0
无店铺及其他零售业	110.0				656.6	656.6

15－5 续表6

单位：万元

项　　目	主营业务成　本	主营业务税金及附加	主营业务利　润	其他业务利　润	营业费用	管理费用
总　计	2602275.8	11936.8	122130.3	9835.8	67106.3	33983.1
一、批发业	2264367.8	8317.1	89027.5	675.2	43439.8	16704.6
其中：国有及国有控股	2091910.8	7999.3	83075.5	501.7	40737.1	13975.6
1.按登记注册类型分组						
内资	2261578.3	8316.5	88839.0	675.0	43439.8	16635.9
国有	247198.5	558.5	37698.6	436.4	5888.6	12666.9
有限责任公司	139230.8	6954.8	2498.1	15.7	3167.0	1018.7
国有独资公司	3110.0	0.9	1111.1	15.7	133.5	306.1
其他有限责任公司	136120.8	6953.9	1387.0		3033.5	712.6
股份有限公司	1715921.6	487.3	43066.7	49.6	31741.0	552.9
私营企业	82288.4	223.5	3979.9	121.4	1929.7	1689.2
私营独资	9585.9	19.9	384.3	52.5	41.7	179.7
私营有限责任公司	68937.0	165.0	3536.5	68.9	1888.0	1509.5
私营股份有限公司	3765.5	38.6	59.1			
其他	76939.0	92.4	1595.7	51.9	713.5	708.2
外商投资企业	2789.5	0.6	188.5	0.2		68.7
外资企业	2789.5	0.6	188.5	0.2		68.7
2.按国民经济行业分组						
农畜产品批发业	81757.1		4545.5	823.0	3190.5	1722.9
食品、饮料及烟草制品批发业	186042.6	579.0	34445.0	-333.9	3193.3	11192.4
米、面制品及食用油批发业	65496.0		2715.3	104.1	3151.6	2228.8
烟草制品批发业	108171.2	558.5	31156.9	-490.7		8715.2
纺织、服装及日用品批发业	2398.3		872.9		107.2	103.6
文化、体育用品及器材批发业	711.7	0.9	238.2	15.7	26.3	202.5
医药及医疗器材批发业	31392.4	85.9	1273.9	48.3	571.3	935.0
矿产品、建材及化工产品批发业	1948740.9	7572.8	47094.7	122.1	36231.6	2212.5
煤炭及制品批发业	2677.7	2.2	572.6	20.6	542.8	68.1
石油及制品批发业	1710770.4	568.0	43337.7	49.6	31936.0	585.5
金属及金属矿批发业	132671.9	6953.9	1406.1		3033.5	591.3
机械设备、五金交电及电子产品批发	5428.3	0.2	143.3		50.6	105.8
计算机、软件及辅助设备批发业	4860.0	0.1	75.7		12.0	78.2
其他批发业	7896.5	78.3	414.0		69.0	229.9
二、零售业	337908.0	3619.7	33102.8	9160.6	23666.5	17278.5
其中：国有及国有控股	35481.40	232.10	5296.70	112.20	1313.00	3737.90
1.按登记注册类型分组						

15－5 续表7

单位：万元

项目	主营业务成本	主营业务税金及附加	主营业务利润	其他业务利润	营业费用	管理费用
内资	314999.0	3609.7	30687.9	8402.9	20853.3	17265.2
国有	973.9	7.3	215.5	4.0	160.9	204.0
集体	5026.8	7.2	373.4	45.4	378.2	28.9
股份合作	22448.8	156.4	-2300.9	1320.4	3027.3	983.2
有限责任公司	86880.3	2923.7	9886.0	2622.7	7911.1	7353.8
国有独资公司	3049.9	19.4	1018.4	106.4	281.4	759.6
其他有限责任公司	83830.4	2904.3	8867.6	2516.3	7629.7	6594.2
股份有限公司	14833.1	45.1	2992.0	716.2	454.7	2641.2
私营企业	154379.0	452.7	17576.0	3696.5	8308.7	5290.9
私营独资	2047.4	58.5	745.6	43.0	591.6	24.0
私营有限责任公司	151747.5	394.0	16821.3	3631.0	7694.0	5259.2
私营股份有限公司	584.1	0.2	9.1	22.5	23.1	7.7
其他	30457.1	17.3	1945.9	-2.3	612.4	763.2
外商投资企业	22909.0	10.0	2414.9	757.7	2813.2	13.3
外资企业	22909.0	10.0	2414.9	757.7	2813.2	13.3
2.按国民经济行业分组						
综合零售业	119434.4	630.7	9455.3	5320.1	14593.3	5709.2
百货零售业	41307.7	386.5	6221.6	1774.3	806.3	4321.6
超级市场零售业	65269.4	160.7	3233.7	3538.8	13787.0	538.0
食品、饮料及烟草制品专门零售业	7744.6	38.9	1002.5	549.9	2628.1	855.1
纺织、服装及日用品专门零售业	14338.7	97.0	3788.3	1454.4	786.7	3104.2
服装零售业	14338.7	97.0	3788.3	1454.4	786.7	3104.2
文化、体育用品及器材专门零售业	5441.9	20.5	1804.7	116.4	503.5	1256.2
图书零售业	5441.9	20.5	1804.7	116.4	503.5	1256.2
医药及医疗器材专门零售业	14611.1	131.5	7322.5		453.6	661.5
药品零售业	14611.1	131.5	7322.5		453.6	661.5
汽车、摩托车、燃料及零配件专门	127228.9	52.8	6024.6	68.0	1907.2	2948.1
汽车零售业	120682.3	50.1	5741.8	35.9	1732.6	2651.2
机动车燃料零售业	1517.0	2.0	235.9	32.1	166.8	172.3
家用电器及电子产品专门零售业	48116.1	2641.5	3427.4	1651.8	2663.1	2684.0
家用电器零售业	39423.4	2630.9	3018.9	1579.9	2299.1	2566.0
计算机、软件及辅助设备零售业	2614.6	5.7	43.6	22.1	23.1	49.8
通讯设备零售业	2318.8	0.7	154.7	4.4	90.3	68.2
五金、家具及室内装修材料专门零	401.6	6.1	212.3		130.0	6.1
无店铺及其他零售业	590.7	0.7	65.2		1.0	54.1

15－5 续表8

单位：万元

指　　标	税 金	差旅费	工会经费	财务费用	利息支出	营业利润	利润总额
总　　计	3229.6	2996.1	323.2	10156.2	8456.9	32527.1	35695.6
一、批发业	806.1	2553.3	122.4	6673.6	5799.7	27821.8	31553.7
其中：国有及国有控股	725.8	2395.6	115.6	6098.9	5398.4	27522.7	31266.9
1.按登记注册类型分组							
内资	806.1	2552.5	122.1	6674.1	5800.2	27701.3	31433.2
国有	355.2	2337.1	112.3	4416.5	4142.8	16515.0	20000.9
有限责任公司	42.7	58.5	3.3	505.4	92.3	1222.8	1237.1
国有独资公司	4.1	3.5	2.5	44.5	-0.8	898.8	898.7
其他有限责任公司	38.6	55.0	0.8	460.9	93.1	324.0	338.4
股份有限公司	333.4			1177.1	1163.3	9790.7	10014.1
私营企业	52.3	39.3	5.3	422.5	400.3	99.5	169.0
私营独资	23.4	5.1	0.4	79.7	78.5	135.7	131.2
私营有限责任公司	28.9	34.2	4.9	342.8	321.8	-95.3	-21.3
私营股份有限公司						59.1	59.1
其他	22.5	117.6	1.2	152.6	1.5	73.3	12.1
外商投资企业		0.8	0.3	-0.5	-0.5	120.5	120.5
外资企业		0.8	0.3	-0.5	-0.5	120.5	120.5
2.按国民经济行业分组							
农畜产品批发业	3.2	48.5	16.6	2573.7	2441.1	-1109.6	-905.4
食品、饮料及烟草制品批发业	375.4	2294.5	96.4	2161.9	2019.6	17906.5	21183.7
米、面制品及食用油批发业	171.8	74.1	17.8	2236.5	2095.4	-4454.5	-1009.0
烟草制品批发业	180.2	2214.5	77.9	-153.8	-153.8	22104.8	21941.0
纺织、服装及日用品批发业	0.8	2.7	0.9	45.3		872.9	872.9
文化、体育用品及器材批发业	3.3	0.8	1.6	-0.8	-0.8	25.9	25.8
医药及医疗器材批发业	28.6	26.9	2.4	153.9	152.2	-162.5	-206.5
矿产品、建材及化工产品批发业	386.9	97.4	3.6	1739.6	1187.6	10186.6	10536.0
煤炭及制品批发业				-69.7	-69.7	52.0	52.0
石油及制品批发业	327.9			1182.6	1163.3	9833.1	10058.0
金属及金属矿批发业	38.6	55.0	0.8	460.9	93.1	324.0	357.5
机械设备、五金交电及电子产品批发	0.8	10.1				-13.1	-13.1
计算机、软件及辅助设备批发业	0.8	5.5				-14.5	-14.5
其他批发业	7.1	72.4	0.9			115.1	60.3
二、零售业	2423.5	442.8	200.8	3482.6	2657.2	4705.3	4141.9
其中：国有及国有控股	131.00	30.40	29.30	575.10	530.50	323.50	341.00
1.按登记注册类型分组							

15－5 续表9

单位：万元

指　　标							
	税　金	差旅费	工会经费	财务费用	利息支出	营业利润	利润总额
内资	2423.5	435.5	194.8	3380.5	2559.8	4448.0	3888.0
国有	16.7	1.8	0.5	105.7	105.1	-90.2	-90.7
集体	0.8	1.5		5.6	5.6	6.1	1.9
股份合作	137.4	1.0	0.2	35.2		-1114.4	-1148.3
有限责任公司	1824.7	118.5	42.7	703.7	565.3	-2729.2	-3218.9
国有独资公司	23.9	14.4	7.6	-2.3	-2.7	86.1	86.1
其他有限责任公司	1800.8	104.1	35.1	706.0	568.0	-2815.3	-3305.0
股份有限公司	172.4	13.0	10.6	511.4	489.4	142.6	124.2
私营企业	231.2	128.8	136.5	1572.6	1310.4	8108.6	8102.2
私营独资	11.7	2.6	0.8	20.2	19.4	156.5	122.9
私营有限责任公司	219.3	125.3	135.6	1552.4	1291.0	7951.3	7978.7
私营股份有限公司	0.2	0.9	0.1			0.8	0.6
其他	40.3	170.9	4.3	446.3	84.0	124.5	117.6
外商投资企业		7.3	6.0	102.1	97.4	257.3	253.9
外资企业		7.3	6.0	102.1	97.4	257.3	253.9
2.按国民经济行业分组							
综合零售业	299.2	57.2	40.0	1604.8	1378.3	-3027.1	-3222.6
百货零售业	149.5	36.3	23.3	1454.5	1278.2	1575.2	1557.0
超级市场零售业	66.2	20.9	16.7	118.0	100.1	-4611.9	-4786.6
食品、饮料及烟草制品专门零售业	161.4	10.5	1.8	1.0	-2.5	-494.0	-845.8
纺织、服装及日用品专门零售业	240.9	15.1	13.0	666.3	637.8	731.6	884.2
服装零售业	240.9	15.1	13.0	666.3	637.8	731.6	884.2
文化、体育用品及器材专门零售业	34.3	30.8	11.3	-6.3	-5.9	167.7	180.0
图书零售业	34.3	30.8	11.3	-6.3	-5.9	167.7	180.0
医药及医疗器材专门零售业	24.7	6.6	3.2	47.2	47.2	6537.4	6539.6
药品零售业	24.7	6.6	3.2	47.2	47.2	6537.4	6539.6
汽车、摩托车、燃料及零配件专门	154.9	231.7	119.2	932.3	456.2	919.5	743.1
汽车零售业	148.7	217.3	118.2	920.9	444.8	948.9	717.8
机动车燃料零售业	4.5	2.0	0.4			-29.4	-48.5
家用电器及电子产品专门零售业	1508.0	88.9	11.6	236.4	145.2	-215.2	-215.0
家用电器零售业	1505.4	80.4	11.5	235.0	145.2	-212.2	-205.1
计算机、软件及辅助设备零售业	0.3	4.0	0.1	1.4		-8.6	-11.3
通讯设备零售业	2.3	4.5				0.6	0.6
五金、家具及室内装修材料专门零				0.6	0.6	75.6	68.6
无店铺及其他零售业	0.1	2.0	0.7	0.3	0.3	9.8	9.8

15－5 续表10

单位：万元

项　　目	应交所得税	劳动、失业保险费	住房公积金和住房补贴	本年应付工资总额	本年应付福利费总额	本年应交增值税	全部从业人员年平均人数（人）
总　　计	**10261.8**	**3627.6**	**2987.2**	**20316.3**	**2214.4**	**13530.3**	**12124**
一、批发业	**7525.2**	**2446.5**	**1082.0**	**11418.3**	**1093.1**	**8917.7**	**4209**
其中：国有及国有控股	7372.4	2294.0	1067.3	9872.6	929.8	8058.1	3147
1.按登记注册类型分组							
内资	7525.2	2446.5	1082.0	11295.0	1063.4	8887.6	4163
国有	7240.5	1161.8	551.8	5578.4	364.1	5590.0	1867
有限责任公司	131.9	65.0	9.7	333.1	6.2	24.2	132
国有独资公司	8.5	45.7	2.7	180.1	4.2	18.7	68
其他有限责任公司	123.4	19.3	7.0	153.0	2.0	5.5	64
股份有限公司	1.2	1099.6	510.0	4124.6	568.8	2460.6	1306
私营企业	93.0	101.6	10.5	1008.7	89.2	608.3	713
私营独资	10.0			144.0	8.0	19.1	103
私营有限责任公司	74.1	52.5	9.2	767.4	71.2	207.2	536
私营股份有限公司	8.9	49.1	1.3	97.3	10.0	382.0	74
其他	58.6	18.5		250.2	35.1	204.5	145
外商投资企业				123.3	29.7	30.1	46
外资企业				123.3	29.7	30.1	46
2.按国民经济行业分组							
农畜产品批发业	8.0	74.9		661.5	46.0		537
食品、饮料及烟草制品批发业	7250.5	1086.9	551.8	5289.3	357.9	5639.2	1624
米、面制品及食用油批发业		245.4	53.5	779.4	120.2	5.3	495
烟草制品批发业	7240.5	841.5	498.3	4242.6	200.0	5584.7	980
纺织、服装及日用品批发业		12.6		126.7		-21.0	24
文化、体育用品及器材批发业	8.5	33.1	2.7	53.4	4.2	39.7	44
医药及医疗器材批发业	25.2	98.5	7.6	538.7	54.1	502.1	411
矿产品、建材及化工产品批发业	177.0	1122.0	519.9	4592.7	612.0	2671.0	1447
煤炭及制品批发业				16.2	2.2	10.7	16
石油及制品批发业		1067.2	505.8	4151.9	560.5	2449.4	1275
金属及金属矿批发业	123.4	19.3	7.0	110.1	1.0		24
机械设备、五金交电及电子产品批发				63.7	8.9	2.7	42
计算机、软件及辅助设备批发业				30.9	4.3	1.4	12
其他批发业	56.0	18.5		92.3	10.0	84.0	80
二、零售业	**2736.6**	**1181.1**	**1905.2**	**8898.0**	**1121.3**	**4612.6**	**7915**
其中：国有及国有控股	128.3	257.6	46.4	1745.4	176.1	552.0	1246
1.按登记注册类型分组							

15－5 续表11

单位：万元

项目	应交所得税	劳动、失业保险费	住房公积金和住房补贴	本年应付工资总额	本年应付福利费总额	本年应交增值税	全部从业人员年平均人数（人）
内资	2736.6	1166.5	1896.6	8397.2	1115.9	4314.0	7370
国有			5.4	148.9	14.5	34.0	100
集体	0.3	1.0		170.3	16.8	41.7	69
股份合作		15.0		557.0	40.6		573
有限责任公司	205.1	937.0	67.0	3350.5	480.0	964.7	3287
国有独资公司	29.5	93.7	14.8	382.2	2.8	193.9	287
其他有限责任公司	175.6	843.3	52.2	2968.3	477.2	770.8	3000
股份有限公司	101.7	58.0	18.4	613.1	276.1	309.8	675
私营企业	2421.3	124.4	1805.6	3112.9	226.9	2795.6	2421
私营独资	1.4	1.4		76.1	6.3	60.7	102
私营有限责任公司	2419.8	123.0	1805.6	3022.9	218.7	2733.2	2310
私营股份有限公司	0.1			13.9	1.9	1.7	9
其他	8.2	31.1	0.2	444.5	61.0	168.2	245
外商投资企业		14.6	8.6	500.8	5.4	298.6	545
外资企业		14.6	8.6	500.8	5.4	298.6	545
2.按国民经济行业分组							
综合零售业	246.3	372.6	63.6	3281.0	467.1	1366.4	3138
百货零售业	224.1	157.0	25.8	1436.9	193.7	666.9	935
超级市场零售业	22.2	215.6	37.8	1763.5	260.8	699.5	2079
食品、饮料及烟草制品专门零售业	65.5	12.0		1224.0	33.4	228.5	1057
纺织、服装及日用品专门零售业	103.1	12.1	18.4	774.5	67.4	457.8	903
服装零售业	103.1	12.1	18.4	774.5	67.4	457.8	903
文化、体育用品及器材专门零售业	39.3	113.9	20.7	606.1	29.5	205.4	441
图书零售业	39.3	113.9	20.7	606.1	29.5	205.4	441
医药及医疗器材专门零售业	2169.0	20.0	5.0	270.5	26.8	1312.7	383
药品零售业	2169.0	20.0	5.0	270.5	26.8	1312.7	383
汽车、摩托车、燃料及零配件专门	81.8	93.3	1795.7	1462.6	179.1	558.5	852
汽车零售业	81.8	66.1	1795.7	1331.9	168.7	544.9	725
机动车燃料零售业		27.2		79.0	3.2	9.1	69
家用电器及电子产品专门零售业	31.6	557.2	1.8	1237.7	312.2	476.5	1114
家用电器零售业	31.4	554.2	1.8	1003.6	281.9	423.3	974
计算机、软件及辅助设备零售业	0.1	3.0		54.7	7.6	3.6	39
通讯设备零售业				66.7	6.9	7.9	80
五金、家具及室内装修材料专门零				7.0	1.0		7
无店铺及其他零售业				34.6	4.8	6.8	20

15－6 限额以上餐饮业财务状况（2007）

单位：万元

项　　目	企业个数（个）	#亏损企业个数（个）	流动资产合计	#存货	固定资产原价	累计折旧	#本年折旧
餐饮业	33	6	5569.7	447.2	10729.8	1343.5	216.9
其中：国有及国有控股	1		0.7	0.3	0.3		
1.按登记注册类型分组							
内资	33	6	5569.7	447.2	10729.8	1343.5	216.9
国有	1		224.2	82.4	75.3		
集体	1		0.7	0.3	0.3		
有限责任公司	4	4	3799.5	50.4	1366.5	381.5	3.6
其他有限责任公司	4	4	3799.5	50.4	1366.5	381.5	3.6
股份有限公司	1		95.0	10.0			
私营企业	25	2	1440.3	294.1	8727.7	934.0	185.3
私营独资	9		392.5	74.6	5836.1	95.1	22.5
私营有限责任公司	15	2	1027.5	218.5	2891.6	838.9	162.8
私营股份有限公司	1		20.3	1.0			
其他	1		10.0	10.0	560.0	28.0	28.0
2.按国民经济行业分组							
正餐服务业	33	6	5569.7	447.2	10729.8	1343.5	216.9

15－6 续表1

单位：万元

指　　标	资产合计	负债合计	所有者权益合计	实收资本	国家资本	集体资本
餐饮业	17747.1	8733.0	9014.1	7832.8	171.6	3.0
其中：国有及国有控股	1.0	-2.3	3.3	4.0		3.0
1.按登记注册类型分组						
内资	17747.1	8733.0	9014.1	7832.8	171.6	3.0
国有	299.5	155.7	143.8	171.6	171.6	
集体	1.0	-2.3	3.3	4.0		3.0
有限责任公司	5445.1	4110.0	1335.1	836.7		
其他有限责任公司	5445.1	4110.0	1335.1	836.7		
股份有限公司	95.0		95.0	10.0		
私营企业	11216.5	4099.6	7116.9	6490.5		
私营独资	6313.0	594.2	5718.8	5559.3		
私营有限责任公司	4883.2	3502.4	1380.8	921.2		
私营股份有限公司	20.3	3.0	17.3	10.0		
其他	690.0	370.0	320.0	320.0		
2.按国民经济行业分组						
正餐服务业	17747.1	8733.0	9014.1	7832.8	171.6	3.0

15－6 续表2

单位：万元

指标	法人资本	个人资本	港澳台资本	外商资本	损益及分配	
					营业收入合计	主营业务收入
餐饮业	6557.2	1101.0			16991.5	16969.5
其中：国有及国有控股	1.0				200.0	200.0
1.按登记注册类型分组						
内资	6557.2	1101.0			16991.5	16969.5
国有					1124.6	1124.6
集体	1.0				200.0	200.0
有限责任公司	836.7				2357.4	2357.4
其他有限责任公司	836.7				2357.4	2357.4
股份有限公司	10.0				947.0	947.0
私营企业	5709.5	781.0			12042.5	12020.5
私营独资	5066.0	493.3			3985.3	3963.3
私营有限责任公司	643.5	277.7			7099.5	7099.5
私营股份有限公司		10.0			957.7	957.7
其他		320.0			320.0	320.0
2.按国民经济行业分组						
正餐服务业	6557.2	1101.0			16991.5	16969.5

15－6 续表3

单位：万元

项目	主营业务成本	主营业务税金及附加	主营业务利润	其他业务利润	营业费用	管理费用
餐饮业	9959.9	679.4	3486.9	50.0	1349.6	1209.9
其中：国有及国有控股	40.0	20.0	140.0		99.7	30.0
1.按登记注册类型分组						
内资	9959.9	679.4	3486.9	50.0	1349.6	1209.9
国有	658.7		465.9		339.7	
集体	40.0	20.0	140.0		99.7	30.0
有限责任公司	1166.5	171.9	479.7		100.5	289.4
其他有限责任公司	1166.5	171.9	479.7		100.5	289.4
股份有限公司					2.0	5.0
私营企业	7893.8	482.0	2287.7	50.0	777.7	880.0
私营独资	2578.6	138.0	826.6	10.0	224.5	262.4
私营有限责任公司	4514.2	309.7	1338.7	40.0	493.3	615.8
私营股份有限公司	801.0	34.3	122.4		59.9	1.8
其他	200.9	5.5	113.6		30.0	5.5
2.按国民经济行业分组						
正餐服务业	9959.9	679.4	3486.9	50.0	1349.6	1209.9

15－6 续表4

单位：万元

指　　标	税　金	差旅费	工会经费	财务费用	利息支出	营业利润	利润总额
餐饮业	277.1	31.3	16.7	233.9	130.4	1074.1	966.3
其中：国有及国有控股	10.0	10.0	10.0			10.3	10.3
1.按登记注册类型分组							
内资	277.1	31.3	16.7	233.9	130.4	1074.1	966.3
国有				16.3	16.3	109.9	109.9
集体	10.0	10.0	10.0			10.3	10.3
有限责任公司	5.3	5.0	2.1	141.4	84.0	-32.6	-22.4
其他有限责任公司	5.3	5.0	2.1	141.4	84.0	-32.6	-22.4
股份有限公司	5.0			1.0		40.0	40.0
私营企业	251.3	16.3	4.6	75.2	30.1	862.9	754.5
私营独资	77.6			35.0	1.0	481.1	417.5
私营有限责任公司	173.7	14.6	4.5	40.2	29.1	321.1	276.3
私营股份有限公司		1.7	0.1			60.7	60.7
其他	5.5					83.6	74.0
2.按国民经济行业分组							
正餐服务业	277.1	31.3	16.7	233.9	130.4	1074.1	966.3

15－6 续表5

单位：万元

项　　目	应　交 所得税	劳动、失业 保 险 费	住房公积金 和住房补贴	本年应付 工资总额	本年应付 福利费总额	全部从业 人员年 平均人数 （人）
餐饮业	15.0	46.6	3.6	2390.0	132.4	2106
其中：国有及国有控股	0.1			47.0		53
1.按登记注册类型分组						
内资	15.0	46.6	3.6	2390.0	132.4	2106
国有		9.0	0.5	180.7		120
集体	0.1			47.0		53
有限责任公司	3.0	37.6	3.1	225.4	45.0	250
其他有限责任公司	3.0	37.6	3.1	225.4	45.0	250
股份有限公司				55.0		49
私营企业	11.9			1872.3	87.4	1622
私营独资	1.3			496.4	15.0	547
私营有限责任公司	10.6			1331.3	72.4	1013
私营股份有限公司				44.6		62
其他				9.6		12
2.按国民经济行业分组						
正餐服务业	15.0	46.6	3.6	2390.0	132.4	2106

对外贸易和旅游业

Dui wai mao yi he lu you ye

16－1 对外经济情况

单位：万美元

指　　标		2000	2002	2003	2004	2005	2006	2007
进出口总额		20000	24905	24527	34000	68678	74695	95858
出口		16536	13598	16004	24000	39934	45454	56232
#三资企业		6003	3231	3208	4022	8246	12936	13710
进口			11307	8523	10000	28744	29241	39626
#三资企业			3094	2880	6936	5340	12562	9866
新签利用外资协议	（个）	53	34	42	25	34	30	21
协议（合同）外资金额		11931	31352	66218	45929	61688	72578	74372
实际利用外资额		8030	11682	30299	18815	22282	25183	28859
#直　接		5030	6539	6020	6641	7071	8452	9103
新签对外承包工程劳务合同额		4493	9926	13931	4450	9287	6681	5957
对外承包工程劳务营业额		1737.5	4067	6567	2502	6132	4783	5848
年末在外人数	（人）		1306	1595	1885	2185	2963	2342
新批海外投资企业	（个）							2
年末实有三资企业	（个）	269	302	253	209	202	190	186
#投资开发企业								

16－2 对外贸易主要经济指标情况

	单　位	2007	2006	2007年比2006年±%
出口创汇	万美元	56232	45454	23.71
#三　资	万美元	13710	12936	6.00
合同利用外资	万美元	74372	72578	2.47
#外商直接投资审批合同额	万美元	14517	11163	30.05
其他合同额		59855	61415	-2.50
实际利用外资	万美元	28859	25183	14.60
#直　接	万美元	9103	8452	7.70
间　接	万美元	19756	16730	18.09
劳务输出(全口径）	人	1703	1611	5.71
新批外贸和三资出口企业	户	151	116	30.10
新批三资企业	户	21	30	-30.00
利用外资项目	项	115	121	-4.90

16－3 外贸出口商品构成

单位：万美元

指　　标	2007	2006	2007年比2006年±%
总　值	**56232**	**45454**	**23.71**
一、初级产品	**12203**	**8116.5**	**50.35**
食品及活动物	5612	3821	46.89
饮料及烟类	61	1414	-95.69
非食用原料（燃料除外）	6306	2607	141.88
矿物燃料、润滑油及有关原料			
动植物油、脂及蜡	253	274	-7.66
二、工业制品	**44029**	**37337**	**17.92**
#机电产品	11722	10608	10.50
化学成品及有关产品	6891	5942	15.98
按原料分类的制成品	21568	17081	26.27
机械及运输设备	11369	10215	11.39
杂项制品	4200	4100	2.45
未分类的商品			

16－4 主要出口商品总值

单位：万美元

商 品 名 称	2007	2006	2007年比2006年±%
贱金属及其制品	18909	12459	51.78
机电、音像设备	11208	10029	11.76
化工产品	6358	5858	8.54
纺织纱线、织物及制品	3390	2980	13.75
木及制品	3280	2687	22.06
鞋类	318	290	9.6
车辆、航空	161	183	-11.48
矿物材料制品	125	209	-40
光学、医疗	7	124	-94.27
革、毛皮及制品	10	22	-53.31

16－5 旅游总收入和星级饭店国际旅游接待人数（2001－2007）

单位：人次

指标	2001	2002	2003	2004	2005	2006	2007
旅游总收入(万元)	**210000**	**285000**	**370000**	**410000**	**460000**	**560000**	**708000**
旅游人数	**19952**	**21984**	**24824**	**31248**	**35182**	**40213**	**45000**
#接待过夜游客	19952	21984	24824	31248	35182	40213	31286
一、外国人	**3733**	**13292**	**9578**	**11399**	**12503**	**16944**	**10794**
#日本	1500	1344	1168	2036	2112	3414	1283
美国	725	765	937	1429	1510	1725	327
德国	214	196	275	422	601	687	49
新加坡	2317	1656	1729	1182	1329	1519	178
英国	112	96	141	406	636	727	53
加拿大	114	84	96	194	694	793	67
法国	124	48	50	108	217	248	49
意大利	85	41	162	253	284	324	23
澳大利亚	60	68	79	120	406	464	293
俄罗斯	376	1556	48	58	281	821	1752
菲律宾	62	135	130	75	38	43	194
泰国	177	243	389	66	263	300	32
印尼	388	277	277	189	351	401	47
新西兰	13	9	24	18	47	54	89
韩国	1492	5001	1969	1951	1684	2925	6359
二、港澳和台湾同胞	**16219**	**8692**	**15246**	**19849**	**22679**	**23269**	**20492**

16－6 国内旅游情况（2005-2007）

指标	单位	2005	2006	2007
旅游住宿设施总数	个			
#星级宾馆	个	32	26	26
旅游景点总数	个		**59**	**59**
国内旅游人数	万人次	**780**	**893.86**	**1029**
1.过夜旅游者人数	万人次	281.7	346.83	392.47
（1）旅游住宿设施国内旅游人数	万人次	225.2	284	312
（2）住亲友家去景点的国内旅游人数	万人次	56.5	62.83	80.47
2.不过夜旅游者（一日游）人数	万人次	498.3	547.03	636.53
旅游景点接待一日游人数	万人次	498.3	476.87	532.02
（1）本地一日游人数	人		1982300	2317400
（2）外地一日游人数	人		2786400	3006800
国内旅游人均花费	元	**600.12**	**626.61**	**908.60**
#旅游住宿设施国内旅游者人均花费	元	1287.53	1377.61	1457.39
住亲友家去景点的国内旅游者人均花费	元	902.65	897.66	920.82
一日游旅游者人均花费	元	195.26	205.47	282.23
国内旅游收入	亿元	**46.00**	**56.00**	**70.80**
1.接待过夜旅游者收入	亿元	36.27	44.77	52.83
（1）旅游住宿设施接待国内旅游者收入	亿元	31.17	39.13	45.07
（2）住亲友家去景点的国内旅游者旅游收入	亿元	5.10	5.64	7.76
2.接待不过夜旅游者（一日游）收入	亿元	9.73	11.24	17.97

2008吉林市社会经济统计年鉴

教育、科技和文化事业

Jiao yu ke ji he wen hua shi ye

17－1 科技、科研、广播、电视、电影事业基本情况

项 目	单 位	全 市		市 区	
		2007	2006	2007	2006
一、科研成果获奖情况					
获国家科技进步奖	项				
获省科技进步奖	项	25	13	25	13
获市科技进步奖	项	74	64	74	64
已登记的科研成果	项	77	85	77	85
#具有国际先进水平	项	3	9	3	9
填补国内空白	项				
填补省内空白	项				
具有国内先进水平	项	74	72	74	72
具有省内先进水平	项		4		4
二、广播					
电台个数	座	2	1	1	1
节目套数	套	9	9	4	4
平均每日播音时间	时、分	52296	52476		
三、电视					
电视台数	座	9	10		
电视发射台及转播台	座	9	10		
平均每周播出时间	时、分	64462	61598.39		
四、电影					
电影院、影剧院	个	9	9	6	9
俱乐部	个	9	9	7	9
#对外开放	个	9	9	6	9
放映队	个	115	93	10	93
观众人次	万人次	100			
五、有线广播					
县广播电视站	个	5	5	5	5

17－2 文化事业基本情况（2007）

项 目	单 位	全 市	市 区	永吉县	舒兰市	磐石市	蛟河市	桦甸市
一、艺 术								
艺术创作机构	个	4	1		1	1	1	
艺术表演团体机构	个	8	3	1	1	1	1	1
剧 场	个	8	3	1	1	1	1	1
戏剧观众人次(剧场)	千人次	9150	8000	150			800	200
二、文 化								
文化馆(站)	个	9(79)	4(19)	1(9)	1(16)	1(14)	1(10)	1(11)
公共图书馆	个	10	5	1	1	1	1	1
藏书册数	册	1815793	1422808	56261	34700	143524	87500	71000
#图 书	册	1596227	1257733	50556	33700	117038	71200	66000
群众艺术馆	个	2	2					
博物馆	个	7	7					

17－3 教育事业基本情况（2007）

指　　标	全 市	市 区	永吉县	舒兰市	磐石市	蛟河市	桦甸市
一、学校数（所）							
高等学校	8	8					
中等专业学校	10	10					
职业高中	18	12	1	1	1	1	1
技工学校	27	22	1	2	1		1
普通中学	205	77	17	34	25	28	24
小　学	882	212	79	186	150	147	108
特殊教育学校	10	5	1	1	1	1	1
幼儿园	797	356	21	146	88	125	61
中小学教师进修学校	9	4	1	1	1	1	1
工读学校	1	1					
二、招生人数（人）							
高等学校	21156	21156					
中等专业学校	10289	10289					
职业高中	10032	7102	573	580	903	254	620
技工学校	3891	2917		174	350		450
普通中学	70670	30538	6349	9250	9277	6922	8334
#高　中	25980	10912	2880	2784	3423	2546	3435
小　学	41460	15813	3232	6011	5479	4602	6323
特殊教育学校	199	107	9	24	12	37	10
幼儿园	58065	24622	6162	7427	9488	3750	6616
中小学教师进修学校							
工读学校	93	93					
三、在校学生数（人）							
高等学校	69431	69431					
中等专业学校	28774	28774					
职业高中	27452	20554	1337	948	2263	733	1617
技工学校	6982	5560	280	174	414		554
普通中学	232502	95703	22282	29291	34008	22788	28430
#高　中	93249	34812	19019	8583	13195	7581	10059
小　学	237566	97329	18781	34153	26775	30560	29968
特殊教育学校	1086	569	97	79	90	121	130
幼儿园	64576	26803	6212	7427	9488	5624	9022
中小学教师进修学校							
工读学校	281	281					

17-3 续表

指　　标	全　市	市　区	永吉县	舒兰市	磐石市	蛟河市	桦甸市
四、毕业生数(人)							
高等学校	17605	17605					
中等专业学校	10834	10834					
职业高中	8111	5699	572	156	657	121	906
技工学校	2084	1231	137		230		486
普通中学	83272	32348	9162	10923	10949	8745	11145
#高　中	26559	11908	3399	2567	3338	2300	3047
小　　学	43256	18444	3452	6564	5844	4376	4576
特殊教育学校	166	107	3	18	9	20	9
幼儿园	54991	22956	6309	8820	8278	3648	4980
中小学教师进修学校							
工读学校	131	131					
五、教职员工数(人)							
高等学校	7612	7612					
中等专业学校	2334	2334					
职业高中	1867	1408	73	97	107	78	104
技工学校	925	575	83	36	132		99
普通中学	18528	7351	1595	2278	2079	2299	2926
小　　学	24319	7701	1754	3653	2998	3558	4655
特殊教育学校	348	174	31	37	43	34	29
幼儿园	5491	2724	358	509	735	509	656
中小学教师进修学校	618	230	50	86	76	74	102
工读学校	47	47					
六、专任教师							
高等学校	4453	4453					
中等专业学校	1485	1485					
职业高中	1226	903	52	80	66	54	71
技工学校	838	532	83	14	128		81
普通中学	13589	5582	1248	1801	1749	1649	1560
小　　学	18827	6395	1387	3139	2644	2980	2282
特殊教育学校	267	121	28	28	39	27	24
幼儿园	3407	1614	262	293	412	324	502
中小学教师进修学校	433	158	35	52	65	39	84
工读学校	34	34					

2008吉林市社会经济统计年鉴

体育、卫生和其他事业

Ti yu wei sheng he qi ta shi ye

18－1 体育事业基本情况

项目	单位	全市		市区	
		2007	2006	2007	2006
400米运动场	个	37	20	37	20
在固定看台灯光球场	个	3	3	3	3
滑雪场	个	8	8	8	6
射击场	个	1	1	1	1
游泳池	个	75	75	75	23
等级裁判员	人	257	182	257	182
等级运动员	人	267	276	267	276
达标人员	人		503654		503654
举办综合运动会	次				
参加运动会人数	人				
获金牌奖数	枚	146	152	146	152
获银牌奖数	枚	121	88	121	88
获铜牌奖数	枚	176	98	176	98
冰上运动中心	座		1		1

18－2 卫生事业基本情况（不含诊所等）（2007）

指　　标	全　市	市　区	永吉县	舒兰市	磐石市	蛟河市	桦甸市
卫生机构数（个）	**3991**	**1648**	**366**	**645**	**545**	**426**	**361**
一、医院合计	153	111	7	8	10	6	11
1.县及县以上 医院							
二、卫生院	107	20	13	22	20	16	16
三、疗养院	2	2					
四、门诊部	77	71	3			2	1
五、急救中心	1	1					
六、采供血机构	3	2					1
七、妇幼保健院（所、站）	12	7	1	1	1	1	1
八、专科疾病防治院（所、站）	11	6	1	1	1	1	1
九、疾病预防控制中心（防疫站）	12	7	1	1	1	1	1
十、卫生监督所	2	2					
十一、医学科学研究机构	5	4		1			
十二、其他卫生机构							
十三、诊所	1079	706	89	99	48	107	30
十四、卫生所、医务室	176	124	4	20	4	12	12
十五、社区卫生服务站	2294	554	247	468	460	278	287
十六、村卫生所	57	31		24		2	
床位数（张）	**18116**	**11298**	**932**	**1441**	**1900**	**1165**	**1380**
一、医院合计	14552	9722	579	1009	1390	836	1016
二、卫生院	2180	400	298	393	456	313	320
三、疗养院	700	700					
四、门诊部	20	20					
五、专科疾病防治院（所、站）	306	266	20		4	2	14
六、妇幼保健院（所、站）	312	168	20	30	50	14	30
七、医学科学研究机构							
八、其他卫生机构	46	22	15	9			
卫生技术人员（人）	22973	13953	1382	1757	2461	1663	1757
#执业医师	9184	5885	465	635	881	656	662
执业助理医师	1187	378	118	141	275	125	150
注册护士	7895	5105	353	557	745	552	583
药剂人员	1163	715	57	101	108	96	86
检验人员	974	591	47	87	91	87	71
其　他	2570	1279	342	236	361	147	205

18－3 社会救济、优抚对象及殡葬情况（2002－2007）

指　　标	单 位	2002	2003	2004	2005	2006	2007
一、社会救济情况							
社会救济人数（人）	人	305444			266357	313656	318993
定期救济	人次	239114	28698	4277	214367	313656	318993
临时救济	人次	33627	2973	1500		290	222
集体供养人数	人	1598				6089	6089
#农村敬老院供养	人	1598				6089	6089
集体供养金额	万元	442					
#农村敬老院供养	万元	442					
二、优抚对象情况							
优抚对象总人数	人			15832	15844	15850	17681
#革命伤残人数	人	2873	2623	2480	4346	4553	4558
烈士家属人数	人	829	901	830	844	847	847
牺牲病故军人家属	人	449	350	359	352	370	370
现役军人家属	人						
在乡退伍红军老战士	人	5	6	1	1	1	1
在乡复员军人	人	7999	7715	7524	7513	7367	7363
在乡退伍军人	人	1901	2522	2806	2785	2709	2709
优抚对象享受待遇	户			1819	6		
革命伤残人员定期抚恤	人	1278	4545	2480	4346	4553	4558
烈士家属定期抚恤	人	229	901	830	844	847	847
牺牲病故军人家属定期抚恤	人	187	350	359	352	370	370
在乡复员军人定补	人	7999	7715	7524	7513	7363	7363
在乡退伍军人定补	人	1901	2522	2806	2785	2709	2709
优待烈军属户数	户	3954		1817	2331	2365	2971
优待烈军属金额	万元	510		106	201	231	239
三、民政部门管理的离退休、退职人员	人	**543**	**281**	**873**	**796**	**881**	**935**
四、殡葬情况							
火葬场	座	12	5	5	5	5	5
职工人数	人	196	123	129	119	125	134
火化炉	台	14	17	17	13	18	18
机动运尸车	辆	8	8	20			
全年火化尸体	具	20423	20727	20802	12735	15180	15314

18－4 优抚事业单位及社会福利事业单位基本情况

指标名称	单位	2007			2006		
		社会福利院	精神病院	光荣院	社会福利院	精神病院	光荣院
院数	个	3	1	1	3	1	1
床位数	张	600	300	120	450	300	40
职工人数	人	131	106	13	131	106	13
#医护人员	人	9	79		9	79	
年末在院人数	人	569	278	98	393	278	
#优抚对象		101	21			21	
社会三无对象	人	443	171	98		171	

2008吉林市社会经济统计年鉴

县区基本情况

Xian qu ji ben qing kuang

19－1 主要年份生产总值

（按当年价格计算） 单位：万元

年 份	永吉县	舒兰市	磐石市	蛟河市	桦甸市
1978		19890	15458	14932	14598
1979		20041	15566	16276	16050
1980	26669	20551	16132	17676	17986
1981	25602	24353	16848	19143	18303
1982	29647	26990	20691	20674	23349
1983	33946	28985	25765	22834	25611
1984	43518	29346	33851	30918	35019
1985	42242	30873	36271	31919	35986
1986	46316	37700	40902	35083	47305
1987	50865	41342	46571	51688	60945
1988	65447	58706	60006	56003	64949
1989	69477	52896	66440	51976	59725
1990	77726	64887	71582	56798	76518
1991	79058	70382	67216	57792	93768
1992	88638	79515	80258	65942	104328
1993	115830	98818	103659	79312	127133
1994	83747	117978	150262	121724	160879
1995	86789	175840	181875	140824	154499
1996	111065	206324	239579	152889	208873
1997	119393	242508	258013	162118	250867
1998	171955	281793	306807	194634	294962
1999	177491	304856	346682	205622	318061
2000	172981	322718	396437	227571	327069
2001	171564	331383	473746	247973	351979
2002	198613	346609	562555	273823	389888
2003	207213	348622	676645	295794	407092
2004	238088	384031	815398	346576	462687
2005	287375	430883	1102204	394403	526706
2006	314434	480291	1391211	450712	595888
2007	437541	628320	1911161	619382	836371

19－2 主要年份生产总值指数

（按可比价格计算 1978年=100）

年　份	永吉县	舒兰市	磐石市	蛟河市	桦甸市
1978	100.0	100.0	100.0	100.0	100.0
1979	100.0	100.8	100.7	108.1	108.9
1980	100.0	103.3	104.4	118.0	120.2
1981	96.0	119.4	105.1	127.6	132.8
1982	111.2	124.1	135.3	138.6	149.9
1983	127.3	133.2	155.7	152.7	165.4
1984	163.2	134.9	181.7	185.9	200.8
1985	158.4	141.9	200.8	193.1	212.3
1986	173.7	173.3	203.9	189.8	232.3
1987	190.7	190.0	228.4	247.0	281.2
1988	245.4	208.4	257.4	255.4	320.6
1989	260.5	187.6	251.8	224.5	257.9
1990	291.4	198.4	272.0	241.1	301.0
1991	296.4	205.2	246.6	235.3	318.4
1992	332.4	217.9	276.0	252.2	338.5
1993	434.3	259.7	336.6	290.6	393.1
1994	314.0	308.3	392.5	370.2	440.2
1995	325.4	333.4	434.0	364.7	424.8
1996	416.5	365.9	527.3	403.8	576.0
1997	447.7	392.0	570.1	423.0	698.1
1998	644.8	448.4	677.3	474.7	821.7
1999	665.5	479.0	774.1	516.9	888.3
2000	648.6	508.4	878.6	553.0	918.5
2001	643.3	526.0	1001.7	590.0	1053.5
2002	744.7	545.6	1201.1	654.2	1100.9
2003	777.0	547.4	1420.9	702.1	1199.9
2004	892.8	595.2	1652.1	797.8	1372.7
2005	1000.2	662.2	2180.0	896.7	1551.2
2006	1178.0	738.1	2652.9	997.1	1704.5
2007	1383.0	891.6	3394.4	1246.4	2186.9

19-3 主要年份总人口

单位：万人

年份	永吉县	舒兰市	磐石市	蛟河市	桦甸市
1978	74.3	62.3	53.1	50.3	40.6
1979	74.3	62.7	53.4	51.0	41.4
1980	74.0	63.1	53.8	51.2	42.2
1981	73.9	63.2	53.4	51.1	42.3
1982	74.3	63.6	53.6	51.2	42.7
1983	73.6	63.7	53.6	50.7	42.4
1984	73.6	63.6	53.0	50.4	42.4
1985	73.7	63.4	52.4	49.6	42.1
1986	73.4	63.3	52.2	48.7	42.0
1987	73.6	63.2	52.1	48.1	41.8
1988	74.1	62.6	52.2	47.0	41.8
1989	74.8	63.1	52.7	46.8	42.4
1990	75.8	64.5	53.6	47.2	44.0
1991	75.9	64.6	53.6	46.9	44.3
1992	74.1	64.8	53.4	46.5	44.2
1993	74.8	65.6	53.4	46.4	43.9
1994	75.2	65.7	53.3	46.3	43.9
1995	76.0	66.4	53.5	46.6	44.3
1996	76.2	66.8	53.1	46.4	44.1
1997	76.5	67.1	52.8	46.5	44.0
1998	76.7	66.8	52.5	46.6	44.1
1999	77.1	67.0	52.7	46.8	44.1
2000	40.8	67.1	52.7	47.0	44.4
2001	40.5	67.2	52.7	46.8	44.9
2002	40.4	67.3	52.8	46.7	45.0
2003	40.3	67.4	52.8	46.6	45.0
2004	39.4	65.9	53.9	46.0	45.1
2005	39.3	65.7	53.8	45.8	45.1
2006	39.2	65.7	53.9	45.7	45.5
2007	39.3	65.9	54.1	45.5	45.6

19-4 主要年份农业人口

单位：万人

年 份	永吉县	舒兰市	磐石市	蛟河市	桦甸市
1978	66.2	50.3	40.5	33.3	27.9
1979	65.7	49.6	39.5	33.4	27.8
1980	65.2	49.6	39.5	33.3	27.7
1981	64.4	49.7	38.4	32.9	27.6
1982	64.8	49.9	37.9	32.8	27.9
1983	63.9	49.9	37.8	32.5	27.2
1984	63.6	46.4	37.1	32.0	26.3
1985	62.4	45.7	36.1	31.6	25.6
1986	61.9	45.4	35.6	30.6	25.3
1987	62.1	43.9	35.2	30.2	25.4
1988	62.3	44.2	35.8	29.7	25.1
1989	62.9	44.8	36.4	29.7	25.3
1990	63.8	45.8	37.2	30.4	26.4
1991	64.1	45.8	37.2	30.2	26.5
1992	62.3	45.9	37.0	30.0	26.1
1993	62.1	45.7	36.7	29.7	25.6
1994	62.1	45.0	36.9	29.4	25.2
1995	62.6	45.9	36.8	29.6	25.0
1996	62.5	46.3	36.7	29.3	24.5
1997	62.6	46.4	36.3	29.4	25.3
1998	62.6	45.9	36.0	29.5	24.3
1999	62.8	46.0	36.1	29.7	24.5
2000	31.5	46.0	35.9	29.9	25.7
2001	31.3	46.1	35.3	29.7	25.0
2002	31.1	46.0	35.2	29.6	24.9
2003	30.9	46.1	35.3	29.0	24.8
2004	30.2	46.1	36.5	28.3	24.7
2005	30.1	45.7	36.3	28.1	24.7
2006	30.1	45.7	36.4	28.1	26.0
2007	30.2	46.1	36.5	28.1	26.1

19－5 主要年份人口出生率

单位：‰

年　份	永吉县	舒兰市	磐石市	蛟河市	桦甸市
1978	22.5	21.7	19.4	20.7	19.7
1979	22.9	21.5	17.7	21.3	20.7
1980	17.6	17.1	18.0	17.8	18.3
1981	14.0	13.4	15.7	16.9	16.3
1982	15.1	14.9	16.4	18.5	18.0
1983	11.8	11.2	12.2	12.8	11.9
1984	11.5	10.8	12.5	12.2	13.2
1985	12.1	10.6	11.6	12.2	10.7
1986	14.3	11.9	13.3	14.1	13.6
1987	17.0	13.4	16.0	16.0	15.6
1988	16.1	12.1	14.3	13.4	14.0
1989	18.1	11.3	16.9	16.0	16.1
1990	20.2	17.5	18.3	17.8	26.2
1991	13.8	13.6	11.0	13.4	13.1
1992	14.6	14.8	14.2	15.4	16.4
1993	15.0	16.0	15.4	15.1	17.5
1994	14.1	14.2	13.5	14.8	10.3
1995	12.1	12.6	13.4	14.1	11.0
1996	10.1	11.6	0.1	12.3	8.2
1997	9.0	8.1	8.6	12.7	6.5
1998	8.1	7.0	7.1	11.4	7.5
1999	6.6	6.5	5.6	10.3	5.9
2000	8.1	8.1	8.4	12.9	10.1
2001	6.1	6.6	5.2	9.6	7.2
2002	6.4	7.2	5.6	10.4	7.2
2003	5.6	6.5	5.7	8.8	9.4
2004	7.0	7.8	9.8	9.7	12.2
2005	7.2	8.4	6.5	8.3	9.4
2006	7.0	8.8	8.2	8.1	8.3
2007	8.7	10.3	2.2	9.6	9.9

19-6 主要年份人口自然增长率

单位：‰

年份	永吉县	舒兰市	磐石市	蛟河市	桦甸市
1978	15.5	17.9	12.7	14.3	13.1
1979	16.5	15.4	11.9	15.7	13.5
1980	**11.1**	**11.2**	**11.3**	**12.1**	**12.3**
1981	7.3	6.5	9.3	10.6	10.7
1982	8.3	8.1	16.4	12.5	12.0
1983	5.8	5.5	6.1	7.4	6.7
1984	5.3	4.6	6.2	6.7	7.9
1985	6.3	4.5	5.3	6.7	5.3
1986	8.1	6.1	7.3	8.1	7.7
1987	10.6	7.8	9.8	9.3	9.3
1988	10.0	6.4	9.3	7.8	8.8
1989	12.7	6.7	12.1	10.3	11.6
1990	**13.8**	**11.6**	**12.7**	**11.5**	**21.4**
1991	8.2	8.7	6.1	8.2	9.4
1992	8.8	9.6	9.1	9.2	12.4
1993	9.2	11.2	11.0	8.9	13.1
1994	8.1	9.7	8.9	8.1	6.5
1995	7.6	7.7	8.9	7.2	7.3
1996	5.0	7.1	5.5	5.9	4.6
1997	3.8	4.0	3.5	5.5	2.9
1998	2.5	2.5	2.1	4.6	3.3
1999	1.7	2.0	1.0	4.0	2.4
2000	**2.5**	**1.0**	**3.0**	**4.4**	**5.3**
2001	1.0	1.9	1.3	2.7	3.8
2002	1.7	2.7	0.5	2.7	3.8
2003	1.3	2.6	2.0	3.1	5.4
2004	-4.5	2.1	0.3	-2.6	-0.1
2005	1.7	4.9	3.0	3.3	6.1
2006	1.9	5.1	2.1	3.9	4.7
2007	3.8	7.0	3.6	4.8	6.2

19－7 主要年份从业人员

单位：万人

年 份	永吉县	舒兰市	磐石市	蛟河市	桦甸市
1978	19.3	19.8	23.4	15.5	16.1
1979	19.0	20.5	21.8	15.2	16.9
1980	19.8	20.8	23.6	14.9	16.6
1981	20.7	21.8	23.1	15.5	17.0
1982	21.4	23.5	23.0	15.6	17.1
1983	24.6	25.3	22.9	14.0	17.7
1984	24.2	26.4	22.7	14.8	18.0
1985	25.0	28.3	22.4	15.9	18.1
1986	25.3	28.6	22.5	17.3	18.2
1987	26.7	29.0	22.6	17.4	19.0
1988	26.8	29.4	23.1	18.7	19.1
1989	27.2	30.0	23.5	17.7	19.0
1990	33.1	31.7	23.5	18.8	19.8
1991	33.4	32.1	23.8	20.3	20.0
1992	36.0	33.1	23.7	20.0	20.2
1993	35.1	30.8	23.5	21.9	19.3
1994	37.1	32.7	23.4	21.8	19.4
1995	34.2	30.7	23.4	21.6	18.6
1996	34.0	30.7	23.2	22.6	19.3
1997	30.6	30.1	22.9	22.5	19.0
1998	24.9	29.9	21.3	20.0	20.8
1999	24.6	31.3	21.0	20.5	21.4
2000	15.5	32.9	20.9	20.9	20.2
2001	15.5	31.1	20.0	21.1	20.0
2002	14.7	29.2	19.6	23.0	19.9
2003	16.2	28.1	20.6	17.2	19.1
2004	16.7	27.3	21.3	16.8	18.9
2005	15.2	25.6	21.2	16.4	19.0
2006	16.2	26.0	23.8	17.4	18.5
2007	16.0	24.8	22.1	18.0	18.6

19－8 主要年份职工人数

单位：万人

年　份	永吉县	舒兰市	磐石市	蛟河市	桦甸市
1978	3.7	7.2	4.2	6.9	5.3
1979	3.7	7.5	4.0	6.6	5.4
1980	3.8	7.5	5.8	7.1	5.5
1981	4.0	8.0	5.8	7.5	5.6
1982	4.0	8.9	5.9	7.6	5.9
1983	5.1	10.0	5.9	5.6	6.5
1984	5.2	10.1	6.0	5.7	6.3
1985	5.7	10.7	6.2	5.7	6.5
1986	6.1	10.8	6.5	6.5	6.6
1987	5.9	10.6	6.8	6.1	7.3
1988	6.0	11.0	7.0	6.4	7.3
1989	6.1	11.1	7.1	6.6	7.5
1990	6.1	11.6	6.8	6.5	8.0
1991	6.2	10.8	7.1	6.5	8.2
1992	6.2	10.6	7.0	6.3	8.7
1993	7.1	10.4	7.0	6.1	7.6
1994	7.1	10.1	6.8	6.1	7.4
1995	6.9	10.4	6.8	6.2	7.3
1996	6.9	10.0	6.7	6.2	7.1
1997	5.1	9.5	6.6	6.0	7.1
1998	3.6	6.8	4.6	3.6	5.2
1999	3.4	5.8	4.3	3.4	4.9
2000	2.1	5.6	4.2	3.2	4.2
2001	1.9	5.4	3.5	3.0	3.8
2002	1.8	5.7	3.5	2.9	3.5
2003	1.6	4.3	3.4	2.7	3.3
2004	1.7	4.6	3.6	2.6	3.3
2005	1.4	4.3	2.7	2.5	2.9
2006	1.4	4.5	2.9	2.4	2.9
2007	1.4	3.9	3.1	2.7	2.8

19-9 主要年份乡村劳动者

单位：万人

年份	永吉县	舒兰市	磐石市	蛟河市	桦甸市
1978	15.6	9.8	18.2	7.8	5.6
1979	15.3	9.7	17.8	7.8	5.5
1980	16.0	10.0	17.8	7.8	5.3
1981	16.7	10.5	17.3	7.9	5.3
1982	18.1	11.3	17.1	8.1	5.9
1983	19.5	11.9	17.0	8.4	5.8
1984	19.0	11.9	16.7	8.4	5.9
1985	19.2	17.0	16.2	9.3	6.5
1986	19.3	16.5	16.0	9.7	6.4
1987	20.7	16.2	15.8	10.3	6.8
1988	20.8	16.4	16.1	11.0	6.8
1989	21.1	15.6	16.4	11.1	10.5
1990	27.1	19.8	16.7	12.3	10.7
1991	27.2	19.2	16.7	12.5	10.4
1992	29.8	21.3	16.7	13.7	10.3
1993	28.0	21.5	16.5	14.3	10.5
1994	29.8	21.5	16.6	13.7	10.4
1995	27.2	18.8	16.6	12.7	10.3
1996	27.0	18.8	16.5	12.7	10.6
1997	25.4	18.9	16.3	12.5	10.6
1998	24.8	18.1	16.2	12.0	10.8
1999	25.0	18.0	16.2	11.9	11.1
2000	13.4	19.2	16.2	13.0	11.2
2001	13.5	19.2	15.9	12.5	11.1
2002	12.9	15.8	15.8	13.4	11.4
2003	14.0	15.5	16.5	13.3	12.0
2004	13.2	19.8	16.3	12.8	12.0
2005	13.7	19.5	16.5	12.9	11.9
2006	14.0	19.7	16.7	13.7	11.7
2007	13.8	20.1	16.6	14.3	11.9

19-10 主要年份全社会固定资产投资

单位：万元

年份	永吉县	舒兰市	磐石市	蛟河市	桦甸市
1978	3220	1653	3226	718	411
1979	2410	1794	1923	547	300
1980	1496	1899	1437	407	1123
1981	2524	1949	1585	741	1282
1982	1247	2800	1961	1845	2270
1983	1599	3925	454	394	13052
1984	1456	3827	1347	1682	18068
1985	1590	3925	4861	1219	14348
1986	2654	3904	2730	1563	10380
1987	2451	3618	3399	1363	9342
1988	2774	8507	3853	1146	7528
1989	2040	6597	3568	1969	7640
1990	2729	6405	1914	663	10541
1991	3374	6237	5202	2777	19620
1992	6372	9878	7896	4547	22851
1993	7624	9789	17477	6279	25525
1994	7123	8919	14293	7968	16257
1995	5606	12629	12468	2349	2634
1996	7227	20204	19068	7370	20193
1997	8061	19295	15346	11156	34243
1998	23142	28555	40807	35668	53624
1999	39304	35512	61884	27033	67654
2000	44831	57203	99753	45000	88097
2001	62571	88024	125000	56967	78274
2002	100493	119004	146098	108450	121906
2003	168498	176164	179859	177499	179618
2004	200209	250147	270100	269903	252368
2005	336960	347491	384718	353052	360760
2006	379283	552000	637412	568684	592733
2007	541765	682237	769130	722360	672194

19－11 主要年份财政收入

单位：万元

年 份	永吉县	舒兰市	磐石市	蛟河市	桦甸市
1978	1413	1270	1154	1512	1467
1979	1390	1147	808	1469	1536
1980	1289	1035	1092	936	1507
1981	1125	918	976	771	1483
1982	1206	1046	1170	849	1473
1983	1556	1207	1605	1207	1977
1984	1854	1599	1871	1360	3439
1985	2495	2183	2592	2045	2776
1986	3105	2691	3113	2619	3594
1987	3510	3129	3859	2996	4255
1988	3888	3444	4299	3112	5374
1989	4704	3757	4745	3839	6088
1990	4547	5010	5789	4829	4979
1991	5091	5392	7196	5107	6561
1992	4767	5720	6228	5322	8243
1993	6056	7207	7484	6150	9604
1994	8024	8309	8688	7390	12073
1995	8733	10078	11158	6345	6189
1996	11643	13016	12323	8178	8805
1997	12042	13755	12986	9246	10735
1998	13166	13790	13600	10278	12238
1999	10830	9271	14373	11049	13443
2000	6863	9507	14587	11069	14041
2001	7121	11119	14683	11733	14500
2002	9064	12175	17670	12520	17331
2003	10480	14802	38227	13742	21433
2004	12009	17456	44117	16010	23483
2005	15204	15858	56957	16482	37173
2006	17696	20006	73536	20330	43240
2007	25015	26345	106336	30007	58075

19－12 主要年份财政支出

单位：万元

年 份	永吉县	舒兰市	磐石市	蛟河市	桦甸市
1978	1677	1422	1229	1139	1007
1979	1788	1466	1398	1105	1024
1980	2120	1738	1653	1300	1165
1981	2251	1866	1649	1591	1237
1982	2237	1987	1868	1508	1329
1983	2513	2052	1966	1553	1580
1984	2545	1326	2414	1947	2036
1985	3519	3099	3187	2920	2579
1986	4308	4345	4389	3485	3256
1987	4638	4499	5157	4243	3741
1988	5234	5581	6167	4682	5008
1989	6642	6749	7038	6170	5845
1990	5731	6772	6633	5899	4801
1991	6208	6002	7616	6007	6058
1992	5884	6613	7065	5657	6561
1993	7656	8652	8307	6230	9241
1994	9122	9824	9420	8527	9549
1995	10389	11195	11141	8341	12473
1996	12778	13658	12224	9242	9963
1997	13365	14832	13215	10248	11794
1998	14327	14368	13564	11603	12719
1999	13813	12238	16528	13432	15407
2000	10086	12920	17890	14644	15281
2001	11584	20149	21164	22353	19548
2002	17192	27558	28180	25214	25323
2003	19517	35007	39777	33502	34142
2004	24810	66182	46756	49240	39813
2005	37372	70111	58820	66362	60058
2006	45924	80391	95103	67283	77300
2007	57690	94228	111624	82063	90455

19－13 主要年份耕地面积

单位：千公顷

年 份	永吉县	舒兰市	磐石市	蛟河市	桦甸市
1978	127.6	91.4	70.7	50.3	46.6
1979	127.1	91.3	70.7	49.8	46.7
1980	114.5	92.3	70.6	49.8	46.7
1981	111.9	91.5	70.3	56.4	46.8
1982	111.6	91.8	70.3	56.6	47.2
1983	125.3	91.8	70.2	57.1	46.9
1984	123.7	91.8	69.6	54.3	46.3
1985	122.5	86.6	67.0	51.2	45.7
1986	121.2	86.0	66.3	50.5	44.7
1987	120.9	82.2	65.7	50.2	44.2
1988	120.8	85.1	65.3	49.9	44.0
1989	120.7	84.5	65.1	47.0	43.8
1990	120.5	83.2	65.1	48.0	43.7
1991	120.2	83.1	64.5	48.4	43.7
1992	116.5	83.1	64.3	48.4	43.7
1993	116.5	82.8	64.4	48.3	44.6
1994	116.4	82.8	65.0	48.2	46.0
1995	116.0	82.7	64.6	49.2	45.7
1996	114.6	82.7	64.6	49.8	45.0
1997	115.7	82.7	64.6	49.7	45.2
1998	114.4	82.8	64.8	49.8	45.2
1999	114.3	83.0	64.9	50.4	49.5
2000	56.0	82.9	66.2	50.1	49.7
2001	55.9	82.9	65.6	50.2	49.4
2002	56.1	84.4	71.3	51.1	55.2
2003	56.6	87.1	75.3	51.3	53.6
2004	56.5	114.6	89.7	72.3	78.6
2005	77.9	137.0	90.6	74.3	79.7
2006	74.6	137.0	90.9	87.7	80.1
2007	68.5	136.0	102.6	87.6	80.1

19－14 主要年份农业机械总动力

单位：万千瓦

年 份	永吉县	舒兰市	磐石市	蛟河市	桦甸市
1978	14.1	7.5	7.1	1.3	6.4
1979	15.1	7.5	8.5	1.6	6.8
1980	17.2	8.2	6.3	6.1	7.7
1981	19.5	9.0	7.1	6.3	7.8
1982	19.2	9.1	7.3	6.7	7.8
1983	16.3	10.0	7.8	8.9	7.9
1984	16.5	11.9	9.5	8.3	8.0
1985	18.1	11.2	9.9	8.0	8.9
1986	18.9	12.2	11.1	8.3	8.2
1987	18.7	12.8	11.9	9.1	9.0
1988	18.8	13.6	12.5	9.0	9.1
1989	20.6	13.8	12.9	9.0	9.2
1990	24.9	15.9	13.3	10.0	8.9
1991	20.6	16.0	13.7	8.6	9.1
1992	20.2	16.3	13.6	9.2	8.9
1993	21.0	22.9	13.3	8.5	8.0
1994	16.7	23.0	12.9	9.5	8.3
1995	20.7	26.2	13.2	10.5	9.6
1996	19.4	27.6	13.4	10.9	9.5
1997	19.5	28.1	13.5	11.1	10.2
1998	19.6	28.2	14.1	12.3	10.5
1999	19.8	28.9	14.7	14.0	11.5
2000	10.3	29.5	14.5	15.6	11.5
2001	10.7	31.1	15.2	16.2	11.7
2002	12.2	33.3	15.9	16.3	12.5
2003	13.0	34.8	16.2	17.0	12.2
2004	13.6	37.6	17.8	18.1	13.6
2005	16.9	41.1	19.4	19.4	13.6
2006	17.8	44.9	21.7	20.9	13.6
2007	20.4	47.7	26.5	22.6	15.0

19－15 主要年份农林牧渔业总产值

单位：万元

年　份	永吉县	舒兰市	磐石市	蛟河市	桦甸市
1978	18964	8620	7058	7947	7899
1979	19929	8068	6612	6402	8094
1980	20850	7873	10196	6807	8391
1981	21082	11393	10351	9326	8947
1982	29383	15904	12959	11503	12537
1983	32733	19627	14657	13499	12719
1984	38347	23626	21031	18727	18276
1985	34384	22420	16905	15790	13721
1986	37393	26547	19600	14812	13300
1987	36477	24300	20202	17084	19159
1988	44213	30937	23302	22285	20775
1989	36221	21743	21480	19568	22714
1990	55012	38416	32770	29223	27531
1991	56639	40704	29705	28314	26186
1992	57300	41808	29898	31452	28681
1993	68232	50492	41080	36376	42149
1994	118271	90829	65368	63316	59548
1995	132423	111792	79614	73018	58287
1996	163931	148634	115851	94505	96701
1997	176953	181173	128437	105076	111288
1998	204776	212297	169936	126104	141238
1999	224372	236777	180221	121395	149945
2000	106346	255930	189461	125217	161255
2001	91665	232867	208883	138779	174842
2002	104816	235321	233315	160166	190535
2003	109671	266503	261239	182052	224280
2004	120650	324935	294824	202238	262260
2005	130785	322375	308284	228405	293558
2006	149119	363301	329054	254484	310556
2007	172713	441859	420786	303935	357527

19－16 主要年份农林牧渔业总产值指数

（按可比价格计算 1978年=100）

年 份	永吉县	舒兰市	磐石市	蛟河市	桦甸市
1978	100.0	100.0	100.0	100.0	100.0
1979	84.1	93.6	93.7	80.6	127.5
1980	85.2	91.3	142.4	95.2	123.6
1981	86.2	98.2	134.8	90.1	131.7
1982	115.5	125.9	166.6	118.7	273.2
1983	127.3	157.4	189.4	132.0	277.2
1984	131.6	151.2	233.4	156.2	352.6
1985	116.9	138.8	189.5	128.1	299.1
1986	118.0	148.4	191.4	114.1	298.1
1987	119.3	150.5	213.2	130.1	308.6
1988	124.7	151.2	214.6	144.9	343.8
1989	100.1	110.2	184.1	124.4	342.5
1990	250.8	151.6	233.4	152.3	360.6
1991	263.3	159.8	216.1	144.7	370.2
1992	250.3	157.8	204.9	148.2	377.0
1993	282.2	184.7	256.8	168.9	388.5
1994	311.3	210.3	275.8	196.5	408.3
1995	313.8	223.1	282.9	192.5	503.2
1996	412.6	292.9	407.8	252.9	534.1
1997	441.1	340.5	447.3	291.7	632.7
1998	518.3	402.1	589.7	350.6	790.3
1999	583.1	455.4	712.5	381.9	902.0
2000	172.4	492.9	754.7	401.2	979.0
2001	142.1	512.3	819.9	436.3	1060.0
2002	186.1	583.7	1004.6	522.8	1160.0
2003	195.8	665.3	1094.2	593.4	1360.0
2004	204.3	581.4	1156.2	588.2	1590.0
2005	489.6	579.9	1226.0	637.6	1649.5
2006	540.7	653.4	1308.6	688.6	1744.5
2007	610.0	724.9	1440.9	752.0	2067.2

注：永吉县2000年因区划原因与以前年度数据不可比。

19-17 主要年份粮食产量

单位：万吨

年 份	永吉县	舒兰市	磐石市	蛟河市	桦甸市
1978	39.9	25.5	21.2	17.4	13.0
1979	35.9	24.6	19.5	15.6	11.5
1980	36.7	22.4	17.8	11.2	10.1
1981	34.9	19.2	18.2	9.6	11.9
1982	47.9	27.6	25.1	18.4	19.1
1983	53.9	34.2	26.6	18.1	20.3
1984	61.6	41.5	35.3	21.4	24.0
1985	50.2	30.6	27.0	18.0	13.0
1986	52.3	35.4	26.0	16.2	18.9
1987	55.6	36.2	32.6	17.0	21.0
1988	55.9	37.6	33.9	18.1	22.6
1989	44.0	25.6	25.2	11.3	18.2
1990	61.6	42.7	36.6	21.8	25.1
1991	62.3	44.5	30.4	20.5	20.4
1992	56.7	42.1	26.1	17.6	17.9
1993	64.0	48.0	36.1	19.9	27.2
1994	64.2	54.6	36.3	22.5	29.1
1995	51.2	46.6	31.1	17.0	16.2
1996	62.4	52.8	47.2	27.1	33.6
1997	59.1	56.5	34.2	25.2	27.0
1998	75.0	62.6	50.3	29.2	35.3
1999	72.3	63.3	51.6	30.5	35.6
2000	29.5	62.4	43.1	29.4	33.2
2001	20.6	60.0	46.8	29.7	30.0
2002	32.2	55.2	49.2	28.4	25.9
2003	32.1	52.1	46.3	27.1	27.0
2004	39.8	73.7	55.3	36.8	36.9
2005	39.4	72.8	54.8	36.5	36.6
2006	55.8	78.2	64.0	42.4	46.8
2007	56.6	84.1	71.7	53.3	50.5

19-18 主要年份玉米产量

单位：万吨

年　份	永吉县	舒兰市	磐石市	蛟河市	桦甸市
1978	11.7	10.3	9.4	9.5	9.2
1979	12.7	9.4	10.3	9.4	10.0
1980	11.5	9.9	8.2	5.5	6.2
1981	10.2	7.6	8.1	4.2	7.3
1982	16.6	12.2	13.1	9.8	12.6
1983	21.6	17.3	14.2	9.8	13.0
1984	27.3	21.4	19.8	11.9	16.1
1985	18.8	11.6	13.8	8.8	12.4
1986	23.5	16.1	14.4	8.0	12.3
1987	26.0	16.6	18.4	8.5	13.9
1988	24.9	15.8	18.5	8.7	14.7
1989	23.5	10.9	14.9	6.0	12.7
1990	29.5	18.3	20.2	10.9	16.5
1991	28.8	15.9	16.5	10.4	13.2
1992	25.7	14.7	14.1	8.1	11.1
1993	30.4	17.4	18.9	9.5	13.5
1994	31.2	22.0	18.5	10.7	15.5
1995	25.8	20.1	16.1	7.9	8.7
1996	36.3	20.5	27.7	14.8	19.6
1997	28.2	25.7	15.7	12.3	13.9
1998	42.9	31.8	32.1	15.6	21.1
1999	40.6	29.7	30.3	16.4	22.1
2000	12.6	20.6	25.5	14.7	17.7
2001	10.7	22.2	29.0	14.5	18.0
2002	20.0	22.0	31.7	12.4	18.0
2003	20.6	20.1	35.0	14.1	20.2
2004	24.2	24.7	40.1	17.9	26.0
2005	22.3	25.8	37.0	17.6	24.4
2006	36.7	32.7	44.1	25.4	34.7
2007	36.6	41.2	52.5	37.4	40.8

19－19 主要年份水稻产量

单位：万吨

年　份	永吉县	舒兰市	磐石市	蛟河市	桦甸市
1978	17.7	10.4	7.6	4.8	2.6
1979	13.7	7.8	5.2	3.5	1.7
1980	**17.0**	**7.8**	**6.6**	**3.7**	**1.9**
1981	17.8	8.9	7.0	3.6	1.9
1982	22.9	12.1	8.2	4.8	2.5
1983	23.2	12.9	8.3	4.6	2.9
1984	26.9	14.5	11.0	5.6	3.6
1985	24.6	14.6	9.2	5.4	3.5
1986	23.1	15.2	8.7	5.1	3.5
1987	24.2	16.0	11.0	5.6	3.8
1988	26.1	17.8	12.1	6.5	4.2
1989	16.8	11.8	7.8	3.2	3.0
1990	**27.2**	**19.9**	**13.1**	**7.3**	**4.9**
1991	29.2	24.9	11.7	6.9	4.2
1992	27.3	24.2	10.2	6.5	4.1
1993	29.0	26.1	13.8	6.5	7.2
1994	28.9	26.8	14.3	7.5	7.3
1995	23.1	22.8	12.8	6.0	4.2
1996	24.2	24.5	17.0	7.0	7.7
1997	29.3	27.2	16.9	8.5	7.7
1998	29.8	26.1	15.4	8.4	8.3
1999	29.9	28.2	18.3	8.7	8.4
2000	**15.3**	**32.1**	**14.2**	**8.5**	**8.2**
2001	8.8	29.6	14.2	8.5	6.8
2002	11.0	25.0	13.2	7.5	4.6
2003	9.6	23.2	8.0	4.7	3.7
2004	13.4	39.3	11.3	9.4	6.8
2005	14.6	36.3	13.7	8.5	7.1
2006	17.1	34.8	16.1	7.2	6.7
2007	18.3	35.8	16.7	8.5	7.0

19－20 主要年份大豆产量

单位：万吨

年　份	永吉县	舒兰市	磐石市	蛟河市	桦甸市
1978	2.9	1.2	1.4	1.6	1.7
1979	2.8	2.2	1.6	1.6	2.0
1980	**2.8**	**2.2**	**1.5**	**1.5**	**1.6**
1981	3.1	2.4	1.9	1.5	2.5
1982	3.0	2.8	2.4	1.4	3.3
1983	3.7	3.4	2.3	3.1	3.6
1984	3.6	2.6	2.4	3.1	3.5
1985	4.0	2.9	2.8	3.1	3.9
1986	3.4	2.5	2.2	2.6	2.5
1987	3.3	2.1	2.2	2.5	2.9
1988	3.2	2.6	2.3	2.4	3.0
1989	2.1	1.6	1.7	1.7	2.2
1990	**3.4**	**2.8**	**2.4**	**3.2**	**3.1**
1991	2.7	2.4	1.6	2.9	2.7
1992	2.3	2.1	1.3	2.7	2.5
1993	3.3	3.0	2.4	3.6	5.9
1994	2.9	4.3	2.5	3.9	5.8
1995	1.5	2.1	1.4	2.7	2.8
1996	1.1	1.9	1.5	4.8	5.7
1997	0.9	2.5	1.1	4.0	5.0
1998	1.3	3.5	1.8	4.5	5.5
1999	1.0	3.6	1.8	4.8	4.7
2000	**0.9**	**6.5**	**2.4**	**4.6**	**6.8**
2001	0.7	5.6	2.7	5.8	4.8
2002	0.8	5.2	3.3	7.5	2.7
2003	1.4	6.6	2.4	7.0	2.6
2004	1.6	7.4	3.0	8.1	3.8
2005	2.0	8.4	3.3	9.0	4.6
2006	1.5	8.6	2.9	8.3	4.7
2007	1.0	3.5	1.6	6.0	2.2

19－21 主要年份肉类总产量

单位：万吨

年　份	永吉县	舒兰市	磐石市	蛟河市	桦甸市
1978		0.6	0.4		0.4
1979		0.6	0.4		0.5
1980		0.3	0.5		0.5
1981		0.3	0.5		0.4
1982		0.5	0.5		0.5
1983	0.6	0.4	0.3		0.5
1984	0.6	0.4	0.3		0.5
1985	0.7	0.7	0.3	0.4	0.7
1986	0.9	0.7	0.8	0.4	0.6
1987	0.8	0.7	0.6	0.5	0.6
1988	1.2	0.5	0.4	0.5	0.7
1989	0.9	0.7	0.5	0.5	0.6
1990	0.9	0.8	0.7	0.6	0.7
1991	1.1	0.9	0.7	0.8	0.7
1992	1.5	1.1	0.9	0.9	0.7
1993	1.7	1.3	1.2	1.0	0.9
1994	2.1	1.6	1.6	1.5	1.3
1995	3.3	2.8	2.2	2.1	1.7
1996	5.2	4.7	3.5	3.0	2.4
1997	6.1	5.7	4.7	3.2	3.3
1998	8.0	6.4	6.3	3.6	4.6
1999	7.8	7.7	7.7	3.6	6.3
2000	4.2	9.7	8.3	3.4	6.6
2001	3.5	10.6	9.8	3.9	7.9
2002	3.3	8.3	11.1	4.4	7.9
2003	3.4	12.3	9.9	5.2	9.7
2004	4.5	13.9	13.5	5.6	10.2
2005	5.5	15.6	18.2	5.8	13.3
2006	5.6	15.7	17.3	5.2	12.0
2007	4.1	26.9	18.9	5.4	10.2

19－22 主要年份工业产品销售收入

单位：万元

年份	永吉县	舒兰市	磐石市	蛟河市	桦甸市
1978			11688	5236	5084
1979	2475		12277	5513	5617
1980	2521		13418	5979	12697
1981	4721		11713	13421	11417
1982	5719	1551	14155	15359	11711
1983	7402	4769	17384	16277	15091
1984	8714	16087	21006	17576	24454
1985	14382	20323	27002	20848	26451
1986	14942	23521	30739	29514	36023
1987	11490	27085	39299	31736	37894
1988	15325	33868	53243	32662	45476
1989	17192	41369	61154	33290	55725
1990	17743	46869	52902	32912	70175
1991	22282	55949	58455	33530	83485
1992	22984	56922	76544	34695	85587
1993	22931	73150	171844	48200	121495
1994	41279	76564	138975	47429	135937
1995	45500	82029	142680	44789	158106
1996	41984	115884	145919	61935	141989
1997	48652	105358	154820	51959	113864
1998	39602	67898	136036	32981	120687
1999	35931	57213	137343	34493	112898
2000	23610	59472	130496	42313	140269
2001	30273	64065	138821	50013	150323
2002	45995	55106	197319	72564	144456
2003	42694	65576	385283	72406	153123
2004	80559	85334	666255	96303	213669
2005	91897	93453	1095929	113535	249332
2006	96193	103872	1180556	140259	240352
2007	157326	151269	1834139	267092	473591

19-23 主要年份工业利税总额

单位：万元

年份	永吉县	舒兰市	磐石市	蛟河市	桦甸市
1978	-243	-1011	-585	-190	313
1979	201	-1170	-70	373	288
1980	235	-1355	49	747	525
1981	329	-1569	614	-1059	209
1982	359	-1816	1384	-498	416
1983	220	-3283	2754	2379	472
1984	538	-3250	4430	2328	1244
1985	441	-3135	5191	1068	5421
1986	525	-4028	5335	1734	7651
1987	494	-3740	4922	1694	8012
1988	666	-4071	9804	2902	8485
1989	731	-5944	12533	3850	8519
1990	94	-9984	8566	2303	9437
1991	392	-10446	6108	1836	6560
1992	293	-10519	6361	2108	12604
1993	847	-1214	8887	1900	47800
1994	834	-9881	14892	4763	27333
1995	536	1744	17072	-260	2710
1996	269	1812	8274	3361	26830
1997	4327	-7243	7761	2426	9072
1998	1804	-10905	2892	788	26045
1999	2119	-810	4284	1276	21271
2000	-125	64	9531	3035	41920
2001	-514	-1883	5668	3899	57330
2002	3314	-5563	23015	5736	36671
2003	2149	4909	76581	6624	19173
2004	5742	3892	121690	8931	77947
2005	17983	5247	149933	10626	60529
2006	19398	6052	152225	14974	50322
2007	22086	10149	295898	28955	96215

19－24 主要年份邮电业务总量

单位：万元

年　份	永吉县	舒兰市	磐石市	蛟河市	桦甸市
1978		59			67.2
1979		62			66.7
1980		79	71		65.8
1981		94	104		102.2
1982		97.9	105	124	106.0
1983		108	110	133	114.4
1984		118	117	141	119.0
1985		135	131	154	127.9
1986		144	128	167	131.8
1987		162	139	178	141.3
1988	158	188	177	199	172.6
1989	183	243	192	225	197.3
1990	378	496	339	469	206.3
1991	429	597	404	527	197.3
1992	530	713	577	665	600.5
1993	645	898	750	880	774.1
1994	865	826	1019	1218	1179.1
1995	1390	1868	1457	1657	1470.2
1996	2066	2897	2063	2447	2885.0
1997	3093	4150	3268	3459	3888.0
1998	4026	5820	4448	5014	5076.0
1999	4117	7187	5084	3737	6113.0
2000	5458	5428	5948	4663	6526.0
2001	5656	6202	6959	5580	6822.0
2002	4262	4466	8142	5572	7019.0
2003	4650	7087	9526	5837	7424.0
2004	5125	7584	11146	6582	7982.0
2005	3898	6189	13041	6678	9008.0
2006	5284	6535	16364	6743	13191.0
2007	5151	7446	17869	6546	16350.0

19-25 主要年份年末电话用户

单位：户

年 份	永吉县	舒兰市	磐石市	蛟河市	桦甸市
1978		1076			1007
1979		1178			1631
1980		1190	1326		1562
1981		1206	1337		1426
1982		1290	1406	1278	1399
1983		1372	1445	1343	1366
1984		1518	1500	1381	1339
1985		1627	1647	1566	1433
1986	1731	1776	1693	1641	1594
1987	1951	1951	1924	1864	2413
1988	2606	2204	2110	2175	1951
1989	2659	2673	2295	2639	2280
1990	3052	2908	2590	3145	2649
1991	3407	3461	3242	4048	2934
1992	4385	4620	4699	5528	3707
1993	5411	6179	6420	5352	5164
1994	5894	10151	12548	10224	8905
1995	12676	16598	17991	14354	12207
1996	16330	22511	23058	19895	16313
1997	19944	28019	25984	25290	21815
1998	26474	35861	31044	32856	28822
1999	52417	51477	44671	46113	39467
2000	72471	69028	59760	60454	49387
2001	83652	79744	68611	72731	63669
2002	60374	89579	79202	80154	73787
2003	75474	110284	87771	100589	86957
2004	78982	114797	88635	103048	98448
2005	83135	125980	114986	107851	99986
2006	81144	107813	114384	96642	90057
2007	64737	98175	112460	95983	98307

19－26 主要年份社会消费品零售总额

单位：万元

年　份	永吉县	舒兰市	磐石市	蛟河市	桦甸市
1978	10995	10390	8116	9638	7251
1979	10856	9045	9028	10824	8765
1980	12390	10460	8523	11955	9354
1981	14240	12320	9222	13117	10698
1982	17498	14005	9152	14396	11820
1983	19146	15930	11670	15697	14175
1984	25515	18149	13706	20906	16081
1985	32078	23169	17756	25862	16847
1986	34391	26254	20393	28971	20307
1987	36818	29846	22840	31746	24068
1988	39595	36695	29302	38209	29672
1989	52661	42947	33081	40084	32689
1990	48758	43551	31940	37043	33878
1991	53587	46076	34070	38790	36089
1992	55553	50233	36125	41284	38083
1993	53338	50575	42990	39444	39186
1994	61414	55851	45378	43162	46739
1995	76168	64680	52713	49679	43165
1996	86286	73403	63007	52652	57021
1997	96026	82325	80436	59863	70013
1998	109200	94005	89857	71021	79997
1999	112851	104498	104422	82314	91018
2000	66868	117028	115231	92006	108002
2001	71990	130085	133791	103598	120453
2002	80286	146998	150420	117678	138003
2003	88604	167500	165836	134749	160145
2004	98440	191045	188205	155951	185863
2005	116091	220072	197300	189328	217001
2006	132976	206000	231288	218433	256869
2007	156060	244150	277030	256918	305417

19－27 主要年份实际利用外资

单位：万美元

年份	永吉县	舒兰市	磐石市	蛟河市	桦甸市
1978					
1979					
1980					
1981					
1982					
1983					
1984					
1985					
1986					
1987					
1988					
1989					
1990					
1991			10		
1992			10		
1993			10		
1994			11		3350
1995			13		3110
1996			14		2810
1997			15		2320
1998			15.5	12	2100
1999			15	180	2620
2000		128	28	160	3820
2001		133	156	22	1170
2002		382	600	605	1650
2003		580	926	1124	5760
2004		762	1034	1886	6850
2005		726	2100	788	7029
2006		726	3700	1279	8110
2007		1300	1850	1710	3350

19－28 主要年份金融机构存款余额

单位：万元

年 份	永吉县	舒兰市	磐石市	蛟河市	桦甸市
1978		1332	1072	3805	3624
1979		3089	1372	4031	4243
1980		2489	1979	6356	3737
1981		4032	2654	13037	6372
1982		3606	3423	11130	9326
1983		6338	4498	10156	8874
1984		10113	5947	9782	11924
1985		13612	7608	11813	11365
1986	13246	17684	9201	16877	15211
1987	14669	20067	12623	21125	17188
1988	19171	27304	27867	22471	24066
1989	21689	36973	24540	26874	30580
1990	26323	41929	39580	38614	40941
1991	33340	52380	50519	48017	49251
1992	41292	54431	45116	52300	58691
1993	53312	65501	52285	63428	71220
1994	67116	94600	87227	84181	160023
1995	57794	112307	100554	109196	147108
1996	97007	147275	131873	139868	213088
1997	159490	152895	154132	166279	194102
1998	143123	182514	165475	165953	220794
1999	151985	202047	188183	188237	247963
2000	152058	213950	206235	196279	265647
2001	157684	218593	218601	212453	277359
2002	159452	242352	247485	250678	298643
2003	202123	324853	296605	284677	315933
2004	185771	394522	337647	328753	349845
2005	240340	445383	390977	405938	412463
2006	263611	467000	468705	438717	458973
2007	291994	496685	517346	454976	503421

19－29 主要年份金融机构贷款余额

单位：万元

年 份	永吉县	舒兰市	磐石市	蛟河市	桦甸市
1978		13326	9633	9196	8269
1979		11781	8831	9508	8235
1980		8289	8756	10584	8332
1981		11117	14138	12813	10914
1982		12450	15325	15870	12837
1983		15867	18442	16434	42487
1984		25394	24990	20787	48356
1985		23686	25948	22428	48817
1986	38205	38410	27921	28915	52095
1987	40462	43893	32646	32844	52052
1988	39181	53918	39024	35617	59216
1989	51576	59829	43956	40809	62571
1990	75319	30665	66795	58948	73663
1991	86611	97956	87959	70827	79041
1992	99627	107313	87764	78607	84264
1993	108222	126750	102051	87903	95553
1994	61739	79536	129379	105483	159885
1995	138648	178299	146147	114350	147108
1996	171752	204964	170803	131319	218088
1997	244352	255376	220993	157342	196977
1998	242084	293585	249061	162156	236207
1999	274364	327171	263864	186063	238490
2000	182919	327804	278249	167457	226658
2001	192297	328311	293929	182214	249795
2002	221642	344718	333224	188312	253245
2003	232458	338668	306451	186918	226462
2004	142297	244558	328165	123078	162494
2005	182058	218701	308694	131896	161783
2006	186734	217000	340329	180373	193575
2007	197989	234607	344587	199415	199529

19-30 主要年份各类专业技术人员

单位：人

年 份	永吉县	舒兰市	磐石市	蛟河市	桦甸市
1978		8503	934	2011	2610
1979		8500	1062	2023	2940
1980		8498	1193	2128	3150
1981		8578	1341	2241	3230
1982		8608	1507	2287	3410
1983		8632	1693	2321	3460
1984		8689	1903	2345	1008
1985		8697	2138	2486	3998
1986		8709	2403	2577	4310
1987		8769	2700	2687	4730
1988		9023	3034	4898	6000
1989		9486	3409	4964	5750
1990		9506	3831	5873	7460
1991		9598	4305	7003	7530
1992		9834	4838	7301	7670
1993		9973	5437	7289	7680
1994		10163	6110	8020	7652
1995		10301	6866	8011	7719
1996		10443	7716	9032	7935
1997		10742	8671	9154	8006
1998		10790	9744	9583	8192
1999	11901	11103	10950	9674	8264
2000	7670	11301	12309	9852	8391
2001	7313	9978	11620	9987	8644
2002	6922	11734	11094	10104	9006
2003	5938	12006	10735	10213	9312
2004	6724	12304	11237	10832	10428
2005	7133	12607	12841	11003	10920
2006	7010	12669	13483	11231	11009
2007	6155	12001	14394	12116	13972

19－31 主要年份普通中学在校学生

单位：万人

年份	永吉县	舒兰市	磐石市	蛟河市	桦甸市
1978	5.6	5.6	4.3		3.7
1979	5.0	5.2	4.2		3.5
1980	5.0	4.9	3.8	4.2	3.3
1981	5.6	4.8	3.3	4.0	3.4
1982	5.6	4.3	3.6	3.5	2.8
1983	5.3	3.9	3.5	3.1	2.8
1984	4.9	3.6	3.5	2.9	2.9
1985	4.6	3.1	3.3	2.7	2.7
1986	4.0	3.0	3.3	2.5	2.4
1987	4.0	2.9	3.3	2.4	2.4
1988	4.1	2.8	3.1	2.1	2.4
1989	3.4	2.7	2.8	2.0	2.1
1990	3.3	2.8	2.8	2.0	2.2
1991	3.7	3.1	2.8	2.1	2.0
1992	3.9	3.1	2.9	2.3	2.1
1993	4.3	3.3	2.8	2.7	2.0
1994	4.0	3.5	2.9	2.9	2.0
1995	4.0	3.1	3.2	3.2	2.1
1996	3.6	3.2	3.1	3.1	2.0
1997	3.5	3.3	3.1	2.9	2.1
1998	3.6	3.1	2.8	2.7	2.2
1999	3.8	3.2	3.1	2.7	2.5
2000	2.7	3.5	3.2	2.8	2.8
2001	2.1	3.9	3.2	2.8	2.6
2002	2.9	3.9	3.4	2.8	3.1
2003	2.9	3.8	3.5	2.8	3.3
2004	2.9	3.6	3.7	2.8	3.4
2005	2.8	3.4	3.6	2.7	3.2
2006	2.5	3.1	3.9	2.5	3.3
2007	2.2	2.9	3.8	2.3	2.8

19－32 主要年份小学在校学生

单位：万人

年　份	永吉县	舒兰市	磐石市	蛟河市	桦甸市
1978	11.4	11.1	8.9		7.0
1979	12.5	11.1	8.9		7.3
1980	12.1	11.0	8.9	8.5	7.3
1981	12.3	10.7	8.4	8.4	7.3
1982	11.8	10.0	8.4	7.7	6.5
1983	11.1	9.0	7.9	7.1	6.3
1984	10.7	8.9	7.8	7.0	6.2
1985	10.6	9.1	7.5	6.8	6.3
1986	10.9	9.5	7.8	7.1	6.7
1987	10.2	9.2	7.6	6.8	6.4
1988	9.7	8.6	7.3	6.4	6.2
1989	8.9	7.6	7.0	6.3	5.7
1990	8.4	7.3	6.6	6.0	5.3
1991	7.9	6.8	6.4	5.8	5.2
1992	7.2	6.3	6.3	5.6	5.2
1993	6.8	6.2	6.2	5.3	5.1
1994	6.9	6.3	5.8	5.2	5.1
1995	7.1	6.2	5.8	5.1	5.3
1996	7.4	6.3	5.8	4.9	5.3
1997	7.8	6.5	5.8	4.9	5.5
1998	7.7	6.5	5.7	4.8	5.4
1999	7.5	6.3	5.5	4.6	5.2
2000	3.8	5.8	5.1	4.2	4.1
2001	3.3	5.3	4.7	3.8	4.4
2002	3.0	4.8	4.9	3.4	4.0
2003	2.5	4.4	3.8	3.3	3.5
2004	2.3	4.0	3.2	3.2	3.1
2005	2.1	2.7	2.7	3.1	2.8
2006	1.9	3.5	2.6	3.0	2.8
2007	1.9	3.4	2.5	3.1	3.0

19－33　主要年份卫生机构数

单位：个

年　份	永吉县	舒兰市	磐石市	蛟河市	桦甸市
1978	31	49	61	6	70
1979	94	50	61	6	73
1980	77	46	61	60	70
1981	78	51	57	72	80
1982	86	54	53	72	105
1983	85	54	87	75	76
1984	81	54	88	76	77
1985	76	53	53	77	75
1986	73	52	55	78	75
1987	38	52	54	77	76
1988	61	49	51	73	68
1989	56	49	52	72	68
1990	56	49	53	67	67
1991	56	48	55	65	67
1992	66	48	56	62	69
1993	64	47	54	59	60
1994	34	45	52	56	59
1995	63	45	51	55	32
1996	40	43	50	29	32
1997	40	43	38	30	32
1998	39	120	38	30	33
1999	38	93	37	30	32
2000	24	93	37	25	32
2001	22	90	37	26	31
2002	22	90	36	25	31
2003	23	36	32	26	31
2004	23	35	33	26	31
2005	20	35	32	26	31
2006	24	35	31	24	33
2007	29	35	33	25	33

19－34 主要年份卫生技术人员

单位：人

年　份	永吉县	舒兰市	磐石市	蛟河市	桦甸市
1978	1760	1503	1723	1610	1302
1979	2260	1830	1565	1672	1395
1980	1144	1909	1620	1819	1433
1981	1285	2169	1799	1853	1655
1982	1308	2828	1782	1889	1705
1983	1321	2193	1754	2003	1716
1984	1513	2106	1768	1977	1809
1985	1435	1995	1710	2019	1742
1986	1458	1988	2174	2860	1765
1987	1420	1879	1778	2916	1832
1988	1857	1994	1819	2547	1845
1989	1389	2019	1907	2581	1865
1990	1503	2004	1902	2562	2005
1991	1532	1477	1872	2560	2169
1992	1440	2131	2094	2230	2156
1993	1535	1987	2483	2219	2147
1994	1203	1283	2424	2226	2213
1995	1565	1513	1923	2189	2246
1996	1518	2695	1898	1874	2028
1997	1532	2074	1785	1394	2146
1998	1512	1600	1774	1407	2147
1999	1522	1116	1915	1368	2358
2000	1006	1212	1751	1280	2009
2001	977	1619	1742	1599	1958
2002	903	1654	1896	1625	2210
2003	888	1253	1598	1607	2109
2004	889	1428	1678	1600	2189
2005	1139	1428	1680	1488	1565
2006	1117	1421	2068	1408	1682
2007	901	1412	2288	1395	1590

19－35 主要年份医院床位数

单位：张

年　份	永吉县	舒兰市	磐石市	蛟河市	桦甸市
1978	1271	1351	830	1922	1125
1979	1313	1663	1097	1867	1136
1980	1344	1652	1377	1832	1098
1981	1382	1569	1304	1897	1025
1982	1572	1737	1336	1947	1056
1983	1681	1823	1354	2003	1301
1984	1743	1789	1304	1983	1423
1985	1708	1509	1300	1966	1425
1986	1728	1527	1355	1968	1324
1987	1890	1443	1212	2043	1405
1988	1930	1557	1176	1868	1532
1989	1936	1557	1274	1826	1465
1990	1822	1510	1296	1829	1543
1991	1703	866	1149	1838	1532
1992	1649	1508	1149	1075	1521
1993	1600	1508	1113	1164	1607
1994	1020	1609	1130	1146	1569
1995	1609	1677	1119	1082	1549
1996	1616	1667	1121	1146	1298
1997	1616	1684	1124	1148	1478
1998	1598	1626	1123	1128	1436
1999	1289	2101	1193	1128	1489
2000	1109	2076	1181	1069	1432
2001	899	1584	1226	1311	1469
2002	808	1494	1226	1372	1358
2003	917	1732	1118	1130	1265
2004	938	1732	1266	1130	1347
2005	958	1938	1450	1234	1261
2006	973	1938	1702	1044	1334
2007	917	1938	1900	1165	1380

19－36 主要年份职工平均工资

单位：元

年　份	永吉县	舒兰市	磐石市	蛟河市	桦甸市
1978	675	777	858	717	627
1979	687	817	731	741	710
1980	785	840	694	760	808
1981	800	857	734	763	867
1982	829	900	748	816	878
1983	869	963	782	827	896
1984	975	1018	842	878	1039
1985	1089	1148	985	953	1102
1986	1188	1331	1098	1010	1220
1987	1257	1321	1182	1172	1268
1988	1441	1287	1420	1425	1527
1989	1546	1554	1583	1576	1553
1990	1651	2119	1690	1648	1738
1991	1882	1997	1879	1792	1912
1992	2126	2449	2300	2001	2242
1993	2483	2201	2343	2215	2337
1994	3023	2948	3161	2855	3350
1995	3685	3566	4050	3294	3887
1996	4181	3757	4679	3768	4617
1997	3881	4052	4639	3894	4568
1998	5197	4913	5164	4999	5863
1999	5527	5220	6317	5476	6464
2000	7011	5187	6542	5806	6820
2001	7106	5701	7431	6554	6802
2002	7763	6385	8237	7357	7801
2003	8743	6735	9510	7895	8353
2004	9591	7165	10010	8741	9560
2005	11627	8039	12133	9573	11435
2006	12506	8717	13991	11743	12826
2007	18876	13971	18670	16159	18254

19-37 主要年份城乡居民储蓄存款余额

单位：万元

年 份	永吉县	舒兰市	磐石市	蛟河市	桦甸市
1978	860	1426	1072	1002	841.3
1979	1286	1462	1372	1307	1207.1
1980	1234	1565	1979	2532	1923.8
1981	1946	1877	2654	3194	2755.4
1982	2761	2217	3423	4266	3759
1983	3956	2658	4498	4434	5188.2
1984	4981	3513	5947	4635	6466
1985	4462	7082	7608	5982	7817
1986	7554	9343	9201	12029	10056
1987	10396	12433	12623	15536	13073
1988	15357	17847	18016	15607	17846
1989	20042	24062	22476	19873	24528
1990	27080	30665	30441	30184	31571
1991	14751	39647	39030	38370	40518
1992	16601	44122	45931	43225	49119
1993	20405	54598	52486	54147	60667
1994	27263	74481	69080	73640	80458
1995	26897	98270	91667	96079	107324
1996	44470	124991	115924	122454	137481
1997	134288	128746	134543	146471	165297
1998	130038	161481	146693	145906	184772
1999	147801	174184	157928	163247	206787
2000	144600	188254	173950	174492	222335
2001	157585	207455	184493	187973	235976
2002	131895	223243	191915	224329	245108
2003	172718	273508	224798	245189	271013
2004	156094	315010	253728	265887	298196
2005	195176	350853	294277	315488	341468
2006	208008	375000	338111	337411	353155
2007	220141	385859	349177	342329	377491

19－38 主要年份农民人均纯收入

单位：元

年　份	永吉县	舒兰市	磐石市	蛟河市	桦甸市
1978	113	108	89	127	90
1979	101	93	77	108	102
1980	117	89	91	84	78
1981	114	110	111	85	108
1982	170	208	175	207	243
1983	354	347	324	356	384
1984	478	490	466	465	524
1985	344	396	412	408	481
1986	420	447	438	394	481
1987	462	478	481	445	511
1988	507	523	532	512	554
1989	462	436	487	360	570
1990	563	604	594	573	827
1991	634	645	565	586	781
1992	707	678	701	681	821
1993	864	830	838	848	934
1994	1196	1212	1229	1250	1347
1995	1459	1550	1506	1400	1294
1996	2053	2085	2183	2085	1204
1997	2176	2350	2042	2299	2192
1998	2509	2540	2522	2627	2447
1999	2167	2427	2541	2578	2685
2000	2218	2677	2652	2706	2384
2001	1844	2851	2851	2813	2656
2002	2520	2965	3104	3171	2584
2003	2503	2576	2648	2666	2596
2004	3030	3105	3144	3181	3138
2005	3289	3356	3406	3373	3386
2006	3676	3747	3861	3829	3824
2007	4145	4356	4488	4466	4451

19－39 主要年份农民人均生活消费支出

单位：元

年　份	永吉县	舒兰市	磐石市	蛟河市	桦甸市
1978				121	70
1979				103	90
1980				80	70
1981				81	90
1982			320	193	205
1983	273		253	328	310
1984	355		277	428	415
1985	365		377	375	401
1986	411		443	362	398
1987	372		429	409	424
1988	502		531	461	454
1989	577		623	331	507
1990	524		628	521	522
1991	599		824	533	576
1992	638		801	620	689
1993	769		594	763	701
1994	888		914	1125	892
1995	955	1621	1412	1260	1014
1996	1046	1746	1399	1825	1105
1997	1139	1825	1895	2012	1757
1998	1240	1905	1820	1799	1628
1999	1346	1928	1596	1644	1514
2000	1474	1942	1478	1697	1952
2001	1612	1998	1174	3653	1853
2002	1764	2064	1617	1685	1781
2003	1933	2263	1908	2341	1941
2004	2153	2579	2214	2421	2437
2005	3296	2787	2949	2209	2872
2006	3081	3184	3548	2606	3061
2007	3386	3818	3861	2869	3652

19-40 四城区和二开发区社会经济主要指标（2007）

指标名称	单位	昌邑区	龙潭区	船营区	丰满区	高新区	经济技术开发区
一、综　合							
生产总值(2000年价)	万元	443074	545871	396093	416816	402414	79982
第一产业	万元	48846	82628	50281	32375		6473
第二产业	万元	128043	281581	115670	292208	187185	56435
工　业	万元	91543	256900	93100	247713	170550	53137
建筑业	万元	36500	24681	22570	44495	16635	3298
第三产业	万元	266185	181662	230142	92233	215229	17074
生产总值(现价)	万元	477669	600445	433963	443939	424500	84741
第一产业	万元	56564	95708	58720	37684		6777
第二产业	万元	144530	311240	127489	311564	200500	60487
工　业	万元	105183	284620	103145	264755	183000	57017
建筑业	万元	39347	26620	24344	46809	17500	3470
第三产业	万元	276575	193497	247754	94691	224000	17477
年末总户数	户	192112	162054	155342	65740	17342	15870
年末总人口	人	553091	490814	459431	197218	60697	55419
#非农业人口	人	433184	303631	349166	109083	55103	26461
出生人口数	人	4121	3498	3403	1387	272	265
死亡人口数	人	3367	2380	2320	746	43	142
人口出生率	‰	6.39	7.13	7.41	7.03	4.48	4.78
人口死亡率	‰	4.46	4.85	5.05	3.78	0.71	2.56
人口自然增长率	‰	2.02	2.28	0.79	3.25	3.77	2.22
二、农　业							
农业总产值（现价）	万元	97921	153999	94040	62123	50	11072
农业总产值（90年不变价）	万元	86703	132636	80502	56689		9752
农村劳动力	人	76708	93169	52908	40793	4512	14637
#工　业	人	3538	6729	4836	4936	831	
年末实有耕地面积	公顷	32208	29019	29678	12373	17	3578
农作物播种面积	公顷	32179	32933	29340	13307	9	4125

19－40 续表1

指 标 名 称	单 位	昌邑区	龙潭区	船营区	丰满区	高新区	经济技术开发区
粮食产量	吨	240568	22067	187054	72372		24014
#水稻	吨	101978	74481	52048	15439		7731
蔬菜产量	吨	52233	452476	107713	77981	97	35090
水果产量	吨	11265	31390	13844	16849		948
猪、牛、羊肉产量	吨	31281	31434	26864	11460		868
禽蛋产量	吨	13445	10838	9030	9190		893
牛奶产量	吨	22020	8411	18390	16848		1832
猪年末存栏数	头	93220	139207	90038	47531		7650
牛年末存栏数	头	104757	101158	13370	24550		1654
三、工业							
全部企业单位数	个	523			385	431	194
全部工业总产值（现价）	万元	392876	619820	432000	719875	183000	206457
规模工业总产值（现价）	万元	265193	536380	256874	571105	340999	192952
规模工业增加值（现价）	万元	90284	219269	69711	232223	143888	73003
规模工业资产总计	万元	145628	196140	134175	190232	417685	230387
规模工业产品销售收入	万元	264014	421410	188332	567110	278103	187461
规模工业利润总额	万元	4947	16803	5768	21313	18458	6401
规模工业全员劳动生产率	元／人	141047	304160	127606	326293	363423	156928
四、固定资产投资							
固定资产投资总额	万元	1003540	1204175	955000	801138	800000	845683
城镇投资	万元	660519	1267956	654427	536036	800000	804244
农村投资	万元	170502	390193	103460	133710		35939
房地产开发投资	万元	172519	41330	197113	131392	35719	5500
新增固定资产	万元	865914	539523	908979	584965	469346	92780
本年施工房屋面积	平方米	1616021	2156693	2366345	675383	757175	129115
#住 宅	平方米	957563	338180	894461	665477	234351	
本年竣工房屋面积	平方米	837614	567182	2019767	109558	655715	50000

19－40 续表2

指标名称	单位	昌邑区	龙潭区	船营区	丰满区	高新区	经济技术开发区
#住宅	平方米	390500	176941	484533	100896	221734	
五、社会消费品零售总额	**万元**	**1132470**	**380496**	**672348**	**298841**	**150520**	**18075**
六、教育、卫生							
学校数：普通中学	所	12	14	10	9	1	1
农职中学	所						
技工学校	所						
小学	所	54	55	58	26	1	7
学生数：普通中学	万人	0.93	7021	1	7690	0.19	0.0363
农职中学	人						
技工学校	人						
小学	万人	2.55	15280	2.2	17284	0.03	0.1617
专任教师：普通中学	人	690	558	682	345	300	67
农职中学	人						
技工学校	人						
小学	人	1646	1247	1562	926	31	218
卫生机构数	个	11	38	13	9	123	2
#医院	个	8		3	2	15	1
卫生技术人员	人	462	2133	511	378	320	84
#医生	人	164	820	400	201	160	66
七、劳动工资							
全部在岗职工：年末人数	人	15277	15531	15759	4852	460	1210
工资总额	万元	28716	32503	39598	11153	2315	5963
平均工资	元	18749	20781	23526	22986	50332	49278
城镇个体劳动者年末人数	人					3812	2012
八、财政、金融							
全部财政收入	万元	58777	97888	34203	38600	62754	46098
财政体制收入	万元	15181	18897	9139	25705	8271	8320
财政支出	万元	49490	39916	36080	33213	18087	11115

城市社会经济主要指标

Cheng shi she hui jing ji zhu yao zhi biao

20－1 城市社会经济主要指标（2007）

项　　目	单 位	2007	
		全 市	市辖区
一、人口、劳动力及土地面积			
（一）人口			
年末总人口	万人	432.67	182.3
#非农业人口	万人	211.69	128.33
年平均人口	万人	431.56	181.38
常住人口	万人	430.44	180.46
暂住人口(一个月以上)	万人	4.7	1.92
年出生人口	人	38216	13575
年死亡人口	人	19900	9423
年末总户数	万户	143.71	61.19
（二）从业人员			
年末单位从业人员数（城镇）	万人	34.09	20.26
#长期职工	万人	32.36	19.24
第一产业(农、林、牧、渔业)	万人	1.68	0.18
第二产业	万人	14.85	10.03
(1)采矿业	万人	1.22	
(2)制造业	万人	10.59	7.81
(3)电力、燃气及水的生产和供应业	万人	1.46	1.05
(4)建筑业	万人	1.58	1.17
第三产业	万人	17.56	10.05
(1)交通运输、仓储及邮政业	万人	1	0.54
(2)信息传输、计算机服务和软件业	万人	0.27	0.17
(3)批发和零售业	万人	1.17	0.74
(4)住宿、餐饮业	万人	0.24	0.2
(5)金融业	万人	1.17	0.74
(6)房地产业	万人	0.19	0.12
(7)租赁和商业服务业	万人	0.22	0.17
(8)科学研究、技术服务和地质勘查业	万人	0.44	0.28
(9)水利、环境和公共设施管理业	万人	0.96	0.58
(10)居民服务和其他服务业	万人	0.05	0.03
(11)教育	万人	5.16	2.48
(12)卫生、社会保障和社会福利业	万人	2.18	1.3
(13)文化、体育和娱乐业	万人	0.37	0.27
(14)公共管理和社会组织	万人	4.14	2.43
(15)国际组织	万人		
城镇私营和个体从业人员	人	187102	122950
年末城镇登记失业人员数	人	17786	10283

20－1 续表1

项目	单位	2007	
		全市	市辖区
（三）土地面积			
行政区域土地面积	平方公里	27120	3636
#建成区面积	平方公里		166
城市建设用地面积	平方公里		134
#居住用地面积	平方公里		35
公共设施用地面积	平方公里		15
工业用地面积	平方公里		43
二、综合经济			
（一）地区生产总值(当年价格)	万元	10080128	5661847
第一产业增加值	万元	1355819	257470
第二产业增加值	万元	4967088	3132080
采矿业	万元	333021	55137
制造业	万元	3744541	2610305
电力、燃气及水的生产和供应业	万元	145635	89978
建筑业	万元	743891	376660
第三产业增加值	万元	3757221	2272297
#交通运输仓储及邮政业	万元	746344	279052
信息传输、计算机服务和软件业	万元	305201	237706
金融业	万元	244878	172508
房地产业	万元	340691	198840
科学研究、综合技术服务和地质勘查业	万元	46192	34845
地区生产总值(2005年价格)	万元	8400595	4442120
人均地区生产总值	元	23277	31215
地区生产总值增长率	%	18.4	19.43
（二）财政			
地方财政一般预算内收入	万元	408408	279827
#各项税收	万元	298185	197648
企业所得税	万元	36085	18002
个人所得税	万元	17856	10886
地方财政一般预算内支出	万元	987682	560001
一般性公共服务支出	万元	128553	74625
科学技术支出	万元	8105	5750
教育支出	万元	221599	114455
文化体育与传媒支出	万元	18471	13391
社会保障和就业支出	万元	215887	124828
社会保险基金支出	万元		
医疗卫生支出	万元	62399	38003

20－1 续表2

项目	单位	2007 全市	2007 市辖区
环境保护支出	万元	12655	6199
城乡社区事务支出	万元	82380	59662
交通运输支出	万元	18385	5653
（三）金融			
年末金融机构存款余额	万元	8453538	6098941
#城乡居民储蓄年末余额	万元	6041957	4295809
年末金融机构各项贷款余额	万元	4560369	3388423
（四）保险			
保费收入	万元	179200	
#财产险	万元	36700	
人身险	万元	142500	
赔款、给付	万元	50547	
#财产险	万元	18500	
人身险	万元	32047	
三、农业			
年末耕地总资源	千公顷	653	
蔬菜产量	吨	1963714	
水果产量	吨	350156	
肉类总产量	吨	784610	
奶类产量	吨	81917	
水产品产量	吨	35497	
四、工业			
规模以上工业法人企业：			
（一）工业企业数	个	739	392
（1）内资企业	个	701	368
#国有企业	个	32	12
私营企业	个	475	240
私营独资企业	个	63	15
私营股份有限公司	个	26	13
（2）港、澳、台商投资企业	个	11	7
（3）外商投资企业	个	27	17
（二）工业总产值(当年价)	万元	12228681	9236130
（1）内资企业	万元	11813033	8934115
#国有企业	万元	920266	793290
私营企业	万元	2593683	1251280
私营独资企业	万元	447275	109144
私营股份有限公司	万元	134087	67214

20-1 续表3

项　　目	单位	2007	
		全市	市辖区
（2）港、澳、台商投资企业	万元	197017	136541
（3）外商投资企业	万元	218631	165474
（三）企业财务			
从业人员年平均人数	万人	19.71	13.73
流动资产年平均余额	万元	4180117	3100466
固定资产净值年平均余额	万元	5007822	4047904
主营业务收入	万元	12251160	9367742
主营业务税金及附加	万元	182668	156899
本年应交增值税	万元	362755	243611
利润总额	万元	513822	204690
五、交通运输、邮电通信、能源电力			
（一）交通运输			
铁路旅客运量	万人	811	
铁路货物运量	万吨	1737	
境内铁路营业里程（含国家、合资和地方铁路）	公里	548	
民用汽车拥有量	辆	170359	
#私人汽车拥有量	辆	121548	
公路客运量	万人	3954	
公路货运量	万吨	4289	
境内等级公路里程	公里	13655	
境内高速公路里程	公里	63	
沿海港口货物吞吐量	万吨		
内河港口货物吞吐量	万吨		
水运客运量	万人	63	
水运货运量	万吨	9	
民用航空货邮运量	吨		
民用航空客运量	人		
（二）邮电通讯			
年末邮政局(所)数	处	189	69
邮政业务收入	万元	26216	
电信业务收入	万元	331011	
年末固定电话用户数	万户	115.49	51.38
年末移动电话用户数	万户	247.45	171.79
国际互联网用户数	户	245313	187649
（三）能源消费			
能源消费量	万吨/标准煤	1358	1071
全年用电量	万千瓦时	1259444	1049647

20－1 续表4

项　　目	单 位	2007	
		全 市	市辖区
#工业用电	万千瓦时	1048205	870458
居民生活用电	万千瓦时	118821	52656
六、内外贸易、外经、旅游			
（一）商业			
限额以上批发零售贸易业商品销售总额	万元	2846130	2457099
社会消费品零售总额	万元	3889979	2650498
限额以上批发零售企业数（法人数）	个	117	79
#零售业	个	61	45
（二）外贸　外经			
货物进口额（海关数）	万美元	39626	
货物出口额（海关数）	万美元	56232	
外商直接投资:			
当年新签项目(合同)个数	个	115	83
当年合同外资金额	万美元		
当年实际使用外资金额	万美元	28859	23762
（三）旅游			
海外游客人数（含一日游游客）	人	45000	
#外国人	人	18960	
港、澳、台同胞	人	26040	
旅游（外汇）收入	万美元	1249	
星级饭店数	个	26	
七、固定资产投资			
（一）固定资产投资			
全社会固定资产投资总额	万元	9050217	5662531
#城镇固定资产投资额	万元	7437949	5107100
房地产开发投资额	万元	695212	537212
住宅	万元	599184	452324
全年新增固定资产	万元	6148314	3655720
（二）房地产			
商品房屋销售面积	万平方米	235.31	132.68
#住宅	万平方米	217.75	123.37
高档别墅公寓	万平方米	4	4
商品房屋销售额	万元	469687	329001
#住宅	万元	407869	294042
高档别墅公寓	万元	18141	18141
商品房屋空置面积	万平方米	67.97	40.73
八、教育、科技、文化、卫生			

20－1 续5

项　　目	单位	2007 全市	2007 市辖区
（一）教育			
学校数			
普通高等学校数	所	8	8
中等职业教育学校数	所	40	27
普通中学学校数	所	205	77
小学学校数	所	882	212
专任教师数			
普通高等学校教师数	人	4453	4453
中等职业教育学校教师数	人	3235	2546
普通中学教师数	人	13589	5582
小学教师数	人	18827	6395
在校学生数			
普通高等学校学生数	人	69431	69431
高中阶段在校学生数	人	139796	84461
中等职业教育学校学生数	人	56547	49649
普通中学学生数	万人	23.25	9.57
小学学生数	万人	23.75	9.73
初中毕业生升学率	%	82	87
成人高等学校在校学生数	人	29792	29792
（二）科技			
从事科技活动人员数	人	162826	96246
专利申请受理量	项	447	358
专利申请授权量	项	317	254
#发明	项	118	94
（三）体育			
体育场馆数	个	22	16
（四）文化			
剧场、影剧院数	个	5	4
公共图书馆图书总藏量	千册、件	1910	1415
（五）卫生			
医院、卫生院数	个	260	130
医院、卫生院床位数	张	16732	10122
医生数（执业医师+执业助理医师）	人	10674	6439
注册护士	人	8123	5233
九、人民生活、社会保障			
在岗职工平均人数	万人	33.6	20.35
在岗职工工资总额	万元	774150	546911

20－1 续6

项　　目	单 位	2007	
		全 市	市辖区
（一）居民收支			
城镇居民人均可支配收入	元		12500
城镇居民人均消费支出	元		10048
#食品	元		3180
衣着	元		1354
居住	元		1498
家庭设备用品及服务	元		519
医疗保健	元		1105
交通和通信	元		1067
教育文化娱乐服务	元		971
（二）居民生活			
每百户居民家庭拥有：			
（1）家用汽车	辆		3
（2）家用电脑	台		46
人均住房使用面积	平方米		21.58
居民消费价格指数(上年为100)	%		105.3
（三）社会保障			
基本养老保险参保人数	人	588035	426463
基本医疗保险参保人数	人	616621	433181
失业保险参保人数	人	382736	277729
社会福利院数	个	102	25
社会福利院床位数	张	7137	1766
社区服务设施数	个	2398	1226
城镇居民最低生活保障人数	人	183581	87543
十、社会治安			
（一）交通			
交通事故死亡人数	人	218	132
交通事故损失额	万元	105	54
火灾事故死亡人数	人	1	
火灾事故损失额	万元	294	28
（二）社会治安			
刑事案件立案数	件	13090	5952
犯罪人数	人	4566	2121
#青少年人数（年龄25周岁及以下）	人	710	448
十一、市政公用事业			
（一）基础设施			
城市维护建设资金支出	万元		36769

20-1 续7

项目	单位	2007	
		全市	市辖区
年末实有城市道路面积	万平方米		1265
排水管道长度	公里		816
供水综合生产能力(包括自备水源)	万立方米/日		411
供水总量	万吨		28064
售水量	万吨		23615
#居民生活用水量	万吨		4077
用水人口	万人		124.19
(二)供气			
供气总量(人工、天然气)	万立方米		4360
#家庭用量	万立方米		2027
用气人口	人		538400
液化石油气供气总量	吨		39215
#家庭用量	吨		25473
用液化气人口	人		671100
(三)公共交通			
年末实有公共汽(电)车营运车辆数	辆		866
全年公共汽(电)车客运总量	万人次		19719
年末实有出租汽车数	辆		4452
(四)绿地			
绿地面积	公顷		6100
#公园绿地面积	公顷		1323
建成区绿化覆盖面积	公顷		6990
十二、环境保护			
环境污染治理投资总额	万元	214008	
城市环境基础设施建设本年完成投资额	万元	110053	
三废综合利用产品产值	万元	13290	
工业废水排放量	万吨	18292	
工业废水排放达标量	万吨	17316	
工业二氧化硫去除量	吨	78487	
工业二氧化硫排放量	吨	52513	
工业烟尘去除量	吨	2083602	
工业烟尘排放量	吨	52624	
工业固体废物综合利用率	%	61.4	
污水集中处理率	%	45.48	
生活垃圾无害化处理率	%		

企业调查

Qi ye diao cha

21－1 企业集团主要经济指标（2006-2007）

指　　标	2006	2007
户数	21	21
年末资产总计	1647214	2072786
固定资产净值	773996	625760
存货	236517	308473
年末负债合计	989362	1192601
年末股东（所有者）权益合计	657852	880185
营业收入	866684	1299284
营业成本	676441	1001438
新产品销售收入	92344	474239
营业费用	22472	24618
管理费用	69386	88254
财务费用	24783	41331
利润总额	68155	151152
应交增值税	32465	54297
固定资产投资完成额	170706	67271
研究开发费用	34709	58819
从业人员	27085	27578
从业人员劳动报酬	40159	45392

21－2 重点企业建立现代企业制度企业主要经济指标（2006-2007）

单位：户、万元

指　　标	2006	2007
户数	31	31
年末资产总计	6387036	6356412
固定资产净值	2878117	2782466
累计折旧	2068864	2265276
累计对外投资	92533	87524
存货	909061	1017680
流动资产年平均余额	2600298	2708405
年末负债合计	2553281	2719645
年末股东(所有者)权益合计	3833755	3636767
其中：年末少数股东权益	39146	89474
股本(实收资本)	2125774	2293920
营业收入	8827336	7484516
营业成本	5965751	6615620
新产品销售收入	389295	477861
出口销售总额	222629	341836
营业费用	72959	89088
管理费用	343898	436616
财务费用	53160	67630
利润总额	-336364	197087
应交增值税	141756	220353
固定资产投资完成额	376494	379083
研究开发费用	50956	33966
从业人员年末人数	91894	89513
从业人员报酬	216541	254901

21-3 企业景气指数（2007）

指　标	一季度	二季度	三季度	四季度
企业景气指数	138.67	140.84	137.67	142.79
按行业门类分				
业工	147.23	153.56	141.05	154.55
建筑业	120	120	133.33	120
交通运输、仓储及邮政业	100	83.33	116.67	116.67
批发和零售业	164.29	135.71	150	150
房地产业	125	125	116.67	125
社会服务业	125	162.5	150	137.5
信息传输、计算机服务和软件业	157.28	157.28	171.43	142.86
住宿和餐饮业	100	111.11	122.22	100
按企业登记注册类型分				
国有企业	124.98	132.98	115.01	117.9
集体企业	114.29	128.57	100	114.29
股份合作企业	100	100	100	100
有限责任公司	144.54	147.55	155.55	151.55
股份有限公司	153.71	158.29	117.33	142.6
私营企业	100	111.11	133.33	144.44
外商及港、澳、台投资企业	133.33	150	150	166.67
按企业规模分				
大型企业	188.42	193.89	127.35	193.25
中型企业	138.1	142.86	142.86	144.44
小型企业	127.78	128.17	132.39	126.76
特殊分组				
国家重点企业	100	156.34	181.34	139.46
乡镇企业	100	100	100	100
上市公司	166.03	165.77	176.88	154.92
国有控股企业	140.51	149.26	125.83	139.99
综合景气状况				
生产总量	99.93	114.1	122.32	106.69
盈利（亏损）变化	113.32	116.85	111.86	120.15
流动资金	82.82	86.49	78.71	75.32
货款拖欠	113.5	111.81	104.72	111.88
劳动力需求	103.13	113.46	116.5	102.15
固定资产投资	101.99	116.4	106.27	113.36
产品订货	107.33	117.45	121.01	110.55
企业融资	83.18	74.81	70.25	74.59

21－4 企业家信心指数（2007）

指　标	一季度	二季度	三季度	四季度
企业家信心指数	139.44	130.68	136.94	131.7
按行业门类分				
业工	153.31	139.5	143.44	142.97
建筑业	140	140	126.67	133.33
交通运输、仓储及邮政业	66.67	50	83.33	66.67
批发和零售业	133.42	135.71	128.57	119.13
房地产业	125	141.67	158.33	133.33
社会服务业	125	112.5	125	125
信息传输、计算机服务和软件业	171.43	171.43	185.71	171.43
住宿和餐饮业	133.33	133.33	144.44	111.11
按企业登记注册类型分				
国有企业	119.01	127.01	125.12	117.12
集体企业	100	114.29	114.29	114.29
股份合作企业	100	100	100	100
有限责任公司	149.88	147.55	154.32	147.21
股份有限公司	156.89	122.1	115.83	110.13
私营企业	120	133.33	144.44	144.44
外商及港、澳、台投资企业	150	100	133.33	150
按企业规模分				
大型企业	176.62	122.42	124.01	119.26
中型企业	146.03	134.92	142.86	141.27
小型企业	131.94	133.8	136.62	128.17
特殊分组				
国家重点企业	135.54	156.34	116.88	116.88
乡镇企业	100	100	100	100
上市公司	159.14	147.14	158.25	158.25
国有控股企业	148.23	135.4	134.02	123.64

改革开放三十年回顾

Gai ge kai fang san shi nian hui gu

吉林市改革开放三十年

经济发展回顾与思考

吉林市统计局　　武松林　沈　刚　孙旭臣　柏南枝　雷晓春

1978年底举行的十一届三中全会标志着中国改革开放正式启动，沧海一瞬三十载，吉林市人民在市委、市政府的正确领导下，始终坚持以邓小平理论和“三个代表”重要思想为指导，进一步树立和落实科学发展观，全面贯彻党确定的路线、方针和各项政策，紧紧围绕加快经济社会发展，建设全面小康社会的目标和实现老工业基地振兴的任务，坚持以改革开放为动力，齐心协力，激流勇进，使得全市的各个领域都发生了令人瞩目的巨大而深刻的变化，经济发展跨上了历史性的新台阶，经济建设实现了速度、结构、效益协调和可持续发展。这一时期，经济增长率不变价年均为9.2%，现价年均为13.9%。

改革开放30年，吉林市的经济发展速度具有明显的阶段性特征，本文采撷这几个阶段的主要历史数据，通过分析经济发展的规模、速度、结构、质量、水平等几方面的发展变化，透过成就旨在总结探讨三十年来吉林市经济发展的经验启示、存在的问题，并对未来发展提出相关对策建议。

一、简要回顾

改革开放三十年来，从1978年到2007年，吉林市经济发展总体上可以归纳为三个阶段：

第一阶段：计划经济主导下的平稳发展阶段（1978—1990）。

这一阶段共13年，属于改革开放初期，吉林市也和全国其他地区一样，在农村实行家庭联产承包责任制，经济开始有了变化。城市经济仍然延用计划经济的发展模式，各项经济工作还是按部就班平稳、缓慢向前发展。当然这种“平稳发展”是相对以后加快发展而言的。这一时期的经济增长率不变价达到6.9%，现价达到11.6%。

主要特征有三个：

1.差距不大。

经济总量虽然不高，但与全国其他同等城市的距离并不大，也没有拉开，仍然保持了全国30个特大城市的规模，曾经排入全国综合经济实力35强市的行列。

1990年全市GDP为84.6亿元，比1978年的22.6亿元增加62亿元，年均增加5.2亿元，现价年均增长为11.6%，增幅较稳定，与长春市，以及江浙的苏、锡、常差距并不大。

1990年全市财政收入为13.6亿元，比1978年的3.7亿元增加9.9亿元，年均增加0.83亿元，年均增长为11.5%，1990年全市财政收入比长春市还多0.4亿元。

1990年全市在岗职工年平均工资为1999元，比1978年的666元增加1333元，年均增加为111元，年均增长为9.6%。1990年全市在岗职工年平均工资和城镇居民可支配收入分别比长春市高100元和95元。

2.工业发展好，就业充分。

1990年全市独立核算的工业企业达到2922户，比1978年的1474户增加了1448户，平均每年增加111.4户。1990年全市实现工业总产值146.6亿元，比1978年增加了115.8亿元，平均每年增长12.8%。1990年全市共有职工近100万人，比1978年的65万人增加了近35万人，其中：工业职工52.86万人。

3.农村经济体制改革取得了丰硕的成果，农村经济全面提升，农村居民收入迅速增长。

1990年全市农林牧渔业总产值（80年不变价）为10.6亿元，比1978年的6.9亿元增加3.7亿元，年均增长3.8%。

1990年全市粮食总产量为197.9万吨，比1978年的128.4万吨增加69.5万吨，年均增长3.7%。

1990年全市农民人均纯收入为641元，比1978年的163元增加478元，年均增加39.8元，年均增长12.1%。

第二阶段：向市场经济过度的波动发展阶段（1991—2005）。

这一阶段共15年，改革力度不断加大，市场作用显现，粗放型发展和结构问题突出，经济发展出现波动。这个发展阶段包括“八五”、“九五”和“十五”三个计划期，这个阶段经济体制改革全面向纵深发展，中国加入WTO，国有企业改革，大力发展民营经济，市场全面开放。总体上说，这十五年经济总体增长比前一阶段有所加快。经济增长率不变价年均达到10.4%，现价达到14.3%。

主要特征有七个：

1.经济发展有较大波动，出现高峰期、低谷期、恢复期。在这个阶段，每个计划期经济增长都起伏不定，徘徊发展。

高峰期，1992年到1995年，是吉林市经济增长的高峰期。1992年，全市GDP突破百亿元，到“八五”末期的1995年达到了224.1亿元，五年平均增长21.5%。

低谷期，1996年、1997年是吉林市经济增长的低谷期。“九五”时期，随着国家加强宏观调控实行紧缩的财政金融政策，优化结构，抑止通货膨胀。同时吉林市在经济建设、经济体制改革和结构调整等几方面未能取得大的突破，特别是吉化30万吨乙烯投入100多亿元后，未能取得预期效果，一些老国有大中型工业企业，如：棉织厂、针织厂、毛线厂、丝织印染厂、日化厂、火柴厂、陶瓷厂、手表厂、江城造纸厂、电视机、洗衣机、电冰箱、无线电元件厂等不适应改革之后的新形势纷纷下马，经济生活中的一些深层次问题逐步显现，到1997年全市经济增长出现停滞，整体经济处于这一轮经济增长的谷底。

恢复期，1998年到2005年，是吉林市经济的恢复性增长时期。1998年全市GDP为302.6亿元，到2000年全市GDP实现352.7亿元，五年中平均每年只增长9.5%。进入新世纪以后，全市整体经济发展仍然处在一个恢复发展时期。2005年全市GDP实现629.7亿元，比2000年增加277亿元，五年平均每年增长12.3%。比"九五"平均增长速度快2.8个百分点。

2.差距拉大。

2005年全市GDP达到629.7亿元，这时全市经济总量只是长春市的41.7%，也就是说长春市经济总量已经是吉林市的2.4倍，占全省的比重由1990年的19.9%下降到17.4%，下降2.5个百分点。

吉长两市经济总量对比表

单位：亿元

	1990	1995	2000	2005
吉　林	84.6	224.1	352.7	629.7
长　春	105.4	365.5	803.2	1508.6
长春为吉林的倍数	1.2	1.6	2.3	2.4

财政收入增长由同一起跑线，变成是长春市的1/3左右。

吉长两市财政收入对比表

单位：亿元

	1990	1995	2000	2005
吉　林	13.5	25.9	33.6	67
长　春	13.1	36.5	76	175.8
吉林比长春	多0.4	少10.6	少42.4	少108.8

3.以工业经济为主的第二产业下滑，产业结构比例不合理加剧，就业压力增大。

1990年全市三次产业结构比为16.7:59.9:23.4；到1995年调整为14.8:52.3:32.9，一、二产业比重下降，第三产业比重上升；到2000年又调整为17.2:39.8:43，第二产业比重继续下降，一、三产业比重上升；2005年进一步调整为16:44.9:39.1，一、三产业比重下降，第二产业比重有所上升。但仍比1990年低15.7个百分点。工业企业职工人数由1990年的52.86万人减少到27.2万人。

4.国有企业改制取得成效。

全市把国有企业改革和建立现代企业制度作为振兴工业的契机，改组、改制了所有国有企业。通过鼓励优势企业兼并困难企业，对长期亏损、扭亏无望的企业实施规范破产，积极稳妥地进行股份制改革，鼓励和扶持个体、私营等民营经济共同发展，使资源得到有效配置和利用。吉化、吉轻、汽车、化纤、铁合金、碳素、建龙钢铁等一批企业逐步焕发生机。

5.商品丰富，由卖方市场转向买方市场。

由于改革开放，生产得到迅速发展，商品极大丰富，卖方市场逐步转向买方市场。社会消费品零售额增长速度迈入了双位数的增长速度。商业增加值占GDP比重由1991的4.7%提升到2005年的9.7%。

6.开始注重固定资产投资和招商引资，对全市经济增长的拉动作用日渐增强。

2002年全市加大了固定资产投资力度，全市投资额由上年的130亿元，猛增到251亿元。到2005年全市固定资产投资额已经达到455亿元，1991年至2005年的十五年中平均每年增长27.8%。

7.民营经济作用显现。

"十五"时期，随着吉林市经济结构调整和国有经济改制步伐的加快，以及人们自主创业意识的普遍增强，全市民营经济迅速崛起，实现了较快发展。

2005年，全市民营经济总量快速增大。全市民营经济增加值为216.5亿元，比上年增加了31.6亿元，增长14.7%，比全市GDP增幅高5.7个百分点，占全市GDP的比重为34.4%，比上年提高了1.7个百分点，拉动全市经济增长4.4个百分点。民营经济已经成为全市经济快速发展的重要力量。

第三阶段：新时期进入跨越式发展阶段（2006—2007）。

这一阶段共2年，这一时期工作目标高，投资拉动作用明显，工业经济贡献增强，经济增长质量提高，经济增长率不变价年均增长15.5%，现价年均增长26.5%。

主要特征有六个：

1.立足发展，明确了跨越式发展目标。

2006年是"十一五"的开局年，总体经济发展是在稳中加快，市委、市政府适时提出了"苦干三年，总量翻番，提前一年完成'十一五'规划"的工作目标。2007年初又提出了再提前一年实现总量翻番的工作目标。通过组织"高起步开局"、"奋战一百天"和"决战四季度"等工作，使全市经济发展呈现高速、高效、协调、科学发展的喜人局面。经济快速增长，效益稳步提升，全年全市经济总量实现了跨越式扩张。GDP、财政收入、工业经济效益、固定资产投资、消费品市场、城乡居民收入等各项主要经济指标都实现了新的突破。2007年，全市GDP突破千亿元大关，达到1008亿元，比上年增长38.3%，创历史经济发展最好水平。

2.立足项目拉动，推动经济增长。

2007年全市完成投资905亿元，比上年增长30.8%。施工项目2717个，亿元项目156个，5000万元项目427个。工业投资比重达到61%。大批工业项目建成投产，新增规模工业企业235户。

3.工业真正实现了提速增效，对经济增长的贡献最大。

工业生产速度明显加快、经济效益显著提高。2007年，全市规模工业实现总产值1219.9亿元，增长31.3%；实现工业增加值344.7亿元，增长52.4%；实现新产品产值137亿元，增长92.4%；实现出口交货值37.8亿元，增长40.2%。实现工业利润50.5亿元，综合经济效益指数达到214.3，创我市历史最好水平。工业经济对经济增长的贡献率为48.7%，拉动经济增长18.6个百分点。

4.财政收入迅速增加。

2007年，全市一般预算全口径财政收入完成100.6亿元，比上年增加35亿元 ，增长53.2%，总量和增幅均创1994年实行分税制以来最好水平。全市财政支出98.8亿元，同比增长24.8%。

5.城乡居民收入大幅提高。

2007年，全市城市居民人均可支配收入为12501元，比上年增长23.1%，增幅高于上年同期13个百分点。人均消费性支出为10048元，比上年增长20.4%。2007年，全市农民人均纯收入为4496元，比上年增长15.1%。

6.民营经济发挥着重要的支撑作用。

2007年，全市民营企业户数共计866户，比2006年增加了130户，增长17.7%。其中规模工业424户，资质以上建筑业165户，房地产业141户，限额以上批发零售贸易和餐饮业、住宿业136户。全市拥有个体工商户15.86万户。民营经济增加值比重不断提升。据初步测算，2007年全市民营经济创造的增加值为430.2亿元，现价增长52%。2007年全市各类民营经济主营业务收入达1208亿元，增长34.4%。

二、启示与思考

1.目前经济发展中存在的问题。

目前，吉林市正处在加快发展的特殊历史时期，全市人民承担的最重要的一个历史任务就是提前推进经济总量翻番。2007年，全市地区生产总值超过1千亿元，全口径财政收入登上了百亿元的新台阶。今年，要再提前一年实现第一个翻番目标。在肯定成绩的同时，也应关注目前经济发展中存在的问题。我们认为，目前我市经济发展中主要存在六个问题。

第一个问题：粗放式经济增长方式没有根本改变，结构调整任务还很艰巨。主要体现在三个方面：

一是“三高问题”。

在经济快速增长和经济总量迅速扩大的同时，粗放的经济增长方式没有根本转变，经济增长在很大程度上仍然依赖于高投入、高能耗和高污染等粗放型经济增长方式。

二是对支柱产业的依赖性较大，吉化公司“一枝独秀”、“一柱擎天”的局面，降低了吉林市工业经济抗风险能力。

2005年，国际原油价格大幅上扬，使全市石化行业出现了整体亏损，亏损额高达21.8亿元，致使全市规模工业实现利润亏损4.9亿元。2008年前4个月受国际原油价格的影响，导致成品油与原油价格的倒挂，石化行业的两大公司税收和效益情况受到严重影响，致使全市工业效益与上年比出现了下降。

三是产品的产业链短，产业链条缺乏纵向延伸，没有形成一条围绕自主品牌，产品档次偏低，产品本身科技含量低，附加值率低。

第二个问题：固定资产投资波动较大，对经济发展的作用不明显。主要体现在四个方面：

一是与全省其它地区相比投资增速较低。

近两年，吉林市固定资产投资占全省比重较大，但是增速在全省排名靠后。从总量上看，吉林市位居第二，从增长速度上看，吉林市位居第九。2007年全省固定资产投资完成4003.18亿元，增长42.8%。吉林市全社会固定资产投资完成905亿元，比上年增加213.26亿元，增长30.8%。增速比全省低12个百分点。

二是起骨干支撑的大项目不多。

2007年全市计划投资超过10亿元的大项目3个，其中2个是上年结转的项目，新开的只有一个是吉化集团公司丙烯项目，比上年的3个减少2个。从全市投资起支撑作用的两大行业化工和汽车看，体现为一增一减。化工项目主要以吉化为主，投资进一步增加，2007年吉化完成投资31.9亿元，比上年10.6亿元增长两倍；而汽车行业2007年投资26.5亿元，比上年28.5亿元减少2个亿。

三是高附加值、高科技含量的项目还不多。

2007年科技含量高、市场潜力大的高新技术产业项目不多。大部分项目属于原材料加工项目，精深加工及转化增值能力不强，传统产业在全市工业中占主导地位。

四是项目建设用地矛盾突出。

受资金困扰和征地前期费用逐年增加影响，征地拆迁成本高、征地难，加之收储土地资金缺乏，土地储备量不足，项目建设用地供求矛盾突出，使项目引进步伐放缓甚至项目最终流失。

第三个问题：金融业发展缓慢，市场经济中的各种融资方式没有得到充分运用和发展。主要体现在三个方面：

一是金融业发展慢，对经济发展的影响力较弱。

金融业在支持全市经济发展、资源配置方面发挥了不可低估的作用，但由于吉林市金融业历史欠账较多、自身体制和机制还不完善等原因，导致其对全市经济的发展支持力度较弱。1996—2007年，全市金融业增加值虽由15.2亿元上升到20.7亿元，但在GDP中的比重却逐年下降，由5.4%降至2.1%。而近几年全国的平均水平在3.7%左右。从增速上看，金融业发展缓慢。1996—2007年，全市金融业增加值平均增长速度为2.8%，低于同期经济总量增幅10.4个百分点。

二是资金供求结构性矛盾突出，贷款有效需求减弱。

通过对1996—2007年全市金融机构存贷款情况的分析研究，发现从2000年开始，出现了存款余额大于贷款余额的现象,而且存贷差额逐年增大。从存贷增速上看,存款增速由1996年的29.5%降至2007年的5.65%,下降了23.85个百分点;而贷款增速只下降了0.9个百分点。从存贷差额上看,1996—1999年贷款余额大于存款余额在50—80亿之间,其差额相对稳定;2000—2007年存款余额大于贷款余额在1.9—389.5亿元之间,其差额波动很大。这说明,近年来吉林市在国有老工业企业转制破产过程中,不良资产过多,企业在银行的信用度降低,迫使银行将大部分本地存款转移到了外地。

三是"贷款难"和"难贷款"问题依然是制约中小企业发展的突出矛盾。

从企业方面看,第一是经营规模小,资金需求虽然旺盛,但由于其在银行的诚信度低,有效资产少,难以达到抵押贷款条件,获得银行贷款难度较大。第二是多数企业流动资金被占用,相互拖欠债务,逃避银行债务现象时有发生。从银行方面看,第一是国有商业银行普遍上收信贷审批权限,信贷准入条件不断提高,加之企业不能落实担保,金融机构营销积极性不高。第二是金融机构对贷款风险控制严格,力争实现低风险,因此只向规模较大的企业发放贷款,使发展中的中小企业得不到信贷扶持。从政府方面看,第一是信用担保机构不健全,缺乏风险补偿机制,社会中介体系不完善。第二是与信用担保相关的法律法规建设滞后,银行债权得不到有效维护。

第四个问题:"三农"问题及新农村建设还面临着许多制约因素和困难。主要体现在三个方面:

一是农业生产和生活设施不能满足发展的需要,农业科技含量和机械化程度不高。

农业抗御自然灾害的能力不强。据第二次农业普查资料显示,截止2006年,全市还有11.2%的行政村未通水泥或柏油公路。还有67.8%的行政村没有用上自来水,还有26.1%的行政村没有通有线电视。2007年,全市有效灌溉面积仅占全部耕地面积的27.6%。在农业生产技术应用方面,2007年,全市机播、机收面积占全部播种面积分别为52.8%和3.7%。

二是城乡差距不断扩大。1981年城乡居民收入比为1.75:1,1990年扩大到2.27:1,2000年扩大到2.6:1,到2007年全市城乡居民收入比扩大到2.8:1。

三是农村文化教育卫生相对落后。农村特别是村级,文化工作底子薄,文化娱乐和体育活动场所相当少,农民看书难、看戏难、看电影难的现象普遍存在,而赌博、粗俗文化和封建迷信却有一定市场,乡村文明程度不高。农村人口平均受教育年限偏低。

农村医疗卫生条件与城市相比还有较大差距。近年来,农民因病致贫情况虽然有所缓解,但就医难、看病难依然存在。我市农村每千人拥有医生数为1.88人,比城市的2.64人少0.76人;农村每千人拥有病床数为1.36张,比城市的8.11张少6.75张。生活垃圾乱堆乱放,没有固定的处理场所;生活用燃气普及率还很低;村容整洁程度较差。

第五个问题:节能减排和环境保护任务很重。

由于吉林市经济增长方式较为粗放,尽管经济实现了较快增长,但能源消费增长的代价仍然较大。全市工业比重、工业内部高耗能行业比重都偏高,产业结构属于能源密集型。目前,全市工业经济增长较快,但对能源消费增长的刚性拉动也较大,以牺牲资源和污染环境为代价的粗放型经济增长方式,使吉林市面临资源约束和环境压力,节能减排和环境保护任务很重。

第六个问题:开发区建设较缓慢,对全市经济总量的提升不大。

从1991年开始,吉林市各级各类开发区经历了18年的建设和发展,到目前全市共有开发区13个。其中市直管开发区有3个。从有些开发区的运行情况看,存在着基础薄弱、经济总量小、发展空间有限、发展潜力欠缺的问题,有的开发区因功能萎缩甚至被淘汰出局。

一是总量不大。

2007年,吉林高新技术产业开发区实现GDP不足50亿元,吉林经济技术开发区不足40亿元,在11个县市区中经济总量排在后面。

二是自我发展缓慢,对全市经济的拉动作用不强。

吉林高新技术产业开发区经过18年的发展,到2007年实现GDP不足50亿元,占全市GDP比重不足5%。长春高新技术产业开发区经过18年的发展,工业总产值由不足1亿元扩大到1500亿元,实现GDP由建区初期的0.5亿元增加到目前的300多亿元,上缴利税由0.08亿元增加到120亿元,比吉林市2007年全口径财政收入还多。长春经济的发展利益于开发区的高速发展和强力拉动。现在,吉林高新技术产业开发区发展空间已经很小了,发展前景很不乐观。

2. 经济发展的启示。

经过三十年的建设和发展,目前,吉林市已经站在新的历史起点上,在新一轮经济发展中,要继续坚定不移地把改革开放更扎实地向前推进,使全市经济和社会发展走向新的辉煌。改革开放三十年给我们留下了一些宝贵的经验与启示。

启示一:要进一步解放思想,以创造性的思维,抓住发展机遇。

解放思想是一个永恒的主题,没有新的思想和观念,就不可能有新的思路和方法。机遇是最重要的发展资源和实现跨越的跳板,但又稍纵即逝。当年,由于解放思想不够,我们错失了一些重要的发展机遇。比如:在七十年代,国家在我市投资建设的一批"三线军工厂"在转民品过程中,由于我市没有很好的安排和扶持,使大多数的企业纷纷到外地落户,使我市失去了一次快速发展的大好机遇。进入九十年代以后,由于没有抓住国有企业改制的契机,一些老的国有企业,由于思想保守,拒绝搞资本运作,最终导致企业破产,大批职工下岗。在国家对开发区建设予以相关扶持政策时期,没有结合当地条件和特点,积极推进开发区建设。在国家实施老工业基地振兴战略中,没有得到国家更多的政策扶持和资金注入。在项目建设过程中,由于大项目少,时机掌握不好,投资波动性较大。如吉化30万吨乙烯工程,由于时机不好,投资建成后没有达到预期效果。

启示二:要坚持把发展作为第一要务,全员进行招商引资,全力推进项目建设。

发展是第一要务,要树立以经济建设为中心的发展理念,现阶段就是要以招商引资为中心;发展是硬道理,全力以赴推进项目建设是最硬的道理。要始终坚持项目建设不动摇,常抓不懈。改变过去投资不足、项目不好、质量不高的问题,要结合老工业基地建设,谋划一批能够得到国家政策允许的、适合我市经济发展的大项目。经济增长要靠投资、出口、消费"三驾马车"拉动,目前全市出口和消费拉动能力很弱,主要靠大规模的以工业投资为主的固定资产投入,通过扩大外延再生产,提升我市的经济总量。而我市目前自身投资能力有限,必须通过依靠招商引资获取建设资金,因此,招商引资自然成为经济工作的重中之重。

启示三:要进一步深化改革,强化开放意识,促进区域资源整合,扩大对外开放。

深化改革和扩大开放是推动发展的根本途径和手段。目前,全市经济外向度还不高,城市的开放水平还不够。去年,全市外贸进出口总额仅9.6亿美元,还是增幅很高的一年,占全省份额不到10%,占全市经济总量不足7%(全国为62%);实际利用外资2.9亿美元,占全省总额的12.8%,占全市全社会固定资产投资总额的2.4%。世界著名企业在吉林市落户的为数不多,吉林市的软硬件条件和产业对投资者的吸引力还不强。

3.促进未来经济发展的对策建议。

今后一段时期,是全面建设小康社会,把吉林市建设成省内领先发展、加快发展的关键时期,是充满机遇、挑战的时期,并且机遇大于挑战。因此,要牢牢抓住这一机遇,按照党的十七大和省、市有关要求,增强责任感、紧迫感,全力抓好未来的经济工作。我们认为,未来促进吉林市经济发展的着力点应放在以下几方面。

第一、认真贯彻落实科学发展观,推进经济统筹协调、平稳快速发展。

科学发展观的提出是对几十年来改革开放和现代化建设的成功总结,也吸取了世界上其他国家在发展进程中的经验教训,是解决当前经济社会发展中诸多矛盾必须遵循的基本原则和新世纪新阶段指导我国社会经济发展的重大战略思想。科学发展观的第一要义就是发展。当前,推进经济实现又好又快发展是全部工作的重在之重。围绕推进总量翻番,一是要着力加快固定资产投资和项目建设。在滚动实施工业项目"123工程"的基础上,要集中力量,突出抓好大项目、高附加值、高科技含量的项目建设,加快投资步伐。二是要着力加大招商引资力度。当前,国家宏观调控措施继续加强,客观上使全市部分建设项目受到一定影响,但对于老工业基地"保"的倾斜政策总体不变,同时沿海发达地区产业和资本加快向外转移,这些为全市加快发展、广泛开展招商引资工作带来新的机遇。要充分抓住机遇,加快推进招商引资工作。三是着力推进工业提速增效。主要围绕抓好100户骨干企业发展、100户纳税大户、100户重点非规模工业企业成长晋级等方面重点工作。深入落实工业企业提速增效目标计划。

第二、大胆解放思想,更新观念,牢牢把握改革开放中的各种机遇,并用改革开放解决发展中的问题。

当前,经济发展面临着世界经济结构和产业调整变的机遇,面临着国家缩小区域发展差距及实施振兴东北战略的机遇,面临着沿海发达地区产业和资本转移的机遇,面临着省委、省政府支持吉林市领先发展和我省创建大开放新格局的机遇,总体上看是机遇大于挑战。要大胆解放思想,更新观念,抓住机遇,乘势而上。

要牢牢把握住国家振兴东北老工业基地战略这一机遇,对吉林市的经济发展进行统筹安排和谋划,以引起国家的关注并予以资金投入。在环保产业方面、在争取国家的试点方面可以进行尝试。

要坚持用改革开放解决发展中的问题,坚持以改革开放促发展。要进一步深化关键行业和重点领域改革。要创新招商引资方式,引导外资投向高新产业、先进制造业和现代服务业,提高利用外资质量,提高对外经济合作水平。

第三、坚持走新型工业化道路,促进产业结构优化升级。

要坚持建设新型工业强市这个发展定位和发展方向。工业是全市的主体经济,也是核心优势,必须牢牢抓住这个重中之重,坚持走新型工业化发展模式。始终做到精力向工业集中、资源向工业配置、政策向工业倾斜,突出重点产业,集中力量推进工业项目建设,切实加快工业经济发展。今后一个时期,就是要以做大做强支柱产业为主攻方向,以实施"工业项目建设123工程"为重要载体,以工业集中区和特色产业基地为重点区域,以集群发展为重点方式,全力壮大化工、汽车、冶金三大支柱产业的发展优势,全力加快化工、汽车、冶金、陶瓷、石材、北药、航空、光电池等特色产业基地建设,全力构筑新型工业强市的发展格局,为经济总量翻番提供坚实有力的支撑。

第四、化工产业实施"根深叶茂"计划,带动全市工业加速发展。

所谓"根深",就是要继续巩固吉化公司化工产业这棵大树的树干,树根越深,经济实力就会越强,解决"大树底下好乘凉"问题。目前吉化公司工业总产值达到489.9亿元,占全市工业的38.6%,实现税收23.3亿元,占全市工业的43.7%。由此可见,吉林市工业发展,吉化公司功不可没。应尽快使吉化公司工业总产值由近500亿元向1000亿元扩张发展。吉林市化工产业优势明显，这个优势可与长春汽车相抗衡，长春汽车工业总产值目前达到2018亿元，因此，吉林化工产业优势在今后发展中不能丧失或减弱。

所谓"叶茂"，就是要围绕吉化公司化工原料基地这个独有的资源条件，加快延长化工产业链条，真正开发化工系列产品深细加工，树叶越繁茂，带动力越强。解决大树底下苗不壮问题。目前吉化公司作为大型化工原料基地，基本上是两头在外。原材料，主要是原油供应在外，主要产成品市场也在外。

吉林市当地充分利用化工原料生产最终下游化工产品的产业不多，目前全市有化工企业98家，吉化公司在原料和产成品上仍然是大进大出，可利用的空间大，而实际上真正利用的却很小。这样就造成了"大树底下苗不壮"的问题。这个问题喊了多年，但收效甚微。最近有了好的信息，美国亨斯迈公司要利用吉林市化工原料，开发生产化工下游产品MDI"黑料"，规模达到30万吨，这个项目无疑会带动化工产业链条的进一步延伸，给吉林市开发化工下游产品，包括原油加工、乙烯产能等基础化工前景带来希望。因此，要格外重视化工产业链条延伸问题，作为全市工业总体布局中的一个重要棋子，制定好发展规划，通过发展扩张，使之尽快收到实效。

要想吉林市在全省工业之林中有所作为，就要保证化工之树常青，使化工产业真正做到根深叶茂。

第五：冶金行业推行"强身健体"计划，助推全市工业经济提速增效。

所谓"强身"就是要强健自己，自己越强大，在市场竞争中的地位就越稳固。2007年，全市冶金产业产值为143.8亿元，主营业务收入占全省同行业的三分之一。比较优势非常明显，发展前景也十分广阔。最近国家已经做出明确的决策，整合全国钢铁企业。这给吉林市冶金产业的发展提供了机遇。

所谓"健体"就是要提高企业自身的素质，使企业向高科技、高技术含量和精品方向发展。目前吉林市冶金产业中，低级产品和初级产品多，高科技的精品少。2007年全市生产生铁114.81万吨、粗钢129.16万吨、钢材160.58万吨，在钢材中也是低级的线材和管材居多，精品钢材少。目前，吉林市以建龙为首的钢铁企业，主要生产的产品为带钢、线材等初级产品，没有为本地汽车产业就机械加工产业配套的钢材，中断了冶金产业链条的延伸。

今后发展思路是：首先要千方百计地在国家整合钢铁企业中，抢占一席之地。然后依托的建龙钢铁、中钢铁合金、中钢碳素等大企业集团，充分挖掘和利用全市的资源潜力，开展精品钢、特种钢及有色冶金深加工，加快发展200万吨精品钢，100万吨铁合金、20万吨碳素等高品质、高附加值冶金产品。

第六、化纤产业"力争下游"，拉长产业链，提高附加值。

吉林市的化纤产业经过几十年的建设和发展，取得了令人瞩目的成就。特别是上个世纪90年代，随着经济体制改革的不断深入，一些老的国有企业纷纷下马，而吉林化纤却在市场的大潮中经过拼搏，获得了新生。进入新世纪以后，企业继续发展，生产规模不断扩大，产品质量逐年提高。2007年全市化纤产业产值67.2亿元，比上年增长78.58%，主营业务收入占全省同行业的92.2%。产品除热销国内20几个省、市外，还远销日本、韩国、美国、欧洲等10多个国家和地区。

化纤产业的迅速发展和产能的扩大，给发展化纤下游产品提供了充足的原料。这样可以带动吉林市纺织、针织和制衣等产业的发展。初略估计，如果吉林市开发化纤下游产品能够吃掉化纤50亿元产值的话，那么，通过加工增值后，新生成的产值至少能够在100亿元以上。

因此，在吉林市化纤产业的今后发展中，要"力争下游"，开发化纤下游产品，通过拉伸产业链，进行深加工，提高产品的附加值。

第七：光伏产业"落地开花"，充分利用全市的自然资源，增加新的工业增长点。

最近，国内光伏产业的领军企业——无锡尚德公司，拟在吉林市投资建设多晶硅等光伏产业项目。光伏产业是世界上增长最快的高新技术产业之一，随着世界各国对可再生能源的重视和太阳能电池转换效率的不断提高，世界光伏产业的发展超过了工业历史上已有的任何一个行业的发展速度，越来越多的国家看好光伏产业的发展前景。太阳能电池是光伏产业链中最关键的一环，目前国际上的太阳能电池主要有两种：一是晶硅太阳能电池，二是非晶硅太阳能电池。晶硅太阳能电池，光电转换效率无衰减，使用寿命长，且对环境无污染。而非晶硅太阳能电池，光电转换效率会随着光照时间的延续而衰减，使用寿命短，其中的某些剧毒元素会对环境产生污染。拟在吉林市投资建设多晶硅生产项目，是目前国际上具有高科技且又环保的光伏产业材料。

从市场前景看，目前世界太阳能电池销售量正平均以每年30%的速度增长，到本世纪中叶，世界可再生能源可占到人类能源利用的一半以上，其中太阳能约占13—15%，到本世纪末，太阳能将成为人类能源构成的主力。根据国家《可再生能源中长期发展规划》，到2010年，我国太阳能光伏发电总容量将达到40万千瓦，2020年达到220万千瓦，我国国内光伏市场十分巨大。无锡尚德公司是2001年创建，2005年在美国上市，2007年销售收入达到110亿元。要竭尽全力，引进这个项目，让光伏产业在吉林市落地、生根、开花。

今年是省确定的"工业项目年"，全省要突出抓400个亿元以上项目，吉林市亿元项目今年安排41个，占全省比重为10%，从去年全省GDP与固定资产投资两者比较看，大体上1:1，（GDP5000亿元，固定资产投资4000亿元），今年将仍然保持这种趋势，今年吉林市GDP安排1260亿元，固定资产投资安排1200亿元。目前的主要问题是项目规模不够大，全市10亿元以上的项目只有2个（300万吨精品钢投资30亿元，发电机组投资12亿元），超50亿元以上的项目2个（油页岩投资

57亿元,通化钢铁投资 70 亿元)。如果通过招商引资,能在全市建起三、五个超 50 亿元的项目,形成新的项目骨架,那么支持吉林市工业发展就有了更坚实的基础,这是吉林市新一轮经济发展的当务之急。

第八:强化节能减排和环境保护工作,加快推进服务业跨越式发展。

必须把节能减排作为促进科学发展的重要抓手,加大力度,迎难而上,打好节能减排攻坚战、持久战。要把服务业摆在更加突出的位置,逐步实现经济增长由主要依靠第二产业带动向一、二、三产业协同带动转变。加快服务业发展的战略意义,一是提高第三产业的比重对于在实现经济快速增长的同时,降低经济发展对资源、能源的高依赖。相对而言,服务业资源、能源投入较少。二是现代服务业的发展对提升城市竞争力具有重要的战略意义。三是吸纳就业能力强。所以,加快服务业的发展既是提高产业水平的需要,又是改善能耗结构,从总体上降低能耗排污水平的重大举措。

第九:加大改善民生的力度,保障社会和谐稳定。

正确处理好加快经济发展与改善民生的关系,科学有效地保障人民群众共享又好又快的发展成果。要提高社会保障能力,加大对社会事业的投入,扩大社会就业规模。政府财政要加大对改善民生投入的力度,确保今年向市民承诺办好的10 件实事落在实处。

吉林市改革开放三十年社会事业和人民生活主要成就

吉林市统计局　沈　刚　柏南枝　雷晓春

吉林市改革开放三十年来，在经济社会的持续快速发展中，全市的科技文教卫生体育事业健康发展，投入显著增加。人民生活水平显著提高。节能减排和环境保护工作取得积极进展。城市建设日新月异，电信、交通业不断发展壮大。

一、科技文教卫生体育事业健康发展

1.全市教育规模迅速扩大，教育投入不断增加。

普通高校在校学生数量和学校数量明显增加。目前，全市共有普通高校8所，比1978年增加5所，在校学生达到62845人，比1978年的2815人增长21.3倍。全市共有中等职业学校40所，在校学生56547人，专任教师3235人，分别比1978年增长1.1倍、6.5倍、3.1倍。2007年，全市地方财政支出中的教育支出达到22.2亿元，比2006年的14.8亿元增长50.1%，是1978年文教卫生事业费总支出4239万元的52.3倍。基础教育优质化水平有了显著提升。2007年，全市高考文理科超600分率、进重点线率均居全省第一位，特教学生高考录取人数居东三省第一位，初中毕业生升学率达到81.65%。通过资源整合，全市中等职业学校办学效益显著提高。随着各类教育的较快发展，全民文化素质不断提高。

2.科技创新能力不断增强，科技研究成果显著。

通过制订中长期规划、制定和落实奖励科技进步的政策、加快高新技术产业开发区建设和加大科技投入等一系列措施，有效地促进了全市科技事业和高技术产业的发展壮大。科技创新能力不断增强，科技研究成果显著。自2000年以来，全市累计取得省以上科技成果63项；专利申请量和授权量逐年增加。2007年专利申请受理量达447项，专利授权量达317项。2007年科学事业费支出8105万元。

3.文化基础设施得到进一步加强，促进了文化产业的繁荣发展。

2007年，全市公共图书馆有10个，比1978年增加6个，2007年全市公共图书藏书量达191万册。2007年，共创作和改编了大型歌舞晚会、童话剧、二人转剧（目）等50余台（个），朝鲜族群舞《鼓欣》和少儿曲艺《美丽的谎言》获全国第十四届群星奖表演奖。市歌舞团连续十年参加中央电视台春节联欢晚会、歌舞晚会和元宵节晚会的演出，参加了第六届亚冬会文艺晚会等国家级大型文艺演出，远赴俄罗斯、西班牙、香港等国家和地区开展文化交流。2007年成功组织了吉林市第九届“松花江之夏”和“松花江金秋”广场文化活动周，并获全国第十四届群星奖服务奖。目前，全市有22处文物保护单位被省政府核准为第六批文物保护单位。在北山西峰修建了吉林市平安钟楼。吉林陨石雨博物馆改建工程开工建设。2007年文化产业实现产值2500万元，已经成为全市国民经济发展中的一支力量。2007年，全市地方财政支出中的文化广播支出达到1.85亿元。

4.医疗卫生事业也得到了继续加强，疾病预防控制和突发公共卫生事件救治体系逐步完善。

农村卫生状况逐步改善，新型农村合作医疗加快推进，人民群众的总体健康状况进一步改善，生存质量明显提高。截至2007年末，全市有卫生机构4044个，是1978年639个的5.3倍；有卫生技术人员2.31万人，比1978年的1.5万人增加0.81万人，增长54%，年均增长1.5%，卫生机构拥有医疗床位17868张，比1978年增加4320张，增长33.6%，年均增长1.1%，全市平均每千人口拥有卫生技术人员由1978年的4.3人增加到2007年的5.3人。2007年，全市地方财政支出中的医疗卫生支出达到6.24亿元。

5.体育事业成效显著。

近年来，吉林市的体育事业坚持走群众体育与竞技体育协调发展、冬季运动项目与夏季运动项目共同提高的有吉林特色的发展道路，体育事业成效显著。尤其是2007年，成功地承办了第6届亚冬会全部雪上项目比赛，被亚雪联、亚奥理事会官员盛赞本届亚冬会是历史上最成功、最圆满、最有影响力的一届亚冬会。

同时，抓住中国举办2008年奥运会的历史机遇，全市群众体育围绕“全民健身与奥运同行”这个主线，相继举办系列活动，使吉林市荣幸地入选为“北京2008奥运会”火炬传递城市。

竞技体育成绩整体提升。在第6届亚冬会上吉林市运动员以5金4银3铜的成绩创造了新的辉煌，特别是王春丽在越野滑雪短距离项目上的夺冠，实现了我国越野滑雪项目在亚冬会单项比赛中金牌零的突破，使全市越野滑雪项目竞赛水平走到全国前列；在全国第六届城市运动会中我市又有9人在四个项目上进入决赛；荣获2007年全省“竞技体育突出贡献奖”。

二、民生事业发展加快，人民生活显著改善

1.人民生活水平显著提高。

城乡居民收入增加。2007年全市城市居民人均可支配收入达到12500元，比1998年的4732元，增长1.6倍，比1988

年的1162元，增长9.8倍，比1981年的436元，增长27.7倍，三十年来，平均每年以13.8%的速度递增。2007年农民人均纯收入达到4496元，比1978年的163元增加4333元，平均每年以12.1%的速度递增。2007年全市在岗职工年平均工资为23037元，比上年增长33.87%。比1978年的666元增加22371元，增长33.6倍，比1988年的1696元增加21341元，增长12.6倍，比1998年的6713元增加16324元，增长2.4倍，三十年来平均每年以13.0%的速度递增。收入的增加，使居民储蓄存款稳步增加。1978年全市居民储蓄存款余额为1.2亿元，1998年为227.9亿元，到了2007年已达604.2亿元。年均增长速度达23.9%。2007年城镇居民家庭恩格尔系数为31.7%，比1988年的49.2%下降7.5个百分点；2007年农村居民家庭恩格尔系数为38.1%，比1988年的50.2%下降12.1个百分点。

改革开放初期，四大件是富裕家庭的消费品，而如今取而代之的是住房，汽车一些高档消费品，一些高科技耐用消费品从无到有。到了2000年小康社会目标已得到实现。城市居民每百户家庭耐用品拥有量有较大增长，家用汽车由2002年的无增加到2007年的3.33辆；家用电脑由1992年的8.0台增加到2007年的46.33台；移动电话由1992年的13.5台增加到2007年的167台。农村住户每百户家庭耐用品拥有量也有较大增长，彩色电视机由1987年的1.67台增加到2007年的110.43台；电冰箱由1995年的5台增加到2007年的26.43台；摩托车由1995年的4台增加到2007年的42.57台；移动电话由2000年的1.43部增加到2007年的104.71部。

城乡居民住房面积逐步增加，居住条件明显改善。通过积极改造旧城区，狠抓新市区及棚户区改造工程，全市的住宅小区建设日益完善，居民的居住条件明显改善。2007年城市居民人均住宅使用面积为14.89平方米。1998年城市居民人均居住面积为7.72平方米，比1978年的3.1平方米增加4.62平方米，增长1.5倍。三十年来年均增长5.6%。2007年农村居民人均住房使用面积为21.55平方米，1988年农村居民人均住房使用面积为18.23平方米，增长18.2%。

人口城市化，随着全市国民经济的快速发展，农村人口逐渐向城市转移。1978年，吉林市区人口为94万人，1998年为140万人，到2007年达到182万人，年均增长2.3%。市区人口占全市人口比重，由1978年的25.1%上升到2007年的42.1%。

2.下岗再就业工作取得成效，就业结构趋于合理。

在计划经济时代，国家实行的是“低工资、多就业”的计划用工制度。为了适应社会主义市场经济体制的需要，国有企业必须建立现代企业制度，因而国家建立了“减员增效、下岗分流、规范破产、鼓励兼并”的改革思路。国企改革在取得巨大进展的同时，也造成大量职工下岗。下岗再就业工作直接关系到群众温饱、社会稳定与和谐，更关系到全市的改革与发展。基于这一认识，吉林市采取一系列措施，全力推进下岗人员再就业。就业总量不断增长，失业率得到有效控制。2006年，全市开发城镇就业岗位118232个，新增就业101486人。全市城镇登记失业率为3.41%。进入2007年，在经济持续快速增长的强劲拉动和实施积极就业政策的推动下，吉林市把全民创业促就业、基本消除零就业家庭、开发就业岗位、劳动力转移纳入市政府为百姓重点办好十件实事中，就业工作实现了新突破，就业总量稳步增长，近四年累计新增城镇就业36.6万人，带动和吸纳了农村富余劳动力的转移，城镇登记失业率控制在3.2%。2007年全市城镇新增就业84159人，全年创业促就业成功项目1243个；创建充分就业社区156个；岗位开发11.2万个；解决零就业家庭2033户，比率达100%；实现劳务输出614306人。其中农村劳动力输出533413人。下岗就业培训4.2万人次，开发公益岗位8500人，就业援助10653人。随着经济结构调整和国企改革的深化，非公有制经济成为新的就业增长点。2007年末，在城镇国有和集体等公有制经济单位从业人员比2001年减少12.4万人的情况下。而有限公司、股份公司以及外商和港澳台商投资企业等其它经济类型单位从业人员，则从2001年的6.96万人增加到2007年的9.86万人，增加了2.9万人。2007年城镇私营个体就业人员为18.8万人。在劳动力总量矛盾和结构性矛盾突出的情况下，吉林市采取多种措施，努力扩大就业，保持就业形势的基本稳定。同时，加强了失业调控。2001年至2007年间，城镇登记失业率均保持在2.3%—3.4%的较低水平。

就业结构合理，全市第三产业从业人员所占比重一直较高，2006年全市第三产业从业人员51.49万人，占全部从业人员的比重32.84%，高于第二产业从业人员比重13.17个百分点，已经成为扩大就业的主渠道。

3.社保事业健康发展，保障能力不断增强。

社会保障是改革开放中首先进入政府视野的社会问题。基本养老保险、基本医疗保险、工伤保险、失业保险、生育保险、最低生活保障等是社会保障事业的重要组成部分。吉林市的社会保障事业一直在健康的轨道上持续向前发展。尤其是近几年，吉林市以建设和谐社会为目标，积极落实社会保障制度改革试点工作的各项任务，推动了社会保障事业的较快发展，社会保障能力不断增强。

1991年，随着经济的发展，国家养老保险制度进行了改革，逐步建立起基本养老保险与企业补充养老保险和职工个人储蓄性养老保险相结合的制度。吉林市的养老保险体系也随之建立。体系建立之初，参保单位、参保人数较多。截止1992年末，全市参加统筹单位3831户，参加统筹职工达54.1万人。随着保障体系的逐步完善，以后每年参保人数都有所增加，覆盖面也越来越广。到了2007年，吉林市进一步完善城乡社会保障体系，在为民办成的十件实事之一中，率先在我省建立优抚对象抚恤补助标准自然增长机制、将末参保集体企业退休人员纳入民生工程，发放生活费419万元、实现城乡低保提标扩面，低保人均补差118元，高于全省平均水平33元。城镇基本养老保险有了较大突破，参保人数达到588035人，是2001年的3.3倍。已领取社会养老保险金259399人，占参保人数44%。在五县（市）四区起动农村社会养老保险。

1998年我国开始建立城镇职工基本医疗保险制度，之后又启动了新型农村合作医疗制度试点，建立了城乡医疗救助制度。吉林市的医疗保险体系在改革和完善中，参保人数不断增加，覆盖面也较广泛。到了2007年，吉林市积极改善医疗服务，推出一系列改革措施，颁布了《吉林市城镇居民医疗保险暂行办法》，开始了城镇居民基本医疗保险，城镇职工和居民共有141.58万人参加了医保，比2006年增长110.8%，是2001年的9.97倍。其中：城镇居民有799206人参加医保。同时，实行新型农村合作医疗制度，全市已有172.95万农村人口参加了新型农村合作医疗，参合率达83.1%。其中：近36万农民在新型农村合作医疗中受益，获得医疗费用补偿7381.04万元。农民因病致贫、返贫的问题得到了有效缓解。从此，占全市人口比例很大的，那些没有基本医疗保障的非从业的城镇居民、学生、儿童及农民，有了基本医疗保障。2007年吉林市加大公共卫生服务经费的投入达8866万元，比2006年增长53%。

1986年国务院颁布《国有企业职工待业保险暂行规定》。失业保险制度开始建立。吉林市的失业保险稳步发展。据统计资料显示，1999年吉林市参加失业保险人数为38.2万人，2007年参加失业保险人数为38.7万人，失业保险金发放率达100%。

吉林市的工伤保险、生育保险、最低生活保障人数也不断增多。2007年，工伤保险参保人数达36.9万人，增长23%；生育保险参保人数达27.74万人，增长29.7%。城市和农村共有32万人享受到最低生活保障补助。

三、节能减排和环境保护工作取得积极进展

近年来，吉林市以建设资源节约型和环境友好型社会为目标，大力加强社会经济生活中的节能降耗工作，一是突出重点，抓好节能改造工程；二是控制源头，实行节能评估和审查制度；三是拓宽渠道，深入开展节能工作，取得了积极的成效。全市经济社会发展中的综合能源单耗水平呈现出在波动中走低的态势。2007年全市规模以上工业企业实现每万元增加值的综合能源消耗量可达到4.95吨标准煤，同比下降10%，在全省九个市州中降低幅度是最大的，表明近年来特别是2007年吉林市节能降耗工作已经走在全省各市州的前列。

四、城市建设日新月异，电信、交通业发展壮大

在经济飞速发展的同时，城市面貌日新月异。吉林市把展现山灵水秀、风光优美的城市风格作为城市建设的总目标，以自然景观为背景，以历史发展为脉络，以造型别致的建筑物为点缀，从整体上提升了吉林市的城市形象。道路、桥梁建设成效显著，公用设施日趋完善，住宅建设步伐加快，园林绿化面积逐年提高，向世人展示了古老江城的勃勃生机和多姿多彩的魅力。到了2007年，吉林市城市建设更是翻开了新篇章，全年开工建筑面积173.8万平方米，其中回迁房开工建筑面积107.7万平方米，通过货币安置方式安置率为32%。五个县市现已完成拆迁建筑面积37万平方米，开工建筑面积55.8万平方米。

城市建设投资额显著提高。1978年城市建设投资额为1403万元，1988年城市建设投资额为10699万元。2007年城市建设固定资产投资额达到91.9亿元，是1988年的83.5倍。

由于加大了投资建设，建成区面积由1988年的99平方公里增加到2007年的165.63平方公里，扩大了67.3%。

邮电通讯业高速发展，信息传播能力全面提高。2007年全市完成邮电业务总量为35.7亿元，比 1998年的7.49亿元增长4.77倍，而1998年的邮电业务总量比1978年增长240.4倍。

客货运量显著增加。2007年全市客货发送量(不含铁路)分别已达142335万吨、172497万人。1998年全市客货发送量分别是3053万人和4115万吨，比1978年分别增长18.2%和1.1倍。由于吉林市公路网络四通八达，公路客运量所占比重较高。

成就斐然的“三农”

——改革开放30年农村经济与社会发展综述

吉林市统计局　　周雪峰　张彦民

中国的改革开放是从农村开始的，并取得了巨大成功。1978—2007年，农村经历了两次历史性的重大变革。一是从1978年党的十一届三中全会以后，逐步在全国农村改革生产关系，实施家庭联产承包责任制，从根本上解决了制约农村生产力发展的问题；二是从2004年开始逐步取消农业税，实施粮食直补、良种补贴、农机购置补贴、农资综合补贴等一系列惠农政策等，从根本上减轻了农民负担，农民种粮积极性高涨。两次变革都极大地调动了广大农民的生产积极性，推动了农村生产力水平快速发展，使农村发生了翻天覆地的变化。三十年来，全市农业生产成就斐然，经济总量大幅增长。农民收入稳步、持续增长，农民生活水平大幅提高。农村面貌焕然一新。

一、农业综合生产能力不断提高

改革开放以来，中央出台了一系列惠农政策，推动了我市农业生产的发展，经济总量不断提升，农业结构不断优化，经济效益显著提高，综合生产能力不断提高。

（一）主要农产品快速增长，人均占有水平大幅提高。

家庭联产承包责任制的实施和党的一系列惠农政策，极大地解放了农村生产力，我市农业呈现快速发展的态势，主要农产品产量和人均占有水平大幅提高。1978年至2007年主要农产品增长情况是：

1.粮食总产量由128.43万吨增长到390.68万吨，增长了2倍；人均占有粮食由343公斤增加到903公斤，增长1.6倍。

2.蔬菜总产量由58.18万吨增加到196.37万吨，增长2.4倍；人均占有水平由155公斤增加到454公斤，增长1.9倍。

3. 猪牛羊肉总产量由1.95万吨增加到49.58万吨，增长24.4倍；人均占有水平由5公斤左右增加到100公斤以上，增长了21倍。

4. 水果总产量由0.55万吨增加到35.01万吨，增长62.7倍；人均占有水平由不足2公斤增加到80公斤左右，增长52.9倍。

5. 水产品总产量由0.04万吨增加到3.55万吨，增长了87.8倍；人均占有水平由不足1公斤增加到8公斤以上，增长81倍。

6.油料总产量由0.13万吨增加到1.28万吨，增长8.8倍；人均占有水平由不足0.5公斤增加到3公斤，增长了9倍（各时期主要农产品增长情况详见表1和表2）。

表1　1978—2007年主要农产品增长情况　单位：万吨

项目	1978年	1980年	1985年	1990年	1995年	2000年	2005年	2007年
粮食	128.43	104.40	154.86	197.86	173.67	245.72	296.95	390.68
蔬菜	58.18	47.95	51.49	65.69	84.99	163.63	174.42	196.37
油料	0.13	0.87	0.21	0.19	0.34	1.58	2.15	1.28
猪牛羊肉	1.95	2.82	2.68	3.94	11.37	32.28	55.53	49.58
水产品	0.04	0.18	0.57	1.13	1.79	2.96	2.94	3.55
水果	0.55	0.47	0.86	2.57	6.19	18.82	36.67	35.01

表2　1978－2007年按人口平均的主要农产品产量　单位：公斤/人

年份	粮食	蔬菜	油料	猪牛羊肉	水产品	水果
1978年	343	155	0.3	5.2	0.1	1.5
1980年	270	124	2.3	7.3	0.5	1.2
1985年	392	130	0.5	6.8	1.4	2.2
1990年	480	159	0.5	9.6	2.7	6.2
1995年	408	200	0.8	26.7	4.2	14.6
2000年	569	379	3.7	74.8	6.9	43.6
2005年	691	406	5.0	129.3	6.8	85.4
2007年	903	454	3.0	114.6	8.2	80.9

（二）农业结构进一步优化，畜牧业成为农业中的重要支柱。

1978—2007年我市农业经济总量大幅增长，2007年农林牧渔业总产值达211.6亿元，比1978年增长了28.2倍，年均增长12.3%。

1978—2007年，我市在农业经济总量不断增长的同时，注重调整农业结构，农业结构进一步优化。农业产值占农林牧渔业总产值的比重由1978年的80.0%下降到2007年的47.9%，下降了32个百分点；而牧业产值的比重则由1978年的16.0%上升到2007年的45.8%，提高近30个百分点，成为农业中的重要支柱。与此同时，我市农村的劳动力结构也发生了变化，由1978年的90%以上从事农业下降为2007年的68%，即约有33万劳力转入非农产业。2007年，我市农民35%的纯收入来自非农产业。表3反映了农业结构的主要变化。

表3　农林牧渔业总产值构成　（农林牧渔总产值=100）

年份	农业	林业	牧业	渔业
1978年	80.0	3.9	16.0	0.1
1980年	77.9	4.3	17.5	0.3
1985年	77.3	3.9	18.1	0.7
1990年	75.1	1.9	21.0	2.0
1995年	57.3	1.6	38.8	2.3
2000年	56.4	1.8	39.9	1.9
2005年	48.4	2.9	45.7	3.0
2007年	47.9	2.9	45.8	3.4

（三）科技驱动农业增产增效，农业综合生产能力不断提高。

改革开放三十年来，我市农业现代物质装备水平不断提高，科技驱动农业增产增效。

农业化学化、机械化程度不断提高。2007 年全市农用化肥施用量近 50 万吨，比 1978 年增长 3.9 倍。

2007 年全市农业机械总动力 183.5 万千瓦，比 1978 年增长 3.5 倍。据第二次全国农业普查资料，全市农业机械装备水平较第一次农业普查时有了显著提高。2006 年末，全市拥有大中型拖拉机 2718 台，比 1996 年末增长 79.3%；小型拖拉机 160177 台，增长 438.9%；大中型拖拉机配套农具 1770 台，增长 132.3%；小型拖拉机配套农具 138446 台，增长 654.8%；联合收割机 92 台。

2007 年，全市机耕面积占耕地面积的比重 56 %，比 1978 年提高 42 个百分点；机播面积、机收面积占播种面积的比重均有提高。

2007 年全市农田有效灌溉面积 18 万公顷，比 1978 年增长 66.7%；2007 年全市农村用电量 4.4 亿千瓦时，比 1978 年增长 1.4 倍。详见表 4。

表 4　农业生产物质条件情况

年份	化肥施用量（万吨）	农村用电量（亿千瓦时）	有效灌溉面积（万公顷）	机电排灌面积（万公顷）	机电排灌面积占灌溉面积比重（%）	农业机械总动力（万千瓦）
1978 年	9.8	1.8	10.8	3.8	35.2	41.2
1980 年	13.1	1.6	15.3	7.7	50.3	46.1
1985 年	17.9	2.3	15.4	7.7	50.0	67.7
1990 年	27.6	3.0	16.0	7.0	43.8	89.6
1995 年	32.0	3.1	16.0	7.1	44.4	98.5
2000 年	36.1	3.7	16.0	7.0	43.8	110.4
2005 年	41.6	4.3	17.3	7.3	42.2	152.7
2007 年	48.2	4.4	18.0	7.3	40.6	183.5

随着农业科学技术在我市农村的大力推广和应用，土地产出率和农业劳动生产率大幅提高，科技驱动农业增产增效的作用十分明显。

土地产出率大幅提高。1978—2007 年全市主要农产品平均每公顷产量：

粮食由 3382 公斤增加到 6951 公斤，增长了 1.1 倍。

蔬菜由 21765 公斤增加到 53292 公斤，增长 1.4 倍。

水果由 1468 公斤增加到 16777 公斤，增长 10.4 倍。

农业劳动生产率大幅提高。1978—2007 年平均每一农业劳动力生产的农产品：

粮食由 2626 公斤增加到 5464 公斤，增长 1.1 倍。

蔬菜由 1190 公斤增加到 2746 公斤，增长 1.3 倍。

猪牛羊肉由 40 公斤增加到 693 公斤，增长 16.3 倍。

水产品由 0.74 公斤增加到 50 公斤，增长了 66.6 倍。

2007 年平均每一农业劳动力创造的农业产值 29595 元，比 1978 年增长 21.4 倍。

二、农民收入持续增长，消费水平大幅提高

改革开放三十年，农村居民生活水平经历了三个阶段，即"温饱"、"总体小康"、"总体小康向全面小康过渡" 三个阶段。目前正值总体小康向全面小康过渡阶段。

1.农民人均纯收入翻了 5 番还多。据抽样调查，1978 年我市农民纯收入只有 113 元，经过 22 年持续稳定增长，到 2000 年已经达到 2066 元，增长 17 倍，平均每年增长 14.1%；2000 年以后，特别是 2004 年以后，我市农民人均纯收入进入快速增长阶段，2007 年达到 4496 元，比 1978 年增长了 38.8 倍，比 2000 年增长 1.2 倍；2000 年—2007 年平均每年增长 11.7%。

改革开放初期，农村居民的收入几乎全部是家庭经营收入，工资性等收入微乎其微。三十年来，随着市场经济的发展，收入结构也发生了较大变化，工资性收入比重逐年增加，家庭经营收入比重逐年减少。在 2007 年农民人均纯收入中，工资性收入的比重为 18.1%，家庭经营性纯收入的比重为 69.8%，财产性纯收入的比重为 5.7%，转移性纯收入的比重为 6.4%。2007 年农民人均现金收入的比重占 78.3%，比 1980 年的 22.9%提高了 55.4 个百分点。农民收入中货币化程度的提高，表明在市场经济条件下，农民家庭生产经营成果的商品率提高，农户的市场参与能力增强，从而带动增收步伐的加快。

表 5　2007 年农民纯收入情况

指标名称	单位	2007 年	构成（%）
一、全年纯收入	元	4495.9	100.0
（一）工资性收入	元	815.6	18.1
（二）家庭经营纯收入	元	3137.0	69.8
1.第一产业纯收入	元	2928.8	65.1
2.非农产业纯收入	元	208.2	4.6
（三）财产性纯收入	元	254.2	5.7
（四）转移性纯收入	元	289.1	6.4
其中：粮食直接补贴收入	元	139.4	3.1
良种补贴收入（粮食种植）	元	47.3	1.1

2.消费水平与收入同步增长。随着收入的增长，我市农民的消费水平也不断提高。2007 年农民人均生活消费支出为 3204 元，比 1990 年增加 2612 元，年均增长 10.4%。

生活质量显著提高。从恩格尔系数（食品支出占生活消费支出的比重）看，2007 年我市农村居民恩格尔系数为 38.1%，比 1988 年的 51.1%下降 13 个百分点，标志着我市农村居民的生活质量不断提高。

表 6　1990 年—2007 年 农村住户人均主要食品消费量　单位：千克

指标	1990 年	1995 年	2000 年	2005 年	2007 年
粮食（原粮）	157.65	373.49	253.06	190.95	170.74
蔬菜		177.22	146.71	140.04	147.92
食用油	5.86	8.03	7.82	8.46	8.49
肉类	8.68	10.46	8.66	15.82	8.86
牛羊奶		0.28	0.23	1.62	3.09
家禽	0.42	10.46	2.54	3.43	3.73
蛋类	3.02	6.78	7.84	10.47	6.54
水产品	1.53	3.51	3.77	4.58	4.66
食糖	0.48	1.26	0.76	1.03	0.96
卷烟（盒）	15.61		21.91	21.51	20.99
酒	4.69		14.32	15.26	15.54
水果及水果制品	5.14	19.18	23.65	23.35	20.73

耐用消费品档次不断提高。从农村居民耐用消费品看，在 70年代，自行车、手表、缝纫机是农村居民消费的主要目标，但由于收入低下，人均占有量极低；进入 80—90 年代，黑白电视

机、彩电、冰箱、洗衣机才渐渐走进农村居民的生活，但人均拥有量也不高；进入21世纪后，彩电、冰箱、洗衣机、摩托车、固定电话、移动电话在农村居民生活中基本得到普及的同时，电脑和生活用汽车也悄然步入农村居民的家庭。

据第二次全国农业普查资料，2006年末，全市农村居民平均每百户拥有彩电98.4台、洗衣机71.1台（抽样调查数）、冰箱26.4台（抽样调查数）、摩托车33.1辆、生活用汽车2.6辆；平均每百户农村居民拥有固定电话66.5部，拥有移动电话74部；平均每百户农村居民拥有个人电脑0.7台。

3.住房面积和结构逐渐改善和提升。从农村居民住宅面积和构成看，与改革开放初期比，在住宅面积不断增加的同时，住宅结构也发生了较大变化，由居住竹草土坯房居多向以砖木结构和砖混结构为主的方向发展，标志着农村居民的居住水平又上了一个台阶。

据第二次全国农业普查资料，2006年末，全市农村居民平均每户拥有住宅面积 71.2平方米。平均每个农村居民拥有住宅面积20.1平方米，比1988年的13.4平方米增长50%。

住宅结构主要为砖木和砖混结构。住宅为砖木结构的占53.1%；砖混结构的占35.6%；钢筋混凝土结构的占1.7%；竹草土坯结构的仅占9.6%。

4.生活用水质量大大改善。从生活用水方面来看，据第二次农业普查资料显示，2006年全市使用入户管道水的农村住户占32.8%。使用经过净化处理的饮用水的住户占7.3%；饮用浅水井的住户占11.4%；饮用深水井的住户占81.3%。改革开放以来，我市农村居民的饮用水的质量已得到很大改善。

三、农村面貌有较大改观

（一）水利水保设施条件有了较大改善，抗御自然灾害的能力有所增强。

改革开放以来，我市的水利水保设施有了较大改善。截止到2007年末，全市共先后投资建成或基本建成各类水库575座，比1987年增加了22座，增长了4.0%。在各类水库中：其中大型水库5座，中型水库19座，小型水库551座；各类水库的总库容达到186.8亿立方米。截止到2007年底，我市拥有塘坝1952座，比1987年增加了460座，增长了30.8%，总库容达到8002万立方米。截止到2007年底，我市拥有机电井6059眼，比1987年增加了787眼，增长了14.9%。除此之外，还拥有固定排灌站1458处，各类排灌机械9977台。到2007年底，全市有效灌溉面积发展到18.0万公顷，比1987年增加了2.3万公顷，增长了14.6%；江河堤防累计达到703.3公里，保护耕地7.1万公顷，保护人口82.8万人；水土流失治理面积76.2万公顷，除涝面积9.8万公顷；农业抗御自然灾害的能力有所增强。

（二）能源、交通、邮电通讯有了长足发展。

2007年末，全市100%的乡镇已经完成农村电网改造，100%的村和自然村通电；100%的村和自然村通电话；89.9%的乡镇有邮电所；全市100%的村和自然村通公路。

1.农村用电条件有了较大改善。近年来，我市完成了对农村电网的改造工程，农村用电条件有了较大改善。据2007年农业统计年报，我市所有行政村和自然村早已实现了通电目标，全市农村居民生产和生活用电量达到44390.7万千瓦小时，比1979年增长了1.4倍。

2.农村公路建设实现了超常规、跨越式发展。1978年，我市公路通车里程仅为3493.6公里，其中有路面的才3100.9公里。三十年来，我市公路建设实现了超常规、跨越式发展，截止到2007年底，全市农村总的公路里程数就已达13342.7公里，其中县乡两级公路里程为6184.2公里，占46.3%，其中县道1164.6公里，占8.7%；乡道5019.6公里，占37.6%。截止到2007年末，全市78个乡镇全部实现乡乡通水泥（油路）道路；村村通的比例达到95%。行政村客车通达率也达到了100%。

3.农村邮电通讯网络初步形成。据统计，目前我市不但在村一级早已实现了全部通邮，而且方便、快捷、完善的电讯网络也已经初步形成，电话网络已经覆盖到全市所有的乡镇及自然村。目前，全市所有的自然村都能够接收到电视节目，并且安装了有线电视的自然村的数量，已占到一半以上。由此可见，电话、互联网、有线电视等现代化媒体正逐步走进农民家庭，农村居民的信息化程度和文化生活与改革开放前比，发生了翻天覆地的变化。

（三）农村新型合作医疗体系逐步形成，为农民致富提供了保障。

改革开放三十年来，我市农村医疗卫生和社会保障事业全面发展。据第二次全国农业普查资料，2006年末，全市96.2%的乡镇有医院、卫生院，98.7%的乡镇有敬老院。33.2%的村距离医院、卫生院在3公里以内，89.1%的村有卫生室。93.1%的村有行医资格证书的医生，19.7%的村有行医资格证书的接生员。全市农村居民最低生活保障制度已经建立起来，有近9%的农户享受最低生活保障制度。农民病有所医，老有所养的问题基本解决。

近年来，随着农村经济的不断发展，我市农村的新型合作医疗体系也逐步形成。自2003年起，我市新农合工作在经历了试点、扩大试点、全面推行三个阶段后，已取得显著成效。2007年全市共有172.9万农民参合，参合率达到83.1%，共筹资8668.44万元。全年共补偿参合农民35.9万人次，占参合人数的20.8%，补偿医疗费总额7381.04万元，占全年基金总额的85.1%。全市9个县（市）区的1384个行政村全面推行了新农合制度，基本实现了新农合制度整体覆盖全市农村的目标。

新型农村合作医疗制度的实施，使农民得到了实实在在的好处，农民的医疗经济负担有所减轻，因病致贫和因病返贫有所缓解，为农民进一步致富提供了保障。

（四）农村教育、科技、文化生活不断提高和丰富。

三十年来，随着农村经济的稳步发展和农民收入的不断提高，我市农村的教育、科技和文化生活水平不断提高和丰富。农村入托难，上学难、文化生活匮乏等问题正在逐步得到缓解和解决。

据第二次全国农业普查资料，2006年末，全市所有乡、镇、街道共有中学158个，小学838个。77.9%的村在3公里范围内有小学，50.1%的村在5公里范围内有中学。

2006年末，全市8.9%的乡镇有职业技术学校。8.9%的乡镇有公园。93.7%的乡镇有广播、电视站。100%的村能接收电视节目，73.9%的村安装了有线电视。21.4%的村有幼儿园、托儿所，5.1%的村有体育健身场所，17.2%的村有图书室、文化站，17.1%的村有农民业余文化组织。

2006年我市农村住户6周岁及其以上人口平均受教育程度为7.54年，比1996年第一次全国农业普查的6.56年提高0.98年，10年间平均每年提高0.1年。农村从业人员文盲率为3.13%，比1996年第一次全国农业普查时的8.03%，下降4.9个百分点；全市农村从业人员平均受教育年限为7.72年，比1996年的7.04年提高0.68年。

2006年末，全市行政村拥有的农业技术人员（获得县以上证书者，不包括企事业单位从业人员）数为0.65万人。其中：具有初级技术职称的0.52万人，占技术人员总数的86.7%；具有中级技术职称的0.11万人，占16.9%；具有高级技术职称的0.02万人，占3.1%。2006年举办过农业技术讲座的行政村1186个，占84.7%。

总之，经过30年的农村改革，我市农村经济与社会全面发展。农业综合生产能力已有较大提高，农业和农村基础设施建设、文化建设取得了巨大的成就，新农村建设正在全面进行当中。

工业大发展　成就铸辉煌

——改革开放30年我市工业成就辉煌

吉林市统计局　　邱　军　罗士杰　龙　杰

改革开放三十年,全市人民在市委市政府的正确领导下,坚持邓小平理论和"三个代表"重要思想,以科学发展观统领经济社会发展全局,以振兴东北老工业基地为契机,全面建设小康社会为目标,坚持"工业强市"战略,突出重点,努力提高经济总量,提优工业结构,提升运行质量,创造了吉林市工业三十年的辉煌成就。

一、高速增长,三十年总量翻五番

"一五"时期,吉林市作为全国重点建设城市之一,初步形成了化工、冶金、电力为主体的重工业城市,具备了工业发展的基础。三十年来的改革与开放,经济体制不断深化,所有制结构更加合理,重点工业项目达产达效,市场化激活了企业发展动力,促进了吉林市工业的高速发展。

2007年,全市工业完成增加值425.7亿元,比1978年的13.2亿元增加412.5亿元,增长31倍,总量翻五番,年均增长12.3%,高于全国9.7%的平均水平;规模工业完成现价产值1223亿元,比1978年的31.6亿元增加1191.4亿元,增长37.7倍,年均增长13%;规模工业实现利税99.2亿元,比1978年的6.8亿元增加92.4亿元,增长13.6倍,年均增长9.3%,其中利润44.6亿元,比1978年的4.7亿元增加39.9亿元,增长7.5倍;规模工业总资产达1072亿元,是1978年的23倍。

吉林市工业增加值总量与速度

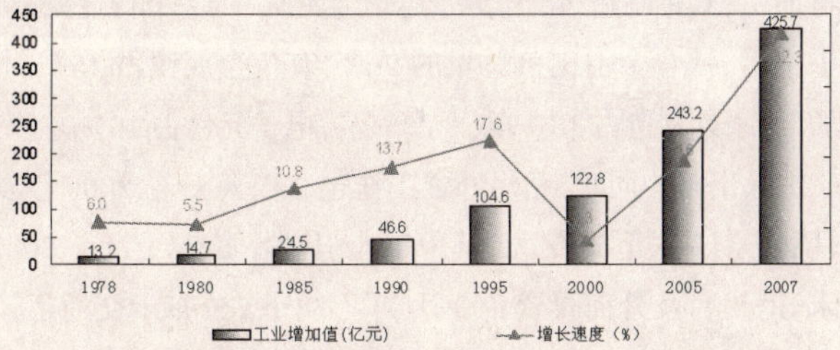

二、加大投资力度,综合生产能力不断提升

三十年间,我市不断加大工业投资力度,30万吨乙烯、6万吨腈纶、百万吨带钢、40万吨燃料乙醇等重点项目陆续投产,并连续扩能改造,生产能力不断提升。尤其是2000年以来,工业累计投资1700亿元,形成了年产85万吨乙烯,40万吨燃料乙醇,29万吨化学纤维,13万辆汽车,424万千瓦装机容量,310万吨钢铁,470万吨水泥的综合生产能力。

2007年生产乙烯87.3万吨,比1988年建成投产的10.8万吨增加76.5万吨,增长7倍;生产化学纤维33.8万吨,比1978年的0.8万吨增长33万吨,增长41倍;生产汽车5万辆,比1985年增加4.1万辆,增长4.5倍;生产钢铁275万吨,比1978年的7.5万吨增加267.5万吨,增长35.7倍;发电量129.5亿千瓦时,比1978年的48亿千瓦时增加81.5亿千瓦时,增长1.7倍。生产水泥337万吨,比1978年的72万吨多265万吨,增长3.7倍。

吉林市主要工业产品生产量

	计量单位	1978年	1985年	1990年	1995年	2000年	2005年	2007年
乙烯	万吨			11.2	12.9	43.3	51.1	87.3
化学纤维	万吨	0.8	1.2	1.7	4.4	12.8	21.7	33.8
钢铁	万吨	7.5	9.4	10.4	15	8.4	235.8	275
汽车	万辆		0.9	0.3	2.1	4	6.3	5
发电量	万千瓦时	48	68.4	83.8	120.1	91.1	135.3	129.5

三、生产协调发展,产业结构日趋优化

上世纪九十年代,我市先后成立了高新技术产业开发区、九站经济开发区,规划了化工、汽车、电子、农副产品加工四大工业园区,形成了化工、冶金、化纤、电力、建材、汽车、食品、电子、医药、纺织十大行业为主体的产业结构。同时,着力提升产业层次和技术水平,培育了精细化工、腈纶、特钢、商务车、生物药等一批新产品,调整了造纸、纺织等产能过剩行业,产业结构日趋优化。

2007年十大行业主要指标

计量单位:亿元

	现价产值		资产总计	主营业务收入	利税总额
	绝对值	比重(%)			
总计	1222.9	100.0	1072.0	1225.1	105.9
化工	582.0	47.6	396.8	606.4	45.2
冶金	139.5	11.4	135.7	142.5	23.9
化纤	67.2	5.5	79.2	63.5	3.6
建材	59.9	4.9	76.3	62.2	2.3
食品	89.9	7.4	53.8	87.0	6.6
电力	38.3	3.1	91.3	39.0	2.9
汽车	34.3	2.8	34.9	33.6	-0.4
医药	27.9	2.3	27.6	21.8	2.7
电子	14.9	1.2	27.7	13.5	1.3
纺织	6.0	0.5	2.3	6.3	0.2

主导行业具备了规模优势,辅助产业门类也愈加齐全。工业企业单位数从1978年的1878户增加到3884户,增长1.1倍,工业39大行业分类中,涵盖了除烟草制造以外的38大类。

工业内部结构优化的同时,也带动了全市经济结构的提升,全市生产总值构成中,第一、二、三产业的比例由 1978 年 23:63:14 转变为目前的 13:50:37,一产比重下降,二产绝对量大幅增长,三产随之上升,产业结构进一步优化。

四、总量释放,工业运行质量大幅提高

改革开放初期,我市工业稳定增长,以党的十四大确立社会主义市场经济体制为标志,"九五"时期国企改革、紧缩财政金融、抑止通货膨胀等一系列宏观政策影响,经济转型中我市工业运行出现了拐点,效益一度下滑,1997 年开始连续三年亏损。进入新世纪,以振兴东北老工业基地为契机,制造业为主体的基础工业得到释放,总量迅速增长,规模效应逐步显现,尤其是"工业强市"、提速增效、总量翻番等政策引导,我市工业迈上了新台阶。

一是规模工业经济效益指数创历史最好水平。2007 年,效益指数达 214.3。其中总资产贡献率 11.4%,超出标准值 0.7 个百分点,体现了较强的获利能力;资本保值增值率 103%,十年间净增长 1.5 倍,发展能力逐步增强;资产负债率从 1998 年的 74%下降到 52.7%,资产结构趋于合理,降低了经营风险;流动资产周转率 2.86 次 / 年,比 1998 年的 1.01 次增长 1.8 倍,生产经营的周转速度显著提高;成本费用利润率 4.4%,与 1998 年的 -4.9%相比,大幅扭亏,盈利能力增强;全员劳动生产率 18 万元 / 人.年,比 1998 年增长 9 倍,生产效率大幅提高。

二是工业利税逐年攀升。2007 年实现利税 99.2 亿元,是 1978 年的 14.6 倍,工业利税呈现逐年增长的态势。

主要年份工业品出口情况

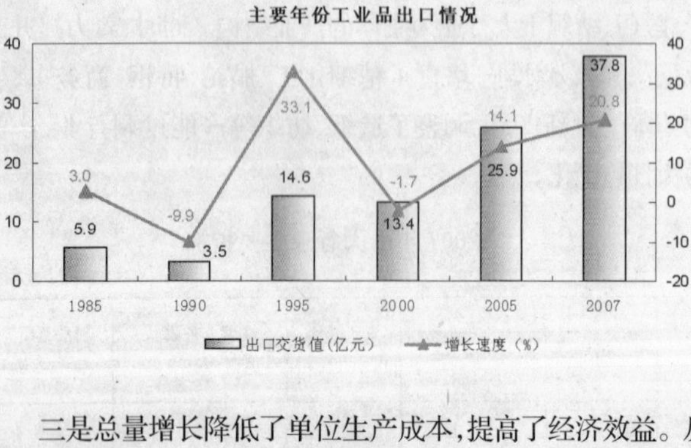

三是总量增长降低了单位生产成本,提高了经济效益。从电力消耗情况看,2007 年工业耗电 104.8 亿千瓦时,比 1978 年增长 2 倍,而产值比 1978 年增长 37.7 倍,扣除价格因素增长 9.5 倍,大大降低了单位产品耗电成本;从生产周转情况看,2007 年百元固定资产净值提供工业产值 241 元,是 1978 年的 1.3 倍,年流动资金周转次数为 2.86 次,是 1978 年的 1.25 倍。总量增长降低了单位产品的生产成本,同时促进了生产周转,发挥了规模效应。

五、国企改革、民营腾飞,形成了多元所有制结构

1978 年,我市工业企业 1878 户,经济类型仅限于国有 429 户,集体 1449 户,公有制经济一枝独秀。经过 30 年改革的不断推进:引进外资,发展乡镇企业,建立现代企业制度,大力发展民营经济,有效活跃了资本市场,国有比例不断下降,民营经济异军突起,形成了我市工业的多元所有制结构。

2007 年,规模工业资本构成比例分别为:国家资本占 10%,集体资本占 1%,法人资本占 76.5%,个人资本占 7.5%,港澳台及外商资本占 5%。在工业总产值中,国有、集体等公有制经济比重从 1978 年的 100%下降到 65%,民营经济、港澳台及外商投资企业从零上升到 31%和 3.5%。

2007 年规模工业统计中,国有企业 32 户,占总数的 4.3%,比 1998 年下降 58 个百分点;股份制、有限责任公司 165 户,占总数的 22.3%,比 1998 年提高 16 个百分点;私营企业 475 户,占总数的 64.3%,比 1998 年提高 57 个百分点;港澳台及外商投资企业 38 户,占总数的 5.1%,比 1998 年降低 2 个百分点。

六、产研并举,自主创新能力不断增强

三十年的不断发展,我国经济体制和运行机制实现了由计划经济向社会主义市场经济的根本转变,市场机制对资源配置的基础性作用已经形成。为适应市场经济的发展,我市以实施"科教兴市"战略为主线,以推动自主创新为重点,积极研发新项目,培育新产品,自主创新能力不断增强。

2007 年,规模工业拥有独立科研机构 67 个,从事科技活动人员 5269 人,其中科学家和工程师 3986 人。2007 年科技投入 15 亿元,科研项目 500 个,申请专利 63 件,完成新产品产值 62.7 亿元。其中涉及生物药、飞机修理、电子器件等领域的高新技术产业 37 户,实现主营业务收入 39 亿元,占规模工业的总量的 3.2%。

七、全面开放,对外贸易日益扩大

不断改革的同时,工业对外开放也取得了重大成果。2007 年,规模工业完成出口交货值 37.8 亿元,创历史新高,出口产品结构也有所改变,主要集中于钢铁、有色金属、碳素、电子、木材加工、家具制造、化工、医药、非金属矿等 17 个行业大类,其中钢材、铁合金占出口总量的 26%,有色金属镍占 15%,木材加工、家具制造占 13%,碳素占 12%,电子元件占 10%。

加大出口的同时,利用外资工作也有很大突破,2000 年以来,境外累计投资 50 亿元,其中工业引进外资 24 亿元。2007 年末,港澳台及外商投资企业达到了 38 户,分布于交通运输设备制造、农副食品加工、饮料制造、化工、食品等 15 个行业大类中,2007 年累计完成产值 41.7 亿元,实现利税 3 亿元,出口 6.5 亿元。

回顾过去,这是一个快速发展的三十年、一个协调发展的三十年,也是一个科学发展的三十年,我市工业总量、速度、效益不断提升,产业布局和所有制结构不断完善,资源配置趋于合理,自主创新能力不断增强。前瞻未来,我市正处在推进快速发展的关键时期,全市人民有坚定的信心,也有务实的精神,克难求进,开拓进取,促进工业经济又好又快发展,全面推进小康社会进程。

投资促进了我市的经济发展

——改革开放30年投资取得的辉煌建设成就

吉林市统计局　王道明

改革开放以来，吉林市人民在市委、市政府的正确领导下，紧紧围绕老工业基地振兴，深入落实科学发展观，以构建和谐社会统揽发展全局，突出加强固定资产投资、工业提速增效、招商引资、棚户区改造、新农村建设等重点工作，极大地促进了我市国民经济健康快速发展，各项社会事业取得显著成效。从1978年到2007年的改革开放的三十年间，取得了辉煌的建设成就，全市累计完成固定资产投资3907.9亿元，其中工业投资1281.6亿元，占全市投资的54.4%。新增固定资产1702.4亿元，房屋竣工面积6377.4万平方米，其中：住宅3121.1万平方米。固定资产投资的增长，对我市国民经济的发展起到了积极的拉动作用。已将这座古老的城市建设成为工业门类比较齐全，基础比较雄厚，科技、文教、卫生、体育事业较发达，风景优美的魅力城市，使古老的船厂焕发了青春，成为镶嵌在北国江城松花江畔的一颗璀璨夺目的明珠。

党的十一届三中全会以来，特别是改革开放的三十年间，我市进入了现代化建设的新时期。并且从单一的全民和集体经济逐步发展到以利用外资投资经济、港、澳、台投资经济、股份制经济、私营经济、联营经济和其它经济等多种经济成份并存的经济格局，由于认真贯彻了正确的建设方针，大力调整了投资结构，不断提高投资效益，有力地促进了全市国民经济和社会事业的迅猛发展，为我市的城市发展奠定了坚实的基础。从1978年到2007年这30年间，全市共完成固定资产投资3907.9亿元，是前30年总和42.9亿元的90倍。进入二十一世纪以来，是新世纪跨越式发展时期，我市固定资产投资取得了巨大的成就。2001年以来，我市提出了：大力运作，大规模建设，大跨度发展，实现经济跨越式发展战略，市委、市政府采取了积极有利措施，紧紧抓住国家东北老工业基地改造的有利契机，努力营造投资发展的良好氛围，大力推进项目建设，使我市呈现出以固定资产投资拉动经济发展的良好态势。投资规模在不断扩大，创我市投资历史上新高。特别是2007年我市提出“奋斗三年，总量翻番”的目标，全力抓好固定资产投资，必须要把投资突出出来的战略思想，使我市固定资产投资取得了快速发展。2007年全社会固定资产投资完成905.02亿元，同比增加213.26亿元，增长30.83%。其中：城镇投资完成749.96亿元，同比增加166.83亿元，增长28.61%。在城镇投资完成中：房地产投资完成70.28亿元，同比增加23.71亿元，增长50.9%。农村投资完成155.06亿元，同比增加46.4亿元，增长42.73%。按构成分：建筑工程投资完成445.2亿元，同比增加108.93亿元，增长32.39%；安装工程投资完成55.34亿元，同比增加10.88亿元，增长24.47%；设备、工器具投资完成265.29亿元，同比增加48.14亿元，增长22.17%。全年建成投产项目2033项，新增固定资产650.5亿元。投资规模在不断扩大，创我市投资历史上新高。

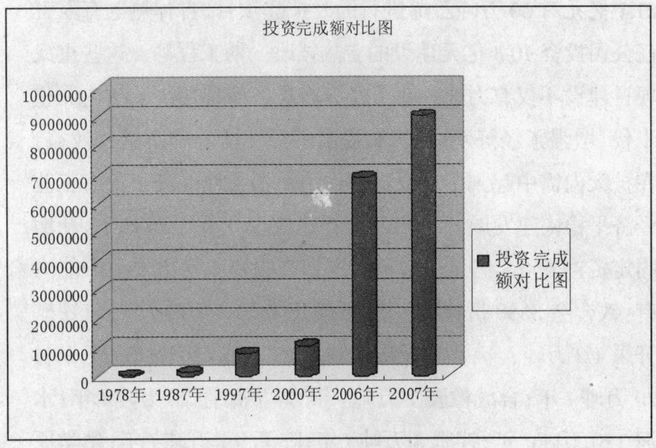

——**农村经济发展迅速**。改革开放以来，市委、市政府高度重视农业的基础地位，深入贯彻落实扶持农业发展的各项政策措施，下力量抓农村经济发展，农业取得良好发展，效益提高，产业结构不断升级。从1978—2007年，全市用于第一产业投资达84.7亿元。农村居民人均居住面积21.6平方米，比2006年增长3%，是2001年的1.2倍。通过落实政策和加大投入力度，充分调动了广大农民的积极性，促进了农村经济的迅速发展。农村基础设施日益完善。全市自来水受益村达到623个；通汽车的村数1392个，乡镇间硬面路铺通率达到100%，农村邮电通讯网络已经形成，实现了村村通邮、村村通电，农机装备总量持续增长，结构进一步改善，全市农业机械总动力达到183.5万千瓦，比上年增长14.2%。

——**工业发展成绩令人瞩目**。全市紧紧围绕“工业兴市”发展战略，优化投资结构，突出工业主体地位。1978年到2007年，全市工业累计投资达2223.2亿元，占这一时期全市固定资产投资的56.9%。特别是2001年以来的7年间，全市抓住国家振兴东北老工业基地的历史机遇，7年间累计投资1691.8亿元，对全市工业企业进行大规模的调整改造，使一大批工业项目竣工投产，成为推动全市工业大发展、快发展的重要力量。尤其是“十五”期间我市的固定资产投资驶入了快车道，工业投资累计完成723.6亿元，年均增长43.2%，占全部投资的比重48.3%，其中：工业重大项目投资累计完成340.3亿元，占全部工业投资的47.0%，占全市重大项目投资的比重为61.9%，加快了我市工业经济的发展和工业化进程。从我市的情况看，一般把投资规模在1亿元以上(含亿元)的项目及建设单位作为重大投资项目。“十五”时期，我市共建设了442个重大项目，其中有133个项目及单位建成投产或交付使用，建设项目投产率达30.1%，固定资产交付使用率达66.6%。具有代表性的项目是：吉林燃料乙醇有限责任公司投资19.4亿元建设的60万吨燃料乙醇项目、吉林新力热电有限公司投资15.8亿元建设的哈达湾热电厂项目、吉林华微电子股份有限公司投资3.8亿元建设的5、6大规模集成电路生产线项目、吉林化纤集团有限公司投资5.93亿元建设的年产4万吨睛纶项目、中油投资16.1亿元建设的30万吨合成氨项目、中油投资21.1亿元对60万吨乙烯进行的改扩建项目、吉林热电有限责任公司投资10.3亿元建设的吉热技改一期工程等，这些重大项目建设不仅有力地拉动了经济增长，而且加快了结构调整步伐，增强了经济发展后劲，提高了经济增长的质量和效益，在扩大内需中起到了重要支撑作用。极大地促进了我市工业经济平稳快速发展。2007年全年建成投产项目2033项，新增固定资产650.5亿元。全市固定资产投资新增主要生产能力有：铁合金3540折标吨/年；原煤开采57.5万吨/年；硫铁矿开采1.2万吨/年；石墨及碳素制品2230吨/年；冷轧(拔)钢材20万吨/年；合成橡胶7万吨/年；焊接钢管20万吨/年；水泥120万吨/年；钾肥3万吨/年；啤酒9.1万吨/年；化学原料药200吨/年；机制纸浆8.5万吨/年。2007年全市规模工业企业完成工业增加值344.7亿元，现价增长52.4%（可比价增长22%）。全年实现主营业务收入1207.9亿元，增长29.3%。全年实现出口交货值37.8亿元，增长40.6%。全市规模工业企业累计实现利润50.5亿元，其中：中央工业盈利10.1亿元，同比扭亏增盈18.9亿元；省属工业盈利12.6亿元，同比增加5.9亿元；市及市以下地方工业累计实现利润27.8亿元，同比增加12.9亿元。

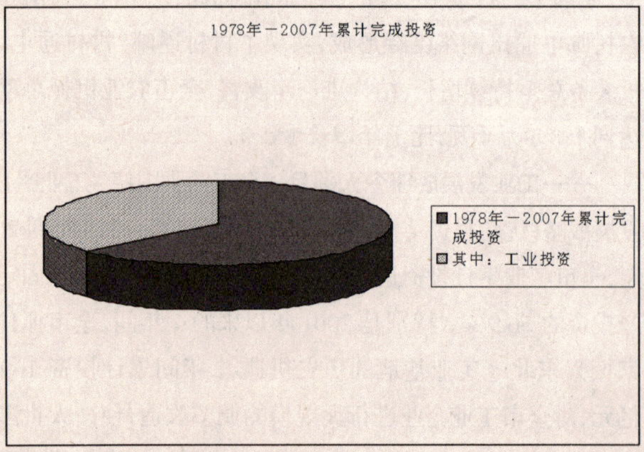

——**城市建设日新月异**。改革开放的三十年间，我市加大了城市建设项目投资的力度，使我市城市建设发生了翻天覆地的变化，城市承载力显著增强。从1978年到2007年这三十年间，我市城市建设投资631.4亿元，占全市固定资产投资的16.4%。特别是进入2001年的“十五”时期，我市加大了对城市建设投资力度，这一时期是我市城市基础设施投入、增长、见成效最好时期。全市城市建设投资359.9亿元，是“九五”时期的80.1亿元的3.5倍。占全市城建投资的57%。其中重大项目中基础设施投资170亿元，占27.7%。新建公路270.1公里，其中：高速公路143公里，改建公路19.2公里，一级公路62.9公里；城市道路扩建长度93.44公里，城市道路扩建面积202.3万平方米；城市防洪堤长度17.5公里，城市排水管道铺设长度54公里；城市污水处理能力11.4万吨/日。

——**房地产市场持续活跃，城市人居环境明显改善**。国家从1989年开始建立房地产开发统计，到2007年末这二十年间，全市房地产开发企业已发展到142家。我市房产地开发坚持引大扶强、规模开发，特别是一些大型的外来房地产开发企业入驻我市，直接促进了我市房地产开发企业的蓬勃发展。先后引进大连万达集团、北京鑫兴中业、河北建龙、首钢、江苏苏宁等域外知名开发企业，建成了江畔人家、水韵名城等一批高档住宅小区。截止2007年，我市外来房地产开发企业12家，比2001年的4家增长两倍。房地产开发企业的增长，带动了房地产开发投资快速发展。从1989年到2007年末，全市累计完成房地产开发投资357.4亿元。特别是进入十五时期以来，房地产开发投资明显加速。从2001年的房地产开发投资24.6亿元，发展到2007年的70.3亿元，增长1.9倍。平均每年以19.1%的速度递增。特别是2007年的房地产开发投资发展迅猛，仅这一年的投资就比九五时期的投资总和还多。2007年我市房地产开发投资完成70.3亿元，比九五时期（1996年到2000年）五年的累计完成投资60.8亿元，增加9.5亿元。2006年和2007年的两年投资之和116.9亿元，就占整个十五时期五年的投资总和148.5亿元的78.7%。随着市场需求的变化和房地产市场竞争的加剧，我市房地产企业开始注重技术、操作、设计、物业管理、服务等等，不断调整开发结构，一大批设计优良、环境优美、环保型、生态型的绿色住宅小区以及中高档住宅、办公楼、营业用房相继建成，成为新卖点。同时，扩大了面向广大中低收入阶层的棚户区改造建设项目的投资。2007年，全市重点棚户区改造完成拆迁建筑面积151.7万平方米，开工建筑面积179万平方米，年内安置1.7万户，回迁安置率达到90.7%。在调整开发结构的同时，加强了各开发小区的物业管理，一大批初具规模、服务良好、管理严格的物业管理企业已经形成。

——**竣工面积显著增长，居住条件明显改善**。从1978年到2007年的三十年间全市房屋竣工面积7430.8万平方米。其中：住宅竣工面积3237.5万平方米，占全部竣工面积的43.6%。我市引入大连万达、河北建龙、上海中环等域外品牌企业来我市开发，带动了房地产开发的整体升位。改造西山、东部、松江棚户区，改善了居民居住条件。截止2007年末，人均住宅建筑面积由上年的17.57平方米提高到21.78平方米，增幅22.4%。人均住宅使用面积14.89平方米，增加0.28平方米。房地产二、三级市场持续活跃，市场交易额以每年10—15%的速度递增，交易总额累计达到26多亿元。物业管理覆盖率由35%提高到51%。坚持城市建设与环境保护并重，城市生态环境明显提升。2007年我市建成区面积165.63平方公里；市政道路长度1043公里，比前十年的1998年增加299.14公里，增长40.2%；道路面积1265万平方米，比前十年的1998年增加615.71公里，增长94.8%；自来水管道长度1142公里，比前十年的1998年增加170公里，增长17.5%；下水管道长度816公里，比前十年的1998年增加203.2公里，增长33.2%；营运汽车866辆，比1998年增加117辆，增长15.6%；全年客运量达19719万人次。建成区园林绿地面积6100公顷，比前十年的1998年增长29%；人均公共绿地面积10.46平方米，比1998年增长1.2倍；建成区绿化覆盖率达到42.2%。城市污水集中处理率由10.7%提高到28.68%；生活垃圾无害化处理率72.35%；环卫机械化率提高到90%，增长12%。松花江水质达标率85%，饮用水源水质达标率100%。吉林市“清水绿带”工程荣获国家人居环境范例奖，我市跨入了国家园林城市行列。

吉林市的各族人民在市委、市政府的正确领导下，建设领域取得了令人瞩目的成就，在悠久的历史长河之中，留下了一段金色的航程。吉林市要实现经济总量翻番的目标，根本途径是加大“两资”驱动，投资与招商引资协同作战，共同促进。一是抓好固定资产投资，特别是工业投资力度，实施重点项目建设，抓好一批机制新、起点高、市场化运做的大项目，这是实现又好有快发展的牛鼻子，最近吉林市确定出十大特色产业园区的投资发展框架，这是作为全市工业集中区发展战略的延续和深化。二是加大招商引资力度，特别是外省的引资力度。2007年我市外省引资160亿元，比上年100亿元增长60%，从而带动我市经济的快速发展。

展望未来，我市将以“十一五”计划和2010年发展规划的战略，加大投资力度、提速增效、棚户区改造、加快新农村建设的步伐，以科学发展，快速发展，和谐发展来展现出美丽、富饶的北国江城的风姿，把一个繁荣、富裕、文明的吉林市带入未来，让北国江城的风姿更加光彩照人。

辉煌的成就　巨大的发展

——改革开放30年我市消费品市场年均增速14.6%

吉林市统计局　　刘智慧　雷丽萍　孙天范

改革开放30年来，特别是“十五”计划以来，我市国民经济保持了较快发展，经济建设取得了巨大的成就，经济体制改革和对外开放不断推进，为经济和社会发展注入了生机和活力。2007年，生产总值（GDP）迈上1000亿元的新台阶。市场是国民经济的综合反映，随着国民经济的稳定快速增长，我市零售市场进入持续、健康、繁荣活跃、稳定增长时期。市场设施建设加快，商品供应充裕，消费环境明显改善。消费是社会再生产的终点和新的起点，消费需求是最终需求，在经济社会发展中起重要的导向作用和拉动作用。回顾、总结改革开放三十年我市消费市场发展状况，探索“十一五”消费市场发展对策，对加快我市消费市场的健康发展具有重要的意义。

一、消费市场持续、快速、健康发展

（一）市场体系更加完善，商品集散功能进一步增强。

交易市场是商品流通的重要渠道之一，“十五” 时期，我市商品交易市场加强了整合力度，在调整市场内部结构、市场运作和市场整治方面下功夫，建立了长效管理机制，采取规范经营者诚信经营行为和提高市场的信誉度等措施，市场面貌有了明显改善。随着市场经济的不断深入，交易市场的主体也日趋多元化，市场投资主体在经营方式、营业理念、经营手段等方面各具特色，为交易市场的竞争、活跃与繁荣创造了条件。

2007年末，我市共有消费品交易市场260个，其中城市180个，农村80个，集贸市场效应明显。其发展壮大为繁荣商品市场、满足城乡居民的物资生活需求做出了巨大贡献。尤其是一批功能完善、辐射面广的亿元交易市场更是发挥了骨干作用。大型集贸市场发展迅速，其中，年商品成交额在亿元以上市场13家。营业面积、摊位总量进一步增加、摊位出租率不断提高、销售规模进一步扩大、商品集散功能进一步增强。商品交易市场，不但为城市消费品市场起到了持续的“供血”作用，而且直接繁荣了城市郊区的流通市场。

（二）饮食、旅游、住房消费拉动作用明显。

——餐饮业继续保持快速增长。居民收入水平的提高，就餐环境的改善，生活节奏的加快，消费观念的转变，使外出就餐的人越来越多，推动了餐饮市场的发展壮大。1978年，我市住宿和餐饮业零售额仅为0.34亿元，占消费品零售额的比重为4.5%。到2007年，全市各种类型的餐饮业网点已发展到1.81万个，从业人员2.75万人，全年营业额55.9亿元。30年间，全市餐饮业零售额年平均增长速度达19.2%，高出社会消费品零售总额年均增长率4.6个百分点，占社会消费品零售总额的比重由1978年的4.5%提高到2007年的14.4%，提高了9.9个百分点。比2005年的40.6亿元增长37.7%，年均增长17.3%。

——近年来，我市坚持“高起点建设，高水平运作”的发展思路，着眼于大旅游、大市场，创新推广，成功举办了雾凇冰雪节、开江鱼美食节、松花湖休闲度假旅游节、蛟河红叶节和桦甸白桦节等5个大型节庆活动，旅游拉动功能进一步显现。坚持实施精品战略，深度开发旅游资源，实现了春夏秋冬四季旅游项目的有效链接和生态、休闲、度假、民俗、文化、体育、乡村旅游产品的立体整合。旅游产品体系不断完善，1994年被国务院命名为中国历史文化名城，2000年被评为中国优秀旅游城市，荣获中国魅力城市、国家园林城市等称号。2000年实现旅游收入15.96亿元，结束了1978—1999年旅游收入徘徊在10亿元以下的局面。2007年，全市共接待国内游客1029万人次，比2005年增长31.9%，年均增长14.9%。其中，入境游客4.5万人次，比2005年增长80%，年均增长21.6%。国内旅游收入实现70.8亿元，比2005年增长53.9%，年均增长24.1%。旅游人数和旅游收入的增长，为我市零售市场带来了商机，加之以旅游、娱乐、餐饮、购物为主要特征的假日经济，有力地扩大了消费需求，对消费品市场的发展起到了积极的推动作用。

——九十年代中后期开始，随着我国住房制度改革的逐步深化，住房渐渐由国家福利转变为家庭的一项货币支出，居民用于购房与建房支出快速增加，1999年城市居民用于购建房支出在家庭总支出中的比重为7.5%，2004—2007年，城市居民用于购建房支出在家庭总支出中的比重逐年攀升，分别为11.7%、12.3%、14.0%和14.9%。

“十五”期间，全市住宅销售面积和销售额年均增长分别为18.6%和23.8%，到2007年，住宅销售面积为253.79万平方米，比上年增长11.44%；销售额为46.97亿元，相当于当年全市社会消费品零售额的12.1%，2000年时这一比重为8.0%。在住宅销售的带动下，消费品市场中建筑及装潢材料类平均每年递增39.7%，金属材料类增长54.9%。

从城市居民生活质量小康标准达标情况看，2007年城市人均住房使用面积为14.98平方米，现代化实现程度较低，为60%，因此，今后居民的住房需求将依然旺盛。房地产业在拉动消费市场发展中有着重要的助推作用，它的发展一方面可以直接刺激投资需求，另一方面可以间接拉动消费需求。

（三）农村居民消费明显升温 ，有效需求持续扩大。

1.农村居民整体消费水平显著提高。

1978年以来，随着农村经济的发展，我市农村居民收入大幅增长，农民人均纯收入由1988年的556.0元增加到2007年的4495.9元，2007年比1988年增长了7倍，年均增长11.6%。与收入持续增长同步，农村居民生活消费整体水平显著提高。农民的消费结构继续朝着升级的方向发展，在改善吃、穿、用的前提下，逐步增加住、行、教、乐等方面的消费。在农民八大类生活消费支出中，交通和通讯、医疗保健、文化教育娱乐用品及服务三类消费支出增长迅猛，2007年比1988年年均增长分别达15.8%、27.3%、21.9%。食品、衣着、家庭设备用品及服务类、其它商品和居住五类消费支出增长均在10%以上。

1990—2007年，我市农村居民家庭的生活消费支出中，衣着类、家庭设备用品及服务比重保持平稳，衣着类比重保持在6.5%—8.6%之间，家庭设备用品及服务比重保持在3.5%—5.2%，居住类比重下降，居住类消费支出比重从17.3%下降到12.2%；医疗保健、交通和通讯、文化教育娱乐和其它支出的比重则保持上升趋势。而代表居民生活质量的恩格尔系数（食品消费支出占总消费支出的比重）从1990年的59.0%下降到2007年的38.1%，标志着农村居民生活质量得到了很大提高。

从增长速度来看，1990—2007年间，衣着消费的年平均增长速度为10.2%；家庭设备用品及服务消费的年平均增长速度为8.8%，居住类年平均增长速度为8.2%、其他商品和服务消费的年平均增长速度为11.5%。而食品的消费支出年平均增长速度为7.6%；交通通信、医疗保健、娱乐文教服务等服务性消费支出的年均增长速度很快，其中交通通信、医疗保健、娱乐文教服务年均增长速度分别为17.1%、27.8%和16.7%。农民生活消费支出明显增长。

表1　吉林市农村居民收入及生活消费支出变化情况

单位：元/人

年份 指标名称	1988年	1990年	1995年	2000年	2005年	2006年	2007年
农民纯收入	556.0	641.0	1461.0	2066.0	4875.5	4888.77	4495.89
生活消费支出	485.98	591.24	1903.7	1839.92	2598.16	3027.45	3204.26
其中：1.食品类	248.52	348.93	1339.03	934.84	1092.8	1169.38	1220.95
2.衣着类	53.54	50.64	124.06	119.43	203.07	234.4	262.6
3.居住类	96.54	102.25	188.37	302.47	285.19	418.51	390.48
4.家庭设备用品类	36.26	30.55	55.3	65.1	92.41	102.36	128.78
5.医疗保健类	5.31	4.99	28.47	116.6	242.58	279.48	322.09
6.交通通讯类	28.25	23.12	83.85	115.35	274.99	335.11	340.04
7.文娱用品类	14.51	30.38	58.34	211.84	310.05	371.95	419.82

2.消费结构优化且质量提高。

随着农村居民收入的不断增长和消费水平提高，农村居民消费结构也明显改善。2007年与1990年比较，农村居民生活消费结构中满足基本生活需要的食品和衣着的比重分别下降了20.9和0.4个百分点，而医疗保健、交通通讯、文教娱乐比重上升较多，分别上升了9.2、6.7、7.9个百分点。1990年农村居民生活消费结构顺序为：吃、住、穿、用、文、交、医，2007年顺序变为吃、文、住、交、医、穿、用。从消费结构顺序来看，尽管2007年农村居民吃、住仍排在前3位，但其比重已大幅下降（参见表2）。

表2　主要年份农村居民生活消费结构变化情况

年份 指标名称	1990年	2000年	2005年	2006年	2007年
生活消费支出（%）	100.0	100.0	100.0	100.0	100.0
其中：食品类	59.02	45.37	34.8	38.6	38.1
衣着类	8.57	6.49	9.1	7.7	8.19
居住类	17.29	16.44	10.8	13.8	12.19
用品类	5.17	3.54	4.1	3.4	4.02
医疗保健类	0.84	6.34	10.8	9.2	10.05
交通通讯类	3.91	6.27	12.3	11.1	10.61
文教娱乐类	5.14	11.51	13.8	12.3	13.1
其他类	0.06	4.04	4.3	3.9	3.74

在消费结构优化的同时，农村居民消费质量也明显提高：

一是吃由求饱转为吃好。人均主食支出的比重由1990年的59.02%下降到2007年的38.1%，下降了20.9个百分点，而营养丰富的享用型食物消费明显增多。2007年，农村居民人均消费油脂类食物比1990年年均增长25.8%；猪牛羊肉消费量增长62.2%；禽类消费量增长3.8倍；蛋类消费量增长2.1倍；水产品消费量增长6.7倍。

二是居住状况极大改善。农村居民生活提高，新建房屋不仅数量增加，而且质量也明显提高。人均住房面积由1990年的14.2平方米增加到2007年的21.55平方米，增长51.8%，其中砖木结构和钢筋混凝土结构住房面积到达20.96平方米，占97.2%。大多数农村居民开始讲究室内装饰、住房质量和配套设施，目前已有相当数量农户住房向楼房式发展，内部装饰和便利的卫生设施已逐步进入农村家庭。

三是耐用消费品成倍增加，并逐步升级换代。2007年末，平均每百户农民家庭拥有洗衣机71.14台，电冰箱26.43台，摩托车42.57辆，彩色电视机110.43台，空调0.14台，照相机3.14架，电话机72.14部，移动电话104.71部，影碟机47.0台。进入21世纪自行车、黑白电视机已开始呈逐年减少趋势，而洗衣机、电冰箱、彩色电视机、电话机、手机等拥有量增长快，成为农民青睐的产品（参见表3）。

表3　主要年份农村居民每百户拥有主要耐用消费品情况

年份 指标名称	计量单位	1990年	2000年	2005年	2006年	2007年
自行车	辆	105.0	102.62	71.18	67.57	67.29
洗衣机	台	20.33	50.0	64.47	64	71.14
电冰箱	台		9.76	17.5	19.86	26.43
摩托车	辆	0.33	14.52	37.76	41.43	42.57
黑白电视机	台	69.33	41.9	8.42	5.86	2.71
彩色电视	台	2.33	66.67	105	105.29	110.43
影碟机	台		17.14	45.53	44.14	47.0
照相机	架	0.33	3.1	3.03	3.43	3.14
电话机	部		38.81	76.97	77.29	72.14
移动电话	部		1.43	64.87	79.57	104.71

4.农村居民生产性消费快速增长，农村消费品市场规模不断扩大。

生产性消费是农村居民消费的重要组成部分。随着农村生产环境的改善，特别是近年来国家采取了取消农业税等的惠农政策，使农民生产积极性高涨，对生产用农具、化肥、农药等农资需求量大增。2007 年，农村居民人均生产费用现金支出 2008.72 元，比 1990 年增长 6.4 倍，年均增长 12.5%，比农民现金支出增长速度快 1.0 个百分点，比生活消费现金支出增速快 2.0 个百分点，其中人均家庭经营费用现金支出 5848.7 元，年均增长 11.5%，人均购置生产性固定资产现金支出 429.3 元，年均增长 17.5%。

随着农村居民消费的大幅增长，农村市场消费品零售额额也呈现稳步增长态势。2007 年，我市实现消费品零售额 389 亿元，增幅同比提高 2.8 个百分点。农村市场实现零售额 59.7 亿元，同比增长 14.5%；比 1990 年的 8.6 亿元增加 51.1 亿元，增长 5.9 倍，年均增长 12.1%。全市的消费品零售市场增长由过去主要靠城市市场带动变为农村、城市市场同步发展状态。

（四）消费品零售市场繁荣活跃。

“十五”期间到如今，我市消费品零售市场继续保持稳健较快的发展态势，商品流通规模进一步扩大，居民消费水平不断提升，消费结构日趋合理。

——规模扩大，速度加快。“十五”时期，全市社会消费品零售总额累计实现 1250.9 亿元，比“六五”时期净增加 470.3 亿元，年平均增长率为 17.7%。“十一五”头两年，我市消费品市场开局良好，2006 年、2007 年社会消费品零售总额分别为 329.7 亿元和 389.0 亿元，增速达 16.1%和 18.0%，占改革开放以来累计实现社会消费品零售总额的 25.8%，一举突破了“十五”时期年均增速在 13.9%徘徊不前的局面，使我市消费品零售市场进入了一个新的增长周期。

——消费层次明显提高。随着人们生活水平的提高和消费观念的转变，消费结构发生了明显变化。1978 年以前人民生活以温饱为主，衣食类商品在居民消费结构中占 60%以上，自行车、手表、缝纫机成为时尚消费；1990—2000 年，大多数家庭的温饱问题已基本解决，人民生活逐步向小康迈进，城镇居民的恩格尔系数由 1990 年 53.6%下降到 2007 年的 31.7%，同时对生活类电器的需求增加，彩色电视机、电冰箱、洗衣机、房间空调器成为消费热点；2007 年，我市人均 GDP 已突破 3000 美元，消费结构升级换代的步伐明显加快，城镇居民的恩格尔系数再下一个台阶，2007 年达 31.7%，对住、行、游的消费需求迅速上升，住房、汽车、微型计算机、移动电话、数码相机、数码摄像机等成为消费热点。30 年间，城镇居民家庭轿车、微型计算机、移动电话的年平均拥有量的平均增长率分别达 53.2%、41.0%和 38.4%。

——城市市场的作用越来越大。“十五”时期到现在，我市城镇化进程不断加快，乡村人口继续向市镇转移，市镇人口日渐增多，城市市场的作用更加突出。2007 年，我市的城镇化水平达到 51.9%，比 1990 年提高 21.0 个百分点，加之城市居民收入水平的提高和消费观念的转变，2007 年，我市城市市场零售额比“十五”时期平均增速高于县及县以下零售额 7.6 个百分点。城市市场的快速发展提高了其在整个消费品市场中的比重，2007 年，在社会消费品零售总额中，市的零售额占 83.5%，县的零售额占 1.2%，县以下零售额占 15.3%，城市市场呈现加快发展态势。

——消费热点不断。2007 年，城乡居民消费升级趋势加快，居民消费需求呈现多样化和层次化，新的消费热点不断涌现。2007 年我市限额以上批发零售贸易业的汽车类零售额 8.78 亿元，比 1990 年增长 19.2 倍，年平均递增 19.3%。通讯器材类销售比 1990 年增长 24.2 倍，年平均递增 20.9%。书报类销售比 1990 年增长 15.3 倍，年平均递增 18.3%；电子出版物及音像制品类销售增长 20.7 倍，年平均递增 19.8%；家用电器及音像器材类销售增长 26.5 倍，年平均递增 21.5%。

（五）非公有制经济的快速发展推动了消费品市场的繁荣活跃。

改革开放的三十年，我市消费品零售市场保持了较快的发展速度，其中，既有市场规律本身的作用，也有政策环境的影响。

从长期发展趋势看，1980 年以前，我市消费品零售市场规模少，发展速度慢，到 1980 年，全市社会消费品零售总额才到 10 亿元；“六五”时期，市场逐步放开，出现了第一轮快速增长，年均增长率达 17.6%；1986—1995 年，随着市场建设步伐的加快，城乡居民收入的提高，消费环境的改善，消费品市场出现了第二轮快速增长，期间，社会消费品零售总额年平均增长率达 15.1%；1996 年—2000 年，消费品零售市场进入了一个调整期，5 年间，社会消费品零售总额年平均增长率为 10.9%，年度增长速度都在 10%左右徘徊。经过 5 年的稳定，“十五”时期，消费品零售市场进入了第三个快速增长周期，社会消费品零售总额 2005 年增长 15.5%，年平均增长率达 13.9%；并且这种快速发展之态势至“十一五”时期仍得到了延续，2006 年增长 16.1%，2007 年增长 18.0%，这是消费品零售市场发展的必然趋势。

从宏观经济形势看，“十一五”时期是我市经济社会快速发展的时期，2007 年，全市生产总值增长速度（以上年可比价计算）达到 18.4%以上；工业总产值同比增长(现价)34%；全社会固定资产投资同比增长 30%以上。企业产品以市场为导向，产品供给结构更加趋向于消费需求结构，2007 年我市工业经济效益综合指数达 214.3，宏观经济形势继续向好的方面发展。

从消费环境看，政府继续实行开拓市场、扩大消费政策，积极引导、支持和鼓励居民消费，消除不合理的体制障碍；市场供求关系继续好转。收入环境上更加科学合理，国家充分发挥财政政策作用，合理调节社会收入分配，在全国范围内减免了农业税，增加企业、事业单位工资，提高低保水平等，提高了居民收入,增强了居民的购买能力。2007年,全市城镇居民人均可支配收入12500元,同比增长23%,比"十五"时期年均增长13%以上,农民家庭人均纯收入年均增长6%以上;购物环境上,连锁业、大型超市、社区服务业的不断涌现,传统百货商店的更新改造,使购物环境日趋完善。2007年全市连锁商店和大型超市已发展到近百个,年零售额超亿元以上的批发零售贸易企业达5家以上。市场环境继续好转,各级政府不断加强打击假冒伪劣商品的力度,使市场上合格产品、优质产品所占比重不断上升。

从市场主体看,非公有制经济的快速发展推动了消费品市场的繁荣活跃。"十五"时期到如今,是我市非公有制经济快速发展的时期,这一时期,我市相继出台了《关于大力发展民营经济的决定》及其他若干配套性措施,放宽了非公有制经济的市场准入领域,为加快非公有制经济发展扫清了体制障碍,推动了非公有制经济的发展。到2007年,我市个体批发零售贸易业已发展到5.6万家,从业人员4.2万人;个体餐饮业1.36万户,从业人员1.58万人。2007年,个体批发零售贸易、餐饮业零售额达311.2亿元,年平均增长率17.3%,占全部社会消费品零售总额的80.0%,成为消费品市场重要的组成部分。

二、对外经济快速发展,合作领域不断拓宽

对外贸易持续快速发展。出口规模不断扩大,对经济增长的拉动作用日益增强。近几年,我市充分利用广交会、高交会、南博会、"中俄贸易交易会"等对外经贸平台,组织我市具有国际竞争力的企业和产品,巩固并深度开发欧美、日、韩、台港澳等传统市场,拓展新兴市场,对外经贸总量不断扩大。2007年,全市外贸出口总值增至5.6亿美元。比1978年增长22.8倍%。利用国家"品牌振兴计划"和"科技兴贸"等扶持政策,大力推进外贸增长方式转变,扩大石化、冶金、轻纺,电子、医药、农产品深加工等行业产品出口,出口产品结构日益优化。工业制成品、机电产品和高新技术产品占出口总额的比重分别达到78.3%、19.1%和28.7%。全方位、宽领域、多层次开拓国际市场,对外贸易发展到90个国家(或地区),形成多元化的贸易市场格局。

利用外资发展迅速。1984年以来,累计批准利用外资项目954户(现存186户),合同外资金额15亿(现存5.8亿)美元。外资主要来源于韩国、日本、新加坡、泰国、荷兰、美国、意大利、香港、澳门、台湾等25个国家和地区。投资领域不断拓宽,已发展到石化、汽车及零部件、轻纺、能源、交通、基础设施、流通服务等10多个行业,促进了产业结构的优化升级。德国巴期夫、美国嘉吉、荷兰荷利浦、意大利蒙特、日本大发、香港新实业、台湾润泰等一大批跨国公司项目落户我市。2007年,直接利用外资金额9102万美元,比1984年的23亿万美元增长395.7倍,年均增长29.7%。

对外经济技术合作领域不断扩大,规模质量显著提升。全市的对外经济技术合作已拓展到阿尔及利亚、卡塔尔、苏丹、俄罗斯、利比亚等10多个国家和地区,涉及石化、冶金、城建、交通、机械等10多个领域,并开始独立承包较大项目发展。中油吉林化建承揽的合同额为1.35亿美元美元的阿尔及利亚炼油厂项目,带动原材料、成套设备出口9000万美元,外派劳务1500人。对俄森林采矿、木材加工、镍资源开发有新进展。2007年,全市签订劳务输出合同11份,合同金额5957万美元,完成营业额5848万美元,新派劳务1703人。各项指标分别比有外经活动的1989年增加10倍、58.6倍、57.5倍、7.5倍。截止2007年末,累计在海外兴办各类企业14家,对外投资6908万美元。

三、消费结构升级带来的积极效应

由于国家扩大内需、刺激消费政策的连续性强,居民消费心理日趋理性,我市消费品市场平稳发展,消费结构不断提升,促进了经济既快又好的发展。

1.GDP增长快速平稳　消费市场稳定增长。

消费是宏观经济的主要变量,是推动经济增长的重要因素, 从各国发展的历史经验看,低人均收入国家和发达国家的消费率都高,从低人均收入国家向中等收入国家发展的阶段,消费率呈现下降趋势,投资带动经济增长明显,高收入国家的消费率高且较为稳定,2007年我市居民消费在GDP中所占比重为31.5%,低于全国平均水平6.7个百分点,表明我市消费需求具有很大的增长潜力。1990年,我市实现地区生产总值84.6亿元,比1978年的22.6亿元增加62亿元,年均增加5.2亿元,年均增长11.6%(现价)。1992年,地区生产总值突破百亿元,1995年("八五"末期)达到了224.1亿元,五年平均增长21.5%;2007年,我市全年实现地区生产总值1008.01亿元,比2005年的629.69亿元,增长60.1%,年均增长34.2%,在全省处于领先发展水平。工业化进程持续加快,非农产业在经济发展中的比重上升,全市二、三产业增加值占GDP比重为86.5%,城市化进程明显加快,消费需求增长强劲,同时为消费层次再登新台阶创造了条件。

2.居民消费升级及其进程的延续,使市场消费热点纷呈。

随着我市居民收入的增长和市场商品供应的丰富,加速了以住房、汽车、通讯电子、教育、旅游休闲为主要消费点的居民消费升级进程,这是消费品市场的重大经济现象,也使市场销售热点纷呈。根据限额以上批发零售贸易业零售统计,销售热点主要集中在以下几个大商品类:一是居民住房及其相关家居类商品的消费。我市从2005年到2007年,商品房销售面积年均增长速度达15.2%,由此带动了家居类商品的消费,2007年与2005年相比,日用品类、家用电器和音像器材类、家俱类、建筑及装潢材料及木材制品类,年均零售额分别增长17.8%、19.2%、23.8%、41.8%和54.6%。二是汽车消费快速进入家庭。2005—2007年,限额以上贸易业中汽车类零售额年均增长34.6%,城镇居民汽车拥有量由2005年每百户1.33辆上升到2007年末的每百户3.33辆。三是个人享受、发展教育及服务性消费所带动的商品销售，如化妆品类、金银珠宝类、体育、娱乐用品类、电子出版物及音像制品类、文化办公用品类、儿童玩具类等商品零售年均增长均保持在20%以上。四是以IT产品为主的通讯电子商品类。移动电话、个人电脑、移动存储设备、MP3、数码照（摄）相机等IT产品成为居民消费新宠，是现代家庭特别是青年学生的必备用品。2005—2007年限额以上批发零售贸易业通讯器材类零售额年平均增长30.4%，我市城镇居民移动电话普及率由2005年每百户142部上升到2007年末的每百户167部，城镇居民家庭家用电脑每百户拥有量由2005年的34.33台上升到2007年的46.33台，对网络通讯的需求也与日俱增。

3. 促进了产业结构调整升级。

居民消费结构的变化，是确定工业和产业结构调整升级方向的重要依据。随着城乡居民消费结构升级，2005—2007年我市第一产业比重明显下降，比重由17.7%降至13.5%，第二产业比重稳步提高，对GDP的贡献率基本上在47%以上，第三产业对GDP的贡献率在35.3%—37.2%之间。以住房、汽车等商品消费为特点的消费结构，可以带动相关产业的高速发展，据测算，汽车能带动156个相关产业发展，住宅业能带动45个相关产业发展，可见汽车、住房等热点消费品的拉动作用范围广，层次高，与社会生产和人民生活关系密切，真正启动并合理控制这些热点消费品的市场导向对于我市产业结构的调整大有裨益。

教育文化、交通通讯、旅游等消费热点对产业结构的调整提供智力支持。随着城乡居民生活水平的提高，人们对教育文化、交通通讯、旅游的消费支出持续上涨，并且消费的规模逐渐扩大。在这种情况下，一方面这些产业利用自身创造的价值来提高自己在产业结构中的比重，提升自己的地位，并且通过带动其他相关行业的发展创造间接价值和就业机会；另一方面，由于这些行业包含较高的智力和科技因素，因此它们的发展必将为我市产业结构调整注入活力，提高我市产业结构的科技含量，助推了我市产业结构的优化。

4. 消费品市场的平稳运行为经济的稳定增长提供了基础。

近些年，我市商业、饮食服务业发展迅速，居民消费水平提高很快。1981—1985年（“六五”时期）我市社会消费品零售额年平均增长率为17.6%；1986—1990年（“七五”时期）我市社会消费品零售额年平均增长率为14%；1991—1995年（“八五”时期）我市社会消费品零售额年平均增长率为17%；1996—2000年（“九五”时期）年平均增长率为11%；2001—2005年（“十五”时期）年平均增长率为13.9%，2007年消费品零售额增长率为18.0%。我市社会消费品零售额在“八五”时期增长最快，“九五”时期速度减缓，近二年增速加快，发展势头良好（请看下图）。

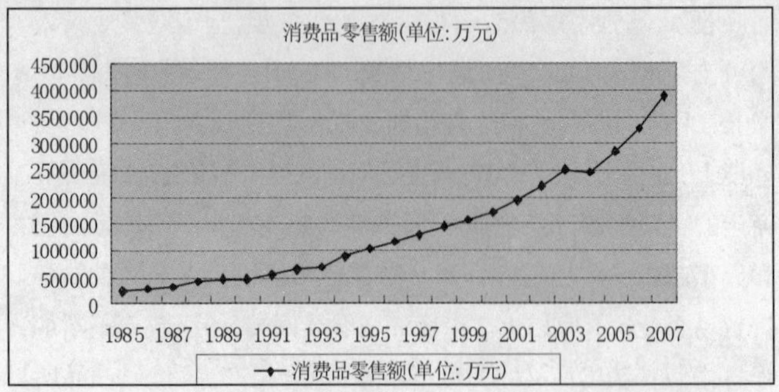

社会消费品零售额变动状况与国民经济发展状况是密不可分的，从长期的变动曲线看，二者周期波动次数大体一致。如果经济发展到相当水平，经济结构变化平稳，并越来越趋向合理，其两者应基本一致。八、九十年代我国开始重视消费，重视轻工业生产，消费品逐步繁荣，当进入二十世纪，大部份产品开始供过于求，积累与消费、轻重工业之比例开始趋向于平衡，零售增长与GDP增长趋向于一致是必然的，也是经济结构相对合理的表现。从我市“八五”、“九五”、“十五”时期及近2年的地区生产总值与社会消费品零售额增长率的变化方向来看，二者波动次数大体一致，消费品市场的平稳运行为我市经济的稳定增长提供了基础。

四、消费品市场发展的对策建议

“十一五”时期国家将继续加强和改善宏观调控，把调控力度的重点，作为经济工作的任务，对于保持经济平稳发展和物价水平的稳定，扩大市场消费，提高居民消费率具有重要的意义。

1. 完善社会保障体系，改善城乡居民支出预期。完善社会保障体系，让消费者对未来有一个稳定的预期，这样才能扩大消费意愿。这其中特别应该加快建立和完善农村社会保障体系，逐步提高最低生活保障水平，重视越来越多的失地农民的基本生活保障，逐步推进农村免费义务教育、合作医疗。同时，完善城市最低生活保障动态管理机制，健全城乡社会救助体系，使城乡居民弱有所保，老有所养，病有所医，幼有所学。此外，相当一部分城市居民为了购买住房，不得不穷尽一生积蓄。当前房地产价格的畸高，直接导致了这部分人们的消费疲软。各级政府部门应当在加强建设经济适用房、微利房的同时，加大对房地产市场调控力度，将房屋价格控制到与人民收入相近的程度。只有做到上述所说，才能稳定人们收入预期，提高消费信心，促进消费需求的有效增长。

2. 稳步推进社会主义新农村建设，扩大农村消费，推动农村消费结构升级。加大对农村发展政策的倾斜力度，尤其要加大财政对农村基础设施建设和教育、医疗事业的投入力度。改善农村水、气、电、路等基础设施，加强农村公共文化体系建设，扩大农村广播电视覆盖面，为农民扩大消费创造条件。尽早全面实施普及义务教育，搞好新型农村合作医疗试点，扩大试点范围，加大对欠发达和落后地区农村合作医疗的投入力度。完善促进农业增产和农民增收的税收、价格、补贴等政策，严查严处乱收费、乱摊派行为。加强对农民外出就业的技能培训、信息引导和服务。确保农民务工工资按时足额发放,加大对农民工工资拖欠的处罚力度。严格保护耕地面积,合理确定对农民的征地补偿标准,完善农村商品流通体制,鼓励农村商业设施建设。

3. 调整收入分配格局,逐步缩小居民收入的差距。合理调节收入分配制度,控制或扭转收入差距扩大趋势,努力提高中低收入者收入水平。为此,要加快工资制度改革,建立健全职工工资长效增长机制。加大财政工资支出,不断提高职工工资总额占 GDP 的比重, 确保中低收入阶层收入水平不断提高;严格执行最低工资保障制度并逐年提高最低工资保障标准。同时,要进一步完善社会保障制度,加大政府对社保的投入力度。规范城市低保工作,不断提高最低生活保障水平。还要加快垄断行业改革,规范垄断部门收入分配制度,采取有效措施缩小行业间收入分配差距。

4. 大力发展现代流通方式,提高流通现代化水平。加快发展连锁经营、物流配送和电子商务。大力发展直营连锁,积极发展加盟连锁、自愿连锁。积极推进物流配送体系建设和标准化工作。进一步丰富居民消费方式,扩大网上消费比例。改造提升传统商贸服务业。鼓励运用现代经营方式和信息技术改造提升传统商贸服务业, 提高商贸服务企业信息化程度和现代化水平。以规划为导向,着力推进商品交易市场的整合、改造和提升。

5. 改善消费环境,为扩大消费创造有利条件。加强城市社区商业发展,切实抓好"万村千乡"市场工程;加快消费信贷产品创新,完善消费信贷政策,简化消费信贷流程,扩大消费信贷的规模和品种;整顿和规范市场秩序,坚持不懈地打击制假售假、商业欺诈行为,努力创造安全购物环境。

展望未来,2008 年是国家实施"十一五"规划的第三年,是我市实现经济总量翻番的关键时期, 是建设社会主义新农村,深化农村流通体制改革,积极开拓农村市场的机遇期。随着全市经济社会加快发展和整体水平的提高, 吉林市流通业的市场体系会进一步健全和完善,功能会进一步提高,对生产和消费的影响作用更加突出,流通业将朝着全方位,现代化的方向发展。预计"十一五"时期社会消费品零售额将达到 1500 亿元,年均增长在 15%以上。

喜看我市居民生活

——改革开放30年我市城市居民生活发生显著变化

国家统计局吉林市调查队　　鲁道祥　王瑛玮

1978年末，中国共产党召开了第十一届中央委员会第三次全体会议，中国的改革开放从此拉开了帷幕。三十年过去了，中国的经济和城市建设发生了翻天覆地的变化。吉林市作为一个新兴工业城市，在过去的三十年里，国民经济快速发展，居民收入水平稳步提高，生活质量显著改善。

一、城市居民可支配收入逐年增长

三十年来，随着改革开放的不断深入，我市经济快速发展。市委、市政府大力推行积极的就业政策，采取多种措施扩大城市居民的就业面，提高职工工资，增加居民收入。因此，居民收入渠道拓宽，收入水平逐年提高。据对我市城市居民家庭抽样调查，2007年，我市城市居民人均可支配收入已达到12500.8元，比1981年的人均436元增加12064.8元，增长27.7倍，平均每年增长13.8%。详见下图：

1981年—2007年城市居民可支配收入走势图

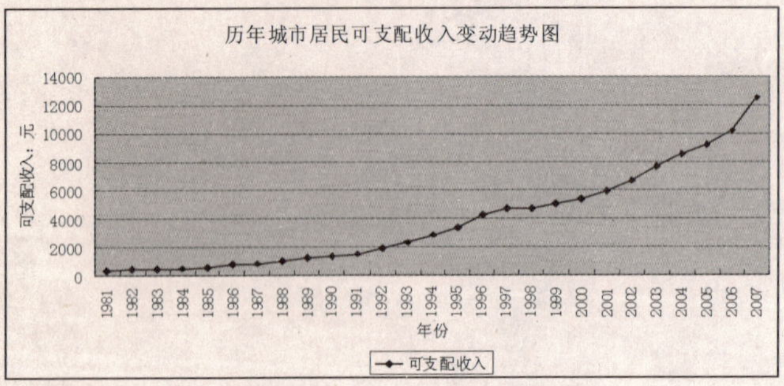

从历年城市居民可支配收入走势图可以看出，80年代，居民收入处于稳定发展时期，收入增长较慢，1990年，城市居民人均可支配收入为1457元，比1981年增加1021元，平均每年仅增加113元；到了90年代，居民收入有了较快增长，2000年，城市居民人均可支配收入为5365.4元，比1990年增加3908.4元，平均每年增加390.8元；进入2000年后，居民收入增长加快，到2007年，城市居民人均可支配收入达到12500.8元，比2000年增加7135.4元，平均每年增加1019元。主要特点是：

1. 工资性收入大幅增长。随着经济的发展，国家和企事业单位不断上调职工工资标准，居民工资性收入不断增长。2007年居民人均工资性收入达到8083.4元，比1981年的406.9元，增长18.9倍。

2. 个体经营成为就业收入的一条重要途径。改革前，市场比较单一，发展不完善，从事个体经营的人非常少。随着改革开放的不断深入，市场经济不断发展，从事个体经营逐渐成为城市居民就业的一条重要途径。2007年，城市居民人均个体经营净收入达到537元，比1981年增长894倍。

3. 养老金或离退休金收入大幅增长。三十年来，为了保障离退休人员生活水平的稳步提高，政府多次调高离退休金及养老金标准，加上吉林市老一批建设者现在基本退休，退休人员增加，养老金或离退休金收入增长较快。2007年，城市居民人均养老金或离退休金收入达到3882.9元，比1981年增长了148倍。

4. 财产性收入成为居民收入新的增长点。过去，居民家庭财产收入寥寥无几。三十年来，随着居民家庭财产的增加，股票收益、银行利息、出租房屋收入等各项收益增加，扩大了城市居民财产性收入来源。2007年，我市城市居民财产性收入人均达到168.3元。

二、居民收入构成发生显著变化

与三十年前相比，今天的城市居民收入结构和拉动收入增长的因素发生了明显变化，

1981年，居民收入来源比较单一，就业途径基本局限在国有或者集体企业，个体从业者寥寥无几，居民收入基本依靠工资收入，工资性收入占总收入比重很大。三十年来，随着改革开放的不断深入，就业渠道不断拓宽，就业方式多样化，工资性收入占家庭总收入的比重明显下降，居民收入来源和收入构成发生显著变化。调查数据显示，人均工资性收入占总收入比重已从1981年的93.3%下降到2007年的59%，下降了34.3个百分点；养老金或离退休金收入占总收入比重由1981年的6%上升到2007年的28.3%，提高了22.3个百分点；经营性净收入占总收入比重由1981年的0.1%上升到2007年的3.9%，提高了3.8个百分点；财产性收入从无到有，占总收入比重不断扩大。见下图：

1981年—2007年城市居民主要收入构成变化对比情况

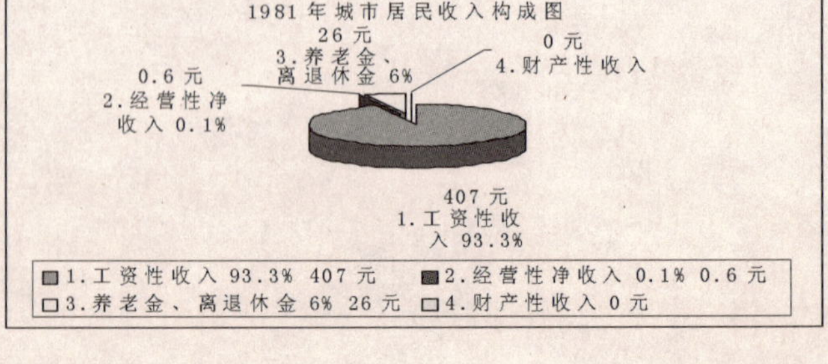

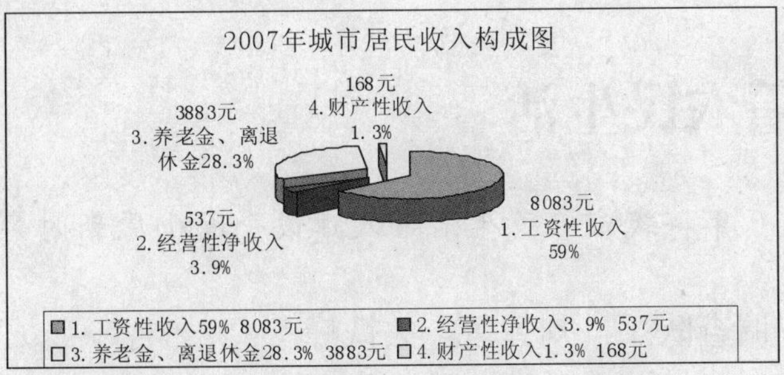

三、居民消费水平大幅提高，消费结构发生显著变化

三十年来，随着经济的不断发展，收入的不断增长，市场商品日益丰富和功能档次的提高，新产品不断推陈出新。居民消费需求扩大，促进了消费水平大幅提高。到2007年，我市城市居民人均消费性支出已达到10048.1元，比1981年的393.2元增加9654.9元，增长24.6倍，平均每年增长13.3%。

1981年—2007年城市居民消费性支出变动趋势　见下图：

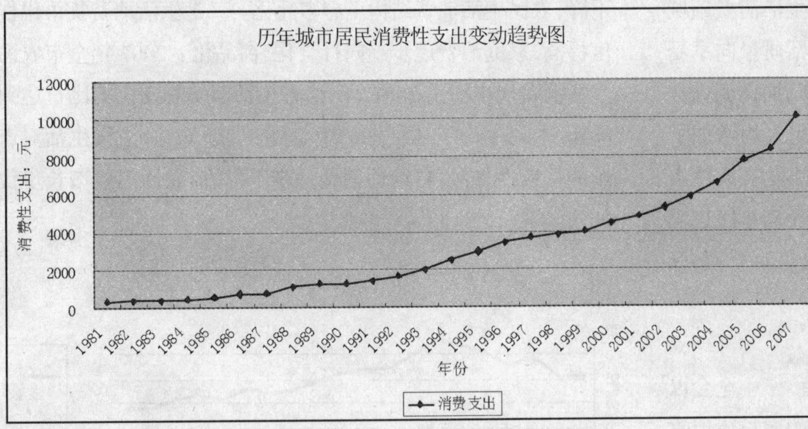

从消费构成看，交通和通讯、住房、医疗保健、文教娱乐等发展型、享受型消费占比重明显上升，衣食及日用品等基本生存型消费占比重相对减少。主要特点是：

1.食品消费讲究营养、科学，消费质量大幅提升。三十年前，人们的副食品消费主要是大白菜、大萝卜、土豆，主食多是粗粮。而现在，随着收入水平的提高，人们的食品消费注重营养、科学，主食以细粮为主，肉禽蛋和鱼虾及各种新鲜蔬菜水果等消费显著增加，食品消费支出大幅提升。据调查，2007年，城市居民人均食品支出达到3180.5元，比1981年的226.8元增加2953.7元，增长13倍，平均每年增长10.7%。食品支出占消费性支出的比重（恩格尔系数）由1981年的57.7%下降到2007年的31.7%，缩小26个百分点。

2.衣着消费一改色彩样式单一，体现个性、新颖、时尚成为新潮。三十年前，人们的服装消费色彩样式单一。黑、兰、灰是主色调，而现在，城市居民对衣着需求越来越注重新颖、时尚、体现个性，追求美观，讲究质量、档次，衣着的品牌越来越受到重视。人们对中高档衣着的需求增加，用于衣着的支出大幅增长。2007年，居民人均衣着支出1354.4元，比1981年的61.8元增加1292.6元，增长20.9倍，平均每年增长12.6%。衣着支出占消费性支出的比重为13.5%，比1981年减少2.2个百分点。

3.家庭设备用品档次提高，需求不断更新。三十年前，由于收入水平低，居民家庭没有高档的设备用品。现在，随着经济的发展和居民收入水平的提高，舒适、方便、省时省力的洗衣机、电冰箱等各种新型机电商品日益丰富，不断受到人们的青睐，得到迅速普及。2007年，我市城市居民用于家庭设备用品及服务人均支出518.9元，比1981年增加490.1元，增长17倍。家庭设备用品及服务支出占消费性支出的比重为5.2%，比1981年减少2.1个百分点。

4.居民自我保护意识增强，医疗保健支出显著增加。三十年前，人们很少有条件用于自身保健的投入，生病只是简单的治疗而已。现在，随着医疗制度的改革和收入水平的提高，居民自我保健意识明显增强；加之居民用于医疗自费的部分比重增加，使居民在医疗保健方面的支出不断增长。2007年，居民用于医疗保健人均支出1104.9元，比1981年增加1101元，增长268.5倍，平均每年增长24%。医疗保健支出占消费性支出的比重为11%，比1981年提高10个百分点。

5.交通和通讯消费显著增加，比重上升。三十年来，随着交通和通讯事业的飞速发展，人们充分享受到高科技给人们生活带来的便利，移动电话迅速普及，汽车也进入了居民家庭。据调查，2007年居民用于交通和通讯人均支出1066.9元，比1981年增加1058.4元，增长124.7倍，平均每年增长20.4%。交通和通讯占消费性支出的比重为10.6%，比1981年提高8.5个百分点。

6.教育倍受重视，文化娱乐服务消费大幅提升。随着人们对教育重视程度的提高，受教育水平在社会中的地位越来越重要，人们更加重视对教育的投入，教育支出增幅较大；同时，随着收入的增长，人们对文化娱乐用品及服务的消费需求也不断增加，家用电脑、新型彩电、数码相机等中高档文娱消费品源源不断进入居民家庭。2007年，居民用于教育文化娱乐服务人均支出970.9元，比1981年增加942元，增长32.7倍，平均每年增长14.5%。教育文化娱乐服务支出占消费性支出的比重为9.7%，比1981年提高2.4个百分点。

7.住房环境改善，居住消费大幅上升。过去人们大多住在低矮的平房或者是简易的楼房，室内也非常简陋。三十年来，由于居民住房条件的不断改善，家用电器的增加，使水电费、燃料费、住房装潢装修及供热费等支出不断增加。据调查，2007年，居民人均居住支出达到1498.7元，比1981年增加1478元，增长69.9倍，平均每年增长17.8%。居住支出占消费性支出的比重为14.9%，比1981年提高9.5个百分点。

从民生改善看农民生活

——改革开放30年将我市农民生活带入建设全面小康新时期

吉林市统计局农村社会经济调查队　刘智慧　关铁峰

改革开放三十年来，吉林市农村地区经济快速发展，尤其是近二十年我市农民收入呈现出阶段性快速增长，为农民生活的不断改善和升级换代提供了必要的资金保证。随着农民家庭生产经营方式的不断转变，农民生活消费经历了由追求温饱上升到追求生活质量的过程。尤其是1988年以后，中央高度关注农村经济的发展，农业、农村、农民问题再次成为全社会关注的重点，中央和地方各项惠农政策的相继出台，有力拉动了农民收入的快速增长，刺激了农村地区生活消费领域发生显著变化。生活消费进入到一个从提高生活质量向享受型和发展型转变的新阶段。吉林市统计局农调队抽样调查数据显示：1988—2007年吉林市农民生活消费支出人均增加了2718.28元，增长了6.59倍，达到3204.26元；恩格尔系数由51.14%下降到38.1%，截止2007年底，农村社会全面小康进程实现程度为47.33%，与去年同期相比，增加9.12个百分点，标志着农民生活进入全面建设小康新时期。

一、不同时期农民生活消费结构特征

（一）1978——1988年单一结构的生活消费。三中全会以后农村家庭联产承包制的推行促进了农民收入的增长，但收入水平、生活消费水平仍处于较低阶段，生活消费结构比较单一，吃、穿、住在生活消费支出中占很大比重，农民生活处在追求温饱和解决温饱阶段。

（二）1989——1999年呈多元化的生活消费。这一时期农民收入呈现稳定增长，农民生活消费进入温饱阶段，恩格尔系数与前一个阶段相比总体上呈明显下降趋势，农民生活消费序列发生较大变化，住房消费、购买家庭设备用品消费和教育、文化娱乐消费在生活消费支出中增长较快。农民生活由温饱向小康迈进。

（三）2000—2007年生活消费结构升级，生活更加富裕。进入21世纪以来，在国家各项支农惠农政策的强力推动下，农民收入进入快速增长阶段，农民生活消费观念，生活消费领域发生很大变化，促进了生活消费结构升级，伴随着收入的快速增长，农民年均生活消费支出也呈现快速增长态势。在消费序列中，文化教育娱乐消费、交通通讯消费支出、医疗保健消费支出和服务性消费支出逐年增加。农民生活由小康向全面小康迈进。

二、新时期吉林市农民生活消费变化新特点

（一）农民生活由温饱向小康过渡，消费结构升级，货币化程度提高。由于农民收入持续较快增长，农村经济生活发生显著变化，农民消费观念不断更新，消费热点加速转移，消费档次逐渐上升，消费水平由温饱向小康过渡。具体表现为：一是恩格尔系数下降，由1988年的51.14%下降到2007年的38.1%，下降13.04个百分点。恩格尔系数下降是农民生活水平提高的重要标志，说明食品消费在生活消费中的主体地位在下降，农民生活消费结构更趋多元化。二是生活消费货币化程度提高，家庭消费逐步趋向社会化、商品化。2007年全市农民生活消费现金支出2834.24元，占生活消费总支出的比重达到88.45%，比1988年提高26.71个百分点。可见，农民生活对市场的依赖性加深，自给性消费逐步下降，商品性消费增长步伐加快。

1988年-2007年农村居民恩格尔系数变化情况

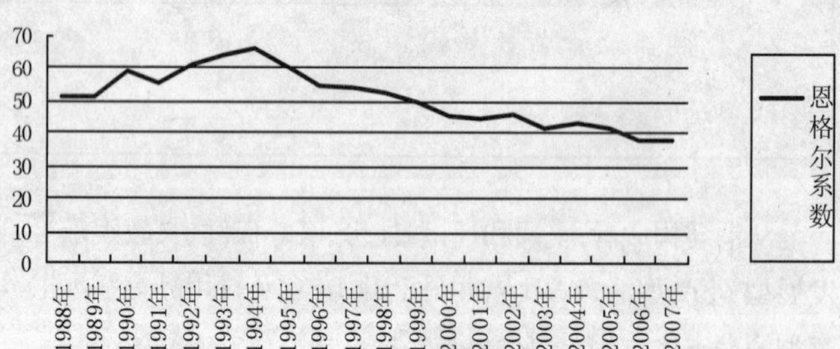

（二）食品消费结构继续优化，向营养、科学型发展。由于农民家庭经济实力增强，农村地区人口流动加快，农民食品消费方式及消费观念发生很大变化。在食品消费中，彻底改变了以往以粮食为基本食物的单一结构，肉、禽、蛋、奶、鱼和水果等副食品消费量增多，膳食结构日趋合理，逐步向营养型和科学型转变。蛋白质摄入量大幅度增加，2007年我市农村居民人均日摄入量为97.71克，与1990年的人均日摄入量47克相比增加50.71克。据抽样调查资料显示：2007年吉林市农民人均副食消费829.09元，比1988年增长了近8.4倍，另外，农民在外饮食金额急剧增加，人均达103.58元，与1988年相比增长了23倍，从侧面印证了农民食品消费结构性变化的过程。

（三）住房宽敞漂亮，居住环境有所改善。宽敞舒适的住房一直是农民家庭向往的目标，也是生活质量改善的重要标志。农民收入提高后最直观、最明显的变化就是农民居住条件得到明显改善，房屋质量明显提高。数据显示，2007年农民人

均居住面积达到了21.55平方米，比1988年增加8.15平方米；砖木结构和钢筋水泥结构住房占到97.26%，比1988年增加55.17个百分点；农民用于住房方面的消费人均390.48元，比1988年增长6.14倍。在此基础上，农民居住质量有所改善，抽样调查资料显示，2007年农民居住质量指数（总体小康为18%以上，75%以上为全面小康）达到21.74%，高出总体小康值3.74个百分点，同比增加1.62个百分点，仍处于总体小康阶段。同时，我们也应当看到，我市农民居住质量指数与全面小康要求的75%还存在很大差距，特别是农民的住房面积、使用自来水的农户占总户数的比重、卫生厕所的使用户数和清洁能源的使用户数等指标增长缓慢，制约了农民居住质量的改善。这也是今后一段时期，我们改善农民居住环境的重点所在。

1988年-2007年农民人均住房面积

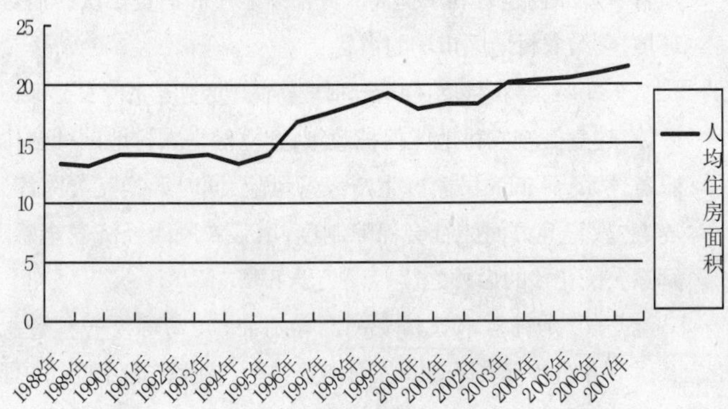

（四）交通、通讯消费快速增长，农民生活方式发生改变。交通和通讯消费是1988年以后农民生活消费的第一大亮点，也是生活消费八大项中增长最快的。随着市场经济的发展，农民经济活动的区域不断扩大，对交通和通讯的依赖程度加深。特别是农民外出务工人数增加，带动了农民交通和通讯开支的大量增加。2007年农民家庭交通通讯费支出人均为376元，比1988年增加283元，增长了3倍多。其特点一是通讯器材类增长最快。到2007年末每百户农民家庭拥有的固定电话机已达72.14部，移动电话104.71部，与2000年相比就已经分别增长了85.88%和73.22倍，而且，移动通讯工具作为新增加的耐用消费品，是在上个世纪90年代末期才开始逐渐进入农民家庭的，发展的如此迅速，已充分说明了我国城乡移动通讯硬件条件的改善和农民对外联络能力的增强。二是交通通讯服务费支出大幅增长，比1988年增长了36.12倍。三是交通工具发生了较大变革。自行车已不再是农民外出的主要交通工具，2007年每百户农民家庭拥有摩托车42.57辆，比1988年增长了25.49倍，生活用汽车更是从无到有并已进入了农民家庭。所有这些变化一方面是农民的消费观念随着时代的发展而逐渐改变，另一方面也反映了农民收入的增加以及国家对交通、通讯基础设施的大规模建设，使越来越多的农民家庭有条件享受现代交通、通讯的方便与快捷。

1988年-2007年每百户农民家庭自行车和摩托车拥有情况

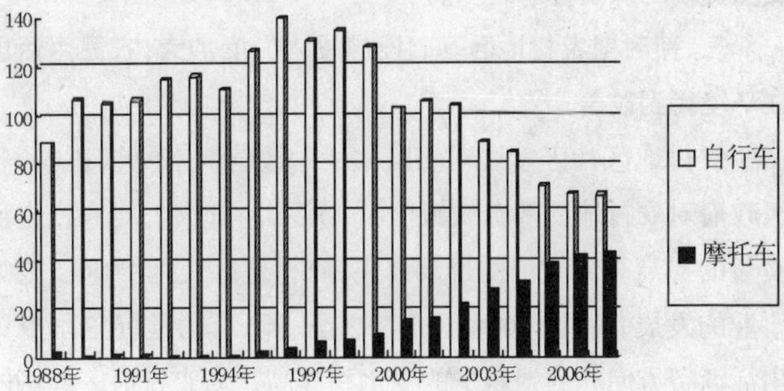

（五）衣着消费讲究时尚，趋向时装化、成衣化。随着收入水平的提高以及消费观的改变，农民衣着消费从过去低档、耐用型向高档、时髦、成衣化转变，衣着服饰品种、规格更加齐全，农民愿意采取更省时、方便、直接的消费方式，衣着消费结构进入以成衣消费为主的新阶段。2007年农民人均衣着消费262.60元，比1988年人均增加43.4元，增长了6.05倍。其中：购买成衣占衣着消费支出的比重约58.52%。目前，款式新颖样式美观的西装、大衣、皮衣、裙装在年轻人中非常流行，流行节奏变化紧追城市，时尚化程度更进一步提高。

（六）购买能力增强，高档家电设备进入农民家庭。随着农村地区消费环境的改善和收入的增加，农民的购买能力在增强，特别是农村地区电网改造、耐用消费品价格的持续下跌，刺激了农民对大件商品的消费，原有的耐用消费品如：电风扇、缝纫机、手表、自行车、收录机等正逐渐退出历史舞台，而以彩色电视机、摩托车、微波炉、电冰箱、手机、影碟机和家用计算机为代表的新型耐用消费品已快速走进农民家庭。抽样调查资料显示，1988年以来，吉林市农民纯收入进入快速增长期，在保证生产和基本生活的前提下，购买各种高档家用电器成为农民生活水平显著提高的又一个重要标志。到2007年底，平均每百户家庭拥有彩色电视机110.43台、洗衣机71.14台、电冰箱26.43台，比1988年分别增加106.76台、50.47台和25.76台。

（七）教育投资强劲增长，文化娱乐生活丰富多彩。随着市场经济发展的要求，农民学文化、学技术意识增强，对子女和自身教育培训舍得投资，注重文化教育，讲究文明生活的氛围已在广大农村地区日渐形成。2007年农民人均文化教育、娱乐消费支出为419.82元，比1988年增加391.57元，增长了14.86倍。农民教育、娱乐投资占全部生活消费支出的比重比1988年有较大提升，2007年农民文化娱乐消费支出比重达到7.18%，与1988年相比增加1.38个百分点，与此同时，农民也利用农闲时间外出旅游，旅游消费支出在近年开始出现在农民生活消费中。从单个方面预示着农民文化娱乐生活更加丰富多彩。

（八）消费领域不断拓宽。2007年体现农民生活水平和质量提高的服务性生活消费占生活消费总支出的比重已高达30.66%，比1988年增加22.98个百分点。服务性消费支出的增加是农村地区社会化服务业水平提高的结果，也是农民生活质量提高的重要标志之一。

三、新时期农村地区基础设施投入力度加大，农民生活居住环境得到改善

农村地区社区发展对农民生活的改善具有重要影响，各级政府对农村地区基础设施投入力度不断加大，对农民生活质量的提高起到重要的推动作用，农村地区交通、邮电、电力事业的发展，方便了城乡经济、文化交流，有力地促进了农民生活消费方向和消费水平的变化和提高，为农村地区经济的持续稳定发展奠定了坚实基础。

（一）农村地区电力快速发展。随着农村地区低压电网改造工程的基本完成，我市农村地区电力事业快速发展，农村地区生产、生活用电量明显增加，有效地改善了农民的生产和生活条件，并改变了农民的生活方式，丰富了农民的业余文化生活。抽样调查数据资料显示，截止2007年，我市农村户均用电量达到381.87度，同比增加13.62度；农村地区用电户达到100%；农民家庭购买家用电器用户成倍增长，购买书报杂志支出增长20%多。

（二）乡村公路四通八达。近几年，我市农村地区公路建设发展迅速，实现了由"不通"到"通"，并由"通"向"通畅"目标迈出了一步。截止到2007年，全市农村地区行政村通公路率达98.6%，农户住宅外道路路面为水泥或柏油路面的户数达到了62%以上。公路建设的加快扩大了农民经济活动区域，提高了生活质量。

（三）生活环境得到治理。由于大量植树造林和退耕还林还草政策的实施，吉林市森林覆盖率上升到50%多，生态环境同1988年相比大为好转。与此同时，农村地区耕地资源得到有效保护，常用耕地面积变动幅度为2.74%，农村地区的可持续发展能力，人与人、人与自然的和谐发展能力明显增强。

四、促进吉林市农民生活消费增长的对策建议

随着全面小康社会建设和新农村地区建设的推进，可以预见未来吉林市农民生活水平将迎来又快又好的发展机遇期，今后一段时期全市农民整体生活水平将呈现持续稳定提高的良好发展前景，生活消费领域将不断拓宽，生活质量将得到进一步改善。为了保证农民生活的稳步提高，我们认为今后要着力抓好以下几方面工作：

（一）保证农民实际收入的稳定增长，提高农民消费水平。收入水平是影响消费水平高低的决定性因素，制定正确的农民收入增长战略，是保证农民生活消费有更高层次改变的前提条件。多年来，吉林市农民收入水平一直高于全国农民平均收入水平，但收入结构与全国相比有较大的差异性，非农产业收入所占比重较低，导致农民收入增长乏力，制约了我市农民收入的快速增长。因此，要抓住农民消费进入新一轮加速增长阶段的历史机遇，继续贯彻执行有效的惠农政策措施，大力促进农民收入持续快速增长，使农民的消费水平提高到一个能够明显影响社会需求的新高度，坚持"多予、少取、放活"和"工业反哺农业、城市支持农村地区"的方针，把农村地区发展、农民增收全面纳入全市经济发展战略之中统筹考虑。从制度保证、政策惠顾、技术支持、发展环境等环节上为农民铺设起增收的桥梁，促进农民消费水平的提高。

（二）继续加大农村地区基础设施建设，构建有利于农村地区的消费环境。要推进农村地区城镇化建设步伐，加快直接关系农民生活的水电、交通、通讯、文化娱乐等基础设施建设，规范农村地区市场，提供适销对路的消费品和文化生活服务项目，从而创建有利于提高农民消费水平和消费档次的消费环境，刺激农村地区市场的消费。

（三）完善农村地区社会保障体系。要制定完善农业保护政策，建立健全农村地区保护政策，建立健全农村地区社会化服务体系，降低农民家庭生产经营风险，同时继续完善医疗、养老、教育等方面的社会保障制度，增强农民的经济安全感，解除农民花钱的后顾之忧。

（四）加强对农民消费的科学引导，提高消费的社会效益。一方面教育农民破除陈旧消费观念，鼓励有支付能力的理性消费，同时指导农民克服一些不讲究效益的不良消费现象，做到适度消费，均衡消费，使之形成健康的消费心理，提高消费效果。另一方面应采取相应措施引导农民拓宽消费领域，提高消费质量和消费层次。同时指导其优化消费结构，增进文化教育等方面投入，由重生存向重发展转变，重短期实现消费向重长期提高过渡，重实物消费向重文教智力等无形消费方面转换，提高消费社会效益。

（五）注重扶持低收入人群，促进农民消费水平的普遍提高。按五等份法计算：2007年全市低收入农民人均纯收入为1702.14元，生活消费支出2584.21元，分别比全市平均水平少2793.75元和620.05元。这部分农民家庭收入水平低，自我发展能力弱，主要以生存性消费为主，生活消费的更新升级难以在短时期内实现。因此，注重对这部分人群的扶持和帮助，尽快提高其收入水平，切实增强这些低收入农民家庭的自我积累和自我发展能力，是促进农村消费水平普遍提高的有效途径。

中国统计出版社最新资料书简目

(仅供参考,以最后出书为准)

中国统计年鉴-2008
中国统计摘要-2008
国际统计年鉴-2008
2008 中国发展报告
中国区域经济统计年鉴-2008
长江和珠江三角洲及港澳特别行政区统计年鉴-2008
中国社会统计年鉴-2008
中国第三产业统计年鉴-2008
中国城市统计年鉴-2007
中国劳动统计年鉴-2008
中国人口和就业统计年鉴-2008
中国工业经济统计年鉴-2008
中国建筑业统计年鉴-2008
中国房地产统计年鉴-2008
中国城市(镇)生活与价格年鉴-2008
中国商品交易市场统计年鉴-2008
中国零售和餐饮业连锁经营统计年鉴-2008
中国能源统计年鉴-2008
全国农产品成本收益资料汇编-2008
中国贸易外经统计年鉴-2008
中国基本单位统计年鉴-2008
中国民政统计年鉴-2008
中国农村统计年鉴-2008
中国农村住户调查年鉴-2008(中文)
中国农村住户调查年鉴-2008(英文)
中国县(市)社会经济调查年鉴-2008
中国农产品价格调查年鉴-2008
中国经济普查年鉴-2004
中国百强县(市)发展年鉴-2008
中国教育经费统计年鉴-2007
中国农村全面建设小康监测报告-2008
中国农村贫困监测报告-2008
中国国内生产总值核算历史资料(1952-2004)
中国季度国内生产总值核算历史资料(1992-2005)
中国高技术产业统计年鉴-2008
中国科学技术协会统计年鉴-2008
工业企业科技活动资料-2008
中国棉花年鉴-2006/2007
2004 年经济普查年鉴系列
2005 年中国 1%人口抽样调查系列资料
第二次全国残疾人抽样调查资料系列
北京统计年鉴-2008
天津统计年鉴-2008
河北经济年鉴-2008
山西统计年鉴-2008
内蒙古统计年鉴-2008
辽宁统计年鉴-2008
吉林统计年鉴-2008

黑龙江统计年鉴-2008
上海统计年鉴-2008
江苏统计年鉴-2008
浙江统计年鉴-2008
安徽统计年鉴-2008
福建统计年鉴-2008
江西统计年鉴-2008
山东统计年鉴-2008
河南统计年鉴-2008
湖北统计年鉴-2008
湖南统计年鉴-2008
广东统计年鉴-2008
广西统计年鉴-2008
海南统计年鉴-2008
重庆统计年鉴-2008
四川统计年鉴-2008
贵州统计年鉴-2008
云南统计年鉴-2008
西藏统计年鉴-2008
陕西统计年鉴-2008
甘肃年鉴-2008
青海统计年鉴-2008
宁夏统计年鉴-2008
新疆统计年鉴-2008
新疆生产建设兵团统计年鉴-2008
石家庄统计年鉴-2008
唐山统计年鉴-2008
邯郸统计年鉴-2008
呼和浩特经济统计年鉴-2008
包头统计年鉴-2008
沈阳年鉴-2008
大连统计年鉴-2008
长春统计年鉴-2008
吉林市社会经济统计年鉴-2008
四平统计年鉴-2008
延吉统计年鉴-2008
哈尔滨统计年鉴-2008
齐齐哈尔经济统计年鉴-2008
黑龙江垦区统计年鉴-2008
上海浦东新区统计年鉴-2008
苏州统计年鉴-2008
无锡统计年鉴-2008
常州统计年鉴-2008
徐州统计年鉴-2008
南通统计年鉴-2008
盐城统计年鉴-2008
镇江统计年鉴-2008
江阴统计年鉴-2008
丹阳统计年鉴-2008

杭州统计年鉴-2008
宁波统计年鉴-2008
绍兴统计年鉴-2008
台州统计年鉴-2008
舟山统计年鉴-2008
温州统计年鉴-2008
金华统计年鉴-2008
嘉兴统计年鉴-2008
湖州统计年鉴-2008
衢州统计年鉴-2008
安庆统计年鉴-2008
福州统计年鉴-2008
福州经济技术开发区年鉴-2008
厦门经济特区年鉴-2008
南昌统计年鉴-2008
上饶经济社会统计年鉴-2008
九江经济统计年鉴-2008
济南统计年鉴-2008
青岛统计年鉴-2008
潍坊统计年鉴-2008
东营统计年鉴-2008
郑州统计年鉴-2008
洛阳统计年鉴-2008
三门峡统计年鉴-2008
南阳统计年鉴-2008
武汉统计年鉴-2008
宜昌统计年鉴-2008
十堰统计年鉴-2008
荆州统计年鉴-2008
黄冈统计年鉴-2008
长沙统计年鉴-2008
广州统计年鉴-2008
东莞统计年鉴-2008
惠州统计年鉴-2008
深圳统计年鉴-2008
桂林经济社会统计年鉴-2008
南宁统计年鉴-2008
柳州经济统计年鉴-2008
来宾市统计年鉴-2008
河池统计年鉴-2008
海口统计年鉴-2008
成都统计年鉴-2008
贵阳统计年鉴-2008
昆明统计年鉴-2008
西安统计年鉴-2008
庆阳年鉴-2008
银川统计年鉴-2008
乌鲁木齐统计年鉴-2008
吐鲁番统计年鉴-2008